华南理工大学年鉴

二〇一九

《华南理工大学年鉴》编委会 编

华南理工大学出版社
SOUTH CHINA UNIVERSITY OF TECHNOLOGY PRESS
·广州·

图书在版编目（CIP）数据

华南理工大学年鉴.2019／《华南理工大学年鉴》编委会编．—广州：华南理工大学出版社，2021.6

ISBN 978－7－5623－6707－9

Ⅰ.①华…　Ⅱ.①华…　Ⅲ.①华南理工大学－2019－年鉴　Ⅳ.①G649.286.51－54

中国版本图书馆 CIP 数据核字（2021）第 078012 号

Huanan Ligong Daxue Nianjian · 2019

华南理工大学年鉴 · 2019

《华南理工大学年鉴》编委会　编

出 版 人：卢家明

出版发行：华南理工大学出版社

（广州五山华南理工大学 17 号楼，邮编 510640）

http://www.scutpress.com.cn　E-mail:scutc13@scut.edu.cn

营销部电话：020－87113487　87110964　87111048（传真）

责任编辑：袁　泽

责任校对：袁桂香

印 刷 者：佛山市浩文彩色印刷有限公司

开　　本：787mm×1092mm　1/16　**印张**：23　**插页**：6　**字数**：638 千

版　　次：2021 年 6 月第 1 版　2021 年 6 月第 1 次印刷

定　　价：128.00 元

《华南理工大学年鉴·2019》编委会

▶2018 年 8 月 7 日，广东省省长马兴瑞（右三）一行考察了华南理工大学中新国际联合研究院。马兴瑞对中国科学院院士、学校教授唐本忠“聚集诱导发光 (AIE)”成果的国际学术影响力和产业化前景给予肯定。

▶2018 年 10 月 12 日，教育部副部长朱之文（左三）、广州市市长温国辉(左四)调研华南理工大学广州国际校区一期工程建设现场。朱之文对华南理工大学发展成就与广州国际校区规划建设给予高度肯定。温国辉积极评价学校建校以来对广州市经济、科技、文化发展所作出的杰出贡献。

▶2018 年 5 月 9 日，华南理工大学广州国际校区项目在广州市番禺区广州国际创新城启动建设（左上图）。8 月 16 日，广州国际校区一期工程建设动员会举行（右上图）。8 月 24 日，广州国际校区建设打下第一根管桩，标志着正式进入实质施工建设阶段（左下图）。

▶2018 年 10 月 12 日，学校召开干部教师大会，教育部宣布关于华南理工大学校长职务任免的决定，高松同志任华南理工大学校长、党委副书记。

▶2018 年 10 月 31 日，学校召开党委全委（扩大）会议，部署学习贯彻习近平总书记视察广东重要讲话精神。

▶2018年9月29日，经过国家专项评估检查，学校定点扶贫对象云南省临沧市云县退出贫困县。10月15日，学校“打造‘一体化’全域规划 构建‘扶贫链’造血机制”帮扶项目获评教育部“十大典型项目”，这是学校连续两次获评“十大典型项目”。

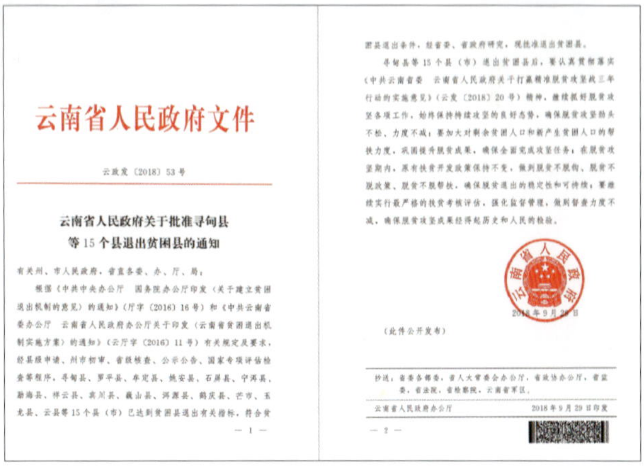
云南省人民政府文件

云政发〔2018〕53号

云南省人民政府关于批准寻甸县等15个县退出贫困县的通知

有关州、市人民政府，省直各委、办、厅、局：

根据《中共中央办公厅 国务院办公厅印发〈关于建立贫困退出机制的意见〉的通知》（厅字〔2016〕16号）和《中共云南省委办公厅 云南省人民政府办公厅关于印发〈云南省贫困退出机制实施方案〉的通知》（云厅字〔2016〕11号）有关规定及要求，经县级申请、州市初审、省级核查、公示公告、国家专项评估检查等程序，寻甸县、罗平县、牟定县、姚安县、石屏县、宁洱县、勐海县、祥云县、宾川县、巍山县、洱源县、鹤庆县、芒市、玉龙县、云县等15个县（市）已达到贫困县退出有关指标，符合贫困县退出条件，经省委、省政府研究，现批准退出贫困县。

— 1 —

寻甸县等15个县（市）退出贫困县后，要认真贯彻落实《中共云南省委 云南省人民政府关于打赢精准脱贫攻坚战三年行动的实施意见》（云发〔2018〕20号）精神，继续抓好脱贫攻坚各项工作，始终保持持续攻坚的良好态势，确保脱贫攻坚劲头不松、力度不减；要加大对剩余贫困人口和新产生贫困人口的帮扶力度，巩固提升脱贫成果，确保全面完成攻坚任务；在脱贫攻坚期内，原有扶贫开发政策保持不变，做到脱贫不脱钩、脱贫不脱政策、脱贫不脱帮扶，确保脱贫退出的稳定性和可持续；要继续实行最严格的扶贫考核评估，强化监督管理，做到督查力度不减，确保脱贫攻坚成果经得起历史和人民的检验。

云南省人民政府

2018年9月29日

（此件公开发布）

抄送：省委各部委，省人大常委会办公厅，省政协办公厅，省监委，省法院，省检察院，云南省军区。

云南省人民政府办公厅 2018年9月29日印发

— 2 —

▶2018年12月10日，学校建筑学院党委入选首批“全国党建工作标杆院系”培育创建单位（上图），机械与汽车工程学院党委本科生第三党支部入选首批“全国党建工作样板支部”培育创建单位（右图）。

<table>
<tr><th>排名</th><th>学校名称</th><th>进入 ESI 排名
千分之一学科数</th></tr>
<tr><td>1</td><td>浙江大学</td><td>8</td></tr>
<tr><td>2</td><td>北京大学</td><td>7</td></tr>
<tr><td rowspan="2">3</td><td>清华大学</td><td rowspan="2">5</td></tr>
<tr><td>上海交通大学</td></tr>
<tr><td rowspan="2">5</td><td>华南理工大学</td><td rowspan="2">4</td></tr>
<tr><td>中国科学技术大学</td></tr>
</table>

▶2018 年 1 月 12 日，学校农业科学进入 ESI 全球前 1‰，成为学校第 4 个进入 ESI 全球前 1‰的学科。这一数量在全国高校中居第 5 位，在华南地区居首位。

序号	学科代码	学科名称	2018 排名	2018 百分位段
1	0831	生物医学工程	2	前 5%
2	0832	食品科学与工程	3	前 5%
3	0805	材料科学与工程	3	前 5%
4	0817	化学工程与技术	8	前 5%
5	1201	管理科学与工程	8	前 5%
6	0822	轻工技术与工程	2	前 10%
7	0813	建筑学	7	前 10%
8	0811	控制科学与工程	13	前 10%
9	0830	环境科学与工程	16	前 10%
10	0305	马克思主义理论	20	前 10%
11	0703	化学	20	前 10%
12	0802	机械工程	22	前 10%
13	1202	工商管理	24	前 10%

华南理工大学2018软科“中国最好学科”排名情况（前10%）

▶2018 年 11 月 1 日，2018 软科“中国最好学科排名”正式发布，学校共有 36 个学科上榜，其中，工科类学科 20 个、理科类学科 4 个、人文社科类学科 12 个；5 个学科进入全国前 5%，13 个学科进入全国前 10%，其中，轻工技术与工程、生物医学工程、材料科学与工程、食品科学与工程等 4 个学科跻身全国前 3 名。

▶2018 年 7 月 6 日，学校入选全国 50 所创新创业典型经验高校，成为华南地区唯一入选的部属高校。

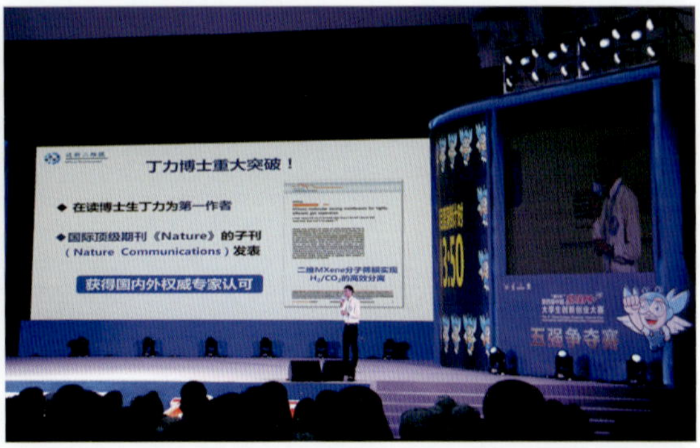

▶2018 年 10 月 13—15 日，学校在第四届中国“互联网 +”大学生创新创业大赛总决赛上获金奖 2 项、银奖 2 项，为学校在本项赛事中的历史最好成绩。11 月 29 日，教育部同意 2020 年第六届中国“互联网 +”大学生创新创业大赛由教育部和广东省人民政府联合主办，华南理工大学具体承办。

▶2018 年 8 月 24 日，第十一届中国青少年科技创新奖颁奖大会在北京人民大会堂举行，华南理工大学机器人创新基地荣获“小平科技创新团队”，这是学校第二个获此殊荣的团队。

▶2018 年 11 月 3 日，学校在 2018 年“创青春”全国大学生创业大赛上获 5 金 1 银，团体总分位列全国第二，捧得“优胜杯”，获评“校级优秀组织奖”，创下学校参加该项赛事以来的历史最好成绩。

▶2018 年 7 月 29 日，学校华南虎战队在第十七届全国大学生机器人大赛 RoboMaster2018 机甲大师赛上赢得全国总冠军，实现两连冠。

▶2018 年 8 月 17 日，华南理工大学—都灵理工大学联队在 2018 中国国际太阳能十项全能竞赛（SDC2018）上获得竞赛总分第一名、赛事总冠军。

▶2018 年 8 月 21—24 日，学校研究生余贺新在 18 届亚运会男子 50 米自由泳和 4×100 米混合泳接力中获得冠军。

▶2018 年 1 月 12 日，国际顶级学术期刊 *Science* 在线发表了学校作为第一单位的研究论文“Ordered Macro-Microporous Metal-Organic FrameworkSingle Crystals”（有序大孔—微孔金属有机骨架单晶）。其中，化学与化工学院沈葵副研究员是论文第一作者，化学与化工学院李映伟教授与美国德克萨斯大学圣安东尼奥分校陈邦林教授为共同通讯作者。这是学校首次在 *Science* 主刊上以第一单位发表论文。

▶2018 年 6 月 9—10 日，上合组织青岛峰会国际会议中心首次投入使用。该中心由学校何镜堂院士团队负责设计，《人民日报》等多家媒体予以头版或整版报道。

▶2018 年 10 月 24 日，港珠澳大桥正式通车。学校深度参与港珠澳大桥工程建设，横向技术合作项目超过 20 个，并在 7 年多的时间里为大桥岛隧工程项目培养了 56 位工程硕士。

▶ 2018 年 3 月 26 日，广东省创新大会表彰了 2017 年度优秀科技成果和优秀科技工作者。中国工程院院士、机械与汽车工程学院教授瞿金平获 2017 年度广东省突出贡献奖。同时，学校获得广东省科学技术奖 24 项，其中，一等奖 5 项，二等奖 9 项，三等奖 10 项，获奖数量位居全省高校首位。

▶2018 年 1 月 4 日，学校牵头组建的“半导体显示与光通信器件研发国家地方联合工程研究中心”获国家发展和改革委员会批复建设。

▶ 2018 年 1 月 23 日，华南理工大学国家大学科技园顺德创新园区举行开园仪式。

▶2018 年 3 月 30 日，学校与广州市委宣传部、广州市社会科学界联合会联合召开粤港澳大湾区建设与广州发展研讨会。研讨会上宣布三方共建的粤港澳大湾区发展广州智库正式成立。

▶2018 年 8 月 6—9 日，学校党委书记章熙春率团访问香港城市大学、香港科技大学、澳门大学等高校，并就人才培养和科研合作等方面进行深入交流。其中，学校与澳门大学签署了“本科生交换计划协议”和“研究合作与学术交流协议”。

▶2018 年 7 月 6—12 日，学校副校长邱学青率团访问法国、俄罗斯高校，拓展校级合作，参加华南理工大学作为第四届（2017—2019 年）中方轮值主席单位的阿斯图中俄工科大学联盟年会等系列活动。

▶2018 年 12 月 16 日，以“聚智创新 引领未来”为大会主题，华南理工大学第一届全球校友代表大会成功举行，来自校友总会和 148 个校友分会的代表以及学校师生代表参加了大会，并由 11 位校友共同发起成立“华南理工大学创业者全球联盟”。

▶2018 年 9 月 18 日，学校 1963 级无机物工学专业校友廖清清捐赠签约暨“清清文理楼”揭幕仪式在五山校区举行。廖清清、叶澄海伉俪捐赠 5000 万元，用于支持学校高层次人才培养以及基本建设。

▶2018 年 12 月 18 日，庆祝改革开放 40 周年大会在人民大会堂举行。学校 1977 级校友李东生（前排左三）现场受到表彰，获评“电子产业打开国际市场的开拓者”。

▶2018 年，时值庆祝改革开放四十周年之际，华南理工大学迎来办学百年的重大历史节点，校庆期间，学校特别制作并推出专题纪录片《承百年文脉　绘时代华章》。

▶2018 年 11 月 19 日，学校粤剧艺术传承基地成功入选第一批中华优秀传统文化传承基地。

目 录

学校概况

重要讲话和重要文件

学校机构与负责人

党建与思想政治工作

发展规划与学科建设

教代会、工会和共青团工作

教育教学工作

科研与科技产业工作

队伍建设与人事管理

对外交流与合作

条件建设与后勤保障

广州国际校区建设

党政综合管理

学　　院

表彰与奖励

毕业生名单

大事记

学校概况

学 校 概 况*

华南理工大学是直属教育部的全国重点大学，坐落在南方名城广州。校园分为三个校区，五山校区位于天河区石牌高校区，大学城校区位于番禺区大学城，广州国际校区位于番禺区国际创新城。校园历史悠久，古树繁花，37 处人文景观和历史建筑错落其间，形成国内高校中独特的民国时期岭南建筑群落。

学校办学历史源远流长。学校正式组建于 1952 年全国高等院校调整时期，是以中山大学工学院、华南联合大学理工学院、岭南大学理工学院工科系及专业、广东工业专科学校为基础，调入湖南大学、武昌中华大学、武汉交通学院、南昌大学、广西大学等 5 所院校部分工科系及专业组建而成，汇集了华南、中南地区理工科教科界的精英，为当时全国四大工学院之一，堪为中国高等工程教育的探路者。学校办学可溯源至 1918 年成立的广东省立第一甲种工业学校。校友中涌现出杨匏安、阮啸仙、刘尔崧、周文雍等中华民族的优秀分子，他们是中共广东党、团的创建者，是中国早期马克思主义思想的启蒙者和践行者，为新中国成立作出了突出贡献。红色基因自此融入华工人血脉，生生不息。

学校矢志不渝办世界一流大学。1960 年被列为全国重点大学，1981 年经国务院批准为首批博士和硕士学位授予单位，1993 年在全国高校开部省共建之先河，1995 年、2001 年先后进入国家首批“211 工程”“985 工程”建设行列，2017 年入选“双一流”建设 A 类高校名单。学校分别于 1999 年、2007 年以优秀成绩通过教育部本科教学工作水平评估，2017 年通过教育部本科教学工作审核评估。自 2012 年起进入上海软科“世界大学学术排名”500 强，2018 年总体排名居 201—300 区间。

学校坚持学术立校，以学科建设为龙头，不断优化学科结构，加快提升学科水平，形成以工见长，理工医结合，管、经、文、法多学科协调发展的综合性学科结构。学校设有 32 个学院，1 个独立学院（广州学院），31 个博士学位授权一级学科，42 个硕士学位授权一级学科；有包括工程博士在内的 16 个专业学位类别，26 个博士后科研流动站，81 个本科招生专业。学校有 7 个国家重点学科。轻工技术与工程、机械工程、材料科学与工程、建筑学、化学工程与技术、环境科学与工程、食品科学与工程、管理科学与工程等 8 个学科整体水平进入全国前 10%，化学、材料学、工程学、农业科学、物理学、生物学与生物化学、计算机科学、环境科学与生态学、临床医学 9 个学科进入

---

* 文中统计数据截止到 2018 年 12 月 31 日。

ESI 全球排名前 1%，其中工程学、材料科学、化学、农业科学 4 个学科领域进入 ESI 全球排名前 1‰，入选数在中国内地高校并列第 5 位。

学校坚持人才强校，以高层次人才队伍建设为重点，引进和培养并重，努力打造一流的师资队伍。学校有教职工 4660 人，其中专任教师 2548 人；有中国科学院院士 5 人、中国工程院院士 5 人，双聘院士 21 人，俄罗斯工程院外籍院士 1 人，国家教学名师 6 人，海外高层次引进人才 37 人，国家杰出青年科学基金获得者 39 人。研究生导师 2468 人（其中博士生导师 959 人）。

学校全面落实立德树人根本任务，努力打造一流的本科教育、研究生教育和特色鲜明的留学生教育。2018 年底有各类学生 110 142 人，其中博士、硕士研究生 19 499 人，本科生 24 910 人，继续教育学生 63 281 人，留学生 2452 人。学校深入实施思政工作提升行动，积极构建“三全育人”工作体系。学校围绕高素质、“三创型”（创新、创造、创业）、国际化专门人才的培养目标，以创新创业教育、产学研合作教育和国际化教育为重点，不断创新人才培养模式。以“基因组科学创新班”为代表的人才培养模式，用“科学无起点”理念培养青少年科学家，学生连续在 *Nature*、*Science*、*Cell* 等国际顶尖学术刊物上发表文章，引起世界关注，被誉为拔尖创新人才培养的“华工模式”“华工现象”。建校以来，学校为国家培养了高等教育各类学生 50 余万人，一大批毕业校友成为我国科技骨干、著名企业家和领导干部，学校被社会誉为工程师的摇篮、企业家的摇篮和拔尖创新人才培养基地。

学校坚持以科研工作为重点，瞄准世界科技前沿，聚焦国家和区域重大战略需求，筑高原，攀高峰，着力提升原始创新能力，大力推进高水平成果转化。学校拥有 27 个国家级、184 个部省级科研基地，以及国家甲级建筑设计研究院、国家大学科技园等。依托高水平科研基地，学校承担了一大批国家重大重点项目，2018 年学校实到科研经费 23. 37 亿元。产出了一批高水平科研成果，近 5 年以第一完成单位共获国家科技奖 6 项，学校知识产权授权量和有效发明专利总量连续多年位居全国高校前 7 位，获国家专利金奖、优秀奖总数居全国高校第 2 位。

学校不断拓展办学资源，为一流大学建设提供良好的条件和环境。校园占地面积超过 391. 20 万平方米，校舍总建筑面积 333. 82 万平方米。有固定资产 72. 77 亿元，其中教学科研仪器设备资产总值 29. 70 亿元。学校建有一批国家级教学示范中心、基础教学实验中心和一批现代化实验中心，馆藏图书 359. 24 万册，电子图书 376. 61 万册，初步建成数字化图书馆。文化体育设施齐全，建有高标准的乒乓球、网球、羽毛球等各类场馆。学生课外科技学术活动和社会实践活动蓬勃发展，特色鲜明，成为提高学生综合素质的重要环节。

在新的历史发展阶段，学校将以习近平新时代中国特色社会主义思想为指导，秉承“博学慎思 明辨笃行”的校训，发扬“厚德尚学 自强不息 务实创新 追求卓越”的精神，坚持学术立校、人才强校、开放活校、文化兴校，坚持育人为本，突出内涵建设，全面提高质量，着力推进“双一流”建设和广州国际校区建设，为国家和区域经济社会发展作出新的更大贡献。

资料　学校基本情况统计一览表

统计时点：2018 年 12 月 31 日

高层次人才		学生基本情况	
中国科学院院士	5	各类在册在校生数	110 142
中国工程院院士	5	一、本科生	24 910
俄罗斯工程院外籍院士	1	二、研究生	19 499
双聘院士	21	博士生	3147
国家教学名师	6	硕士生	16 352
海外高层次引进人才	37	其中：在职攻读专业学位研究生	2077
国家杰出青年科学基金获得者	39	三、继续教育	63 281
国家优秀青年科学基金获得者	25	成人教育学生	11 595
教育部创新团队（含滚动支持）	18	网络教育学生	51 686
教职工基本情况		四、留学生	2452
教职工总数	4660	学历留学生	1373
一、专任教师	2548	**学院及学科专业建设**	
正高级	911	二级学院	32
副高级	979	独立学院	1
研究生导师	2468	ESI 前 1‰学科数	4
其中：博士生导师	959	ESI 前 1% 学科数	9
硕士生导师	2404	国内排名前十的学科数	11
二、行政人员	939	博士学位授权一级学科	31
三、教辅人员	647	硕士学位授权一级学科	42
四、工勤人员	94	专业学位类别（工程硕士领域）	16
五、科研机构人员	122	本科专业	81
六、工程技术人员	54	博士后科研流动站	26
七、校办企业职工	69	国家教学团队	6
八、其他附设机构人员（含附属中小幼教职工）	187	国家特色专业	18
		卓越工程师教育培养试点专业	10
九、离退休人员	3343	国家精品课程	21

续表

学院及学科专业建设	
国家精品资源共享课	17
国家精品视频公开课	14
国家双语示范课程	6
教学基地（国家级）	
国家级实验教学示范中心	6
国家级虚拟仿真实验教学中心	4
国家级人才培养模式创新实验区	2
国家级大学生校外实践教育基地	8
国家双创示范基地	1
国家级教师教学发展示范中心	1
科研基地（部省级及以上）	
国家重点实验室	3
国家工程研究中心	2
国家工程研究技术中心	3
国家（地方联合）工程实验室	10
国家国际科技合作基地	1
国家高端智库	1
高校思想政治工作创新发展中心	1
教育部重点实验室	8
教育部工程研究中心	4
广东省重点实验室	20
省级人文社科研究机构	34
国家大学科技园	1
国家甲级建筑设计研究院	1

科研成果		
实到科研项目经费（亿元）		23.37
理工类纵向科研项目实到经费		12.35
理工类横向科研项目实到经费		9.84
人文社科类科研项目实到经费		1.18
专利授权（项）		2313
其中：发明专利授权		1227
国家科学技术奖（括号内为非第一完成单位）		2（1）
其中：技术发明奖		1（1）
科技进步奖		1
论文收录情况（2017年）（篇）	三大索引论文	6518
	SSCI	91
	CSSCI	341
资产资源		
校园面积（万平方米）		391.20
总建筑面积（万平方米）		333.82
其中：教学及辅助用房		70.74
行政办公用房		9.53
学生宿舍		42.07
教工住宅及宿舍		54.37
办学经费（亿元）		49.77
固定资产（亿元）		72.77
教学科研仪器设备值（亿元）		29.70
馆藏图书（万册）		359.24
电子图书（万册）		376.61

重要讲话和重要文件

对标新时代办学发展新要求 以强担当大作为推动学校内涵发展实现新突破*

章熙春

（2019 年 1 月 25 日）

同志们：

按照学校工作安排和会议议程，下面我做工作报告。昨天听了高校长作学校 2018 年工作报告和 5 个专题报告，刚刚 5 位召集人汇报了小组讨论情况，我很受启发，感触很深，既感到十分振奋，也感觉任务艰巨，压力倍增。接下来，几位报告人要结合小组讨论情况，进一步修改完善相关方案，并在此基础上再征求相关部门、学院的意见，达成共识，提交学校审议决策。今天，我主要是谈新形势新要求、改革攻坚的重点任务、干部的担当作为、着力全面加强党的建设共四个部分。

一、深入学习贯彻全国教育大会精神，准确把握新形势新要求，切实扛起沉甸甸的责任和使命

党中央 2018 年 9 月召开的全国教育大会，是一次具有历史性、里程碑、划时代意义的大会。习近平总书记的重要讲话提出“两个事关”“三个决定”“两个大计”“九个坚持”，包含了一系列新表述、新要求、新举措、新加强、新应对，科学回答了培养什么人、怎样培养人、为谁培养人这一根本问题，指明了新时代教育工作的方向，为我们做好工作提供了根本遵循。会议进一步明确了“三个重要节点”：一是到 2022 年，是加快教育现代化、建设教育强国的关键期；二是到 2035 年，是总体实现教育现代化、建成教育强国、进入世界第一方阵前列的决胜期；三是到本世纪中叶，是建成社会主义现代化强国，实现中华民族伟大复兴的达成期。这是中国教育的“新三步走”战略。可以说，高等教育是实现第一个百年目标的基础战略平台，是实现第二个百年目标的战略引领力量。

围绕贯彻落实全国教育大会精神，近期在北京相继召开了几个重要的会议，包括 1 月 15—16 日的第 26 次全国高校党建工作会议、1 月 17 日的第 28 次教育部直属高校工

---

* 本文是校党委书记章熙春在 2019 年学校全面深化综合改革暨年度工作研讨会上的讲话。

作咨询会和1月18日的2019年全国教育工作会议。按照要求，今天传达几个会议的精神。

第一，传达第26次全国高校党的建设工作会议精神

这次党建会有两大特点。一是规格很高。会议创下了三个“第一”：是中央教育工作领导小组成立以来召开的第一次党建会，第一次有中央政治局常委（王沪宁）出席并发表重要讲话，第一次有三位中央政治局委员（孙春兰、陈希、黄坤明）出席，孙春兰同志主持会议，三部委（中组部、中宣部、教育部）联合召开。

二是内容丰富。王沪宁同志的重要讲话从7个方面系统梳理、科学概括了习近平总书记关于高校党的建设和思想政治工作重要论述，要求我们认真学习领会、全面准确把握，切实贯穿到高校党的建设和思想政治工作全过程，贯穿到高校改革发展、教育教学、科研管理等各方面。王沪宁同志的讲话对准确把握好高校党建和思政工作的新形势，落实新时代高校党建工作基本要求，推动高校思想政治工作创新发展，全力维护高校政治安全和校园稳定等方面进行了系统部署。

围绕落实好会议精神，陈宝生部长讲了4点意见：要抓好一条主线，即深入学习贯彻习近平新时代中国特色社会主义思想，特别是总书记关于高校党的建设和思想政治工作的重要论述；抓好一个主题，就是要持续提升高校党建和思政工作质量；抓好一个主攻，就是要打赢校园安全稳定和意识形态斗争的主动战、攻坚战；抓好一个主责，就是要认真贯彻落实管党治党、办学治校的主体责任。

第二，传达第28次教育部直属高校工作咨询会精神

这次咨询会的主题是：写好“奋进之笔”新篇章，迈出高等教育强国建设新步伐。孙春兰同志出席并讲话。她强调，要在加强科学管理上下工夫，不断提升高等教育办学质量和发展水平。一要严格学生教育管理，全面整顿教学秩序，加强学生品行和学习过程考核，以硬约束倒逼学生自主学习，让他们在大学期间真正忙起来。二要加强教师队伍建设，把师德师风作为教师评价的第一标准，引导教师改革教学方法、提升教学效果。三要优化学科专业设置，立足优势、找准定位，坚持特色发展，对办学水平低、长期脱离需求的，该消减的消减，该停办的停办。四要加强基础科学研究，及时把最新科研成果纳入教学内容，激发学生学习兴趣。五要坚持党对高校工作的领导，加强高校党的建设和思想政治工作，解决思政教育与专业教育“两张皮”问题，切实维护高校安全稳定。

第三，传达2019年全国教育工作会议精神

教育部党组书记、部长陈宝生指出，2018年教育系统成功实施“奋进之笔”，多项工作取得了新的突破性进展。2019年要深入实施“奋进之笔”，部署了6个方面的攻坚任务：一是把“两个大计”转化为教育优先的实际行动；二是从薄弱处着手落实立德树人根本任务；三是在全社会重振师道尊严；四是打赢教育脱贫攻坚战要取得决定性进展；五是克服“顽瘴痼疾”，破除体制机制障碍；六是加强党对教育工作的全面领导。陈宝生部长特别强调，2019年的主题就是落实、落实、再落实，必须狠抓落实，“深入

抓、抓深入”，用高政治站位、务实的作风、奋进的状态、学习的自觉、研判的习惯、法治精神抓落实。

这几个会议的精神，我们要学习领会好并结合其精神谋划2019年工作，全方位落实好。同时，我们也要清醒地看到，社会各个层面都在发生着深层次的变革，要密切关注高等教育和大学发展新变局、新布局，要善于在大格局、大进程中推动做好2019年工作。有几点我们要特别关注：

一是国家“双一流”建设出现新变化。2018年8月，教育部、财政部、国家发改委联合发布《关于高等学校加快“双一流”建设的指导意见》，明确学科建设内涵，坚持人才培养、学术团队、科研创新“三位一体”；随后，教育部在上海召开“双一流”建设现场推进会，提出“一流”的七个标准与特征，突出要以立德树人成效为根本标准。地方政府纷纷加大“双一流”建设经费和政策支持力度，教育部分别与湖北、广东、湖南等省政府签署共建协议，部省共建以更大力度推进。各个“一流学科”建设高校开始形成联盟，由北京大学牵头的医学、数学，中国农业大学牵头的农科，生物学“双一流”建设相关学院组成的生物学等学科联盟正式组建成立。“双一流”建设全面落实，百舸争流，千帆竞发，奋楫争先。

二是“建设一流本科”成为加强高等教育内涵建设的重中之重。新时代全国高校本科教育工作会议后，“新时代高教40条”提出，“六卓越一拔尖”计划2.0实施，首个《普通高等学校本科专业类教学质量国家标准》颁布，给出了本科教育改革的时间表、路线图和国标。规模最大、覆盖最全、水平很高的新一届教指委成立，华南理工大学、复旦大学、浙江大学等高校相继推出“一流本科提升行动计划”。与此同时，高校课程思政教育改革试点工作不断推进，国家级课程教材研究专业机构成立，马工程重点教材全面修订，推动从“思政课程”到“课程思政”。

三是以师德师风为第一标准加强教师队伍建设。中共中央、国务院印发《关于全面深化新时代教师队伍建设改革的意见》，对新时代教师队伍建设作出顶层设计；教育部印发《新时代高校教师职业行为十项准则》，划定底线。2019年教育工作部署明确提出要在全社会重振师道尊严。教育部等多部委联手治理“四唯”等评价体系问题，力争从根本上解决教育评价“指挥棒”问题。

四是高校自主创新布局全面加强。国务院印发《关于全面加强基础科学研究的若干意见》，强调了基础研究在科技创新当中的基石地位；高等学校基础研究珠峰计划、关键领域自主创新能力提升五年计划、人工智能创新行动计划等系列重大战略部署，覆盖到科学研究的方方面面。2018年，教育部还立项建设了6个前沿中心，首批认定59个省部共建协同创新中心；科技部新增建设3个省部共建国家重点实验室，力争实现前瞻性基础研究、引领性原创成果的重大突破，提升区域自主创新能力。

以人工智能为例，南京大学、哈尔滨工业大学、清华大学、电子科技大学、哈尔滨工程大学等成立人工智能研究院，浙江大学牵头建设人工智能协同创新中心，复旦大学推出“三智全球计划”（即人工智能、类人智能、群智进化），浙江大学公布实施“双脑计划”（即脑科学与人工智能会聚研究计划），全球高校人工智能学术联盟在上海成立。就在几天前，中国人民大学、西安交通大学宣布成立人工智能学院，大学成为建设世界主要人工智能创新中心的核心力量，成为引领新一代人工智能发展的人才高地。

五是新工科扩容为“四新”。新工科提出历时两年，方兴未艾，持续深入推进，努力打造卓越工程师的摇篮。2018 年教育部立项“新工科”研究与实践项目共 612 个；复旦大学布局新工科，与地方、企业共建“工程与应用技术研究院”；西安交大获教育部批准 2 个“新工科”专业；上海交大从 2018 级工科类新生起，所有专业实行大平台教学改革；天津大学修订研究生培养方案，首批 21 门新工科建设课程，向全校研究生开放。“六卓越一拔尖”计划 2.0 实施，致力形成覆盖全部学科门类的具中国特色、世界水平的一流本科专业集群，新工科正式扩容为“四新”，即新工科、新医科、新农科、新文科。

六是多所高校布局建设国际校区。包括浙江大学（国际联合学院，浙江海宁）、清华大学（深圳国际研究院，广东深圳）、重庆大学（国际校区，重庆九龙坡）、南京航空航天大学（国际校区，江苏南京）、天津大学（福州国际校区，福建福州）、东南大学（无锡国际校区，江苏无锡），等等，有的已建成、有的在建、有的拟建，有的同城、有的异地，充分利用全球优质教育资源提高自身办学水平和教育质量。

同志们，当前，党和国家对高等教育发展期望的高度前所未有、重视程度前所未有，大学发展改革创新力度前所未有、推进深度前所未有。在这个大形势大背景下，学校发展总体态势很好，昨天高校长的报告，让我们看到了一份亮眼的成绩单。但是，与中央、教育部和广东省的期望和要求相比，与上海交大、浙大等同类高校发展速度和水平相比，实事求是地说，我们还是有一定差距的，还是有一些短板的，昨天会议的几个研讨报告做了深入的分析和梳理，特别是在办学关键指标方面，在对国家重大战略的支撑方面，在改革创新推进的力度和深度方面……当前和今后一段时间，我们的压力会越来越大、任务会越来越重，愈进愈难、愈进愈险，还需跋山涉水、爬坡过坎。

二、围绕“双一流”和广州国际校区建设，聚焦发展主攻点，确保新一轮办学发展取得新亮点

2019 年是中华人民共和国成立 70 周年，是全面建成小康社会、实现第一个百年奋斗目标的关键之年，是深入贯彻落实全国教育大会精神开局之年。2019 年，学校“双一流”和广州国际校区建设持续深入推进，关键重点领域的改革要有新突破。关于 2019 年的工作部署，我主要讲四个关键词。

第一个关键词：质量

质量是新一轮发展的主题。当前，我国经济已由高速增长阶段转向高质量发展阶段，“质量第一”“质量变革”“质量强国”等成为重要共识。新时代高等教育更加强调内涵式发展，更加强调质量提高、水平提升、标杆引领。学校“双一流”建设方案提出了分三步走的战略规划，有三个重要时间节点，分别是 2020、2030、2050。2020 年我们要走完第一步，2018 年“双一流”建设任务我们还有部分关键指标没有达成。时间很紧、任务很重，必须以更大力度、超常规的举措推进加快建设、特色建设和高质量建设。

我们要通过深化资源配置改革，进一步优化学科布局，促进学科交叉，引导和支持学科凝练发展方向，加快缩小优势学科与世界一流学科的差距，打造更多的学科高峰。

我们人才培养的金字招牌成色要更足，要有更高的目标定位，华工培养的学生要面向未来、引领未来，要有更大的抱负和担当，要有更宽的视野和格局，能适应并胜任全球竞争。我们的科研布局要有更大突破，更加聚焦国家重大需求、前瞻性基础研究、引领性原创成果，在攻克“卡脖子”核心技术、国家大科学工程和平台，要有一席之地、要尽一己之力，要更强有力服务支撑国家重大战略、粤港澳大湾区建设和广东创新发展。最关键的是，我们要引育一批活跃在国际国内学术领域前沿、具有重要影响力的学科领军和创新团队，打造一支与世界一流大学目标相匹配的师资队伍。

第二个关键词，改革

改革是高质量发展的动力。今年，教育部将实施“教育评价改革攻坚行动”，从10个领域推出改革举措。学校新一轮办学改革，是更全面的改、更深入的改、更系统的改，要准备啃最硬的骨头、打最硬的仗，力争在重要领域和关键环节上取得突破。高校长昨天的报告对改革进行了总动员，我主要讲学校要推出的重大改革举措，尤其是体制机制的创新。

要通过改革建立一流的人才培养体系。我们今天比任何时候都更加强调大学的立身之本是立德树人。人才培养是我们的金字招牌，但落实新时代人才培养要求，我们还要有更多新招、好招、实招。要进一步落实立德树人工程，要在加强“大思政”的整体规划和顶层设计上下工夫，要在推动融入式、嵌入式、渗入式上下工夫，要在增强时代感和吸引力上下工夫。“明道育德”课程思政教学改革、高校思想政治工作创新发展中心、国际校区书院制成长社区，这些载体和平台要切实建设好。要全面落实“以本为本”，加快推进《一流本科行动计划（2018—2030）》，统筹推动培养方案、专业、招生、课堂、课程改革、学分制和双创基地建设。研究生教育也要追求卓越，在研究生生源质量、创新能力、国际化、课程教学和实践能力等5个方面共同发力，完善研究生教育质量保障体系和绩效考核体系。当前尤其紧迫的是，国际校区今年要招收本科生，布局的都是新工科学院，新工科专业设置、培养方案、招生方案等一系列方案，国际校区、教务处、招生办等部门要协同推动，加强与主管部门的沟通，以最快速度拿出最高水准的方案。

要通过改革汇聚一流师资队伍。人才是第一资源，办学水平的差距归根结底是人才的差距。实事求是地说，学校高层次人才队伍规模小，尤其是博士后、专职科研人员等青年人才不够多，在同类高校中排名都不靠前。人事制度改革力度要加大。要坚持以师德师风作为评价的第一标准，以聘用制改革为突破口，以考核评价制度改革为抓手，以分配制度改革为重点，建立与世界一流大学目标相适应的人事人才制度。人事处提出了7大举措，推出了9个配套文件，下一步要根据研讨会意见再修改、再完善，多方征求意见，尽快提交学校决策。

要通过改革最大程度激发科研创新活力。我们今天比任何时候都更加强调科技对国家和地区经济发展的支撑和引领作用。科研是服务国家创新发展的重要支撑，也是学校“双一流”建设的有力支撑。对标新形势新要求，我们的差距和短板很明显，特别是承担重大项目、产出高水平成果、参与重大工程的能力。比如，国家重点研发计划与同类高校相比有较大差距，省重点领域研发计划与省内高校相比优势并不明显；再如，粤港澳大湾区建设，我们有学科优势、有地缘优势，但我们的参与、支撑度还不够。研讨会上提出科研创新的“七大计划”和“八项改革”，重点还是要推动科研评价机制改革，要完善分类科研评价体系，真正体现对科研内涵、科研成果产出的评价，在人事考核、职称评聘中用好科研评价。学校和各学院、学科要一起来谋划、推动，要下更大的力气、花更多的工夫。

要通过改革最大限度提高资源配置效益。资源配置要更加科学，突出学院学科主体，突出学科建设绩效，更能体现质量、水平、效益的要求。资源配置要更加统筹，要认真分析投入产出比，以国家“双一流”建设资金投入为主，统筹人才队伍、科学研究、人才培养、实验室建设等资源，向重点建设学科和效益高的学科倾斜，形成学科建设合力，提高资源使用效益。总之，就是要彻底改变“撒胡椒面”“吃大锅饭”的现象，学校在制订学科、教学、人事、科技政策和出台具体举措时，一定要牢牢把握这一导向和要求。

第三个关键词，合作

开放是大学的重要特质，合作是大学发展的重要途径。合作才能拿到更多资源，才能做更大贡献，争取更好的发展空间，实现双赢或多赢。

要全面拓展国际合作新格局。建设一流大学，舞台是世界舞台、坐标是国际坐标、格局是全球格局，一定要通过交流合作参与国际竞争。广州国际校区建设是全面提升办学水平的新引擎，也是形成国际合作新格局的重大契机。要紧抓这一契机，大力推动与世界名校的深度合作、实质性合作，推动形成浓厚的国际化氛围。尤其是我们的学生，不管是本科生还是研究生，海外交流的比例都偏低，本科生在 C9、E9 共 18 所大学中排第 17 位。这个问题，教务处、研究生院、国际处要认真梳理，拿出方案，切实加以解决。还有一点要特别强调，就是必须牢牢把握社会主义办学方向，治理机制、国际合作模式、书院制、Tenure track 的探索和借鉴，都必须立足国情、校情，这点不能有丝毫动摇和松懈。

要全方位加强校地校企合作。昨天高校长强调了大学的学术发展和人才培养，这是一流大学的标准。同时，我们一直强调成果转化和工程应用，这是华工的优势，也是我们的特色，更是我们的法宝，任何时候都不能丢。有贡献才有位置，有服务才有支持。要进一步完善科技成果转化政策体系，科技、人事部门要配合，做好制度设计，明确激励导向。成果转化形式还可以更多样、更丰富，例如技术作价入股、专利转让许可、产学研创新联盟，等等。国家专利奖我们已经连续 10 年保持全国第一，要加大高价值专利的转化实施。“五院一园”分布在粤港澳大湾区的重要节点，要打造成科技成果转化和协同创新的示范区，切实发挥支撑引领作用。

要全力打造华工人“全球发展共同体”。一定程度上，学校校友的成功，就是我们人才培养的成功，就是学校办学的成功。把全球华工人力量凝聚起来，服务校友发展，服务学校办学。2018 年我们做了不少工作，华工人“全球发展共同体”初具规模。要继续用力、用心、用情，联络校友、服务校友、支持校友，充分发挥各地校友组织、校友联盟、校友代表大会等平台的作用，把校友工作做得更实、更细、更好，全球华工人汇聚成更大的力量、更温暖的共同体，为人类命运共同体作出华工人的贡献。

第四个关键词，民生

坚持“以人民为中心”的发展理念，落到学校实际，就是学校的发展依靠师生，学校的发展为了师生，发展成果由师生共享。民生是我们改革发展的落脚点。我们要尊重老师和学生两大主体，谋民生之利，兜民生底线，进一步做实做细做稳各项民生事业，让师生有更多更直接更实在的获得感、幸福感和安全感。要办好事，更要把好事办好！

一是要服务学生更好地成长。要通过加大学生奖贷助困补力度，切实解决学生实际困难。加强人文关怀和心理疏导，特别是对个别学生，要及时发现，做到经常性陪伴交流、精准性激励引导、常态化关心关爱。2019 年要恢复落实辅导员与学生同住、同聊、深交流的制度。加强学生宿舍、运动场、游泳馆等设施建设，要大力倡导体育运动，把为祖国健康工作 50 年作为新时代大学生的人生信条。要丰富校园文化活动，建设更有华工特色、人才培养特色的学生社团。这里要特别强调学生会和社团管理。前一段时间发生的一些事件，包括省内高校，反映出部分学生会干部养成“官本位”的坏习惯，影响很不好。引导学生会和社团回归本色、发挥职能，激励学生干部成为榜样和模范，校团委要按照全国高校党建会议精神，重点思考并拿出方案，学校也将着力推动。

二是要服务教师更好地发展。学校教学、科研、人事等制度设计和举措，要进一步树立引导老师们能心无旁骛、潜心于育人和学术的导向。要切实为老师减负，通过创新管理模式、改进管理手段，包括加快推进师生服务大厅建设，扩大网上办事大厅业务，全面提升应用系统建设效果，实现各类业务系统和数据系统的对接和融合，减轻教师填表、跑腿的负担，为教师们节省时间和精力。积极稳妥地推进附属实验学校和幼儿园建设和发展，教师人才公寓等项目进展要加快，帮助教师们解决后顾之忧。

三是加强智慧校园建设和管理。加大信息化建设投入，特别是投入重点、关键领域，尤其是对世界一流大学建设有重要影响的领域。包括智慧课堂、高性能计算和大数据处理平台建设等。加强信息化建设规划，做好顶层设计，要通过广州国际校区信息化建设超前布局，带动“一校三区”信息化水平整体显著提升。

四是改善校园环境和条件。推进实施一批人文景观保护以及校园环境改造项目。加强图书、网络、出版、档案、分析测试等公共服务体系建设。加强食堂硬件建设，改善就餐环境，提高供应质量。打造一站式服务平台，提升物业管理、水电运行保障、校园管理、交通车管理等水平，加强后勤“互联网+”的建设，实现后勤移动支付全覆盖，提高服务质量和水平。

五是关心关爱离退休老同志。加强与政府、社会组织、养老机构多方联动，进一步完善离退休教工关爱机制和困难帮扶机制，开展敬老养老活动，助力解决双高、孤寡、失能老人的养老难题，打造“幸福华工”养老模式。创新文化养老新方式，办好老年大学，开展丰富的文体活动，举办“荣休会”。依托各类涉老平台，深入开展“五走进”活动，抓好骨干队伍建设，充分发挥老同志的独特作用。

三、深入把握干部队伍建设新要求，强化政治担当和责任担当，形成干事创业的新气象

2018 年 11 月，习近平总书记在十九届中央政治局第十次集体学习时强调，要严把标准、公正用人、拓宽视野、激励干部，造就忠诚、干净、担当的高素质干部队伍。总书记特别强调，作为党的干部，敢于担当作为是政治品格，也是从政本分，要有对党忠诚、为党分忧、为党尽职、为民造福的政治担当，要有守土有责、守土负责、守土尽责的责任担当。这是我们做好干部工作的根本遵循。建设世界一流大学的新征程，跋山涉水、爬坡过坎，还是看我们的干部是否真正担当、真正实干、真正做出成绩来。今天在座的同志大部分都是机关部处长、学院院长、党委书记。我代表学校党委提三点要求。

第一，要有讲政治、顾大局，深化担当实干的思想

我们的干部总体上是积极向上的，是敢担当、有作为的。大部分干部都能聚焦学校发展大局和重大专项，积极主动地去思考和开展工作，有高度的责任心、有谋事的主动性，也有合作的大局观。但是，也有个别干部，在其位不谋其政、不尽其责，工作拖沓、精神不振，不仅在师生中影响不好，也妨碍了学校的事业发展。当然，在一个位置干不好，可能有这样那样的原因，学校也会理解，出于对干部的关心爱护，可以考虑调到另外一个岗位。但是，到了新的岗位，要马上调整状态、重整旗鼓，一定不能抱着爱惜羽毛、得过且过的心态去做工作。

学校党委将进一步把讲担当、重担当的鲜明导向贯穿选人用人的全过程，着力健全激励机制，比如将考核结果跟“兴华人才工程”考核奖励、干部选拔任用等挂钩，强化优劳就优酬、有为才有位的制度保障，彰显为敢于负责者负责、为勇于担当者担当。

第二，要有讲方法、强本领，提高担当实干的能力

我粗略算了一下，全国有 36 所“双一流”A 类大学，每个学校有 100 来个中层正职，也就是说，在我们国家最能代表高等教育发展水平的第一梯队中，大家作为三千六百分之一，作为关键少数，肩负重任。打铁必须自身硬，有多大的责任，就应当有多大的能力。具体到每一个岗位，我们的干部都要增强与之相匹配的本领。比如，学院院长，要重点加强领导学科建设、创新人才培养、加强高层次人才引进和培育、推进国际化办学的本领；学院党委书记，要重点加强抓好党建工作、坚持学院正确方向、团结凝聚人心、全力推进改革、保证安全稳定的本领；机关部处长，要重点加强执行党委和行政决策、做好谋篇布局的本领，加强立足全局、以更高的目标和宽广视野统筹协调推进各项工作的本领；直属单位正职，要重点加强服务学校发展、优化办学保障和支撑的本领，等等。

强化本领、提高能力没有捷径，只有一条路，那就是多干多学。“人才自古要养成，放使干霄战风雨。”当前，很多工作难度都非常大，有些牵涉的利益面很广，往往是牵一发而动全身，处理稍有不当就可能陷入被动。过去这一年，不少同志经常跟我反映，感觉被事情推着走，这恰恰说明我们做工作的方法还有待改进，抓重点抓突破的能

力还不够强。还是要多投入、多做事，风里来雨里去，水里摔泥里爬，经历的事多了，见的场面多了，也就实践出真知，长能力长才干，即使面对大风大浪也能从容应对。

第三，要讲效果、抓亮点，做出担当实干的成绩

担当实干不是喊口号，看谁的嗓门亮、调门高，而是要做出实实在在的成效。推动工作要“一抓到底、善始善终”。这方面我们要加强。有些工作学校反复讲、反复强调，但还是出现了半拉子工程的情况，这里面有客观原因，但主要还是有的干部不敢动真碰硬，工作虽然做了，但都是蜻蜓点水、点到为止，或者虚晃一枪、应付了事，没有击中要害，没有从根本上解决问题；有些部门还存在本位主义，推诿拖拉，没有大局意识，甚至有意掣肘，等着“看笑话”。这是绝不允许的，对于此类问题，学校党委要坚决查处，纪检部门要介入。

推动一项工作，过程固然重要，但也要注重效果。我们既要做力耕不息的老黄牛，也要像孔雀开屏那样，善于总结提炼、形成亮点，充分展示学校改革创新的成绩。过去一年，学校各个方面都取得了不少成绩，有些在全国范围都有较大的影响。这对提升学校的影响力、争取社会各方面对学校办学的支持，是非常有帮助的。今后，在这一方面还要进一步强化，要让“见红旗就扛、见第一就争”的思想深入人心、蔚然成风，努力争取学校各条块、各领域全面开花结果，形成事事出成绩、处处受肯定的生动局面。

总的来说，就是希望大家撸起袖子加油干，干出一片天地来。学校就是大家坚强的后盾！

四、贯彻新时代党的建设总要求，坚持全面从严治党，全面推进党的建设各项工作

当前，高校党的建设和思想政治工作面临许多新情况新问题新挑战。近期，中央和教育部的多个会议对加强党的领导和全面从严治党做了部署和安排。我们要认真贯彻落实新时代党的建设总要求，把党的政治建设摆在首位，全面推进学校党的各方面建设，不断提高党建工作质量，把党组织锻造得更加坚强有力，为加快建成世界一流大学提供坚强的思想保证、政治保证和组织保证。

一要把党的政治建设作为根本性建设，持续加强思想理论武装。加强远大理想和共同理想宣传教育，加强政治引领和价值引领，引导党员干部、师生自觉增强“四个意识”、坚定“四个自信”、做到“两个维护”，始终坚持正确的政治方向。学懂弄通做实习近平新时代中国特色社会主义思想，以“大学习”和“深调研”推动“真落实”，坚持系统学、跟进学、联系实际学，增进广大师生对党的创新理论的政治认同、思想认同、情感认同。我们的党员干部，要通过学习，不断提高政治站位，强化理论思维，创造性地开展工作；要通过调研，多到学院去、到班级去、到课堂去、到宿舍去、到师生中去，与师生打成一片，把工作做到师生的心坎里。

二要全面提高基层党建质量，把全面从严治党延伸到基层一线的神经末梢。大力实施基层党组织“对标争先”建设工程，抓实党建述职评议考核，加强党员教育，提升基层党建工作的规范性和实效性，打造党建示范高校、标杆院系、样板支部三级党建品牌。加强在高层次人才和优秀青年教师中发展党员工作。目前学校教师党支部书记由正教授担任的比例达97%，要采取切实有力的措施，调动他们的积极性和主动性，提升

党务工作水平，把他们的学术影响和政治影响有机地结合起来，全面加强基层党支部特别是教师和研究生党支部建设。

三要切实加强作风建设，营造风清气正的校园环境。必须持之以恒落实中央八项规定精神。八项规定是低标准，不是高要求。要一个节点一个节点地坚守，克服惯性惰性、提高警惕性，保持纠正“四风”高压态势，严到底、不能让，决不让“四风”反弹回潮。2019 年寒假已到，春节临近，各单位负责人要带好头、做表率，把节日期间的正风肃纪工作与日常监督结合起来，持续督查落实中央八项规定及其实施细则精神。

必须在整治群众身边腐败和作风问题上抓出更大成效。要坚持问题导向，聚焦师生反映的痛点难点焦点问题，坚决防范和纠正。要有的放矢，有什么问题就解决什么问题，什么问题突出就集中解决什么问题，既抓面上的问题、也抓背后的深层次问题，既注重解决新发生的问题，也要防止老问题反弹反复。

必须切实扛起主体责任。党员干部要旗帜鲜明地抓好党风廉政建设和反腐败工作，加强对党员的日常管理和监督。各级党组织要把管党治党作为最根本的职责严起来、立起来，敢抓敢管、严抓严管。纪委必须回归本职，把纪律挺在前面，把日常监督实实在在地做起来、做到位，抓早抓小、防微杜渐，咬耳扯袖、红脸出汗，贯通运用监督执纪“四种形态”，发现苗头就及时提醒，触犯纪律就及时处理，绝不能养痈遗患、放任自流。

四要加强防范和应对处置，全力维护校园安全稳定。人命关天，安全第一。我一直强调，离开了安全的发展都是零。特别是今年有许多重要和敏感时间节点，意识形态领域将很不平静，维护校园安全稳定的任务很重。2018 年，有兄弟高校在实验室安全方面有惨痛的教训，我们自己如果不是处置及时，也可能会出现不堪设想的局面。我们一定要保持高度的敏锐性和警觉性，强化底线思维、风险意识，健全安全责任落实机制，提高发现力、研判力、处置力，统筹抓好意识形态、师生人身、实验室、网络空间安全等。尤其是要把维护安全稳定的责任压实、压紧，形成层层有任务、人人有分工的工作格局，确保纵向迅速传导、横向快速联动。

“非常之业，必由非常之人；非常之事，必待非常之人。”同志们，我们是华工建设世界一流大学的见证者，更是参与者、推动者，是引领和中坚力量。我们要深入学习贯彻习近平新时代中国特色社会主义思想，坚决以“四个意识”导航、“四个自信”强基、“两个维护”铸魂，时不我待、只争朝夕，攻坚克难、狠抓落实，以大担当、大作为，为学校的建设和发展作出自己应有的贡献，扎实推进学校一流大学建设迈上新台阶！

谢谢大家！藉此机会给大家拜个早年，祝大家新春快乐，身体健康，阖家幸福！

在学校全面深化综合改革暨年度工作研讨会上的讲话

高　松

（2019 年 1 月 24 日）

各位老师，同志们：

大家上午好！

根据学校安排，我代表党委行政向会议作 2018 年学校工作总结。

一、2018 年学校各项事业取得新进步

2018 年，是全面贯彻党的十九大精神的开局之年，是改革开放 40 周年。党中央召开改革开放以来第五次、新时代第一次全国教育大会，习近平总书记亲自出席大会并发表重要讲话，为推动新时代教育改革发展、做好高校党的建设和思想政治工作指明了方向，提供了根本遵循和行动指南。

2018 年，也是学校正式组建 66 周年及办学 100 周年，是学校“双一流”建设和广州国际校区建设全面发力的关键一年。学校凝神聚力，团结带领广大师生员工，以勇于创新、奋发进取的精神状态，攻坚克难，书写新时代学校改革发展“奋进之笔”。学校综合水平和办学声誉持续提升，稳居软科“世界大学学术排行榜”201—300 名区间，在 2018 年全球大学四大排行榜综合榜中，位居内地高校第 17 位，综合排名世界第 356 位，比 2017 年上升 40 位。

一年来，我们主要抓了以下几方面工作。

（一）全面加强党的建设和思想政治工作

学校党委全面落实新时代党的建设总要求，坚定不移推进全面从严治党，为学校深化改革发展和安全和谐稳定提供了坚强保证。

一是旗帜鲜明地讲政治抓政治。深化理论武装，持续推进“大学习”“大教育”“大研究”“大落实”活动，深入学习贯彻习近平新时代中国特色社会主义思想和党的十九大精神，深入学习习近平总书记系列重要讲话精神，特别是关于教育工作的重要论述，推动学习贯彻向基层延伸，切实增强“四个意识”，坚定“四个自信”，做到“两个维护”。坚持和完善党委领导下的校长负责制，修订党委全委会、党委常委会、校长办公会、学院党政联席会议事规则，建立学院党委会议制度，在议事决策层面落实党对学校工作的全面领导。

二是牢牢掌握意识形态工作的领导权、管理权和话语权。进一步落实意识形态工作

责任制，完善工作机制，加强阵地管理，获批教育部首批“高校思想政治工作创新发展中心”。

三是坚持正确选人用人导向，促进干部队伍建设。突出政治标准培养选任干部，推行“凡提必核”，防止“带病提拔”，落实“逢提必谈”。全年选任中层干部40人，选任科级干部32人。加强干部监督管理和动态调整，同级调整中层干部23人，免职中层干部4人。

四是大力夯实党建基础。出台并实施《加强党的基层组织建设三年行动计划暨基层党组织“对标争先”建设计划实施方案（2018—2020年）》，全面加强基层组织建设。全校基层组织建设质量全面提升。实施高知群体党员发展“领航计划”，发展高知党员70人；实现教师党支部书记“双带头人”100%全覆盖，其中具有正高以上职称比例达97%；1个学院党委和1个学生党支部入选全国“标杆院系”“样板支部”培育单位，学校党委入选“全省党建工作示范高校”。连续两年获评教育部直属高校精准扶贫精准脱贫“十大典型项目”，助力云南省云县摘掉“贫困帽”，助力揭阳市孔美村入选第五批“中国传统村落”名录。

五是抓牢抓实党风廉政建设责任制。深化运用监督执纪“四种形态”，进一步筑牢规矩意识和纪律底线。全年受理、处置各类线索77件，开展信访谈话104人次，对3名中层干部进行通报，对1名中层干部诫勉谈话。

六是推进思政工作创新发展。深入推进《华南理工大学思想政治工作提升行动（2017—2020）》，大力实施思政工作质量提升工程，构建“十育人”体系，获批教育部“三全育人”综合改革试点院（系）1个，“三全五导”实践育人模式入选第一批高校思想政治工作精品项目。把师德师风作为教师评价第一标准，在教师职务（职称）评审、岗位聘用、考核以及评优奖励等环节“零容忍”，实施师德师风建设工程，获批首批全国高校黄大年式教师团队和教育部高校思想政治工作中青年骨干队伍建设项目各1个。

（二）全面落实人才培养根本任务

学校贯彻落实全国教育大会和新时代全国高等学校本科教育工作会议精神，推进“四个回归”，不断完善“三创型”（创新、创造和创业）人才培养的“华工模式”，努力培养引领未来的人。

一是落实“以本为本”，致力打造一流本科教育。紧紧围绕全面提高人才培养能力这个核心点，出台实施《一流本科行动计划（2018—2030）》，建立就业与招生、培养联动机制，推进实施大类招生试点。继续深化协同育人机制，加强专业内涵建设和新工科专业建设，持续推进教学改革。新增国家级教学名师1人，41人、44人次入选2018—2022年教育部高等学校教学指导委员会，入选数量比上届大幅提升；获国家级教学成果奖8项（含参与），获奖数量创历史新高。

二是完善研究生培养全过程管理，打造卓越而有灵魂的研究生教育。推动全英课程建设，实施博士研究生四年基本学制培养、博士预备生基金等多项制度，发挥优博创新基金引导作用，研究生学术创新水平进一步提升。在学校发表的SCI论文中，研究生参与度达70%以上。实施分类培养，将工程类博士专业学位研究生培养扩展至15个院系，获评“全国工程专业学位研究生联合培养示范基地”，获批为工程管理硕士（MEM）与国际项目管理资质认证（IPMP）合作单位，培养特色更加鲜明。在全国首次专业学位水平试点评估中，工商管理获评 A^-。

三是依托国家级双创示范基地，不断完善创新创业教育体系。大力推进以“一院一赛”为核心的学科竞赛资助计划，把创新创业教育融入人才培养全过程。在第四届中国“互联网+”大学生创新创业大赛中荣获金奖2项、银奖2项，在“创青春”全国大学生创业大赛中勇夺5金1银，团体总分位列全国第二，两个大赛均取得历史最好成绩；华南虎战队赢得第十七届全国大学生机器人大赛 RoboMaster 2018 机甲大师赛全国总冠军，实现两连冠；机器人创新基地荣获“小平科技创新团队”。学校入选教育部2018年度全国50所创新创业典型经验高校，获批承办2020年第六届中国“互联网+”大学生创新创业大赛。2018届毕业生总体就业率为99.63%，稳居国内高校前列。

（三）抓好重点领域内涵建设

学校以体制机制创新为着力点，调整学科布局，强化队伍建设，加强原始创新，深化合作办学，推动办学事业实现高质量内涵式发展。

一是优化学科布局，加强学科建设。坚持以一流学科建设为引领，大力实施“工科登峰、理科跃升、文科繁荣、医科跨越”四大学科行动计划，理工科优势进一步凸显，人文社科实现快速发展，“医工结合”发展模式初步形成。新增农业科学进入 ESI 全球排名前1‰，总数达到4个，位居中国内地高校并列第5位，国际排名进入400强行列。在 U. S. News 发布的2018学科排名中，农业科学等5个学科跻身百强。36个学科上榜2018软科“中国最好学科排名”，其中5个进入全国排名前5%，轻工、食品、材料、生物医学工程4个学科跻身全国前三名。健全学科专业动态调整机制，新增马克思主义理论、物理学等一级学科博士学位授权点6个，其中动力工程及工程热物理、船舶与海洋工程填补了广东省经济社会发展急需的空白学科点。完成63个学位授权点自我评估。

二是建强教师队伍，构筑人才高地。准确把握新时代教师队伍建设要求，加大高层次人才引育力度，全年引进一大批高层次人才，9人次入选高被引科学家，学校的全球高被引科学家入选数居全国高校第10位。深化人才和人事制度改革，完善教师评聘考核机制，强化本科教学工作的刚性要求。深化“兴华人才工程”团队建设改革，创新团队建设模式和资源配置方式，“有源光纤与器件”团队获教育部“创新团队发展计划”滚动支持。

三是突出创新引领，提升科技工作水平。实施重点领域核心技术“攻坚计划”，加强优势学科领域的核心关键技术攻关，获批国家自然科学基金项目262项，直接经费超2亿元；牵头承担国家重点研发计划项目7项、课题19项，项目获批数创历史新高，2项成果获2018年度国家科学技术奖。实施科研创新平台“提质计划”，新增国家级科研平台1个、省部级科研平台20个，省部级以上平台总数达到211个。学校被认定为“国防科工局－教育部”共建高校，获批军民融合协同创新中心。

深化科技成果转化体制机制改革，服务国家战略和支撑地方经济社会发展的能力不断增强，学校荣获2018年中国产学研合作促进奖，服务广州总体支撑指数在穗高校第一。一大批优秀成果以专利许可、转让和作价出资方式落地转化（评估作价 1.1 亿元），成为高校专利成果转化的典范。中国专利奖以 2 银 5 优秀的历史最好成绩居全国高校第 1 位，连续 10 年保持全国高校专利获奖数量首位。“五院一园一馆”校地协同创新格局更加完善，共吸引各方投资超过 3 亿元，孵化高技术企业 50 余家，成为粤港澳大湾区和广深科技走廊的重要产业创新力量。一批标志性成果有力支撑国家战略，主导设计 2018 上合组织青岛峰会主会场等国家重大工程，有力支撑港珠澳大桥建设，参与雄安新区规划。

实施哲学社会科学繁荣计划，获批国家级社科重大项目 5 项（含教育部哲学社会科学重大课题攻关项目 1 项，广东唯一），创历史新高；获批国家社科基金年度项目 32 项，其中重点项目 4 项，创历史新高；首次获批中华学术外译项目 1 项，实现国家社科基金项目类型全覆盖。新增社科项目 749 项，合同经费超过 1 亿元，同比增长 40.8%。成立粤港澳大湾区发展广州智库，被采纳各类决策咨询报告 380 余篇，社会治理研究中心入选“CTTI 高校智库百强榜”。

（四）全力推进广州国际校区建设

按照打造世界一流、千载格局的要求，坚持高标准规划、高起点建设、高水平管理、高质量办学的原则，部省市校四方协同，以前所未有的力度推进广州国际校区建设。目前校区各方面进展非常顺利，各项工作按 2019 年招收本科生倒排时间推进，同城“一校三区”办学格局正在形成。

一是工程建设方面。一期工程 10 万平方米的地下结构工程已全部完成，项目全部进入地上结构施工阶段，正同步开展二期工程前期工作。预计 2019 年 12 月前，一期工程 50 万平方米的总建筑面积将交付使用。

二是学科专业方面。目前已挂牌成立分子科学与工程学院、吴贤铭智能工程学院、生物医学科学与工程学院 3 个学院；启动筹建微电子学院和智慧城市学院；并依托相关学院先后成立 4 个校级研究院。校区已申请增设“智能科学与工程”“软物质科学与工程”等 6 个交叉学科（方向），完成“细胞与组织工程”等 3 个本科新专业备案和“智能工程”1 个本科新专业的审批申报。

三是队伍建设方面。校区实施“靶向引才、以才引才、组团式引才”策略，已汇集院士和顶尖学术大师多人，形成了一批以顶尖学术大师领衔，国家杰青、海外高层次引进人才、“973”项目首席科学家、IEEE Fellow 等中青年人才骨干为核心的创新团队，直接落地开展高水平教学和前沿科学研究。

四是人才培养方面。校区首届研究生 136 人已顺利入学，2019 年招收本科生的各项工作也在筹备中。已与西澳大学、加拿大麦克马斯特大学、美国密西根大学吴贤铭制造研究中心签约共建学院或开展学生联合培养等合作，还与多所国外知名大学商谈合作成立中心或研究院事宜。

五是管理创新方面。学校积极探索在地国际化办学新模式，创新校区管理运行机制、办学合作模式、人员聘任管理制度、校区党建工作模式等，全面建设“弘大学之精神，修健全之人格，树时代之新风，育创新之人才”的“书院制”创新社区，将党建工作融入校区总体建设。

（五）持续加大改善民生的力度

学校坚持把解决关系师生切身利益问题放在突出位置，大力抓好民生工作，拓展汇聚各方资源，用足用好政策，谋民生之利，兜民生底线，进一步做实做细做稳各项民生事业。

一是挖掘政策潜力，改善师生待遇。在保证办学发展、遵守财经纪律的前提下，尽最大可能提高教职工待遇。2018 年人员经费支出比年初预算增加 3000 多万元，2018 年学校的总支出 48.09 亿元，其中人员经费包括工资福利及对个人家庭的补助支出 22.76 亿元（占比 47%），比 2017 年略有增长。加大学生奖助补助，2018 年发放学生各类奖助学金 3.08 亿元，较 2017 年增长 10.63%。

二是用心用情用力，开展长者关怀。完善困难帮扶机制，发放“困难补助”。落实医疗待遇政策，帮助申请“大病医疗救助基金”。离休人员离休费人均增加 560 元/月，退休人员养老金人均增加 280 元/月。创造便利生活，构建“幸福 e 区”智慧养老模式，已开展 5 大板块。“老有所学”“老有所乐”“老有所为”平台愈加宽广，老年大学获“全国高校示范老年大学”称号。

三是改善办学条件，夯实基础建设。推进校园基本建设，改善学生生活条件，完成西十学生宿舍维修工程、北区二饭堂整体装修改造工程，维修学生宿舍近 2800 间。推进“光影校园”建设，完成主干道路灯 70% 的改造。改造消防设施，建设监控天网，完善道路标线，加大人防物防技防建设，确保校园治安、消防、交通、实验室和生产生活安全。深化“互联网 + 校务服务”，上线校务服务中心网上办事大厅，一期 42 项服务事项可网上办理，切实让师生少跑腿、数据多跑路。

四是汇聚校友力量，共谋学校发展。广大校友积极支持母校办学事业发展，召开第一届全球校友代表大会。完善校友组织全球化布局，新增 7 个地区（行业）校友会，成立粤港澳大湾区校友会合作联盟和华南理工大学创业者全球联盟，凝聚起更强大的发展力量，华工人“全球发展共同体”初具规模。

老师们，同志们，2018 年，学校办学改革发展各项工作取得了新进展、新成绩、新突破，以务实的作风、奋进的姿态迈入了从单点突破向系统提升的重要阶段。成绩喜人，催人奋进。这其中，包含着全体华工人的辛勤付出，凝结着全体华工人的无私奉献。在此，我谨代表章熙春书记、代表学校党政班子，向关心支持贡献于学校事业发展的全体华工人致以最衷心的感谢和敬意！

二、正确认识学校改革发展的新形势新挑战

在取得成绩的同时，我们也清醒地看到，学校的发展还存在不少问题和困难，还面临着许多新情况新问题新挑战。

从国际大势看，当今世界正面临百年未有之大变局。当代科技已经到了产生重大突破、颠覆性突破的临界点，将会对未来经济社会和人类的发展，对世界格局产生革命性影响。中国成为世界第二大经济体，国际力量对比发生深刻变化。随着我国国际地位和影响力快速上升，日益走近世界舞台中央，具有新的历史特点的斗争将不可避免并成为常态。中美经贸摩擦影响逐步显现，并不可避免地传导到教育、科技领域，给教育科技

的国际合作、人才引进、人文交流等带来了很大压力。

从国内大局看，党的十八大以来，党和国家事业发展取得了历史性成就，发生了历史性变革，教育优先发展的战略地位进一步巩固。在规模上，我国高等教育已经世界第一；在水平上，也有快速的进步；这意味着我们正处于最好的历史时期，建设“双一流”的环境和条件都是历史上任何时候都无法比拟的。2018 年，全国教育大会召开，对未来中国教育现代化发展进行了全面部署，高等教育迎来了新的发展机遇期，也处于历史关键点。加快“双一流”建设指导意见的出台，“新时代高教 40 条”的提出，“六卓越一拔尖”计划 2.0 的实施，教师队伍建设改革的设计……深化高等教育改革的号角全面奏响。另一方面，经济下行压力也给国家对教育的投入增长带来不确定因素。

从广东发展看，围绕实现“四个走在全国前列”，广东省作出了“1 +1 +9”工作部署，提出了 9 项重点任务。即将出台《贯彻落实粤港澳大湾区发展规划纲要实施意见》和《三年行动计划》，提出要把粤港澳大湾区建设作为广东改革开放的大机遇、大文章抓紧抓实，举全省之力把大湾区建设成为世界级的湾区、发展最好的湾区。这对学校来说，既是重大的考验，更是重要的发展战略机遇。

从学校发展看，经过大家的共同努力，学校近年来取得非常快速的发展，但还存在不足和差距，甚至是制约发展的瓶颈问题。如，尽管更多学科入围世界主要学科排名，与世界一流学科的差距逐渐缩小，但是学科布局老化、总体水平不高的问题没有得到根本解决；培养的杰出创造性人才和产出的重大原创性学术成果都还比较少；ESI 前 1%和 1‰学科数、高层次人才总量、重大重点项目和国家级重要奖励、研究生培养质量等关键指标仍存在不足；国际化发展与学校整体发展尚不匹配，仍存在较大的差距；人才培养模式、人事制度、科研体制机制等各项改革都在积极推进当中，但关键领域改革尚没有实现新突破，改革的系统性、整体性、协同性不高，管理服务水平亟待提高等。这些问题已经制约了学校一流大学建设和高质量发展。

目前，我国发展进入了改革攻坚期、矛盾凸显期。这一时期，也是我们探索中国特色世界一流大学与一流学科建设之路的攻坚期，是爬坡过坎迈向世界一流的关键阶段。要加快“双一流”建设步伐，要坚定不移推动高质量发展，关键还是要抢抓机遇，找准牵一发而动全身的切入口，而这都必须靠改革开放“关键一招”开路。唯有全面深化综合改革才有出路，这是对适应新形势、落实新任务的客观判断，是坚持问题导向和目标导向相结合的战略眼光，更是在新的历史条件下，继承优良办学传统，开创新百年办学格局的迫切需要。

三、在更高起点上推进全面深化综合改革

华南理工大学具有勇于改革创新的传统，血脉里一直流淌着创新的基因。从开部省共建之先河，再到部省市校四方共建广州国际校区，办学体制改革不断深化；从在全国率先提出“三创型”（创新、创造、创业）的人才培养目标，到入选国家大众创业万众创新示范基地，学校将“双创”教育融入人才培养全过程，形成国内外认可的拔尖创新人才培养“华工模式”，被誉为“本科人才培养的奇迹”“一场静悄悄的教育革命”。从率先推出《支撑珠三角产业发展行动计划》，到推出“华工十条”，形成“五院一园一馆”的服务地方创新格局，学校走出了一条独具特色的产学研融合发展之路，被誉

为“我国尤其是华南地区经济社会发展的发动机”；还有“兴华人才工程”的实施、医学院的组建，等等，学校努力争当改革尖兵，每一次重要的变革都适应时代而生，冲破机制藩篱，推动办学不断跨越发展。

站在新的起点上，面对新的发展形势、新的发展任务，学校的综合改革的目标是什么？形成激励师生的现代大学治理体系，形成学生主动学习、教师安心学术的环境和文化，应该改些什么？怎么改？哪些事情值得我们去做？哪些环节需要我们紧紧地抓住？这都需要我们大家深入地分析、深入地思考，科学地设计、系统地推进。在这里，我谈几点个人的思考。

（一）把握人才培养这一“初心”，坚定综合改革的方向

大学中，教师、学生和学校，其目标与追求有相同也有不同，学者最关注的是自己和学科的学术发展，学生关心的是未来的生活和就业，学校会更多考虑学校整体的目标追求，更关注教育、关注人的培养。因此，与企业和政府机关相比，大学的一个显著特征是比较松散和个性化，每一方、每个人都有各自的目标和诉求，大学的运行，也就像许多转向不同的齿轮一样，相互咬合，总体形成合力向前发展。

那么如何凝聚形成合力，首先是合力的方向要明确，即学校的中心任务，就是学生的健康成长、教师的学术发展；学校的核心使命就是立德树人、人才培养。教师的学术发展、学术研究也应该围绕着、结合着人才培养来进行，学术研究主要是为了卓越人才的培养，项目、文章、获奖等等指标应该是手段、过程、抓手，不是目标，目标还是人的培养。洪堡建立现代大学，十分重要的一个理念就是“研究与教育合一”。但是现实中，重研究、轻教育的现象还是相当普遍。所以要始终坚持大学的初心，把人才培养作为一切工作的出发点和落脚点。

作为世界一流大学，最重要的贡献是思想和学术。是否是一所卓越的大学，主要看其对于中国和世界能否产生更重大贡献和广泛影响，包括直接的，如师生原创性的学术贡献：新思想、前沿科学和未来技术；间接的而且是主要的，大学是为未来而存在的，要看是否吸引当代最优秀的学者，去培养出下一代最优秀的学者，培养出能够“引领未来的人”，传承文明，贡献于国家发展和人类进步。这是大学的主业和立身之本，也是大学区别于其他社会机构的根本所在。

因此，在大学的决策和管理中，需要判断一件事情该不该做、值不值得做。做一件事情之前，需要常常问，为什么要做？对于一个学者来说，需要判断做一项研究的学术价值和是否代表未来发展方向。对于大学的管理者来说，要看是否符合学校的核心使命，即是否有利于学生的健康成长，是否有利于教师的学术发展。这就是大学的初心。这应该成为我们办学的一个基本判断和依据。还要根据实际情况，把握恰当的时机和采用合适的方法，才能做成事，推动事业的发展。

综合改革是一项复杂的系统工程，其目标就是要不忘建设大学的初心，形成能够有效激励师生的现代大学治理体系，形成学生主动学习、老师安心学术的制度、环境和文化。

（二）把握人事制度这一“核心”，走好综合改革关键一步

我们在推动“双一流”建设中，围绕学校的核心使命及其实现，可以把学科建设的基本原则和方针概括为“队伍建设为核心、院系建设为基础、学科交叉与融合为重点、体制机制改革为动力”。学科建设需要综合改革作为动力，而综合改革的核心是调动和激励教师的主动性和创造性，形成“近者悦，远者来”的局面。

教师是大学发展最关键的要素，没有一流的教师队伍，就不可能建成一流大学。一流大学师资队伍建设的根本任务就是吸引全世界最优秀的人才来校任教，并且激励各类人才在教学和科研工作中发挥最好的作用。

从2000年开始，学校就开始实施“兴华人才工程”，探索“团队”建设的模式，之后确立“人才强校”战略，陆续推出了一系列改革举措。经过多年不懈的努力，基本扭转了不利局面，取得长足的发展。这是很不容易的。但同时，制约教师队伍发展的主要矛盾和瓶颈问题还没有得到根本性解决，学院间队伍建设的不平衡日益显著，不少院系的学科发展存在“强者愈大、弱者愈小”的“马太效应”；教师队伍的组织形式尚无法满足“前沿研究”和“国家重大战略需求”的要求，不利于新兴学科和交叉学科的发展；教师评价体系相对单一（指标化数量评价比重偏大，定性的质量水平评价不够），缺乏优胜劣汰的聘用与退出机制，队伍活力不足；师德师风还存在差距，教师日常管理需进一步加强。这些问题，都迫切需要我们解决。

人事制度改革涉及的范围非常广，面临不少矛盾，存在着不少“硬骨头”，既是大家关注的焦点问题，也是综合改革的难点问题。从某种程度上来说，人事制度改革影响着学校综合改革的成效和水平，是学校综合改革中最困难和最关键的一步。这一步虽然难，却是非走不可的。2018年，中共中央、国务院印发了《关于全面深化新时代教师队伍建设改革的意见》，将教师队伍建设工作提升到前所未有的政治高度，“改革”是该意见特别突出的关键词。同一年，印发《新时代高校教师职业行为十项准则》，提出了高校教师职业行为倡导标准和禁行底线。这些政策文件，为我们进一步深化人事制度改革，建设高素质创新型教师队伍提供了根本指南。

接下来，我们必须要聚焦管理顽疾，探索破解之策，坚决破除影响教师队伍建设的体制机制障碍，不断激发广大教师的活力和创造力；要以更大力度落实师德师风作为评价教师队伍素质的第一标准，把严格的制度规定和日常的监督管理结合起来，突出全员全方位全过程师德养成；要充分发挥考核评价的指挥棒作用，引导教师把个人的学术发展与学校立德树人的目标更好契合起来，凝聚形成推动学校发展的强大合力。

老师们，同志们，船到中流浪更急、人到半山路更陡，我们已经到了一个愈进愈难、愈进愈险而又不进则退、非进不可的时候。作为国家“双一流”建设高校，我们要勇挑重任、直面问题，把握大势、抢占先机，培养出能够“引领未来的人”，传承文明，贡献于国家发展和人类进步。而我们要完成大学人才培养的核心使命，关键的问题是抓住主要矛盾，找到合适的切入点，把握能起到杠杆作用的中心环节，做到纲举目张，带动整体工作。这也进一步说明综合改革的重要意义。还有一点我们要明确的是，教育的改革常常是渐进的，要点点滴滴、不断累积、稳步推进，在坚守和传承中创新发展。大学的改革措施，特别是人才培养方面的举措，很难在短时间内得到有效的检验和

反馈，因此我们既要扎根中国、融通中外；又要立足时代，面向未来。要不忘初心，专注主业，合力把全面深化综合改革的工作推动好、落实好，持续推进实践创新、理论创新、制度创新、方法创新，更加注重人的培养，更加注重内涵发展，更加注重质量提升，更加注重狠抓落实，以新认识、新举措、新实践，为学校新跨越开好局、起好步、奠好基。

接下来，有4位负责同志将就学科建设、本科生和研究生教育、科技创新、人才和人事制度等方面的改革发展工作进行汇报，我们希望能从这几个相互联系的侧面，找到一些合适的切入点，进而推动综合改革。让我们一起认真分析思考，积极研讨分享，不断凝聚共识，共同为学校在新时代全面深化综合改革建言献策，做出贡献。

谢谢大家！

以永远在路上的韧劲 坚定不移把全面从严治党引向深入*

章熙春

（2018 年 4 月 13 日）

老师们，同志们：

今天，我们在这里召开学校 2018 年全面从严治党工作会议。这个会过去是党风廉政建设会，今年改为全面从严治党工作会议，标题的变化，彰显的是新时代学校党建工作的新要求新气象，更加突出推进全面从严治党的重要意义和坚定意志。今天这个会议，同时也是学校党委对在座的各级干部的一次集体廉政谈话。

下面，我主要讲三方面的内容。

一、进一步提高对新时代全面从严治党的认识

党的十九大作出“中国特色社会主义进入新时代，我们党一定要有新气象新作为”的重要论断，是明确“坚定不移全面从严治党，不断提高党的执政能力和领导水平”的重要部署，提出新时代党的建设总要求。我们必须提高政治站位，强化政治意识，毫不动摇坚持和完善党的领导，毫不动摇把党建设得更加坚强有力。

2017 年，学校党委不忘初心、牢记使命，紧密团结在以习近平同志为核心的党中央周围，全面贯彻党的十九大精神，以习近平新时代中国特色社会主义思想为指导，认真落实中央、教育部党组和广东省委各项决策部署，切实履行管党治党、办学治校主体责任，坚持和加强党的全面领导，坚持把方向、谋大局、定政策、促改革，坚定高等教育发展的“四个服务”方向，把好党建与思想政治工作主线，各项事业实现高质量内涵式发展。

总的来看，一年来，学校党委充分发挥领导核心作用，在全体党员干部和广大师生员工的共同努力下，全面从严治党取得新成效新进展，为推动改革发展提供了坚强的政治、思想和组织保证。但是，全面从严治党只是开了一个好头，远未到大功告成的时候，还要清醒地认识到，与中央、教育部党组和广东省委的要求相比，与建设世界一流大学的目标相比，与广大师生员工的期望相比，还有不少困难需要克服，还有不少问题需要解决。我们要进一步认清形势，继续奋斗，以永远在路上的韧劲，坚定不移把全面从严治党引向深入。

（一）清醒地认识到基层党支部建设有弱化、虚化的倾向

党的十九大报告强调，要“着力解决一些基层党组织弱化、虚化、边缘化问题”。

* 本文是校党委书记章熙春在学校 2018 年全面从严治党工作会议上的讲话。

就我们学校来说，有些基层党支部也存在一定程度的弱化、虚化问题。有的党支部组织生活不够经常与认真严肃，职责履行不够到位，没能充分发挥战斗堡垒作用；有的党员党的意识、党员意识不够强甚至有些淡漠，没能充分发挥先锋模范作用，没有把党员的先进形象和光荣旗帜树起来；有的党支部党建工作与教学科研、管理服务以及学生学习等业务工作结合得不够紧密，以党建引领和推动业务发展还要进一步加强等。

（二）清醒地认识到管理制度还执行不到位，监督不经常

学校党委高度重视建立健全管党治党各项规章制度，但在执行和监督两个方面还存在一些问题。就制度执行而言，有的缺乏配套的推进和保障机制，使得落实制度停留在文件和口头上；有的执行一段时间后不了了之，制度成了“稻草人”摆设；有的干部在制度执行上有敷衍应付思想，对推动制度执行到位的方法措施研究不够，统筹谋划不足。就制度监督而言，对制度落实不到位、职责履行不到位等问题，缺乏及时有效的监控措施和制约手段，以问责追责倒逼制度落实的机制还不够健全；有的干部选择性执行制度，造成制度执行时软时硬，丧失权威；有些重点领域和关键岗位的监督方式有限；有些工作过分依赖纪检监察部门“牵头把关”，主责部门没有切实履行好监督管理职责。

（三）清醒地认识到思想政治工作整体性、协同性还不高

每个单位、每个学科、每个教师、每个环节都肩负着立德树人的神圣职责，只有形成协同效应，才能更好地实现“三全育人”。学校基本构建起“大思政”工作格局，但是，由于整体性、协调性不强，有些思政工作还没有深入。思政课程与课程思政之间缺乏协调统一，教务部门、学生管理部门、教师管理部门之间存在各自为政的现象，专业知识中的德育元素挖掘不够；作为“主渠道”的思想政治理论课和作为“主阵地”的日常思想教育管理之间未能形成联动，思想政治理论课缺乏实践性，日常思想教育管理缺乏理论性；有的教师对教育事业缺乏神圣感、对学生缺少责任感、对学术缺少使命感，敬业精神不足，教学效果一般；教师思政中点面结合的工作格局尚未形成，教师思政工作与师德师风建设、与教书育人工作、与职业发展、与人生理想、与实际困难结合得不够，让教师成为令人羡慕的职业有待进一步加强。

（四）清醒地认识到有的党员干部还存在不作为、慢作为、乱作为现象

总书记指出：“当前‘为官不为’主要有3种情况：一是能力不足而‘不能为’，二是动力不足而‘不想为’，三是担当不足而‘不敢为’”。从学校情况来看，有的干部能力不足是客观存在的，但更多的是动力不足、担当不足。由于长期的惯性使然，有的过惯了舒服的日子，安于做没有作为的“太平官”，对履行单位职责不积极、不主动，以“没有经验”“人手不足”等借口推诿拖延，遇到棘手的问题或困难矛盾，要么绕着走，要么往外推，实在推不出去了就拖着不办；有的不讲原则、爱惜羽毛，乐于做圆滑世故的“老好人”，不敢动真碰硬，不愿意得罪人，应当坚持的立场没有坚持，应当弘扬的导向也没有弘扬；有的工作上瞻前顾后、缩手缩脚，害怕改革，逃避创新，不善于也不敢于攻坚克难；有的喜欢拍脑袋决策、拍胸脯蛮干，依法治校观念淡薄，不遵循科

学的决策程序，不讲究适当的工作方式方法，不充分考虑可能产生的社会效果、师生反应等各种影响，结果不仅把事办砸了，还引发一连串的负面效应。作为一名党员干部，不作为、慢作为、乱作为，不仅愧对共产党员的称号、愧对师生员工的期盼，同时也是一种不能容忍的腐败。

（五）清醒地认识到作风滑坡有抬头倾向，“四风”现象有反弹倾向

学校经过持续不断的努力，反对“四风”问题取得显著成效，党风政风校风发生了全面深刻的变化，但是形式主义和官僚主义在一定程度上还存在。有的干部贯彻上级和学校决策行动不够迅速，落实不够全面，措施不够精准；有的干部落实请示报告制度不严肃，遇到重大事项不请示、不报告，先斩后奏、边斩边奏，甚至斩而不奏；有的干部在上班时间从事与工作无关事项，或违反出勤要求擅自脱岗，使得管理服务效能不高；有的干部工作浮于表面，脱离教学、科研、管理一线，缺少深入的调查研究；有的干部对文稿、方案把关不严，对提交给学校的相关材料没有认真研究审核，该走的程序没有走；有的干部在操办婚丧嫁娶中违规收受下属礼品礼金；有的干部勤俭节约意识有所淡化，在办公用房、用车、活动组织等方面存在铺张浪费的现象，在招标采购等工作中询价不够、议价力度不足，没能发挥财政资金最大化效用。还有的单位“门好进、脸好看”，但还是“事难办”；有的单位对会议活动和公务接待管控不严，不遵守《会议管理办法》和《国内公务接待管理办法》的情况时有发生，有干部反映，层层开会、重复开会，会议较多，疲于应付，没有时间抓落实；有的单位还购买高档酒水准备用于业务接待。

（六）清醒地认识到干部对纪律和廉洁的认识还不牢固、不充分

学校党委不断强化纪律约束，推动实现监督全方位、全覆盖，但是有些干部的政治纪律、组织纪律、廉洁纪律、群众纪律、工作纪律、生活纪律等还需要不断加强。2017年，学校收到各类线索84件，比2016年上升223%；3名教职工受到诫勉谈话；2名教职工受到党纪处分；1名教职工被判处有期徒刑，已被开除党籍，开除公职处分正在报教育部批准。这些数字和案例触目惊心，我们都应该引以为戒。从线索反映的情况看，招标采购、科研经费、职称评审等重点领域和关键环节的廉政风险较高，有的党员干部廉政意识淡薄，在设备采购过程中违规收受供应商财物，有的甚至与供应商勾结串通虚报高价格从中收取回扣；有的领导干部履行“一岗双责”意识不强，对身边工作人员的监督教育失之于宽、失之于软，从源头上预防和治理不廉洁的举措、办法还不多。

以上种种问题，影响了学校世界一流大学建设大局，降低了广大师生对学校的信任度和满意度。这些问题暴露出，学校全面从严治党力度还不够，压力传导还不到位，党风廉政建设和反腐败斗争形势依然严峻。对此，我们必须始终保持清醒认识，时刻保持高度警觉。当前，学校正处于发展的关键时期，还有很多“硬骨头”要啃，有很多攻坚战要打，我们要保持政治定力、战略定力、前进定力，始终以永远在路上的韧劲，推动全面从严治党向纵深发展。

二、扎实推进学校全面从严治党主要任务

2018年，是贯彻党的十九大精神的开局之年，是纪念改革开放40周年，也是教育系统党建质量年、实施“奋进之笔”进取年，全面从严治党责任重大。我们要按照中央、教育部党组和广东省委的部署要求，以习近平新时代中国特色社会主义思想为指导，认真贯彻落实党的十九大、中央纪委二次全会全面从严治党会议精神，以党的政治建设为统领，坚持和加强党的全面领导，不断增强“四个意识”，坚定“四个自信”，做到“两个维护”，为推动学校各项事业实现更大发展提供坚强保证。

（一）全面加强政治与思想文化建设

1. 要把党的政治建设摆在首位

党的政治建设是党的根本性建设。没有离开业务的政治，更没有离开政治的业务。习近平总书记在党的十九大报告中强调，建设教育强国是中华民族伟大复兴的基础工程，必须把教育事业放在优先位置，深化教育改革，加快教育现代化，办好人民满意的教育。从这个意义来讲，办好教育就是我们最大的政治，一切办学行为都要讲政治。一是严肃党内政治生活。党要管党必须从党内政治生活管起，全面从严治党必须从党内政治生活严起。学校各级党组织都要严格执行《关于新形势下党内政治生活的若干准则》，不断完善和认真落实民主集中制的各项制度，增强党内政治生活的政治性、时代性、原则性、战斗性。二是严明政治纪律和政治规矩。政治纪律和政治规矩，是党在政治方向、政治立场、政治言论、政治行为方面的刚性约束，是最重要、最根本、最关键的纪律和规矩，是党生存和发展的生命线。我们要把守纪律讲规矩摆在更加重要的位置，始终同党中央保持高度一致，坚决防止“七个有之”，切实做到“五个必须”。三是不断提高政治觉悟和政治能力。政治觉悟和政治能力不是自然而然产生的，也不能自然而然始终保鲜，今年将开展“不忘初心、牢记使命”主题教育，我们要认真组织广大师生、党员干部更加自觉地学习党章、遵守党章、贯彻党章、维护党章，让大家在党内政治生活中接受锻炼，在工作实践和斗争中接受磨砺。

2. 要牢牢掌握意识形态工作领导权

落实意识形态工作责任，加强阵地建设和管理，这是我们做好意识形态工作的基本要求。具体来说，我们要着力突出“四个完善”。一是完善责任体系。今年，学校党委将进一步把意识形态工作主体责任向基层党支部延伸，进一步厘清“三个清单”，即问题清单、任务清单、责任清单，进一步夯实“校—院—党支部”三级责任基础。二是完善体制机制。通过逐步建立健全意识形态工作联席制度、督查制度、排查制度、研判制度、报告制度、考核制度等一揽子制度，进一步推进意识形态工作长效机制建设。三是完善阵地管理。一方面，我们要加强和改进学校哲学社会科学报告会、研讨会、论坛、课堂等的管理，强化教师授课纪律和规矩；另一方面，学校正在抓紧建设网上办事大厅，与之同步进行的是，修订或建立相关管理规定，厘清职责、理顺流程，进一步织牢“横向到边、纵向到底”意识形态工作网。四是完善应急体系。通过推进“校园安全管理与应急指挥系统”构建，完善安全联防和应急保障机制，完善各职能部门间的沟通联系和协同合作机制，进一步形成学校安全管理与应急指挥合力。

3. 要不断加强和改进思想政治工作

2017 年，学校出台了《思想政治工作提升行动（2017—2020）》，取得了较好的成效。2018 年，我们还将按照文件要求，准确把握思政工作进入到“由全面施工到内部精装修”阶段这一重要事实，着重面向学生和教师这两大教育主体，深入推进落实，解决思政工作整体性、协同性不够的问题。

对于学生思想政治工作，我们要努力做到“三个强化”。一是强化理想教育。加强党史、国史、改革开放史、社会主义发展史的学习教育，优化校院两级“青马工程”课程体系，推进中华优秀传统文化进校园进课堂，大力弘扬以爱国主义为核心的民族精神和以改革创新为核心的时代精神。二是强化思想引领。结合重大历史事件和重要时事热点，广泛开展主题活动，做好经常性思想工作；结合标杆工程系列活动，在学生群体中树立学习榜样。三是强化管理服务。要坚持围绕学生、关照学生、服务学生，加强家庭经济困难学生的认定和资助，加强少数民族学生教育管理服务，加强学生心理健康教育和咨询，加强学生国防观念和国家安全意识引导等。

对于教师思想政治工作，我们要认真贯彻落实国家对教职工思政工作的要求，坚持教育者先受教育，努力培养有理想信念、有道德情操、有扎实学识、有仁爱之心的“四有”好老师。一方面，我们要在“面”上铺开，针对不同层次开展培训，举办研讨会，有效运用教师思政教育主阵地，进一步健全师德师风建设的长效机制，让教师养成良好的思想素质和高尚的师德，成为思想政治素质过硬的“领路人”，努力培养造就堪当民族复兴大任的大国良师。另一方面，我们要在“点”上着力，加强“全国高校黄大年式教师团队”（曹镛院士团队）的宣传，充分发挥其榜样作用，树立起不同类型、不同层次、不同领域的典型标杆，充分发挥好优秀个人和团队的带头作用。学校还将进一步统筹好思政工作队伍、党务工作队伍和学术队伍，使这三支队伍相互配合，形成合力。

（二）全面加强基层党组织建设

党的基层组织是确保党的路线方针政策和决策部署贯彻落实的基础。根据党的十九大关于加强基层组织建设的总要求，以及上级部门的具体部署，针对当前学校基层党组织建设存在的问题，学校党委将按照“强基础、树品牌、抓考评”的基本思路，全面加强基层党组织建设。

1. 要建强基础

所谓建强基础，就是要把基层党建的各项基础性工作和基础性建设抓实做好。我们要建强的，是上级有要求但还没有做好做到位的，也是学校推进改革发展稳定工作需要的。具体来说，包括两个层面：

一是要建强二级党组织，特别是学院党委，要充分发挥政治核心作用。这两年，学校党委在强化学院党的领导方面做了大量工作，如实行学院党政领导班子成员交叉任职，党员院长全部任副书记，党员副院长全部任委员，增强了学院党的领导力量，但在具体的制度建设和落实执行上还需要进一步加强。比如，通过前面几轮校内巡察，发现有的学院党政联席会议开得不够规范；通过这两年开展的二级党组织书记抓基层党建述职评议考核，发现有的学院党委抓党建不够投入、不够有力。还有中央 31 号文强调，学院党委要在教学、科研、管理等重大事项中把好政治关，这一要求如何落实；等等。这些问题都需要我们认真思考，积极采取措施加以解决，完善制度规范并严格执行，强化学院党委政治核心作用。

二是要建强基层党支部，特别是教师和学生党支部，要充分发挥战斗堡垒作用。党支部是党最基本的组织，是党全部工作和战斗力的基础。习近平总书记指出，要抓实基层支部，把全面从严治党落实到每个支部、每名党员。教师和学生党支部离教学科研工作最近、离学生学习生活最近，是做好学校党建工作的基础。学校党委一直很重视基层党支部建设，2017 年专门制订了《严格党的组织生活规定》《关于加强新形势下教师党支部建设的实施意见》等文件，并通过党支部换届进一步选优配强了支部书记和支委班子。2018 年，学校党委决定实施基层党支部提升工程，从优化支部设置、建强支委班子、严格组织生活、强化党员意识等方面，全面加强基层党支部建设，目标就是要打造“有战斗力、有凝聚力”的党支部，“有引领力、有带动力”的支委班子，“有执行力、有贡献力”的党员队伍，使党支部充分发挥战斗堡垒作用、党员充分发挥先锋模范作用，引领和带动学校教学科研、管理服务等各项工作全面改进与提升。学校党委将推出一系列创新举措，校领导带头履行党建责任，如联系指导教师和学生党支部建设，联系“双高”党员发展工作等。各二级党组织书记要认真履行第一责任人职责，牢固树立党的一切工作到支部的鲜明导向，把党支部建设抓实抓好，特别对教师党支部书记“双带头人”培育工程、中青年教师党员发展“领航计划”、党建品牌建设、党支部组织生活等工作要亲自抓，既要注重谋划部署，也要加强督促检查，确保各项措施落到实处、取得实效。

总体而言，无论是二级党组织还是基层党支部，都有许多工作需要加强和改进。当然，这些工作涉及方方面面，需要一定的时间周期，不是一蹴而就、立竿见影的。但是我们一定要有问题意识、危机意识，要敢于检视自身存在的问题，深刻分析原因，提出改进思路和解决办法，制度不健全的，要抓紧时间建章立制；已有明文规定的，要不折不扣贯彻落实，扎实推进各项工作。

2. 要树立品牌

在扎实做好各项基础性工作的同时，还要有创新意识、品牌意识，紧密结合学校和各单位实际，积极打造党建工作品牌。首先，学校党委将继续深入推进“先锋筑梦”支部书记原创精品微党课建设工程、中青年教师党员发展“领航计划”、“岭南追梦”大学生社会主义核心价值观实践行动等党建品牌建设。其次，各二级党组织要全面推进党建品牌建设。在 2017 年二级党组织书记抓基层党建述职评议会上，我曾明确要求到今年底前实现学院党建品牌全覆盖，即每个学院都要培育打造出至少 1 个党建工作品牌，真正构建起“一学院一品牌”的格局。希望各学院认真落实，年底时学校党委将进行考核。同时，也希望其他二级党组织积极思考谋划，努力打造符合自身实际、有助于业务工作提升、富有特色的党建工作品牌。再次，在支部层面，学校将选拔一批优秀党支部进行重点培育并长期坚持，努力打造若干特色鲜明、作用凸显的品牌党支部。

需要强调的是，建设党建品牌是加强基层党建工作的一个重要方法。各级党组织在培育和树立党建品牌时一定要有问题意识，要立足于解决存在的问题和提升党建工作水平，而不能为了“建品牌”来“建品牌”，千万不能搞形式主义，而要紧密结合实际，结合业务工作，通过党建品牌的示范引领，带动和推进整个党建工作实现更高质量的提升。

3. 要抓好考评

近两年，学校党委认真开展二级党组织书记抓基层党建述职评议考核工作，去年各二级党组织还开展了党支部书记述职评议考核工作。总的来说，这项工作对于加强基层党建是有促进有推动的，但我觉得力度还不够，方式方法还需要改进，效果还需要提升。接下来，按照提高党建工作科学化水平要求，要重点加强两方面工作：

一是要建立科学完善的评价体系，增强考核评议的客观性。包括两个层面：一是二级党组织党建工作评价体系，二是基层党支部工作评价体系。当然，这两个评价体系从内容上来说是针对整个党建工作的，包括政治建设、思想建设、组织建设、作风建设、纪律建设等各个方面。这项工作由组织部牵头，党办、纪监办、宣传部、统战部、教师工作部、学生工作部、保卫部等部门要积极配合，协同努力，尽快制订完成，在今年底进行述职评议考核时使用。

二是要强化对党建工作考核评价结果的运用。要把评价结果纳入单位年度整体考核，并作为党内评优评先的重要依据。对考核结果为优秀的，通过不同方式给予表彰奖励；对抓党建工作不力、考核结果较差的，要进行约谈、限期整改。总之，要通过科学合理的考核评价，激发各二级党组织和基层党支部做好党建工作的内在动力。

（三）全面加强党员干部的使命担当

俗话说："当官不为民做主，不如回家卖红薯。"学校坚决不允许占着位子、手握资源、享受着学校提供的待遇，却不作为、乱作为的情况存在。接下来，学校将进一步健全干部能上能下机制，按照"能者上、庸者下、劣者汰"的原则，综合运用平级调整、改任职员制甚至降级降职等方式，对不适应事业发展要求、不愿意担当干事、不按规律规则胡乱作为的干部，及时从领导岗位或重要岗位调整下来。学校的态度是非常明确的，如果你不想干，那就把位置让出来，让给想干事、能干事的干部。同时，进一步弘扬实干导向、强调业绩为王，建立健全考核结果与工作成效相匹配、奖励收入与考核结果相匹配的绩效考核机制，坚决杜绝干多干少一个样、干好干坏一个样的"大锅饭"，让干部获得与付出成正比、干部收入与成绩成正比。对于勇于担当、敢于负责、不谋私利并且做出成绩的干部，一定大力提拔重用。这个问题我后面还要讲到，先不展开。

（四）全面加强作风建设

党的十九大报告要求"持之以恒正风肃纪"，十九届中共中央政治局第一次会议审议了《中共中央政治局贯彻落实中央八项规定实施细则》。2017 年底，习近平总书记就新华社一篇《形式主义、官僚主义新表现值得警惕》的文章作出重要指示；2018 年年初，总书记在十九届中央纪委二次全会上强调，要锲而不舍落实中央八项规定精神，保持党同人民群众的血肉联系。今年全国两会期间，习近平总书记在广东代表团参加审议时指出，"从各级领导干部做起，从一件件小事抓起，坚决防止不良风气反弹回潮"，以上都充分彰显了党中央持之以恒正风肃纪的鲜明态度和坚定决心。我们要深刻认识作风建设的长期性、复杂性，以钉钉子精神担当尽责，一以贯之打好作风建设持久战，让良好的党风政风校风常态化、长效化。

1. 要坚决整治各种“四风”问题

党的十八大以来，纠正“四风”取得明显成效，但是，中央纪委指出的形式主义、官僚主义10种具体表现在学校仍然不同程度地存在，全体党员干部要时刻保持警惕，各单位要继续在常和长、严和实、深和细上下工夫，坚持问题导向、目标导向和效果导向，深入查找“四风”突出问题特别是形式主义、官僚主义问题。在这个问题上，不能有半点“开小差”“松落实”，要拿出过硬措施，保持定力，持续用劲，深化整治，见底见效，以实实在在的成效整治隐形变异的享乐主义、奢靡之风，纠正改头换面的形式主义、官僚主义。

主要有两个方面。一是针对召开会议、改进文风工作，相关单位要统筹做好会议安排和预算，无实质内容的会议一律不开，工作内容相近、能合并的会议或通知一律合并，进一步精简会议时间、次数和规模，严格控制各类文件印发，改进宣传报道工作，克服以会议落实会议、以文件落实文件的现象。二是围绕服务群众、履行职责工作，2017年11月，学校印发了《党政职能部门和直属单位职责履行情况监督管理办法》，基本形成了标准严格、衔接得当、措施配套、责任分明的管理监督闭环系统，各单位要严格落实。学校今年还将开展作风监督专项检查，通过定期或不定期查岗，严格督促按时上下班等方式，坚决纠正回避问题、慵懒无为、冷硬横推等问题，面对面、心贴心、实打实做好师生工作，不断巩固拓展落实中央八项规定精神成果。

2. 要抓住“关键少数”，坚决反对特权思想和特权现象

学校3月份出台了《关于进一步规范学校领导班子成员指导研究生的通知》，正在制订贯彻落实中央八项规定及其实施细则的实施办法。各级领导干部要习惯在受监督和约束的环境中工作生活，严格约束自己，严格教育管理亲属和身边工作人员，在私底下、无人时、细微处更要如履薄冰、如临深渊。

作风问题本质上是党性问题。抓作风建设，就要返璞归真、固本培元，重点突出坚定理想信念、践行根本宗旨、加强道德修养。各级领导干部要结合即将开展的“不忘初心、牢记使命”主题教育活动，把践行“三严三实”贯穿于全部工作生活中，小事小节中有党性、有原则、有人格；要以滚石上山、爬坡过坎的精神，带头反对和纠正“四风”，带头大兴学习之风、调查研究之风、干事创业之风；要带头弘扬社会主义核心价值观，明辨是非善恶，追求健康情趣，不断向廉洁自律的高标准看齐，做到心有所畏、言有所戒、行有所止，防止“四风”反弹回潮。

（五）全面加强反腐倡廉建设

党要管党、全面从严治党，要靠严明纪律，同所有违反纪律的现象作斗争，维护纪律的严肃性。习近平总书记强调，要使铁的纪律转化为党员干部的日常习惯和自觉遵循。作为党委书记，我肩负第一责任人责任，将按照党章要求，带头把纪律建设扛在肩上、抓在手上，当好纪律建设的领导者、执行者和推动者。

1. 要切实增强纪律教育针对性和实效性

一是将继续做好“逢新必教”工作，深化纪律教育学习月活动内容，深入开展党

章党规党纪宣传教育，加强毕业生廉洁诚信教育，推进校园廉洁文化建设，大力弘扬忠诚老实、公道正派、实事求是、清正廉洁等价值观。二是通过深入、系统、有针对性地学习，扫清对党纪的混沌状态和模糊认识，搞清楚纪律红线在哪，搞明白哪些事不能做，做了就违纪，切实解决党员干部纪律和廉洁认识不牢固、不充分问题。三是发挥先进典型引领示范和反面典型警示教育作用，尤其是用好身边人身边事开展警示教育，今后凡查结的违纪违法案件，都要在学校开展警示教育，发挥以案治本综合效应，使全体党员干部守住底线，不碰红线。

2. 要深化运用监督执纪“四种形态”

“四种形态”是以党的纪律为尺子进行划分的，既针对苗头性问题，又覆盖各种违纪行为。深化运用监督执纪“四种形态”主责在党委。二级党委（党总支）要在用好第一种形态上多下工夫、下足工夫，坚持惩前毖后、治病救人。一个好的党委（党总支）书记就应该当好“婆婆嘴”，敢于板起脸来抓管理抓监督，让“红红脸、出出汗”成为常态，让党员、干部时时处处感受到纪律的严格约束。纪监办公室将下发谈话提醒记录本，供二级单位记录，二级单位发现党员干部存在苗头性、倾向性问题，以及其他需要引起注意的情况，要及时谈话提醒，防止小毛病演变成大问题、小漏洞变成大窟窿。学校将把谈话提醒情况和效果纳入基层党组织党建述职评议，作为落实主体责任和领导干部“一岗双责”考核的内容。

（六）全面加强“两个责任”的落实

全面从严治党是系统工程，要靠全党、管全党、治全党，凡是叫书记的都要切实担起责任，以上率下，一级抓一级，全校动手一起抓。我和校长还要同二级单位代表签订廉政责任书，大家决不能只签不做没行动，流于形式走过场，而是要绘制“路线图”，划定“时间表”，制定周密的举措，确保全面从严治党责任从“软约束”真正变成“硬任务”，推动形成风清气正的政治生态。

1. 要切实履行全面从严治党主体责任

一是贯彻落实《二级单位领导班子成员党建责任清单》，进一步强化“抓党建工作党委书记是第一责任人，领导班子成员负有重要责任”的党建工作责任制，做到知责、尽责、负责，真正把全面从严治党的压力传导下去、责任层层衔接起来。二是建立履行党建责任清单纪实制度，党员领导干部在落实学校深入推进全面从严治党实施方案时，既要真正做实工作，又要留下痕迹。三是建立健全落实全面从严治党主体责任考评制度，学校党委负责组织开展二级党委（党总支）书记抓基层党建述职评议考核和党风廉政责任“三述”工作，二级党委（党总支）负责组织开展所属党支部书记述职评议考核工作。通过系列工作，把全面从严治党延伸到“最后一公里”，延伸到每个单位、每个支部、每位党员领导干部。

2. 要大力强化纪委监督执纪问责职能

监督执纪问责是“得罪人”的活儿，但为学校健康稳定发展保驾护航发挥着重要作用。学校党委一如既往全力支持学校纪委工作，并自觉主动接受学校纪委监督。学校纪委要严格执行监督执纪工作规则，做到强化监督有态度、执纪问责有力度、治病救人有温度。

接下来，学校党委还将进一步强化纪委监督执纪问责职能。一是积极适应党的纪律检查体制和国家监察体制改革，完善规章制度，健全内控机制，研究制定或修订二级纪委工作办法、校内巡察工作办法、谈话函询工作办法、执纪审查工作办法等，并强化制度执行。二是加强精准监督和有效监督，认真开展监督执纪专项检查，围绕科研劳务费的发放和使用、物资采购等开展监督执纪专项检查和治理工作，强化对关键岗位、重点领域的廉政风险防控。三是用好问责这个利器，加强问题线索研判分析，按照“一岗双责”“一案双查”的要求，既严肃处理直接责任人，又根据情形严肃追究相关主体责任、监督责任和领导责任，并在学校通报曝光，达到“问责一个、警醒一片”的效果。四是加强自身队伍和二级纪委建设，贯彻中纪委关于自身建设“五个确保”的要求（政治过硬、本领高强、履职到位、作风优良、自身干净），加强对纪检干部的日常教育管理监督，努力建设一支“忠诚坚定、担当尽责、遵纪守法、清正廉洁”的纪检干部队伍。

三、建设高素质专业化干部队伍

党的十九大报告指出，党的干部是党和国家事业的中坚力量，要把好干部标准落到实处，建设高素质专业化干部队伍。好干部标准是习近平总书记2013年6月在全国组织工作会议上提出的，即信念坚定、为民服务、勤政务实、敢于担当、清正廉洁。

如何建设高素质专业化干部队伍？按照党的十九大报告要求，首先要突出政治标准。这是我们党选人用人的一贯方针。党的十八大以来，习近平总书记提出的好干部标准和忠诚干净担当、“三严三实”“四有”“四个铁一般”等要求，归结起来就是干部首先要在政治上达标。中央政治局委员、中组部部长陈希同志指出，突出政治标准选拔干部具体应把握5个方面：一看政治忠诚，是否牢固树立“四个意识”；二看政治定力，是否坚定“四个自信”；三看政治担当，是否坚持原则、敢于斗争；四看政治能力，是否善于从政治上观察和处理问题；五看政治自律，是否严格遵守党的政治纪律和政治规矩。其次要注重培养专业能力、专业精神。习近平总书记指出：“这些年来，我一直强调要加强干部队伍专业化建设，是因为随着改革开放和社会主义现代化建设不断向前推进，各项工作对专业化、专门化、精细化提出了越来越高的要求，采取一般化、大呼隆、粗放型的领导方式和领导方法是完全不能适应的。”因此，“各级领导干部要加快知识更新、加强实践锻炼，使专业素养和工作能力跟上时代节拍，避免少知而迷、无知而乱，努力成为做好工作的行家里手。”

具体到我们学校干部，结合新时代实现中华民族伟大复兴的中国梦和建设社会主义现代化强国赋予高等教育的伟大历史使命，结合我们学校在全国、全省高等教育体系中的定位和肩负的重要责任，以及“双一流”建设和广州国际校区建设面临的重大机遇，我觉得大家要进一步加强以下几方面素养：

一是进一步树立家国情怀。习近平总书记在多次讲话中谈及中国知识分子“修身、齐家、治国、平天下”的家国情怀，他说：“修身、齐家、治国、平天下，我们这代人自小就受这种思想的影响。”他强调干部要修身正己、注重家教家风、胸怀祖国人民，做到“修其心、治其身，而后可以为政于天下”。修身、齐家、治国、平天下，是我国传统文化中知识分子的道德标准和人生理想，体现了对家庭和国家、民族、人民的担当。这种家国情怀和担当精神，同样是当前我们党员干部所应该具备的。当今世界正面临着前所未有的大变局，中国特色社会主义进入了新时代，中国正站在实现中华民族伟大复兴中国梦的关键节点，急需一批真正敢担当、真担当、能担当的好干部。所以，习近平总书记多次强调领导干部的担当精神，他指出，“责任担当是领导干部必备的基本素质，干部就要有担当，有多大担当才能干多大事业，尽多大责任才会有多大成就。”他认为，“为官避事平生耻”，“现在，一些干部中好人主义盛行，不敢批评、不愿批评，不敢负责、不愿负责的现象相当普遍”，这种不求有功、但求无过的“圆滑官”“老好人”“推拉门”“墙头草”问题，“危害极大，必须下大气力解决”。

同样，我们学校正面临着“双一流”建设和广州国际校区建设的重大历史机遇，要实现世界一流大学建设目标，就需要我们广大干部勇于担当、积极作为、努力奋斗。自2017年中层干部换届和科级干部重新选任以来，广大干部认真履职尽责，积极努力工作，表现出了良好的精神状态，有力地推进了各项工作，希望大家继续保持和发扬这种干劲。我之前在不同场合多次强调，不要做“不干事的老好人”，要想干事、敢担当，不要因为怕做错事而不做事，中央已经明确提出“三个区分开来”，就是要鼓励改革创新，保护那些作风正派又敢作敢为、锐意进取的干部。对于这样的干部，学校一定会旗帜鲜明地为你们加油鼓劲，请大家放开手脚干，但同时也要注重方向正确和方法得当，绝不能蛮干乱干。习近平总书记指出：“新时代属于每一个人，每一个人都是新时代的见证者、开创者、建设者。”作为党员干部，我们不应仅仅作为“见证者”，更要成为“开创者”和“建设者”。古代士大夫都有“修身、齐家、治国、平天下”的家国情怀和人生理想，作为新时代的党员干部，我们更应该具有，而且应该做得更好。所以，希望大家进一步增强使命感、危机感、责任感，积极主动谋事干事，努力为国家和学校的建设发展干实事、作贡献。

二是进一步开阔眼界胸襟。一个人的眼界和胸襟，决定了其事业成就的大小。所谓“登高望远”“有容乃大”，眼界有多高，事业才能有多大；胸襟有多宽，成就才能有多广。马克思的眼界大到整个世界、整个人类历史，他看到了社会的规律，建立了马克思主义哲学。党的十九大后，习近平总书记主持中央政治局首次集体学习时特别告诫新进政治局的同志，“位子更高了，担子更重了，站位就要更高，眼界就要更宽”。当前，学校处在非常好的历史机遇上，这就要求广大干部要有更高的站位和更宽的眼界，要视野开阔、胸襟博大，努力学习和把握世界一流大学的建设规律，努力站在时代前沿和战略全局的高度观察、思考和处理问题。希望同志们都能够有大视野、大格局，思考问题、谋划发展，争取资源不要仅仅局限于校内，而是要着眼全国、放眼全世界，更不能仅仅局限于自己所在的单位和部门。我刚才说了，广州国际校区建设对学校是一个很大的增量，有效供给增加，会给各个学院都带来丰富的资源，所有学科都是受益者。所以，大家不仅要守好自己的一段渠、种好自己的责任田，还要站在学校改革发展稳定的全局来考虑问题，围绕学校的中心任务来谋划工作。另外，我们的眼界宽了，胸怀也就大了，就能够换位思考，站在别人的角度考虑问题，特别是机关和学院之间，需要协同配合的不同部门之间，能够更好地相互理解、密切协作，更好地推进工作开展，把事情做好。

三是进一步提高能力素质。党的十九大报告强调“我们党既要政治过硬，也要本领高强”，并就全面增强执政本领提出了 8 个方面具体要求，即增强学习本领、政治领导本领、改革创新本领、科学发展本领、依法执政本领、群众工作本领、狠抓落实本领、驾驭风险本领。习近平总书记在党的十九届一中全会上的讲话中指出：“党内外、国内外环境的深刻变化，工作对象和工作条件的深刻变化，知识的更新周期大大缩短，对我们的本领提出了许多新要求”。所以，他在主持十九届中央政治局第一次集体学习时进一步强调：“领导干部不仅要有担当的宽肩膀，还得有成事的真本领。既要大胆讲政治，又要善于讲政治；既要矢志抓发展，又要善于抓发展；既要勇于抓改革，又要善于抓改革；既要敢于直面矛盾和问题，又要善于化解矛盾和问题；既要有想干事、真干事的自觉，又要有会干事、干成事的本领。”

有没有能力、能力大小如何体现，最主要的就看是不是善于作为，能不能做出成绩来。中国有句俗话叫“没有功劳，也有苦劳”。兢兢业业、勤勤恳恳的“苦劳”值得肯定，开拓创新、干事创业的“功劳”更应该提倡。这也是“老黄牛”和“千里马”的关系！特别是对于中层领导干部来说，仅仅做到埋头苦干是不够的，还要负责把握方向、领头冲锋，因此要有新思路、新举措、新办法，能干事、会干事、干成事。虽然说很多事情不能“以成败论英雄”，但学校的发展是要靠实实在在的成绩来支撑的。所以，大家不仅要肯干、能干，还要会干，要多动脑筋、多想办法，干好、干出成绩，不断推进学校的发展。学校党委在考核评价中层干部时，会综合考虑干部的“苦劳”与“功劳”问题。有的干部平时忙忙碌碌，年底总结时列出来一大堆工作，看起来是做了很多事、很辛苦，但实际上并没有取得什么成效。对于这类情况，学校就要帮你核查，是真的受客观条件限制无能为力，还是干部自身的领导和工作能力不足、思路和方法不对？如果是后者，我觉得就说明他和这个岗位不匹配，学校党委会根据你的不同情况，调整安排新的岗位，希望你能向我们展示出彩的成绩！如果还是不行，那我想你自己也知道该怎么做了。

能不能干成事不仅取决于是否有新思路新举措新办法，更在于能否落实落细。所谓“合抱之木，生于毫末；九层之台，起于累土。”习总书记在谈到“三严三实”时曾指出，严与实的作风是“一件一件事情、一点一点修为积累起来的，必须落细落小，多积尺寸之功，经常防微杜渐”。西方有句民谣：“丢失一个钉子，坏了一只蹄铁；坏了一只蹄铁，折了一匹战马；折了一匹战马，伤了一位骑士；伤了一位骑士，输了一场战斗；输了一场战斗，亡了一个帝国！”这句民谣非常形象地说明了细节的重要性，即“细节决定成败”。希望同志们做工作都能够注重细节小事，从细节抓好落实。

四是进一步增强纪律意识。党的十九大报告首次把纪律建设与政治建设、思想建设、组织建设、作风建设并列纳入党的建设总体布局中，充分体现了纪律建设的重要性和紧迫性。长期以来，我们有些干部总是觉得高校是做学问、搞科研的地方，权力不大，资源也不多，大家的自觉性都比较高，纪律建设不抓也已经很好了。这是十分错误的思想！高校不是纪律建设的“特区”，高校干部也没有拒腐防变的天然“免疫力”。由于违规违纪受到组织处理的事情在学校时有发生，由于失足堕落而丧失前途、身陷囹圄的干部令人痛心扼腕！我们一定要牢牢绷紧纪律建设这根弦，时刻保持清醒的纪律意识。要恪守政治纪律和政治规矩，牢固树立“四个意识”，坚决维护以习近平同志为核心的党中央权威和集中统一领导，自觉在思想上政治上行动上同以习近平同志为核心的党中央保持高度一致，决不允许表面说一套、背地里做一套，搞团团伙伙、圈子文化，搞拉帮结派、结党营私，搞“两面派”、当“两面人”。要严格遵守廉洁纪律，认真贯彻执行廉洁从政的各项规章制度，按规矩办事、按制度用权，清清白白做事、老老实实做人，坚决不碰红线、不踩底线。常言道，一失足成千古恨。一定要从一系列腐败警示案例，特别是高校系统以及我们身边发生的案例中吸取教训，引以为戒，坚持警钟长鸣，防微杜渐，坚决抵御走错路、被腐蚀的风险。要认真执行工作纪律，认真履职，担当尽责，切实以铁的纪律保证各项工作有条不紊，保证学校事业快速发展。

同志们，大家都是管理干部，是学校发展的中坚力量。大家在党风廉政建设方面不出问题是学校稳定发展的政治基础。希望大家在今后的工作中要认真学习党章党规，带头遵守《廉洁自律准则》道德高线，严守《纪律处分条例》的纪律底线，严格落实中央八项规定精神，增强廉政风险防范意识，规范权力运行，切实落实好一岗双责，带好队伍，管好人；建好制度，管好事；努力做履职尽责的表率、遵纪守规的表率、清正廉洁的表率。

同志们，全面从严治党，核心是加强党的全面领导，基础在全面，关键在严，要害在治。全面从严治党周期长、无止境，只有进行时没有完成时，永远在路上。迈入新时代，踏上新征程。我们要紧密团结在以习近平同志为核心的党中央周围，全面贯彻落实党的十九大精神，认真学习贯彻习近平在全国“两会”期间参加广东代表团的重要讲话精神，以时不我待的紧迫感、只争朝夕的奋斗精神，坚定不移把全面从严治党引向深入，为加快建设中国特色、世界一流大学作出新的更大贡献。

新一轮科技革命与产业变革下工程教育发展的几点思考*

高　松

（2018 年 11 月 23 日）

各位来宾，女士们、先生们，朋友们：

大家好！

今天，很高兴与各位相聚“六朝古都——南京”，在品味金陵古韵和新貌的同时，深入探讨我们面临的新形势，共享改革创新的新经验，共商促进教育及经济社会可持续发展的新策略。借此机会，围绕这个主题，结合华南理工大学的实践，就新一轮科技革命与产业变革下工程教育的发展，我谈几点认识，与各位嘉宾交流。

中英两国社会制度、发展阶段和高等教育的差异性较大，但是，我们也有很多共通点，通过诸多平台和项目开展了深入持续的合作。特别是，进入 21 世纪以来，全球科技创新空前活跃，新一轮科技革命和产业变革正在重构全球创新版图、重塑全球经济结构，这为工程与工程教育的发展提供了难得的机遇，也提出了更大的挑战，需要中英两国，也需要全球各国来思考和应对。

一、工程教育的新转折

工程师是工程技术创新的核心力量。著名的航天工程学家冯·卡门曾说“A Scientist discovers that which exists, an Engineer creates that which never was”。工程教育承担着培养卓越工程人才的使命。科技和产业革命、工程与工程教育，彼此的发展总是交织在一起，特别是新一轮科技革命与产业变革使得工程教育面临新的转折。

一是工程教育在国家发展战略中更加重要。国家必须对工程教育发展做出新的战略选择，着力于培养出一批能够适应和引领新一轮科技革命和产业变革的创新型人才，尤其是工程技术创新人才，这是最大的挑战。截至 2017 年，美国有 40 多所大学开展了工程卓越人才培养新战略——大挑战学者计划（grand challenge scholar program）。中国正发力新工科建设，实施卓越工程师教育培养计划 2.0，加快培养卓越工程科技人才，打造世界工程创新中心和人才高地。

二是工程教育产学研合作更加深入。当前，学科之间、科学和技术之间、自然科学和人文社会科学之间日益呈现交叉融合的趋势，同时，越来越复杂的现代工程经常需要跨学科、跨领域、跨文化的解决方案。“大科学”“大工程”的发展势必要创新工程教

* 本文是学校校长高松在卓越大学联盟第九次校长联席会暨 2018 年中英工程教育与研究联盟校长论坛上的致辞。

育的专业体系和人才培养模式，特别是紧密对接经济带、城市群、产业链布局，进行动态优化和适时调整。

三是工程教育国际化进程加速。当前，国际工程教育合作项目持续发展、多点开花，有师生国际交流项目如欧盟伊拉斯莫斯计划，有国际合作办学如与德国26所高校合作的同济大学中德工程学院，有全球学历互认如《华盛顿协议》，等等。由中英18所英国高校组成的中英大学工程教育与研究联盟，也是一次很好的尝试。

二、人才培养的新要求

大学以人才培养为天职，大学是卓越工程人才培养的主要场所，特别是以工见长的大学。对于卓越联盟九校来说，这更是我们的担当和使命。大学应充分发挥自身优势，通过构建工程人才培养的全新维度，着力培养新时代的高端工程科技人才。

（1）从学科维度看。新经济新产业的来临使得工程问题更加综合化、复杂化。工科学生只有具备良好的知识结构，才能运用整体性知识和跨学科思维能力提出解决方案。未来社会既关注工程师“知道什么”，更关注工程师能够“解决什么”。大学要推进学科交叉（interdisciplinary），完善促进学科交叉的体制机制，构建学科交叉人才培养体系，建立学科交叉培养项目，培养学生复合型知识结构和解决复杂问题的能力。

（2）从产业维度看。工程科技人才的成长需要真实的工程实践情境，需要长时间的工程经验积累。产业行业有丰富优质的人才培养资源。大学要持续深化产学研合作（industry-university-institute cooperation），提升学生解决现实复杂工程问题的能力。

（3）从社会维度看。随着工程项目国际化程度越来越高，学生的隐性素质，如是否具有社会责任感与国际视野、是否能够跨文化交流等等，显得更为重要。大学既要关注学生的显性能力，更要重视学生的隐性素质，推进国际化教学（international teaching），加强工程伦理教育，培养学生国际视野和跨文化沟通交流能力，强化学生责任意识。

（4）从学生成长维度看。研究表明，每个专业领域的人才成长通常要经历适应、胜任、精通等三个阶段，在胜任阶段，学习者必须混合运用表层策略和深加工策略进行学习；在精通（专长）阶段，学习者的学习策略几乎完全属于深加工策略。也就是说，学生在从新手向专家的身份建构过程中，深度学习是一个必备条件。大学要立足学生成长维度，推进学生主动学习，工程深度学习（in-depth engineering learning），帮助学生实现身份的建构。

三、华南理工大学的新实践

华南理工大学工程教育历史悠久。学校发端于1918年成立的广东省立第一甲种工业学校，正式组建于1952年全国高等院校调整时期，为新中国四大工学院之一；组建之初，学校积极倡导“教学、生产、科研”三结合的方针；1999年，在全国率先提出要培养“三创型”（创新、创造和创业）人才；进入21世纪以来，学校集聚校内外优质创新资源，强化产学研协同培养“三创型”人才，形成特色的“华工模式”。当前，学校把握部、省、市、校四方共建广州国际校区的历史性机遇，以“三个兼备”（工具理性与价值理性、复合知识与工程能力、家国情怀与国际视野兼备）为人才培养目标，以“4I（interdisciplinary、industry-university-institute cooperation、international teaching、in-depth engineering learning）”为路径，持续深化工程教育改革，着力培养一大批包括研究型工程师、科技型企业家在内的高端工程科技人才。

（1）部署新兴前沿交叉学科。广州国际校区将分步建立10个新工科学院，设立若干研究院，是国内唯一“全部新工科学院”的新校区。学校在帮助学生掌握整体性、系统性知识的基础上，注重通过学科交叉为学生提供优质教学资源，帮助他们形成复合型知识结构，包括工程与医学结合、工程与管理结合、工程与设计结合，等等。

（2）持续深化产学研合作。学校以广州国际校区为中心，整合珠三角、粤港澳大湾区及海上丝绸之路沿线区域相关行业资源，更加积极主动对接企业创新发展需求，引导和推动企业从最前端、全链条深度参与学校人才培养，增强学生工程实践能力。

（3）完善国际合作新格局。广州国际校区携手全球排名前100或学科排名前50的世界一流大学，积极探索“一对一”“一对多”合作模式，每个学院与一所或多所国（境）外一流大学开展合作共建，集聚全球优质资源，以最好的国际化教育和国际前沿的科研平台，培养出具有更大担当和全球竞争力的优秀人才。

（4）构建学生深度学习体系。学校坚持推进工程教学由“以教为中心”向“以学为中心”转变，通过为学生构建以“实践”驱动的课程体系、创设真实的工程科技情境，激发他们主动学习的潜能，在学习中实现对知识的深度挖掘，对学习环境的深度适应，与教师和同伴的深度互动，与自我的深度对话。

英国哲学家培根说过“黄金时代在我们的前面，而不在我们的背后”。当前，中英关系“黄金时代”进入加速推进新阶段，两国高等教育面临共同的机遇和挑战。在新的历史起点上，期待中英两国高校进一步加强交流与合作，开拓更广阔的发展空间。

最后，祝我们共同的未来更美好！

2018 年学校制定的重要文件和规章制度目录

序号	文号	文件或规章标题
1	华南工〔2018〕39 号	关于印发《华南理工大学 2018 年党建工作重点任务》的通知
2	华南工〔2018〕40 号	关于印发《华南理工大学 2018 年工作要点》的通知
3	华南工〔2018〕57 号	关于印发《华南理工大学全委会议事规则》等 5 个文件的通知
4	华南工〔2018〕68 号	关于印发《华南理工大学新媒体平台建设和管理办法》的通知
5	华南工〔2018〕73 号	关于印发《华南理工大学学习宣传和贯彻实施〈中华人民共和国宪法〉实施方案》的通知
6	华南工〔2018〕74 号	关于成立华南理工大学学生发展指导委员会的通知
7	华南工〔2018〕85 号	关于印发《华南理工大学加强党的基层组织建设三年行动计划暨基层党组织“对标争先”建设计划实施方案（2018—2020 年)》的通知
8	华南工〔2018〕86 号	中共华南理工大学委员会印发《关于防止干部“带病提拔”实施细则（试行)》的通知
9	华南工〔2018〕97 号	关于印发《学习宣传贯彻习近平总书记视察广东重要讲话精神的工作方案》的通知
10	华南工〔2018〕99 号	关于印发《华南理工大学发展高知党员工作方案》的通知
11	华南工〔2018〕102 号	关于印发《中共华南理工大学委员会关于组织部对领导干部提醒、函询和诫勉的实施办法（试行)》的通知
12	华南工校〔2018〕7 号	关于印发《华南理工大学建筑施工企业不良行为全过程记录管理办法（试行)》的通知
13	华南工校〔2018〕10 号	关于印发《华南理工大学本科生招生宣传工作方案（试行)》的通知
14	华南工校〔2018〕29 号	关于印发《华南理工大学全日制在校学生婚育管理办法（试行)》的通知
15	华南工校〔2018〕36 号	关于印发《华南理工大学理事会章程》的通知
16	华南工校〔2018〕41 号	关于印发《华南理工大学南光卓越教学奖评选办法》的通知
17	华南工校〔2018〕47 号	关于成立分子科学与工程学院的通知
18	华南工校〔2018〕48 号	关于印发《华南理工大学教学事故认定与处理办法》的通知
19	华南工纪〔2018〕3 号	关于印发《华南理工大学执纪审查工作办法》等 2 个文件的通知
20	华南工学〔2018〕3 号	关于印发《华南理工大学本科生综合测评及奖励办法（2018 年修订)》的通知

续表

序号	文号	文件或规章标题
21	华南工学〔2018〕5号	关于印发《华南理工大学本科生国家奖学金和国家励志奖学金实施办法》的通知
22	华南工学〔2018〕7号	关于印发《华南理工大学学生爱心基金管理办法（2018年修订）》的通知
23	华南工学〔2018〕8号	关于印发《华南理工大学新疆籍、西藏籍少数民族本科生奖学金评定办法（2018年修订）》的通知
24	华南工学〔2018〕11号	关于印发《华南理工大学学生学术不端行为处理办法（试行）》的通知
25	华南工学〔2018〕12号	关于印发《华南理工大学学生申诉处理办法（2018年修订）》的通知
26	华南工学〔2018〕13号	关于印发《华南理工大学学生违纪处分规定》的通知
27	华南工发〔2018〕3号	关于印发《华南理工大学“双一流”专项资金管理实施细则》的通知
28	华南工教〔2018〕10号	关于印发《华南理工大学本科教学工作审核评估整改方案》的通知
29	华南工教〔2018〕16号	关于印发《华南理工大学本科荣誉学位项目实施方案》的通知
30	华南工教〔2018〕17号	关于印发《华南理工大学“明道育德”课程思政教学改革实施方案》的通知
31	华南工教〔2018〕25号	关于印发《华南理工大学一流本科行动计划（2018—2030）》的通知
32	华南工教〔2018〕32号	关于印发《华南理工大学本科专业类招生培养改革实施方案》的通知
33	华南工教〔2018〕42号	关于印发《华南理工大学本科专业类招生培养学生专业分流指导意见》的通知
34	华南工教〔2018〕48号	关于印发《华南理工大学推荐优秀应届本科毕业生免试攻读研究生管理办法（2018年修订）》的通知
35	华南工教〔2018〕49号	关于印发《华南理工大学少数民族预科学生自主培养工作方案》的通知
36	华南工教〔2018〕50号	关于印发《华南理工大学卓越人才教育培养计划试点班管理办法（2018年修订）》的通知
37	华南工教〔2018〕51号	关于印发《华南理工大学全日制本科高水平运动队管理办法》的通知
38	华南工教〔2018〕53号	关于印发《华南理工大学本科实验教学管理办法（2018年修订）》的通知

续表

序号	文号	文件或规章标题
39	华南工教〔2018〕55 号	关于印发《华南理工大学生物科学与工程学院本科综合改革实施方案》的通知
40	华南工教〔2018〕66 号	关于印发《华南理工大学落实新时代全国高等学校本科教育工作会议精神工作方案》的通知
41	华南工研〔2018〕19 号	关于实施博士生四年学制的通知
42	华南工研〔2018〕22 号	关于印发《华南理工大学学位评定委员会广州国际校区委员会工作细则（试行）》的通知
43	华南工研〔2018〕28 号	关于修订《华南理工大学研究生申请学位工作管理办法》部分内容的通知
44	华南工研〔2018〕29 号	关于印发《华南理工大学博士预备生基金实施办法（试行）》的通知
45	华南工研〔2018〕30 号	关于印发《华南理工大学优秀博士学位论文创新基金实施办法（2018 年修订）》的通知
46	华南工研〔2018〕32 号	关于印发《华南理工大学学位授予与管理工作细则（2018 年修订）》的通知
47	华南工研〔2018〕34 号	关于印发《华南理工大学研究生招生计划管理办法（2018 年修订）》的通知
48	华南工研〔2018〕36 号	关于印发《华南理工大学研究生管理规定（2018 年修订）》的通知
49	华南工研〔2018〕38 号	关于印发《华南理工大学硕博连读实施办法（2018 年修订）》的通知
50	华南工研〔2018〕54 号	关于印发《华南理工大学博士研究生招生申请考核制实施办法（2018 年修订）》的通知
51	华南工研〔2018〕59 号	关于印发《华南理工大学全面落实研究生导师立德树人职责实施细则》的通知
52	华南工科〔2018〕3 号	关于印发《华南理工大学科技成果转化管理办法》的通知
53	华南工人〔2018〕5 号	关于印发《华南理工大学政策性安置人员管理办法（试行）》的通知
54	华南工人〔2018〕10 号	关于印发《华南理工大学博士后队伍建设改革实施意见》的通知
55	华南工人〔2018〕23 号	关于印发《华南理工大学在职人员福利费使用管理办法》的通知
56	华南工人〔2018〕32 号	关于印发《华南理工大学院士退休工作实施方案》的通知

续表

序号	文号	文件或规章标题
57	华南工人〔2018〕40号	关于新增《华南理工大学专业技术职务评审规定（2017年修订）》部分内容的通知
58	华南工资〔2018〕1号	关于印发《华南理工大学资产资源管理委员会议事规则（2017年修订）》的通知
59	华南工资〔2018〕22号	关于印发《华南理工大学科技成果资产评估项目备案实施办法（试行）》的通知
60	华南工资〔2018〕23号	关于印发《华南理工大学科技成果资产评估项目备案实施办法（试行）》的通知
61	华南工基〔2018〕2号	关于成立华南理工大学校园规划委员会的通知
62	华南工基〔2018〕3号	关于印发《华南理工大学校园规划委员会议事规则》的通知
63	华南工审〔2018〕3号	关于印发《华南理工大学建设工程管理审计实施办法》等3个文件的通知

学校机构与负责人

学校机构与负责人*

一、中共华南理工大学第十六届委员会

书　记：章熙春
副书记：高　松　刘琪瑾（女）　余其俊　陶韶菁（女）
常　委：章熙春　高　松　刘琪瑾（女）　余其俊　陶韶菁（女）　邱学青　朱　敏
李　正　吴业春
委　员：（以姓氏笔画为序）
王丹平（女）　王迎军（女）　冯小宁　叶汉钧　叶伟雄　刘琪瑾（女）
朱　敏　朱桂龙　邬　智　何剑桦　余其俊　吴　垒　吴业春　吴硕贤
张宪民　李　正　杜小明　苏　成　苏运法　邱学青　高　松
陶韶菁（女）　章熙春　彭说龙　彭新一

二、华南理工大学校长、副校长

校　长：高　松
副校长：邱学青　朱　敏　党　志　李　正　吴业春

三、中共华南理工大学纪律检查委员会

书　记：刘琪瑾（兼）
副书记：曾学敏
委　员：（以姓氏笔画为序）
丁　勇　司聚民　刘琪瑾（女）　孙连坡　扶　雄　麦均洪　赵永林
梁经锐　曾学敏（女）　谢小鹏　谭　瑶（女）

四、校长助理

张　明　苏　成　房俊东

五、副首席信息官

陆以勤

---

* 机构负责人均为 2018 年 12 月 31 日在任。

六、中共华南理工大学机关委员会

书　记：雷育胜(兼)
副书记：曾学敏(兼)　麦均洪(兼)
委　员：(以姓氏笔画为序)
王丹平　叶汉钧　叶伟雄　麦均洪　吴树雄　何剑桦　张锅红　曾学敏
雷育胜

七、学校党政职能部门及负责人

1. 党委办公室（学校办公室）
主　任：雷育胜　**副主任：**郑小娟　张　健　梁大为　曾江华
学术委员会秘书处（挂靠）　**学术委员会办公室副主任：**郑文杰
机关党委办公室（挂靠）
保密委员会办公室（挂靠）
2. 纪监办公室（纪委办公室、监察处）
主　任：曾学敏　**副主任：**张卫平
巡察工作办公室（挂靠）
3. 党委组织部
部　长：麦均洪　**副部长：**王德林　陈占炬
党校办公室（挂靠）
4. 党委宣传部（新闻中心）
部　长：张锅红　**副部长：**邹　浩（常务）　张　征　刘才刚
5. 党委统战部
部　长：王丹平
6. 学生工作部（处）（党委研究生工作部、武装部、国防生教育学院）
部（处）长：李卫青　**副部（处）长：**林　智　李华兵　温志雄　刘　哲
学生就业指导中心（挂靠）
心理健康教育与咨询中心（挂靠）
学生资助管理中心（挂靠）
后备军官选拔培训工作办公室（代管）
7. 校工会
主　席：刘琪瑾（兼）　**副主席：**何剑桦（常务）　刘少萍　孙宏志
计划生育委员会办公室（挂靠）
附属实验学校（代管）
幼儿园（代管）
家属委员会（代管）
8. 校团委
书　记：孟　勋　**副书记：**朱泳媚　梁　劲

9. 发展战略与规划处（发展战略与政策研究中心）
处　长：（空缺）　　**副处长：**朱永东（主持工作）　陈小平　付　晔
学科建设办公室（挂靠）
高水平大学建设项目管理办公室（挂靠）
10. 教务处
处　长：项　聪　　**副处长：**张星明　林镜亮　赵红茹
教材管理办公室（挂靠）　　**主　任：**张　皓
考试中心（挂靠）　　**主　任：**张　皓（兼）
评估中心（挂靠）　　**主　任：**赵红茹（兼）
教育技术中心（挂靠）　　**主　任：**刘泽奖
教师教学发展中心（挂靠）
11. 研究生院
院　长：李　正（兼）　　**副院长：**扶　雄（常务）
专业学位办公室　　**主　任：**熊　玲
培养办公室　　**主　任：**黄志文
学位办公室　　**副主任：**谢文君
大学城校区办公室　　**主　任：**阮向前
国家公派研究生工作办公室（挂靠）
12. 招生工作办公室
主　任：周　勤　　**副主任：**魏　昉　谢茂华
13. 科学技术处
处　长：林艺文　　**副处长：**许　宏　蒋兴华　杨　杰
军工项目管理办公室（挂靠）　　**主　任：**许　宏（兼）
国防科技研究院（挂靠）
科学技术研究院（挂靠）
14. 科技成果转化办公室
主　任：江　海　　**副主任：**葛瑞明
工业技术研究总院（挂靠）
国家大学科技园（挂靠）
专利事务中心（代管）
中新国际联合研究院（代管）　　**常务副院长：**谢兴华
15. 社会科学处
处　长：李石勇　　**副处长：**（空缺）
16. 人事处（党委教师工作部）
处　长（部长）：吴树雄　　**副处长：**刘晓翔　叶志锋　王　娟
党委教师工作部　　**副部长：**孙　峰
人才交流服务中心（挂靠）
高层次人才工作办公室（挂靠）
院士工作办公室（挂靠）

博士后管理办公室（挂靠）

17. 国际交流与合作处（港澳台事务办公室、中外合作办学办公室）

处　长：姚　旻　　**副处长：**黄　非

中外合作办学办公室　　**副主任：**马　宁

引智项目管理办公室（挂靠）

18. 公共关系处（校友工作处）

处　长：刘　俊　　**副处长：**桑成好　赖何季　麦冬宁

教育发展基金会办公室（挂靠）

大学理事会工作办公室（挂靠）

19. 离退休工作处（离退休教工党委）

处　长：谭　瑶　　**副处长：**林　伟　王乐媛

离退休教工党委　　**副书记：**周鹏飞

关心下一代工作委员会办公室（挂靠）

20. 保卫部（处）

部（处）长：陈永强　　**副部（处）长：**吴益平　李绍强　陈伟兴（兼）

21. 实验室与设备管理处

处　长：马　强　　**副处长：**殷　姿　姚志民　李　娟

22. 财务处

处　长：马红红　　**副处长：**米卫华　彭晓虹　黄淦元　肖向晨　刘　为（兼）

科研经费管理办公室（挂靠）

23. 审计处

处　长：占友林　　**副处长：**汤贺凤

24. 基建处

处　长：徐　兵　　**副处长：**沈　涛　吴　旭　杨　春

25. 资产管理处

处　长：刘祥富　　**副处长：**李石槟　尹光明　王　虹

26. 后勤处

处　长：叶伟雄　　**副处长：**甘立丕　洪梦晓　张秋琴

八、大学城校区管理委员会及下设办公室和负责人

1. 大学城校区管理委员会

主　任：朱　敏（兼）　　**副主任：**叶汉钧（常务）

2. 大学城校区管委会办公室

主　任：叶汉钧（兼）　　**副主任：**胡　高　林文展　陈伟兴

九、广州国际校区工作机构及负责人

1. 广州国际校区党委

副书记：陈翠峰

2. 综合事务办公室

主 任：（空缺） **副主任：**陈华强 何丽云 赵 宏

3. 学术事务办公室

主 任：李静蓉 **副主任：**黄 磊

4. 国际事务办公室

主 任：吴招胜

十、学院及负责人

1. 机械与汽车工程学院

党委书记：晋 刚 **副书记：**周红玲（常务） 李 嘉

院 长：张宪民 **副院长：**汤 勇 上官文斌 李 琳 李巍华

2. 建筑学院

党委书记：司聚民 **副书记：**陈 莹

院 长：孙一民 **副院长：**肖毅强 张宇峰 王世福 彭长歆

3. 土木与交通学院

党委书记：郑存辉 **副书记：**张蔚洁

院 长：吴 波 **副院长：**温惠英 季 静 姚小虎 陈 珺（行政）

4. 电子与信息学院

党委书记：陈 艳 **副书记：**周 军

院 长：薛 泉 **副院长：**徐向民（常务） 李 斌 章秀银

5. 材料科学与工程学院（先进材料国际化示范学院）

党委书记：张勤远 **副书记：**吴妙娴（常务） 彭树立

院 长：彭俊彪 **副院长：**张广照 殷素红 任 力 欧阳柳章 李碧梅（行政）

6. 化学与化工学院

党委书记：许国民 **副书记：**鲁 明

院 长：张正国 **副院长：**李雪辉 李映伟 楼宏铭 胡建强

7. 轻工科学与工程学院

党委书记：张建功 **副书记：**谭循恩

院 长：（空缺） **副院长：**刘传富（常务） 李 擘 李 军

8. 食品科学与工程学院

党委书记：谭志伟 **副书记：**李 昀

院 长：曾新安 **副院长：**王永华 娄文勇 李晓玺

9. 数学学院

党委书记：孙国忠 **副书记：**邹 敏

院 长：朱长江 **副院长：**杨启贵 周胜林 温焕尧

10. 物理与光电学院

党委书记：张淑娟 **副书记：**曾嘉华

院 长：杨中民 **副院长：**陈武喝 李志远

11. 经济与贸易学院

党委书记： 赵　敏　　**副书记：** 勾海林

院　　长：（空缺）　　**副院长：** 江金波（负责行政工作）　孙坚强　徐　枫　魏冰影（行政）

12. 自动化科学与工程学院

党委书记： 郭祥瑞　　**副书记：** 刘　博

院　　长： 李远清　　**副院长：** 王孝洪　俞祝良　罗家祥

13. 计算机科学与工程学院

党委书记： 练伟杰　　**副书记：** 杨毅仁

院　　长：　　**副院长：** 高　英　陈伟能

14. 电力学院

党委书记： 丁　勇　　**副书记：** 许中华

院　　长： 唐文虎　　**副院长：** 杨向宇　廖艳芬

15. 生物科学与工程学院

党委书记： 吴春年　　**副书记：** 易　振

院　　长： 林章凛　　**副院长：** 林　影（常务）　吴振强　王菊芳

16. 环境与能源学院

党委书记： 陈航宇　　**副书记：** 吴耀华

院　　长： 叶代启　　**副院长：** 刘　江　朱能武　林　璋

17. 软件学院

党委书记： 钟建华　　**副书记：** 詹郁生

院　　长： 王振宇　　**副院长：** 杨晓伟　吴庆耀　黄　敏

18. 工商管理学院（创业教育学院）

党委书记： 胡亦武　　**副书记：** 淡瑞霞

院　　长： 张卫国　　**副院长：** 周永务　李志宏　黄嫚丽　许　治

19. 马克思主义学院

党委书记： 李良成　　**副书记：** 刘开频

院　　长： 解丽霞　　**副院长：** 张国启　闫坤如

20. 公共管理学院

党委书记： 郛　智　　**副书记：** 黄艳华

院　　长：　　**副院长：** 李胜会　黄　岩

21. 外国语学院

党委书记： 刘应思　　**副书记：** 赵水东

院　　长： 钟书能　　**副院长：** 蔡金亭　武建国　朱献珑

22. 法学院（知识产权学院）

党委书记： 朱文建　　**副书记：** 韦　萍

院　　长： 蒋悟真　　**副院长：** 夏正林　张友好　陈红彦

23. 新闻与传播学院

党委书记： 冯向阳　　**副书记：** 刘　涛

院　　长：苏宏元　　**副院长：**曹智频　蒋建国　陈　娟

24. 艺术学院

党委书记：施亚玲　　**副书记：**黄　佳

院　　长：梁　军　　**副院长：**陈刚毅　宋维佳

艺术教育中心（挂靠）　　**副主任：**王丽艳（常务）

25. 体育学院

党委书记：益瑞涵　　**副书记：**黄广发

院　　长：樊莲香　　**副院长：**高晓波　唐建倦

26. 设计学院

党委书记：欧阳斌　　**副书记：**陈木龙

院　　长：张　珂　　**副院长：**梁明捷　管少平　张瑞秋

27. 医学院（生命科学研究院）

党委书记：何东清　　**副书记：**曹家富

院　　长：余学清（兼）　　**副院长：**刘　佳　廉哲雄　梁长虹　蒋开球（行政）

28. 国际教育学院

院　　长：王庆年　　**副院长：**刘　程　胡贵平　杨浩松（行政）

29. 生物医学科学与工程学院

院　　长：王　均　　**副院长：**叶玉嘉（行政）

30. 吴贤铭智能工程学院

31. 微电子学院

32. 分子科学与工程学院（华南软物质科学与技术高等研究院）

十一、直属单位及其他单位和负责人

1. 继续教育学院（网络教育学院、公开学院、干部教育培训中心）

院　长：孙连坡　　**党委书记：**黄国清

副院长：王全迪　孙树民　林文岳　吴远东

2. 图书馆

馆　长：范家巧　　**党总支书记：**吴　垒

科技图书馆副馆长：王丽萍　蒋春林（兼图书馆大学城校区分馆馆长）

副馆长：乔　丽　童燕青

3. 档案馆

馆　长：冯小宁　　**副馆长：**黄　玲

4. 分析测试中心

主　任：向兴华

5. 校医院

院　长：（空缺）　　**党总支书记：**王　健

副院长：刘　冰（负责行政工作）

公费医疗管理办公室（挂靠）

6. 资产经营有限公司（华工大集团）

总经理：（空缺） **党委书记：**张坚雄

副总经理：符浩剑　张　玲

7. 出版社（出版社有限公司）

社　长：卢家明 **副 社 长：**柯　宁

总编辑（总经理）：卢家明（兼） **副总编辑：**周莉华

8. 信息网络工程研究中心（信息化办公室）

主　任：季　飞 **副主任：**潘伟锵

9. 学报编辑部（自然科学版、社会科学版）

主　任：张乐平 **副主任：**刘淑华　潘宜玲

10. 招标中心

主　任：王飞雁 **副主任：**孙培清

11. 高等教育研究所

所　长：罗　毅 **副所长：**余新科

12. 公共政策研究院

理事长：莫道明

13. 华南协同创新研究院

院　长：吴业春（兼） **副院长：**张　明（常务）　刘　为　苏秋斌

14. 广州现代产业技术研究院

院　长：章熙春（兼） **副院长：**赵建仓（常务）

15. 珠海现代产业创新研究院

院　长：章熙春（兼） **副院长：**房俊东（常务）　张　凡

16. 医疗器械研究检验中心

主　任：王　均（兼） **副主任：**徐昕荣　任　力（兼）

17. 附属广东省人民医院

院　长：余学清 **党委书记：**耿庆山

18. 附属第二医院

院　长：曹　杰 **党委书记：**黄光烈

19. 附属天河医院筹建工作小组

组　长：耿庆山（兼） **常务副组长兼办公室主任：**关春兰

20. 华南理工大学广州学院

党委书记：张培祥 **副书记：**曾令涛　杨兆禧

校　　长：邱学青 **副校长：**曾志新（常务）　李华钢　曾令涛　周诗瑶　林　颖

2018 年学校成立或调整的部分机构

序号	成立或调整的机构名称	成立（调整）时间	批准文号	备注
1	微电子学院	2018 年 7 月 25 日成立	华南工校〔2018〕31 号	
2	华南理工大学智库建设管理办公室	2018 年 7 月 25 日成立	华南工校〔2018〕32 号	
3	中共华南理工大学广州国际校区委员会	2018 年 9 月 19 日成立	华南工〔2018〕72 号	
4	华南理工大学干部教育培训中心	2018 年 9 月 26 日成立	华南工校〔2018〕37 号	
5	分子科学与工程学院	2018 年 11 月 22 日成立	华南工校〔2018〕47 号	
6	中共华南理工大学医学院委员会	2018 年 12 月 1 日成立	华南工〔2018〕95 号	

2018 年学校成立或调整的部分议事机构

一、实验教学示范中心建设和运行管理委员会（2018 年 1 月成立）

主　任：李　正
成　员：项　聪　吴树雄　马红红　王　健　朱永东　张星明
秘　书：郑相宇

二、校园规划委员会（2018 年 1 月成立）

主　任：章熙春　王迎军
总顾问：何镜堂
常务副主任：邱学青
副主任：余其俊　陶韶菁　朱　敏　吴业春　苏　成
成　员：（以姓氏笔画为序）
王世福　韦　宏　叶汉钧　叶伟雄　朱永东　关春兰　孙一民　陆　琦
陈永强　陈华强　郑力鹏　袁奇峰　倪　阳　徐　兵　郭卫宏　符锌砂
靳文舟

秘书处：基建处
秘书处主任：徐　兵
秘　书：吴　旭　沈　涛　杨　春

三、科技成果转化及企业国有资产管理领导小组（2018 年 1 月成立）

组　长：吴业春
副组长：邱学青
成　员：麦均洪　林艺文　江　海　吴树雄　马红红　占友林　刘祥富　谭志伟
监督员：曾学敏
秘　书：王　虹

四、学报（社会科学版）编辑委员会（2018 年 3 月调整）

主　编：章熙春
副主编：陶韶菁（常务）　吴业春　张乐平　潘宜玲
编　委：（以姓氏笔画为序）
刘社欣　刘善仕　江金波　苏宏元　李石勇　吴国林　张卫国　张洪林
张彩江　陆　军　范家巧　周莉华　郑方辉　郑石明　钟书能　夏正林
徐　枫　徐维军　唐加福　唐孝祥　蒋建国　蒋悟真　韩冬雪　解丽霞

五、双创示范基地建设领导小组（2018 年 3 月成立）

组　长：章熙春　王迎军
常务副组长：李　正
副组长：刘琪瑾　余其俊　陶韶菁　邱学青　朱　敏　党　志　吴业春
成　员：党委办公室（学校办公室）、教务处、学生工作部（处）、校团委、研究生院、科学技术处、科技成果转化办公室、社会科学处、人事处、国际交流与合作处、公共关系处、实验室与设备管理处、财务处等单位主要负责人，工商管理学院院长

六、学位评定委员会广州国际校区委员会（2018 年 3 月成立）

主　席：王迎军
副主席：余其俊
委　员：（以姓氏笔画为序）
王　均　李静蓉　杜如虚　扶　雄　唐本忠　程正迪

七、哲学社会科学工作领导小组（2018 年 5 月成立）

组　长：章熙春　王迎军
副组长：余其俊　陶韶菁　邱学青　李 正　吴业春
成　员：党委办公室、党委组织部、党委宣传部、学生工作部（处）、发展战略与规划处、教务处、研究生院、社会科学处、人事处（党委教师工作部）、

国际交流与合作处、财务处等单位主要负责人

八、教材委员会（2018 年 5 月成立）

主　任：章熙春　王迎军
副主任：李　正　陶韶菁
委　员：项　聪　扶　雄　韦　岗　黄　平　孙一民　朱长江　解丽霞　蓝海林　彭俊彪　苏宏元　蒋悟真　李继承　季　静

九、实验室安全工作委员会和大型仪器设备开放共享领导小组（2018 年 7 月成立）

1. 实验室安全工作委员会
主　任：章熙春　王迎军
常务副主任：朱　敏
副主任：刘琪瑾　余其俊　陶韶菁　邱学青　党　志　李　正　吴业春
成　员：学生工作部（处）、教务处、研究生院、招生工作办公室、科学技术处、人事处、保卫部（处）、实验室与设备管理处、基建处、后勤处、大学城校区管委会
牵头单位：实验室与设备管理处
2. 大型仪器设备开放共享领导小组
组　长：王迎军
常务副组长：朱　敏　吴业春
副组长：余其俊　邱学青　党　志
成　员：发展战略与规划处、科学技术处、人事处、实验室与设备管理处、财务处、资产管理处、分析测试中心
牵头单位：实验室与设备管理处

十、学生发展指导委员会（2018 年 7 月成立）

主　任：章熙春　王迎军
常务副主任：李　正
委　员：党委办公室（学校办公室）、党委组织部、党委宣传部、学生工作部（处）、校团委、关心下一代工作委员会、教务处、研究生院、招生工作办公室、人事处、国际交流合作处、保卫部（处）、财务处、后勤处、大学城校区管委会、图书馆、校医院、信息网络工程研究中心（信息化办公室）、马克思主义学院、体育学院等单位负责人各 1 名

十一、专业技术岗位聘用专家委员会（2018 年 7 月调整）

主　任：王迎军
成　员：（以姓氏笔画为序）
韦　岗　朱长江　刘　明　江焕峰　李立涅　李远清　杨中民　吴硕贤
邱学青　何镜堂　余其俊　张　军　张广照　张卫国　陈克复　林章凛

莫岳云　钱　宇　蓝海林　瞿金平

十二、第八届关心下一代工作委员会（2018 年 7 月成立）

顾　问：（以姓氏笔画为序）

区浩光　刘正义　刘树道　刘焕彬　杜小明　李伯天　陈铁群　陈维英
黄石生　彭新一　韩大建

名誉主任：章熙春

荣誉主任：曾惠典

主　任：刘琪瑾　吕廷秀

副主任：李　正　潘碧章　刘继红　张国莉　官家伦　张娟娟　谭　瑶

委　员：（以姓氏笔画为序）

丁　勇　冯向阳　司聚民　朱文坚　伍德昌　邬　智　刘应思　孙国忠
李良成　杨国华　吴妙娴　吴春年　吴庭万　吴洪宝　何笑评　何燕芳
邹　浩　张坚雄　张建功　张培祥　张淑娟　张勤远　陈丽苗　陈　艳
陈航宇　欧阳斌　周红玲　郑存辉　郑　璟　练伟杰　赵　敏　胡亦武
钟建华　施亚玲　晋　刚　郭　勇　郭祥瑞　益瑞涵　黄汉光　廖奕水
谭志伟

第八届关工委下设秘书处和办公室，名单如下：

秘书长：谭　瑶（兼）

常务副秘书长：杨　洪　张益新

副秘书长：栗志东　陈　红　尹洪辉　张松明　赵永林　罗丽红　蒋金良　关春兰
王德林　刘才刚　刘　哲　孟　勋　黄国清　赵红茹　孙　峰　麦冬宁
杨　杰　李石勇　刘少萍　冯小宁

办公室主任：阳超镭

十三、广州国际校区项目建设领导小组（2018 年 11 月成立）

组　长：章熙春　高　松

副组长：陶韶菁　余其俊

成　员：苏　成　倪　阳　韦　宏　徐　兵　陆以勤　赵　宏　陈华强　周鹏飞

监督员：曾学敏

十四、本科教学指导委员会（2018 年 11 月调整）

主　任：章熙春　高　松

副主任：李　正

成　员：（以姓氏笔画为序）

王世福　王　均　王秀军　王枫红　王菊芳　韦　岗　邓文基　左保河
朱长江　朱良生　朱桂龙　朱能武　刘　佳　江金波　许　治　孙一民
苏　成　苏宏元　李志远　李胜会　李晓玺　李　琳　李　斌　李静蓉
李　擘　杨启贵　余其俊　张卫国　张友好　张正国　张　军　张国启

张星明　张　铁　张瑞秋　陈刚毅　陈武喝　陈国华　林广思　林培群
罗家祥　季　静　周小文　周永务　项　聪　郑君惠　赵红茹　赵谋明
胡青春　胡建强　徐向民　徐　枫　殷素红　高　英　高晓波　唐建倦
黄　平　黄　敏　曹智频　梁长虹　彭长歆　蒋悟真　韩　强　谢龙汉
蔡金亭　管少平　廖艳芬

十五、第十届学位评定委员会（2018 年 12 月调整）

主　席：高　松
副主席：李　正　余其俊
委　员：（以姓氏笔画为序）
王　均　叶代启　朱长江　扶　雄　李远清　杨中民　肖毅强　吴　波
邱学青　余学清　张卫国　张正国　张　军　张宪民　林章凛　唐文虎
彭俊彪　曾新安　解丽霞　薛　泉

十六、推进广州国际校区工作领导小组（2018 年 12 月成立）

组　长：章熙春　高　松
副组长：余其俊　陶韶菁　朱　敏　李　正
成　员：根据工作需求，由相关职能部门组成

余其俊牵头负责国际校区发展规划、学院及研究院规划建设、学科发展规划、人才队伍聘用与管理、国际化等工作。

陶韶菁牵头负责国际校区党团建设方案、书院建设方案、校区工程建设、信息化建设、校区配套建设、办学基本条件设施采购等工作。

朱敏牵头负责国际校区实验室平台建设，教学、实验及科研仪器设备采购，实验室人员队伍组建等工作。

李正牵头负责国际校区招生、本科生培养计划、专业建设、研究生培养计划等工作。

党建与思想政治工作

组 织 工 作

【基层党组织建设】 深化基层组织建设，制订《加强党的基层组织建设三年行动计划暨基层党组织“对标争先”建设计划实施方案（2018—2020 年）》。制订《二级党委（党总支）党建工作评价指标体系》《基层党支部工作评价体系》，激发党建工作动力。成立医学院党委，撤销医学院党总支。建强党务队伍，推进教师党支部书记“双带头人”培育工程。推进学生党支部按学科、专业纵向设置。上线组织生活管理平台，加强日常监管。截至 2018 年底，全校共有 35 个二级党委（党总支），655 个基层党支部，其中，在职教工党支部 214 个，离退休教工党支部 75 个，学生党支部 366 个。开展组织生活创新案例和微党课评选表彰，获全省基层党组织书记工作案例评选一等奖 2 个、二等奖 1 个，2 个微党课入选全国高校“两学一做”支部风采展示活动微党课优秀作品。

突出品牌示范引领作用。以教育部和广东省开展党建“双创”为抓手，系统推进校—院—支部三级党建品牌建设。打造高知群体党员发展“领航计划”、“先锋筑梦”支部书记原创精品微党课建设工程、“岭南追梦”大学生社会主义核心价值观实践行动等 3 个品牌。制订实施《发展高知党员工作方案》，全年发展高知党员 70 人，其中教师党员 14 人，创历史新高。全面铺开“一学院一品牌”和“样板支部”建设，共立项建设 35 个党建品牌和 45 个样板支部。学校党委入选“全省党建工作示范高校”，1 个学院党委和 1 个学生支部分别入选首批全国和全省党建工作“标杆院系”“样板支部”培育创建单位，1 个教师支部入选“全省党建工作样板支部”，4 个党支部被评为广东省高校“三型”（学习型、服务型、创新型）党支部，获批广东省首批“双带头人”教师党支部书记工作室 1 个。

做好党员发展、教育、管理、监督和服务工作。全年预备党员转正 1548 人，发展研究生党员 571 人、本科生党员 1083 人、教工党员 46 人。共有党员 13 392 人，其中，在职教工党员、研究生党员、本科生党员分别占同类人员的 69.2%、40.3%、10.9%。开展党员信息采集、党员组织关系排查等工作，严格党员管理监督。

做好党费收缴、管理和使用工作。2018 年，全校党费收入 4 028 214.38 元。

【干部队伍建设】 制订《关于防止干部“带病提拔”的实施细则（试行）》，提出 17 条具有较强针对性和可操作性的举措，明确党委书记、纪委书记、组织部长等 8 方面 49 条责任清单。修订《党政管理人员考核办法》。做好“一报告两评议”工作，拓展考察广度和深度，增加无记名民主测评。围绕学校“双一流”和广州国际校区建设等事业发展需要，综合运用日常掌握、专项工作、年度考核等方式方法，重点了解干部在完成学校重大任务、处理复杂问题、应对突发事件中的担当和表现，把讲担当、重担当的鲜明导向贯穿选人用人全过程，坚决调整拈轻怕重、担当不够的干部。全年选拔任用中层干部40人，其中，提拔任用和进一步使用14人、同级任用26人；选拔任用科级干部32人，其中，提拔任用23人、同级任用9人；免职处理4人；对首批从优秀青年教师中选拔到机关部处挂职的19名干部进行跟踪培养。

【干部监督】制订《关于组织部对领导干部提醒、函询和诫勉的实施办法（试行）》，将干部日常谈话作为重要工作，加强干部经济责任审计。做好领导干部个人事项报告工作，督促领导干部如实填报个人有关事项。加大抽查核实力度，全面推行“凡提必核”，加强抽查核实结果运用，坚持任前从严把关、任后从严管理。完善干部日常管理，启用“领导干部因私出国审批系统”“领导干部兼职审批系统”，实现全流程线上运行。全年共审批因私出国（境）198人次，审批兼职63人次。

【扶贫开发工作】扎实开展精准扶贫、精准脱贫工作。在云县实施全域旅游发展总体规划项目，全年累计投入帮扶资金945万元，引进帮扶资金261万元，培训基层干部655人次，培训技术人员585人次，购买贫困地区农产品210.5万元，帮助销售贫困地区农产品2708万元，帮助当地企业科技成果转化新增利润800万元。2018年9月，学校定点扶贫县云县正式退出贫困县，《新闻联播》对云县脱贫攻坚做了专题报道；孔美村新农村整治创建规划获“广东省南粤村庄（整治）规划设计大赛”特等奖，入选住建部“中国传统村落”名录（揭阳市仅有2村）。学校定点扶贫经验被收录在国务院扶贫办的《中央单位定点扶贫案例》中，校长高松在2018教育扶贫论坛上做主旨发言，“打造‘一体化’全域规划，构建‘扶贫链’造血机制”帮扶项目，获评“第三届直属高校精准扶贫精准脱贫十大典型项目”。认真落实广东省“组团式”对口帮扶广东石油化工学院工作，选派1名中层正职挂任校长助理、4名教授挂任相关二级学院院长。

【党校工作】开展干部精准施训工作。集中轮训学校中层干部和党支部书记全覆盖，选拔培训86名科级干部；组织46名中层干部赴延安（梁家河）接受5天的党性教育。注重开展现场教学、实地考察等实践课程，首次引入校外红色资源，组织青年管理干部专题培训，到广州农讲所开展现场浸入式“党课”教学。全年共举办各类干部培训班8个班次，培训各类干部1400人次，学员撰写读书心得166篇；累计学习78 700学时，其中脱产培训23 346学时、网络培训40 320学时、读书自学3834学时、其他学习11 200学时。派出21名干部参加上级调训。

丰富教育培训形式。探索“互联网＋培训”模式，实施“网络党课”“微信党课”等移动党课。通过党章接力诵、观看专题片、讲述榜样故事等形式讲述党史革命史；增设红色实践、红色讲坛、华园红色故事等“红色”系列栏目，建立党校经典读书会制度，打造“经典读书工程”。组织34名非党员骨干教师赴井冈山开展5天的红色教育。全年共举办入党教育培训4期，结业学员1721人；举办党员教育培训4期，参训学员271人；“入党积极分子在线学习网络平台”网上培训班2期，共2319名学员参加学习。

教职工思想政治工作和宣传工作

【理论学习与思想教育】把深入学习贯彻习近平新时代中国特色社会主义思想和党的十九大精神作为头等大事和首要政治任务，推动理论学习常态化制度化。发布《学习宣传贯彻习近平总书记视察广东重要讲话精神的工作方案》《关于认真学习贯彻全国教育大会精神的通知》等，形成全校总体方案和任务清单。贯彻落实中心组学习规则，实行台账式管理。在全校范围掀起学习宣传热潮，依托校级理论学习平台“华园讲坛”，组织“庆祝改革开放40周年”等7场报告会，共4000余人次参加；在党的十九大专题网站刊发师生学习动态等178篇；在“大抓党建”“弘扬爱国奋斗精神、建功立业新时代”等专题栏目发布报道96篇；官方微信发布专题内容102次；《光明日报》《南方日报》《广州日报》等媒体刊登学校党委书记、校长的专访文章、学习心得十余篇。

组织申报并获批教育部“高校思想政治工作创新发展中心”，打造高端智库，推进学校意识形态工作立体防护网络建设。构建校院两级意识形态工作考核评价指标体系，形成明责、履责、考核、问责“四位一体”的完整责任链条；修订意识形态工作联席会议制度，坚持每月专题研判，全年召开联席会议12次；落实阵地管理“六项责任制”，出台《华南理工大学校园新媒体平台建设和管理办法》，实行分级管理、年审制度；严格执行风险隐患月排查制度，开展日常排查12次、专项排查3次。

【宣传工作】拓宽宣传渠道和途径。校报以专题（版）报道为立足点，实现与网络新闻的差异化发展。完成学校英文主页和新闻网改版升级，增强安全防护、优化分享功能。开通学校网易号、触电号等新媒体平台，形成包括学校官方微信、微博、头条号、南方号、企鹅号、网易号、触电号以及新闻中心微信等在内的新媒体平台矩阵。巩固与校外媒体的合作，与全国高校思想政治工作网、中国大学生在线开展共建工作，与中国教育在线、看看新闻网等网络媒体建立固定合作关系。

提高宣传质量和水平。以“1＋1”“1＋N”的方式，与十余家主流媒体合作，在人民网、光明网、教育部官微等27家网络媒体上，刊登各类报道277篇。在新华网、头条号、新浪微博发起开学典礼、毕业典礼、校园开放日等十余次活动直播；在“华园人物系列报道”推出何镜堂等8位人物典型；“广州国际校区建设启动”“华南鲤工芒果莲雾大学”“校庆系列活动——第一届全球校友代表大会”等专题报道两度登上微博热搜、两度被《人民日报》官微转载，多次被人民网、《中国青年报》《南方日报》等官微转载。全年在学校新闻网发布新闻1339篇，同比增长31%；媒体报道564条，同比增长11%；学校英文主页编译、发布新闻公告等信息453篇；学校官方微信用户增长至14.2万人，同比增加4万人，推送326次497条内容，总阅读量3 125 639人次，平均阅读量达到6289人次；学校官方微博关注人数增长至39 521

人，发布微博3500条。

做精做深宣传品牌栏目。“华园聚焦”推送64期，“新视点”发布15期，校报出版“纪念马克思诞辰200周年”“从粤港澳大湾区看华南理工大学哲学学科的定位与作用”“学思践悟 担当使命——《习近平的七年知青岁月》”“高就业率 高就业质量 高满意度——数说2017届毕业生就业工作”等专版。

【精神文明与校园文化建设】持续推进文明校园建设和大学文化建设。制订《建设世界一流大学（学科）和特色发展引导专项方案（传承创新优秀文化）》，不断提升文化建设的层次和水平，建设体现时代特征、华工特色的大学文化。举办“启真论坛”读书会、“迎春送福”赠春联等活动，央视《朗读者》栏目首次进驻学校。学校“广东粤剧艺术传承基地”入选首批中华优秀传统文化传承基地；《听见广东》合唱音画入选教育部“高校原创文化精品推广行动计划”；“博维”志愿者服务队荣获“广东省学雷锋示范点”称号；教育部网站刊登学校加强中华优秀传统文化教育专题文章。

加强校史传播研究，制作大型纪录片《承百年文脉　绘时代华章》，布置百年办学史展览，《南方日报》整版报道学校传承红色基因与百年办学历程。推送《华南理工大学办学历史沿革》《百年办学发展史：华南工学院早期专业发展沿革》等报道；打造《口述华园》专栏，以人文景观讲述华园故事。

党风廉政建设

【党风廉政教育】以“加强党的政治建设 营造良好政治生态”为主题开展纪律教育学习月活动。组织参加广东省教育系统纪律教育推进会，深入开展理想信念、廉洁从政、廉洁从教、廉洁治学教育和党规党纪教育。编印案例，加强以案说法、以案明纪力度，发挥案例警示作用，发挥纪律处分的惩戒、警示和教育作用。加大党规党纪宣传，举办“学条例守规矩　强党性正风纪”廉洁教育宣传展览，在学校主页推出2期“学好新《条例》增强纪律意识”专稿，引导党员师生增强纪律意识、规矩意识。突出抓早抓小，强化节点教育。坚持“逢新必教”，对新提任干部、新入职教职工、新增研究生导师开展专题廉洁教育，有345人次参加。在毕业生中开展“清正廉洁 幸福人生”廉洁教育活动，引导毕业生增强廉洁从业意识。

【作风建设与廉政建设】紧盯春节、中秋节、国庆节等时间节点，通过学校主页、微信公众号、OA系统推送“两节期间这些‘线’不要踩 月饼这样吃就违反纪律了”等专稿9篇。巩固拓展落实中央八项规定精神成果，约谈相关部门负责人，督促履行监管职责，把好第一道关口；抽查相关单位，对是否存在违规公款吃喝、超标准接待、违规公款购买消费高档白酒、公车私用等情况进行监督检查。

【执法监察与专项治理】深化校内监督，开展招生监督50次，处置招生信访投诉4件；开展专业技术职务评聘现场监督11次。针对监督检查和纪律审查发现的管理漏洞等问题，发出监察建议书3

份，督促整改落实。把好“党风廉政建设意见回复”关。全年对干部选拔任用及表彰奖励、职称评聘、资格政审等事项出具廉政鉴定74份，廉政审查党员干部1620人次。开展规范使用科研经费专项教育和检查。全年开展11场科研诚信宣讲教育，开展2场纪律教育与师德师风建设专题报告；开展科研经费自查自纠，组织科研人员签订承诺书，相关人员退款72.54万元。开展采购领域专项检查和风险排查，就采购论证、技术参数编制等与相关部门交流7次，对不规范的现象和潜在风险予以提醒，及时堵塞漏洞。建立联查联审机制，加强廉政风险防控，传达与布置廉政风险防控机制建设工作，督促24个单位开展12个方面47个类型的问题自查自纠工作。建立健全资产管理、合同管理、人事管理、收入分配等内部控制制度。加强学校出国（境）规章制度、工作流程、证照管理、信息公示等工作，发送监察建议书1份，督促相关职能部门做好相关人员证照管理。

【信访与案件】规范信访举报处置流程，坚持信访举报问题分析。印发《执纪审查工作办法》，完善执纪审查18个文书表格，规范线索处置、谈话函询、初步核实、立案审查和监督审理各项工作。开展信访举报和问题线索受理办理情况自查自纠工作，梳理2013年1月至2018年6月314件卷宗、台账以及实名举报回复等方面的情况，提高监督执纪工作的质量。

开展党纪政纪处分执行情况自查自纠工作，对存在的个别受处分人员未及时解除政纪处分、年度考核和年终绩效发放未按规定执行等问题进行整改。坚持信访举报问题季度分析、半年分析和年度分析，研判学校政治生态。加强纪律审查，严格执纪问责。受理并处置各类线索77件，开展信访谈话104人次，对7人进行函询，对15人次进行提醒谈话、批评教育和诫勉谈话等处理，给予开除党籍、开除公职1人，给予党内警告2人，移送人事处追究纪律责任2人，问责领导干部4人，相关人员上交违规违纪款239.12万元，退还违规款115.83万元。

统战工作

【民主党派建设】学校现有民主党派成员517人，中央委员4人，省委副主委2人，担任各民主党派省委常委4人、省委委员4人。2018年各民主党派共发展新成员22人，其中副高职称以上14人。安然担任全国人大代表及当选中国侨联第十届委员会常务委员，邓文基担任全国政协委员，吴克昌担任广东省人大常务委员，李汴生等11位党外代表人士担任广东省政协委员。魏德敏被聘任为广州市政府参事。

打造统一战线学习平台，举办“同舟讲坛”，组织党外代表人士学习。召开统一战线“弘扬爱国奋斗精神、建功立业新时代”交流座谈会、纪念“五一口号”发布70周年座谈会、统战工作会议暨两会精神学习交流会，以及邀请全国人大代表和全国政协委员传达会议精神等，团结凝聚党外知识分子。组织党外代表人士赴重庆考察调研，赴大别山干部学院集中学习培训。组织学习新修订的《宗教事务条例》，做好学校宗教工作。组织各类主题活动27次，各民主党派、群众团体自行开展主题活动66次，包括组织党外代表人士参观《大潮起珠江——广东改革开放40周年主题展览》，以及统一战线三八妇女节主题活动，关心党外女干部的成长。

【团体与无党派人士工作】学校现有侨联和港澳联2个群众团体，共有成员252人。侨联组织开展秋季分享会，弘扬中华文化，唱响中国好声音，汇聚侨胞侨眷的力量；联合学校小白兔爱心义工俱乐部，启动"感恩师恩，陪同就医"项目。侨联主席安然获评"全国归侨侨眷先进个人"，副主席汪双凤获"广东省五一劳动奖章"及"南粤建功立业女能手"称号，孙大文获"中国侨联特聘专家建言献策二等奖"。港澳联访问港澳，与部分高校交流座谈，加强联谊会与港澳各届同胞的联系；考察社会主义新时代农村，对学校和社会各方面作深入了解。章秀银获"广东青年五四奖章"、蔡毅教授及其团队荣获"CCF科学技术奖技术发明二等奖"。协助侨联和港澳联组织新老会员聚会，探访和慰问德高望重及年老体弱的会员。

更新党外知识分子数据库，为进一步开展无党派人士工作做好基础工作。目前，学校副高职称及以上的无党派知识分子共510人。

【参政议政与建言献策】全国两会期间，全国人大代表安然提交《关于给予海外华人有限享有永久居留权》等3个议案；政协委员邓文基提交《关于推进异地办理婚姻登记工作》提案。广东省两会期间，省人大代表吴克昌提交3个建议并形成关于制定《广东省环境教育条例》的议案，11位省政协委员共提交8份提案。广州市两会期间，提交6份人大建议和4份政协提案。邓飞其《关于强力推进以制造业为重点的实体经济发展系列提案》、邓文基《关于进一步实施精准扶贫，提高扶贫实效系列提案》获省政协优秀提案。

组织统一战线专家教授开展主题调研和科技咨询服务，积极发挥服务社会职能。民革支部就食品产业发展情况开展考察调研；农工党总支就乡村经济振兴进行专题座谈及调研；致公党总支就党务工作和基层组织建设开展调研；九三学社基层委在学校开展"高校基层组织建设对策研究"专题座谈会。调研活动充分发挥党派成员的专业特长，进一步提升民主党派参政议政能力，以及知识分子主动担当和积极作为能力。

学校现有各级人大代表8人，其中，全国人大代表1人、省人大代表2人、市人大代表2人、区人大代表3人。有各级政协委员16人，其中，全国政协委员1人、省政协常委3人、省政协委员8人、市政协委员2人、区政协委员2人。省政府参事3人，市政府参事1人。

【综合工作】开展社会服务工作。依托学校"扶贫双到"工作平台，学校定点帮扶揭阳市惠来县隆江镇孔美村，开展扶贫助学活动，以每人每年1000元的标准资助37户共37位贫困小学生；向滇西应用技术大学普洱茶学院、云县小学捐赠各类图书上千册。组织多批党外专家学者赴滇西应用技术大学普洱茶学院开展教育帮扶。邀请党外专家在云南云县开设"华园云州大讲坛"。开展有针对性、实效性的培训。聚焦"因病致贫，因病返贫"问题，根据云南云县人民医院等医疗机构的需要，组织学校附属广东省人民医院、附属广州市第一人民医院党外医疗专家开展帮扶活动。

理论研究成果显著。在第十八届广东省高校统战理论研讨会上，报送16篇论文，6篇论文获优秀论文奖，学校获“广东省高校统战理论研究优秀组织单位”。承办“统一战线的初心与使命——中国革命统一战线实践发源地理论研讨会”，以统战理论研究促进统战工作。由统战理论与政策研究室主任莫岳云教授担任主编的《广东省统一战线史》出版。政协理论研究工作稳步推进，11项政协理论研究课题获立项。成立广东省政协提案工作研究会华南理工大学研究中心。

资料1　华南理工大学各级人大代表、政协委员、政府参事名单

第十三届全国人大代表

安　然　无党派，中国侨联常委、华南理工大学侨联主席，国际教育学院教授、博士生导师

第十三届全国政协委员

邓文基　民盟广东省委副主委，物理与光电学院教授、博士生导师

第十三届广东省人大常委

吴克昌　致公党中央委员、广东省委副主委、华南理工大学总支主委，公共管理学院教授

第十三届广东省人大代表

章熙春　中共党员，校党委书记，研究员

第十二届广东省政协常委

邓文基　民盟广东省委副主委，物理与光电学院教授、博士生导师

倪　阳　民进中央委员、广东省委常委、华南理工大学基层委员会主委，建筑设计研究院董事兼总经理，教授、博士生导师

李汴生　九三学社广东省委常委、华南理工大学基层委员会主委，食品科学与工程学院教授

第十二届广东省政协委员

王丹平　中共党员，党委统战部部长，研究员

牛保庄　民革广东省委委员，工商管理学院教授、博士生导师

张　珂　民盟华南理工大学委员会委员，设计学院院长，教授

王幼松　民建华南理工大学支部主委，土木与交通学院教授、博士生导师

林章凛　农工党广东省委委员、华南理工大学总支主委，生物科学与工程学院院长，教授、博士生导师

马於光　九三学社社员，材料科学与工程学院教授、博士生导师

李志远　无党派，物理与光电学院副院长，教授、博士生导师

裴海龙　无党派，自动化科学与工程学院教授、博士生导师

第十五届广州市人大代表

叶　君　民盟华南理工大学委员会副主委，轻工科学与工程学院教授

刘　江　无党派，环境与能源学院副院长，教授

第十三届广州市政协委员

刘桂雄　中共党员，机械与汽车工程学院教授、博士生导师

俞祝良　民盟中央委员、广东省委常委、华南理工大学委员会主委，自动化科学与工程学院副院长，教授、博士生导师

第九届天河区人大常委

王全迪　民革广东省委常委、华南理工大学支部主委，继续教育学院副院长，教授

第九届天河区人大代表

刘琪瑾　中共党员，校党委副书记、纪委书记

第十七届番禺区人大代表

杨雄文　民建华南理工大学支部副主委，法学院教授

第八届天河区政协委员

刘善仕　无党派，工商管理学院教授、博士生导师

第十四届番禺区政协委员

李　平　九三学社华南理工大学基层委员会委员，环境与能源学院教授

广东省人民政府参事

田秋生　民进会员，经济与贸易学院教授、博士生导师

吴建青　无党派，材料科学与工程学院教授、博士生导师

陶　郅　无党派，建筑设计研究院教授、博士生导师

广州市政府参事

魏德敏　九三学社社员，土木与交通学院教授、博士生导师

资料2　华南理工大学各民主党派基层组织主要负责人名单

中国国民党革命委员会第六届华南理工大学支部

主　委：王全迪

副主委：凌志新　古志平

委　员：牛保庄　王佩苓　韦曙林　宋慧宇　林　琳

中国民主同盟第二届华南理工大学委员会

主　委：俞祝良

副主委：叶　君　胡郁葱　付时雨　周智恒

委　员：宁更新　林　中　张　珂　张伟德　徐　勇　黄凤辉　贾海平

中国民主建国会第五届华南理工大学支部

主　委：王幼松

副主委：杨雄文　赖淑华

委　员：赵　翔　李弘扬

中国民主促进会第一届华南理工大学基层委员会

主　委：倪　阳

副主委：陈　利　左保河　刘仲武　徐昕荣

委　员：杨　灿　李　中　王　波　冼楚华

中国农工党第六届华南理工大学总支

主　委：林章凛

副主委：刘伟铭　李碧梅　王永华

委　员：温丽琦　罗文结　黄　洪　利　锋　钱　奇

中国致公党第六届华南理工大学总支

主　委：吴克昌

副主委：全燕鸣　刘月琴　周锐波　许　勇

委　员：张　红　刘齐香　赖寄丹　康龙云　周莳文

九三学社第四届华南理工大学基层委员会

主　委：李汴生

副主委：杜群贵　周胜林　何　慧

委　员：李　平　谢笑珍　张　亮　刘美凤　高克昌　梁振兴　孙为正

资料3　华南理工大学群众团体主要负责人名单

第九届华南理工大学归国华侨联合会

主　席：安　然

副主席：陈　玲　汪双凤　王仁曾

秘书长：张立新　曹尚卿

委　员：李　斌　张立新　黄向健　张伟德　曹尚卿　张学武　赵　毓

第十一届华南理工大学港澳联谊会

荣誉会长：姚汝华

副会长：凌志新　吴晓黎　胡国清

委　员：苏　丹　邓超群　李　静

发展规划与学科建设

发展规划与学科建设

【学科建设】 坚持以一流学科建设为引领，实施"工科登峰、理科跃升、文科繁荣、医科跨越"四大学科行动计划，理工科优势进一步凸显，人文社科实现快速发展，"医工结合"发展模式初步形成。新增农业科学进入ESI全球排名前1‰，总数达到4个，位居中国内地高校并列第5位。在U. S. News发布的2018学科排名中，农业科学等5个学科跻身百强。36个学科上榜2018软科"中国最好学科排名"，其中5个进入全国排名前5%，轻工、食品、材料、生物医学工程4个学科跻身全国前三名。健全学科专业动态调整机制，新增马克思主义理论、物理学等一级学科博士学位授权点6个，其中动力工程及工程热物理、船舶与海洋工程填补了广东省经济社会发展急需的空白学科点。完成63个学位授权点自我评估。

完善学科资源配置机制。构建以质量和贡献为导向的学科建设绩效评价机制，按年度考核优势学科项目建设进展情况，根据考核结果调整下一年度建设经费。完成2014—2017年学院学科建设引导经费项目评价工作，启动20个学院"双一流"学科建设项目，安排建设资金1亿多元。

【发展规划】 加强校本发展研究。根据学校发展需要开展专题研究，完成《第四轮学科评估结果分析报告》《2015—2017年各学院投入产出效率分析报告》《华南理工大学ESI学科分析报告》《基于四大排行榜的世界百强大学特征分析报告》等专项研究报告。持续跟踪第三方机构发布的排行榜，完成《关于我校在2018软科世界大学学术排名的分析报告》《关于我校在2018年美国新闻与世界报道的排名分析报告》《关于我校在英国QS世界大学排名情况的分析报告》《关于我校在泰晤士世界大学排名情况的分析报告》等。

深入开展战略研讨。参加党委全会（扩大）会议、"双一流"学科建设工作推进会、暑期学科建设专题研讨会、E9发展规划与学科建设研讨会，以及参与教育部学位中心学科评估交流座谈会、教育部"双一流"建设动态监测与成效评价课题组调研会等，积极探讨"双一流"建设路径、存在的问题以及考核评价等，不断凝心聚力，合力推动"双一流"建设。

完善学校发展规划。根据中央最新政策和文件精神，结合学校发展新阶段所面临的新任务和新要求，及时对学校"十三五"总体规划和10个专项规划进行修订完善，实现"十三五"规划与"双一流"建设方案、广州国际校区建设规划有机衔接，增强了规划的时代性、引领性和科学性。

统计办学数据。完成“2018 年高校快报表”“高等教育基层统计报表（2018/2019 学年初）”“高校办学规模发展调查表”“高校补齐办学条件短板情况调查表”的统计、上报、归档工作。完成学校 2017 年度办学数据统计工作，印发《2018 年校情手册》《办学情况数据统计》（半年版）。做好数据支持和服务工作，及时为高等教育质量监测国家数据平台、广东省地方志办、泰晤士报高等教育、科睿唯安、上海软科等机构以及校内职能部门提供相关办学数据。

【“双一流”建设】加强“双一流”建设的组织领导。成立由校党委书记、校长任组长的“双一流”建设领导小组和专项资金管理工作领导小组，建立起各部门分工负责、全员协同参与的责任体系，以及内部监测评价制度，按年度定期发布“双一流”建设进展报告。

加强“双一流”建设项目过程管理。2018 年获“双一流”资金 4.53 亿元，立项 541 项，资金执行率为 100%。组织完成 2019—2021 年中央专项资金项目申报和评审工作，获批 2019 年中央“双一流”经费，与 2018 年持平。完成 2017 年中央专项资金和广东省“冲补强”资金绩效自评、2018 年中央专项资金绩效目标执行监控等工作。

完善项目管理与评价机制。持续优化“双一流”项目管理流程，改革项目拨款和变更程序，提高办事效率。制订《华南理工大学“双一流”专项资金管理实施细则》《华南理工大学“双一流”高层次人才队伍、高水平科研基地、重大重点科研项目和重大科研成果建设经费管理实施细则》，不断加强和规范“双一流”项目资金管理。

资料 1　2018 年华南理工大学博士学位授权一级学科

所属门类	序号	学科代码	学科名称	授权时间
经济学	1	0202	应用经济学	2015 年 11 月
法学	2	0305	马克思主义理论	2018 年 3 月
理学	3	0701	数学	2011 年 3 月
	4	0702	物理学	2018 年 3 月
	5	0703	化学	2011 年 3 月
	6	0710	生物学	2011 年 3 月
工学	7	0801	力学	2018 年 3 月
	8	0802	机械工程	2003 年 9 月
	9	0805	材料科学与工程	1998 年 6 月
	10	0807	动力工程及工程热物理	2018 年 3 月
	11	0808	电气工程	2003 年 9 月
	12	0809	电子科学与技术	2006 年 1 月

续表

所属门类	序号	学科代码	学科名称	授权时间
工学	13	0810	信息与通信工程	2003 年 9 月
	14	0811	控制科学与工程	2003 年 9 月
	15	0812	计算机科学与技术	2011 年 3 月
	16	0813	建筑学	2003 年 9 月
	17	0814	土木工程	2006 年 1 月
	18	0817	化学工程与技术	1998 年 6 月
	19	0822	轻工技术与工程	1998 年 6 月
	20	0823	交通运输工程	2011 年 3 月
	21	0824	船舶与海洋工程	2018 年 3 月
	22	0830	环境科学与工程	2006 年 1 月
	23	0831	生物医学工程	2006 年 1 月
	24	0832	食品科学与工程	2003 年 9 月
	25	0833	城乡规划学	2011 年 8 月
	26	0834	风景园林学	2011 年 8 月
	27	0835	软件工程	2011 年 8 月
	28	0839	网络空间安全	2016 年 1 月
管理学	29	1201	管理科学与工程	1998 年 6 月
	30	1202	工商管理	2011 年 3 月
	31	1204	公共管理	2018 年 3 月

资料 2　2018 年华南理工大学硕士学位授权一级学科

所属门类	序号	学科代码	学科名称	授权时间
哲学	1	0101	哲学	2006 年 1 月
经济学	2	0202	应用经济学	2011 年 3 月
法学	3	0301	法学	2006 年 1 月
	4	0305	马克思主义理论	2006 年 1 月
教育学	5	0401	教育学	2011 年 3 月
	6	0403	体育学	2011 年 3 月
文学	7	0502	外国语言文学	2006 年 1 月
	8	0503	新闻传播学	2011 年 3 月

续表

所属门类	序号	学科代码	学科名称	授权时间
理学	9	0701	数学	2006 年 1 月
	10	0702	物理学	2006 年 1 月
	11	0703	化学	2006 年 1 月
	12	0710	生物学	2006 年 1 月
工学	13	0801	力学	2006 年 1 月
	14	0802	机械工程	2003 年 9 月
	15	0805	材料科学与工程	1998 年 6 月
	16	0807	动力工程及工程热物理	2006 年 1 月
	17	0808	电气工程	2003 年 9 月
	18	0809	电子科学与技术	2006 年 1 月
	19	0810	信息与通信工程	2003 年 9 月
	20	0811	控制科学与工程	2003 年 9 月
	21	0812	计算机科学与技术	2006 年 1 月
	22	0813	建筑学	2003 年 9 月
	23	0814	土木工程	2006 年 1 月
	24	0815	水利工程	2011 年 3 月
	25	0817	化学工程与技术	1998 年 6 月
	26	0822	轻工技术与工程	1998 年 6 月
	27	0823	交通运输工程	2006 年 1 月
	28	0824	船舶与海洋工程	2006 年 1 月
	39	0830	环境科学与工程	2006 年 1 月
	30	0831	生物医学工程	2006 年 1 月
	31	0832	食品科学与工程	2003 年 9 月
	32	0833	城乡规划学	2011 年 8 月
	33	0834	风景园林学	2011 年 8 月
	34	0835	软件工程	2011 年 8 月
	35	0837	安全科学与工程	2011 年 8 月
	36	0839	网络空间安全	2016 年 1 月
医学	37	1002	临床医学	2015 年 11 月
管理学	38	1201	管理科学与工程	1998 年 6 月
	39	1202	工商管理	2006 年 1 月
	40	1204	公共管理	2006 年 1 月
艺术学	41	1302	音乐与舞蹈学	2011 年 8 月
	42	1305	设计学	2011 年 8 月

教代会、工会和共青团工作

教代会与工会工作

【教代会工作】履行教代会职能，参与学校改革建设发展工作。召开学校第九届教代会暨第十五届工代会第三次会议。会议审议通过《2018 年学校工作报告》《广州国际校区建设进展情况通报》《学校财务工作报告》《第九届教代会暨第十五届工代会第三次会议工作报告》和《第九届教代会第三次会议提案工作报告》，改选“两会”委员。会议共征集提案 55 份，其中立案 14 份。完成教代会提案系统的开发。休会期间，召开“两会”委员会，审议通过《华南理工大学在职人员福利费使用管理办法》草案、《华南理工大学第五期“兴华人才工程”教学科研人员绩效考核办法（试行）》草案。

【工会工作】组织教职工参与广东省总工会的评先评优工作，化学与化工学院汪双凤教授获“南粤建功立业女能手”称号及“广东省五一劳动奖章”，植物资源化学团队获“广东省五一劳动奖状”。

关心青年教职工的职业发展和家庭生活。组织青年教职工参加第四届全国和广东省青年教师教学技能大赛，其中，数学学院教师林郁在广东省赛理科组取得冠军，并代表广东高校参加全国赛获三等奖；其他教师均在省赛中获奖，马克思主义学院教师赖怡芳获思想政治课组二等奖，外国语学院教师屈薇获文科组三等奖，土木与交通学院教师李弘扬获工科组优秀奖。组织“缘来 520”青年教职工联谊活动；组织“和善而坚定，不娇纵不惩罚地赢得孩子合作”正面教育专题讲座，吸引近 300 位教职工参加。

开展形式多样的文体活动。组织校内教职工乒乓球、排球、运动会和环湖跑四项传统体育赛事和活动，其中环湖跑活动吸引 6000 余名教职工参加。组织学校教职工参加“五山杯”全民健身羽毛球大赛，学校教工队获得冠军。组织三八妇女节、教师节、中秋节系列活动，承办由广东省总工会、广东省文化厅、南方报业传媒集团主办的“中国梦 · 劳动美”教师节专场文艺晚会。开办教职工健身与伤病预防和康复训练班、游泳培训班，以及口腔保健专题讲座等。继续开办瑜伽、声乐、太极、舞蹈、钢琴等教职工兴趣班，400 余人次参加。

加强人文关怀。为教职工办理广东省职工医疗互助保障计划申请 2000 余份，为 11 位患病职工申请互助保障金约 25 万元，为 12 位在职教工办理华南理工大学教职工重大疾病医疗救助基金申请共约 17 万元。落实《广东省教科文卫工会困难教职工帮扶办法》精神，为 10 位患重大疾病教职工办理困难帮扶金共 5 万元。为近 4700 位在职在编教职工发放生日慰问券共约 94 万元。采购扶贫攻坚农产品

90余万元。

加强“两会”组织建设。组织举办“用习近平新时代中国特色社会主义思想开创工会新局面”的干部培训会；组织基层干部赴同济大学、上海交通大学等6所大学开展调研；参加以“二级教职工代表大会制度研究”为主题的卓越联盟高校工会工作交流会。修订《华南理工大学工会经费收支管理办法》，向全校二级部门工会划拨经费140余万元。协助社区居委会处理解决校内邻里纠纷，服务社区居民。

【计生工作】 贯彻执行《广东省人口与计划生育条例》和相关法律法规，贯彻落实广州市计划生育工作会议精神，稳妥实施“全面二孩”政策，开展多种形式的计生宣传。组织开展“三查”（查环、查孕、查病）工作，组织在职女职工进行生殖健康检查954人次。坚持做好一年两次的男职工（配偶在外单位）函调工作，完成函调1589人次；开展独生子女综合保险和计划生育家庭保险服务工作，办理独生子女综合保险668人次；为大学生就业办理婚育证明4450人次。

实行计生婚育证明网上办理。开展“知性智行，青春健康”的主题健康讲座。配合五山街计生办开展“新市民健康城市行”活动。

共青团工作

【思想和组织建设】 积极开展主旋律教育活动。组织师生代表收看庆祝改革开放40周年大会，观看《厉害了，我的国》，并鼓励师生撰写学习心得。组织开展“青年大学习”行动，举办首期“灯塔学习会”；开展“四进四信”“与信仰对话——纪念马克思诞辰200周年”等主题教育活动。深入开展“岭南追梦”行动，线上推送300篇主题文章、线下张贴主题标语海报100张。持续开展“高举团旗跟党走”青年月系列活动。组织开展10项校级重点活动、181项院级（院际）活动；立项资助团支部活动236项、立项自筹经费团支部活动153项，呈现“校级活动出品牌，院级活动强特色，团支部活动重参与”的良好格局。

深入实施“青马工程”。制订实施《华南理工大学青年马克思主义者培养工程实施方案》，围绕“青年学生成长为用马克思主义武装头脑的政治人才”，构建培养链条，加强过程培养、跟踪培养，提升“青马工程”的科学性、时代性、实效性。组织学员到省团校进行理论学习，参观永庆坊、参加专题讲座，到井冈山革命传统教育基地实践锻炼等。青马班第6期34名学员结业，第7期51名学员开班。

深入实施基层团支部“活力提升”工程。实施“堡垒团支部—先进团支部—红旗团支部”三级团支部创优建设模式，建设专兼挂结合的共青团干部队伍，落实校院两级专、挂、兼职共青团干部的配备。推行新版《团支部工作手册》，落实“三会两制一课”基本制度。探索社团建团、实验室建团等方式，扩大工作覆盖面。截至2018年底，学校有二级团委（团总支）28个，团支部1078个，团员36 271人，其中，本科生团员24 804人、研究生团员 11 467 人。推进“命脉工程”，推动基础团务的互联网化管理，全校团员已全部在智慧团建系统中报到。

加强网络育人，形成线上线下深度融合的工作格局。成功申报全国学校共青团新媒体运营中心专业工作室、中国青年网校园通讯社通讯站。成立新媒体研究中心，其中，“红色经典演绎”活动推文被团中央、全国学联和省学联公众号转发，“一图读懂马克思主义”被广东共青团公众号转发，高考招生宣传视频在央视《第一时间》栏目播放。

表彰一批先进集体和个人。组织实施“七色的彩虹，榜样的力量”学生工作创先争优“标杆工程”评选活动，评选“感动华园”大学生年度人物、“十大共产党员、共青团员标兵”和“十大卓越团队”。11 名个人和 5 个集体获得省级及以上“五四”表彰。学校团委被评为“2018 年度广东共青团工作先进单位”，SCUT-ICEM 团支部被评为全国高校“活力团支部”，章秀银获“广东青年五四奖章”，材料科学与工程学院学生会被评为“广东省优秀学生会”，Fresh 环保协会、求是学社被评为“广东省优秀学生社团”，3 人获评广东省“百名团学青年骨干十九大精神朋辈团”成员，5 人获评“广东省优秀学生干部”，1 人获评“践行社会主义核心价值观先进个人标兵”，1 人获评“选派高校团干部到县级团委挂职工作先进个人”。

【社会实践活动】持续开展“公益文化节”活动，组织学生参加广交会、清明义工、广州马拉松等志愿服务项目；组织志愿服务队参加南粤“美丽乡村”公益志愿行动，获南粤村庄（整治）规划设计大赛特等奖 1 项（全省高校唯一）、一等奖 1 项、二等奖 1 项和优秀奖 3 项；春运期间组织 400 名志愿者到广州火车站、广州东站、广州南站进行志愿服务，获评中国青年志愿者服务春运“暖冬行动”优秀志愿服务团队，得到中央电视台、羊城晚报等媒体报道。“涌动的红色”研究生志愿者服务队获阿克苏诺贝尔中国大学生社会公益奖银奖，建筑学院築行青年志愿者服务队获“大师美学课堂”特别项目单项奖及优秀团队奖；获“益苗计划”等公益项目服务资金约 17 万元。学校 2018 年共有注册志愿者 40 000 余人，公益团体 40 余个，志愿服务项目 3000 余个，累计服务时数达 192 万小时。

开展“不忘初心　筑梦青春”主题寒假社会实践活动和“不忘初心跟党走　青春筑梦新时代”暑期“三下乡”社会实践活动，涌现出“社会实践先进个人”2326 名。学校团委获评为“全国大中专学生志愿者暑期‘三下乡’社会实践活动优秀单位”；11 支团队被列入全国大学生暑期“三下乡”社会实践专项，3 个团队项目分别入选“千校千项”最具影响好项目、百佳创意短视频和匠心传播好作品，1 人获评强国一代新青年；1 支团队获广东省大学生党员暑期社会实践优秀团队称号；6 支团队入选广东大中专学生暑期社会实践重点团队。

持续开展“西部计划”，组织 18 名志愿者赴广西、云南开展服务和支教工作；继续开展“温暖回家路”“你是我的阿拉丁神灯”等项目，累计关爱返乡农民工、留守儿童及贫困学生 500 人次。

【校园文化活动】召开学生会第三十七届第二次全体会议，进一步完善《华南理工大学学生会章程》。加强学生组织建设与管理，学校现有学生会、研究生会、社团联合会、百步梯学生创新中心等 7 大学生组织和 158 个学生社团，形成学校党委领导下的“一心双环”团学组织格局。开展“有困难找学生会”“十大提案”等活动，拓宽学生权益维护保障渠道，解决日常提案92项，解决率达76.4%。

精心打造校园文化特色品牌活动，持续开展“青年月”“科技文化节”活动。全年共立项校级活动22项、院级（院际）活动492项、班团活动566项；举办高雅艺术进校园、“奋斗的青春最美丽”故事分享会、世纪木棉学术讲座、“华音初上”校园歌手大赛等品牌活动近100场；举办“活动月快车”“社团文化节”等社团活动800余项，参与人数超4万人次。学校在第十二届广东大中专学生科技学术节获“优秀组织奖”，团队及个人作品获三等及以上奖励18项。

【科技创新活动】资助学生科技创新项目。全年收到“百步梯攀登计划”申请项目903项，其中立项资助321项。2018年广东攀登计划立项25项，累计资助经费59万元，获批项目总数及资助总经费均居广东高校第一位。建立跨学科大学生学术科技创新实践工作室10个，推动跨学院、课内与课外、教学与实践的有机结合。

承办2018年“挑战杯·创青春”广东大学生创业大赛，学校获金奖12项、银奖7项，获得“创青春杯”和“优秀组织奖”。组织参加“创青春”全国大学生创业大赛，在全国赛中获金奖5项、银奖1项，全国团体总分第二，获得“优胜杯”和“优秀组织奖”。组织参加“中国研究生创新实践系列竞赛”，获国赛一等奖3项、二等奖6项、三等奖12项。

参加国际、国内各类竞赛。学生在2018中国国际太阳能十项全能竞赛、美国大学生建模竞赛、全国大学生结构设计竞赛，以及第十三届中国研究生电子设计竞赛、第四届中国研究生移动终端应用设计创新大赛等一系列重要赛事中均取得骄人成绩。

资料　共青团华南理工大学委员会

书　　记：孟　勋

副 书 记：朱泳媚　梁　劲　陆龙生（挂职）　张庆园（挂职）

常务委员：王燕林　申宏宇　石春亮　邝兆明　陈浩文　陈继宗　徐　红　梁　劲　熊小兵

委　　员：王艺翔　王延项　王燕林　石春亮　申宏宇　邝兆明　司　璇　吕萱萱　刘伟刚　杨怡斐　佘建伟　张馨元　陈炜强　陈浩文　陈继宗　陈　聪　郑　璐　徐　红　梁　劲　韩红操　熊小兵　冀早早　穆彦丁　魏　争

教育教学工作

学生思想教育和管理

【思想政治教育和管理】 实施学校思政工作提升行动（2017—2020 年），把立德树人融入教育全过程、各环节。坚持思政工作党委书记、校长亲自抓，党委书记、校长主讲思政第一课；推动学院党委书记、院长为新生讲授思政第一课。学校获批第二批教育部高校思想政治工作中青年骨干队伍建设项目，机械与汽车工程学院获批全国第二批“三全育人”综合试点院（系），生物科学与工程学院 2014 级发酵工程专业博士研究生廖锡豪入选“百名研究生党员标兵”。

以价值引领为重心，开展特色活动。组织 11 支国家级、6 支省级、47 支校级重点团队，约 2 万名学生参与暑期社会实践活动；依托“一面旗”辅导员工作室、“习语心传”学生宣讲团，以及“党心述芳华”、打造“经典读书工程”系列价值引领活动，带动师生读懂、学深、悟透习近平新时代中国特色社会主义思想。新组建新媒体编辑团队，建设“学生在线”等微信号。开展“崇德尚学 自强笃行”学风建设月活动，编制 5 期《学风建设工作简报》。

【学生工作队伍建设】 强化辅导员工作能力提升，组织实施“辅导员素质能力提升计划”，首批 7 个辅导员工作室正式建成并投入运营。开展 2017 年度辅导员工作考核，充分发挥考核对辅导员履职的鉴定、激励和导向作用。建立和完善国家级、省级和校级培训机制，结合网络在线课程的线上线下培训体系，通过学生教育管理论坛、辅导员沙龙、辅导员午间充电站、辅导员素质能力提升训练营等校内外平台广泛开展交流，2018 年派出辅导员参加培训 133 人次，同比增加 50%。1 人获第七届全国辅导员素质能力大赛一等奖，1 人获第七届广东省高校辅导员职业能力大赛一等奖、3 人获二等奖，1 人获评第十届全国高校辅导员年度人物入围奖，2 人获评广东省研究生德育先进个人。学校现有一线专职辅导员（包括“2 +3”辅导员）103 人，少数民族学生专职辅导员 2 人。

【奖助学工作】 发挥校园地国家助学贷款和生源地信用助学贷款资助主渠道作用，向 1032 名校园地国家助学贷款学生发放贷款金额 820. 21 万元；向 2322 名生源地信用助学贷款学生发放贷款金额 2111. 40 万元。完成 393 名校园地国家贷款毕业生的还款协议签订工作和信息采集上报工作。做好本科生国家奖学金、国家励志奖学金、学校奖学金、社会捐赠奖学金的评审和发放工作，发放奖金 1552. 75 万元，资助学生 5136 人及竞赛团队 1 个。做好本科生国家助学金、社会捐赠助学金评审及发放工作，发放金额 1257. 05 万元，资助学生 7068 人次（5062 人）。为兵役、退役复学学生申请学费补偿、学费减免，申请补偿金21.27万元。1052名家庭经济困难新生通过“绿色通道”办理入学手续，缓交学费、住宿费金额980余万元。

强化资助育人工作。举办首届“资助文化节”；组织勤工助学学生开展“励志杯”征文比赛、勤工助学风采摄影大赛、微视频大赛、岗际羽毛球团体赛、励志电影展播等活动。招募21名“大学生阳光成长团队”队员组成大学生阳光成长顾问，对经济困难学生开展“多对一”帮扶。“砺行社”“思源社”“仲明学子服务队”等资助育人学生社团继续开展“爱心书屋”“爱心宿舍”及“善行100·爱心包裹”等大型公益系列活动，举办爱心书籍大赠送等活动，筹集善款为爱心书屋购置书籍。

【学生宿舍管理】 完成五山校区西十、博士后公寓、学者楼、继续教育学院以及大学城校区C1、D5栋等共260间宿舍、1104套家具的购置与安装。完成博士后公寓、学者楼和大学城校区C1和D5栋共202间宿舍的维修改造。

做好学生宿舍治安、消防和卫生工作。加强日常巡查，做好学生宿舍的治安防控。启用大学城校区学生宿舍门禁系统，提升学生宿舍智能化管理水平。组织开展学生宿舍消防知识培训与疏散演练活动6次。选聘11名社区兼职辅导员，加强学生宿舍清洁卫生和安全管理，推动学生工作重心下沉到学生社区。开展“每月一主题”活动、“星级宿舍”评比、“全校行”宿舍卫生检查、迎新心愿墙活动和“毕业季毕业有话说”等文化建设活动。组织6次学生宿舍安全卫生大检查和晚归晚出专项整治。开展学生宿舍空调清洗、维护和保养，以及独立卫生间、阳台卫生清洁工作，为学生提供整洁舒适的住宿环境。

做好各类学生入住、调宿和退宿工作。2018年两校区共安排各类学生住宿12 525人次，调宿6129人次，退宿11 100余人次。完成2017级3806名本科生从大学城校区搬迁回五山校区的工作，安排货运车辆近170车次，客运车辆约90车次。完成2018级新生入住方案、2019年全校学生住宿方案的制订工作。

完成国际校区书院制方案和学生宿舍需求设计工作。制订国际校区书院制实施方案，做好国际校区一期学生宿舍的方案设计，将书院理念和建设内容融入宿舍设计，使学生宿舍能够蕴含思想政治教育、通识课程教育、书院文化等，形成学习、生活、服务一体的学生社区。完成国际校区一期学生宿舍家具方案、技术参数设计，以及招标可行性论证等工作。

【国防教育和国防生培养】 通过开展党的政治理论学习、党的重大会议精神学习领会、掌上红段子、读报剪报、读书报告会等活动，充分利用国防生公寓、国防生网站、《华园砺剑》等平台，着力强化国防生理想信念教育。以“三级培养模式”为核心，国防生三类常规训练（即日常出操、周末训练和月度会操）、国防生专项集中训练（即暑期桂林集训、班长素质集训、当兵锻炼、毕业当兵锻炼和代职锻炼）为抓手，不断提高军政训练实效。2014级71名国防生顺利完成部队实践锻炼，通过总参、总政组织的毕业考核；2015级70名国防生到某部队当兵锻炼15天，顺利完成各项训练任务。2015级国防生中3人被国防科学技术大学录取为硕士研究生，多名国防生在国内外各项科研比赛中获省及以上竞赛奖励。2018年，毕业国防生71人，其中38人到部队工作，其他分流到地方就业。截至2018年底，在校国防生151人。

【心理咨询与健康教育】 深化“心理育人”理念，加强心理咨询服务，全年咨询总量1544人次。开展心理高危对象排查工作，完善“四级”预警防控体系，健全心理危机预防机制，做好危机干预和转介工作。开展2018年“健康华园——5·25心理健康活动季”；举办“5·25”大学生心理活动，以及大学生原创心理漫画、心理剧比赛、大学生心理健康演讲比赛；开展心理健康教育讲座、心理委员培训、团体心理辅导等多项活动。成立11个二级学院心育工作站。开展2018级新生心理健康测评和回访工作，完成率99.9%。建设心理健康人工智能实验室，开展新生和创新班、转专业班学生的VR问诊测评。开设大学生心理健康教育相关课程，普及心理健康知识，提升大学生心理健康水平。

本科生教育

【教学改革】 坚持以本为本，加强本科教育顶层设计。在全国率先出台《一流本科行动计划》，深入推进本科教育综合改革，全面提升课堂、课程、专业、教师、培养模式、实践平台等核心要素质量。《一流本科行动计划》在新时代全国高等学校本科教育工作会议上获教育部部长陈宝生同志点名表扬。

深化协同育人机制体制改革。设置各类创新班、强化班和教学改革试点班35个，学生超过1000人。拔尖创新人才培养成效凸显，工程力学创新班学生2018年以第一作者身份发表SCI论文13篇；截至2018年底，基因组科学创新班学生共有91人次在国际顶级期刊发表论文73篇。与汇丰集团联合组建“汇丰金融科技精英班”，培养金融知识及科技实力兼备的未来领导型人才及领域专家。加强国际化人才培养，在计算机科学与技术、土木工程、环境工程、工商管理、材料科学与工程等全英语教学专业，开展师资、课程、教学方法等方面改革试点工作，在环境工程、电气工程及其自动化、软件工程等3个“3+2”中澳班推进优势工科专业的国际联合培养。本科生国际交流规模持续增长，新增国际交流人数1091人，同比增长18.46%。

加强专业和课程建设。面向国家和区域高精尖急缺人才需求，申报增设机器人工程、智能工程、分子科学与工程、生物医学科学、环境科学与工程、临床医学等6个本科新专业。推进实施本科大类招生，2018级在环境与能源学院、生物科学与工程学院、工商管理学院试点。推进专业认证工作，土木工程、高分子科学与工程两个专业通过全国工程教育专业认证。打造特色课程，立项建设新生研讨课20门、海外名校异地实时课程1门、基于项目的课程13门、跨学科交叉课程2门、校企合作课程16门、学科前沿课程9门、荣誉学位课程6门、MOOC（慕课）16门。推进课堂教学改革。推广翻转课堂、混合式教学等新型教学模式，依托MOOC和微课在215门课程开展“翻转课堂”教学，立项建设探究式本科教学示范课堂40项，通过教学方法、教学内容、考核方式等“组合拳”式改革，引导课堂从注重“教师的教”向注重

“学生的学”转变。

学校标志性成果申报成绩喜人。获2018年广东省教育教学成果奖共25项，其中特等奖1项、一等奖14项、二等奖10项；获2018年高等教育国家级教学成果奖8项，其中以独立完成单位获二等奖5项，以联合完成单位获一等奖2项、二等奖1项，获奖项目数量创历史新高。“大学美育”“企业战略管理”“英美音乐与文化”“酒店房务运营与管理”等4门MOOC获评国家精品在线开放课程，实现学校国家精品在线开放课程零的突破。“基于虚拟现实的特种铸造工艺实验”项目入选首批国家虚拟仿真实验教学项目。学校共有41人、44人次被选入2018—2022年教育部高等学校教学指导委员会，入选数量大幅度提升。

【实践教学】 构建多层次、立体化的创新创业教育课程体系，完善“国家—省级—校级—院级”四层次本科生创新创业训练计划项目体系。2018年立项“学生研究计划”项目（SRP）757项、省级大学生创新创业训练计划项目190项、国家级大学生创新创业训练计划项目240项。本科生在正式期刊、国际会议上发表中、英文论文122篇，以第一或第二完成人申请各类专利590项，获授权专利280项。推进以“一院一赛”为核心的学科竞赛资助计划，2018年投入300多万元资助竞赛项目78项。学生在各类重大学科竞赛中表现出色，138人次在国际级竞赛中获奖，430人次在国家级竞赛中获奖，609人次在省或地区竞赛中获奖，获奖总人次达到1177人次，比2017年（1092人次）增长7.78%。在第四届中国“互联网+”大学生创新创业大赛中荣获2金2银；在2018年美国大学生数学建模竞赛中获特等奖提名奖2项、一等奖16项；在2018年“创青春”全国大学生创业大赛中获得5金1银，荣获“优胜杯”；夺得中国国际太阳能十项全能竞赛总冠军；华南虎战队赢得第十七届全国大学生机器人大赛2018机甲大师赛全国总冠军，实现两连冠。机器人创新基地荣获“小平科技创新团队”。学校入选教育部2018年度全国50所创新创业典型经验高校，获批承办2020年第六届中国“互联网+”大学生创新创业大赛。

【教学管理】 顺利完成全日制普通本科毕业班学生总计6164人的毕业资格审查及证书发放工作，实现“零差错率”。顺利完成全国大学英语四、六级考试，2014级毕业班学生四、六级考试最终通过率分别达到92.21%、66.13%，六级通过率比2013级提高近5%。完善教学约束机制，2018年认定和处理本科教学事故27起，其中二级教学事故5起、三级教学事故22起。定期开展试卷质量抽查，2018年抽查课程试卷396门22 249份。

加强师德师能建设。树立“德教双馨”典型，评出2018年度南光卓越教学奖（本科）获得者5人、2016—2017学年本科教学优秀奖获得者29人。通过教学竞赛促进教师教学质量提升，学校青年教师在广东省第四届高校青年教师教学大赛中获一、二、三等奖各1项，在第二届卓越大学联盟高校青年教师教学创新大赛中获一等奖1项、三等奖8项。加强教师教学能力培训，2017—2018学年共有158名拟申报副教授职称的教师获得教学能力培训合格证书，188名新教师完成本科教学技能培训。

资料1　华南理工大学全日制本科专业设置及在校学生一览表

学院	专业	2014 级	2015 级	2016 级	2017 级	2018 级	合计
材料科学与工程学院	材料化学	0	0	25	23	31	79
	材料科学与工程（材料化学）	0	26	0	0	0	26
	材料科学与工程（创新班）	0	13	0	0	0	13
	材料科学与工程（金属材料科学与工程）	0	34	38	32	38	142
	材料科学与工程（全英创新班）	0	0	34	0	0	34
	材料科学与工程（无机非金属材料科学与工程）	0	47	50	56	56	209
	材料类（全英创新班）	0	0	0	37	78	115
	电子科学与技术（电子材料与元器件）	0	36	45	49	49	179
	高分子材料与工程	0	136	124	112	108	480
	光电信息科学与工程（光电器件）	0	52	51	48	45	196
	生物医学工程（生物医学材料）	0	0	0	37	25	62
	生物医学工程（生物医学电子）	0	0	0	18	23	41
	生物医学工程	0	34	32	0	0	66
电力学院	电气工程及其自动化	0	308	271	260	217	1056
	电气工程及其自动化（“3＋2”中澳班）	0	0	0	37	39	76
	电气工程及其自动化（卓越班）	0	40	34	40	83	197
	核工程与核技术	0	0	0	0	25	25
	核工程与核技术（核电站方向）	0	25	24	25	0	74
	能源与动力工程	0	68	67	62	71	268
电子与信息学院	电子科学与技术	0	51	70	93	79	293
	电子科学与技术（卓越班）	0	27	26	34	42	129
	信息工程	0	234	236	222	197	889
	信息工程（创新班）	0	0	0	0	53	53
	信息工程（冯秉铨实验班）	0	49	40	49	0	138

续表

学院	专业	2014 级	2015 级	2016 级	2017 级	2018 级	合计
工商管理学院	财务管理	0	60	59	0	0	119
	工商管理	0	34	36	0	0	70
	工商管理（国际班）	0	19	4	26	0	49
	工商管理（全英班）	0	0	0	0	38	38
	工商管理（体尖班）	0	23	26	21	32	102
	工商管理类	0	0	0	156	142	298
	工业工程	0	34	32	0	0	66
	会计学	0	90	86	80	81	337
	人力资源管理	0	27	32	0	0	59
	市场营销	0	33	51	0	0	84
公共管理学院	行政管理	0	103	100	78	76	357
	行政管理（国际班）	0	3	0	0	0	3
化学与化工学院	化学工程与工艺	0	105	96	97	86	384
	化学类（创新班）	0	0	0	24	23	47
	能源化学工程	0	67	53	59	52	231
	应用化学	0	81	79	69	76	305
	应用化学（创新班）	0	25	20	0	0	45
	制药工程	0	26	26	27	27	106
机械与汽车工程学院	安全工程	0	0	33	38	40	111
	安全工程（安全管理信息系统）	0	38	0	0	0	38
	材料成型及控制工程（高分子材料成型及控制）	0	31	34	35	28	128
	材料成型及控制工程（金属材料成型及控制）	0	27	25	28	25	105
	车辆工程	0	99	98	132	119	448
	过程装备与控制工程	0	34	0	0	0	34
	过程装备与控制工程（化工装备与控制工程）	0	0	25	32	26	83
	过程装备与控制工程（轻工机械及塑料模具）	0	29	0	0	0	29
	过程装备与控制工程（轻工装备及塑料模具）	0	0	27	28	30	85

续表

学院	专业	2014 级	2015 级	2016 级	2017 级	2018 级	合计
机械与汽车工程学院	机械电子工程	0	110	102	101	94	407
	机械工程	0	132	118	132	132	514
	机械工程（创新班）	0	27	28	0	0	55
	机械工程（卓越双语班）	0	23	29	27	28	107
	机械类（创新班）	0	0	0	26	30	56
	能源与动力工程（车用发动机）	0	31	37	0	0	68
	能源与动力工程（制冷空调）	0	31	32	0	0	63
建筑学院	城乡规划	52	57	63	52	63	287
	风景园林	30	39	35	29	35	168
	建筑学	102	92	88	97	112	491
轻工科学与工程学院	轻化工程	0	65	58	57	56	236
	资源环境科学	0	18	24	20	23	85
食品科学与工程学院	食品科学与工程	0	73	74	77	94	318
	食品科学与工程（食品营养与健康）	0	24	24	24	0	72
	食品质量与安全	0	33	22	31	36	122
数学学院	数学类（创新班）	0	0	0	22	26	48
	数学与应用数学	0	47	53	49	113	262
	数学与应用数学（创新班）	0	28	22	0	0	50
	数学与应用数学（数学与信息类）	0	1	0	0	0	1
	数学与应用数学（统计学）	0	58	71	66	0	195
	信息管理与信息系统	0	56	49	56	50	211
	信息与计算科学	0	42	35	43	44	164
体育学院	运动训练	0	42	45	45	43	175
土木与交通学院	船舶与海洋工程	0	45	39	45	43	172
	工程管理	0	23	38	36	39	136
	工程力学（创新班）	0	21	25	29	30	105
	交通工程	0	38	39	38	34	149
	交通运输	0	35	32	34	40	141
	水利水电工程	0	59	49	54	43	205
	土木工程	0	0	0	0	167	167

续表

学院	专业	2014 级	2015 级	2016 级	2017 级	2018 级	合计
土木与交通学院	土木工程（道路与桥梁工程）	0	49	54	54	0	157
	土木工程（地下结构）	0	26	35	29	0	90
	土木工程（建筑工程）	0	99	101	88	0	288
	土木工程（卓越全英班）	0	36	37	40	40	153
外国语学院	日语	0	28	24	15	16	83
	商务英语	0	70	75	76	78	299
物理与光电学院	光电信息科学与工程（光电信息）	0	81	74	76	73	304
	应用物理学	0	50	53	39	36	178
	应用物理学（严济慈英才班）	0	0	0	24	26	50
自动化科学与工程学院	智能科学与技术	0	51	55	57	54	217
	自动化	0	197	193	196	180	766
	自动化（创新班）	0	23	24	24	26	97
新闻与传播学院	传播学	0	76	73	64	59	272
	传播学（“2＋2”联合班）	0	0	0	0	18	18
	传播学（国际班）	0	1	0	17	0	18
	广告学	0	27	31	25	21	104
	新闻传播学类（国际班）	0	10	8	0	0	18
	新闻学	0	31	34	24	32	121
医学院	医学影像学	0	29	27	36	50	142
艺术学院	舞蹈学	0	20	30	21	33	104
	音乐表演	0	82	64	67	67	280
	音乐学	0	7	7	8	8	30
法学院（知识产权学院）	法学	0	122	108	116	115	461
	法学（卓越法律班）	0	31	28	27	29	115
	知识产权	0	29	26	27	24	106
环境与能源学院	给排水科学与工程	0	36	32	33	0	101
	环境工程	0	41	38	37	0	116
	环境工程（“3＋2”中澳班）	0	0	0	28	21	49
	环境工程（全英班）	0	24	18	15	14	71
	环境科学	0	21	20	15	0	56
	环境科学与工程类	0	0	0	0	110	110

续表

学院	专业	2014 级	2015 级	2016 级	2017 级	2018 级	合计
计算机科学与工程学院	计算机科学与技术	0	157	138	137	143	575
	计算机科学与技术（全英创新班）	0	27	29	30	47	133
	计算机科学与技术（全英联合班）	0	20	25	31	14	90
	网络工程	0	64	53	48	38	203
	信息安全	0	55	55	49	64	223
经济与贸易学院	电子商务	0	85	73	68	74	300
	国际经济与贸易	0	90	91	83	88	352
	会展经济与管理	0	40	31	35	32	138
	金融学	0	139	135	152	149	575
	金融学（汇丰金融科技精英班）	0	0	30	0	0	30
	金融学（全英班）	0	30	29	0	0	59
	经济学	0	46	43	45	44	178
	经济学（创新班）	0	15	20	22	26	83
	旅游管理	0	65	47	32	29	173
	旅游管理（国际班）	0	6	3	10	0	19
	物流工程	0	73	67	66	64	270
软件学院	软件工程	0	275	286	248	230	1039
	软件工程（“3+2”中澳班）	0	0	0	39	37	76
	软件工程（卓越班）	0	43	49	44	99	235
设计学院	产品设计	0	52	55	55	55	217
	服装与服饰设计	0	24	26	27	23	100
	服装与服饰设计（服装设计与表演）	0	5	4	0	0	9
	工业设计（实验班）	0	28	29	26	0	83
	工业设计	0	62	58	55	69	244
	环境设计	0	52	56	56	54	218
生物科学与工程学院	生物工程	0	44	39	44	0	127
	生物技术	0	35	36	42	0	113
	生物科学类	0	0	0	0	130	130
	生物制药	0	38	41	34	0	113

资料2　2018届本科毕业生各专业毕业、结业人数统计表

学院	专业	毕业	毕业学生中			结业	合计
			辅修	双专业	辅修学士学位		
机械与汽车工程学院	安全工程（安全管理信息系统）	41		2	3	2	43
	材料成型及控制工程（高分子材料成型及控制）	32	2	1	4	3	35
	材料成型及控制工程（金属材料成型及控制）	21	1	1		5	26
	车辆工程	101	2	2	2	2	103
	过程装备与控制工程	33	2		2	1	34
	过程装备与控制工程（轻工机械及塑料模具）	26	2	1		2	28
	机械电子工程	109	1		1	4	113
	机械工程	145	6		1	5	150
	机械工程（创新班）	24					24
	能源与动力工程（车用发动机）	30				1	31
	能源与动力工程（制冷空调）	27	5	1	1		27
建筑学院	城乡规划	61					61
	风景园林	33			1		33
	建筑学	97		1			97
土木与交通学院	船舶与海洋工程	42	1		1		42
	工程管理	33	5	1	2	1	34
	工程力学（创新班）	24				1	25
	交通工程	24		1	1		24
	交通运输	34	4		7	2	36
	水利水电工程	46				5	51
	土木工程	160	3	1	2	4	164
	土木工程（卓越全英班）	38	1				38
电力学院	电气工程及其自动化	279	1	1	4	3	282
	电气工程及其自动化（卓越班）	40	2				40
	核工程与核技术（核电站方向）	23				3	26
	能源与动力工程	70	1	1	8	3	73

续表

学院	专业	毕业	毕业学生中			结业	合计
			辅修	双专业	辅修学士学位		
电子与信息学院	电子科学与技术	49		2		2	51
	电子科学与技术（卓越班）	16					16
	信息工程	199				7	206
	信息工程（电子类联合班）	61					61
材料科学与工程学院	材料科学与工程（材料化学）	26			1		26
	材料科学与工程（创新班）	16					16
	材料科学与工程（金属材料科学与工程）	26	3			3	29
	材料科学与工程（无机非金属材料科学与工程）	50	6	3	2	6	56
	电子科学与技术（电子材料与元器件）	37			4		37
	高分子材料与工程	118	4	4	3	3	121
	光电信息科学与工程（光电器件）	41	3		1	6	47
	生物医学工程	33		1	1	1	34
化学与化工学院	化学工程与工艺	101	9	5	11	5	106
	能源化学工程	67	3	3	3	5	72
	应用化学	62	4	1	2	5	67
	应用化学（创新班）	19			4	1	20
	制药工程	24	4	3	5	1	25
轻工科学与工程学院	轻化工程	57	2	3	5	4	61
	资源环境科学	24	1	1	3	3	27
食品科学与工程学院	食品科学与工程	96	6	4	10	4	100
	食品质量与安全	25	1		1	1	26
数学学院	数学与应用数学	35	2	1	3	6	41
	数学与应用数学（创新班）	18				3	21
	数学与应用数学（统计学）	47	5	1	1	4	51
	信息管理与信息系统	43	8		2	1	44
	信息与计算科学	29	2	1	3	3	32

续表

学院	专业	毕业	毕业学生中			结业	合计
			辅修	双专业	辅修学士学位		
物理与光电学院	光电信息科学与工程（光电信息）	65	2		2	2	67
	应用物理学	36	1		1	2	38
工商管理学院	财务管理	60	1		7		60
	工商管理	63	1	1	3	3	66
	工商管理（外向型人才实验班）	8					8
	工业工程	33	2	2	3		33
	会计学	81	1		10	3	84
	人力资源管理	33	1		5	1	34
	市场营销	39	1	1	1	1	40
公共管理学院	行政管理	87	8	11	29	3	90
	行政管理（外向型人才实验班）	12			1		12
外国语学院	日语	26	2	1	9		26
	商务英语	69	5	7	31	1	70
自动化科学与工程学院	智能科学与技术	45		2	3	1	46
	自动化	175	2	3	3	7	182
	自动化（创新班）	25					25
体育学院	运动训练	40	1		4	2	42
计算机科学与工程学院	计算机科学与技术	139	3	1	5	10	149
	计算机科学与技术（全英创新班）	16	1	1			16
	计算机科学与技术（全英联合班）	23	1				23
	网络工程	67	1		3	3	70
	信息安全	55	2	2	2	4	59
软件学院	软件工程	224	4		6	13	237
	软件工程（卓越班）	49	1		1		49
经济与贸易学院	电子商务	81		3	16	1	82
	国际经济与贸易	95	6		11		95
	会展经济与管理	31	1		10		31
	金融学	130	1	3	6	1	131
	金融学（全英班）	26	1	1	6		26
	经济学	39	1	1	3	3	42

续表

学院	专业	毕业	毕业学生中			结业	合计
			辅修	双专业	辅修学士学位		
经济与贸易学院	经济学（创新班）	19					19
	旅游管理	52	1	6	14	3	55
	旅游管理（外向型人才实验班）	11					11
	物流工程	73	2	2	17	1	74
环境与能源学院	给排水科学与工程	42				2	44
	环境工程	34	1		1	3	37
	环境工程（全英班）	21	1	1	5		21
	环境科学	19		2			19
生物科学与工程学院	生物工程	31	1	1	5	1	32
	生物技术	34	1		3	1	35
	生物制药	37	3	1	3	4	41
新闻与传播学院	传播学	93	5	3	21	2	95
	传播学（外向型人才实验班）	9	1				9
	广告学	19	1	1	4		19
艺术学院	舞蹈学	25	1		6	1	26
	音乐表演	61	1	3	13	3	64
	音乐学	8			1	1	9
法学院（知识产权学院）	法学	138	10	7	37	1	139
	法学（卓越法律班）	27	3		4		27
	知识产权	10	1	2	4		10
设计学院	产品设计	28	1	1	2		28
	产品设计（陶瓷艺术设计）	23			2	1	24
	服装与服饰设计	20				1	21
	服装与服饰设计（服装设计与表演）	3			2		3
	工业设计	56		1		2	58
	环境设计	27			4		27
	环境设计（公共艺术）	27	1		6		27
总计		5731	188	118	440	209	5940

资料3 国家级教学团队一览表

序号	团队名称	所在学院	获批年份
1	大学英语教学团队	外国语学院	2008
2	建筑设计系列课程教学团队	建筑学院	2008
3	制浆造纸原理与工程教学团队	轻工科学与工程学院	2009
4	工程制图教学团队	设计学院	2009
5	电子信息工程专业平台课程教学团队	电子与信息学院	2010
6	机械基础课程教学团队	机械与汽车工程学院	2010

资料4 广东省教学团队一览表

序号	团队名称	所在学院	获批年份
1	大学英语教学团队	外国语学院	2010
2	建筑设计系列课程教学团队	建筑学院	2010
3	制浆造纸原理与工程教学团队	轻工科学与工程学院	2010
4	工程制图教学团队	设计学院	2010
5	电子信息工程专业平台课程教学团队	电子与信息学院	2011
6	机械基础课程教学团队	机械与汽车工程学院	2011
7	化工原理教学团队	化学与化工学院	2011
8	基础力学教学团队	土木与交通学院	2014
9	计算机基础系列教学团队	计算机科学与工程学院	2014
10	人文通识教学团队	新闻与传播学院	2014
11	公共数学教学团队	数学学院	2014
12	公共体育教学团队	体育学院	2014
13	大学物理教学团队	物理与光电学院	2015
14	光电材料与器件教学团队	材料科学与工程学院	2015
15	思想政治理论课程本科教学团队	马克思主义学院	2015
16	化学系列课程教学团队	化学与化工学院	2017
17	马克思主义理论与实践课程教学团队	马克思主义学院	2017

资料5　国家级人才培养模式创新实验区一览表

序号	实验区名称	所在学院	获批年份
1	电子信息类专业创业型精英人才培养模式创新实验区	电子与信息学院	2008
2	软件人才培养模式创新实验区	软件学院	2008

资料6　广东省人才培养模式创新实验区一览表

序号	实验区名称	所在学院	获批年份
1	电子信息类专业创业型精英人才培养模式创新实验区	电子与信息学院	2011
2	软件人才培养模式创新实验区	软件学院	2011
3	土木工程专业全英卓越人才培养模式创新实验区	土木与交通学院	2011
4	生命科学精英人才培养模式创新实验区	生物科学与工程学院	2011
5	卓越法律人才培养模式创新实验区	法学院	2011
6	材料类本博（本硕）连读人才培养模式创新实验区	材料科学与工程学院	2014
7	工业工程本科专业“2+2”人才培养模式实验区	工商管理学院	2014
8	计算机科学与技术人才培养模式创新实验区	计算机科学与工程学院	2014
9	经济学人才培养模式创新实验区	经济与贸易学院	2014
10	大学生方程式赛车队——车辆工程专业创新人才培养实验区	机械与汽车工程学院	2015
11	电气卓越工程师培养实验区	电力学院	2015
12	建筑学创新型人才专门化协同培养实验区	建筑学院	2015
13	环境设计开放性创新人才培养实验区	设计学院	2015
14	高层次复合型工程力学创新人才培养实验区	土木与交通学院	2015
15	工业设计（信息与交互设计）人才培养模式创新实验区	设计学院	2016

资料7 国际级特色专业、广东省名牌专业一览表

一、国家级特色专业

序号	专业名称	所在学院	立项批次（年份）
1	网络工程	计算机科学与工程学院	第一批（2007年）
2	集成电路设计与系统集成	电子与信息学院	
3	机械工程	机械与汽车工程学院	第二批（2007年）
4	轻化工程	轻工科学与工程学院	
5	食品科学与工程	食品科学与工程学院	
6	计算机科学与技术	计算机科学与工程学院	第三批（2008年）
7	信息工程	电子与信息学院	
8	建筑学	建筑学院	
9	材料科学与工程	材料科学与工程学院	第四批（2009年）
10	数学与应用数学	数学学院	
11	自动化	自动化科学与工程学院	
12	高分子材料与工程	材料科学与工程学院	第六批（2010年）
13	城乡规划	建筑学院	
14	化学工程与工艺	化学与化工学院	
15	生物工程	生物科学与工程学院	
16	工商管理	工商管理学院	
17	核工程与核技术（核电站方向）	电力学院	第七批（2010年）
18	光电信息科学与工程（光电器件）	材料科学与工程学院	

二、教育部“专业综合改革试点”项目

序号	专业名称	所在学院	立项年份
1	电气工程及其自动化	电力学院	2012
2	电子科学与技术	电子与信息学院	
3	软件工程	软件学院	
4	土木工程	土木与交通学院	

三、广东省名牌专业

序号	专业名称	所在学院	立项批次（年份）
1	计算机科学与技术	计算机科学与工程学院	第一批（2001年）
2	信息管理与信息系统	数学学院	
3	自动化	自动化科学与工程学院	

续表

序号	专业名称	所在学院	立项批次（年份）
4	轻化工程	轻工科学与工程学院	第二批（2003 年）
5	土木工程	土木与交通学院	
6	信息工程	电子与信息学院	
7	机械工程	机械与汽车工程学院	
8	数学与应用数学	数学学院	
9	工商管理	工商管理学院	第三批（2004 年）
10	化学工程与工艺	化学与化工学院	
11	建筑学	建筑学院	
12	机械电子工程	机械与汽车工程学院	
13	食品科学与工程	食品科学与工程学院	
14	电子科学与技术	电子与信息学院	第四批（2005 年）
15	应用化学	化学与化工学院	
16	城乡规划	建筑学院	
17	工程力学	土木与交通学院	
18	生物工程	生物科学与工程学院	
19	高分子材料与工程	材料科学与工程学院	

四、广东省特色专业

序号	专业名称	所在学院	获批年份
1	机械工程	机械与汽车工程学院	2010
2	网络工程	计算机科学与工程学院	
3	计算机科学与技术	计算机科学与工程学院	
4	建筑学	建筑学院	
5	信息工程	电子与信息学院	
6	材料科学与工程	材料科学与工程学院	
7	数学与应用数学	数学学院	
8	自动化	自动化科学与工程学院	
9	化学工程与工艺	化学与化工学院	
10	生物工程	生物科学与工程学院	
11	工商管理	工商管理学院	
12	城乡规划	建筑学院	
13	集成电路设计与集成系统	电子与信息学院	

续表

序号	专业名称	所在学院	获批年份
14	轻化工程	轻工科学与工程学院	2010
15	食品科学与工程	食品科学与工程学院	
16	高分子材料与工程	材料科学与工程学院	
17	应用化学	化学与化工学院	
18	土木工程	土木与交通学院	
19	环境工程	环境与能源学院	
20	电子商务	经济与贸易学院	
21	核工程与核技术（核电站方向）	电力学院	2011
22	光电信息科学与工程（光电器件）	材料科学与工程学院	
23	安全工程	机械与汽车工程学院	2018
24	行政管理	公共管理学院	
25	应用物理学	物理与光电学院	
26	市场营销	工商管理学院	
27	制药工程	化学与化工学院	

五、广东省重点专业

序号	专业名称	所在学院	获批年份
1	建筑学	建筑学院	2011
2	信息工程	电子与信息学院	
3	材料科学与工程	材料科学与工程学院	
4	计算机科学与技术	计算机科学与工程学院	
5	轻化工程	轻工科学与工程学院	
6	机械工程	机械与汽车工程学院	
7	生物医学工程	材料科学与工程学院	2016
8	数学与应用数学	数学学院	
9	应用物理学	物理与光电学院	
10	土木工程	土木与交通学院	2017
11	风景园林	建筑学院	2018

六、广东省专业综合改革试点

序号	专业名称	所在学院	获批年份
1	建筑学	建筑学院	2012
2	化学工程与工艺	化学与化工学院	
3	工商管理	工商管理学院	
4	计算机科学与技术	计算机科学与工程学院	
5	生物医学工程	材料科学与工程学院	2013
6	信息安全	计算机科学与工程学院	
7	城乡规划	建筑学院	
8	食品科学与工程	食品科学与工程学院	
9	风景园林	建筑学院	2014
10	光电信息科学与工程（光电器件）	材料科学与工程学院	
11	轻化工程	轻工科学与工程学院	
12	网络工程	计算机科学与工程学院	
13	传播学	新闻与传播学院	
14	知识产权	法学院	2015
15	环境工程	环境与能源学院	
16	软件工程	软件学院	
17	数学与应用数学	数学学院	

七、广东省应用型人才培养示范专业

序号	专业名称	所在学院	获批年份
1	机械工程	机械与汽车工程学院	2014
2	交通运输	土木与交通学院	
3	材料科学与工程（无机非金属材料与工程）	材料科学与工程学院	
4	市场营销	工商管理学院	
5	电子商务	经济与贸易学院	
6	旅游管理	经济与贸易学院	
7	核工程与核技术	电力学院	2015
8	计算机科学与技术	计算机科学与工程学院	
9	光电信息科学与工程（光电信息）	物理与光电学院	
10	材料科学与工程（金属方向）	材料科学与工程学院	
11	运动训练	体育学院	

八、广东省战略性新兴产业特色专业

序号	专业名称	所在学院	获批年份
1	生物医学工程	材料科学与工程学院	2015

资料8　精品课程、双语教学示范课程和精品视频公开课一览表

一、国家级精品课程

序号	课程名称	所在学院	获批年份
1	大学英语	外国语学院	2003
2	制浆造纸原理与工程	轻工科学与工程学院	2005
3	化工原理	化学与化工学院	
4	机械制造技术基础	机械与汽车工程学院	
5	建筑制图	设计学院	
6	食品加工与保藏原理	食品科学与工程学院	
7	数字信号处理	电子与信息学院	2006
8	机械设计基础	机械与汽车工程学院	2007
9	建筑设计基础	建筑学院	
10	高分子物理	材料科学与工程学院	
11	机械工程材料	材料科学与工程学院	2008
12	材料力学（含工程力学）	土木与交通学院	
13	建筑物理与设备	建筑学院	2009
14	射频电路与天线	电子与信息学院	
15	化工设计	化学与化工学院	
16	食品生物化学	食品科学与工程学院	
17	酶工程	生物科学与工程学院	2010
18	机械制造工程训练	机械与汽车工程学院	
19	数字系统设计	电子与信息学院	
20	建筑设计	建筑学院	
21	企业战略管理	工商管理学院	

二、国家级精品资源共享课程

序号	课程名称	所在学院	获批年份
1	化工原理	化学与化工学院	2012
2	机械制造技术基础	机械与汽车工程学院	

续表

序号	课程名称	所在学院	获批年份
3	食品加工与保藏原理	食品科学与工程学院	2012
4	建筑设计基础	建筑学院	
5	射频电路与天线	电子与信息学院	
6	酶工程	生物科学与工程学院	
7	建筑设计	建筑学院	
8	企业战略管理	工商管理学院	
9	材料力学（含工程力学）	土木与交通学院	2013
10	大学英语	外国语学院	
11	高分子物理	材料科学与工程学院	
12	化工设计	化学与化工学院	
13	机械设计基础	机械与汽车工程学院	
14	机械制造工程训练	机械与汽车工程学院	
15	建筑制图	设计学院	
16	食品生物化学	食品科学与工程学院	
17	数字系统设计	电子与信息学院	

三、国家级双语教学示范课程

序号	课程名称	所在学院	获批年份
1	机械制造技术基础	机械与汽车工程学院	2007
2	化工原理	化学与化工学院	2008
3	计算机网络	计算机科学与工程学院	
4	机械设计	机械与汽车工程学院	2009
5	食品加工与保藏原理	食品科学与工程学院	2010
6	制浆漂白新技术	轻工科学与工程学院	

四、国家级精品视频公开课程

序号	课程名称	所在学院	获批年份
1	文化传承与建筑创新	建筑学院	2011
2	建筑历史	建筑学院	
3	环境与生态	环境与能源学院	
4	计算机网络安全	计算机科学与工程学院	
5	走进交响音乐的世界	艺术学院	

续表

序号	课程名称	所在学院	获批年份
6	管理的认知与行动	工商管理学院	2012
7	走进歌剧的世界	艺术学院	
8	建筑美学	建筑学院	2013
9	绚丽多彩的图形世界	设计学院	
10	中国传统人生智慧	新闻与传播学院	
11	创新思维与竞争超越	经济与贸易学院	2015
12	大学美育	新闻与传播学院	
13	动态条件下的企业战略管理	工商管理学院	
14	材料科学与工程导论	材料科学与工程学院	

五、广东省精品课程

序号	课程名称	所在学院	获批年份
1	大学英语	外国语学院	2003
2	化工原理	化学与化工学院	
3	工程制图（建筑制图）	设计学院	
4	材料力学	土木与交通学院	
5	高等数学	数学学院	
6	电工学	电力学院	
7	机械原理	机械与汽车工程学院	
8	毛泽东思想概论	马克思主义学院	
9	机械设计基础	机械与汽车工程学院	2004
10	食品加工与保藏原理	食品科学与工程学院	
11	物理化学	化学与化工学院	
12	理论力学	土木与交通学院	
13	制浆造纸原理与工程	轻工科学与工程学院	2005
14	机械制造技术基础	机械与汽车工程学院	
15	建筑历史	建筑学院	
16	工业微生物学	生物科学与工程学院	

续表

序号	课程名称	所在学院	获批年份
17	建筑设计基础	建筑学院	2006
18	数字信号处理	电子与信息学院	
19	酶工程	生物科学与工程学院	
20	高级语言程序设计（C++）	计算机科学与工程学院	
21	基础物理	物理与光电学院	
22	马克思主义哲学原理	马克思主义学院	
23	营销学原理	工商管理学院	
24	食品生物化学	食品科学与工程学院	
25	高分子物理	材料科学与工程学院	2007
26	食品分析	食品科学与工程学院	
27	机械设计	机械与汽车工程学院	
28	刑法学	法学院	
29	自动控制原理	自动化科学与工程学院	
30	机械制造工程训练（金工实习）	机械与汽车工程学院	
31	射频电路与天线	电子与信息学院	
32	机械工程材料	材料科学与工程学院	2008
33	计算机网络/Computer Networks（双语）	计算机科学与工程学院	
34	大学体育	体育学院	
35	混凝土结构理论	土木与交通学院	
36	城市规划设计	建筑学院	
37	建筑物理与设备	建筑学院	2009
38	化工设计	化学与化工学院	
39	结构力学	土木与交通学院	
40	建筑设计	建筑学院	
41	数学分析	数学学院	
42	数字系统设计	电子与信息学院	

续表

序号	课程名称	所在学院	获批年份
43	企业战略管理	工商管理学院	2010
44	钢结构	土木与交通学院	
45	高分子材料成型加工设备	机械与汽车工程学院	
46	交响乐队训练与表演艺术	艺术学院	
47	马克思主义基本原理概论	马克思主义学院	
48	数据结构	计算机科学与工程学院	
49	信号与系统	电子与信息学院	
50	制浆漂白新技术（双语）	轻工科学与工程学院	

六、广东省精品视频公开课程

序号	课程名称	所在学院	获批年份
1	计算机网络安全	计算机科学与工程学院	2012
2	中国造纸的历史与文化	轻工科学与工程学院	
3	工程认知	机械与汽车工程学院	2014
4	大学美育	新闻与传播学院	
5	大学计算机基础	计算机科学与工程学院	2015
6	中国文学与文化	新闻与传播学院	
7	岭南文化	新闻与传播学院	
8	东方音乐与文化	艺术学院	
9	英语诗歌选读	外国语学院	
10	日语初级	外国语学院	
11	酒·文化	生物科学与工程学院	
12	电子商务与大众创业	经济与贸易学院	
13	英美音乐与文化	外国语学院	2016
14	互联网金融	经济与贸易学院	
15	材料与社会	材料科学与工程学院	

七、广东省精品资源共享课程

序号	课程名称	所在学院	获批年份
1	电机及拖动基础	自动化科学与工程学院	2012
2	管理统计学	工商管理学院	
3	机械制图	设计学院	
4	旅游资源开发与管理	经济与贸易学院	
5	软件需求分析、设计与建模	软件学院	

续表

序号	课程名称	所在学院	获批年份
6	高分子化学	材料科学与工程学院	2013
7	微生物工程工艺与设备	生物科学与工程学院	
8	城市规划原理	建筑学院	
9	思想道德修养与法律基础	马克思主义学院	
10	数学建模	数学学院	
11	结构力学	土木与交通学院	
12	理论力学	土木与交通学院	
13	混凝土结构理论	土木与交通学院	
14	机械原理	机械与汽车工程学院	
15	机械设计	机械与汽车工程学院	
16	高分子材料成型加工设备	机械与汽车工程学院	
17	工业微生物学	生物科学与工程学院	
18	营销学原理	工商管理学院	
19	刑法学	法学院	
20	数据结构	计算机科学与工程学院	
21	计算机网络	计算机科学与工程学院	
22	高级语言程序设计 C++	计算机科学与工程学院	
23	建筑历史	建筑学院	
24	城乡规划与设计	建筑学院	
25	数学分析	数学学院	
26	微积分	数学学院	
27	自动控制原理	自动化科学与工程学院	
28	马克思主义基本原理概论	马克思主义学院	
29	毛泽东思想和中国特色社会主义理论体系概论	马克思主义学院	
30	荷载及设计原则	土木与交通学院	2014
31	信号与系统	电子与信息学院	
32	陶瓷工艺原理	材料科学与工程学院	
33	食品微生物学	食品科学与工程学院	
34	计算机组成与体系结构（全英）	计算机科学与工程学院	
35	高性能计算与云计算	计算机科学与工程学院	
36	酒店管理原理	经济与贸易学院	

续表

序号	课程名称	所在学院	获批年份
37	计算机网络（全英）	计算机科学与工程学院	2015
38	数字逻辑（全英）	计算机科学与工程学院	
39	景观规划与设计	建筑学院	
40	计算机组成与体系结构	软件学院	
41	微积分（全英）	数学学院	
42	中国传统文化	新闻与传播学院	
43	压电陶瓷材料与器件	材料科学与工程学院	
44	中国近现代史纲要	马克思主义学院	
45	酒店房务运营与管理（全英）	经济与贸易学院	
46	建筑美学	建筑学院	2016
47	船舶结构力学	土木与交通学院	

八、广东省在线开放课程

序号	课程名称	所在学院	获批年份
1	机械制造工程训练	机械与汽车工程学院	2017
2	大学计算机基础	计算机科学与工程学院	
3	食品生物化学	食品科学与工程学院	
4	酒店管理原理	经济与贸易学院	
5	食品分析	食品科学与工程学院	
6	微积分（上）（全英）	数学学院	
7	3D 游戏引擎架构设计基础	软件学院	
8	植物景观规划与设计	建筑学院	2018
9	多媒体技术及应用	软件学院	
10	学术英语	外国语学院	
11	西班牙语初级	外国语学院	
12	酒店房务运营与管理	经济与贸易学院	
13	计算机网络	计算机科学与工程学院	

资料9 国家级、省级实验教学示范中心（虚拟仿真实验教学示范中心）一览表

一、国家级实验教学示范中心（虚拟仿真实验教学示范中心）

序号	实验中心名称	建设单位	入选年份
1	机械基础教学实验中心	机械与汽车工程学院	2006
2	电气信息及控制实验教学中心	电子与信息学院、电力学院、自动化科学与工程学院	2008
3	工程训练中心	机械与汽车工程学院	
4	轻工与食品实验教学中心	轻工与食品学院	2009
5	文科综合实验教学中心	工商管理学院、公共管理学院、经济与贸易学院、新闻与传播学院、法学院、艺术学院、设计学院	
6	材料科学与工程实验教学中心	材料科学与工程学院	2012
7	机械工程虚拟仿真实验教学中心	机械与汽车工程学院、软件学院、数学学院和设计学院	2014
8	数字建筑与城市虚拟仿真实验教学中心	建筑学院	2015
9	光电材料与器件虚拟仿真实验教学中心	材料科学与工程学院	2016

二、广东省实验教学示范中心（虚拟仿真实验教学示范中心）

序号	实验中心名称	建设单位	入选年份
1	化学与化工实验教学中心	化学与化工学院	2006
2	机械基础实验教学与工程训练示范中心	机械与汽车工程学院	
3	电工电子教学实验中心	电子与信息学院	
4	计算机教学实验中心	计算机科学与工程学院	
5	物理教学实验中心	物理与光电学院	
6	工业培训中心	机械与汽车工程学院	2007
7	力学教学实验中心	土木与交通学院	
8	生物科学与工程教学实验中心	生物科学与工程学院	

续表

序号	实验中心名称	建设单位	入选年份
9	材料科学与工程教学中心	材料科学与工程学院	2010
10	经济管理实验教学中心	工商管理学院、经济与贸易学院	
11	轻工与食品实验教学中心（国家级）	轻工与食品学院	
12	文科综合实验教学中心（国家级）	工商管理学院、公共管理学院、经济与贸易学院、新闻与传播学院、法学院、艺术学院、设计学院	
13	数学技术实验教学中心	数学学院	2012
14	CAD 实验中心	设计学院	
15	大学英语体验教学实验中心	外国语学院	
16	土木工程实验教学中心	土木与交通学院	2013
17	环境科学与工程实验教学中心	环境与能源学院	
18	建筑设计技术实验教学中心	建筑学院	2014
19	化学工程与工艺实验教学中心	化学与化工学院	
20	工业装备与控制工程实验教学中心	机械与汽车工程学院	
21	新闻与传播实验教学中心	新闻与传播学院	
22	电子工艺实验教学中心	物理与光电学院	
23	自动化实验教学中心	自动化科学与工程学院	2015
24	交通运输工程实验教学中心	土木与交通学院	
25	车辆工程实验教学中心	机械与汽车工程学院	
26	法学实验教学中心	法学院	
27	交通运输工程虚拟仿真实验教学中心	土木与交通学院	2016
28	数字化设计虚拟仿真实验中心	设计学院	2017
29	建筑全生命周期管理虚拟仿真（BIM）实验教学中心	土木与交通学院	
30	VR 工程教育虚拟仿真实验教学中心	电子与信息学院	
31	软件实验教学中心	软件学院	2018
32	数字景观虚拟仿真实验教学中心	建筑学院	

资料10　国家级、省级大学生校外实践教育基地一览表

一、国家级大学生校外实践教育基地

项目名称	项目负责人	建设学院	获批年份	备注
华南理工大学－TCL通讯科技控股有限公司工程实践教育中心	徐向民	电子与信息学院	2011	负责建设
华南理工大学－珠海金山软件有限公司工程实践教育中心	左保河	软件学院	2011	负责建设
华南理工大学－广东省长大公路工程有限公司工程实践教育中心	王　湛	土木与交通学院	2011	负责建设
华南理工大学－广州汽车集团股份有限公司工程实践教育中心	李　琳	机械与汽车工程学院	2012	负责建设
华南理工大学－广东唯美陶瓷有限公司工程实践教育中心	殷素红	材料科学与工程学院	2012	负责建设
华南理工大学－华南理工大学建筑设计研究院工程实践教育中心	肖毅强	建筑学院	2012	负责建设
华南理工大学－深圳华大基因研究院工程实践教育中心	林　影	生物科学与工程学院	2012	参与建设
华南理工大学－中兴通讯股份有限公司工程实践教育中心	徐向民	电子与信息学院	2012	参与建设

二、广东省大学生校外实践教育基地

序号	项目名称	项目负责人	建设学院	获批年份
1	电子信息类专业工程教育中心	徐向民	电子与信息学院	2011
2	华南理工大学－TCL通讯工程实践教育中心	徐向民	电子与信息学院	2012
3	华南理工大学－道达尔集团工程实践教育中心	董新法	化学与化工学院	2012
4	华南理工大学－广东电视台节目创新大学生实践教学基地	李　幸	新闻与传播学院	2012
5	华南理工大学－汉得信息ERP实践教学基地	吴应良	经济与贸易学院	2012
6	华南理工大学－南方电网科学研究院工程实践教育中心	管　霖	电力学院	2012

续表

序号	项目名称	项目负责人	建设学院	获批年份
7	华南理工大学－腾讯科技（深圳）有限公司工程实践教育中心	张星明	计算机科学与工程学院	2012
8	卓越法律人才培养实践教学基地	葛洪义	法学院	
9	华南理工大学－新会美达锦纶股份有限公司大学生校外实践教学基地	严玉蓉	材料科学与工程学院	2013
10	华南理工大学－中兴通讯集成电路工程实践教育中心	李　斌	电子与信息学院	
11	华南理工大学－深圳华大基因研究院生命科学创新人才校外培养基地	林　影	生物科学与工程学院	
12	华南理工大学－广东出入境检验检疫局工程实践教育中心	陈　砺	化学与化工学院	
13	华南理工大学－怀集登云汽配股份有限公司大学生校外实践教学基地	杜　军	材料科学与工程学院	
14	华南理工大学土木工程卓越工程师培养境内外实践教学基地	苏　成	土木与交通学院	2014
15	华南理工大学－中航通飞研究院有限公司校外实践教学基地	张　红	土木与交通学院	
16	华南理工大学－广州视源电子科技股份有限公司大学生校外实践教学基地	李　斌	电子与信息学院	
17	华南理工大学－广州中国科学院先进技术研究所校外实践教学基地	王孝洪	自动化科学与工程学院	
18	华南理工大学－广东风华高新科技股份有限公司大学生校外实践教学基地	王　歆	材料科学与工程学院	
19	华南理工大学－广东冠昊生物科技股份有限公司大学生校外实践教学基地	郭圣文	材料科学与工程学院	
20	华南理工大学－森馨色素香料（中国）有限公司大学生校外实践教学基地	李　琼	化学与化工学院	
21	华南理工大学－东莞出入境检验检疫局检验检疫综合技术中心食品质量与安全大学生校外实践教学基地	余以刚	食品科学与工程学院	

续表

序号	项目名称	项目负责人	建设学院	获批年份
22	华南理工大学－广州气象卫星地面站大学生校外实践教学基地	邓柏昌	物理与光电学院	2014
23	华南理工大学－微软亚洲研究院工程实践教育中心	张星明	计算机科学与工程学院	
24	华南理工大学－丽珠集团新北江制药股份有限公司大学生创业机制下生物制药校外实践教学基地	张　雷	生物科学与工程学院	
25	华南理工大学－广东环西生物科技股份有限公司生物工程类专业大学生校外实践教学基地	崔堂兵	生物科学与工程学院	
26	华南理工大学－广东金融高新技术服务区校外实践教学基地	徐　枫	经济与贸易学院	
27	华南理工大学－陶氏化学（中国）投资有限公司大学生实践教学基地	王秀军	化学与化工学院	2015
28	华南理工大学－广州白云山中一药业有限公司大学生实践教学基地	刘美凤	化学与化工学院	
29	华南理工大学－广州开发区水质净化管理中心大学生校外创新实践基地	任　源	环境与能源学院	
30	华南理工大学－华南理工大学建筑设计研究院大学生实践教学基地	肖毅强	建筑学院	
31	华南理工大学－中国对外贸易中心（广交会）大学生实践教学基地	吴志才	经济与贸易学院	
32	华南理工大学－中国民生银行广州分行大学生互联网金融人才实践教学基地	王振宇	软件学院	
33	华南理工大学－中国国际期货有限公司大学生实践教学基地	杨启贵	数学学院	
34	华南理工大学－佛山市国星光电股份有限公司大学生创新实践基地	陈武喝	物理与光电学院	
35	华南理工大学－湛江市华铭光电科技有限公司大学生实践教学基地	邓华秋	物理与光电学院	
36	华南理工大学－深圳市国泰安信息技术有限公司大学生创新创业实践基地	胡　兵	新闻与传播学院	

续表

序号	项目名称	项目负责人	建设学院	获批年份
37	广州市珠江水泥有限公司－华南理工大学大学生实践教学基地	殷素红	材料科学与工程学院	2015
38	华南理工大学－广东三雄极光股份有限公司大学生实践教学基地	姚日晖	材料科学与工程学院	
39	华南理工大学－广东华泰纸业有限公司大学生实践教学基地	雷利荣	轻工科学与工程学院	
40	华南理工大学－广东天露山旅游度假区有限公司大学生实践教学基地	毕斗斗	经济与贸易学院	2016
41	华南理工大学－广东新峰药业股份有限公司大学生实践教学基地	叶　勇	化学与化工学院	
42	华南理工大学－唯品会（中国）有限公司大学生实践教学基地	毕凌燕	经济与贸易学院	
43	华南理工大学－芯智汇科技有限公司工程实践教育中心	贺小勇	电子与信息学院	
44	华南理工大学－水利工程珠科院大学生实践教学基地	周小文	土木与交通学院	2017
45	华南理工大学－松山湖国际机器人研究院有限公司大学生实践教学基地	李　琳	机械与汽车工程学院	
46	华南理工大学－广州明珞汽车装备有限公司大学生校外教学实践基地	全燕鸣	机械与汽车工程学院	
47	华南理工大学－中国电信股份有限公司广东无线网络优化中心大学生实践教学基地	靳贵平	电子与信息学院	
48	华南理工大学－广州市建筑集团有限公司大学生实践教学基地	季　静	土木与交通学院	2018
49	华南理工大学－南京利德东方橡塑科技有限公司大学生实践教学基地	薛　锋	材料科学与工程学院	

资料11　国家级教师教学发展示范中心一览表

序号	名称	负责人	获批年份
1	国家级教师教学发展示范中心	项　聪	2012

资料12　广东省级试点学院一览表

序号	项目名称	获批年份
1	生命科学创新学院	2013
2	建筑学院	2014
3	先进材料国际化示范学院	2016
4	示范性微电子学院	2016

资料13　广东省协同育人平台一览表

序号	项目名称	获批年份
1	建筑学科创新人才协同育人中心	2014
2	生命科学创新人才协同育人基地	2014

研 究 生 教 育

【培养工作】推动加强全英课程建设，立项建设3个全英文硕士学科和12门全英文课程，目前共开设77门全英课程和12个全英专业；首次设立并资助全英助教44人，支持全英课程教学。依托广东省教育教改项目及改革示范工程，加强教学体系建设，获评全国示范基地1个、国际从业资格认证2个、中国专业学位案例中心优秀案例2篇、全国专业学位优秀学位论文奖1个。开设10门在线课程，选课人数4017人，同比增长39%，“华南理工大学研究生在线课程和混合式教学改革与实践”获2018年教育部智慧教学试点项目。推进工程管理硕士培养工作与国际标准接轨，获批成为工程管理硕士（MEM）与国际项目管理资质认证（IPMP）合作单位之一。

自2018级起开放全日制专业学位研究生硕博连读，工程类博士专业学位研究生招生培养院系由5个扩展到15个。自2019级起实施博士研究生四年基本学制培养。充分发挥优博创新基金引导作用，修订《华南理工大学优秀博士学位论文创新基金实施办法》，2018年获资助者共发表SCI论文695篇，其中二区及以上584篇，同比增长18%；在学校发表的SCI论文中，研究生参与度达70%以上。

加强研究生实践能力培养。推进广东省联合培养基地建设，推荐9个示范点参加2019年佛山基地创新培养示范点遴选，推荐广东省新材料研究所等6个联合培养基地为2018年广东省联合培养研究生示范基地。遴选第四批校级基地13个，与和辉光电等知名企业建立了明星联合培养基地，与卓荣等跨国公司建立海外实践基地。依托联合培养基地平台提升研究生实践能力，2016级55名研究生获校级专业实践优秀研究生；产出58项专利、57篇论文。2 批共 5 人次获“全国工程硕士实习实践优秀成果获得者”，获奖人数位居全国高校第 6 位。研究生人才培养助推粤港澳大湾区经济发展，学校在港珠澳大桥岛隧工程中共派出 18 名研究生导师，培养 56 位工程硕士。3 名工程硕士获评第三届“全国做出突出贡献的工程硕士学位获得者”。

加强研究生国际交流与合作。以国家公派留学项目为龙头，依托广州市“菁英计划”、博士生短期访学，全英学位项目、国（境）外联合培养等项目，2018 年参加国际化项目的学生人数 705 人次。其中，“菁英计划”录取 15 人；224 名研究生参加国际学术会议，同比增长 12%。在教师层面，通过海外名师短期讲学、公派项目国外导师来访讲学、博士生导师短期出国（境）交流等项目，资助 48 人参加研究生教育国际交流。开展研究生层次校（院）级国（境）外交流项目 60 个。以教育部《推进共建“一带一路”教育行动》为导向，与马来西亚博特拉大学联合成功举办了“一带一路”中国－东南亚食品科技教育联盟学术研讨会，与东盟 7 个国家 9 所知名高校在研究生教育和科研等方面达成合作共识。

截至 2018 年底，在校研究生 19 499 人，比 2017 年增长 1.7%，其中学术学位博士生 2979 人、工程博士生 168 人（同比增长 250%）、学术学位硕士生 6487 人；全日制专业学位硕士生 5510 人、非全日制专业学位硕士生 2278 人（同比增长 103%）。专业学位研究生数超过学术学位研究生数，2018 级研究生新生数超过本科学生。

【学位工作】 强化学位论文质量保障，修订《博士研究生申请学位发表学术论文的规定》和《硕士研究生申请学位取得学术成果要求》，鼓励研究生发表高水平学术论文。将学位论文事前评阅、事后抽检结果纳入导师招生资格审核等绩效考核，2018 年在全国博士学位论文抽检、广东省硕士学位论文抽检和学校硕士学位论文自行抽检工作中，均无“存在问题学位论文”，学位论文质量保障体系初显成效。完成 4 批次学位授予，授予博士学位 567 人、硕士学位 4590 人。

【学位点建设】 健全学科专业动态调整机制，加强学科资源统筹规划，围绕学术发展前沿和国家区域重大需求，新增马克思主义理论、物理学、力学、船舶与海洋工程、动力工程及工程热物理、公共管理 6 个一级学科博士学位授权点，主动撤销 3 个一级学科硕士学位授权点、3 个工程硕士专业学位授权领域。目前一级学科博士点 31 个，硕士专业学位授权类别 16 个。推进学位点按一级学科进行设置和建设，新增 2 个交叉学科和 2 个目录外二级学科，撤销目录内、外二级学科 22 个，按一级学科设置学科方向已达 33 个，占比 78.5%；完成 63 个学位授权点的自我评估和 4 个专业学位授权点的专项评估，在全国首次专业学位水平试点评估中，工商管理学位授权点获评 A^-。

【导师队伍建设】 推进导师队伍建设，新增 128 名学术型博士生导师、245 名硕士生导师，其中 25 名副教授破格担任博士生导师（同比增加 6 人）、47 名教师破格担任硕士生导师（同比增加 23 人）；47 名高层次引进人才担任研究生导师，同比增加 19 人。目前在岗博士生导师 959 名，研究生导师 2404 名（含博硕导），同比分别增长 14.5% 和 5.3%。通过优聘专家、精选内容、精心组织等举措，进一步提高导师培训与交流的系统性和实效性，完成 200 余名（含附属医院）导师培训。

加强研究生导师师德建设，制定

《关于全面落实研究生导师立德树人的实施细则》，明确把立德树人作为首要条件纳入导师遴选要求，并将立德树人纳入导师培训与交流活动的核心内容。实行师德“一票否决制”，将师德考核作为重要指标纳入导师招生资格审核范围。修订《工程博士研究生导师聘任办法》，工程博士研究生导师聘任向承担相关工程领域的重大、重点工程项目，实践应用成果显著的教学科研人员倾斜。完成855名博士生导师、2180名硕士生导师资格审核工作，同比分别增加121人和325人。其中，博士生导师减少招生指标7人，暂停招生42人，取消资格8人，正常可招生博士生导师比例为93.3%；硕士生导师减少招生指标33人，暂停招生112人，取消资格21人，正常可招生硕士生导师比例为92.3%。

加强研究生信息系统建设。开展研究生信息系统的需求调研与分析，完成《研究生信息系统需求说明书》的编制，完善系统建设机制。积极推进学校办事大厅、离校系统、迎新系统等信息系统建设，完善学校数据治理和信息分享机制，实现常规业务线上办理。完成《研究生院工作手册》《研究生教务工作手册》编制，组织开展全校研究生教务员、分会秘书的培训。

资料1　2018年华南理工大学博士、硕士专业学位授权类别（领域）

一、博士专业学位授权类别（领域）

序号	学位类别码	专业学位类别	领域名称	授权时间	建设学院
1	0852	工程博士	电子与信息	2011年10月	电子与信息学院/材料科学与工程学院/自动化科学与工程学院
			能源与环保	2011年10月	轻工科学与工程学院/环境与能源学院/电力学院/材料科学与工程学院/化学与化工学院

二、硕士专业学位授权类别（领域）

序号	学位类别码	专业学位类别	领域名称	授权时间	建设学院
1	0251	金融	—	2010年9月	经济与贸易学院
2	0254	国际商务	—	2014年5月	经济与贸易学院
3	0351	法律	—	2007年5月	法学院
4	0352	社会工作	—	2014年5月	马克思主义学院
5	0452	体育	—	2014年5月	体育学院
6	0552	新闻与传播	—	2014年5月	新闻与传播学院
7	0851	建筑学	—	1996年1月	建筑学院
8	0853	城市规划	—	2011年10月	建筑学院

续表

序号	学位类别码	专业学位类别	领域名称	授权时间	建设学院
9	0953	风景园林	—	2005 年 6 月	建筑学院
10	1055	药学	—	2015 年 11 月	生物科学与工程学院
11	1251	工商管理	—	1993 年 12 月	工商管理学院
12	1252	公共管理	—	2003 年 9 月	公共管理学院
13	1253	会计	—	2010 年 9 月	工商管理学院
14	1256	工程管理	—	2010 年 9 月	土木与交通学院
15	0551	翻译	英语笔译	2010 年 9 月	外国语学院
			日语笔译	2010 年 9 月	外国语学院
16	0852	工程硕士	建筑与土木工程	1997 年 11 月	土木与交通学院/建筑学院
			化学工程	1997 年 11 月	化学与化工学院
			电子与通信工程	1997 年 11 月	电子与信息学院
			电气工程	1997 年 11 月	电力学院
			机械工程	1998 年 9 月	机械与汽车工程学院
			动力工程	1998 年 9 月	电力学院
			控制工程	1998 年 9 月	自动化科学与工程学院
			环境工程	1999 年 10 月	环境与能源学院
			计算机技术	1999 年 10 月	计算机科学与工程学院
			食品工程	1999 年 10 月	食品科学与工程学院
			轻工技术与工程	1999 年 10 月	轻工科学与工程学院/食品科学与工程学院
			材料工程	2001 年 2 月	材料科学与工程学院/机械与汽车工程学院
			工业工程	2001 年 2 月	工商管理学院
			船舶与海洋工程	2001 年 2 月	土木与交通学院
			软件工程	2002 年 5 月	软件学院
			交通运输工程	2003 年 6 月	土木与交通学院
			生物工程	2003 年 6 月	生物科学与工程学院
			项目管理	2004 年 6 月	工商管理学院
			物流工程	2004 年 6 月	工商管理学院/经济与贸易学院
			车辆工程	2005 年 6 月	机械与汽车工程学院

续表

序号	学位类别码	专业学位类别	领域名称	授权时间	建设学院
16	0852	工程硕士	集成电路工程	2006 年 6 月	电子与信息学院
			仪器仪表工程	2009 年 6 月	机械与汽车工程学院
			生物医学工程	2009 年 6 月	材料科学与工程学院
			安全工程	2010 年 3 月	机械与汽车工程学院
			工业设计工程	2010 年 9 月	设计学院

资料 2　2018 年学校博士生指导教师名单

专业代码	专业名称（主岗）	导师姓名
0202	应用经济学	石俊志　贺建风　李合龙　杨　科　庞　春　陈镇喜
020202	区域经济学	丁焕峰　雷玉桃
020204	金融学	巴曙松　孙坚强　王仁曾　徐　枫　徐淑芳　杨春鹏　邓可斌　孙希芳
020209	数量经济学	颜　波　张彩江
0301	法学	曾友祥　关永红　刘国臻　夏正林　张富强　张洪林
030104	刑法学	胡学相
030503	马克思主义理论	解丽霞　吴家清　苏宏元　蒋建国　亢　升　李　怡　王晓丽　谢加书　闫坤如　吴国林　张国启　刘社欣　武建国　钟书能　蒋悟真
0701	数学	陈武华　李群宏　孙太祥　韦华全　韦增欣　徐尚进　袁功林　景乃桓　李　兵　李用声　林俊宇　刘　锐　刘深泉　马东魁　潘少华　唐西林　温焕尧　熊　瑛　杨启贵　郑驻军　周富军　周胜林　朱长江　曾德炉
0702	物理学	杨中民　杨小宝　赵宇军　陈　熹　余光正　於黄忠　李润华　李志远　梅　军　文德华　黄学勤　李　锋　姚　尧　邓文基　赵彦明　谢菠荪　卢义刚　钟小丽
0703	化学	李映伟　刘　平　彭晓宏　赵俊鹏　张　维　程正迪　董学会　殷盼超　岳　衎　曹德榕　曾　伟　邓远富　胡建强　黄精美　江焕峰　李白滔　李秀华　李映伟　梁振兴　刘锦斌　戚朝荣　汪凌云　王海水　王黎明　王秀军　伍婉卿　叶建山　叶　勇　尹标林　袁高清　张　珉　张伟德　祝诗发　马志强　何春茂　崔志明　王立世　王黎明　黄良斌　傅志勇　刘海洋　展树中　丁恩勇

续表

专业代码	专业名称（主岗）	导师姓名
0710	生物学	林章凛　隋海心　魏　坤　杜红丽　李　爽　凌　飞　罗立新　罗晓春　潘　力　王菊芳　张　雷　吴清平　石晓钟　肖波涛　林炜铁　吴建华　郭　俊　李泰辉　王　俊　王小宁　杨焕明　张秀清　陈庭坚　李健潮　张春玉
0802	机械工程	瞿金平　Sergej Fatikow　曹　彪　陈吉清　陈扬枝　邓文君　丁　康　杜群贵　何和智　洪晓斌　胡国清　胡青春　黄汉雄　黄　平　兰凤崇　李　迪　李静蓉　李巍华　李伟光　李　勇　廖维新　刘桂雄　刘旺玉　陆龙生　罗玉涛　潘敏强　邱志成　屈盛官　杨永强　全燕鸣　石永华　苏峰华　汤　勇　万加富　万珍平　王念峰　王清辉　王振民　夏琴香　谢　晋　谢小鹏　薛家祥　姚锡凡　袁　伟　臧孟炎　张　宏　张　勤　张　铁　张宪民　张　勇　赵学智　周照耀　谢正超　蔡敢为　贺德强　廖小平　涂善东　许　谷　谢龙汉　杜如虚　倪　军　上官文斌
0805	材料科学与工程	曹　镛　曾德长　曾　钫　曾幸荣　王　智　陈军武　陈中华　戴洪斌　邓文礼　董国平　杜　军　高　岩　龚湘君　巩　雄　郭宝春　何　慧　何志才　胡　捷　胡仁宗　胡蓉蓉　黄　飞　季小红　姜中宏　解增旗　孔　纲　兰林锋　李光吉　李开畅　刘　芳　刘　岚　刘述梅　刘仲武　马春风　马文石　马於光　宁洪龙　彭明营　彭小彬　秦安军　邱万奇　饶平根　任碧野　税安泽　苏仕健　唐本忠　王　辉　王　平　韦江雄　吴宏滨　吴水珠　徐清华　杨黎春　姚向东　叶　柿　叶轩立　殷素红　应　磊　余其俊　袁　斌　张安强　张广照　张勤远　张新平　张志杰　赵建青　赵祖金　周时凤　周曦亚　朱　敏　朱旭辉　彭俊彪　何　维　李伟善　李伟洲　湛永钟　张　泽　周克崧　刘　军　马东阁　卢秉恒　段春晖　李国强　陈江山　周　博　顾　成　夏志国　王林格　孙桃林　邱文丰　张　睿　文　韬　程义云　夏剑辉　曹贤武　陈维平　陈玉坤　冯彦洪　何光建　胡小芳　蒋　果　晋　刚　康志新　李烈军　李小强　刘允中　彭响方　吴宏武　肖志瑜　杨　超　张大童　张水洞　张卫文　赵海东　邱定蕃　王　坚　欧阳义芳　欧阳柳章　Bazan G. C.
0807	动力工程及工程热物理	韩光泽　李泽宇　姚顺春
080706	化工过程机械	陈国华　黄　思　简弃非　罗小平　巫江虹　黄豪中
0808	电气工程	周孝信　蔡泽祥　曾　君　陈皓勇　戴　栋　杜贵平　管　霖　郝艳捧　荆朝霞　康龙云　李立涅　李晓华　刘明波　刘永强　丘东元　唐文虎　王　钢　王学梅　谢从珍　谢运祥　杨　苹　杨向宇　余　涛　张　波　张勇军　钟　庆　陈艳峰

续表

专业代码	专业名称（主岗）	导师姓名
0808Z1	电站系统及控制	甘云华　廖艳芬　刘金平　陆继东　马晓茜　蔡杰进　杨　明
080901	物理电子学	彭健新　程　静　刘正猷　王　洪　黄　丹
080902	电路与系统	刘雄英　杨春玲
080903	微电子学与固体电子学	凌志远　卢振亚　李　斌　李国元　姚若河　徐善辉
080904	电磁场与微波技术	陈付昌　褚庆昕　涂治红　谢泽明
0810	信息与通信工程	薛　泉　韦　岗　杜明辉　冯穗力　傅予力　贺前华　胡斌杰　胡永健　黄惠芬　黄庆华　季　飞　金连文　李融林　刘徐迅　陆以勤　马丽红　潘咏梅　秦华标　史景伦　孙季丰　王世伟　徐向民　余　华　章秀银　周智恒　贾　奎　陶大程　王高才　赵　建　官权升　陈芳炯
080102	固体力学	贺玲凤　蒋震宇　刘逸平　汤立群　王　炯　姚小虎　张晓晴　韩　强　樊学军　方岱宁　罗胜年　白以龙　伍小平
081001	通信与信息系统	李陶深　覃团发
0811	控制科学与工程	戴诗陆　梁家荣　陈　琳　高红霞　胡跃明　黄道平　康文雄　李向阳　李智军　罗　飞　裴海龙　史步海　苏为洲　田森平　王　敏　魏　武　吴　畏　吴玉香　肖　兵　谢　巍　胥布工　杨辰光　姚智伟　俞祝良　张智军　邓飞其　王　聪　谢立华　田联房　李远清
0812	计算机科学与技术	陈庆锋　钟　诚　蔡宏民　邓辉舫　李桂清　李拥军　林伟伟　吴永贤　徐雪妙　余志文　俞鹤伟　陈伟能　董守斌　张　凌　张　平　韩国强　刘发贵　文贵华　沃　焱　肖南峰　许　勇　张星明　蒙祖强　陆　璐　齐德昱　詹志辉
081301	建筑历史与理论	程建军　彭长歆　郑力鹏　冯　江
081302	建筑设计及其理论	倪　阳　汤朝晖　孟建民　郭昊栩　郭卫宏　冒亚龙　王　扬　杜宏武　何镜堂　李　晋　刘宇波　孙一民　张春阳　王　静　肖毅强　朱小雷
081303	建筑技术科学	王红卫　吴硕贤　张宇峰　赵越喆　何　江
0814	土木工程	吴　波　张海燕　蔡　健　韩小雷　黄炎生　苏　成　王幼松　王　湛　吴建营　谢壮宁　顾　明　朱位秋　王荣辉　颜全胜　赖远明　牛富俊　陈光明　曹　洪　房营光　周小文　Anil Misra

续表

专业代码	专业名称（主岗）	导师姓名
0817	化学工程与技术	常　杰　陈　砺　董新法　樊栓狮　方晓明　方玉堂　傅和青　高学农　黄　洪　江燕斌　李雪辉　廖世军　刘美凤　楼宏铭　皮丕辉　邱学青　瞿金清　宋慧宇　汪双凤　王海辉　王素清　王学重　文秀芳　奚红霞　夏启斌　肖　静　肖新颜　严宗诚　杨东杰　余　皓　袁文辉　张会平　张立志　张心亚　张正国　章莉娟　周　健　张　磊　程　江　李　灿　沈　葵　钱　宇　欧阳新平　Jürgen Caro
0822Z2	生物质科学与工程	吕发创　钟林新　谌凡更　付时雨　刘传富　彭新文　任俊莉　王小慧　王小英　杨仁党　祁海松　武书彬
082201	制浆造纸工程	徐　峻　曾劲松　陈　港　陈广学　侯　轶　胡　健　李海龙　李继庚　李　军　梁　云　沈文浩　赵光磊　田君飞　陈克复　蒲嘉陵
082202	制糖工程	姜建国　徐振波　陈　玲　李　冰　李晓玺　山崎伸二
082203	发酵工程	林　影　吴振强　赵树进　郑穗平　韩双艳　朱明军　黄　和　杨　博
082301	道路与铁道工程	汪益敏　王端宜　徐国元
082302	交通信息工程及控制	林培群　刘伟铭　卢　凯　翁小雄　许伦辉　徐建闽
082303	交通运输规划与管理	靳文舟　温惠英
0824	船舶与海洋工程	利　锋　王兆礼
082401	船舶与海洋结构物设计制造	陈超核　程香菊　黄国如　吴家鸣　朱良生
0830	环境科学与工程	党　志　胡勇有　邓　洪　陈元彩　程建华　胡　芸　黄碧纯　黄少斌　黄伟林　赖森潮　李芳柏　林　璋　刘则华　卢桂宁　罗汉金　牛晓君　石　林　石振清　汪晓军　韦朝海　吴锦华　吴平霄　杨　琛　叶代启　尹　华　袁自冰　张小平　张永清　郑君瑜　朱能武　朱　云　邹定辉　丘勇才　马邕文　万金泉　严克友　徐建铁　苏梓学　冯春华　陈培榕　邱光磊　欧阳自远

续表

专业代码	专业名称（主岗）	导师姓名
0831	生物医学工程	王迎军 袁友永 徐　进 段玉友 曹晓东 杜　昶 宁成云 任　力 施雪涛 吴　刚 钟世镇 董　华 王　凡 熊梦华 刘　佳 李继承 王　键 辛学刚 杨显珠 耿庆山 梁长虹 庄　建 吴书林 申　洪 聂玉强 钟惟德 兰　月 梁　鸣 刘大渔 陆敏强 王丽娟 谭　宁 周　清 王昌俊 刘双信 王　均 乔贵宾 张　余 谢华锋 廉哲雄 温龙平 侯　珺 杜金志 曹　杰 李莉平 江新青 高　平 张文清 罗建方 单志新 梁馨苓 冯颖青 钟诗龙 李　欣 曾红科 陈纯波 邓医宇 朱　平 杜　欣 翁建宇 钟文昭 刘再毅 姚学清 张玉虎 张译月 余学清 王朝阳 叶建东 邓春林
0832	食品科学与工程	扶　雄 曾新安 陈　谷 崔　春 宗敏华 高群玉 韩　忠 何小维 胡松青 黄惠华 黄　强 李　理 李　宁 李晓凤 刘冬梅 刘国琴 刘宏生 娄文勇 罗志刚 齐军茹 任娇艳 申　益 苏健裕 孙大文 孙为正 唐传核 王永华 魏　东 吴　虹 吴　晖 肖凯军 肖性龙 熊　犍 杨晓泉 尹寿伟 游丽君 余　龙 余以刚 张学武 赵海锋 赵谋明 赵强忠 赵振刚 孙宝国 郑建仙 朱思明 黄泽波 蔡俊鹏 Liu Ruihai
0833	城乡规划学	刘玉亭 田银生 王世福 周剑云 赵渺希 袁奇峰 孟庆林
0834	风景园林学	郭　谦 唐孝祥 潘　莹 王国光 袁晓梅 赵立华 李　琼 方小山 林广思 梁明捷
0835	软件工程	陈　健 蔡　毅 黄　翰 李　东 刘　琼 宋恒杰 吴庆耀 奚建清 杨晓伟 谭明奎 刘　飞 梁浩锋 叶　进 喻　昕 梁俊斌 闵华清 王振宇 Oliver Martin Deussen
0839	网络空间安全	高　英 唐韶华
1201	管理科学与工程	张卫国 兰继斌 刘　芳 李牧南 李怡娜 李志宏 王爱虎 徐维军 杨　雷 叶　飞 周文慧 周永务 刘勇军 牛保庄 左文明 谢　维 钟远光 何　平 杨建辉 谷　斌 王和勇 吴应良 杨　磊 张智勇 钟慧玲 崔耀东
120201	会计学	廖明情 万良勇 梁彤缨
120202	企业管理	段淳林 王红丽 张振刚 安　然 曾　萍 晁　罡 简兆权 蓝海林 李卫宁 刘善仕 沙振权 宋铁波 王雁飞 叶广宇 葛淳棉 李　敏 宋光辉
120203	旅游管理	戴光全 江金波 魏　卫
120204	技术经济及管理	谢惠加 张协奎 樊　霞 王志强 许　治 周　霞 朱桂龙

续表

专业代码	专业名称（主岗）	导师姓名
1204	公共管理	韩莹莹　黄　岩　李胜会　李文彬　王福涛　赵庆年　文　宏　郑石明　阳义南　郑永年　周建青　管　兵　郑方辉　范　旭
99J1	绿色能源化学与技术	陈少伟　蒋仲杰　黎立桂　刘　江　刘美林　唐正华　杨成浩　周伟家　康雄武　陈　燕

继续教育

【招生与教学】规范招生与合作办学，学历继续教育规模稳健发展。新增10所省内高职院校联合办学，停止合作办学12家，现有各类合作办学单位125家；公开学院设立校外白云校区和广信校区。学历继续教育招生27 151人，其中，网络教育18 038人、成人教育3892人、自学考试5221人。截至2018年底，共有在校生72 487人，其中，网络教育51 686人、成人教育11 595人、自学考试9206人。

持续推进成人教育混合式教学改革，实现校内外教学点全覆盖。学生参加网络课程学习累积平时成绩的比例达到87%。开发教学管理平台作业查重功能，提高网络作业质量。全面推行毕业论文（设计）质量检查制度。改革考试方式，调整期末统考为形成性考核课程4门。全年组织网络教育、成人教育期末统考课程470门，26万人次考生参加考试。履行广东省自学考试主考学校职责，完成全省统考课程命题、评卷、专业建设、社会考生实践考核和自考学籍管理工作。推进网络课程和平台建设，上线网络教育课程43门、更新37门；上线自考助学课程13门，更新讲解视频和辅导练习250余份。完成继续教育门户网站改版、非学历继续教育系统、成人和自考平台二期开发、自学考试苹果版移动学习平台等项目。做好网络和信息化安全保障和数据中心硬件设备维护工作，改善机房和多媒体教室教学环境。办学质量不断提高，获“2018中国最具社会影响力院校”和“2018年广东省成人教育先进集体单位”称号，案例《高校继续教育混合式教学探索与实践——以华南理工大学为例》入选“2018中国高校远程与继续教育优秀案例库”。

【培训工作】搭建开放办学的人才培养平台。成立干部教育培训中心，全年举办干部培训班40期，培训2829人次，培训收入689.01万元，同比增长14.65%，服务领域覆盖全国20个省区；搭建金融领域产教融合培训平台，与中国建设银行共建企业大学，成立“华南理工大学建行学院（建行大学大湾区金融创新学院）”。

围绕国家战略和用户需求，健全培训质量保障机制，开发“培训精品课程”320门；加强现场教学基地建设，建立培训激励机制。职业技能培训围绕“中长期培训项目校外基地办学”和“短期培训向多行业拓展”分类分层开展，培训570人次，同比增长118%，培训收入320万元，同比增长71.6%。建立从化培训基地，开展造纸项目和航空服务项目方面的培训。出国留学培训项目规模和质量稳步提升。深化“英语分级 + 专业分类”的培养模式，提高培养质量和出国留学院校层次。新增与英国赫瑞瓦特大学等 4 所国外大学的合作办学，线上线下扩大招生宣传途径，报到人数 149 人，同比增长 150%；培训收入 1200 万元，同比增长 200%。举办各类培训班 311 期，培训 15 073 人次，培训收入 5700 万元，其中，继续教育学院培训人数、办班收入分别同比增长 52% 和 98%。

【学生工作】深入推进“校园文化之旅”品牌活动，全年组织 30 批次 2560 名学生参与。依托管理人员、班主任、物管人员、班干部，强化住校学生日常管理和学风班风建设。举办开学（毕业）典礼、学生评优活动、知识讲座、心理测试、新生拓展活动、新年晚会、运动会等，加强师生沟通交流。提高突发事件应急处理和防范能力，不断改善住校生的学习、住宿和生活条件。继续教育校友会队伍不断扩大，新建河源校友会，学校与校友形成更为密切的发展共同体。

资料 1　2018 年继续教育学院在籍学生一览表

	毕业生数			在校生数			招生数		
	小计	本科	专科	小计	本科	专科	小计	本科	专科
成人教育	3943	1987	1956	11 595	6961	4634	3892	3374	518
网络教育	9476	3139	6337	51 686	20 629	31 057	18 038	7492	10 546

资料 2　2018 年继续教育学院培训情况一览表

培训班名称	人次
干部培训	2829
职业技能培训	570
出国留学培训	149
合计	3548

国 际 教 育

【招生工作】积极做好海外宣传工作。赴挪威、阿根廷、泰国、越南、韩国、印度尼西亚、马来西亚等国参加教育展，赴冰岛大学、越南商业大学、越南开放大学、韩国顺天乡大学、韩国延世大学、韩国釜山外国语大学、吉尔吉斯斯坦民族大学等海外大学开展招生宣传。

深化与知名高校间的校际合作与交流。与冰岛大学、俄罗斯伊尔茨克国立大学、韩国釜山大学、泰国玛希隆大学、越南PTF大学等，在高层次研究生项目、汉语国际教育本科、全英文授课本科专业联合培养、教师交流学习等方面达成合作意向；与越南商业大学和越南开放大学续签教育合作备忘录；与孟加拉国达卡大学和巴基斯坦科哈特科技大学签署校际合作协议。全年接受交换生28名。

加强国际学生生源地拓展和海外孔子学院建设，招收高水平留学生。与南宁华侨实验高中（国际部）、泰国泰华语言文化协会和马来西亚“一带一路”促进会签署合作谅解备忘录，挂牌华南理工大学国际学生生源基地。

学校留学生总数达2452人。学生结构进一步优化，现有学历生1373人，占总人数的56%，且硕博生人数较往年增长14%。学生来自122个国家，其中，亚洲占比68.6%、非洲15%、美洲6.6%、欧洲9.5%、大洋洲0.3%。

【教学与对外交流】 打造特色专业，完善留学生培养体系。实行全英班汉语课教学改革，增加全英班汉语授课课程与学分，提升全英班留学生汉语水平和对中国文化的认知。以通识教育教研室为平台，逐步开设多样性文化通识课程。完善汉语国际教育与传播硕士生教学工作，开展首届新闻与传播（汉语国际传播）专业硕士培养工作。调整国际经济与贸易（全英班）培养方案，增设选修课和实训课程，提升学生的实践能力。

创新教学管理模式。通过开展教研活动、互相听课等方式，积极研究教学新方法，提升教师教学水平；建立课型同头课负责人制度，由同头课负责人统筹管理各项教学活动，提高教学质量。

加强教研成果的选报和科研基地建设。安然教授团队的教学成果“来华留学生思想教育模式的探索与创新”获第八届广东教育教学成果奖一等奖。科研项目立项20项，其中省部级项目4项；出版教材1种；发表论文22篇，其中，英文论文4篇、CSSCI论文3篇。广东省公共外交与跨文化传播基地顺利通过中期考核。邀请知名海内外专家学者开设学术讲座，营造浓郁科研氛围。

提高学生培养质量。国际学生研究成果丰硕，巴基斯坦籍博士研究生Gulzar Ahmed（中文名：麦德）发表SCI论文6篇，最高影响因子7.76；越南籍博士研究生Tran Anh Vang（中文名：陈英皇）发表SCI和EI论文2篇。2018年全日制各类留学生毕业261人，其中，本科生159人、硕士生87人、博士生15人。

【孔子学院建设】 加强三所孔子学院建设，传播中华文化，扩大学校国际影响力。三所孔子学院面向校内师生、周边市民开设汉语语言学分课程和非学分课程，并开展形式多样的文化活动，全年服务近万人。美国爱达荷大学与国家汉办成功续签孔子学院第二个五年合作协议；奥迪英戈尔施塔特孔子学院加强中德文化交流，设立“中德文化交流历史研究专题”，出版第一本历史类书籍*Das erste auto-mobile der Weltgeschichte*（中文译名：《世界历史上的第一辆汽车》）。

【留学生管理】 以多元文化共享理念为指导，以开展学生活动为抓手，打造留学生活动品牌，筑高留学生知华友华新阵地。举办“收获·中国——第七届留学生征文朗诵大赛”，全国14所高校50名留学生参赛。组织留学生参与“魅力广东 助我圆梦”“第二届来华留学生征文大赛”“感知中国——改革开放40年留学生深圳行”主题社会体验活动、朗读会、社会服务等。

资料 2018 年国际教育学院师生情况一览表

类型	职称/学历	人数
教职工	教授（正高）	3
	副教授	5
	高级工程师或其他副高	2
	教职工总数	29
学生	博士生	145
	硕士生	345
	本科生	883
	非学历生	1079
	学生总数	2452

招 生 与 就 业

【招生工作】本科生招生工作方面。加强招生宣传队伍建设，出台《华南理工大学本科生招生宣传工作方案（试行）》，组建或扩大省内外招生宣传组，首次以文件形式确定宣传组负责人。严格规范自主招生、综合素质评价、艺术类、体育类等特殊类型招生，不断优化校考环节。按照教育部要求，自 2018 年起暂停本科高水平艺术团招生。

2018 年，学校本科招生计划 6300 人，实际录取 6182 人，其中，广东省录取 3077 人、外省录取 3105 人；普通类考生 4696 人，保送生 49 人，自主招生 230 人，高校专项“筑梦计划”130 人，艺术专业生 241 人，高水平运动队 32 人，运动训练专业生 45 人，西藏、新疆生 66 人，少数民族预科生 59 人，港澳台生 82 人，国家专项贫困计划 402 人，广东省综合评价 150 人。

学校 2018 年广东省的最低录取排名比 2017 年均有上升，其中文科投档线 606 分，最低排位 1970 名，比 2017 年提前 365 名；理科投档线 598 分，最低排位 9301 名，比 2017 年提高 1032 名。省外 27 个理科招生省（区、市）中有 23 个最低录取分高出当地重点线的分差超过 2017 年，达 85%；21 个文科招生省（区、市）中有 10 个最低录取分高出当地重点线的分差超过 2017 年，达 48%。上海和浙江实行综合改革，其中上海录取的最低分为 546 分，比上海本科录取控制分数线（401 分）高出 145 分，比自主招生控制分数线（502 分）高出 44 分；浙江录取的最低分为 647 分，比浙江普通类第一段分数线 588 分高出 59 分。

研究生招生工作方面。实施生源质量提升计划，充分发挥学院、导师宣讲团、推免生驻校宣传队以及学院研究生招生联络员作用，积极使用新媒体、自媒体平台进行招生宣传，招生影响力不断扩大。加强建章立制，修订完善《华南理工大学研究生招生计划分配办法》《华南理工大学博士研究生招生申请考核制实施办法》等。推进信息化建设，研究生招生系统全面投入使用。

2018年，学校博士研究生计划招生919人，实际录取918人，比2017年增加207人，增长29%；硕士研究生计划招生5720人，其中，全日制4500人、非全日制1220人，实际录取硕士研究生5720人，其中全日制学术型硕士录取2310人、全日制专业学位录取2190人、非全日制专业学位录取1220人。

【就业指导与管理服务】 推行兼顾世界格局、家国情怀"两个维度"的毕业生就业引导工程。加强典型宣传，推出《签约故事汇》栏目宣传就业典型，全年发布82期；开通网络直播间"就业直播大讲堂"等。加强政策奖励，设立赴西部及艰苦边远地区重点单位、基层单位就业奖励金，制定优秀西部计划志愿者免试攻读硕士研究生办法，落实基层就业学费补偿和国家助学贷款代偿。加强走访交流，赴广西壮族自治区党委组织部、梧州市委组织部调研交流，组织选调生专场培训会，发布四川、陕西等17个省市党委组织部门的选调生公告，拓宽毕业生就业渠道、地域和领域。

构建全面覆盖与个性定制相结合、线上线下相结合、课内课外相结合的"三结合"职业生涯发展体系。构建线上线下结合的课程体系，为2017级本科学生开通"就创业直播平台"网络课程，开设全校通选课"生涯规划与求职技巧"。打造全面覆盖的职业测评体系，通过"Career Sky"职业测评系统，帮助学生正确认识自我，合理定位。建设满足个性需求的生涯咨询体系，2018年为200多名毕业生提供简历制作与修改服务，为学生提供一对一咨询。构建校院两级职业活动体系，继续举办职业辅导品牌活动"职业启航活动月"和"青春逐梦职场活动月"，举办校级活动12场次，院级活动97场次。建设覆盖各行各业的社团矩阵，有学生职业发展协会等11个学生社团，举办或协办各类就业指导活动40多场次。

构建就业实习、派遣服务、精准帮扶和院校联动"四到位"的就业服务支撑体系。建设就业实习平台，2018年组织安排1294场次校园宣讲会，18场次大中型招聘会，共发布11 805条招聘信息，提供249 154个岗位，供需比达1∶24；为714家用人单位发布实习信息。企业满意度高，用人单位对学校的就业服务工作满意度达95%。与海康威视数字技术股份有限公司等17家企事业单位共建就业实习基地。加强就业服务的规范化和制度化，规范就业协议书管理和违约事务申请办理，编写2019届就业指导手册。建设精准帮扶平台，以"重点关注、重点推荐、重点服务"为原则，建立就业困难学生档案，召开毕业生专项就业扶助活动，为2018届56名生活困难毕业生发放就业补助金36 000元；完成广东省就业专项资金管理工作，为297人发放广东省人社厅求职创业补贴445 500元。建设院校联动平台，组织召开3场学院就业进展情况摸底研讨会，召开5场就业动员会。2018年完成学院负责就业工作人员培训会6场次，着力打造一支专业化、职业化的就业工作队伍。

学校2018届毕业生人数9416人，总体就业率为99.63%。其中，本科毕业生5680人，落实就业去向5656人，就业率为99.58%；研究生毕业生3736人，落实就业去向3725人，就业率为99.71%。就业质量稳步提高。本科毕业生初始月薪平均为7371元；升学的比例为38.17%，相比2017届略有增长，其中，国内升学的占比26.29%，出国（境）升学占比11.88%。

高等教育研究

【高等教育及相关领域研究】新增主持项目19项，其中，国家社科基金项目2项、省部级项目6项、校级项目9项、其他项目2项，合同总经费达88万元，到校经费66.8万元。发表学术论文8篇，其中，在CSSCI期刊及《光明日报》等重要报刊上发表文章2篇。创设“华南理工大学高等教育研究基金决策咨询参考”校内资料类内刊。加强《华南高等工程教育研究》的组稿和约稿，全年完成4期的出版及年审工作。以校史研究所为平台，继续深入开展校史研究，增补和完善《广东工业专科学校校史考》；承担有关校史的咨询或认定、宣传教育等20余次。

【教育学一级学科建设】加强研究生导师队伍建设，新增硕士生导师1名，具有招生资格的专、兼岗导师达到16名。加强研究生教学质量管理，对所有学位论文实行双盲审制度，2名硕士生的论文答辩获优秀。2018年，高等教育研究所招收硕士研究生11人；毕业硕士研究生13人，其中，教育学原理4人、高等教育学9人。

【学术交流与合作】加强对外学术交流与合作，与厦门大学、上海交通大学等高校的高等教育研究和校史研究机构互访。全年20人次参加高等教育研究的学术会议，进一步拓宽学术视野、提升学术水平。

科研与科技产业工作

自然科学研究

【科研项目与经费】 科研经费持续增长。学校自然科学研究项目实到经费22.19亿元。基础研究方面，获批国家自然科学基金项目262项，直接经费超2亿元，其中，牵头获批重大项目1项（资助经费近2000万元）、重大研究计划集成项目1项（资助经费1150万元）、重点项目11项；获批广东省自然科学基金项目163项，资助经费超3000万元，其中，研究团队项目1项、重大基础研究培育项目3项。应用研究方面，牵头承担国家重点研发计划项目7项、课题19项，总经费近2亿元；承担各类省市科技项目超过400项，经费超过3亿元，学校以第一负责人牵头承担广东省重点领域研发计划项目10项，经费1.7亿元，牵头承担的“5G毫米波宽带高效率芯片及相控阵系统研究”单项经费5000万元。学校科技成果转化项目数1811项，总经费超过11.83亿元。其中，新签订合同经费500万元以上重大项目36项，合同经费200万元以上重点项目123项，合同经费100万元以上228项。

【科研成果与奖励】 获多项科研奖励。2018年学校获部省级以上自然科学类科技奖励27项，包括获国家科技进步奖1项、国家技术发明奖1项；获高等学校科学研究优秀成果奖（科学技术）1项；获2018年度广东省科学技术奖24项，其中特等奖1项、一等奖8项、二等奖15项。

论文质量稳步上升。2017年度学校发表“卓越国际论文”1638篇，“卓越国际论文”数量占SCI论文数的54.97%。1篇论文入选“2008—2018年我国高被引论文中被引次数最高的10篇论文”，2篇论文入选“2017年度中国百篇最具影响国际学术论文”，1篇论文入选“2017年度中国百篇最具影响国内学术论文”。2017年度学校论文被SCI、EI和CPCI-S索引共收录6518篇，其中，SCI索引收录2980篇，同比增长20%，在全国高等院校中排名第18位；EI索引收录2962篇，在全国高等院校中排名第8位；发表SCI学科影响因子前1/10的期刊论文507篇，在全国高等院校中排名第10位。

专利工作成绩显著。学校专利申请量4226项，其中发明专利申请量3205项，发明专利占比超过75.8%；专利授权量2313项，其中发明专利授权量1227项；有效发明专利拥有量5607项。发明专利申请公开量、发明专利授权量、有效发明专利拥有量分别排名全国高校第二、第四和第五位。申请专利合作协定（PCT）154项，进入国家阶段专利80项，国外授权专利34项，国外专利授权量同比增长100%，国际专利布局初见成效。学校获第二十届中国专利奖7项，其中有5项由学校与企业共同申请；获第五届广东专利奖2项，其中金奖1项；组织推选的相关专利成果获得第十届国际发明展览会金奖3项、发明创业成果奖2项。

【科研基地建设】强化科研基地建设。学校新增12个部省级以上科研机构，包括2个教育部协同创新中心、1个教育部重点实验室（B类）、1个广东省重点实验室、2个广东省工程实验室、1个广东省国际合作基地、1个粤港联合创新平台、3个广东省工程技术研究中心和1个广州市重点实验室。截至2018年底，学校共有上级主管部门批准建设的自然科学类科研机构175个，其中国家级科研机构达25个。

学校3个教育部重点实验室以1优2良的成绩通过教育部组织的材料和工程领域的评估。

【产学研合作】学科产业紧密互动。围绕智能与新能源汽车、智能装备及机器人、新一代信息技术、人工智能、先进材料、生物医药与健康医疗、新能源等国家重点领域，推动与规模以上企业共建27个校企联合实验室，投入经费6900万元。

将科技创新做在生产一线。深入广东各地区企业开展技术创新，累计选派部省企业科技特派员82名，联合相关行业龙头企业在“互联网+”、智能制造、绿色低碳、精准医学等领域建立14个省市级产业技术创新联盟。

【科研交流】学术与科技交流活动活跃。主办或承办中国工程院第271场中国工程科技论坛、第十六届金属-氢系统国际会议、第十一届电力系统技术国际会议、2018现代催化研究方法学术会议、2018中国焊接产业论坛、第五届演化计算与学习研讨会等大型学术会议30余场次。中国工程院第271场中国工程科技论坛聚集了19名院士，以及700余位来自全国高等院校、科研院所、企业单位的专家与师生。

资料1 2018年学校各单位获国家自然科学基金资助情况

单位	批准项目类型（项）										资助项目合计（项）	资助直接经费（万元）
	重大	重点	重大研究计划	联合基金	杰青	优青	面上	青年	国际合作	其他		
材料科学与工程学院			1	3	1	3	20	4	1	2	35	4146
分子科学与工程学院（华南软物质科学与技术高等研究院）	2		1	1			1	4		0	9	3194
化学与化工学院			1		1		21	6	2	0	31	2051
机械与汽车工程学院				1			15	5	1	0	22	1550
自动化科学与工程学院	1	1					6	2	2	0	12	1165
电子与信息学院				1			9	3		1	14	887
环境与能源学院		1					7	4	1	0	13	866

续表

单位	批准项目类型（项）										资助项目合计（项）	资助直接经费（万元）
	重大	重点	重大研究计划	联合基金	杰青	优青	面上	青年	国际合作	其他		
土木与交通学院							11	3	1		15	727
工商管理学院		1				1	5	2		1	10	682
计算机科学与工程学院						1	8				9	636
建筑学院							10	1			11	628
食品科学与工程学院							9	4			13	620
生物科学与工程学院							8	4			12	588
医学院			1			1	5	3			10	529
电力学院				1			2	4			7	484
数学学院							5	5	3		13	391
附属第二医院							7	2			9	371
轻工科学与工程学院							4	2			6	293
软件学院							3	1			4	208
物理与光电学院			1				1	2			4	195
其他							1	1		1	3	106
总计	3	3	5	7	2	6	158	62	11	5	262	20 317

资料2　2018 年学校各单位三大索引论文统计表

单位	SCI			EI	CPCI-S	总计
	合计	其中 SCI 学科影响因子前 1/10 论文	其中“卓越国际”论文			
材料科学与工程学院	613	115	332	558	24	1195
化学与化工学院	545	128	362	445	18	1008
机械与汽车工程学院	301	29	134	369	55	725
食品科学与工程学院	297	77	195	216	4	517
电子与信息学院	161	7	77	188	127	476
环境与能源学院	205	35	135	172	9	386
电力学院	101	28	56	206	64	371
自动化科学与工程学院	103	21	58	119	115	337

续表

单位	SCI			EI	CPCI-S	总计
	合计	其中 SCI 学科影响因子前 1/10 论文	其中“卓越国际”论文			
轻工科学与工程学院	158	23	79	147	16	321
土木与交通学院	109	6	45	176	19	304
计算机科学与工程学院	73	10	28	76	42	191
生物科学与工程学院	107	8	50	54	1	162
数学学院	65	7	25	41	1	107
物理与光电学院	47	3	15	47	7	101
工商管理学院（创业教育学院）	37	3	20	40	13	90
经济与贸易学院	17	3	7	18	12	47
建筑学院	15	0	9	17	13	45
软件学院	7	1	1	13	13	33
医学院	16	3	7	5	5	26
其他	3	0	3	55	18	76
总计	2980	507	1638	2962	576	6518

资料3　2018年学校各单位科研成果获奖情况

单位	国家科技进步奖	国家技术发明奖	教育部科技奖	广东省科学技术奖		
	二等奖	二等奖	二等奖	特等奖	一等奖	二等奖
机械与汽车工程学院					2（1）	4（3）
土木与交通学院	1			1（1）	1（1）	2（1）
电子与信息学院		1（1）				
材料科学与工程学院					1	2（2）
化学与化工学院						2（2）
食品科学与工程学院					2	
物理与光电学院			1			
自动化科学与工程学院						1（1）
计算机科学与工程学院					1	
电力学院					1	1
生物科学与工程学院						2（2）
环境与能源学院						1（1）
总计	1	1（1）	1	1（1）	8（2）	15（12）

注：括号内数字表示非第一完成单位获奖数量。

资料4　2018年学校各单位专利申请和授权情况

单位	申请数量		授权量	
	总数	其中发明量	总数	其中发明量
机械与汽车工程学院	925	538	592	233
电子与信息学院	372	274	283	146
材料科学与工程学院	649	570	271	191
化学与化工学院	401	348	231	147
电力学院	328	241	219	118
土木与交通学院	265	166	143	40
自动化科学与工程学院	168	121	124	41
轻工科学与工程学院	175	160	90	72
食品科学与工程学院	208	202	74	65
环境与能源学院	140	119	69	44
设计学院	90	24	55	2
计算机科学与工程学院	202	199	31	30
物理与光电学院	58	38	26	11
生物科学与工程学院	53	51	25	23
软件学院	31	30	20	20
建筑学院	35	21	19	9
工商管理学院	5	2	4	1
吴贤铭智能工程学院	20	10		
医学院	18	17		
经济与贸易学院	2	2		
分析测试中心	5	5	2	1
广州现代产业技术研究院	62	56	33	33
华南软物质科学与技术高等研究院	9	8		
其他	5	3	2	
总计	4226	3205	2313	1227

资料5　学校部省级以上科研机构一览表（自然科学类）

类型	序号	科研机构名称（联合共建单位）	批准部门	所在单位	获批年份
国家重点实验室	1	制浆造纸工程国家重点实验室	国家计委	轻工科学与工程学院	1989
	2	亚热带建筑科学国家重点实验室	科技部	建筑学院	2007
	3	发光材料与器件国家重点实验室	科技部	材料科学与工程学院	2011
国家工程（技术）研究中心	1	造纸与污染控制国家工程研究中心	国家计委	轻工科学与工程学院	1995
	2	聚合物新型成型装备国家工程研究中心	国家计委	机械与汽车工程学院	1998
	3	国家金属材料近净成形工程技术研究中心	科技部	机械与汽车工程学院	2009
	4	国家人体组织功能重建工程技术研究中心	科技部	材料科学与工程学院	2009
	5	国家移动超声探测工程技术研究中心	科技部	电子与信息学院	2013
国际科技合作基地	1	国家热带特色健康食品示范型国际科技合作基地	科技部	食品科学与工程学院	2017
国家工程实验室	1	挥发性有机物污染治理技术与装备国家工程实验室	国家发改委	环境与能源学院	2016
	2	塑料改性与加工国家工程实验室（共建单位：金发科技股份有限公司、华工）	国家发改委	机械与汽车工程学院	2008
	3	TFT-LCD 工艺技术国家工程实验室（共建单位：京东方科技集团股份有限公司、清华大学）	国家发改委	材料科学与工程学院	2008
	4	医用植入器械国家工程实验室（共建单位：山东威高集团有限公司、中科院金属研究所、山东千佛山医院）	国家发改委	材料科学与工程学院	2009
	5	小麦和玉米深加工国家工程实验室（共建单位：河南工业大学、吉林农业大学）	国家发改委	食品科学与工程学院	2011
	6	农田土壤污染防控与修复技术国家工程实验室（共建单位：中国科学院南京土壤研究所）	国家发改委	环境与能源学院	2016
	7	AMOLED 工艺技术国家工程实验室（共建单位：深圳华星光电技术有限公司）	国家发改委	材料科学与工程学院	2017

续表

类型	序号	科研机构名称（联合共建单位）	批准部门	所在单位	获批年份
国家地方联合工程实验室	1	风电控制与并网技术国家地方联合工程实验室	国家发改委	电力学院	2012
	2	汽车零部件技术国家地方联合工程实验室	国家发改委	机械与汽车工程学院	2015
国家地方联合工程研究中心	1	半导体显示与光通信器件研发国家地方联合工程研究中心	国家发改委	机械与汽车工程学院	2017
学科创新引智基地	1	高分子塑料光电材料研究学科创新引智基地	教育部 国家外专局	材料科学与工程学院	2006
	2	建筑物理环境与建筑节能学科创新引智基地	教育部 国家外专局	建筑学院	2007
	3	制浆造纸工程学科创新引智基地	教育部 国家外专局	轻工科学与工程学院	2011
	4	新型生物医用材料及其组织修复学科创新引智基地	教育部 国家外专局	材料科学与工程学院	2012
	5	食品营养与健康学科创新引智基地	教育部 国家外专局	食品科学与工程学院	2016
	6	软物质科学与技术学科创新引智基地	教育部 国家外专局	材料科学与工程学院	2017
教育部协同创新中心	1	人体组织功能重建省部共建协同创新中心	教育部	材料科学与工程学院	2018
	2	先进轻质功能材料军民融合省部共建协同创新中心	教育部	轻工科学与工程学院	2018
教育部重点实验室	1	聚合物成型加工工程教育部重点实验室	教育部	机械与汽车工程学院	2000
	2	传热强化与过程节能教育部重点实验室	教育部	化学与化工学院	2000
	3	生物医学材料与工程教育部重点实验室	教育部	材料科学与工程学院	2003
	4	亚热带建筑教育部重点实验室	教育部	建筑学院	2005
	5	工业聚集区污染控制与生态修复教育部重点实验室	教育部	环境与能源学院	2008
	6	教育部重点实验室（B 类）	教育部	机械与汽车工程学院	2008
	7	自主系统与网络控制教育部重点实验室	教育部	自动化科学与工程学院	2009
	8	教育部重点实验室（B 类）	教育部	轻工科学与工程学院	2018

续表

类型	序号	科研机构名称（联合共建单位）	批准部门	所在单位	获批年份
教育部国际合作联合实验室	1	光电功能材料与器件国际合作联合实验室	教育部	材料科学与工程学院	2015
	2	合成生物学与药物制备国际合作联合实验室	教育部	生物科学与工程学院	2017
粤港澳联合实验室	1	大数据与机器人智能粤港澳联合实验室	教育部	软件学院	2017
教育部工程中心	1	金属材料成形及装备教育部工程研究中心	教育部	机械与汽车工程学院	2006
	2	淀粉与植物蛋白深加工教育部工程研究中心	教育部	食品科学与工程学院	2006
	3	精密电子制造装备教育部工程研究中心	教育部	自动化科学与工程学院	2007
	4	近距离无线通信与网络教育部工程研究中心	教育部	电子与信息学院	2009
广东省重点实验室	1	广东省汽车工程重点实验室	广东省科技厅	机械与汽车工程学院	1997
	2	广东省计算机网络重点实验室	广东省科技厅	计算机科学与工程学院	2002
	3	广东省高性能与功能高分子材料重点实验室	广东省科技厅	材料科学与工程学院	2001
	4	广东省金属新材料制备与成形重点实验室	广东省科技厅	机械与汽车工程学院	2003
	5	广东省绿色化学产品技术重点实验室	广东省科技厅	化学与化工学院	2004
	6	广东省发酵与酶工程重点实验室	广东省科技厅	生物科学与工程学院	2005
	7	广东省绿色能源技术重点实验室	广东省科技厅	电力学院	2008
	8	广东省生物医学工程重点实验室	广东省科技厅	材料科学与工程学院	2009
	9	广东省短距离无线探测与通信重点实验室	广东省科技厅	电子与信息学院	2010
	10	广东省燃料电池技术重点实验室	广东省科技厅	化学与化工学院	2010
	11	广东省天然产物绿色加工与产品安全重点实验室	广东省科技厅	食品科学与工程学院	2010
	12	广东省创新方法与决策管理系统重点实验室	广东省科技厅	工商管理学院	2011

续表

类型	序号	科研机构名称（联合共建单位）	批准部门	所在单位	获批年份
广东省重点实验室	13	广东省大气环境与污染控制重点实验室	广东省科技厅	环境与能源学院	2011
	14	广东省精密装备与制造技术重点实验室	广东省科技厅	机械与汽车工程学院	2011
	15	广东省先进储能材料重点实验室	广东省科技厅	材料科学与工程学院	2012
	16	广东省光纤激光材料与应用技术重点实验室	广东省科技厅	材料科学与工程学院	2013
	17	广东省能源高效清洁利用重点实验室	广东省科技厅	电力学院	2013
	18	广东省功能分子工程重点实验室	广东省科技厅	化学与化工学院	2015
	19	广东省计算智能与网络空间信息重点实验室	广东省科技厅	计算机科学与工程学院	2017
	20	广东省高分子先进制造技术及装备重点实验室	广东省科技厅	机械与汽车工程学院	2018
广东省工程技术研究中心	1	广东省功能材料工程技术研究开发中心	广东省科技厅	材料科学与工程学院	1987
	2	广东省电力工程技术研究开发中心	广东省科技厅	电力学院	1997
	3	广东省绿色精细化学产品工程技术研究开发中心	广东省科技厅、广东省发改委、广东省经贸委	化学与化工学院	2009
	4	广东省人体组织功能重建工程技术研究开发中心	广东省科技厅、广东省发改委、广东省经贸委	材料科学与工程学院	2010
	5	广东省船舶与海洋工程技术研究开发中心	广东省科技厅、广东省发改委、广东省经贸委	土木与交通学院	2010
	6	广东省金属材料近净成型工程技术研究开发中心	广东省科技厅、广东省发改委、广东省经贸委	机械与汽车工程学院	2010
	7	广东省城市空调节能与控制工程技术研究开发中心	广东省科技厅、广东省发改委、广东省经贸委	机械与汽车工程学院	2011

续表

类型	序号	科研机构名称（联合共建单位）	批准部门	所在单位	获批年份
广东省工程技术研究中心	8	广东省光电工程技术研究开发中心	广东省科技厅、广东省发改委、广东省经贸委	物理与光电学院	2012
	9	广东省特种光纤材料与器件工程技术研究开发中心	广东省科技厅、广东省发改委、广东省经贸委	材料科学与工程学院	2012
	10	广东省大数据分析与处理工程技术研究中心	广东省科技厅	计算机科学与工程学院	2013
	11	广东省建筑材料低碳技术工程技术研究中心	广东省科技厅	材料科学与工程学院	2013
	12	广东省环境风险防控与应急处置工程技术研究中心	广东省科技厅	环境与能源学院	2013
	13	广东省节能与新能源绿色制造工程技术研究中心	广东省科技厅	机械与汽车工程学院	2013
	14	广东省食品绿色加工与营养调控工程技术研究中心	广东省科技厅	食品科学与工程学院	2013
	15	广东省智能交通信息与控制工程技术研究中心	广东省科技厅	土木与交通学院	2013
	16	广东省生物酶与工业绿色加工工程技术研究中心	广东省科技厅	生物科学与工程学院	2014
	17	广东省航空航天先进材料与结构工程技术研究中心	广东省科技厅	土木与交通学院	2014
	18	广东省汽车检测工程技术研究中心	广东省科技厅	机械与汽车工程学院	2014
	19	广东省社会媒体处理与软件开发工程技术研究中心	广东省科技厅	软件学院	2015
	20	广东省热能高效储存与利用工程技术研究中心	广东省科技厅	化学与化工学院	2015
	21	广东省智能系统控制工程技术研究中心	广东省科技厅	自动化科学与工程学院	2015
	22	广东省脂类科学与应用工程技术研究中心	广东省科技厅	食品科学与工程学院	2015

续表

类型	序号	科研机构名称（联合共建单位）	批准部门	所在单位	获批年份
广东省工程技术研究中心	23	广东省信息访问与传输安全工程技术研究中心	广东省科技厅	计算机科学与工程学院	2015
	24	广东省天线与射频工程技术研究中心	广东省科技厅	电子与信息学院	2015
	25	广东省电子封装材料与可靠性工程技术研究中心	广东省科技厅	材料科学与工程学院	2015
	26	广东省半导体照明与信息化工程技术研究中心	广东省科技厅	材料科学与工程学院	2015
	27	广东省现代建筑创作工程技术研究中心	广东省科技厅	建筑学院	2015
	28	广东省先进储能材料工程技术研究中心	广东省科技厅	材料科学与工程学院	2016
	29	广东省建筑节能工程技术研究中心	广东省科技厅	建筑学院	2016
	30	广东省亚热带道路工程技术研究中心	广东省科技厅	土木与交通学院	2016
	31	广东省可持续建筑与城市设计工程技术研究中心	广东省科技厅	建筑学院	2016
	32	广东省先进涂层工程技术研究中心	广东省科技厅	化学与化工学院	2016
	33	广东省冷链食品智能感知与过程控制工程技术研究中心	广东省科技厅	食品科学与工程学院	2016
	34	广东省能源高效低污染转化工程技术研究中心	广东省科技厅	电力学院	2016
	35	广东省环境纳米材料工程技术研究中心	广东省科技厅	环境与能源学院	2016
	36	广东省人机交互设计工程技术研究中心	广东省科技厅	设计学院	2016
	37	广东省人体数据科学工程技术研究中心	广东省科技厅	电子与信息学院	2016
	38	广东省供应链金融工程技术研究中心	广东省科技厅	经济与贸易学院	2016

续表

类型	序号	科研机构名称（联合共建单位）	批准部门	所在单位	获批年份
广东省工程技术研究中心	39	广东省特种焊接技术与装备工程技术研究中心	广东省科技厅	机械与汽车工程学院	2016
	40	广东省机器人及系统集成工程技术研究中心	广东省科技厅	机械与汽车工程学院	2016
	41	广东省无人机系统工程技术研究中心	广东省科技厅	自动化科学与工程学院	2016
	42	广东省智能能源网微自动化工程技术研究中心	广东省科技厅	电力学院	2016
	43	广东省创新制药工艺和过程控制工程技术研究中心	广东省科技厅	化学与化工学院	2016
	44	广东省过滤与湿法无纺复合材料工程技术研究中心	广东省科技厅	轻工科学与工程学院	2016
	45	广东省交通电子支付工程技术研究中心	广东省科技厅	广州华工信息软件有限公司	2016
	46	广东省生物医学传热工程技术研究中心	广东省科技厅	华南理工大学珠海现代产业创新研究院	2016
	47	广东省特种纸与纸基功能材料工程技术研究中心	广东省科技厅	轻工科学与工程学院	2017
	48	广东省特种酶工程技术研究中心	广东省科技厅	食品科学与工程学院	2017
	49	广东省大数据与计算广告工程技术研究中心	广东省科技厅	新闻与传播学院	2017
	50	广东省智能网络通信与计算工程技术研究中心	广东省科技厅	电子与信息学院	2017
	51	广东省智能无人船与系统工程技术研究中心	广东省科技厅	机械与汽车工程学院	2017
	52	广东省生态透析环境治理工程技术研究中心	广东省科技厅	环境与能源学院	2017
	53	广东省金属材料表面功能化工程技术研究中心	广东省科技厅	材料科学与工程学院	2017
	54	广东省智能传感器与专用集成电路工程技术研究中心	广东省科技厅	电子与信息学院	2017

续表

类型	序号	科研机构名称（联合共建单位）	批准部门	所在单位	获批年份
广东省工程技术研究中心	55	广东省软件开发与服务工程技术研究中心	广东省科技厅	软件学院	2017
	56	广东省电化学能源工程技术研究中心	广东省科技厅	化学与化工学院	2017
	57	广东省风景园林工程技术研究中心	广东省科技厅	建筑学院	2017
	58	广东省柔性 OLED 显示工程技术研究中心	广东省科技厅	材料科学与工程学院	2017
	59	广东省多媒体智能营销工程技术研究中心	广东省科技厅	软件学院	2017
	60	广东省植物纤维高值化清洁利用工程技术研究中心	广东省科技厅	环境与能源学院	2017
	61	广东省香蕉精深加工与综合利用工程技术研究中心	广东省科技厅	食品科学与工程学院	2017
	62	广东省智慧城市规划工程技术研究中心	广东省科技厅	建筑学院	2017
	63	广东省智能焊接制造装备及机器人工程技术研究中心	广东省科技厅	机械与汽车工程学院	2017
	64	广东省人工智能中医工程技术研究中心	广东省科技厅	计算机科学与工程学院	2017
	65	广东省智能与康复装备工程技术研究中心	广东省科技厅	机械与汽车工程学院	2017
	66	广东省能源材料表面化学工程技术研究中心	广东省科技厅	环境与能源学院	2017
	67	广东省金属增材制造工程技术研究中心	广东省科技厅	机械与汽车工程学院	2017
	68	广东省生物制药工程技术研究中心	广东省科技厅	生物科学与工程学院	2017
	69	广东省水利工程安全与绿色水利工程技术研究中心	广东省科技厅	土木与交通学院	2017
	70	广东省乡村振兴与旅游大数据工程技术研究中心	广东省科技厅	经济与贸易学院	2018
	71	广东省宽禁带半导体芯片及应用工程技术研究中心	广东省科技厅	中山市华南理工大学现代产业技术研究院	2018
	72	广东省低升糖健康食品工程技术研究中心	广东省科技厅	华南理工大学珠海现代产业创新研究院	2018

续表

类型	序号	科研机构名称（联合共建单位）	批准部门	所在单位	获批年份
广东省工程实验室	1	广东省印刷 OLED 材料及显示技术工程实验室	广东省发改委	材料科学与工程学院	2010
	2	广东省电动汽车整车技术工程实验室	广东省发改委	机械与汽车工程学院	2010
	3	广东省风电控制与并网工程实验室	广东省发改委	电力学院	2011
	4	广东省功能结构与器件智能制造工程实验室	广东省发改委	机械与汽车工程学院	2015
	5	广东省高端芯片智能封测装备工程实验室	广东省发改委	自动化科学与工程学院	2018
	6	广东省第三代半导体材料与器件工程实验室	广东省发改委	物理与光电学院	2018
广东省教育厅重点实验室	1	高性能橡胶塑料与复合材料广东普通高校重点实验室	广东省教育厅	材料科学与工程学院	2001
	2	计算机网络广东普通高校重点实验室	广东省教育厅	计算机科学与工程学院	2001
	3	工业生物技术广东普通高校重点实验室	广东省教育厅	生物科学与工程学院	2005
	4	农产品资源绿色加工广东普通高校重点实验室	广东省教育厅	食品科学与工程学院	2006
	5	精密制造技术与装备广东普通高校重点实验室	广东省教育厅	机械与汽车工程学院	2007
	6	污染控制与生态修复广东普通高校重点实验室	广东省教育厅	环境与能源学院	2008
	7	无线通信网络与终端广东普通高校重点实验室	广东省教育厅	电子与信息学院	2008
	8	新能源技术广东普通高校重点实验室	广东省教育厅	化学与化工学院	2008
	9	表面功能结构先进制造广东普通高校重点实验室	广东省教育厅	机械与汽车工程学院	2009
	10	能源高效清洁利用广东普通高校重点实验室	广东省教育厅	电力学院	2010
	11	风工程广东普通高校重点实验室	广东省教育厅	土木与交通学院	2011
	12	清洁能源材料广东普通高校重点实验室	广东省教育厅	材料科学与工程学院	2011

续表

类型	序号	科研机构名称（联合共建单位）	批准部门	所在单位	获批年份
广东省教育厅工程中心	1	广东高校半导体照明工程技术研究中心	广东省教育厅	物理与光电学院	2008
	2	广东高校现代道路工程技术研究中心	广东省教育厅	土木与交通学院	2008
	3	广东高校大气污染控制工程技术研究中心	广东省教育厅	环境与能源学院	2009
	4	广东高校现代交通工程技术研究中心	广东省教育厅	土木与交通学院	2010
	5	广东高校音视频图文智能信息处理工程技术研究中心	广东省教育厅	电子与信息学院	2010
	6	广东高校绿色校园节能与控制工程技术研究中心	广东省教育厅	机械与汽车工程学院	2011
	7	广东高校工业废弃物资源化利用工程技术研究中心	广东省教育厅	化学与化工学院	2012
	8	广东高校海量大数据的智能信息处理与安全工程技术研究中心	广东省教育厅	计算机科学与工程学院	2013
	9	广东高校脂类研发与应用工程技术研究中心	广东省教育厅	食品科学与工程学院	2014
粤港联合创新平台	1	大数据与计算智能粤港联合创新平台	广东省科技厅	计算机科学与工程学院	2018
国际联合研究中心	1	智能工程国际联合研究中心	广东省科技厅	吴贤铭智能工程学院	2018
广州市重点实验室	1	广州市景观建筑重点实验室	广州市科信局	建筑学院	2013
	2	广州市机器人软件及复杂信息处理重点实验室	广州市科创委	软件学院	2015
	3	广州市脑机交互关键技术及应用重点实验室	广州市科创委	自动化科学与工程学院	2015
	4	广州市人体数据科学重点实验室	广州市科创委	电子与信息学院	2016
	5	广州市能源材料表面化学重点实验室	广州市科创委	环境与能源学院	2017
	6	广州市宽禁带半导体芯片及应用系统重点实验室	广州市科创委	物理与光电学院	2018

续表

类型	序号	科研机构名称（联合共建单位）	批准部门	所在单位	获批年份
广州市工程研究中心	1	广州纳米生物材料与技术工程研究中心	广州市科技局	材料科学与工程学院	2005
	2	广州市有色金属铸造行业技术研究中心	广州市科技局	机械与汽车工程学院	2007
	3	广州市平板显示行业工程技术研究中心	广州市科信局	材料科学与工程学院	2010
	4	广州市智能无损检测行业工程技术研究中心	广州市科信局	电子与信息学院	2012
	5	广州市水资源与水环境行业工程技术研究中心	广州市科信局	环境与能源学院	2012
其他	1	乐百氏－华工大植物蛋白工程研究中心（共建单位：乐百氏）	国家计委	食品科学与工程学院	2002

人文社会科学研究

【研究项目与经费】 重大项目取得突破。2018 年新增哲学社会科学项目 749 项，合同经费约 1.3 亿元，实到经费首次突破 1 亿元。其中，纵向项目 449 项，合同经费 4446 万元，实到经费 4276 万元；横向项目 300 项，合同经费 8887 万元，实到经费 5903 万元。获批国家级社科重大项目 5 项，其中，国家社科基金重大项目 4 项、教育部哲学社会科学重大课题攻关项目 1 项。获批国家社科基金年度项目 32 项，其中，重点项目 4 项、一般项目 20 项、青年项目 4 项、教育学项目 2 项、后期资助项目 1 项、中华学术外译项目 1 项（首次获批），实现国家社科基金项目全覆盖。获批教育部人文社会科学研究项目 12 项，获批省级以上项目 100 多项。

【研究成果与奖励】 高水平成果不断涌现。2017 年度发表人文社科类论文 950 余篇，被 SSCI 索引期刊收录 91 篇，被 CSSCI 索引期刊收录 341 篇；出版著作 60 多种。组织评选“第六届华南理工大学哲学社会科学研究优秀著作奖”，评选出 10 种优秀著作。

决策咨询及成果报送机制日益完善。通过编制《华南理工智库》《决策参考》等刊物，提交各类决策咨询报告 380 余篇，其中，5 篇入选《国家高端智库报告》，1 篇在《教育部简报（高校智库专刊）》刊发。国家高端智库公共政策研究院积极做好决策咨询工作，能力不断增强。

【基地建设与学术交流】 基地建设数量和质量稳步提升。获批教育部高校思想政治工作创新发展中心，新增广东省社会科学研究基地1个，新增广州市人文社会科学重点研究基地4个；与广州市委宣传部、广州市社科联共建“粤港澳大湾区发展广州智库”，学校获评“广州市人文社会科学重点研究基地建设先进单位”。成立智库建设管理办公室，负责智库建设与管理工作。公共政策研究院与字节跳动公司合作建设互联网公共政策研究中心，社会治理研究中心入选CTTI高校智库百强榜，广州市金融服务创新与风险管理研究基地、政府绩效评价中心入选2018年CTTI来源智库增补名单。

学术交流活动品牌效应逐渐显现。设立哲学社会科学学术交流专项经费，实施华南理工大学学术交流品牌活动计划，重点打造“智库高峰论坛”“学术名家论坛”“人文社科工作坊”“青年学术沙龙”等学术品牌，组织开展高端学术论坛、学术讲座等活动160多场次。主办理工类高等学校发展文科方向与成果分类方案研讨会，30余所高校的社科工作负责人共同探讨理工类高校文科发展问题。

资料1　2018年学校各单位人文社科类新增科研项目及实到经费情况

序号	单位	项目数（项）	实到经费（万元）
1	经济与贸易学院	120	1394
2	建筑历史文化研究中心	111	3246
3	法学院	84	672
4	工商管理学院	79	1250
5	公共管理学院	64	624
6	马克思主义学院	59	508
7	外国语学院	34	161
8	新闻与传播学院	33	216
9	公共政策研究院	23	1039
10	设计学院	22	194
11	体育学院	21	78
12	国际教育学院	8	10
13	高等教育研究所	8	62
14	艺术学院	3	10
15	其他学院及机关部处	80	715
合计		749	10 179

资料2　2017年学校各单位CSSCI收录论文情况

序号	单位	论文数（篇）
1	工商管理学院	73
2	经济与贸易学院	48
3	公共管理学院	45
4	马克思主义学院	42
5	法学院	37
6	新闻与传播学院	33
7	外国语学院	17
8	建筑学院	14
9	高等教育研究所	6
10	体育学院	4
11	国际教育学院	2
12	艺术学院	1
13	其他学院及机关部处	19
合计		341

资料3　2017年学校各单位SSCI收录论文情况

序号	单位	论文数（篇）
1	工商管理学院	35
2	经济与贸易学院	25
3	公共政策研究院	2
4	外国语学院	1
5	国际教育学院	1
6	其他学院及机关部处	27
合计		91

资料4　学校部省级以上科研机构一览表（人文社科类）

序号	科研机构名称	批准部门	获批时间
1	公共政策研究院	中宣部	2015
2	印度巴基斯坦研究中心	教育部国际交流与合作司	2017
3	印度洋岛国研究中心		2017
4	广东省社会治理研究中心	省委宣传部	2017
5	政府绩效评价中心		2017
6	中国企业战略管理研究中心	广东省教育厅	2003
7	建筑历史文化研究中心		2005
8	金融工程研究中心		2006
9	广东地方法制研究中心		2006
10	政府决策与绩效评价研究所		2009
11	广东省新媒体与品牌传播创新应用重点实验室		2013
12	公共外交与跨文化传播研究基地		2014
13	互联网行为科学实验室		2016
14	广东省中小企业研究咨询中心	广东省中小企业局	2003
15	广东省技术创新评估中心	广东省经信委	2004
16	广东省体育产业发展研究中心	广东省体育局	2005
17	广东现代服务业研究基地	广东省发改委	2011
18	广东省软科学研究基地	广东省科技厅	2011
19	广东省非物质文化遗产研究基地	广东省文化厅	2013
20	广东省地方立法研究评估与咨询服务基地	广东省人大常委会	2013
21	哲学与科技高等研究所	广东省社会科学界联合会	2017
22	国家治理研究中心		2017
23	习近平新时代中国特色社会主义思想研究中心		2017
24	广东旅游战略与政策研究中心		2018
25	法治评价与研究中心	广东省法学会	2015
26	科技革命与技术预见智库	广东省科技厅	2016
27	重大科技项目与平台实施效果第三方评估智库		2017
28	广州国家创新型城市发展研究中心	广州市社科规划办	2015
29	广州市金融服务创新与风险管理研究基地		2015
30	广州特大城市风险治理研究中心		2018
31	粤港澳大湾区规划创新研究中心		2018
32	广州市大型企业创新体系建设研究中心		2018
33	中国特色社会主义思想与广州实践研究中心		2018
34	新岭南文化中心研究基地		2018
35	粤港澳大湾区发展广州智库	广州市委宣传部、市社科联	2018

资料5　第六届华南理工大学哲学社会科学研究优秀著作奖获奖名单

序号	著作名称	第一作者	出版单位
1	金融复杂系统的演化与控制研究	张卫国	科学出版社
2	哲学视域中的信息技术	肖　峰	科学出版社
3	科学哲学视野中的复杂系统与模拟方法	齐磊磊	中国社会科学出版社
4	孔子学院跨文化传播影响力研究	安　然	中国社会科学出版社
5	普通高等学校定位实证研究	赵庆年	中国社会科学出版社
6	地方法制原理引论	李旭东	中国民主法制出版社
7	开发区发展的经济学与实证	丁焕峰	华南理工大学出版社
8	制造业服务化理论与广东实践研究	简兆权	科学出版社
9	纸浆造型艺术之美	张　珂	华南理工大学出版社
10	近代岭南建筑装饰研究	薛　颖	华南理工大学出版社

科技产业与成果转化

【科技产业工作】现有下属企业100家，含44家全资控股企业、56家参股企业，其中，一级企业9家、二级企业20家、三级企业54家、四级企业14家、五级企业1家。

2018年实现合并营业收入167 062.97万元，营业利润6732.29万元；所有者权益100 400.10万元；持有广州万孚生物技术股份有限公司1605.71万股，年底市值约5.69亿元；持有中国高科集团股份有限公司174.08万股，年底市值约1181.46万元；持有广州市远正智能科技有限公司98.86万股（2015年挂牌新三板）；持有广东粤海华金科技股份有限公司192.15万股（2016年挂牌新三板），实现国有资产的保值增值。上缴国家税费8037.57万元；上缴财政部国有资本收益766.79万元；上缴学校共5007.34万元，含学校投资收益1174万元、房屋租金762.57万元、返纳学校事业编制人员工资3070.77万元。

2018年完成华南理工大学建筑设计研究有限公司、华南理工大学西湖苑宾馆、华南理工大学劳动服务公司等3家企业改制工作，完成广州华工信息软件有限公司引进招商新智科技有限公司工作。企业申请发明专利34项；授权发明专利9项、实用新型专利44项、计算机软件著作权52项；新开发高新技术产品61项。获国家部省级等奖项共46项。目前共有10家全资（控股）高新技术企业，拥有4个省级工程技术研究中心，享受国家、地方相应的优惠政策和支持资金，获研发补助、补贴及退税等1000多万元。

依托与各地市政府共建的产业创新平台，充分发挥专利创造优势和转化优势，以专利作价出资方式汇聚各界资源，校企合作的10家高技术企业，涉及专利及计算机软件版权87项，技术作价出资超过1亿元，吸引社会资本超过1.5亿元。

【国家大学科技园建设】继续深化推进企业孵化、成果转化和创新创业人才培养等工作。截至2018年底，科技园资产总值（含在参、控股企业的所有者权益）5170.65万元，净资产3503.04万元，科技园参控股企业共24家（含创华孵化基金参股企业）。

国家大学科技园顺德创新园区完成一期、二期共2万平方米的孵化面积建设，引进企业27家。学校10名科研人员携技术成果作价出资6551.23万元，在顺德创新园区创办学校持股企业10家，青年教师、学生创业企业5家；校友企业7家；社会科技企业3家、科技服务企业2家。共引入高端人才团队17个，教授10人、研究员1人，博士、硕士20余人；申请专利23项，其中发明专利15项；共推动62项学校科技成果在顺德实施转化。

【广州现代产业技术研究院】在研项目114项，获国家重点研发计划项目3项，获广东省科技进步一等奖1项。获批中国产学研合作创新示范基地；获批“广东省高端芯片智能封测装备工程实验室”“广东省产学研高价值专利育成中心”两个省级科研机构。

持续加强精密电子、空调节能、食品绿色加工、现代交通等研发中心的建设，与90多家企事业单位建立了深度合作关系。优化孵化空间，吸引11家孵化项目入驻，带动5560万元社会投资。2018年底累计在孵企业26家，在孵企业主营收入超过7000万元。

【华南协同创新研究院】获批国家级博士后科研工作站、广东省博士工作站、东莞市研究生联合培养基地、功能性水净化复合材料东莞市工程技术中心，获评2018年度园区先进新型研发机构，获国家一级协会奖2项。

新建“有机光电功能材料”和“印刷有机太阳电池开发”两个创新中心；建成3D打印、亚临界流体提取、铁皮石斛多糖等十余条中试线；建成10余个设备先进、功能齐全的实验室，购置仪器设备超200台（套），总值超过6000万元；累计开发新产品161个；制定行业和企业标准9项；联合300多家企业组建行业联盟，与企业共建研发中心19个，服务企业超过350家。新增孵化企业24家，在院孵化企业累计完成股权投资18家，累计毕业企业15家，其中高新技术企业6家，孵化企业合计产值约3亿元。

【珠海现代产业创新研究院】获批广东省低升糖健康食品工程技术研究中心、广东省博士后创新实践基地；获批国家级众创空间、广东省新型研发机构、广东省众创空间试点单位、广东省工程技术研究中心。

新增广东省重点领域研发计划项目2项、国家重点研发计划项目1项、国家国际科技合作基地1个（参与）、工信部绿色制造系统集成重点支持项目1项（参与）。建成高标准实验室13 000平方米、洁净室2000平方米，新增仪器设备2000万元。设立创投基金2支，新增签约战略伙伴10个，与珠海市20多家企业开展产学研合作30多项。新增孵化企业2家。

【中新国际联合研究院】持续推进项目落地。成为全球第三家（国内首家）具有绿色环保材料淀粉水蒸气发泡工艺生产相关产品的机构；燃料电池催化剂技术、石墨烯清洁化生产技术、“人工智能

+健康乐龄”技术研究等成果引起产业界的关注，其中2个项目获社会投资近4000万元。孵化企业9家，获批认定为“广东省新型研发机构”，承担广东省科技厅2018—2019年省科技创新战略专项资金（国际科技合作领域）项目。

【中山现代产业技术研究院】通过广东省科技厅组织的省新型研发机构评估，获得中山市科技创新券第四批通过备案服务机构资格，成为中山市企业持有科技创新券购买科技成果和技术服务的有效机构。建立“中山华工众创空间”，设立“创业苗圃”计划，一期进驻9个团队。2018年，承担各级各类科技项目15项，合同经费累计3478万元；申请专利30项（其中发明专利23项），授权专利15项（其中发明专利8项）；培养博士和硕士研究生16名。

队伍建设与人事管理

人事人才工作

【高层次人才队伍建设】加大高层次人才引进力度。全职引进发达国家院士2人，引进海外高层次人才3人；引进国家杰青2人、国家优青3人。新增“海外高层次引进人才”青年项目入选者8人。新增广东省“珠江人才计划”引进创新创业团队3支。首批广东省“珠江人才计划”引进高层次人才认定科技创新领军人才4人、青年拔尖人才22人、海外来粤短期工作专家2人；广州国际校区首批引进人才被认定为广州市高层次人才8人，其中杰出专家3人、优秀专家5人。

做好人才培养工作。新增国家杰出青年基金获得者2人、国家优秀青年基金获得者6人，珠江学者特聘教授4人、青年珠江学者4人；新增广东省“珠江人才计划”本土创新团队1支；1人入选IEEE Fellow，9人入选2018年科睿唯安高被引科学家，1人入选“万人计划”青年拔尖人才计划。

【人事管理改革】持续优化人才引进聘用体制机制。建立符合学校实际、层层把关的人才质量控制体系，制定《新聘教学科研人员选聘标准（试行）》。新设广东省首批博士人才工作平台，工作站引进的博士保持广东省事业单位编制身份5年。

第五期“兴华人才工程”团队组建完成，共2805人，其中学术团队279个共1898人，占比67.62%；公共教学团队19个共376人，占比13.39%；未进团队成员以其所在单位为申报主体，有30个单位共531人，占比18.99%。

完成2018年专业技术职务评审工作。各单位共推荐317人，其中，正高101人、副高144人；评审通过189人，其中，正高41人、副高78人。青年教师破格评审通过正高9人、副高7人。

【博士后工作】博士后招收与培养工作成效显著。招收博士后351人，其中新招收流动站博士后236人（Ⅰ类15人、Ⅱ类176人、Ⅲ类45人），企业联合招收博士后115人。入选人社部博士后创新人才支持计划项目4人、香江学者计划博士后项目2人、国际交流计划博士后派出项目2人、中德计划博士后1人。入站博士后获158项各类科学基金，其中，国家自然科学基金34项、广东省自然科学基金22项、中国博士后科学基金面上项目87项、中国博士后科学基金特别项目15项。

【教职工培训与交流】优化新教工岗前培训课程，培训突出“德”与“才”，采取专题讲授与教研实习结合、集中面授与网上研修相结合的混合培训模式，并根据新教工的专业构成和岗位职责，开设相对应的特色课程，444名教学科研人员参加。强化“三角青论坛”聚才作用，创新推出手机端线上报告平台，累计举办论坛78场。

资料1　2018年全校教职工人数统计表　　单位：人

	总计	专任教师	行政人员	教辅人员	工程技术人员	科研机构人员	工勤人员	其他附设机构人员	校办企业职工
总计	4660	2548	939	647	54	122	94	187	69
其中：女	1922	822	524	310	12	37	31	157	29
正高级	988	911	22	10	7	29	0	3	6
副高级	1375	979	78	162	22	77	0	35	22
中级	1632	598	476	366	17	12	8	126	29
初级	454	7	299	103	6	1	5	21	12
其他	211	53	64	6	2	3	81	2	0

资料2　2018年专任教师学历结构情况表　　单位：人

	总计	博士研究生	硕士研究生	本科
专任教师数	2548	1996	449	103
其中：女	822	572	208	42
正高级	911	839	58	14
副高级	979	789	137	53
中级	598	321	241	36
初级	7	0	7	0
其他	53	47	6	0

资料3　2018年专任教师年龄结构情况表　　单位：人

	总计	30岁及以下	31～35岁	36～40岁	41～45岁	46～50岁	51～55岁	56～60岁	61岁及以上
总计	2548	40	285	514	539	461	457	185	67
其中：女	822	15	79	196	219	162	108	36	7
正高级	911	1	31	107	147	184	250	129	62
副高级	979	9	120	243	231	176	156	43	1
中级	598	22	112	149	157	98	48	12	0
初级	7	3	1	0	2	1	0	0	0
其他	53	5	21	15	2	2	3	1	4

离退休工作

【党建工作】强化离退休基层党组织建设。制订《离退休教工党委加强党的基层组织建设三年行动计划暨基层党组织“对标争先”建设计划实施方案（2018—2020年）》，梳理分解离退休教工党委重点建设4大方面14项任务、离退休党支部重点建设5大方面20项任务。组织离退休党员政治理论学习。开展“看变化谈发展”主题党日活动，开展“不忘初心、牢记使命”七一庆典暨表彰活动，39名离退休党员被评为学校“优秀共产党员”；开展“老少支部结对共建”活动，58个离退休党支部在2018年“广东扶贫济困日”捐款86 710元。

【服务工作】全年探望生病住院离休干部35人次，上门家访65人次，协助去世离休干部家属处理后事5人次。组织离休人员每月一次的集中学习，介绍国内外重大事件，传达学习重要文件和讲话精神，通报学校发展新动态等。目前，学校共有54名离休人员，平均年龄90岁。

完善困难帮扶机制。发放“困难补助”30人次，共计6万元；落实医疗待遇政策，帮助申请“大病医疗救助基金”，85人获得141万余元的资助。开展长者关怀，做好服务工作，创造便利生活，构建“幸福e区”智慧养老模式，已开展老人大配餐、家庭医生、共享服务、生活服务、幸福旅游等5大板块。丰富离退休教职工精神文化生活，大力支持老年大学发展，老年大学招生人数、开班数量稳步增长，老年大学获“全国高校示范老年大学”称号。目前，学校共有3289名退休人员。离退休人员中80岁以上1167人，占35%。

【关工委工作】做实做细关心下一代工作，推进老少牵手结对工作，6个离退休党支部与学生党支部结对，8个退休社团组织与同类型学生社团结对，18位老同志受聘担任大学生阳光成长顾问。发挥名师报告团作用，开展讲座或座谈活动近30场。首推二级关工委工作项目建设，支持品牌建设项目6个、创新建设项目11个、创优建设项目10个。

资料1　2018年离退休人员结构情况表　　单位：人

共计		按人员类别		按职称级别		按技术级别		按年龄划分		
离退休人员	其中：中共党员	退休人员	离休人员	厅级及以上干部	处级干部	正高职称	副高职称	70岁以上	80岁以上	90岁以上
3343	1127	3289	54	22	210	337	1089	2102	1167	56

资料2　2018 年离退休人员变化情况

项目与内容	离休干部	退休人员	合计
2018 年增加数	0	98	98
2018 年减少数	5	91	96
2018 年对比 2017 年	-5	7	2

资料3　2018 年老年大学情况一览表

项目与数量	专职教师（人）	兼职教师（人）	开设课程（门）	学员数（人次）
2018 年上学期	5	32	94	4100
2018 年下学期	5	32	96	4146
2018 年全年	5	32	190	8246

对外交流与合作

国际交流合作与港澳台工作

【国际合作】 完善全球合作网络，新开拓合作伙伴20余个，包括美国加州大学圣塔芭芭拉分校、英国布里斯托大学、德国亚琛工业大学、比利时鲁汶大学等一批世界名校。开拓全球联盟合作范围，参与创立“21世纪海上丝绸之路”大学联盟，新加入中澳工科大学联盟、南亚东南亚大学联盟，积极参与中英大学工程教育联盟、中欧工程教育联盟的相关活动，与东盟国家筹建“一带一路”中国－东南亚食品科技教育联盟，举办粤港澳大湾区－东盟国际高校营造大赛。作为中俄工科大学联盟（阿斯图）中方轮值主席单位，成功举办“2018阿斯图相聚广州”系列活动，来自莫斯科国立鲍曼技术大学、莫斯科航空学院、哈尔滨工业大学、香港理工大学等42所中俄高校的130多名师生参加活动。

【因公派出与外事接待工作】 扩展师生国际交流领域，新增学生海外学习项目40项，总数达到215项，实现学院全覆盖。组织校级团组出访13批次。全年派出各类因公临时出国（境）人员2712人次，分赴20多个国家和地区参加各类型国际交流活动，其中，教职工出国（境）达1059人次、本科生项目派出1078人次、研究生派出575人次。中澳学院3个国际班在校生达209人，并推进优势工科专业的国际联合培养，首次设立全英助教，支持全英课程教学。全年接待国外来访185批次，其中校级领导来访团组30批次。举办国际会议18场次，参会外籍专家学者600余人。

【引智工作与外籍专家工作】 新增教育部引智基地1个，总数达6个；新建国（境）外联合科研合作平台2个，总数达14个；新签署各类合作协议、备忘录76份。

深入开展外籍专家交流合作，聘请外籍专家900人次，海外名师讲授全英学分课程近100门，海外学术大师来校讲座60人次。加强对长期外籍专家的管理和服务，通过“国际学者俱乐部”和“学生大使团队”，协助外籍专家开展工作。

【港澳台交流与合作】 推进粤港澳台师生交流。实施“港澳与内地师生交流计划”19个，接待港澳师生300多人次，派出赴港澳台地区交流学习项目40多个、学生近500人。实施省部级重点对台合作交流滚动项目4场，接待台湾地区师生80余人次。举办两岸暨港澳会议4场，涉及软物质科学、环境能源以及粤港澳大湾区双创教育等领域。

健全港澳台生服务体系。面向港澳台生首次开设国情教育课程，创造性实施在读港澳生“过程考试改革实践”，举办读书分享、企业行等活动，逐步探索校友导师制，从课程帮扶、校园文化生活等方面不断完善港澳台生服务管理体系。

扎实推进粤港澳科研平台建设。作为主要成员加入“粤港澳超算联盟”“粤港澳空间科学与技术联盟”“粤港澳海洋科技创新联盟”，牵头筹建粤港澳物流与供应链专业联盟。

校友工作与国内交流合作

【校友工作】积极构建华工人“全球发展共同体”。召开第一届全球校友代表大会，审议决定校长高松为华南理工大学校友会会长；审议通过《华南理工大学全球校友代表大会规程》。完善校友组织全球化布局，推动成立德国校友会、广州校友会、云南校友会，以及汽车行业、日化行业、人工智能行业校友会，指导安徽、浙江、深圳、江门、清远等5个校友会换届。成立粤港澳大湾区校友会合作联盟和华南理工大学创业者全球联盟，凝聚起更强大的发展合力。截至2018年底，学校在海内外共有150个校友组织。

优化校友服务。举办第六届校友返校日活动，组织开展讲座论坛、主题展览、球类竞赛、文艺演出、志愿服务等49项精彩活动，吸引万余名校友及家属返校聚会。协助200多个毕业班级返校聚会，聘任600余名毕业生担任校友工作联络员。开展“毕业生校友服务周”“SAF2校友群英晚餐会”“华二代系列亲子活动”“校友创投分享会”“走进知名企业”等品牌活动。举办第十届校友企业招聘会，176家校友企业到场招聘，提供4000个就业实习岗位。完善“招贤纳才”“微福利”“创业帮”等线上服务项目，为46家校友企业发布宣传信息。完善校友信息管理系统。召开校友会秘书长代表会议。

广泛开展校友宣传。完成《华工人（2018）》《校友会、基金会会刊》《流金岁月 青春少年 校友返校日纪念画册》编印和发放工作。推出《校友文化周刊》、《华工人物周刊》共19期、《资讯速递》85期、《科技服务周刊》16期。举办校友返校日纪念图片展，更新校史馆、人文馆、大学城校区展览馆校友资讯。

深入开展校友联系合作。走访时代中国控股有限公司（时代地产）、信立泰药业有限公司、广东森岛集团、威马汽车等百余家校友企业，拜访蔡建中、郭建基、廖清清、李连柱、王奇等百余名杰出校友；推动学院与13家校友企业和地方校友会进行科研项目、实验室共建等合作。

【教育发展基金会工作】召开华南理工大学教育发展基金会第三届第二次理事会通讯会议，征求《广东省华南理工大学教育发展基金会章程（更新）》意见。广大校友积极支持母校办学事业发展，廖清清校友向学校捐赠市值5000万元信立泰股票。截至2018年底，学校共签订捐赠协议149份，同比增加67.4%；捐赠收入累计近7860万元，同比增加141%，创基金会成立以来年度接受捐赠金额新高。

【大学理事会工作】召开大学理事会会议，通报学校发展重大进展，听取理事对学校建设发展的意见建议；审议通过第一届大学理事会成员调整名单，会议决定由党委书记章熙春担任华南理工大学理事会理事长。

【对口支援工作】持续深化对口支援工作。深化与贵州民族大学、广西大学、南昌大学和广东石油化工学院的对口支援工作，在导师互聘、学科建设、课程共享等方面加强合作。以对口支援贵州民族大学十周年为契机，签订《华南理工大学深化对口支援贵州民族大学协议书》及系列工作协议，明确工作新路径，推动工作提质增效。

条件建设与后勤保障

实验室建设与设备管理

【实验教学中心建设】 数字景观虚拟仿真实验教学中心被认定为省级虚拟仿真实验教学中心，软件实验教学中心成为省级实验教学示范中心建设单位。开展省"教学质量与教学改革工程"建设项目验收工作，车辆工程实验教学中心、法学实验教学中心、交通运输工程实验教学中心、自动化实验教学中心通过验收。

【实验室管理】 加强实验室安全管理。管制类化学品实现全校线上采购，确保实现闭环管理、源头可查、过程可控；采取"季度合同签订"方式提前签订合同、公安备案，减少实验室储存超量及私购等导致的安全问题。对24家非管制类化学品供应商完成资质审查，加强化学品安全存储管理，完成6个学院155台易燃液体防火柜、281台PP抗强酸强碱柜的到货、配送、验收结算等工作。规范化学废弃物的处置，出台《实验室化学废弃物回收指引》。完成医学院教学实验室生物一级实验室备案；开展生物类实验室安全事故应急演练；完成19台起重设备维护保养、定期检验工作；制定《辐射设备采购流程》。以第十七个全国安全生产月"生命至上，安全发展"为主题，开展系列宣传、讲座、路演、演练活动，组织红十字会应急救援专家开设8场讲座，累计培训600余人；邀请企业资深工程师、校外管理专家开展8场专题培训，1500多名师生参与学习和交流；组织2018级5300名研究生完成"实验室安全教育与考试系统"考核。

加强实验室用房管理。完成31号楼改造工程完工后的结算审计工作。完成学院2017年度用房使用费测算工作和费用扣缴工作。制定36号楼、37号楼、23号楼、北区化机3号楼等楼栋的用房分配调整方案。收回北区化机3号楼电力学院用房、北区钣焊车间总厂用房、北区机加工车间材料学院部分用房、计算中心和物理学院借用的临时用房等教学科研用房，推进北区化机4号楼百川公司用房的回收工作；启动建筑学院与建筑设计研究院，轻工科学与工程学院与造纸与污染控制工程研究中心、制浆造纸工程国家重点实验室用房梳理工作。

【实验队伍建设】 完成实验系列人员2016年3月至2017年2月"兴华人才工程"岗位津贴差额分配工作，发放金额共计40.81万元。完成第五期"兴华人才工程"实验团队成员及未进实验团队个人共计397名人员岗位津贴分配工作。完成第四批及第五批公开招聘实验技术岗位人员聘期考核工作。完成实验团队目标任务书签订工作。完成2017年度共417名实验技术人员考核工作，全部考核合格。

截至2018年底，学校共有实验系列人员389人，其中正高职称5人、副高职称84人，副高以上职称占比23%；硕士以上学历282人。

【仪器设备购置与管理】完成仪器设备购置论证165项，论证总金额3.9亿元，同比分别增长54%和120%，其中500万元以上的现场论证10项，论证金额1.3亿元。完成1756份设备合同的签订工作，合同总金额6.2亿元，同比分别增长22%和51%。办理333台进口设备的免税申报工作，合计金额约4080万美元，节省税费5712万元；完成进口仪器设备开箱点货218台，完成仪器设备验收共计726台（套），设备总金额共2.99亿元。设立实验室专项建设项目8个，总经费960万元；设立3个注册实验室试点项目，总经费460万元；设立24个日常更新项目，总经费930万元。

加强仪器设备开放共享实体平台建设。推进建设分析测试中心（食品分平台）、医疗器械研究检验中心、聚合物成型加工重点实验室等共11个校级和院级仪器共享实体平台。新增入网设备186台，平台共入网276台仪器设备。顺利通过科技部、财政部大型科研仪器共享试点考核迎评工作。

2018年新增仪器设备38 534台套，价值4.82亿元。完成5个批次的仪器设备报废，共计11 823台（件/套），总金额1.25亿元，完成已批复的报废仪器设备财务销账，共计12 742台（件/套），合计金额1.26亿元。截至2018年底，学校共有仪器设备259 418台件，总值36.13亿元，同比增长6.94%和8.30%；单价10万元以上仪器设备共3885台，金额17.48亿元，同比增长10.09%和8.71%。

资料1　2018年学校实验室设置一览表

依托单位	序号	实验中心（室）名称
机械与汽车工程学院	1	机械基础教学实验中心
	2	工程训练中心
	3	机械工程实验教学中心
	4	工业装备与控制工程实验教学中心
	5	汽车工程实验教学中心
	6	聚合物实验教学中心
	7	国家金属材料近净成型工程技术研究中心（金属材料成形及装备教育部工程技术研究中心、广东省金属新材料制备与成形重点实验室、广东省金属材料近净成形工程技术研究中心）
	8	塑料改性与加工国家工程实验室（聚合物新型成型装备国家工程研究中心、聚合物成型加工工程教育部重点实验室）

续表

依托单位	序号	实验中心（室）名称
机械与汽车工程学院	9	汽车零部件技术国家地方联合工程实验室（广东省汽车工程重点实验室、广东省电动汽车整车技术工程实验室、广东省汽车检测工程技术研究中心）
	10	广东省城市空调节能与控制工程技术研究开发中心（广东高校绿色校园节能与控制工程技术研究中心）
	11	广东省精密装备与制造技术重点实验室（精密制造技术与装备广东普通高校重点实验室）
	12	广东省节能与新能源绿色制造工程技术研究中心（广东省功能结构与器件智能制造工程实验室、表面功能结构先进制造广东普通高校重点实验室）
建筑学院	13	建筑学院实验教学中心
	14	亚热带建筑科学国家重点实验室（亚热带建筑教育部重点实验室、广东省现代建筑创作工程技术研究中心）
土木与交通学院	15	土木与交通学院实验教学中心
	16	力学教学实验中心（示范中心）
	17	土木工程实验教学中心（示范中心）
	18	广东省船舶与海洋工程技术研究开发中心
	19	风工程广东普通高校重点实验室
	20	广东省航空航天先进材料与结构工程技术研究中心
	21	广东省智能交通信息与控制工程技术研究中心（广东高校现代交通工程技术研究中心）
	22	广东高校现代道路工程技术研究中心
电力学院	23	电力学院实验中心（电力、电工）
	24	广东省绿色能源技术重点实验室（广东省风电控制与并网工程实验室、风电控制与并网技术国家地方联合工程实验室）
	25	广东省电力工程技术研究开发中心
	26	广东省能源高效清洁利用重点实验室（能源高效清洁利用广东普通高校重点实验室）

续表

依托单位	序号	实验中心（室）名称
电子与信息学院	27	信息工程实验中心
	28	电子教学实验中心
	29	国家移动超声探测工程技术研究中心（近距离无线通信与网络教育部工程研究中心、广东省短距离无线探测与通信重点实验室、无线通信网络与终端广东普通高校重点实验室）
	30	广东高校音视频图文智能信息处理工程技术研究中心
	31	广东省天线与射频工程技术研究中心
计算机科学与工程学院	32	计算机教学实验中心
	33	计算中心（五山校区）
	34	广东省计算机网络重点实验室（计算机网络广东普通高校重点实验室）
	35	广东省大数据分析与处理工程技术研究中心（广东高校海量大数据的智能信息处理与安全工程技术研究中心）
	36	广东省信息访问与传输安全工程技术研究中心
自动化科学与工程学院	37	自动化实验教学中心
	38	精密电子制造装备教育部工程研究中心
	39	自主系统与网络控制教育部重点实验室
	40	广东省智能系统控制工程技术研究中心
材料科学与工程学院	41	材料科学与工程实验教学中心（含光电材料与器件虚拟仿真实验教学中心）
	42	广东省高性能与功能高分子材料重点实验室（高分子材料广东普通高校重点实验室）
	43	广东省功能材料工程技术研究开发中心
	44	国家人体组织功能重建工程技术研究中心（医用植入器械国家工程实验室、广东省生物医学工程重点实验室、广东省人体组织功能重建工程技术研究开发中心、生物医学材料与工程教育部重点实验室）
	45	发光材料与器件国家重点实验室（TFT-LCD 工艺技术国家工程实验室、广东省印刷 OLED 材料及显示技术工程实验室、先进功能材料国际合作联合实验室）
	46	广东省光纤激光材料与应用技术重点实验室（广东省特种光纤材料与器件工程技术研究开发中心）
	47	广东省先进储能材料重点实验室（清洁能源材料广东普通高校重点实验室）

续表

依托单位	序号	实验中心（室）名称
材料科学与工程学院	48	广东省建筑材料低碳技术工程技术研究中心
	49	广东省电子封装材料与可靠性工程技术研究中心
	50	广东省半导体照明与信息化工程技术研究中心
化学与化工学院	51	化工原理实验中心
	52	化工专业实验中心
	53	基础化学实验中心
	54	广东省绿色化学产品技术重点实验室（广东省绿色精细化学产品工程技术研究中心）
	55	传热强化与过程节能教育部重点实验室
	56	广东省燃料电池技术重点实验室（新能源技术广东普通高校重点实验室）
	57	广东省功能分子工程重点实验室（广东高校工业废弃物资源化利用工程技术研究中心）
	58	广东省热能高效储存与利用工程技术研究中心
食品科学与工程学院	59	食品科学与工程学院实验教学中心
	60	小麦和玉米深加工国家工程实验室（淀粉与植物蛋白深加工教育部工程研究中心、广东省天然产物绿色加工与产品安全重点实验室、乐百氏－华工大植物蛋白工程研究中心、农产品资源绿色加工广东普通高校重点实验室）
	61	广东省脂类科学与应用工程技术研究中心（广东高校脂类研发与应用工程技术研究中心）
	62	广东省食品绿色加工与营养调控工程技术研究中心
轻工科学与工程学院	63	轻工科学与工程学院实验教学中心
	64	制浆造纸工程国家重点实验室
	65	造纸与污染控制国家工程研究中心
环境与能源学院	66	环境科学与工程实验教学中心
	67	工业聚集区污染控制与生态修复教育部重点实验室（污染控制与生态修复广东普通高校重点实验室）
	68	广东省大气环境与污染控制重点实验室（大气污染控制广东高校工程技术研究中心）
	69	广东省环境风险防控与应急处置工程技术研究中心

续表

依托单位	序号	实验中心（室）名称
生物科学与工程学院	70	生物科学与工程教学实验中心
	71	广东省发酵与酶工程重点实验室（工业生物技术广东普通高校重点实验室、广东省生物酶与工业绿色加工工程技术研究中心）
数学学院	72	数学技术实验中心
物理与光电学院	73	物理实验教学中心
	74	电子工艺实验教学中心
	75	光电专业实验室
	76	应用物理专业实验室
	77	广东省光电工程技术研究开发中心（广东高校半导体照明工程技术研究中心）
工商管理学院（创业教育学院）	78	工商管理学院实验中心
	79	广东省创新方法与决策管理系统重点实验室
	80	互联网行为科学广东普通高校重点实验室
公共管理学院	81	公共管理学院实验中心
体育学院	82	体育学院实验中心
软件学院	83	软件学院实验中心
	84	广东省社会媒体处理与软件开发工程技术研究中心
法学院（知识产权学院）	85	法学院实验中心
经济与贸易学院	86	经济与贸易学院实验中心
新闻传播学院	87	新闻与传播学院实验中心
艺术学院	88	艺术学院实验中心
设计学院	89	设计学院实验中心
	90	CAD 实验中心
医学院	91	医学院实验教学中心
大学城校区教学与实验室管理办公室	92	大学城校区电工电子教学实验中心
	93	大学城校区化学化工教学实验中心
	94	大学城校区物理教学实验中心
	95	大学城校区计算中心
	96	大学城校区 IBM 主机系统教育中心
教务处（教育技术中心）	97	教育技术中心
测试分析中心	98	测试分析中心
信息网络工程研究中心	99	信息网络工程研究中心

资料2　2018 年教学科研仪器设备增减变动情况表

金额单位：万元

单位名称	上年度末实有数				本年度增加数				本年度减少数		本年度末实有数			
	合计		其中 10 万元以上		合计		其中 10 万元以上		合计		合计		其中 10 万元以上	
	台件	金额	台件	金额	台件	金额	台件	金额	台件	金额	台件	金额	台件	金额
全校合计	138 817	274 753. 83	3529	160 755. 75	16 359	31 739. 68	437	17 556. 38	8639	9541. 73	146 537	296 951. 78	3885	174 847. 44
材料科学与工程学院	13 768	52 955. 74	729	39 152. 21	2864	8194. 53	104	5409. 44	299	1171. 77	16 333	59 978. 50	817	43 632. 17
电力学院	7534	10 218. 87	120	4823. 34	575	1284. 87	9	876. 50	340	104. 89	7769	11 398. 85	129	5699. 85
电子与信息学院	8242	10 229. 21	133	3931. 19	917	1536. 65	29	792. 23	380	463. 85	8779	11 302. 01	158	4590. 34
法学院	496	259. 93	0	0. 00	40	18. 69	0	0. 00	65	47. 30	471	231. 32	0	0. 00
公共管理学院	503	296. 68	0	0. 00	70	44. 26	0	0. 00	48	32. 49	525	308. 46	0	0. 00
国际教育学院	364	209. 98	1	15. 21	26	27. 47	0	0. 00	14	7. 71	376	229. 74	1	15. 21
工商管理学院	2518	2229. 00	13	286. 94	231	188. 21	0	0. 00	86	44. 84	2663	2372. 37	13	286. 94
化学与化工学院	10 667	19 510. 21	290	10 571. 93	854	1186. 45	18	502. 72	515	540. 93	11 006	20 155. 73	303	10 891. 46
环境科学与工程学院	4654	10 337. 71	160	5915. 87	647	1423. 78	16	722. 08	254	189. 43	5047	11 572. 06	176	6637. 95
经济与贸易学院	2199	1585. 42	13	315. 23	218	122. 40	0	0. 00	99	118. 28	2318	1589. 54	11	259. 54
机械与汽车工程学院	11 732	30 886. 82	483	19 207. 80	965	2307. 37	55	1306. 69	824	1553. 11	11 873	31 641. 09	520	19 711. 40
计算机科学与工程学院	5891	13 854. 00	89	8964. 18	882	714. 38	4	50. 44	595	468. 93	6178	14 099. 45	89	8920. 98
建筑学院	5091	8042. 91	96	3891. 25	449	788. 69	3	506. 03	49	14. 66	5491	8816. 94	101	4435. 77
数学学院	1193	715. 09	1	11. 80	183	119. 21	0	0. 00	145	74. 70	1231	759. 60	1	11. 80
物理与光电学院	5731	7247. 66	75	3448. 63	337	1098. 42	15	813. 01	506	300. 87	5562	8045. 21	89	4223. 83
轻工科学与工程学院	3601	16 842. 59	241	12 554. 37	508	1046. 11	13	498. 88	155	453. 83	3954	17 434. 87	246	12 761. 43
食品科学与工程学院	4438	11 953. 70	223	7799. 63	520	732. 49	11	258. 73	182	281. 62	4776	12 404. 56	230	7898. 89
软件学院	6546	5128. 49	41	906. 45	782	739. 64	3	39. 46	992	814. 84	6336	5053. 29	41	676. 79
设计学院	1377	993. 47	4	105. 58	127	91. 56	0	0. 00	66	45. 69	1438	1039. 34	4	105. 58
生物科学与工程学院	3279	8471. 28	133	4989. 06	262	490. 60	11	195. 34	335	339. 90	3206	8621. 98	144	5184. 39

续表

单位名称	上年度末实有数				本年度增加数				本年度减少数		本年度末实有数			
	合计		其中10万元以上		合计		其中10万元以上		合计		合计		其中10万元以上	
	台件	金额	台件	金额	台件	金额	台件	金额	台件	金额	台件	金额	台件	金额
马克思主义学院	353	200.42	0	0.00	37	25.00	0	0.00	16	6.05	374	219.38	0	0.00
土木与交通学院	7166	16 662.48	197	9979.58	745	905.92	8	218.08	454	584.69	7457	16 983.70	203	10 110.78
体育学院	976	1348.28	11	613.61	186	234.37	3	59.50	48	35.71	1114	1546.95	14	673.11
外国语学院	479	279.37	0	0.00	68	43.96	0	0.00	0	0.00	547	323.33	0	0.00
新闻与传播学院	920	978.59	6	250.39	123	116.19	0	0.00	1	0.69	1042	1094.09	6	250.39
艺术学院	877	1121.71	14	251.10	146	63.05	0	0.00	2	5.75	1021	1179.01	14	251.10
医学院	1775	2373.50	36	843.74	551	3083.80	76	2376.36	25	6.43	2301	5450.87	113	3259.85
自动化科学与工程学院	6238	8523.36	87	3037.71	545	624.55	7	149.57	511	466.59	6272	8681.33	93	3172.03
生物医学科学与工程学院	0	0.00	0	0.00	249	188.02	3	44.30	0	0.00	249	188.02	3	44.30
吴贤铭智能工程学院	0	0.00	0	0.00	166	391.02	10	211.40	0	0.00	166	391.02	10	211.40
分析测试中心	358	8748.29	67	8432.34	61	2138.32	22	2048.87	44	146.68	375	10739.93	86	10 359.31
教育技术中心	8851	6269	41	813	730	689.27	1	19.96	656	420.34	8925	6537.89	39	768.45
网络中心	9095	12 035.88	156	7163.29	1287	1077.36	16	456.80	903	661.39	9479	12 451.85	164	7427.71
工研院	42	132.45	2	92.61	3	1.02	0	0.00	0	0.00	45	133.47	2	92.61
产研院	1777	4050.26	67	2387.54	5	2.03	0	0.00	19	127.89	1763	3924.40	65	2282.11
大学城 IBM 主机系统教育分中心	86	61.53	0	0.00	0	0.00	0	0.00	11	9.91	75	51.63	0	0.00

财务工作

【**财务收入**】2018 年学校总收入 497 886.44 万元，同比增加 22 753.49 万元，同比增长 4.79%。其中，财政补助收入 179 862.08 万元，同比增长 3.73%；事业收入 211 016.03 万元，同比增长 6.69%；其他收入 107 008.33 万元，同比增长 2.94%。

【**财务支出**】2018 年学校总支出 480 860.45 万元，同比增加 29 379.92 万元，同比增长 6.51%。按支出功能构成分类，教育支出 445 294.05 万元，科学技术支出 5481.32 万元，住房保障支出 30 085.07 元。按照主要经济支出构成分类，事业支出中基本支出 304 044.99 万元，项目支出 176 815.46 万元。

【**财务管理**】规范预算管理，强化预算约束力。推进全面预算管理，提高预算编制的科学性与合理性，确保按教育部统一部署及时、规范、科学、完整、高质量地完成学校预算编制工作。坚持勤俭节约，严格控制一般性支出，严格按预算控制专项支出内容与范围。提高资金使用效益，把预算管理和预算绩效评价相结合，努力构建和完善以绩效为导向的预算编制和执行激励机制。学校预算执行获教育部通报表扬。

贯彻落实科研经费管理“放管服”要求，制订和出台系列科研经费管理办法；顺利通过财政部、科技部、教育部、国家自然科学基金委员会等部门对学校科研经费“放管服”落实情况的实地督察。强化内控管理，严肃财经纪律，积极开展财务专项治理重点整改工作，开展财经自查工作。

加大民生投入，学校通过兴华岗位津贴考核绩效和基本工资调整、公积金缴存基数调整等措施，提高教职工工资待遇。2018 年用于在职教职工和离退休人员的总支出达到 19.77 亿元，同比增长约 7%。加大学生奖助力度。2018 年奖助学金实际支出 30 800 万元，同比增长 10.63%。积极改善办学条件。2018 年安排改善办学基本条件支出 14 720 万元，主要用于学生宿舍、教室、实验室、食堂、道路改造提升等。

加强财务信息化建设。创新新生注册报到收费方式，推出手机缴费页面，学生可通过微信、支付宝、银联等进行网上缴费。创新报销方式，上线“自助收单机”，实现便捷操作，提供全天候、免排队、全方位的服务。零成本引入支付宝收费平台，手机快捷支付覆盖校内大部分消费点。全面推行财政电子票据，取消使用手工票据。

审计工作

【**审计业务**】全年开展各类审计项目 169 项，审计金额 807 622.78 万元；其中，财务审计 16 项，审计金额 767 188.21 万元；科研经费项目审签 34 项，金额 337.05

万元；工程预结算审计116项，送审金额25 347.04万元，审计核减金额997.79万元；工程付款审计2项，金额3100.48万元；基建工程控制价事后审计与评价1项，审计金额11 650万元。

【工程审计】开展基建工程预结算审计（二审）项目52项，审计金额13 503.98万元，审计核减金额240.61万元；开展修缮工程结算审计项目64项，送审额11 843.06万元，审减额757.18万元，审减率6.39%。开展基建工程过程跟踪审计1项，审计金额2276.31万元；开展工程合同审签6项，金额2361.16万元。

【经济责任审计】以风险控制和管理效能为目标深化经济责任审计。开展工商管理学院、经济与贸易学院等单位负责人的经济责任审计12项，金额138 162.21万元。建立边审边整改工作机制，督促被审计单位落实整改；充分发挥内部审计作用，加强审计对干部队伍权力运行的监督制约作用。

【内部控制审计】加强风险防控。自主开展内部控制评审和风险评估工作，对校内各相关部门进行现场调查，完成风险评估，提出应对防范风险的控制措施。确定内部控制评审的范围和重点，梳理学校内部控制建设存在的不足和风险点，不断加强学校的内部控制建设。

【其他审计】对学校财务预算执行情况、资金使用的效果，以及财务决算的真实性、完整性、合法性进行审计，审计项目金额475 133万元。定期对学校银行对账单进行审签。

【审计队伍建设】组织审计人员参加教育部专项检查、巡视和督导等工作，共4人次。组织撰写审计论文4篇，其中《大数据时代如何深化高校审计信息化建设——以中普审计软件为例》论文获评中国教育审计学会2018学术论文二等奖。承接广东省审计厅主编的《高校审计指南》编写任务。

资 产 管 理

【资产管理】加强国有资产核查、发展报告编制、数据统计、系统开发等工作。修订国有资产处置管理办法，梳理国有资产处置的操作规则，把好资产“出口关”。完成学校2017年度资产核查工作，启动2018年度资产核查工作。完成《华南理工大学国有资产发展报告（2015）》和《教育部直属高校事业资产发展报告（2014）》的编制和出版。完成《教育部直属高校事业资产发展报告（2015）》编写。建设国有资产全生命周期管理系统，逐步推进国有资产管理系统与财务系统的有效对接，完成“国有资产发展报告自动编制系统”开发。

加强房产账实管理，做好房产报增报废工作。修订《华南理工大学房屋及构筑物管理办法》，建立房屋分类分级授权管理体制机制，明确各授权管理单位的职责、权限，细化房屋及构筑物报增报废的审批流程。2018年共办理房屋报增业务29笔，价值增加8439.41万元；办理构筑物报增业务4笔，价值增加2246.58万元；免办报增业务114笔，金额合计2813.69万元。

加强企业国有资产管理。贯彻落实中央、财政部及教育部关于企业体制改革精神，编制学校所属企业体制改革工作方案。推进企业国有资产管理重大事项及清产核资、资产评估等事项，配合做好华软引进战略投资者事项、资产公司内部股权划转事项，华软下属邦元等3家参股企业股权公开挂牌转让事项。做好企业及企业化管理单位上缴任务及返纳工资收取工作，2018年共收取上缴任务1569.17万元，其中，资产经营公司及其下属单位962.57万元（其中租金762.57万元），校内宾馆605.64万元、电话所0.96万元。收取返纳工资3431.04万元，其中，资产经营公司及其下属企业共3075.73万元、后勤处管理各中心347.62万元、电话所7.69万元。

【房地产工作与土地管理】 全面展开五山校区公用房排查工作，建立“华南理工大学校舍影像信息库（五山校区）”和“720°全景影像库”。完善公用房维修、装修改造审批等流程，完善学校公有周转住房的电子档案资料。完成全校公有周转住房及人才用房的分类整理工作。完成各类补贴的申请及发放，2018年共受理及审核住房改革补贴申请102份，受理4宗面积补差款申请，补差金额11.8万元。

优化学校出租出借的审批备案流程，进一步规范各单位出租出借权限，规范招租模式及租金价格的确认方式及审批备案流程。截至2018年底，25项已到期对外出租出借事项完成租金评估及招租工作，并已签订有效租赁合同且报教育部备案，共报教育部备案事项5批，资产价值合计426.99万元，面积5784.6平方米。

多渠道改善教职工居住条件。获批广州市新就业无房职工公共租赁住房和广州市人才公寓396套，已办理入住148套。规范校内在建电梯工程的施工管理，制定《校内已售住宅楼电梯施工管理流程》，对学校已售住宅楼在建电梯单元的施工实行动态管理，已建成并投入使用的住宅楼加建电梯150个，约占学校已售住宅楼满足加建电梯单元总数的92%。

加强土地管理和建设。推进五山校区橡胶厂地块和北区地块的红线确权工作，做好学校周边边界的巡查和协调工作，确保学校土地红线安全。加强对驻地工程队在消防、安全等方面的日常管理，对驻地工程队进行实地排查，回收驻地工程队用地约1100平方米，拆除临建房屋约300平方米，调减用地约1000平方米。

资料 2018年学校房屋（固定资产）情况一览表

分　类	栋　数	建筑面积（万平方米）	资产价值（万元）
教学科研用房	98	70.74	172 247.55
行政办公用房	7	9.53	21 936.27
学生宿舍	65	42.07	77 676.22
食　堂	9	5.43	11 496.22
教工宿舍（含教工住宅）	262	23.12	28 599.98
其他用房	62	11.37	24 996.29
合　计	503	162.21	336 952.54

基 建 工 作

【基建项目与工程】 积极推进校市合作重点工程。启动广州科技图书馆周边道路优化方案；长江路下沉隧道项目建议书通过评审；橡胶厂人才公寓明确由天河区政府进行广园路出口处土地收储。大力推进大学城校区医学院综合楼以及五山校区南区游泳馆、北区北校门、北区幼儿园过渡性用房等项目。改善学生住宿条件和就餐条件，完成西十学生宿舍维修工程和北区二饭堂整体装修改造工程，维修学生宿舍近2800间。开展公共区域维修工程约30项，并对部分学生宿舍、公共楼宇的卫生间进行维修。全年施工总建筑面积93 725.10平方米，包括北区学生宿舍、36号实验楼及2号楼修缮工程二期、12号楼维修工程、37号楼、西十学生宿舍，总投资4.18亿元。全年竣工工程总建筑面积31 450平方米。

【基建管理】 调整学校“十三五”基建规划。编制完成2018年基建投资调整计划和2019年基建投资建议计划。申报中央高校2019年修购专项资金，申报总金额为1137万元，经评审后金额为931万元。做好基建工程相关项目的预算审核工作。全年审核工程预算11项，送审金额707.87万元，核准金额462.04万元，核减率34.73%；与承包单位签订基建工程相关合同共45项。组织施工图纸会审，做好施工现场通水、通电、通路和场地平整工作。加强工程“质量、进度和投资”三控制管理，做好消防、规划、环保等专项验收及工程质量验收工作。开展竣工工程结算审核工作，审核工程结算14项，送审金额5684.78万元，核准金额4675.22万元，核减率为17.76%。

安 全 保 卫

【治安综合管理】 2018年五山校区总案情158宗，其中单车、电动车被盗案138宗，侵犯财产案14宗；全年破获案件或协助破案50宗，抓获各类嫌疑人员23人，治安综合治理工作受到辖区肯定。

接警及安保能力提升。24小时“110”报警服务平台全年累计接听咨询和报警电话10 460次，跟进回拨电话9584次，其中，处置治安报警和投诉212宗、沟通车主4000余次。全年共计派出安保队员1468人次，完成国际校区奠基仪式等大型活动安保工作118场。创新开展“金盾护航”校园护送活动，新华网等近20家知名媒体进行了报道。

监控天网覆盖面扩大。建设五山校区安防监控二期项目，校园公共区域新增视频监控点位300余个，公共区域视频监控点位累计达2000个；跟进监控系统的修复和延保工作，修复故障点位261处，完成指挥中心机房UPS电池、LED显示屏等更新换代。

【交通消防管理】交通管理水平提升。校园车辆管理系统升级手机端APP互联网远程查询和缴费（微信、支付宝）功能；外来车辆实现在离校前15分钟内提前支付停车费。全年配合交警进行9次路面清查联合执法行动，截获超标电动车140辆。严把车辆注册关，系统登记的月保车辆总数5750辆，同比减少788辆。全年新增月保车辆416辆，较2017年同期减少21.2%。

消防监控技术精准。完成17栋化类实验室楼宇2480个无线烟感设备的安装工作，实现化类实验室消防精准监控；实现23栋楼宇的26台消防主机、17栋楼宇的无线烟感实时联网，做到火患第一时间响应。建设落成五山校区第二个微型消防站（北区），修复后勤综合楼等9个公共楼宇的水泵房系统和170个室外消火栓、245个接合器，维护保养学生宿舍等83个楼宇的消防系统。

【窗口服务工作】窗口服务实现无纸化。全年共受理新生入户1664人，审批借出户口卡2274人（归还1963人次），所有流程线上完成。户籍管理零差错，户政窗口受理新教工、博士后入户131人；教工直系亲属（配偶、子女）投靠入户65人；应届毕业生迁出1495人；教工、毕业生日常迁出户口546人；集体户口身份证发放350人。现有在校学生、历届毕业生、教工户口总计6748人。严格政治审查，办理报备人员出入境审批265人次，其中学生政审54人；为175人开具无犯罪记录证明。审核社团活动156次，其中，五山校区46次、大学城校区110次。

【校园安全教育】发挥新媒体平台作用，“华工安全卫士”公众号全年推送文章67篇，重点开展防诈骗宣传教育工作。编制《校园安全》工作简报，定期总结平安校园建设成果，全年发放400余册。组织开展“平安校园开放日”“消防安全宣传月”“安全演练进工地”系列活动。积极开展国家安全教育，广泛开展线上线下宣传活动，组织开展国家安全教育进校园专题研讨活动；开展针对学院党委副书记、辅导员、留学生等特定人员的专项安全教育和培训活动5次。

图书馆建设

【文献资源建设】两校区3个图书馆总面积6.6万平方米。其中五山校区图书馆总面积2.3万平方米，阅览座位2300个；五山校区图书馆北区分馆总面积855平方米，阅览座位159个；大学城校区分馆面积4.2万平方米，阅览座位2150个。

图书馆馆藏总量735.85万册，纸质文献359.24万册，电子文献376.61万册。2018年新增各类文献资料（包括电子文献）318 478册，其中纸质中外文图书69 006万册。

加大电子资源建设。建立云桌面系统，以虚拟云桌面系统取代传统的检索机；购置朗读亭，提供个性化的阅读、朗读及音视频处理服务；引进“查收查引自助服务系统”等相关系统工具。新购买数据库156个。加强特藏文化建设，对珍贵典籍进行编目，面向全校开放特藏室；加强“一带一路”文化典籍建设，购置“一带一路”国家的文化典籍和地方志数据库。

【读者服务】2018年图书馆共接待各类读者211.81万人次（五山校区100.91万人次、大学城校区110.9万人次）。图书借还量43.18万册。

加强查新服务和论文检索服务。完成科技查新报告500项，完成大型检索课题744项，提供收录论文记录53 400条，论文引用近30万次，提供合作共建第三方科技成果评价服务45项。完成全校通识课程“信息检索与利用”“信息检索与论文写作”等多门课程的授课。积极开展文献传递工作，2018年申请文献传递526件。

建成大学城校区图书馆中国传统文化空间“研墨学堂”；完成研习书院“习近平新时代中国特色社会主义思想”阅读空间设计方案；优化文化软环境，增设闭馆音乐。围绕“求真、启真、藏真”主题开展系列文化活动，举行“求真书会”4期、研墨学堂文化活动4场、启真讲坛1讲（首讲）、梁照堂巨幅书法作品《赤壁怀古》揭幕仪式、五山校区图书馆大堂巨幅陶瓷壁画剪彩暨捐赠仪式等。

【内部建设与管理】开展多种形式的学习教育，召开时政热点专题学习会议，开展2次书记讲党课的活动，制作微党课“学先进，树典型，传递正能量”。加强基层党组织建设，严格落实“三会一课”等组织生活制度，开展微党课比赛、组织生活创新案例评选、“重温入党誓词 坚定理想信念”参观学习活动、“对口精准帮扶 坚定理想信念”主题党日教育活动、“求真书会”读书分享会等。晋升图书资料系列副高级研究馆员1人，晋升图书资料系列馆员1人，退休5人，调出2人。主持或参与研究项目50项，派出参加学术会议、培训及调研的人数102人次，发表学术论文20篇。

加快推进五山校区图书馆副楼改造工程，增加书架，新增上架图书约17万册，完成部分仓储图书的转移和上架。

加强制度建设，制订或修订《图书馆安全工作巡查制度》《特藏室管理办法》《图书馆勤工助学管理办法》和《电子资源、数据库试用管理制度》等制度。加强财务管理工作，成立财务室，注重办馆成本效益，做好全校图书资料资产、电子资源资产清查工作。

资料1　2018年图书馆概况一览表

	五山校区	大学城校区
业务机构	馆长室　流通部　信息咨询部　办公室　采访部 阅览部　编目部　技术部　数字资源部 发展规划与文化建设部	办公室　文献资源服务部 参考咨询服务部　信息技术服务部

续表

<table>
<tr><td rowspan="11">工作人员情况</td><td rowspan="8">行政业务人员</td><td>职　称</td><td>五山校区</td><td>大学城校区</td><td rowspan="8">学历情况</td><td>学历层次</td><td>五山校区</td><td>大学城校区</td><td rowspan="3">硕士以上学历人员占正式职工总数的45.76%</td></tr>
<tr><td>研究馆员</td><td>3</td><td></td><td>博　士</td><td>2</td><td>1</td></tr>
<tr><td>副研究馆员</td><td>22</td><td>1</td><td>硕　士</td><td>44</td><td>7</td></tr>
<tr><td>馆　员</td><td>54</td><td>21</td><td>本　科</td><td>42</td><td>16</td><td rowspan="5">本科以上学历人员占正式职工总数的94.92%</td></tr>
<tr><td>助理馆员</td><td>12</td><td>1</td><td>专　科</td><td>4</td><td></td></tr>
<tr><td>管理员</td><td>1</td><td></td><td>中专以下</td><td>2</td><td></td></tr>
<tr><td>工　人</td><td>2</td><td>1</td><td rowspan="2">小计</td><td rowspan="2">94</td><td rowspan="2">24</td></tr>
<tr><td>小　计</td><td>94</td><td>24</td></tr>
<tr><td colspan="4">合同制人员</td><td colspan="4">五山校区</td><td>7</td></tr>
<tr><td colspan="3" rowspan="2">职工总数</td><td rowspan="2">125</td><td colspan="4">五山校区</td><td>101</td></tr>
<tr><td colspan="4">大学城校区</td><td>24</td></tr>
<tr><td rowspan="3">馆舍情况（平方米）</td><td colspan="8">五山校区图书馆建筑面积</td><td>23 000</td></tr>
<tr><td colspan="8">五山校区化机分馆建筑面积</td><td>855</td></tr>
<tr><td colspan="8">大学城校区图书馆建筑面积</td><td>42 300</td></tr>
</table>

资料2　2018年图书馆文献经费、文献资源建设情况一览表

<table>
<tr><td colspan="3">文献购置费</td><td colspan="3">五山校区、大学城校区实际支付经费</td><td>2637.8190万元</td></tr>
<tr><td rowspan="11">馆藏纸质文献</td><td colspan="2"></td><td colspan="2">当年进书量</td><td colspan="2">馆藏累积量</td></tr>
<tr><td>中文图书</td><td>五山校区和大学城校区</td><td>40 422种</td><td>64 486册</td><td>80.9894万种</td><td>277.5008万册</td></tr>
<tr><td>外文图书</td><td>五山校区和大学城校区</td><td>4193种</td><td>4520册</td><td>17.8679万种</td><td>25.3669万册</td></tr>
<tr><td rowspan="2">中文报刊</td><td>期刊</td><td>0种</td><td>0册</td><td rowspan="2">0.4711万种</td><td rowspan="2">17.6274万册</td></tr>
<tr><td>报纸</td><td>0种</td><td>0册</td></tr>
<tr><td rowspan="2">外文报刊</td><td>期刊</td><td>0种</td><td>0册</td><td rowspan="2">0.4472万种</td><td rowspan="2">22.0089万册</td></tr>
<tr><td>报纸</td><td>0种</td><td>0册</td></tr>
<tr><td colspan="2">非书资料</td><td>0种</td><td>0册</td><td>1.8995万种</td><td>5.4387万册</td></tr>
<tr><td colspan="2">学位论文</td><td>4789种</td><td>4789册</td><td>6.6527万种</td><td>11.2956万册</td></tr>
<tr><td colspan="6">当年入藏文献：4.9404万种，7.3795万册[①]（不含院系资料室）</td></tr>
<tr><td colspan="6">馆藏文献总量：126.6502万种，395.2264万册[②]（含院系资料室18.3224万种，35.9881万册）</td></tr>
</table>

续表

			当年入藏量		电子馆藏累积量	
馆藏电子文献	电子图书		4000 种	4000 册	1 216 181 种	1 281 799 册
	电子期刊		0 种	0 册	37 895 种	37 895 册
	电子学位论文		214 334 种	214 334 册	2 446 421 种	2 446 421 册
	会议论文		35 138 种	35 138 册		
	合 计		253 472 种	253 472 册	3 700 497 种	3 766 115 册
	引进	续购	国外数据库	41 个	国内数据库	31 个
		新增	国外数据库	-11 个	国内数据库	3 个
	当年新增数据库		-8 个	图书馆数据库总计		156 个
	本校学位论文数据库			文摘		67 936 条
				全文		60 245 条

备注：①当年入藏文献量为图书、期刊合订本、学位论文、非书资料等所有文献的种数及册数之和；

②馆藏文献总量为图书、学位论文、非书资料的种数及册数之和 + 期刊合订本新增种数及册数。

资料 3　2018 年图书馆读者服务情况一览表

			五山校区	大学城校区
基本服务	接待读者	进馆人数（万人次）	100.91	110.9
		合 计（万人次）	211.81	
	书刊年流通量（万册次）		43.18	
	阅览座位数（加自修位）（个）		2459	2150
	最大周开放时数（小时）		98	98
	图书预约处理（册次）		1129	1080
	通借通还服务（册次）		5885	5885
	办理读者借阅证（张）		354	0
	装订册数（册）		3183	1639
参考咨询服务	解答读者咨询（含大学城校区）（人次）		8790	
	专/定题服务	单位（个）	6	
		项目信息数（项）	527	
	信息检索 论文收录查询	个人（人次）	5055	
		大型收录引用（课题）	744	
	信息检索 论文收录引用	论文收录（篇次）	53 400	
		论文引用（次）	298 127	
	编制二次文献	期数（期）	11	
		信息量（条）	1285	
	科技查新	国内 / 国外（次）	386/114	
	文献传递	文献传递量（件）	526	

续表

			五山校区	大学城校区
用户教育	文献检索课教学、实习	班次/学时	7/64	
		人次	736	
	读者培训（含大学城校区馆）	场次/人次	16/1125	
	嵌入式教学	班次/人次	0	
网络信息服务	访问本馆主页（万人次）		341.64	
宣传展览	专题图片展（期）		3	
	各类大型展览（含大学城校区馆）（项）		3	
	新书展览（含大学城校区馆）（期）		3	
	讲座培训（场次）		20	

出 版 工 作

【出版业务】2018 年出版社图书生产码洋 6488 万元，同比增加 30%；发行码洋 6361 万元，同比增加 26%；库存码洋 5060 万元，同比减少 1%；实现销售收入 2756 万元，同比增加 2%，实现净利润 323 万元，同比增加 4%；所有者权益总额 4894 万元，与上年持平。2018 年上缴学校任务 200 万元，支付办公大楼房租 95 万元，返纳工资 372 万元，缴纳国家税金 292 万元。

出版图书 705 种，同比增加 78 种，其中，新版图书 342 种，再版、重印图书 363 种。13 种图书被列入教育部主题出版物，入选数量位居全国高校出版单位第 4 位；3 个基础教育项目通过广东省教育厅审查；“中国工业遗产丛书”（25 卷）出版项目进展顺利，被国家新闻出版广电总局列入“十三五”国家重点图书出版规划项目、广东省重点出版项目；出版并发行《陈春花文集》（10 卷）。立足新工科教材建设，完成校级出版基金立项项目中的 38 种，涵盖大部分院系。

【内部建设与管理】出版社党总支选举产生（增补）新一届党总支成员，新一届党总支确立“理论学习三个面向，党务工作四个结合”的党务工作举措。成立社部项目部和医学出版事业部，大众出版事业部撤并至社部项目部。物流中心从营销部分离成为单独部门。加强数字出版工作，将数字出版中心升级为数字出版分社。创办内部学习刊物《出版视界》。

资料　2018 年出版社图书分类统计表

分类	本版图书种类（种）	
	合计	其中：新版
总数	705	342
A. 马克思列宁主义、毛泽东思想	2	1
B. 哲学	10	4
C. 社会科学总论	24	6
D. 政治、法律	24	9
E. 军事理论	7	2
F. 经济	96	53
G. 文化、科学、教育、体育	188	110
H. 语言、文字	24	9
I. 文学	20	15
J. 艺术	40	32
K. 历史、地理	28	26
O. 数理科学和化学	41	12
P. 天文学、地球科学	1	0
Q. 生物科学	3	2
R. 医学、卫生	8	6
S. 农业科学	6	5
T. 工业技术	161	45
U. 交通运输	11	2
X. 环境科学、安全科学	9	1
Z. 综合性图书	2	2

档案管理

【档案业务】截至 2018 年底，馆藏档案总量 216 197 卷，其中，综合文书类档案 7969 卷、教学类档案 82 456 卷、科研类档案 43 598 卷、基建类档案 6653 卷、财会类档案 53 545 卷、设备类档案 2392 卷、出版类档案 3216 卷；产品档案 71 卷、人物类档案 1221 卷、实物类档案 774 卷，声像类档案 9458 卷。

归档立卷方面。各类纸质档案新增立卷14 520卷，案卷排架长度新增194.5米。其中，全宗类新增8卷，档案目录新编19本，分类新增教学学籍类573卷，学位材料类3649卷，综合文书类1260卷，科研类6647卷，设备类1080卷，基建类175卷，期刊类88卷，财会类329卷；人物类13卷，实物9件，声像类641卷。接收、征集或自行下载电子文件7160份，录入电脑条目案卷级24 845条、文件级201 924条。

档案信息化建设方面。启动第15期档案数字化项目，完成对40.47万页传统纸质档案的扫描、加工、处理工作。开发数字档案管理系统，推动招标系统和数字档案管理系统的对接。接收OA系统电子文件1569件。加强远程查询利用平台建设，梳理各门类档案的利用流程、利用方式、用户注册、认证、登录日志等需求，编制《华南理工大学档案馆对外利用服务平台需求汇总》《公共服务平台功能、查询范围及数据来源简介》等。

查档利用方面。调阅档案23 388卷（件），复印、打印14 488张，扫描、拍照16 749张，发送电子版及拷贝文件1246页，借还82件，专利转让利用44件。

档案编研方面。挖掘学校多年收藏、具有重要意义的实物档案以及历史藏品，编写出版档案著作《华园品藏》。新增1项广东省高校档案协会科研项目“智慧校园背景下高校智慧档案馆建设研究”；发表学术论文4篇；多项成果获得第七届中国档案职业发展论坛一等奖、三等奖以及广东高校档案工作优秀案例奖等奖项。

档案安全及库房建设方面。维护电子原文服务器，存储空间容量由3TB扩容至5.6TB，调试、恢复OA归档系统；对服务器定期维护，确保馆内8台服务器和3台磁盘阵列安全；采用3套制备份原则（备份服务器、本地硬盘和异地硬盘备份）。论证黄氏民居、大学城校区文博馆建设、人文馆档案校史文博一体化建设及国际校区二期建设对档案文博馆的需求。

校史馆、博物馆建设和管理方面。更新校史馆和办学成就展展板，校史馆更新展板104块，人文馆更新展板249张。接待参观校史馆、博物馆、人文馆办学成就展等12 072人次。

【内部建设与管理】 档案馆现有工作人员15人，其中，馆长1人、副馆长1人、科长3人、科员6人、合同制员工4人。馆舍面积1740平方米。

加强档案专业交流，接待西安电子科技大学等7所高校来馆调研和业务交流，赴上海交通大学、华东师范大学等11所高校调研，提高档案管理业务能力。完成大学城校区档案分室搬迁工作。

学报编辑出版

【学报编辑出版业务】 加强刊物规范化建设，进一步规范组稿、审稿、编辑、校对等工作流程。所有论文均实行同行评议，严格执行“双盲”审稿和“三审制”。

学报（自然科学版）加大学术会议组稿力度，在多媒体信息安全、计算机图形学等全国学术会议上组稿，开辟专题集中发表。全年载文230篇（其中校内来稿占55%），出版页码1772页。学报（自然科学版）2017年度总被引频次5615次，影响因子0.867，基金论文比100%，被美国EI Compendex、Scopus、英国INSPEC等30余个数据库或文摘刊物收录，获中国高校科技期刊研究会颁发的“2018年度中国高校百佳科技期刊”，在第五届广东省期刊评比中获广东省期刊协会颁发的“广东省品牌期刊”，获教育部科技发展中心颁发的2016年度中国科技论文在线优秀期刊二等奖（2018年评选）。

学报（社会科学版）完成编委会换届。加强专题研究版块建设，邀请业内有影响力的专家担任主持人，全年组织策划“党的十九大精神”“质量强国与政府监管”“广东改革开放40周年”等多个专题，组织策划2019年出版专题（专栏）“国家治理研究”“粤港澳大湾区建设”“文化产业创新发展研究”等。全年组稿（约稿）36篇，2018年刊发22篇，占当年发文量的27.2%。载文81篇（其中校内来稿占48%）。学报（社会科学版）2017年度影响力指数70.012，比上年提升40名；复合影响因子0.900，比上年提升47名；期刊综合影响因子0.495，比上年提升47名。9篇文章被中国人大复印报刊资料全文转载，比上年增加3篇；1篇专题文章被《中国社会科学文摘》摘录；1篇文章被《高等学校文科学术文摘》全文转载。入选中国人大复印报刊资料重要转载来源期刊和中国人文社会科学期刊AMI综合评价A刊扩展期刊。

【内部建设与管理】扎实推进“两学一做”专题活动，加强对党的十九大精神、新党章和习近平新时代中国特色社会主义思想的学习。开展组织生活，组织观看廉政教育专题警示片，到广东省廉政教育基地开展现场学习。做好扶贫工作，走访慰问对口帮扶的贫困户。

后勤管理与服务工作

【后勤管理】推行后勤服务实体内部控制管理，加强后勤服务实体的预算管理。梳理校园管理、物业管理、维修管理、水电管理、合同管理等工作流程；修订和完善后勤规章制度，为规范管理、科学管理提供依据。

加强食堂食品卫生安全工作，成立食品安全快检室。加强施工安全生产管理和员工安全生产培训，定期开展施工安全检查，确保后勤服务运行平稳。

启用“华南理工大学修缮工程预结算管理系统”，实现网上申报合同、预结算，工程、合同审核状态查询，后台结算审核管理等功能。完成“华南理工大学水电支付平台”项目建设，实施水电费在线支付，运营“我的e校园”及“华工后勤微服务”微信平台，开设后勤服务咨询大厅，实行24小时值班制度，设立后勤服务热线87110600，一站式解决师生报修、咨询、查询、投诉等问题。

【校园服务】实施食堂维修改造项目，改善师生就餐环境。整体装修北区二饭堂，新增餐位789个；西区饭堂购置或新增多套炊事设备，投入金额265万元。

启动东区饭堂三楼改造规划。全面推行移动电子支付系统，为师生就餐消费提供便利。举办美食文化节，丰富学生课余生活。接待就餐师生 2100 万人次，供应包点 400 万份，师生就餐满意度 84.98%，卫生满意度 93.5%，全年无食品安全事故。

提升交通保障服务质量。全年完成学校的各项交通运输任务。其中，车辆安全行驶约 50 万公里，派遣 1.4 万余车次，交通车往返大学城校区 4500 余班次。

拓展校园商业服务。出租房屋面积 4966.83 平方米，出租土地面积 838 平方米，出借房屋面积 286.8 平方米，租金回收率 100%。对回收的废旧物资进行 5 次公开拍卖，收入 35 万元，完成学校报废资产 2722 单。

提升接待水平。西湖苑宾馆全年完成 232 个各类型会议团体接待，毕业餐接待 4000 多人次。大学城中心酒店全年完成 412 个会议团体接待。

【校园管理】加强环境整治工作。完成五山校区 30 万平方米的绿化面积维护和 20 万平方米公共道路的日常清扫与保洁，全年清运校园垃圾 6720 吨。新建及改造绿地面积 8432.8 平方米。增加垃圾房软硬件设施，设立小型垃圾压缩站及落叶堆放平台。加强四害清理工作。

开展校园绿化景观改造。完成《华南理工大学五山校区景观规划》编制。完成 1 号楼西侧半山西公园的景观改造、36 号实验楼的周边绿化、北区科技园的绿化改造、麟鸿楼西侧的绿化改造、北湖水生植物的种植、研二宿舍周边的绿化、下西湖驳岸的升级改造、工农路东侧坡地的绿化、西十五与西十六学生宿舍周边的绿化、中山路两侧绿地给水等专项改造工程。

【水电和基础设施管理维护】保障校园水电供应。完成五山校区北区 4000 余间学生宿舍的智能电表更换工作。新建路灯管沟 2.4 千米，安装主干道路灯 196 盏，主干道路灯改造完成 70%。实施五山校区旧高压室设备改造。

提高日常维修响应速度。全年完成维修工程项目 49 464 项，其中日常维修工程项目 49 403 项，主要是学生宿舍的日常维修、公共区域的零星小修及水电检修、抢修等工作。申报 2019—2021 年专项工程 9 项，审报资金 9781.49 万元。

【节能减排工作】推广公共绿色出行。校巴一号线、二号线共 14 台巴士全部更换为纯电动巴士。与广州供电局有限公司合作，在五山校区北区停车场安装 2 台直流电、18 台交流电电动汽车充电桩。

开展节能改造工程。实施五山校区主干路灯的节能控制改造，更换新型节能灯具，配备路灯节能控制系统，实现对路灯的远程控制。调频改造学校加压站、测漏管道，减少地下管网的“跑冒滴漏”。继续推行饭堂节水控水工作。加强废旧仪器设备及废弃危险化学品的回收，提高资源利用效率。

弘扬绿色发展理念。开展“绿色校园、节能华工”的校园节能减排系列活动，包括节能减排宣传、讲座、策划大赛以及课外科技学术竞赛等多项活动。普及可持续发展的基本知识和基本理论，提升学生的节能环保和可持续发展意识。

信息化建设

【信息化建设规划与发展】完成广州国际校区一期工程信息化项目的规划并通过政府相关部门审核。进一步完善基础网络设施建设，完成五山校区17栋楼宇的综合布线改造和无线WiFi覆盖、17栋学生宿舍的无线WiFi覆盖；推进旧办公大楼的网络改造，完成了数据中心3号机房的改造；校园网出口带宽从2017年14G扩容至20G，实际使用达24G，开通国际无线WiFi漫游EDUROAM。深化“互联网+校务服务”，上线校务服务中心网上办事大厅，开通一期42项网上服务业务。升级迎新、教务、财务、人事等核心业务系统，推进资产、竞价、招标等系统的建设，开发研究生招生系统。整合学校各类业务移动端，推动学校移动门户开发。完成学校英文主页改版和广州国际校区中英文网站建设工作。启动学校信息化的“五个一工程”（一套数据、一个入口、一个账号、一张报表、一站式服务）。

【信息网络服务与管理】加强数据治理工作，梳理优化业务流程，促进信息系统有效整合和信息资源开放共享。新增资产设备数据的集成共享，对人事系统数据、本科和研究生教务系统数据，以及科研项目和成果数据进行数据质量分析；对教务处、研究生院、财务处、图书馆、保卫处等办理离校手续的相关部门的数据进行同步；建立个人数据中心。加大网络安全治理，对基础网络、数据中心网络、应用系统安全和安全漏洞管理等采用多种技术手段进行监控与管理，完成28个应用系统的等级保护工作，承办第二届“红帽杯”网络安全攻防大赛。主办中国教育科研和计算机网CERNET华南地区2018年学术年会、广东省高校IPv6新一代校园网建设技术交流会、广东省高校下一代互联网IPv6培训班等。

【教育技术条件建设】制定国际校区智慧教室及信息化教学平台规划设计方案。新建和启用6间智慧教室，近20门课程在智慧教室开展翻转课堂、小组协作学习、探究式学习等教学应用活动。完善20间课室常态录播系统。升级改造教学基础设施设备，为160间课室配备电子时钟，更新A4、A5教学楼的视频管理系统、课室48台投影机、25台计算机、202套红外无线双咪、5台服务器、2套教学监控拼接屏、3套网络硬盘录像机。通过微官网、微信公众号、网上办事大厅、内线专用电话等形式，改进教学信息化服务。截至2018年底，学校共建有公用多媒体课室332间，总座位37 962个，其中，常规多媒体课室255间、智慧课室6间，直录直播课室2间，交互式电子白板课室28间，可移动平板一体机课室4间，多功能录播课室37间。共有语音室29间，总座位1756个。

加强教学平台及资源建设。增加学堂云、爱课程平台、雨课堂、教学督导等平台。“教学在线”平台累计访问量超过4195万人次，学生访问次数在100～1000次范围内的课程门数达到1263门。新建9门课程教学网站、6门在线教学视频、2部专题片，推动6门省级资源共享课建设，制作11个国家级教学成果奖申报网站，完成课堂教学资源、青年教师竞赛课、微课、微视频的制作，总计480课时。

加强教学创新应用项目建设。开展华南理工大学教育技术“创新应用工程”项目建设，31项“基于微课的翻转课堂教学改革”项目立项。

开展“互联网+”教师教学能力提升培训。全年完成30期培训，共培训教职工2210人次。创设一对一信息化教学咨询，开展教学咨询服务32次，有效提升教师信息化教学能力。

招 标 工 作

【招标业务】完成32项工程类项目的招标采购，包括医学院科研实验室二期改造工程、西十学生宿舍维修工程、五山校区25号楼排风设施改造工程以及12号楼修缮工程等重点项目。完成货物和服务项目采购，其中，招标类项目268项，网上竞价类2512项，电商直采类2559项，集中采购类184台套。2018年完成各类采购项目5555项，同比增加743项，中标项目成交金额82 776.97万元，同比增加5650.16万元，节约资金4690.59万元。未发生因责任问题导致的质疑和投诉事件。

【招标管理】逐步放宽采购人自主权，将校内工程项目招标采购限额由20万元提高至50万元。拓展采购方式，试行工程设计施工一体化（EPC）招标方式；探索政府采购限额标准以下多种灵活高效的校内采购方式；允许120万元以下工程施工项目直接委托学校全资子公司广东华工大建筑工程有限公司自行施工；允许100万元以下进口设备直接向设备制造商或其制造商在国内的全资子公司进行采购；向财政部申请以单一来源方式采购7个大型科研设备项目并获批准。

开发新版采购管理及电子招投标系统，上线新版网上竞价系统；优化电商直采平台，从注册到采购全流程线上完成，对科研经费采购计划单实现系统自动审核，采购项目数及采购金额同比提升50%以上；自行组织采购100万元以下货物和服务项目，不收取中标服务费；更新并扩充采购代理机构库和造价咨询企业库，重新招标遴选出5家造价咨询机构、5家工程项目招标代理机构和6家货物与服务项目采购代理机构。

加强内控制度建设，提高采购的规范性和透明度。制订《华南理工大学关于建筑施工企业不良行为全过程记录管理办法（试行）》，修订《华南理工大学采购评审专家劳务报酬暂行标准》《华南理工大学采购评审专家库和采购评审专家管理暂行办法》《华南理工大学政府采购与招标投标管理办法》等。升级评标室视频监控设备，完善采购监督体系。招标工作获全省教育系统政府采购管理创新奖、先进个人奖、优秀论文奖等多个奖项。

资料1　2018 年各类采购项目情况

项目	物资类	服务类	工程类	竞价类	电商直采	集中采购
完成项目数（项）	232	36	32	2512	2559	184
预算金额（万元）	37 024. 76	23 264. 32	8128. 47	17 308. 87	1610. 00	131. 15
成交金额（万元）	35 304. 64	22 853. 97	7411. 10	15 490. 12	1610. 00	107. 14
节约金额（万元）	1720. 12	410. 35	717. 36	1818. 75	—	24. 01
节约率（%）	4. 65	1. 76	8. 83	10. 51	—	18. 31

资料2　2017 年与 2018 年完成各类采购项目对比情况

年份	2017 年	2018 年	对比上一年变化情况
完成项目数（项）	4812	5555	+743
预算金额（万元）	82 078. 78	87 467. 57	+5388. 79
实际成交金额（万元）	77 126. 81	82 776. 97	+5650. 16

公共平台建设

【分析测试工作】加强分析检测能力建设，加快构建“物质组成、结构与性能”分析测试通用平台，推进大化类学科公共平台建设。完成 14 台（套）大型仪器设备的购置、安装调试工作，现有大型仪器设备 46 台（套），仪器设备总值 8000 万元。化工分平台完成核磁共振波谱仪、电子顺磁共振波谱仪、X 射线衍射仪和 2 台全自动比表面与孔隙度分析仪的招标采购工作，设备总值 1000 万元。通过中央修购专项经费完成盘式研磨仪、精密切割机、固相微萃取、自动滴定仪等小型配套设备的采购，总值 100 万元。建设仪器预约管理平台，实现网上预约、设备使用机时和设备管理的信息化。顺利通过国家认监委高校评审组进行的检验检测机构资质认定（计量认证）复查评审。分析测试中心通过国家级检验检测机构进行的七大类 16 小类 61 项项目的检验检测能力资质认定。2018 年接受测试样品数 110 000 件，校内测试收入达 800 万元，同比增长 15%。大型仪器设备大部分处于满负荷运行状态，平均使用机时超过 1400 小时/年。

面向社会开展分析测试和技术服务工作，为华南地区的高校、科研院所和企业提供 1760 批次的测试服务，检测及时率 99. 77%，检测差错率 0. 17%，取得良好的经济和社会效益。

加强对气瓶、危险化学品、水、电等的控制和管理。组织全体教职工参加安全培训及消防演练，136 人次参加实验室安全、消防、管制试剂管理和辐射安全培训。

组织人员参加各类测试技术培训，11人次参加仪器和检测技术培训及学术研讨会，13人次参加国家认监委组织的校准规程和测量不确定度的培训，6人次参加国家认监委组织的评审员、内审员培训并通过考试获得资格证书。参与起草和主持制定行业、地方标准21项，参与国家实验室认可合格评定委员会评审工作17次、与测试相关的科研项目9项；发表与测试相关的论文27篇，授权或申请国家发明专利、实用新型专利等共13项。1人被聘为广东省分析测试协会团体标准化技术委员会第一届委员，1项标准获得全国有色金属标准化技术委员会技术标准三等奖。开展各类仪器设备讲座，举办“元素分析仪在高校科研中的应用”等技术讲座8场。2018年分析测试中心退休1人，调入医疗器械研究检验中心5人，目前共有教职工29人。

【医疗器械研究检验工作】 加强实验室能力建设。通过国家检测检验机构资质认定（CMA）检测能力扩项及中国合格评定国家认可委员会（CNAS）实验室能力认可。构建专业检测实验室平台，初步形成电镜中心、力学中心、元素分析平台、质谱色谱中心和生物学检测五大专业检测实验室平台。2018年新购120kV透射电镜、200kV透射电镜、X射线光电子能谱、ICP-OES、ICP-MS、有机元素分析仪、碳硫分析仪、氢氧氮分析仪、红外光谱仪、动态疲劳试验机等大型设备。现有40万元以上大型贵重仪器50余台（套）。2018年测试样品33 663件，测试收益286万元。全年检测及时率98%，检测差错率为0。

医疗器械研究检验中心是全国高校分析测试中心标准制修订工作组和高新分析仪器工作组秘书长单位，承担教育部行业标准JY/T系列标准和高新分析仪器国家校准规范的审定、申报工作。2018年完成26项JY/T大型仪器通则标准的审定和上报工作；申报2019年JY/T大型仪器通则标准5项；组织召开高新分析仪器工作组第一次会议。作为主编单位完成《JY/T 0580—2017元素分析仪分析方法通则》和《JY/T气相色谱质谱连用分析方法通则（草案）》，参与《JY/T X射线断层扫描设备分析方法通则（草案）》《JY/T 0570—2017紫外和可见吸收光谱分析方法通则》和《JJF比表面积及孔径分析仪校准规范（草案）》的编写；作为验证单位参加《T/CSBME骨科植入物的清洗通用要求》的编写。

2018年成功加入全国高校分析测试中心研究会、中国分析测试协会；成为中国生物材料学会骨修复材料与器械分会委员单位，徐昕荣受聘中国生物材料学会骨修复材料与器械分会委员；加入全国外科植入物和矫形器械标准化技术委员会，徐昕荣担任骨科标委会委员。

加强实验室环境建设，对生化实验室进行场地规划和建设，完成300平方米装修，包含净化面积100平方米。启动B12栋104及105实验室改造项目、物流仓储实验室改造项目。加强设备共享平台信息化系统建设，现有设备全部加入校仪器共享系统，采用线上预约制，所有设备均对外开放，形成“全面开放、集中预约、专管共用、开放共享”的机制。

医疗器械研究检验中心现有教职工16人（含兼职主任、副主任），其中检验检测机构资质认定国家级评审员1人、医疗器械质量体系内审员1人、高校检验检测机构内部校准员1人，检验检测机构资质认定内审员/检验机构认可内审员/实验室认可内审员13人。

医疗保健

【医疗服务】 全年门诊、急诊量达到282 255人次，其中门诊265 551人次，急诊16 704人次。医学检验检测共计110 239人次，同比增加30%。2018年体检总计34 778人次，其中，教工5873人次、学生27 161人次。提供现场医疗保障服务445场次。对享受公费医疗人员校内外就诊给予报销诊查费，大幅减少教职工就诊诊查费的自付费用，让公医改革政策惠及师生员工。

【预防保健工作】 加强校园内传染病防控工作。上报传染病133例，其中确诊、报告并管理肺结核病人16例。及时做好登革热、水痘、麻疹、流感等各类传染病疫情的处理，处理3起疱疹性咽峡炎聚集性疫情、2起水痘聚集性疫情和1起登革热疫情。开展艾滋病预防的宣传教育。

加强家庭医生签约式服务。成立专门护理团队，为行动不便、慢性病患者提供预约式上门治疗护理服务。优化签约特色服务包，针对高血压病、糖尿病、冠心病等重点人群，签约后办理相关手续即可享受特色服务，可开具一个月药量的长处方。完成签约19 932人，其中，普通人群签约16 889人、重点人群签约3043人；常住人口签约率48.15%，重点人群签约率79.51%。

开展社区各类人群的健康管理。为35 297位常住居民（包括师生）建立居民电子健康档案，建档管理辖区65岁以上老人1889人；为1747人建立高血压档案，为605位糖尿病人建立电子档案；管理社区精神病患者201人，其中，严重精神障碍患者145人；管理0～6岁儿童1055人，上门访视新生儿81人；管理孕产妇176人，上门访视77人次；管理现存肿瘤患者296人；计划免疫接种疫苗共5482人次。开设32学时的大学生健康教育选修课，举办老年大学健康教育课及社区健康教育讲座21次，健康咨询和义诊14次。

做好40～74岁人群“五癌”（乳腺癌、肺癌、肠癌、胃癌和肝癌）筛查工作，完成问卷285份，根据问卷初筛的情况将高危人群转介到三甲医院检查118人。连续多年开展六龄童窝沟封闭公益项目，窝沟封闭的保留率及完好率均为100%，在天河区36家定点医疗机构中名列第一。

【医疗管理】 落实各项医疗质量管理制度，完善院内突发事件急救制度和流程，配备完善的急救设备和药品。严格执行临床诊疗规范和护理操作规范，加强对医疗文书和合理用药的检查，定期开展处方点评。

完善学校大病救助和公费医疗管理，全年重大疾病医疗救助人数104人，总救助金额139.77万元。2018年公费医疗总支出5546万元，同比增长3.7%。

完成2019医保年度33 998名学生的参保，其中，本科生21 546人、研究生12 452人；完成2019年65名困难学生参保工作。学校学生参加2019年广州市居民医保的参保率为83.91%。

中小幼教育

【附属实验学校】附属实验学校获得教育部2017学年度“一师一优课，一课一名师”活动优秀组织奖、天河区“工匠杯”青年教师技能大赛优秀组织奖，获“中国汉字听写大会”优秀组织单位、广州市智慧校园实验学校中期验收优秀学校、天河区中小学生运动会体育道德风尚学校、天河区年检优秀单位等荣誉称号。

强化师德师风。通过讲好师德故事、至善教师评比、优秀党员评选等活动，加强师德师风建设，让全校教师接受最新的教育理念培训。

优化教育教学管理。以“智慧课堂”为抓手，以教师素质提高为重心，积极推进信息技术在各科教学上的应用与交流。小学部继续探索运用交互技术及“天闻数媒智慧课堂”系统平台，促进课堂教学的变革；中学部师生运用智慧课堂进行授课及个性化辅导，提高课堂教学效率。承办第十一届全国中小学创新课堂教学实践观摩活动，学校推出的新媒体新技术与课堂教学深度融合的语文课——《盘古开天地》获现场听课专家、教师的高度评价。

以赛促学，培养学生核心素养。美术学科组组织学生参加科技周儿童创意比赛，走进民间美术——泥塑、染纸、十三行博物馆研学和“美丽的校园一角”绘画比赛等。语文学科组组织学生参加“天河区中国汉字听写大赛”、中小学阅读系列活动、羊城小书虫等活动。体育学科组组织学生参加天河区中小学生足球赛。

改善校园环境。完成校园防滑地胶铺设和足球场、篮球场、东北角空地改造等工程；增开安全疏散大门，加强出入口管理。加大学校宣传力度，丰富校园网站，在微信平台推送信息88条，及时报道校园的各项活动成果。

学生获奖方面。获国家级奖励32项、省级49项、市级124项、区级161项。获广州市天河区中小学生足球联赛U8组冠军、U10组季军、U12组第四名、2018年广东省民间青少年足球联赛（广州赛区）U10甲组冠军、U8乙组季军，获2018年“我爱足球”民间争霸赛暨广州市第九届足球联赛“元卓杯”天河赛区娃娃组冠军，获天河区田径运动会小学组团体亚军。

教师获奖方面。获国家级奖励52项、省级45项、市级64项、区级110项。在教育部组织的2018年“一师一优课，一课一名师”活动中，9位教师的课例被评为部级优课。4位教师在2018年新媒体新技术教学应用研讨会暨第十一届全国中小学创新课堂教学实践观摩活动中获一等奖。1位教师在广东省第十五届运动会论文中，获评一等奖。1位教师获评“广州市名班主任”。教学成果“交互技术促进小学课堂教学变革的研究与实践”获得国家级基础教育教学成果二等奖。

【幼儿园】幼儿园现有东、西两个园区，共有教职工82人，幼儿班17个，幼儿441名。教师中有一级教师20人、二级教师15人。行政、专任教师中具有研究生学位1人、本科学历27人、大专学历20人。

教学工作方面。开展丰富多彩的教育实践活动，促进幼儿综合素质的提升。开设心理健康、科学探究、自主游戏、财商等课程，开展国旗下表演、家长进课堂、文明班级、最美教师、幼儿早操比赛、师幼互动案例评选等形式多样的亲子活动、班级区域活动、全园户外自主游戏等，让孩子在游戏中探索、合作和学习。承办广州市天河区幼儿园第一届科技节，获家长和社会的一致好评。

教学研究及获奖方面。中国心理学会学校心理专业委员会《幼儿心理健康教育研究》子课题“幼儿良好情绪情感的培养”顺利结题。组织园内教研 30 次，参与人员 465 人次，内容涉及心理健康教育课题研究、班级常规建设、区域活动、自主游戏等方面，促进不同层次教师的专业成长。2 位教师获“心理健康教育课题结题优秀指导奖”，4 位教师获“心理健康教育课题研究优秀心理教师奖”。9 位教师在 2018 年广东教育学会学前教育专业委员会年会论文评比中分获一、二、三等奖。

幼儿园教育教学、卫生保健、消防安全、食品安全等各项工作得到家长和上级部门的好评，办园硬件和软件水平得到大幅提升，在天河区保教质量考核中获得优秀，连续多年被评为天河区好园所，幼儿园党支部获评为华南理工大学先进基层党组织。

广州国际校区建设

广州国际校区建设

【校区规划与基本建设】2018年5月9日，广州国际校区启动建设会顺利举行，广东省委副书记、省长马兴瑞出席会议并致辞。5月11日，广州市市长温国辉主持召开广州市委常务会议，确定广州国际校区项目建设模式采用一期EPC加二期PPP的方式。8月3日，广州国际校区一期工程勘察设计施工总承包单位确定。EPC团队由广州市代建局为代业主，华南理工大学建筑设计研究院为设计单位，中国建筑第四工程局、广州建筑股份有限公司为施工单位，广州珠江监理有限公司为监理单位。8月16日，一期工程建设动员会举行，项目进入施工建设阶段。8月24日，顺利打下第一根桩。10月8日，完成桩基工程。10月12日，教育部副部长朱之文、广州市市长温国辉调研广州国际校区。11月30日，广州国际校区装配式建筑"首装"，装配率60%以上，达到A级评价标准。12月15日，完成一期工程10万平方米的地下室结构工程，一期工程进入主体结构施工高峰期。广州国际校区总用地面积110万平方米，总建筑面积140万平方米。其中，一期工程用地面积33.15万平方米，总建筑面积50万平方米，建设内容主要包括4个学院、7个研究院（中心），以及公共实验楼、网络中心、宿舍和食堂等设施。一期工程分两个阶段，第一阶段建设约22.84万平方米，计划于2019年9月前交付使用；第二阶段建设约27.16万平方米，计划于2019年12月前交付使用。二期工程用地面积77.44万平方米，总建筑面积90万平方米，计划于2021年9月前建成。

【学科专业建设】目前已挂牌成立分子科学与工程学院、吴贤铭智能工程学院、生物医学科学与工程学院3个学院，启动筹建微电子学院和智慧城市学院，并依托相关学院先后成立多个校级研究院。校区已申请增设"智能科学与工程""软物质科学与工程"等6个交叉学科（方向），完成"细胞与组织工程"等3个本科新专业备案和"智能工程"1个本科新专业的审批申报。9月份完成校区首批研究生指标分配、招生、教学安排等工作。首批研究生共136人，其中吴贤铭智能工程学院23人、华南软物质科学与技术高等研究院57人、生物医学科学与工程学院56人，暂时分别安排在五山校区和大学城校区学习生活。

【人才引育】以打造国际顶尖工科领域的人才智谷为目标，实施"靶向引才、以才引才、组团式引才"策略，形成一批以顶尖学术大师领衔，以国家杰青、"973"项目首席科学家、IEEE Fellow等中青年人才骨干为核心，以"优青"等优秀青年人才为重要支撑的创新团队，直接落地开展高水平教学和前沿科学研究。

【国际交流与合作】国际校区采用“中方为主、国际协同”的新机制，加强与全球排名前100或单一学科排名前50的世界一流大学或一流学科的务实合作，利用全球优质教育资源开展富有本土特色的国际化教育。已与美国密歇根大学、加拿大麦克马斯特大学、澳大利亚西澳大学等世界一流大学签订合作协议。5月8日，召开广州国际校区高端人才座谈会，会议由广东省委副书记、广州市委书记任学锋主持，中央政治局委员、广东省委书记李希会见广州国际校区引进的20多位海内外高端人才，教育部副部长杜占元出席座谈会。5月9日，举行首届“国际名师大讲坛”，邀请美国工程院院士程正迪教授，德国科学院院士、德国汉诺威莱布尼兹大学约根·卡罗教授，英国化学院院士、牛津大学马克·莫洛尼教授和美国密西根大学“吴贤铭制造研究中心”主任倪军教授参加并主讲。邀请来自美国、加拿大等发达国家，以及“一带一路”沿线重要国家和港澳台地区高校及科研院所的70余位大师级学者、国际知名学术杂志主编以及高水平科研骨干等来校举办讲座、开展短期讲学或教授全英课程等。举办多次高水平国际学术会议，其中，华南软物质科学与技术高等研究院4月23日举行第一届国际学术委员会第二次会议，11月2日举办“2018软物质国际学术交流会”，11月3—6日与四川大学、北京大学、东华大学共同举办“2018年软物质科学与技术国际研讨会”。生物医学科学与工程学院12月3日举办“2018生物医用材料学术研讨会”。

【管理机制】国际校区积极探索新型体制机制。成立学位评定委员会广州国际校区委员会、推进广州国际校区工作领导小组、项目建设领导小组、项目建设现场工作组。设立广州国际校区党委，完成《华南理工大学广州国际校区机构设置调整方案》，对广州国际校区管理机构设置及其工作职责进行优化调整。设置综合事务办公室、人力资源与发展事务办公室、教学与全球事务办公室、学生事务办公室4个部门。出台《华南理工大学广州国际校区管理暂行办法》《华南理工大学关于建设广州国际校区学院的指导意见》《华南理工大学广州国际校区研究院建设思路》《华南理工大学学位评定委员会广州国际校区委员会工作细则（试行）》。

【学生工作】首批研究生中有学生党员41人，设置3个学生党支部，分别为吴贤铭智能工程学院联合党支部、生物医学科学与工程学院2018级研究生党支部、华南软物质科学与技术高等研究院2018级研究生党支部。设立中国共产主义青年团华南理工大学广州国际校区总支部委员会，下设2个团支部，分别为五山校区团支部和大学城校区团支部，选举产生团支书3名。成立广州国际校区中外文化交流协会。

党政综合管理

党政综合管理

【重大专项工作】 深入开展“大学习”“深调研”“真落实”工作。以“完善学校治理体系”“校级领导班子建设”等为主题，编制调研方案，开展实地调研，推动完善校院两级议事决策制度，修订学校党委全委会、常委会会议、校长办公会和学院党政联席会议议事规则，制定学院党委会议议事规则。探索完善学校党委常委会会议、校长办公会议议题呈批工作机制和前置审查制度，坚持议题提出必须遵循“重要、必要、成熟”的原则，推进学校科学决策、民主决策。

深入推进学校办学综合改革，通过收集汇总、征求意见、提交审议、修改完善等环节，研究制定学校体制机制改革方案及台账，加快推动落实。规范学术事务管理，加强学校学术委员会顶层设计，启动学术委员会章程修订工作，起草学术委员会议事规则及学术分委员会工作规程，做好校内相关学术评价工作。

高效高质完成广州国际校区奠基、海内外高端人才座谈会等系列活动的综合协调、服务保障、重要文稿撰写等各项工作，各类活动得到部省市领导的一致好评以及社会各界广泛关注，进一步扩大学校的社会影响力。

认真做好 2018 年党委书记抓基层党建述职评议考核评价支撑材料整理、书记述职报告等工作。围绕民族宗教专项督查工作指标，分门别类整理归纳材料，获督查组肯定。

【公文管理与服务】 强化公文合法合章性审查，制发规章制度类公文 49 份，审核印发编号党政公文 1022 份，同比增长 3%，不编号函件 266 份。接收传递机要文件、内参资料、档案共 2242 份，同比增长 4.5%；办理普通外来公文 3612 份，其中 OA 线上签阅 2954 份，同比增长 22.2% 和 13.1%。提高重要文稿写作质量，全年共参与撰写、修改整理领导讲话稿、各类重要材料、方案 300 余篇，约 60 万字。高质量完成一批一般性文稿和礼仪性文书的起草工作。加快年鉴编制进度，完成学校年鉴 2015 的编辑出版工作和学校年鉴 2016 的编辑校对工作，完成学校年鉴 2017 统稿工作，启动年鉴 2018 的材料收集工作。全年编写《高教动态周报》18 期。

【会议管理与服务】 落实年度全校性会议计划，严格控制会议数量和质量，协调组织学校年度工作会议、开学典礼、毕业典礼等重要会议活动。组织召开党委常委会 21 次、校长办公会 15 次。全年举办会议 200 余次，协助举办大型活动 100 余次，协调学校党政领导出席各类公务活动 300 余次，保障公务用车 2000 余次。巩固拓展落实中央八项规定精神成果，在各项公务接待活动中厉行节约，力求规范，坚决反对“四风”，全年公务接待120余次。

【综合事务管理与服务】严格执行《华南理工大学印章管理办法（2016年修订）》，坚持“用前审批、用后登记”，全年加盖学校各类印章约46万次，新刻制印章33枚，废止旧印章2枚。加强办公用房管理，完成博士后公寓搬迁至37号楼的工作。完成学校值班安排，服务离退休老领导、机要文件交换等日常综合事务工作。推进校务服务中心和网上办事大厅建设，一期实现42项服务事项线上审批功能；完成二期调研工作、办事大厅装修施工工程、信息化集成项目招标等准备工作。

【信访督办和维稳工作】加强督办工作，及时处理上级单位来文督办事项，对学校党委常委会会议和校长办公会议的决策事项进行督办，有力地推动学校重大决策事项的贯彻执行。全年督办民生基建事项5项、信访转督办事项4项、来文事项117项。对学校年度重点工作、学校落实中央第十二巡视组反馈意见整改措施、学校领导班子民主生活会整改措施等进行重点督查催办，确保重点任务落实到位。统筹做好信访接访、信息报送、法律援助等工作，快速、妥善应对各类维稳和应急突发事件。

【保密工作】成立定密工作领导小组，修订《华南理工大学定密工作管理办法》。强化保密教育培训，将保密法治宣传教育学习列入党委中心组重要议程，签订保密责任书22份，组织保密实训10人次和保密专项业务教育培训9人次。开展保密自查自评检查工作，通过以查促改、以查促建，不断提升保密管理水平。

【法律事务工作】审核合同协议960余份，涉及学校重大事项或重大利益的合同协议35份，出具重大合同法律意见书17份；启动修订《华南理工大学合同管理办法（试行）》。处理民事诉讼、行政诉讼及仲裁案件10件。推进制度建设，对7份学校重大规章制度和管理办法进行审核，提高文件的合法合规性、适用性、可行性。开展普法工作，制订学校《学习宣传和贯彻实施〈中华人民共和国宪法〉实施方案》，部署2018年国家宪法日暨全国法制宣传日、法治广东宣传教育周的宪法学习宣传教育工作，组织开展2场中层干部学法考试，参考率达100%，优秀率均在90%以上。

【信息报送】全年向教育部报送教育信息112篇，获教育部采用4篇。严格落实突发事件4小时报送要求，确保维稳信息切实做到快速反应、快速报送。全年共向教育部、广东省教育厅、广州市政府等报送各类突发、维稳事件信息52则，无一迟报、漏报、瞒报、谎报。学校获得教育部“教育信息工作先进单位”和广东省“全省党委系统信息工作先进单位”。

【信息公开工作】规范制度建设，制订《华南理工大学党务公开实施细则》，完成《华南理工大学2017—2018学年度信息公开工作报告》。开展保密审查，共对321份公文进行保密审查，通过学校信息公开网主动公开各类信息255条，受理信息公开申请5件，均于法定期限内予以答复。拓宽信息公开领域，依法依规逐步推进财务、招标、招生、选干等方面的信息公开。

【机关党委工作】加强机关部处、直属单位履职监督管理工作，把师生关心的重点、热点、难点问题纳入督查范围，实行抽查制度，强化线上检查，切实推动机关作风建设向纵深发展。全年履职监督热线接到投诉11起，机关作风投诉平台收到投诉17次，均已妥善解决，机关作风得到进一步改进。

【大学城校区管理与服务】 加强基础设施的维修改造，改善教学科研及师生生活条件。加强水电冷运行管理，全年组织专业队伍开展给水管网抢修69项、用电设施故障抢修14项、污水和雨水设施疏通维修15项等，共完成近4万项日常小型维修任务。改善学生宿舍内部环境，粉刷翻新564间、补漏维修322间、新装纱窗3200间。完成校园路面改造工程（二期）。实施生活区灯光照明升级项目。对校区各会议与体育场馆进行基础修缮和升级改造，全年提供场馆服务合计1200余场次。严格校区房屋房产管理，规范办公用房和教师公寓的使用，装修改造教师公寓周转房27套，增加学生宿舍床位162个。多渠道防控登革热疫情，定期开展蚊虫消杀及环境清理。

加强校区安全管理。全年无重大恶性案件、无重大火灾事故；接警73宗，同比下降13.1%。强化技防设施建设，实施火灾自动报警系统、宿舍楼视频监控系统等专项改造，校区现有监控摄像枪近1000个。开展“五类车”、共享单车、推销广告等专项治理，严格车辆注册登记制度，梳理黑名单车辆200多辆。加强消防安全教育工作，组织开学、军训大型安全教育；组织开展消防培训及演练实操近30次，累计培训7000多人。

加强校区校园文化建设，启动大学城校区校园文化建设提升计划，成立大学城校区文化建设专家小组，研究规划大学城校区校园文化提升方案和措施；启动校区道路、广场及山体水体命名工作，提升校区文化品位。发挥校区学科特色，形成一批有特色的校园文化建设载体。启动校园文化景观建设，打造校园地标。举办“砥砺拼搏十五载 几多春华秋实——大学城校区办学15周年剪影”展览，开展多种主题且有特色的校园文化活动，丰富师生文化生活。

学 院

机械与汽车工程学院

【党建与思想政治工作】 2018年共发展党员204名。学院现有党支部39个，党员1074人，其中，教工党支部9个，党员224人，占教工总数的70.1%；本科生党支部5个，党员222名，占本科生总数的9.52%；研究生党支部25个，党员628人，占研究生总数的46.83%。加强政治理论学习，制订学院党委中心组理论学习计划，全年组织集中学习5次。加强党风廉政建设，围绕师生廉洁教育，组织纪律教育学习月活动，开展科研诚信教育和科研经费自查自纠工作，以及师德建设和学生教育主题月活动，筑牢廉洁防线。开展"1+1"党建联动，构建系所"1+1"、师生"1+1"、朋辈"1+1"、校企"1+1"等"1+1"党建模式。推进学生思想政治教育工作，开展"岭南追梦"行动，引导大学生践行社会主义核心价值观，形成向上、向善的青春正能量。学院成功申报教育部"三全育人"改革试点院（系）。本科生第三党支部获批全国党建工作样板支部建设单位，并获广东省高校"学习型、服务型、创新型"党支部称号。2017级硕士第一党支部、本科生第一和第三党支部获批学校党建工作样板支部建设单位。本科生第三党支部书记魏争的工作案例获广东省高校优秀基层党组织书记工作案例评选一等奖。

【学科与队伍建设】 结合专业特色，整合高端制造技术及装备、机械电子工程和车辆工程3个专业领域资源，完成机械类工程博士点申报工作。

加强青年教师的引育工作。2018年引进高层次人才1人，Ⅱ类博士后8人，新入职教学科研系列人员3人。获批青年珠江学者特聘教授1人，科技部青年领军人才1人，广东省自然科学杰出青年基金获得者1人，广州市珠江科技新星专项获得者2人，南粤优秀教师1人。

【教学工作】 本科教学方面。完成2019级本科生培养方案修订工作，制订学院大类招生分流方案。加强学院平台课程建设，共建优势课程小组。3个项目获批教育部"本科深改工程"专业综合改革项目，1个项目获首批国家虚拟仿真实验教学项目认定，6个项目获批2018年校级教研教改项目，8个项目获批2018年校级本科实践教学改革项目。在学校的课程建设立项中，7门课程获批校企合作课等特殊课程建设专项，2门课程获批校级探究式本科教学示范课堂立项，2门课程获校级翻转课程教学改革项目立项，2门课程获校级全英课程立项，2门课程获校级MOOC项目立项。教师获校级奖励方面，1人次获南光卓越教学奖，2人次获本科教学优秀奖，6人次获学生科技创新优秀指导教师，10人次获本科毕业设计（论文）优秀指导教师，2人获青年教师本科课堂教学竞赛奖项。1 种教材获批学校“十三五”本科教材建设项目。2018 年学院本科教学获广东省教学成果奖一等奖 2 项、二等奖 1 项；安全工程专业获得广东省特色专业建设立项。本科生机器人队蝉联 RoboMaster 冠军，方程式赛车队“油车”和“电车”均获中国大学生方程式赛车比赛一等奖。

研究生教学方面。加大招生宣传，不断提高研究生生源质量。完成 2018 级机械工程、材料加工工程、化工过程机械等 19 个专业培养方案的修订工作，完成 2018 年博导、硕导、专硕导的导师遴选及资格审查共 338 人次。加强学位论文审核，完成硕士生学位论文盲审 880 篇次。截至 2018 年底，学院共有在校全日制研究生 1341 人。2018 届博士研究生毕业 66 人，授予博士学位 65 人；硕士研究生毕业 315 人，授予硕士学位 425 人。

【科研工作与对外学术交流】2018 年新增科研项目 379 项，合同经费 15 999. 9 万元。其中，国家重点研发计划 5 项，资助经费 382. 6 万元；国家基金项目 24 项，资助经费 1573. 1 万元；广东省科技计划项目、部省产学研等各类部省级项目 39 项，资助经费 2428 万元；广州市科技攻关项目 37 项，资助经费 2420 万元；横向项目 221 项，资助经费 7233. 5 万元。学院实到科研经费 13 852. 8 万元，其中，纵向经费 9423. 9 万元，横向经费 4428. 9 万元。申请专利 923 项，其中，发明专利 536 项、实用新型专利 385 项、外观设计专利 2 项；授权专利 533 项，其中，发明专利 227 项、实用新型专利 305 项、外观设计专利 1 项；软件版权登记 33 项。出版专著或教材 2 种。发表三大索引论文 941 篇，其中，SCI 收录 409 篇、EI 收录 532 篇；发表中文期刊论文 374 篇，其中，核心期刊 320 篇、统计源期刊 17 篇、其他 37 篇。

全年举办各层次学术报告会 35 场次，委派 26 个批次的教师出国（境）参加学术交流。邀请境外专家学者全英授课 27 人次，19 名学生参加国家公派研究生项目，47 名学生参加学校或学院的联合培养或交流项目。2018 年招收境外留学生 11 人。

【综合管理】强化公共服务平台建设，开发多媒体系统和远程视频会议系统。全力构建实验室安全保障体系，成立学院实验室安全工作小组和实验室安全管理领导小组，学院和各系所负责人重新签订实验室安全协议，制定学院和系所、系所和房间责任人两级实验室消防安全管理制度。开展“校友面对面”活动，争取校友支持学院发展。

建筑学院

【党建与思想政治工作】2018 年共发展党员 53 人，其中，本科生 26 人、研究生 26 人、教工党员 1 人。学院共有党员 599 人，其中，教工党员 78 人、学生党员 521 人。学生党员中，研究生党员 452 人，占研究生人数的 75. 5%；本科生党员 69 人，占本科生人数的 11. 5%。加强政治理论学习，制订教职工理论学习计划，全年召开党政联席会、学生工作会议等 29 次，其中专题研究党建工作的会议

8 次。加强基层党组织建设，组织支部书记党建述职，实现支部考核全覆盖；成立学生党建工作室，开展“党员示范岗”等活动。加强党员教育，举办红色基因手绘活动和重温入党誓词及志愿服务等活动，使广大党员坚定理想信念。依托学科专业特色，开展“岭南追梦”、“两工程一计划一行动”、青年活动月、建筑文化节等品牌活动，打造丰富多彩的校园文化。积极参加扶贫工作，获南粤村庄（整治）规划设计大赛特等奖。学院党委入选首批“广东省党建工作标杆院系”及“全国党建工作标杆院系”培育创建单位。

【学科与队伍建设】牵头申报土木水利领域工程博士专业学位授权点，参与申报资源环境领域工程博士专业学位授权点。亚热带建筑科学国家重点实验室接受科技部对工程领域实验室的评估。

加强师资队伍建设。2018 年新聘教师 1 人，聘任兼职教授 5 人，进站博士后 12 人。新增博士生导师 2 人、学术型硕士生导师 4 人、专业学位导师 8 人。1 名教师获“广东省首届工程勘察设计大师”；1 名教师获“南粤优秀教师”，2 名师资博士后入选广东省 2017 年度“珠江人才支持计划”海外青年人才引进（博士后）资助项目，3 人获批中国建筑设计奖（建筑教育奖），1 人获中国建筑设计奖（青年建筑师奖）。

【教学工作】本科教学方面。建筑学专业本科接受全国高等学校建筑学专业教育评估委员会第二轮中期督察。继续推进教授、博导、外聘建筑师、企业高级工程师直接参与本科教学。推行“专题设计”“毕设板块” “专门化”与“导师制”，提高学生协作研究精神与实践创新能力。2018 年获批质量工程、各类教学研究项目 10 项，包括广东省本科高校教学质量与教学改革工程项目在线开放课程 1 项、广东省重点专业 1 项、广东省虚拟仿真实验教学中心 1 项、校级“十三五”本科教材建设项目第三批立项 1 项。获高等教育国家级教学成果奖二等奖 1 项、广东省教育教学成果奖（高等教育）一等奖 1 项。指导学生参加各类学科竞赛，获部省级以上奖 28 项，其中，获 2018 中国国际太阳能十项全能竞赛总分第一名，获第三届国际高校建造大赛一等奖、第四届中国“互联网 +”大学生创新创业大赛银奖 1 项、第四届中国人居环境设计学年奖金奖 1 项、第十六届亚洲设计学年奖金奖和银奖各 1 项。积极参与专业教学指导工作，孙一民教授当选教育部建筑类专业教学指导委员会委员、建筑学分委员会副主任委员，王世福、林广思教授分别当选城乡规划、风景园林分委员会委员。

研究生教学方面。加大全日制硕士专业实践环节的管理，实行申请、实践协议签订、实践环节制定全流程把控。修订《建筑学院硕士研究生发表学术论文的规定》。2018 年招收学术型硕士 88 人、专业学位硕士 162 人、博士研究生 51 人、工程博士 10 人。华南理工大学 – 意大利都灵理工大学双学位培养进展顺利，共选派 18 名研究生出国攻读联合培养博士。

【科研工作与对外学术交流】2018 年实到科研项目经费 8549.8 万元，其中，纵向项目 1799.7 万元，横向项目 6750.1 万元。新增科研项目 171 项，其中，纵向项目 43 项、横向项目 128 项；新增科研项目合同总经费 8282.4 万元（纵向项目 1367.5 万元、横向项目 6914.9 万元）。出版著作 7 种。发表论文 210 篇，其中，中文核心期刊 64 篇、科技核心刊物 31 篇、SCI 及 EI 收录论文 20 篇。申请专利 36 项，授权专利 18 项。在 2017 年度全国优秀工程勘察设计行业奖评选中，获一等奖1项、二等奖3项、三等奖1项。组建广州市人文社科重点研究基地“粤港澳大湾区规划创新研究中心”“南粤古驿道研究中心”。《南方建筑》入选“中国人文社会科学期刊AMI综合评价”A刊核心期刊，为国内权威评价机构认定的唯一一本建筑学核心期刊。

加强学术交流。举办2018中国高等学校建筑教育年会暨院长系主任大会、2018第二十三届民居建筑学术年会等两场大型学术年会，举办“华南建筑·大师讲坛”系列讲座及各类学术讲座77场。加强海外名师引聘及国际联合工作坊建设，获批“校级海外名师讲授学分课程项目”12项，聘请3位国外及港澳台地区知名专家学者短期访学，与东京工业大学、墨尔本大学、佛吉利亚大学、台湾建筑院校等学校共同举办联合工作坊4个。

【综合管理】调整学院三个系负责人及相关委员会人员。组织教职工参加运动比赛、环校跑以及元旦晚会等。关心老同志，慰问生病和退休老教师17人。加强校友联系，与校友企业在人才培养、学生就业实习等方面加强合作。

土木与交通学院

【党建与思想政治工作】2018年共发展党员117人，其中，本科生88人、研究生29人。学院现有党员723人，其中教工党员153人、学生党员570人（研究生399人、本科生171人），研究生党员的比例为32.4%，本科生党员的比例为9.1%。坚持理论学习中心组和教职工理论学习，组织开展专题学习会6场。落实廉政建设责任制，构建抓早抓小谈话提醒机制，利用各种会议、谈话进行监督提醒检查，把廉洁教育工作融入学院日常工作。加强基层党组织建设，严格“三会一课”。加强学生思想引领，依托“两工程一计划一行动”开展丰富多彩的校园文化活动，丰富学生“第二课堂”，助力学生成长成才。党建品牌——“砼星愿”获批学校党建品牌立项，学院党委获评学校先进党委。3个党支部获评学校首批样板党支部，2个党支部获评学校先进党支部。31名同志获评学校优秀共产党员，1名同志获评学校优秀党务工作者。获学校“传承红色基因，争做时代新人”红色经典演绎大赛总决赛二等奖1项和文艺花会一等奖1项。

【学科与队伍建设】召开学院学科发展研讨会，确定下一轮评估期间各学科的发展方向、建设目标和具体发展举措。完成土木工程、力学、船舶与海洋工程等学科“双一流”学科建设项目（2018—2020）任务书的编制工作，与建筑学院合作完成亚热带建筑科学国家重点实验室评估工作。

队伍建设方面，新进博士后10人，新进青年教师9人；2人获评学校“兴华人才工程”青年学者，4人晋升教授，3人晋升副教授。

【教学工作】本科教学方面。高质量通过土木工程专业评估（认证）。开展2019年大类招生及新工科调研工作，制定专业类培养方案及分流细则。本科教改成果显著，立项国家级大学生创新创业30项、学生研究计划73项，广东省教育教学改革项目3项、广东省质量工程项目立项2项，广州市高校第十批教育教学改革项目2项以及校级教研教改项目6项、本科实践教学项目5项、第五批通识教育课程建设项目3项、全英课立项6项、第一批探究式本科教学示范课2项、本科学科前沿课1项。获批学校“十三五”本科教材建设项目4种。1人获广东省“特支计划”教学名师，1人获学校南光卓越教学奖、3人获本科教学优秀奖、6人获本科毕业设计优秀指导老师、4人分获科技创新优秀指导教师二等奖和三等奖；6人入选全国教学指导委员会委员。本科生获国家级大型竞赛奖7项，获奖人数24人次；获部省级竞赛奖项11项，获奖人数33人次。

研究生教学方面。获工程管理硕士（MEM）资质认证。获批专业学位研究生教育综合改革项目1项、推荐广东省研究生教育创新计划项目1项、学校优秀博士学位论文创新基金16项、学校优秀硕士研究生创新基金8项。2个广东省研究生教育创新计划项目顺利通过验收，2名教师获研究生教学优秀奖。研究生参加部省级及以上科技竞赛获奖8项，其中，国际级3项、国家级3项、部省级2项。

【科研工作与对外学术交流】 2018年新增科研项目331项，其中国家级项目19项。全年到校科研经费10 236万元，教师人均实到经费57.1万元。申请专利338项，授权专利175项。发表论文320篇，其中三大索引收录论文229篇（2017年入库），出版专著2种。获国家科技进步二等奖1项，广东省科技进步特等奖1项、一等奖1项、二等奖2项。组建成立广州地下综合管廊研究中心，完成首批2700多万元的设备购置。

加强对外交流，邀请海内外学术大师、国际著名学者来访61人次，举办高层次学术讲座61场。举办国内学术会议3次、国际学术会议3次，包括承办第十二届亚太交通运输发展大会暨ICTPA第三十一届年会、2018年“富力杯”第十二届全国大学生结构设计竞赛等赛事。

【综合管理】 加强行政人员队伍建设，完成学院办公室人员职责分工调整；规范学院各项工作流程，制定或修订《土木与交通学院二级财务工作管理办法及审批流程》等文件20份。优化教学办公环境，设立MEM中心办公室，升级学院课室、会议室、报告厅设施。完成学院VIS视觉识别系统全套设计方案。加强校友联系，获校友捐赠交通大楼LED显示屏；新增校友奖助学金项目8项，合计109.9万元。

电子与信息学院

【党建与思想政治工作】 2018年共发展党员104人。学院共有党员624人，其中，学生党员517人、教工党员107人。设置党支部28个，其中，教工党支部6个、本科生党支部5个、硕士生党支部13个、博士生党支部4个。抓好学院党委中心组理论学习工作，组织学习习近平新时代中国特色社会主义思想专题报告会、全国教育大会精神学习报告会等专题学习会。开展纪律教育学习月活动，将落实党风廉政建设责任制与抓好业务工作紧密结合。开展“岭南追梦”“两工程一计划一行动”等品牌活动，打造丰富多彩的学院文化。

【学科与队伍建设】对第四轮国家学科评估评价体系进行全方位分析，梳理信息与通信工程、电子科学与技术2个一级学科现状，形成学科分析报告。获批学校“双一流”学科建设经费750万元。组织开展专业学位授权点自我评估，完成工程硕士、工程博士授权点对应调整申报工作。

加大人才引育力度。获批海外高层次引进人才1人、青年海外高层次引进人才1人，国家杰青1人。培育1名省级青年学者。

【教学工作】本科教学方面。结合专业特色，新成立信息工程、电子工程、人工智能3个系。在广州国际校区开设“数字信号处理”和“电路”2门全英课程。新增“北京松果电子有限公司”“广州润芯信息技术有限公司”“广东高云半导体科技有限公司”3个本科生实习基地。获教育部新工科研究与实践项目2项、深改项目2项；获校级实践教学改革项目2项、虚拟仿真项目2项、教研教改项目1项、探索性实验项目2项、SRP项目42个。获国家教学成果奖二等奖1项，广东省教学成果奖二等奖4项。1人获第二十届“广东青年五四奖章”，2名教师分别获批2018—2022年教育部电子信息类教学指导委员会委员、电工电子基础课程教学指导分委员会委员。学生科技创新成果丰硕。2018年共获得部省级以上荣誉64项，其中，国际级奖7项、国家级奖20项、部省级奖37项。

研究生教学方面。修订工程类博士专业学位研究生的培养方案，新增“电子与信息前沿”作为工程专业前沿课程。2门全日制专业学位研究生课程获批行业专家上讲台项目。“ICE全英硕士专业”项目通过结题验收，“ICE全英博士专业”项目通过中期考核。新增“华南理工大学－建荣集成电路科技（珠海）有限公司”海外联合培养基地、“华南理工大学－广州杰赛科技股份有限公司”联合培养基地。完成2个广东省联合培养研究生示范基地以及1个校级研究生示范基地的结题考核和年度考核工作。

【科研工作与对外学术交流】2018年科研项目经费总数8216.57万元，其中，横向经费1530万元、纵向经费6286万元。共申请专利435项，其中发明专利336项，实用新型专利99项；获授权专利270项，其中，发明专利146项、实用新型专利124项。发表三大索引论文196篇。国家移动超声探测工程技术研究中心通过科技部验收批复，毫米波与太赫兹技术广东省重点实验室通过函评并完成现场考察；与京信通信成立“华南理工大学－京信通信无线通信联合实验室”，与联想集团成立“华南理工大学－联想文档图像分析与识别联合实验室”。

加强对外交流与合作。获批校级海外名师讲授学分课程项目1项，海外学术大师来访资助项目12项。继续推进与英国爱丁堡大学“2＋2”项目，美国加州大学欧文分校“3＋1＋1”“3＋3”项目、密歇根大学迪尔本分校“3＋2”项目，与美国密苏里大学合作“2＋2”本科项目、“3＋2”本硕项目及1学期3周的暑期项目，与澳大利亚昆士兰大学合作“3＋2”本硕连读项目，与俄罗斯圣光机大学、美国加州大学伯克利分校与圣塔芭芭拉分校进行1学期交换项目。国际交流或联合培养本科学生48人、硕博研究生45人，5名研究生获批国家建设高水平大学公派研究生项目，30名研究生参加国际学术会议。全年组织开展各类学术活动交流近60场，邀请著名学者、杰出校友做学术报告或讲授学分课程5人次。

【综合管理】 规范学院内部管理，修订《电子与信息学院贯彻落实“三重一大”决策制度实施细则》《电子与信息学院单位绩效考核和分配管理办法（试行）》等系列规章制度。积极开展学院文化建设，举办无线电系复办六十周年纪念系列活动。开展校友日常联系工作，走访优秀校友企业10余家，2018年接待10批次500多名校友回校聚会。全年新增校友捐赠1 327 190元。

材料科学与工程学院

【党建与思想政治工作】 2018年共发展党员97人，其中，教工2名、本科生53人、研究生42人。学院共有党员928人，其中，教工党员209人、学生党员719人（研究生604人、本科生115人）；研究生党员的比例为42%，本科生党员的比例为7%。加强政治理论学习，深入学习宣传贯彻党的十九大精神和习近平总书记系列重要讲话精神。坚持民主集中制，建立党政联席会议制度和党委会议制度的沟通和联动机制，全年召开党政联席会议21次。积极开展纪律教育学习月活动，充分利用会议、谈话等进行监督提醒。选优配强党支部书记，定期组织党支部书记培训和交流，建立党员领导干部联系党支部制度，严把发展党员质量关。严格落实“三会一课”，多渠道、多形式开展党建主题活动，以品牌活动为载体，将社会主义核心价值观融入学生党建和思政教育全过程。2018年光电材料党支部入选广东省“全省党建工作样板支部”名单；2个党支部获评学校先进基层党组织；1名党员获评学校“优秀党务工作者”；38名党员获评学校“优秀共产党员”。有机高分子光电材料与器件教师团队被认定为首批“全国高校黄大年式教师团队”。

【学科与队伍建设】“材料科学”ESI全球排名进入前1‰。

人才引进方面。3人入选海外高层次引进人才项目，引进国家优秀青年科学基金获得者1人。人才培育方面。1人获国家杰出青年科学基金、3人获国家优秀青年科学基金，1人获批“珠江学者”青年学者、1人获“广东省科学技术奖”一等奖。5人次入选材料科学领域高被引科学家，入选人次在该领域内地高校并列第1，在全球高校中并列第3。2人入选化学领域高被引科学家，1人入选交叉学科领域高被引科学家。

【教学工作】 本科教学方面。“高分子材料与工程”专业获学校优质专业奖。推进教研教改项目，获教育部本科深改工程项目1项，获校级各类教研教改项目6项（其中本科教研教改项目1项、本科实践教学改革项目5项）。加强本科教学信息化建设，资助虚拟仿真实验教学项目4项，国家精品在线开放课程（MOOC）1项。学生研究与创新方面。获“百步梯攀登计划”项目36项，研究计划（SRP）44项，“国家级大学生创新创业训练计划”21项。

研究生教学方面。创新研究生招生模式，开展夏令营活动等，生源质量稳步提高。加强联合培养研究生示范基地建设，新增1个广东省联合培养研究生示范基地（广东省新材料研究所）和2个校级联合培养研究生示范基地（上海和辉光电有限公司、广州赛莱拉干细胞科技股份有限公司）。坚持学位授予质量标准，严把毕业“出口关”。2018年共授予博士学位111人，硕士学位275人；2篇博士学位论文、3篇硕士学位论文分别获校级优秀博士学位论文和校级优秀硕士学位论文。

【科研工作与对外学术交流】2018年学院获得合同项目307项，合同总经费达1.83亿元，实到科研经费2.18亿元。全年共申报国家自然科学基金123项，获批35项，合同经费4146万元；获批国家重点研发计划项目2项，其中，项目牵头1项、课题牵头1项，合同经费2012万元。2018年共申请专利358项，获授权专利284项，转化专利9项。发表三大索引论文744篇，其中，SCI论文629篇、EI论文89篇、CPCI-S论文26篇。

加强对外学术交流。主办纪念OLED发明30周年研讨会、第六届“先进水泥混凝土技术与可持续发展”国际论坛，承办“有机和高分子合成国际研讨会（ICOPS 2018）”、第十六届金属－氢系统国际会议、2018阿斯图相聚广州系列活动等大型会议。举办9期“木棉花开新材料讲坛”等系列学术讲座，累计百余场次。

【综合管理】加强民主管理和监督，通过召开学院总结大会、教代会以及新教工座谈会等，通报院情和重大决策，主动接受师生监督。工会积极组织踏青调研、亲子科技行、“欢乐家庭日”等集体活动，增强学院凝聚力。加强校友联系，开发“小善大爱在线小额捐赠系统”，便利校友捐赠。2018年举办“金属材料专业设立60周年庆典活动”“第一届全球校友代表大会——先进材料科技成果产业对接会”等系列校友活动，新增校友捐赠55万元。

化学与化工学院

【党建与思想政治工作】2018年共发展党员87人，其中，教工2人、本科生36人、研究生49人。学院共有党员817人，其中，教工党员150人、学生党员667人（研究生604人、本科生63人），研究生党员的比例为53.5%，本科生党员的比例为5.64%。加强政治理论学习，学院党委中心组全年开展专题学习4次，参加学习教育部系统从严治党视频会议等专题理论学习11次。严格落实党风廉政建设责任制，积极开展纪律教育学习月活动。加强师德师风建设，开展“师德建设主题月”活动。开展以“传承优良家风 引领文明风尚”为主题的寒假社会实践活动和以“喜迎十九大 青春建新功”为主题的暑期“三下乡”社会实践等活动，培育大学生社会主义核心价值观。承办学校“2018年基层党支部组织生活创新案例征集评选活动”，学院教工第五党支部、2017 博二党支部分别获教工组一等奖、学生组二等奖。党建品牌“院企携手抓党建　产研融合促发展”获广东高校党建研究会立项支持。

【学科与队伍建设】获学校“双一流”学科建设经费 850 万元，重点投入人才培养、学科设备平台建设、扶助团队开展交叉学科建设、优势研究方向建设。化学工程与技术、化学学科建设成效良好。

新增国家杰青 1 人、海外高层次引进人才 4 人、珠江学者特聘教授 1 人、珠江青年学者 1 人。引进Ⅰ、Ⅱ、Ⅲ类博士后共 17 人。

【教学工作】本科教学方面。完成化学工程与工艺专业论证申请工作，完善化工专业的培养体系。在 2017 级和 2018 级本科生班级推行本科生导师制，加强导师对本科生的思想引领、专业指导和学术引导。2018 年获国家级教学成果奖一等奖 1 项、二等奖 1 项，广东省教育教学成果奖 2 项。本科生获中国“互联网 +”大学生创新创业大赛（第四届）金奖 1 项，获全国 Chem-E-Car 竞赛第 5 名。在第五届卓越联盟高校“卓越杯”大学生化学新实验设计及化学实验技能竞赛中，获一等奖 1 项、二等奖 1 项、三等奖 3 项。获国家级大学生创新创业训练计划项目 16 项。

研究生教学方面。加大研究生招生宣传力度，坚持择优录取，生源质量稳步提升。4 名博士生获 2018 年学校优秀博士学位论文创新基金资助，22 名硕士、11 名博士获国家奖学金。学院现有 11 个二级博士学位授权点，博士生 293 人，硕士生 836 人。

【科研工作与对外学术交流】2018 年获立项项目 200 项，项目经费 7718. 11 万元，实到经费 12 081. 43 万元（同比增长 61%）。签订纵向项目 124 项，经费 5381. 41 万元。其中，国家自然科学基金 31 项，经费 2051 万元；广东省自然科学基金 23 项，经费 680 万元；广州市科技计划项目 15 项，经费 770 万元。签订横向项目 76 项，经费 2336. 7 万元；其中立项经费超过 100 万元的有 8 项。2018 年发表三大索引论文 532 篇。申请专利 397 项，其中，发明专利 344 项、实用新型专利 53 项；获授权专利 222 项，同比增长 30%。2 人分别以通讯作者与第一作者在 *Science* 上以第一单位发表论文 1 篇。获广东省科学技术奖三等奖 1 项，以第二完成单位获教育部自然科学奖一等奖 1 项，获中国专利优秀奖 1 项；1 人获得第十二届光华工程科技奖。

学术交流活跃。主办“2018 年广东省分析化学研讨会”“炔烃化学暨有机合成化学前沿研讨会”等大型学术交流会。邀请国内外专家来访 133 人次。选派 4 位教师出国进修，派出博士 11 人、本科生 6 人出国培养，本科生 39 人出国交流。

【综合管理】加强实验室安全管理，出台《化学与化工学院教学科研教师分组检查实验室的规定》等系列安全管理措施。做好统一战线和关工委工作，通过开展系列文娱活动、走访慰问等方式，提升学院凝聚力。加强校友联系，获廖清清校友 100 万元（股息）/年的捐赠。

轻工科学与工程学院

【党建与思想政治工作】2018 年共发展党员 31 人，其中，本科生 19 人、研究生 11 人、教工（博导）1 人。学院共有党员 288 人。其中，教工党员 76 人，占教工总数的 69%；研究生党员 183 人，占研究生总数的 45%；本科生党员 29 人，占本科生总数的 8%。加强政治理论学习，深入学习贯彻习近平总书记重要讲话精神、全国教育大会精神、习近平总书记视察广东重要讲话精神等。夯实基层党组织建设，加强党支部书记及支部班子的培育，选优配强学生党支部书记，5 个教师党支部书记均为正高职称“双带头人”。强化师德师风建设，召开“争做品行之师、学问之师”师德建设主题教育报告会。开展“岭南追梦”“纸为你服务”等党建品牌活动，践行社会主义核心价值观。

【学科与队伍建设】获批学校“双一流”学科建设引导经费 950 万元，重点用于平台建设、人才培养、国际交流、师资队伍建设。围绕制浆造纸国家重点实验室和工程中心的建设，召开学科发展战略研讨会暨第一届院长联席会，邀请相关领域顶尖专家交流研讨学科建设。

新增博士后 8 人、科技部中青年领军人才 1 人、“广东特支计划”科技创新青年拔尖人才 1 人。第五期“兴华人才工程”组建 13 个团队。

【教学工作】本科教学方面。获批学校本科全英课 2 门、新生研讨课 3 门、学科前沿课 2 门、全校通识课 2 门、探究式本科示范课程 2 门，立项示范性课程思政课 2 门。邀请资深教授讲授新生研讨课，选拔优秀学生参加境外夏令营，组织有科研实力的学生参加创新实验大赛，设计并实施以增强科研素养为主的系列课程和实践活动。本科生获广东省第八届大学生材料创新大赛总决赛一等奖，培育 2 个团队冲击“挑战杯”全国赛。

研究生教学方面。设立研究生优秀新生奖学金，连续 3 年举办优秀本科生暑期夏令营。修订研究生奖学金评审规则，在奖学金评定、优博创新基金投向等方面优先支持高水平论文。加强对导师的激励约束机制，对博硕士招生指标实施绩效指标分配方案。

【科研工作与对外学术交流】2018 年实到科研经费 6600.14 万元。发表三大索引论文 488 篇，其中，SCI 论文 267 篇、EI 论文 203 篇、CPCI-S 论文 18 篇。申请专利 174 项，获授权专利 95 项，转化专利 2 项，折价 14 万元。新获科技奖励和成果鉴定 4 项，新增部省级平台 2 个，编写专著 2 种。

加强对外学术交流，继续开展与美国纽约州立大学 - ESF 分校的“3 + 2”项目，新拓“2 + 2”交换项目，首次组织 20 名本科生到 ESF 分校夏令营访学交流。1 名本科生短期访学加拿大 UBC，1 名本科生赴美国威斯康星大学交换；公派研究生项目联合培养博士 6 人。邀请来自美国、英国、德国、澳大利亚等国的知名学者作学术交流 59 场次。

【综合管理】改善师生实验和办公条件，完成消防系统升级及大楼维修工程等 23 个项目。加强实验室安全建设，排查实验室安全隐患 1701 处，关停整改或限期整改实验室20间；组织参加实验室安全教育培训共734人次。做好统一战线和关工委工作，坚持慰问老同志。积极开拓校友资源，走访安德里茨公司、广州造纸集团、金光集团有限公司和芬欧汇川有限公司等造纸龙头企业，全年接待校友6批次200人。

食品科学与工程学院

【党建与思想政治工作】2018年共发展党员55人，其中，本科生24人、研究生31人。学院共有党员528人，其中，教工党员78人、学生党员450人（研究生406人、本科生44人）；研究生党员的比例为76.9%，本科生党员的比例为8.3%。加强政治理论学习，深入学习习近平总书记视察广东重要讲话精神、习近平在全国教育大会上的重要讲话精神等。加强基层党支部建设，学生党支部建设施行“三全四组”工作法，进一步发挥学生党支部以老带新、纵深发展的战斗堡垒作用。推进“岭南追梦”行动和“领航计划”，发展1名“双高”教工为入党积极分子。完成对接云南省临沧市云县和广东揭阳惠来孔美村的精准扶贫精准脱贫工作，助力云县成功摘掉贫困帽。对口帮扶滇西应用技术大学普洱茶学院，组织专业负责人及相关教师协助进行培养方案修订、新教师培训等工作。

【学科与队伍建设】组织召开多场学科建设发展研讨会，完善学科建设方案。农业科学ESI学科全球排名58位，稳居ESI全球前1‰。在2018“软科世界一流学科排名”中，食品科学与工程学科位居全球第4，位列中国内地第3。高质量完成食品工程专业学位和食品科学与工程学术学位授权点自我评估工作。

加强人才引育力度。全年招收Ⅱ类博士后7人，Ⅲ类（含企业、基地）博士后8人；1人获批2018年度“博士后创新人才支持计划”，15名教师入围ESI前1%高被引学者。

【教学工作】本科教学方面。完成食品科学与工程专业工程教育专业认证自评报告撰写。修订2019级本科综合培养方案、2019级大类招生本科综合培养方案。强化课程内涵建设，新增学校特色课程7门、上线MOOC 2门。强化实践教学，更新实验项目6个，开设探索性实验项目2项、校企开放实验项目1项；获得SRP创新项目35项，国创项目5项，新增大学生就业实习基地3个。2018年共获批教育部产学合作协同育人项目2项、广东省教育教学改革项目1项、校级教研教改项目8项。虚拟仿真实践教学项目通过广东省教育厅遴选，参评国家级虚拟仿真实验教学项目。本科生参加部省级以上比赛人数达50人次，获部省级以上比赛荣誉达30人次，获首届全国大学生食品工程虚拟仿真大赛一等奖1项、第三届全国大学生生命科学创新创业大赛二等奖1项、食品安全科普创新公益大赛华南区冠军、广东省第一届Foodquiz Bowl竞赛冠军等。在“挑战杯·创青春”创业大赛中，获全国金奖1项；获第五届杜邦营养与健康两岸学生创新竞赛三等奖1项。

研究生教学方面。通过加大研究生招

生宣传力度、举办夏令营等方式，提高研究生生源质量。制定工程类博士专业学位研究生培养方案。修订研究生奖学金评比细则、优博创新基金评审标准。优化研究生优秀学位论文申请流程，制订研究生发表学术论文的要求和规定等。

【科研工作与对外学术交流】2018 年获科研项目立项 135 项，合同经费 12 333 万元，实到经费 8609 万元。新增国家重点研发计划项目 15 项（含参与），其中获批国家“十三五”重点研发计划项目 2 项，经费总额 4700 万元。发表三大索引论文 516 篇，其中，SCI 论文 297 篇、EI 论文 215 篇、CPCI-S 论文 4 篇；发表的论文中 ESI 高被引论文 15 篇；高影响因子（>8）论文 7 篇，其中 1 篇论文影响因子达 21.875；2 篇论文入选“2017 年度中国最具影响国际学术论文”。发表 JCR 一区论文 80 篇、二区论文 105 篇。论文单篇引用率达到 13.47，在全国食品类研究单位排名第 1。申请专利 203 项，获授权专利 73 项。获中国专利奖优秀奖 1 项，中国轻工业联合会科技进步一等奖 1 项，中国产学研合作创新成果奖一等奖 1 项，中国石油和化学工业联合会青年科技突出贡献奖 1 项。

稳步推进 2 个国家级国际合作基地的建设工作。成立“一带一路”中国－东南亚食品科技教育联盟。邀请 50 余名境外一流学者来院讲学，举办专题讲座及学术报告 30 余次。5 人公派出国进修，20 人获学校海外名师引智项目资助，10 余名境外短期专家来院讲授全英课程。选派 20 名优秀学生代表赴罗格斯大学开展食品营养健康研究，与香港互访学生超百人。

【综合管理】规范实验室安全管理，制订学院实验室管理办法。调整实验大楼布局，出台学院实验用房置换方案。新建大化平台二期工程、感官品评实验室、3D 打印实验室、虚拟仿真中心。维修改造 13 号楼公共区域，改善师生的工作生活环境。通过座谈会、节日走访、帮困慰问等多种形式关心教工生活，增强凝聚力。加强校友会工作，召开学院校友理事会 2018 年年会，理顺校友理事会组织架构，明晰理事会工作职责。全年开展校友返校聚会 10 余场，获校友捐赠奖助学金项目 3 项。

数 学 学 院

【党建与思想政治工作】2018 年共发展党员 32 人，完成 33 名预备党员转正工作。学院现有党员 213 人，其中，教工党员 61 人，占教工总数的 57.5%；本科生党员 54 人，占本科生总数的 6.1%；研究生党员 98 人，占研究生总数的 44.5%。建立政治理论学习长效机制，制定《党委中心组和教职工理论学习计划》，组织党委中心组学习 4 次；结合“两学一做”，利用“三会一课”“主题党日”等组织生活形式，实现个性化、多元化学习。推进党支部规范化建设，注重对党支部的指导与监督，建立党委委员联系党支部制度；出台《数学学院党建指南》，进一步严格规范党员发展流程；落实党支部书记述职评议考核工作，做到支部书记现场述职全覆盖。树立优秀教师先进典型，结合纪律教育和师德师风专题学习，在教师队伍中营造人人创先争优的良好氛围。深入开展“岭南追梦”行动，组织开展“微党课”“我是党员解说员”等活动。

【学科与队伍建设】数学学科ESI表现不俗，增幅明显，门槛差值比例从2015年5月的34%缩小到2018年11月的0.4%。

引进博士后3人，青年教师晋升教授2人、副教授3人。学院现有专任教师92人，其中，教授25人、副教授39人。

【教学工作】本科教学方面。完成全校15门本科生和其他专业课程的教学任务。获批广东省教研教改项目3项、校级教研教改项目16项，指导学生研究计划19项。组织教师承担大学生数学竞赛、数模竞赛的组织、培训和指导工作。获国家教学成果奖二等奖1项。1名教师获广东省青年教师教学大赛理科组第一名，并被授予“五一劳动奖章”，1名教师获评“南粤优秀教师”。

研究生教学方面。修订和完善研究生培养规章制度。加大研究生招生宣传，举办夏令营等，提高研究生生源质量。顺利完成12门研究生公共数学课程和其他专业课程的教学任务。完善研究生学位论文质量监控体系，培养研究生科研能力。

【科研工作与对外学术交流】获批国家自然科学基金项目13项，其中，面上项目5项、青年项目5项、国际交流与合作项目3项。面上项目和青年项目资助率达52.6%。获批省部级项目7项，其中重点基金项目1项。发表科研论文170篇，发文数量同比增长9.1%，其中SCI论文125篇；出版专著2种；获授权软件著作权1项，申请专利1项。

推进与加拿大西安大略大学、英国伯明翰大学、英国爱丁堡大学建立“3+1+1”本硕连读、“2+2”本科联合培养的合作培养项目，选派学生146人进行联合培养。组织创新班学生和博士生赴香港城市大学、香港中文大学等高校进行访问交流。教师参加国内外学术会议150余人次，应邀作学术报告50余场。邀请国内外专家讲学160场。开设学术报告18场、小型学术研讨会5场，定期开展各类学术讨论31场次，专家短期课程培训11次。

【综合管理】开展群众性文娱体育活动，组织参加教工运动会、健康环湖跑等活动。做好校友工作，以“校友返校日”为契机举办“数学专业开办60周年校友联谊会”活动，返校校友200多人。

物理与光电学院

【党建与思想政治工作】2018年共发展党员13人，其中，研究生1人、本科生12人。学院共有党员175人，其中，教工党员68人，占教工总数的64.15%；研究生党员69人，占研究生总数的39.88%；本科生党员38人，占本科生总数的7.2%。推进“两学一做”学习教育常态化制度化，组织策划系列活动31场。加强基层党支部规范化建设，优化党支部设置，安排学院党委委员和教工党支部“对口帮扶”学生党支部。加强党建品牌建设，获学校党建品牌暨2018年党建主题活动立项。举行师德师风专题辅导报告2场次。党委书记为师生党员上党课2场次、为学生上“思想政治理论课”2场次；院长为新生上“思政第一课”。2015级本科生党支部入选学校首批样板党支部创建名单，2016级光电信息科学与工程（光电信息）1班获“校园十佳班集体”称号，青年志愿者服务队首次获校“十大卓越团队”，学院团委获校“先进团委”称号。

【学科与队伍建设】物理学一级学科博士学位授权点正式获得国务院学位委员会批准，顺利通过物理学一级学科硕士点自我评估。物理学科获批广州市重点学科。

引进国家优青1人，博士后出站转聘教师1人，招收博士后8人。杨中民教授团队入选广东省2017年“珠江人才计划”本土创新科研团队，资助金额1000万元。

【教学工作】本科教学方面。完成大学物理、大学物理实验、电子工艺实习3门公共基础课的教学任务，年修读分别为9000、9000、2000人次；2个本科专业开设83门课程。举办“本科教学创新大讲堂”“优秀本科教学示范课”系列活动，提升教师的教学能力。鼓励教师参加各类教研项目，2018年获中国高等理科教育重大研究课题1项，广东省质量工程特色专业1项、广东省本科高校创新创业项目3项、广东省教育教学改革推荐项目2项，广州市高校创新创业教育项目1项，校级“本科深改工程”专业综合改革项目1项、本科学科前沿课立项1项、荣誉学位课程立项1项、本科实践教学改革项目4项、本科全英语教学课程立项1项、第一批探究式本科教学示范课堂3项、第五批通识教育课程项目3项、第八批教育技术“创新应用工程”项目2项。2018年教师获广东省高等学校物理基础课程青年教师讲课比赛二等奖1项，获校级教学名师1人、本科教学优秀奖1项、本科毕业设计（论文）优秀指导教师3人、学生科技创新优秀指导教师3人、优秀教研论文奖3人。开展校企、产学研合作，提高学生的科技创新能力，与海康威视签约实习基地，现有14个校外学生创新实践与实习基地和1项校企开放实验建设。学生创新实践能力稳步提升，2018年获批学生研究计划（SRP）36项，国家大学生创新训练项目2项；获中国大学生物理学术竞赛三等奖1项，获广东省大学生物理实验设计大赛二等奖1项、三等奖2项，并获“优秀组织奖”；获“卓越杯”大学生物理实验竞赛一等奖1项、二等奖2项。

研究生教学方面。修订和完善研究生招生和培养制度，制定《物理与光电学院研究生导师招生指标分配实施细则》，理顺导师招生从属关系，完成两个批次的研究生导师专（兼）岗工作。开展研究生招生宣传工作，举办优秀大学生夏令营活动，报名人数达189人。1项研究生成果获“华为杯”首届中国研究生创“芯”大赛二等奖。2名研究生分别获“英飞凌”杯全国高校无人机创新设计应用大赛一等奖和最佳创新奖。

【科研工作与对外学术交流】2018年新增各类科研项目37项，其中，国家量子调控重大研究计划项目课题1项，研究经费470万元；国家基金项目3项，研究经费115万元；广东省重点领域研发计划项目1项，研究经费1600万元。发表三大索引论文163篇，其中SCI 133篇、EI 30篇。申请专利58项，获授权发明专利20项、实用新型专利2项。师资博士后陆久阳以华南理工大学为第一署名单位，在物理顶级期刊《物理评论快报》发表论文；李志远教授以共同通讯作者在*Science*杂志子刊上发表论文；2016级博士生严谋、副教授陆久阳和教授李锋为共同第一作者，以华南理工大学为第一署名单位在 *Nature Materials* 上发表论文。新增广东省第三代半导体材料与器件工程实验室、广州市宽禁带半导体芯片及应用系统重点实验室2个部省级实验室。

2018年主办国际、国内学术研讨会各1场，邀请国内外专家学者讲学35场次，其中院士学术报告会2场。教师参加国际、国内学术会议分别为16、67人次。35名学生参加国际交流合作项目。

【综合管理】印发《物理与光电学院党政联席会议纪要》《物理与光电学院党委会议纪要》。成立实验室安全工作小组，确定学院－实验室两级安全管理组织架构，建立每月进行实验室安全自查和定期开展消防演练制度。组织教工参加学校排球赛、篮球赛和顺德春晖园集体活动等。改善办公和工作环境，加强对大楼的安全防范，对18号楼研究生工作室、学院办公室、会议室等进行重新装修。关心教职工身心健康，组织90名教职工参加体检，开展慰问帮扶102人次。

经济与贸易学院

【党建与思想政治工作】2018年共发展党员136人，其中，本科生114人、研究生22人。学院共有党员530人，其中，教工党员103人、学生党员427人（研究生227人、本科生200人）；研究生党员的比例为53%，本科生党员的比例为47%。加强政治理论学习，全年组织各类学习活动14次，其中，党委中心组理论学习4次、全院教师大会3次、支部委员工作会议7次。加强基层组织建设，严格党员教育和管理，定期召开支部委员工作会议，加强理论学习和工作经验交流；运行党建工作微信群，以便于师生及时传达教学信息和有效沟通。结合专业特点培育特色党建项目，"'三一工作法'：让组织生活灵动起来"获首批学校党建活动品牌，金融系党支部获批创建学校首批样板党支部。坚持实践育人，2018年共有1231人次参加各类实践和调研活动，其中黔东南侗乡"三下乡"社会实践中的乡村振兴调研团队成果被团中央学校部评为"百佳创意短视频"和"匠心传播好作品"；抓好学生党团建设，获校级"五四红旗团支部"3个，校级"先进团支部"6个。

【学科与队伍建设】通过国际商务专业硕士点和应用经济学一级学科硕士点评估。开展应用经济学一级学科博士点合格评估的各项准备工作。

加大人才遴选的工作力度，全年组织2场师资面试，3场海外优秀青年学者论坛，4名教师入职。学院现有125名专业教师，其中，教授30人、副教授51人；高级职称比例达64.3%。

【教学工作】本科教学方面。全面启动2019级本科专业类招生培养计划修订工作。首次与全球500强跨国公司合作开办"汇丰金融科技精英班"。教学成果丰硕，1项MOOC获全国精品MOOC课程，并获广东省本科高校教学质量与教学改革工程建设项目立项。1名教师获校级教学名师奖、1名教师获校级教学优秀奖。多名教师获广东省高等教育教学改革项目、学生科技创新优秀指导教师奖等奖项。多名学生在全国大学生电子商务“创新、创意及创业”挑战赛、全国高校互联网应用创新大赛等国家级赛事中获优异成绩。

研究生教学方面。开展多元化研究生招生宣传活动，包括以金融学专业为试点组织开展暑期夏令营活动，派出导师赴知名高校进行招生宣讲，着力提高研究生生源质量。制定博士研究生指标分配的绩效管理办法和博士生招收考核制度。完善学位论文质量监控体系，重点培养研究生科研能力。

【科研工作与对外学术交流】2018 年获部省级及以上项目 30 余项，其中，国家社科基金 7 项（含重点项目 1 项）、国家自然科学基金 1 项，合同经费 2032 余万元；实到科研经费 1500 余万元。全年发表期刊论文 166 篇，出版专著 4 种，其中 SSCI/SCI 索引论文 28 篇、CSSCI 索引论文 70 篇、A 类和 B 类论文 15 篇。获第三届孙冶方金融创新奖 1 项、广东金融学会优秀金融科研成果奖 5 项。22 份研究报告、咨询报告获教育部、省、市、行业协会和企业等批示和采纳；多份成果发表于《中国社会科学》（内部文稿）、《光明日报》等媒体上。

加强学术交流，成功主办或承办全国第 20 届旅游学院院长（系主任、学科带头人）联席会暨教育部教指委全体会议、第八届中国西班牙国际旅游会议、全国高校会展专业师资技能培训会议、小谷围金融论坛等大型学术性品牌会议；开设“经贸实务论坛”6 场，“经贸学术论坛”28 场，“英才论剑”学术沙龙活动 4 场。深化与世界一流高校的交流，加强与澳大利亚昆士兰大学、美国罗格斯大学、俄罗斯乌拉尔联邦大学的合作；60 余名师生分赴 10 个国家的一流高校学习交流；邀请外籍专家来院讲学 14 人次。

【综合管理】严格工作纪律，修订完善《经济与贸易学院科级及以下（含教辅、实验、合同聘任）人员考勤管理办法》。严格规范财务管理，严格执行《经济与贸易学院财务审批办法（试行）》，修订《经济与贸易学院绩效考核及津贴补贴发放办法》。建设和谐学院文化，完成学院行政办公室、学生工作办公室、图书资料室、物流仓储实验室约 900 平方米、16 个房间的联动搬迁、改造装修以及设备设施的更新，重点解决师生关注的卫生、安全等问题；加强电梯维护和保养，防范登革热疫情等。加强校友联系，与校友企业在人才培养、学生就业实习等方面加强合作。

自动化科学与工程学院

【党建与思想政治工作】2018 年共发展党员 55 人，其中，本科生党员 42 人、研究生党员 13 人。学院共有正式党员 350 人，其中，教工党员 70 人、博士生党员 54 人、硕士生党员 119 人、本科生党员 107 人。定期主持召开学院领导班子、党委理论学习中心组会议和学院党委扩大会议，开展各项党建工作。优化党支部设置，选配具有教授职称的学术带头人担任支部书记，做到“双带头人”教师党支部书记全覆盖；从辅导员、骨干教师、优秀大学生中选拔学生党支部书记和支部委员，保持党员队伍的先进性和纯洁性。推进“岭南追梦”行动，组织党员参观黄埔军校、中共三大旧址、广东省档案馆等；开展“走出校园，追逐梦想”参观实践活动，组织党员赴华为、美的、东风日产、汇顶科技等企业参观学习，激发党员“追梦”热情。

【学科与队伍建设】完成“双一流”学科建设项目任务书的编制。在2018软科“中国最好学科排名”中，控制科学与工程学科位居全国第13位，进入全国前10%。

学院现有教职工107人，其中，IEEE Fellow 1人、国家自然科学基金杰出青年基金获得者2人、海外高层次引进人才2人、中青年科技创新领军人才1人、珠江学者特聘教授1人，广东省拔尖人才1人、广东省南粤优秀教师3人、广东省杰出青年基金1人，教育部创新团队1个；教授25人、副教授31人、副研究员4人、高级工程师5人、高级实验师1人，教师中具有博士学位者占总数的92%。

【教学工作】本科教学方面。修订本科生2019级培养方案。组织教学改革，获教育部本科深化改革项目1项、广东省教育教学改革项目1项、广州市高校第十批教育教学改革项目拟推荐项目1项。获校级探索性实验项目3项、产学研探索性项目1项、基于项目（设计、案例）的课程建设3项、学科前沿课程建设1项、探究性课程1项。2项广东省“教学质量与教学改革工程”通过验收。1名教师获评“南粤优秀教师”；获学校青年教师本科课堂教学竞赛奖三等奖1项、本科教学优秀奖1人、本科毕业设计优秀指导教师5人、2017年度学生科技创新优秀指导教师4人。加强对学生科技创新活动、科技竞赛创新实践建设的资助和大学生创新实践基地、机器人创新平台的建设，学生获国际级奖励21人次、国家级奖励37人次、省级竞赛奖励23人次。在美国大学生数学建模竞赛中20个参赛队获奖，其中特等奖提名奖1队、国际一等奖1队、国际二等奖9队。在全国机甲大赛中，获特等奖2人次；在全国智能车竞赛上获国家一等奖4项、二等奖2项。

研究生教学方面。加大专业宣传力度，提高生源质量。推进研究生课程教学改革，获批校级研究生教育改革研究项目2项。加强专业学位研究生与企业、行业及产业的联系，开展行业专家上讲台活动3次；加强全日制专业学位研究生专业实践的管理，获批全日制硕士专业学位研究生联合培养基地1项。加强ECE全英硕士专业建设，推动ECE全英博士专业建设基本完善。

【科研工作与对外学术交流】2018年科研经费总数6490万元，同比增长27%；发表三大索引论文288篇，同比增长35.7%；申请专利166项；获授权专利113项，同比增长20.4%。获批国家自然科学基金重大项目1项、国家自然科学基金国际合作与交流项目1项、国家自然科学基金重点项目1项；获批广东省科技创新战略专项资金（重点领域研发计划）项目2项，单项经费突破3000万元。

选派学生44人次赴加州大学伯克利分校、日本早稻田大学、澳大利亚悉尼科技大学交流。组织国内外专家进行学术讲座30余场，多位教师参加境外学术会议并做学术报告。

【综合管理】发挥工会、教代会和关工委作用，组织教工开展爬山、踢毽球、师生羽毛球赛等全民健身活动。做好消防安全工作，各团队实验室消防安全工作分级落实到位，组织全院师生进行消防演练，全年零事故。完成学院新网站改版和升级。制作自动化专业办学60周年纪念画册和纪录片，举办自动化专业办学60周年庆典大会及系列活动。拓展校友资源，成立华南理工大学人工智能行业校友会，自动化1985级大专班筹集32万元设立自动化85大专班爱心基金，广发期货设立贫困生奖学金，泰科电子捐赠60台平板电脑用于学院开展创新创业实践和社会实践工作。

计算机科学与工程学院

【党建与思想政治工作】2018年新发展党员52人。现有20个党支部，其中，教工党支部6个，党员64人；学生党支部14个，党员347人。加强政治理论学习，组织各类学习培训19场。严格落实党风廉政建设责任制，积极开展纪律教育学习月活动。加强师德师风建设，开展“师德建设主题月”活动，开展纪律教育宣讲。加强党支部组织生活规范化建设，实施基层党建“三个一”工程，开展精准帮扶工作，开展新老党员校史文化交流，组织参观“大潮起珠江——广东省改革开放40周年展览”等活动，坚定党员理想信念。

【学科与队伍建设】计算机学科ESI排名从全球228名（前56.86%）提升至160名（前36.87%），在U. S. News位居全球第78名。网络空间安全学科获批广州市重点学科。

人才队伍建设方面，1人获批国家自然科学基金优秀青年项目，1人入选“珠江学者”，1人获批广东省杰出青年人才基金项目，1人获霍英东青年教师奖二等奖。2018年学院聘兼职教授1名、讲座教授6名。

【教学工作】本科教学方面。启动计算机科学与技术专业教育部工程教育认证申报工作。实施本科生全员导师制度，完成2017—2018学年的导师制考评及2018—2019学年的导师制招生工作。实施整建制实习改革，探索尝试“2+2”整建制实习方案，251名毕业班学生整建制进入华为、腾讯、电信、网易等知名企业进行暑期实习。加强教学过程质量监督，对2018级本科生在每学期中期实施“主干课程中段考试”。深化MOOC建设，开设MOOC课程12门。1人获第二届卓越大学联盟高校青年教师教学创新大赛一等奖；1人获“最美慕课——首届中国大学慕课精彩100评选展播活动”三等奖。18人获学校“本科课堂教学质量优秀教师”奖、5人获学校“本科教学优秀（毕设专项）奖”、1人获学校“青年教师本科课堂教学竞赛鼓励奖”。教师获各级教学科研项目39项，其中，教育部11项、省级1项、校级27项。教师发表教研论文6篇、出版本科生教材4种。本科生18人获IEEE世界级竞赛奖项，15人获国家级竞赛奖项，20人获省级竞赛奖项，获科技创新项目共65项。

研究生教学方面。完成计算机科学与技术学术型硕博士、计算机技术专业学位硕士、网络空间安全学术型硕博士的学位点评估报告。修订研究生培养方案，包括实施本硕博一贯制，完善全英教学与合作培养机制，严格毕业要求等。研究生发表学术论文90余篇，申请1项研究生教育成果奖培育项目。

【科研工作与对外学术交流】2018年科研合同经费总数3340万元，其中，纵向经费2193万元、横向经费1147万元。发表SCI、EI论文200篇，其中IEEE Trans. 论文44篇；1篇论文入选ESI高被引论文。申请专利211项；获授权专利29项，其中，发明专利28项、实用新型专利1项；获软件著作权76项。获批部省级平台“大数据与计算智能粤港联合创新平台”1项。

对外学术交流方面，成立IEEE广州分会，助力广东省以及华南地区各学术科研机构、企业与团体之间的合作与交流。组织19名博士生到香港城市大学参加博士生论坛；开展联合或合作培养项目工作，校级交换生联合培养项目2人、院级国（境）外合作项目1人、国家公派出国留学项目1人；参与国际学术会议及出国境交流20人次。举行“图灵之光”系列讲座60场次。

【综合管理】设立本科和研究生公共实验室，完成2018级全体学生防火安全教育培训，制定实验室安全管理细则，落实实验室安全责任人，建立消防安全月检查制度。翻修和更新教学设备，在公共区域安装视频监控等。加强校友联系，牵头筹建“华南理工大学计算机学院校友创业促进会”。

电力学院

【党建与思想政治工作】2018年共发展党员140人，其中，青年教师党员1人、学生党员139人。学院共有党员669人，35个党支部。其中教职工党支部8个，党员113人，占教工总数的81.3%；研究生党支部19个，党员357人，占研究生总数的47.2%；本科生党支部8个，党员199人，占本科生总数的11.7%。加强党建工作制度化建设，修订《电力学院党建工作制度》《电力学院党建工作细则汇编》。加强纪律教育和党风廉政建设，开展以“加强党的政治建设　营造良好政治生态”为主题的纪律教育学习月活动，强化党员干部党纪党规意识。调整教职工党支部，完善“支部建在团队”和“双带头人”机制。继续与电力行业企业联合共建教工党支部。深入开展“岭南追梦”“领航计划”等主题活动，激发支部活力，创建“学习型、服务型、创新型”党支部。

【学科与队伍建设】新增动力工程与工程热物理一级学科博士点。完成电气工程和动力工程专业学位点、动力工程及工程热物理学术学位点自评估。完成能源与动力类专业硕士学位点、电子与信息类专业博士学位点调整申报工作。

学院有教职工139人，其中，专任教师106人，教授（含正高）40人，包括中国工程院院士、国家级特聘教授、国家优青、全国百篇优博论文获得者、广东省杰青、霍英东青年教师基金获得者等高水平人才。

【教学工作】本科教学方面。推进本科生教育教学模式改革，优化课程设置。

采用讲座、研讨、辩论、参观等多种教学和考核方式，调动学生积极性。利用“互联网+”技术开设微课堂、混合式教学、翻转课堂，新建2门MOOC课程，1门本硕贯通课程（MOOC）正式授课。在学校教学质量评比中，29人获本科课堂教学质量优秀奖，5人获2018届本科毕业设计（论文）优秀指导奖，1人获青年教师本科课堂教学竞赛二等奖。实验教学取得突破，获学校第一届电气信息及控制实验教学竞赛二等奖1项、三等奖3项；3人获第五届“全国高校电工电子基础课程实验教学案例设计竞赛”二等奖。建立模块化、多维度校内外实验/实践基地，新增3家本科教学实习基地，获批7个国家级大学生创新创业训练计划项目、8个广东省本科高校创新创业项目。获批百步梯攀登计划立项21项。

研究生教学方面。改革研究生招生指标分配机制，制订实施《电力学院研究生招生指标绩效分配方案》。与南方电网科学研究院联合建立首批广东省专业学位研究生培养基地，联合培养学生完成9项新产品，发表16篇科技论文，申报专利7项，获授权1项，参编技术报告或技术标准6项。加强对各类研究生从招生、培养到论文答辩的全过程管理。

【科研工作与对外学术交流】2018年新增科研项目116项，合同经费6909.8万元，到校经费5982.37万元，比上年分别增加12%、80%和28%。获批7项国家自然科学基金项目，其中1项国家自然科学基金委－国网联合基金重点项目，在研国基重点项目6项。获批国家重点研发计划子课题项目2项、广东省自然科学基金项目11项，其中，1人获杰出青年基金项目。申请专利327项，其中，发明专利240项、实用新型专利87项；获授权专利238项，其中发明专利153项、实用新型专利85项。发表三大索引论文254篇，其中，SCI论文101篇、EI论文92篇、CPCI-S论文61篇。

与顶级国际学术组织IEEE签订战略合作框架协议，成为国内签约的第三个机构。与中国电机工程学会签署战略合作框架协议，成立华南地区唯一的中国电机工程学会华南理工大学会员中心。承办“电力系统技术国际会议”、粤港澳大湾区先进能源利用技术论坛、超高次谐波问题及影响技术研讨会等学术会议。邀请美国康奈尔大学、德国波茨坦大学等高校的专家来校交流，举办学术讲座13场。

【综合管理】坚持民主集中制，凡“三重一大”事项都通过党政联席会集体讨论决策。建立实验室安全自查和定期开展消防演练制度。组织教工参加学校排球赛、篮球赛等活动。关心教职工身心健康，组织教职工参加体检，走访慰问离退休老同志。完成学院新网页升级改版工作。组织2018年校友返校日等活动，做好1975级校友毕业40周年、1994级校友毕业30周年等工作，迎接250余名校友返校。

生物科学与工程学院

【党建与思想政治工作】2018年共发展学生党员40名，预备党员转正39名。学院共有党员292名，其中，教工党员51名，占教职工总数的68%；本科生党员39名，占本科生总数的8.12%，研究生党员202名，占研究生总数的53.02%。加强政治理论学习，运用集中专题学习和自主分散学习相结合的方式，召开学院党委扩大会和理论中心组专题学习会、党政联席会议，重点学习习近平新时代中国特色社会主义思想和党的十九大精神。通过举办科研诚信专题宣讲会、师德师风主题报告会、教职工大会、班子成员与教师谈心谈话，把廉洁从教纳入师德建设范畴，切实加强师德师风和教风学风建设。加强基层党组织建设，建立党委委员联系基层党支部制度，健全党支部工作考核评价体系。推进基层党支部规范化建设，严格落实“三会一课”制度。发挥先锋党员的模范带头作用，发酵工程博士生党支部书记廖锡豪获首批全国高校“百名研究生党员标兵”。成功举办学院“红色基因工程”启动仪式，设立“红色基因”党建工作室，举办“红色经典演绎大赛”，掀起红色基因文化的高潮。

【学科与队伍建设】生物学与生物化学ESI学科排名百分位由上年的45.53%提升为41.01%。启动生物学一级学科学位授权点自我评估工作。

加强人才引进力度，引进4名教师，其中，教授1名、副教授2名、师资博后1名。现有教职工76人，其中，专任教师55人，专任教师中具有正高职称22人、副高职称27人，副高以上职称人数占专任教师总数的89%，具有博士学历人员占专任教师总数的98%。

【教学工作】本科教学工作。制定2018级生物类培养计划，率先实行生物大类招生和培养计划（1.5+2.5）。实施“本科生导师制”。启动课程教学小组负责制，由教授主讲主干课。立项建设全英课程、新生研讨课、校企合作课程共4门。搭建本科教学实习基地5个，为培养创新型、实用型人才提供重要支撑。加大对本科生课外创新活动的支持力度，“本科生创新基金项目”重点项目及导师制的支持力度分别由原定的10 000元/项及4000元/项提高至50 000元/项及6000元/项，覆盖全体本科生。1名教授入选教育部生物技术、生物工程类专业教学指导委员会，1名教师获评校级教学名师。

研究生教学工作。组织完成研究生招生夏令营工作，吸引优秀生源。7名博士生获学校优秀博士学位论文创新基金，7名硕士生获博士预备生基金。基因组科学创新班共有3人次以署名作者身份在国际学术期刊上发表研究成果2篇。

【科研工作与对外学术交流】2018年实到各类科研经费2187万元，同比增长38.8%。承担各类项目51项，其中，国家重点研发计划项目1项、国家重点研发计划子课题3项、国家自然科学基金项目12项、省部级科研项目6项、其他项目29项。申请发明专利35项，获发明专利授权23项。发表SCI论文71篇。教育部“合成生物学与药物制备”国际合作联合实验室建设进展顺利。

加强对外学术交流。举办华南理工大学-爱丁堡大学生物工程合作研讨会、广东省发酵与酶工程重点实验室学术委员会年会暨前沿生物技术与生物发酵产业发展战略研讨会等。参与中国生物工程学会合成生物学专业委员会（筹建）组织工作等。

【综合管理】全面实施实验室安全准入制度，定期开展实验室常规安全检查工作，顺利通过2018教育部实验室安全飞行检查。制订《生物科学与工程学院公共自习室管理规定（试行）》，修订《生物科学与工程学院会议室预约、使用管理办法》等3项管理制度。调整学院领导班子及办公室人员的分工，完成学院办公室搬迁工作，统一规范学院各类标识牌。加强校友联系，做好校友返校日工作。

环境与能源学院

【党建与思想政治工作】2018年共发展党员41人，其中，本科生20人、研究生21人。学院共有党支部18个，其中，教工党支部5个、学生党支部13个。学院共有党员436人，其中，教工党员65人，占教工总数的61%；本科生党员50人，占本科生总数的9.94%；研究生党员321人，占研究生总数的51.7%。加强政治理论学习，组织中心组专题学习10余次。履行党风廉政建设责任，配合开展科研诚信教育暨科研经费自查自纠工作等。加强基层党组织建设，严格落实"三会一课"等组织生活制度。推进"岭南追梦"行动，开展"讲红色故事，传承红色基因"活动。5名教师党员和10名学生党员获评学校优秀党员，1位同志获评学校优秀党务工作者，学院办公室党支部获评学校优秀党支部。

【学科与队伍建设】按照"全面规划、突出重点，促进交叉、形成特色、协调发展"的学科发展思路，统筹规划学科建设，促进环境与能源学科间的交叉融合与协同创新，加强新绿色能源化学与技术学科建设。获批学校学科建设经费650万元，在学科平台建设方面加大投入。环境科学/生态学ESI学科排名为84.8%，同比前进13.9%。

加强人才引进力度。全年引进青年"海外高层次引进人才"1人、国家优青1人、教授1人、副教授1人。建立师资补充招聘管理长效机制，实行按学科方向进人，不断完善学科主流方向人才梯队的结构。申报Ⅱ类博士后20人。

【教学工作】本科教学方面。环境工程本科专业第三次通过中国工程教育认证。实行大类招生分专业培养。制定本科生导师制实施办法，推进落实本科生导师制。学院获9项本科教研教改项目，其中，教育部"本科深改工程"项目立项1项、省级教研教改项目立项1项、校级"探索性实验"项目立项3项、校级教研教改（含实践教改）项目4项。学生SRP项目立项27项，"国家级大学生创新创业训练计划"项目立项10项。1项教改项目获2017年度广东省教学成果奖二等奖。

研究生教学方面。开展研究生夏令营活动，吸引优秀生源。优化研究生选拔方式，实行博士申请考核制。修订《博士硕士研究生申请学位发表学术论文的规定》《博士硕士研究生招生指标分配办法》《工程博士招生实施细则》和《学术型博士中期考核补充办法》等规章制度。获校级优秀博士学位论文创新基金资助13人，获国家建设高水平大学公派研究生项目资助6人，获学校专业实践优秀研究生3人，获华南理工大学聘请国外及港澳台地区知名专家短期讲学资助项目1个。

【科研工作与对外学术交流】2018年新增各类科研项目109项，合同总经费7473.27万元，到校经费7269.81万元。其中，国家重点研发计划项目2项、国家重点研发计划课题6项、国家自然科学基金项目12项、省市科技项目21项。获授权专利65项，其中，发明专利45项、实用新型专利20项。发表期刊论文408篇，其中SCI论文295篇。出版学术著作2

种。1人入选2018年全球“高被引科学家”名单。“一种化肥废水处理工艺优化方法”获第二十届中国专利银奖。

承办首届矿山环境污染与修复学术研讨会、广东省土壤学会2018学术研讨会暨理事扩大会、第四届纳米环境技术年会暨2018全国纳米环境技术学术会议、环境与能源高峰论坛暨海峡两岸环境与生态研讨会等学术会议。2018年派出30余人次到国（境）外知名高校院所访学交流或开展项目合作，接待国（境）内外专家学者访问50余人次，举办学术报告会60余场。

【综合管理】通过发放国家自然科学基金项目奖和SCI论文奖、评选年度贡献奖和优秀奖、发放日常考勤奖等多种激励机制，提高教师队伍工作的积极性。通过民主投票，10名教工获得学院年度优秀奖、20名教工获得学院年度贡献奖。加大实验室安全基础设施改造和投入，完成危险化学品管理平台和高温设备共享平台2个项目的建设。加强校友联系，与校友企业在人才培养、学生就业实习等方面加强合作。

软件学院

【党建与思想政治工作】2018年共发展党员30人，其中，本科生27人、研究生3人。学院共有党员264人，其中，教工党员42人、学生党员222人（研究生119人、本科生103人）。落实党政联席会议和党委会议制度，执行民主集中制，共召开党委会11次、党政联席会27次。落实党风廉政建设责任制，在招生、职称评定、应聘面试、设备采购等环节加强监督和管理。强化组织建设，制定《软件学院党员管理考核办法》。推进“岭南追梦”行动，组织师生参观虎门威远炮台、鸦片战争博物馆，进行现场学习。推进“领航计划”，发展1名教授为入党积极分子。

【学科与队伍建设】加强学科建设，建立发展经费资助机制，充分利用学校下拨学科建设经费和自筹经费，对科研团队、科研平台、学科方向以及青年教师项目等进行资助。

完成第五期“兴华人才工程”团队建设，兴华人才学术团队增至7个。学院现有教职工67人，其中专任教师42人（含教授12人、副教授16人），教师中博士学历占比为91%。

【教学工作】本科教学工作。推进课程教学模式改革，加强特色课程建设，新增新生研讨课2门、学科前沿课1门、基于项目（设计、案例）课1门、校企（合作）课程3门。推进省级和国家级精品MOOC课程的建设工作，新立项2门国家级MOOC课程。加强全英课程建设，新增3门全英课程。开展校企联合培养及产学研合作项目，获批2018年教育部与Google、腾讯等企业的产学研合作协同育人－新工科建设项目3项。新增2家校外实习基地，新增3门企业联合共建的专业理论课程和5门实训课程。鼓励学生参加国内外各类学科竞赛，卓越班学生参与项目实践和各类专业比赛比例达到85%。2013级本科毕业生王一领衔的“齐悟大脑”团队获第四届“互联网＋”大学生创新创业大赛全国总决赛金奖；音书科技创业团队获“创青春”浙大双创杯全国大学生创新创业大赛公益组金奖。

研究生教学工作。开展研究生夏令营活动，吸引优秀生源。研究生积极参与科技竞赛，获国际级一等奖1项、二等奖2项；国家级一等奖4项、二等奖4项、三等奖2项，省级一等奖1项。

【科研工作与对外学术交流】2018年项目合同总经费2392.74万元，实到经费1422万元。其中，获批国家自然科学基金项目4项、国家重点研发计划子项2项、国际合作项目1项、广东省科技创新战略专项2项、广州市双创平台建设重点项目1项。发表SCI论文39篇（其中一区11篇、二区6篇）、EI期刊论文16篇、EI会议论文20篇，出版专著1种。获授权专利21项，获批计算机软件著作权58项。加强联合实验室建设，与深圳四方精创共建“区块链联合实验室”，与金山共建“华工大－金山办公联合实验室”。

全年派出41人参加寒暑假国际交流活动。聘请国外高校专家来学院授课6人次，邀请国内外著名专家、学者到学院进行学术交流，开展学术报告（讲座）近40场。

【综合管理】改版学院中、英文网站。加强实验教学中心的建设，更新公共基础实验室计算机设备202台，重新建设服务器机房。定期开展消防安全检查，消除安全隐患。改善学院环境及办公条件，对部分场地进行修缮、改造。加强校友联系，走访部分优秀校友企业。

工商管理学院

【党建与思想政治工作】2018年共发展党员98人，其中，本科生79人、研究生18人、教工1人。学院共有党员595人，其中，教工党员104人、学生党员491人（研究生326人、本科生165人）；研究生中党员的比例为47.3%，本科生中党员的比例为13.3%。坚持民主集中制，落实党政联席会议制度和“三重一大”决策制度，召开党政联席会议22次、党委会议4次，讨论决策“三重一大”事项151项。加强政治理论学习，开展中心组理论学习5次；加强党员骨干学习培训，组织党员参观遵义会议旧址。组织开展2018年纪律教育学习月活动，召开动员大会，集中学习纪律教育制度文件。与烈士陵园共建爱国主义基地，被授予“爱国主义教育共建共赢基地”。推进“岭南追梦”行动，组建“红色引擎宣讲团”，定期参与烈士陵园的党史宣讲活动，并入选学校党建品牌。

【学科与队伍建设】2018软科“中国最好学科”排名中，管理科学与工程学科排名第8位，同比上升8位；工商管理学科排名第24位，同比上升1位。

人才队伍建设方面。组建第五期兴华人才团队，出台团队考核办法。获评国家优青1人，受聘珠江学者特聘教授1人。引进教师2人，博士后5人。

【教学工作】本科教学方面。完善本科课程质量保障体系，在工商管理“2＋2”联合班的基础上设立工商管理全英班，于2018年正式招生。组织开展优秀示范课和课堂教学竞赛活动 2 次，以“精品课程建设”“全英班课程建设”为主题举办教学沙龙两场。开设 12 门 25 个班次的创业教育通识课，受众学生超 1250 人次。组织学生参与各类科技创新竞赛，获国家级奖项 26 项、省市级奖项 20 项，其中，获第三十八届艾迪国际杯国际企业管理挑战赛国际总决赛亚军。“博维”青年志愿者服务队获“广东省学雷锋示范点”称号。

研究生教学方面。举办第二届全国优秀大学生夏令营，吸引 1000 余名学生报名。获国家公派出国留学计划资助 2 人。获评校级优秀博士学位论文 1 篇，获学校优秀博士论文创新基金资助 10 人。整合 MBA、EMBA、EDP 三大中心，不断提升教学质量和服务水平。参加全国首次 MBA 专业学位水平评估，获评 A^-。新设 MBA 全英国际班。MBA、MPAcc、ME 项目录取 467 人，拓展 EMBA 项目招生渠道，共录取 31 人并独立开班。高级管理培训中心全年举办培训 40 余场，培训人数超 3000 人次。

【科研工作与对外学术交流】 2018 年获批立项科研总经费 2268 万元，其中，纵向经费 1767 万元、横向经费 501 万元。新增国家级、部省级项目 35 项，其中，国家社科基金项目 7 项（含重大项目 1 项、重点项目 1 项）、国家自科基金项目 10 项（含重点 1 项、优青 1 项），部省级项目 18 项；横向项目 31 项。发表论文 477 篇，其中，3 篇论文被国际顶级期刊发表或录用，三大索引收录论文 210 篇（SSCI 论文 70 篇、SCI 论文 75 篇、EI 论文 65 篇）。广州市大型企业创新体系建设研究中心获批省级科研基地。

积极推进国际认证和办学国际化进程。国际一流认证 AACSB 进入获准现场访视环节。正式申请 EQUIS 认证。与美国普渡大学等 5 所高校签订人才培养和学生交换合作协议。全年接待国（境）外高校和政府合作交流来访 12 批 28 人次，邀请国外知名学者来院学术交流讲座 20 余人，资助师生参加国外学术会议 11 人。

【综合管理】 成立行政协调小组，促进管理服务工作提质增效。积极开展工会工作，不断营造“健康向上，和谐进步，为学院发展做贡献”的良好氛围。召开 4 次教职工大会，探访离退休教工、慰问患病教工 12 人次，教师节慰问老中青教师代表 5 人。落实消防安全责任，对实验室等重点场所开展例行消防检查 10 次。由 26 名教职员工组成的参赛队以绝对优势再次蝉联教职工运动会团体总分第一名。扎实推进校友工作，举办第四届校友理事会成立大会，参会人员 200 余人，选举出理事会成员 308 人；举办第六届校友返校日活动，22 个班级约 450 名校友返校聚会。加强学院宣传工作，撰写发布各类新闻稿件 115 篇，被学校采用 13 篇；丰富学院微信公众号内容，发布推送新闻稿件 88 篇。做好学院资产管理。目前学院拥有各类设备共 7108 件次，固定总资产 3400 余万元，图书中心馆藏中外图书合计 42 049 册 。

马克思主义学院

【党建与思想政治工作】 2018 年共发展党员 19 人，其中，研究生 18 人、教师

1 人；预备党员转正 10 人（均为研究生）。学院共有党员 170 人，其中，教工党员 63 人（教工党员比例为 88.7%），研究生党员 107 人（研究生党员比例为 57%）。以创建“学‘习’、研‘习’、讲‘习’”党建品牌活动为抓手，系统推进学院党建和思想政治建设，10 余位教师在省内外宣讲十九大精神，共计 100 余场。落实“三会一课”等组织生活制度，学院党委委员、党支部书记带头讲党课，各党支部认真开展每月的主题党日活动。获教育部高校“两学一做”支部风采展示活动教工党支部优秀微党课 1 项、广东省高校学习型服务型创新型党支部 1 个、广东省高校基层党组织书记工作案例二等奖 1 项。

【学科与队伍建设】获批建设马克思主义理论一级学科博士学位授权点。开展马克思主义理论一级学科硕士学位授权点自我评估，接受教育部马克思主义理论学科学位授权点调研督查。在 2018 软科“中国最好学科”排名中，马克思主义理论学科排名第 20 位，位列前 10%。

人才引育方面。新晋升教授 1 人、副教授 3 人，新引进博士后 3 人。学院现有专任教师 61 人，其中教授 16 人、副教授 22 人，具有博士学位 50 人。

【教学工作】本科教学方面。推进本科生思想政治理论课教育教学改革，召开学院党政联席会议专题研究讨论教学工作，定期举行教研室集体备课会和教学示范课。丰富实践教学渠道，将四门思想政治理论课的实践课程整合为一门“马克思主义理论与实践”必修课；创新思政课教学模式，组织教师进行“雨课堂”等信息技术的培训；加强思政课新教材培训，组织教师集中学习 2018 年新版教材，邀请专家来院解读新版教材。组织申报各级各类教研教改项目，开展教学比赛活动，获广东省高等教育教学改革项目 1 项，校级教研教改项目 4 项，校级教育技术“创新应用工程”项目 3 项，校级学生研究计划（SRP）项目 7 项，校级“明道育德”课程思政专项 6 项，校级荣誉学位课程 1 项。获教育部思政工作司“高校思想政治工作中青年骨干队伍建设项目”支持计划 1 人，获第八届广东省教学成果奖二等奖 1 项、广东省第四届高校青年教师教学大赛二等奖 1 项，获校级青年教师课堂教学竞赛鼓励奖 3 人、获校级教学优秀奖 3 人。

研究生教学方面。修订硕士生、博士生培养方案，规范研究生课程考试考核方式，完善培养体系；加强研究生培养过程管理，提升研究生培养质量。研究生学术研究取得进展，发表 CSSCI 期刊论文 11 篇，获校级“百步梯攀登计划”项目 54 项、“优秀硕士研究生创新基金项目” 4 项。论文质量进一步提高，学位论文抽查全部合格。其中，2 名博士生获得学校优博基金三等资助，4 名学生获得研究生学术论文奖，1 篇硕士生论文获推学校优秀硕士学位论文。

【科研工作与对外交流】2018 年科研项目合同总经费 533.3 万元，实到经费 314.6 万元。获批国家社科基金项目 7 项（其中重大项目 1 项），中华学术外译项目 1 项。获批部省级项目 10 项，其他各级各类项目 38 项。发表论文 102 篇，其中 E 类以上论文 62 篇（B 类论文 4 篇、C 类论文 19 篇、D 类论文 18 篇、E 类论文 21 篇）；出版专著 6 种、译著 1 种。获省级科研成果奖 4 项。

学术交流方面。围绕党的十九大精神和习近平新时代中国特色社会主义思想开展 8 场专题学术研讨会。邀请国内 13 位知名教授来院做学术报告，邀请荷兰科学院院士、乌特勒支大学的 Dennis Dieks 教授等 3 位国际知名学者来院讲学。组织中国－荷兰“物理学哲学工作坊”、中德

"技术哲学工作坊"等国际交流活动。

【综合管理】完善教授治学制度，充分听取工会委员和教代会代表的意见和建议，提高学院的民主管理和服务水平。落实消防安全责任制，完善消防档案，坚持每月消防安全巡查，举行消防安全培训和疏散灭火演练。加强工会工作，积极组织老师参加学校教工运动会、健康环湖跑等活动；关心关爱离退休教师，慰问长期患病的老教师。组织开展校友返校活动。

公共管理学院

【党建与思想政治工作】2018年共发展党员44人，其中，本科生26人、研究生18人。学院共有党员193人，其中，教工党员51人、学生党员142人（研究生102人、本科生40人），研究生党员的比例为55%，本科生党员的比例为11%。加强政治理论学习，制订教职工学习计划、党委中心理论组学习计划。加强党风廉政建设，严格落实中央八项规定精神，认真落实"三重一大"决策制度，确保全院师生廉洁从政、从教与从学。加强党支部标准化、规范化建设，不断提高党支部建设质量。学院党委获2017年学校"先进基层党委"，地方风险治理研究中心党支部获校级先进党支部，获2018年校"优秀组织员"1名。加强党建品牌建设，"把教工党支部建在研究中心"获批学校2018年党建品牌项目，2017级研二党支部列入学校首批榜样党支部名单，公共管理与公共政策研究所党支部获批中共广东省委教育工委"双带头人"教师党支部书记工作室立项。加强党建理论研究，《甘做学院乘风远行的护航员》在广东省高校优秀基层党组织书记工作案例评选中获一等奖。结合"两工程一计划一行动"，创新组织生活载体，公共管理与公共政策研究所党支部获得学校微党课决赛三等奖、组织生活创新案例三等奖，研究生党支部参与学校"传承红色基因，争做时代新人"红色经典演绎大赛，获二等奖。

【学科与队伍建设】学科建设取得突破，获批公共管理一级学科博士点，与清华大学、东莞市人民政府联合申报的公共管理一级学科被广东省教育厅批准为"广东省优势重点学科"。"一带一路"国际公共管理硕士全英文专业（IMPA）获批建设。

引进具有海外教育背景或直接从海外引进人才7人。其中，"兴华青年学者"2名，Ⅰ类博士后1名，Ⅱ类博士后3名，从香港岭南大学引进1名讲座教授。1人获2018年"珠江学者"特聘教授，同时入选2018—2022年教育部高等学校全国公共管理类专业教学指导委员会委员。

【教学工作】本科教学工作。开展小班教学，小班教学课程比例达92%以上。鼓励教授为本科生授课，学院全部教授和副教授均讲授本科生课程。加强教学改革工程建设，获批省级教改项目2项、校级教改与研究项目3项。行政管理专业获批广东省质量工程"特色专业"建设项目。统筹"双创基地"建设，《国家"双创"

平台绩效第三方评价》获批双创平台培育引导项目。引导师生参加各类创新学生项目的申报工作，学生研究计划（SRP）获批9项，“国家级大学生创新创业训练计划”项目立项1项，百步梯攀登计划获批36项。2018年，学生项目获国家级奖项4项、省级奖项4项，其中1项学生成果获第二届“求是杯”全国公共管理案例大赛三等奖。

研究生教学工作。加强招生宣传，生源质量稳步提升。做好MPA招生布局和宣传，MPA报名人数及招生人数均保持在高位。加强校地合作，联合羊城晚报社共同申报广东省联合培养研究生示范基地并获批。制定《公共管理学院博士生导师遴选方案》《公共管理学院博士生培养方案》等系列办法。

【科研工作与对外学术交流】 2018年科研项目实到科研经费655万元。获批国家级、部省级项目17项，其中，“新时代我国基层社会治理研究”获批教育部重大攻关项目，国家社科基金重点项目1项、国家自然科学基金项目1项，部省级项目14项。教师发表论文共81篇，其中，A类重要1篇、A类一般3篇、B类14篇、C类18篇、D类45篇。基地建设取得成效，广州特大城市风险治理研究中心获批广州市社科重点基地。社会治理研究中心入选中国智库索引（CTTI）2018年“百强智库”名单，智库成果获得CTTI的二等奖。政府绩效评价中心增补入CTTI来源智库。

加强国内外学术交流。分批组织专职教师赴香港高校开展学术交流和教学研究专题研修活动。与香港教育大学亚洲与政策研究学系、香港岭南大学研究生部联合主办第五届“社会政策与治理创新国际学术研讨会”。承办两期港澳与内地高等学校师生交流项目的交流活动。做好引智工作，聘任3位知名学者担任学院兼职教授，举办“公共管理大讲堂”15讲，“公共管理学术工作坊”13期，MPA行业专家大讲堂9次，10场大型高层次学术会议。选派13名本科生赴境外高水平大学参加短期学分项目，12名学术型研究生赴境外交流学习。在MPA学生国际交流方面，选派20名MPA研究生分赴美国雪城大学和意大利萨莱诺大学法学院等单位进行交流访学。

【综合管理】 积极开展工会工作。组织教师参加学校教工运动会、健康环湖跑等活动，召开4次教职工大会，探访离退休教工，慰问患病教工。落实消防安全责任，坚持每月消防安全巡查，对实验室等重点场所开展例行消防检查。组织开展校友返校活动。

外国语学院

【党建与思想政治工作】 2018年共发展党员30人，其中，教工1人、本科生12人、研究生17人。学院共有党员138人，其中，教工党员52人、学生党员86人（研究生54人、本科生32人）；研究生党员的比例为40.6%，本科生党员的比例为8.4%。加强政治理论学习，组织党委中心组理论学习8场，开展“十九大精神辅导报告会”“全国教育大会精神大讨论”等活动7场。开展纪律教育学习月活动，通过通报反面典型案例、观看警示片、开展毕业生廉洁教育等活动，筑牢廉洁从政、从教、从业的思想根基。加强基层党组织建设，保质保量开展“主题党日”和“三会一课”活动，每个支部年完成主题活动均达到35次。推进“岭南追梦”行动，组织“红色经典”“华夏经典”等学生诵读等活动。

【学科与队伍建设】 以下一轮学科评估和博士点申报为目标，规划学科重点建设方向，着力培育标志性成果，扩大高质量成果的产出规模。

组建第五期“兴华人才工程”团队，分类制定考核办法。2位教授新增为博士生导师，1名教师获国务院政府津贴。

【教学工作】 本科教学方面。加大教学改革力度，常态化开展大学英语教学改革研讨，制订本科生混合式教学模式的通识课教学计划，面向全校开展本科优秀教学示范课及教学沙龙1次。加强课程改革建设，1门课程获批2018年国家精品在线开放课程，上线MOOC课程1门。成立语言中心，面向全校师生开设英语口语培训课程。严格执行教授为本科生上课制度，全部教授为本科生上课。2018年英语专业四级通过率为94.44%，英语专业八级通过率为66.67%，日语专业四级通过率为54.17%。鼓励学生参加国内外专业竞赛，英语系学生参与全国性的专业竞赛5人次，获第二届“卓越联盟杯”演讲大赛三等奖1项，获广东省第五届“联盟杯”本科高校英语写作大赛英语专业组特等奖1项；日语系学生参加第十三届中华全国日语演讲比赛华南赛区预选赛和“笹川杯”日本研究论文大赛，均获优秀奖。

研究生教学方面。加强招生宣传，努力提高生源质量。顺利完成2019年度硕士研究生保送生考试、录取工作。研究生公共英语教学部为全校硕士生开设“综合英语”和拓展课；引进外教资源，为全校博士生开设“国际学术会议与论文发表写作课”。1名研究生获广东省优秀研究生，研究生奖学金覆盖率100%。

【科研工作与对外学术交流】 2018年到校科研经费近160万元，获批国家级项目2项，部省级、市级社科项目10项。全年发表SSCI、A&HCI论文4篇，A类论文3篇，B类论文8篇；发表CSSCI论文24篇；出版著作6种、教材6种、电子出版物3种。2项成果分获广东省哲学社会科学优秀成果二、三等奖。推动智库平台建设，搭建教育部国别和区域研究基地印度洋岛国研究中心基本组织框架。

对外交流方面。与美国伯克利大学、英国剑桥大学和利兹大学、德国英戈尔斯塔特大学等20多所国外优质高校保持良好的合作关系，开展学生交换项目和教师学术互访。邀请海内外知名专家学者来院讲学，举办首届印度洋岛国区域国别研究会、第二届“卓越大学联盟”高校外国语学院院长高层论坛、华南理工大学–首都大学东京联合论坛、新时代语言学研究与推动中国文化走出去高端论坛等学术会议。

【综合管理】 建立健全规章制度，制定《外国语学院领导班子党风廉政建设责任》等系列规章制度。增强人文关怀，组织为重大疾病学生献爱心捐赠活动，共筹集善款58.5万元。推进校友工作，成立研究生校友会、日语校友会；开展校友座谈会9次，访谈优秀校友15人次；举办日语系建系15周年庆祝活动，开展1994级、2004级校友毕业周年活动；校友为贫困生捐资1万元/年，提供各类实习兼职工作30多人次。

法学院

【党建与思想政治工作】2018年共发展党员64人，其中，本科生41人、研究生23人。学院共有党员325人，其中，教工党员61人、学生党员264人（研究生182人、本科生82人）；研究生党员的比例为49.19%，本科生党员的比例为13.67%。学院下设8个教工党支部和8个学生党支部。全面推动从严治党向基层延伸，加强师生的思想政治教育，多次组织党风廉政建设、师德师风和教风学风建设等专题教育。加强政治理论学习，学院党委理论中心组全年开展11次主题学习，组织学院教师集中理论学习7次。扩大理论学习的社会影响，组织教师为广东省水利厅、暨南大学、广州中医药大学等34个校外部门单位作2018宪法修正案辅导报告。创新支部活动形式，学生党支部开展了与学科专业紧密结合的系列特色普法宣传活动；教师党支部举办学术午餐会3次。推进党建与业务工作深度融合，在广泛征求意见的基础上形成《法学院（知识产权学院）未来五年的发展思路与设想》。

【学科与队伍建设】完善学科体系建设，科学规划学科发展。理顺学院机构设置，成立教授委员会、学术分委员会、学科导师组和教研室，调整学位评定分委员会和教学指导委员会人员组成并明确职责。

坚持“挖掘潜力青年骨干、扶持青年教师成长”原则，加快队伍梯队建设，2018年引进副教授1人，聘用博士后3人。对标博士点建设要求，组建重点学科团队4个和培育团队1个。

【教学工作】本科教学方面。全面启动本科培养方案的修订。加强卓越法律人才培养基地的规范化建设，进一步明确出境访学、保研分流和招生答辩等过程管理。加强国家级文科实验中心建设，开展《模拟法庭实训》等6种实践教学教材的编写工作。组织参加“理律杯”等多项法律赛事或活动，完成省级实践教学成果奖和优秀实习基地建设的申报等工作。改革教学方法，新增校级教研项目1项、探究式本科教学示范课堂项目1项、MOOC课程项目2项、全英课程项目1项，产学研项目1项。引导学生参与“挑战杯”等各类学术科技创新竞赛，开展多项学术指导类活动。获国家级竞赛奖2项、省级竞赛奖7项、科研成果奖26项。

研究生教学方面。突出学科特色，明确培养目标，加强分类指导，进一步完善研究生培养方案。进一步规范预答辩、论文查重、盲审与答辩环节，加强研究生学位论文质量监督。继续推进研究生联合培养模式，提升学生实践创新能力。加强实践教学，完善社会实践管理考核制度，明确规定学术型硕士参加学术活动次数。2018年，6人获评为学校专业实践优秀研究生，其中5人为与佛山市顺德区人民法院联合培养研究生。

非学历教育方面。完善知识产权专业同等学力学生培养模式，结合学生实际情况，改革教学模式。全年共举办上市公司总裁知识产权研修班等6期培训班，培训学员617人次。

【科研工作与对外学术交流】2018年新增科研项目76项，合同总经费803万元，其中新增国家社科基金项目4项、部省级项目18项，部省级以上项目合同总经费199万元。全年发表期刊论文31篇，其中A类一般2篇、B类1篇，C类10篇、D类12篇，CSSCI论文9篇。出版学术专著3种。获第六届董必武青年法学成果奖三等奖1项。法治经济与法治社会研究中心获批为广州市法学会法治重点研究基地。

全年赴美国等地学术交流教师10余人次，选配本科交换生41人，其中卓越班出境交流项目22人。邀请美国等地4位外教授课，组织海外法学者论坛3次。与英国兰卡斯特大学法学院续签人才培养合作项目。

【综合管理】积极开展工会工作，通过召开教职工大会、组织慰问教职工等，营造健康向上、和谐进步的良好氛围。加强校友工作，邀请校友参加“研究生论文竞赛”“法律名家讲座”等活动；融合校友力量，设置“杰出青年教师学术奖”。

新闻与传播学院

【党建与思想政治工作】2018年共发展党员40人，其中，本科生26人、研究生14人。学院共有党员164人，其中教工党员43人，学生党员121人（研究生84人，本科生37人），研究生党员的比例为47.73%，本科生党员的比例为6.72%。创建“经典心传”党建品牌，开展党建主题教育活动10场。结合学科特点丰富党组织生活，举办“习近平的新闻观和宣传观”“文化自信的理解与坚持”“新晚清时期的报刊阅读与社会反响”“好记者讲好故事”等多场主题讲座和分享交流活动。加强党支部建设，优化党组织设置，以专业（方向）为依据纵向设置党支部；推进本科生第一党支部与宣传部退休党支部结对共建。结合“两工程一计划一行动”，开展暑期“三下乡”、参观爱国主义教育基地等活动，了解乡土国情。

【学科与队伍建设】构建高水平学术平台，牵头成立中国新闻史学会地方新闻史研究委员会。

加强人才队伍和团队建设。组建第五期“兴华人才工程”本科教学团队1个、教学科研团队4个。引进兴华青年学者1人，调入讲师1人，招收2名Ⅱ类博士后。

【教学工作】本科教学方面。主办教学研讨沙龙、4K产业实践型人才培养论坛，与行业专家共同探讨新闻传播人才培养经验。鼓励教师开展教学创新及教研教改项目申报，坚持大赛实践与课程教学相结合，坚持课程改革与学生实践相结合。2018年获批省级、校级教研项目各1项，校级教改项目1项。慕课“大学美育”获批教育部2018年国家精品在线开放课程，并获首届中国大学100门“最美慕课”一等奖。学生获第十届全国大学生广告艺术大赛广东赛区一等奖5项、二等奖14项、三等奖14项，第八届高校电视奖一等奖2项、二等奖7项、三等奖2项，中国数据新闻大赛二等奖1项、优秀奖1项。立项“百步梯攀登计划”“国家级大学生创新创业训练计划”项目12项。“燧石村”“most广州”“spotlight追光”等新媒体运营团队在内容创新方面不断发力。

研究生教学方面。开展研究生夏令营活动，吸引优秀生源。以评促建，开展新闻传播学硕士学位授权点、新闻与传播硕士专业学位授权点教育部评估工作。

【科研工作与对外学术交流】2018年科研项目合同经费535.89万元，到校科研经费349.89万元。新立项科研项目37项，其中国家社会科学基金项目3项（重点项目1项），广东省科技厅项目2项、广东省社科规划办项目2项，广州市社科规划办项目6项。发表论文105篇，其中A类一般4篇、B类14篇、C类16篇、D类22篇；在SSCI一区发表论文3篇、二区2篇，在《新闻与传播研究》发表论文3篇。论文被《新华文摘》全文转载1篇，人大复印资料转载4篇。

对外学术交流方面。举办中国新闻史学会地方新闻史研究委员会成立大会暨2018年广东社会科学学术年会、第五届新媒体发展与创新论坛等学术会。邀请美国宾州州立大学终身教授钟布、博林格林州立大学Louisa Shu－Ying Ha教授、德克萨斯理工大学的林漳希教授来院讲学。选派5名本科生参与美国密苏里大学新闻学院“2＋2”联合培养项目，6名本科生参与美国罗格斯新闻学院“2＋2”联合培养项目，21人次参与其他国际交流项目。

【综合管理】定期开展消防安全检查，消除安全隐患。改善学院环境及办公条件，对部分场地进行修缮、改造。利用专业优势为华南理工大学香港校友会成立50周年庆祝活动拍摄宣传片。

艺术学院

【党建与思想政治工作】2018年共发展党员24人，其中教师高知党员1人。学院现有党支部4个，党员95人，其中教工党员39人，教工党员的比例为66.1%；本科生党员30人，本科生党员的比例为7.2%；研究生党员26人，研究生党员比例为57.8%。学院党委全面贯彻落实党的十九大精神，推进“两学一做”学习教育常态化制度化，开展纪念马克思诞辰200周年活动等。推进党风廉政建设及师德师风建设，开展“加强党风建设 促进良好教风——教师节主题党日活动”、2018年师德建设主题月活动，学院党委获评学校先进基层党组织。坚持党建带团建，2016级舞蹈学1班获评2017—2018学年度“校园十佳班集体”，舞蹈系2016级本科生喻希雅获评“十大三好学生标兵”。舞蹈《红色记忆》获“传承红色基因，争做时代新人”华南理工大学2018年红色经典演绎大赛总决赛一等奖，艺术学院合唱团获教育部全国第五届大学生艺术展演二等奖。

【创作展演与队伍建设】坚持以原创作品为引擎，带动学科建设与人才培养。

原创室内乐组曲《秦粤时空》获国家艺术基金2019年度小型剧（节）目和作品创作资助，《听见广东》合唱音画入选教育部“高校原创文化精品推广行动计划”。弘扬传统文化，增强文化自信，华南理工大学广东粤剧艺术传承基地成功入选第一批中华优秀传统文化传承基地。

师资队伍建设方面。2018年，晋升副教授1人。现有教职工58人，其中专任教师47人，包括教授6人、副教授20人、讲师18人、助教3人。

【教学工作】加强音乐、舞蹈类本科招生工作，制定招生简章及相应改革措施，确保术科招生工作规范、有序。做好招生宣传工作，赴重庆、兰州、郑州、南昌、广州考点开展音乐舞蹈类本科招生术科考试工作，提升生源质量。举办“艺术学院第五届学生专业技能竞赛”，培养学生实践创新意识与团队协作精神。开展新老教师传帮带活动，提升教师教学水平。与深圳金信诺高新技术股份有限公司集团签订“金信诺企业奖学金”合作协议。组织开展艺术实践活动，舞蹈系师生、艺术学院合唱团受邀参加中央、省、地市多场演出，其中在第五届济南国际合唱节中获国际合唱节交流纪念奖牌。举办《美丽中国》舞蹈专场演出、原创合唱作品音乐会。华南理工大学室内乐团高雅艺术进校园演出5场，华南理工大学青年交响乐团演出“2019华南理工大学新年音乐会”2场。

【科研工作与对外学术交流】教师发表核心期刊论文9篇，其中CSSCI期刊论文2篇；出版著作1种。

开展国内外学术交流活动，邀请海外学术大师2名、海外名师7名来校授课、讲学，举办音乐会，传播新思维、新方法。与法国巴黎布赫拉海涅公立音乐学院、韩国中央大学、美国爱得荷大学合作举办交流音乐会。参加第七届中国-东盟音乐周，演奏梁军教授的合唱作品《广州印象》。组织师生14人赴香港演艺学院、香港中文大学交流。音乐学系白翎教授受邀在香港演艺学院、广西艺术学院举办学术讲座，沈云芳教授受邀在上海音乐学院连续举办4场学术讲座。

【综合管理】改善教学条件，购置教学乐器一批，完成计算机音乐课室设备更新工作。改造琴房排水系统。组织消防安全演练，增强师生安全防范能力。

体 育 学 院

【党建与思想政治工作】2018年共发展党员15人，其中，教工高知党员1人、本科生9人、研究生5人。学院共有6个党支部，其中研究生和本科生党支部各1个。共有党员106人，其中教工党员59人，占教工总数的70%；本科生党员17人，占本科生总数的11%；研究生党员30人，占研究生总数的48%。以“康健华园”党建教育实践活动为引领，抓实党支部建设，选优配强支部书记。教师党支部书记均由教授担任，教师党支部在组织理论学习、带队训练、挖掘体育史、校园体育文化氛围提升等方面发挥重要作用；学生党支部和党员骨干在理论学习实践、体育竞赛、文化学习、校园体育文化建设、师生体质健康提升等工作中积极发挥先锋模范作用。

【学科与队伍建设】 加强学科建设，体育专业硕士学位点通过首次评估。

结合第五期“兴华人才工程”团队建设，按照公共教学、专业教学、训练竞赛三个系列，实施教师分类管理；试行以训练竞赛为主的教师职称申报条件，拓宽教师晋升通道。2018 年新增教授 2 人、专任教师 1 人。

【教学工作】 2018 年开设 25 门专项公共体育课，777 个教学班，选课人数 24 499 人次。落实教育部学生体质健康测试工作要求，建立符合标准的体质健康评估体系，通过“锻炼—测试—再锻炼—再测试”的良性循环，培养学生终身体育意识。2018 年，全校学生实际测试完成率 90. 83%，其中，优秀率 2. 21%、良好率 27. 84%、合格率 95. 25%。

在教学改革方面，召开公共体育教学研讨会 5 次，研讨教学方法和教学内容。依托信息化技术，引入智能乐跑 APP，有机融合课内课外。获校级教研课题 1 项，编写专著 4 种、教材 1 种。鼓励学生参加省级以上体育比赛，获省级三等奖以上奖项 55 项。学生发表论文 10 篇，其中核心期刊论文 1 篇。

【科研工作与对外学术交流】 2018 年，新增各类科研项目 18 项，其中，国家社会基金课题 1 项、省级课题 1 项。发表核心期刊论文 4 篇。

对外交流方面。与美国西密歇根大学签署“3 + 2”联合培养合作协议。学校足球队参加第四届世界名校足球赛，与英国剑桥大学、牛津大学、澳大利亚墨尔本大学、新加坡国立大学、韩国首尔大学等国外名校对话绿茵场；通过参加首届粤港澳大湾区学生体育节、澳门亚洲城市田径邀请赛、台湾中原大学篮球队友谊赛等，促进学校与港澳台地区高校体育交流。

【群众体育】 围绕“增强学生体质、掌握运动技能、培养运动兴趣、养成健身习惯”中心任务，以“阳光体育”为主线，开展“师生健康，中国健康”主题教育活动，举办“金阳光杯”“华园杯”等 17 项华园品牌赛事，参与人数达 1. 5 万人次。校庆期间，组织举办全校学生田径运动会，选派教师指导 26 个学院的运动会；开展校园迷你马拉松、阳光冬季长跑、2019 年耐克高校精英公路接力跑选拔赛等体育活动，创建良好校园体育文化氛围。

【竞技体育】 2018 年学校田径、篮球、足球、乒乓球、游泳 5 个高水平运动队和网球、羽毛球、排球、健美操、武术等 11 个项目代表队实行主教练负责制，参加省级以上教育部门组织的大学生体育竞赛，共获 53 项冠军、58 项亚军、52 项季军，其中，全国赛获 15 项冠军、16 项亚军、21 项季军，省级赛获 38 项冠军、42 项亚军、31 项季军。

【综合管理】 完善和健全组织机构，成立公共体育系、竞技体育系、运动科学系、体育场馆管理中心、体质与健康管理中心，增设 2 名院长助理。加强制度建设，修订《体育学院党政联席会议实施细则》。坚持科学民主决策，重大议题提交学院党政联席会议讨论之前，需经招生工作小组、教学指导委员会、学位评定委员会、职称评审小组等机构充分讨论；推进民主监督工作，发挥二级纪委、工会教代会监督作用。更新改版学院网站，运营“华南理工体育在线”微信官方平台。

设 计 学 院

【党建与思想政治工作】2018年共发展党员35人，其中，教师党员1人、本科生党员15人、研究生党员19人。学院共有党员177人，其中，教工党员50人，教工党员的比例为58.8%；本科生党员41人，本科生党员的比例为4.7%；研究生党员86人，研究生党员的比例为43.22%。学院共有民主党派人士6人，其中，民盟2人、民建1人、九三学社2人、致公党1人。加强政治理论学习，召开学院中心组学习和学院党委扩大会议7次；召开党政联席会议22次，集体讨论决定学院重大事项。加强组织建设，做好教师支部书记"双带头人"选配工作。落实"三会一课"制度，丰富学习形式，组织参观"大潮起珠江"、省档案馆展览等。加强党风廉政建设，对师生群体开展针对性思想教育。结合学科优势，创建党建特色品牌，组织学生创作习近平新时代中国特色社会主义思想、改革开放40周年、社会主义核心价值观系列墙绘。响应精准扶贫号召，组织师生赴云南省云县和广东省惠来县孔美村开展精准脱贫帮扶工作，开展当地旅游形象设计与推广，改造升级民俗建筑。

【学科与队伍建设】持续强化工业设计和环境设计学科建设，推动学科交叉融合和特色发展。

人才队伍建设方面。引进副教授1名、招收Ⅱ类博士后1名。学院共有教职工86人，其中专任教师70人。

【教学工作】本科教学方面。调整工业设计、产品设计、环境设计培养计划。深化校企联合教学模式，与广汽集团等公司开展联合教学的竞教融合模式。郑峰老师获广东省鲁迅文艺奖，图学团队获全国教学成果二等奖、广东省教学成果一等奖，王枫红教授获评广东省南粤优秀教师，姜立军教授获评校级教学名师。

研究生教学方面。加强研究生实践教学，2018年共派出30名专业学位研究生，在国内500强企业进行为期6个月以上的实践教学活动。鼓励研究生参加竞赛，研究生获国际大奖3项、国家级奖项4项。稳步提升研究生科研学术水平，2018年在校研究生发表核心期刊论文20余篇，参加学术会议3次。

【科研工作与对外学术交流】2018年科研经费到账100余万元，获批科研项目31项，其中部省级以上项目10项。教师发表高水平论文40余篇，出版专著9种，获授权专利50余项。获红点、IF、IDEA国际设计奖5项、国家级竞赛或展览奖6项、部省级奖10余项。

持续加强对外学术交流。2018年与拉夫堡大学、佐治亚理工学院等世界一流大学开展联合工作坊5次，选派信息与交互设计实验班和工业设计专业本科生共30人赴英国拉夫堡大学、美国佐治亚理工大学进行暑期访学，派出交换学习学生26人。邀请校外专家开展创新工作坊，先后与海外名师、企业工程师联合开展创新工作坊教学活动10次。邀请国内外知名学者来校讲座20次，举办以中国传统文化为主题的百言设计讲座2场。

【综合管理】加强规章制度建设，出台《华南理工大学设计学院单位绩效考核及分配管理办法（修订）》《华南理工大学设计学院专家费和教师参加学术会议规定》《华南理工大学设计学院实验系列人员管理与考核办法》等系列办法。整合优化资源，将 A5 栋首层和二层打造成为开放式创新教学平台。提升育人保障性功能，投入 100 余万元用于购置多台高水平教学设备，修缮实验教学场地 500 余平方米。落实网络安全责任人、消防安全责任人职责。

医学院

【党建与思想政治工作】2018 年，医学院党总支升格为医学院党委。共有党员 146 人，其中，教工党员 38 人、学生党员 108 人。医学院党委设有 2 个教工党支部、6 个学生党支部。深化理论武装，组织党员集体学习习近平总书记系列重要讲话精神；全年召开党政联席会议 5 次、工作例会 7 次。开展“不忘初心，牢记使命”党建主题活动，参观东江纵队纪念馆、鸦片战争博物馆和威远炮台等教育基地，学生党支部开展各项党组织学习实践活动 105 次。加强师德师风建设，开展科研诚信师德师风宣讲会、师德师风专题讲座等。

【学科与队伍建设】新增生物学－细胞生物学硕士及博士招生方向。全年入职教授 4 人、副教授 1 人、讲师 4 人、博士后 4 人。现有教学科研人员 61 人，其中，教授 22 人、副教授 13 人、讲师 11 人、博士后 15 人。

【教学与人才培养】本科教学方面。获各类教研教改项目 8 项，其中附属广东省人民医院和附属第二医院各获 1 项广东省临床教学基地改革研究项目。学生获第五届全国基础医学创新设计大赛二等奖、三等奖、优胜奖各 1 项。2018 年招收医学影像学专业本科生 50 人。

研究生教学方面。2015 级首届生物医学工程专业 16 名学生毕业，获理学硕士学位，实现 100% 就业。学生获研究生国家奖学金 3 人次、智造顺德奖学金 1 人次、获博士预备生基金资助 2 项。

【科研工作与对外学术交流】2018 年获科研经费 3017 万元（含附属第二医院），获国家自然科学基金面上及青年项目 8 项、国家自然科学基金优秀青年项目 1 项，广东省自然科学基金项目 5 项、广东省杰出青年科学基金项目 1 项，1 人获广东省“特支计划”科技创新青年拔尖人才。教师发表 SCI 论文 26 篇，其中高水平论文 5 篇（*Cell* 1 篇、*Nature Communications* 2 篇、*Cell Metabolism* 1 篇、*Science signaling* 1 篇）。申请专利 10 项。肝癌免疫学与生物治疗团队进入“珠江人才计划”团队项目应用基础研究类引进创新创业团队名单，获资助 2000 万元。

加强对外学术交流。邀请校外专家 19 人次，开展讲座 23 场。牵头主办首届 SCUT 国际肝脏免疫学高峰论坛。召开西澳大学暑期交换生项目宣讲会，完成报名等前期工作。

【基础设施建设】加强实验室条件建设，全年改造教学实验用地 4347 平方米。完成同位素影像学实验室、高场磁共振实验室、斑马鱼公共实验平台、医学影像教学实验室、生物信息学教学实验室的建设。完成科研实验室二期以及五层露台、阳台改造工程。完成基础医学教学实验平台和大学生创新实验平台的搬迁与改造。与深圳市贝斯达医疗公司联合成立磁共振工程研发联合实验室，零成本引进一台价值2000万元的3.0T超导磁共振系统；与广州永士达医疗科技有限责任公司合作，零成本引进一台价值300万元的OCT医学影像设备。

【综合管理】规范集体决策机制，坚持院务、财务公开透明。依靠教授专家智慧，充分调动和发挥学院专家教授的力量。加强与学校职能部门、附属医院沟通，在管理上不断提质增效。

生物医学科学与工程学院

【党建与思想政治工作】2018年发展党员1人。学院共有党员24人，其中，教工党员7人、学生党员17人。以党建为统领，组织党员集体学习党的十九届三中全会精神、集中观看庆祝改革开放40周年大会等活动。夯实基层党建，成立教职工党支部和2018级研究生党支部，支部书记分别由院长、行政副院长担任。

【学科与队伍建设】加强“生物医学工程和生命科学”学科群建设，列入学院重点学科建设计划。完成生物医学科学本科专业（100103T）的申报；完成生物医学材料（0831Z1）、细胞和组织工程（0831Z2）2个目录外自主设置的二级学科以及纳米医学与分子影像（99J2）1个交叉学科的备案工作。

人才队伍建设方面。1人入选“海外高层次引进人才”项目。学院现有教职工75人，其中专任教师55人（具有正高职称23人、副高职称27人）。

【教学工作】坚持国际标准和特色，修订研究生培养方案，提高申请学位学术成果基本要求。以规范和检查实验记录为突破点，加强培养环节过程管理。打造基于科研型与应用型人才的实验教学平台，完成原值2000余万元的学科公共平台实验设备采购。首次招收博士/硕士研究生，目前共有博士研究生15人、硕士研究生41人。

【科研工作与对外学术交流】获批重要科研项目5项，其中，国家级课题2项、省部级课题3项。提升科研成果质量，在*Biomaterials Science*、*Biomaterials*、*Nature Communication*等杂志发表研究论文14篇。“生物医学材料与工程教育部重点实验室”通过教育部评估，获评优秀等级。“人体组织功能重建省部共建协同创新中心”获批立项，为教育部首批认定的59个省部共建协同创新中心之一。

加强对外学术交流，共举办36场学术交流活动，邀请38位国内外知名学者来院进行学术交流。

【综合管理】加强规范化管理，成立人才引进工作小组、实验室建设工作小组、引进人才遴选委员会、临时学术委员会等专门机构，对专项工作进行监督和管理。制订学院综合改革试点方案、科研论文奖励办法、奖酬金发放管理办法、门禁系统出入管理规定、财务报销审批程序等一系列院内管理规定。配合完成广州国际校区地块 B 实验动物中心平面设计专家论证、实验室设计方案；推进地块 B 实验家具、实验教学设备和办公设备采购，已完成预算约 1.2 亿元的市场调研和论证资料准备。举办第一届学院校友分享会，参加人员 28 人，初步建立校友档案库。

吴贤铭智能工程学院

【党建与思想政治工作】2018 年学院共有党员 13 人，其中，教工党员 2 人、学生党员 11 人。加强思想政治理论学习，推进“两学一做”学习教育常态化制度化，领导干部带头学习贯彻习近平新时代中国特色社会主义思想和习近平总书记在全国高校思想政治工作会议上的讲话精神以及关于高校党建工作的重要指示精神。完成基层党组织设置与选举工作，成立吴贤铭智能工程学院教工学生联合党支部，学院行政负责人担任党支部书记。落实“三会一课”等基本制度，组织开展支部活动，不断增强党组织凝聚力。

【学科与队伍建设】围绕国家科技创新规划、粤港澳大湾区建设等国家战略中智能制造发展目标，推动机械工程、电子工程及计算机工程等多学科交叉融合，发展智能工程新工科。

加大人才引进力度，通过在 Science、Academickeys、Polytechnic Positions、ASME 等国际知名学术网站上发布招聘广告，在美国西北大学、加州理工大学等国外高校举办招聘宣讲会，引进讲席教授 1 人、助理教授 1 人。

【教学工作】本科教学方面。申报“智能工程”审批专业，“机器人工程”备案专业。优化课程设置，围绕新工科发展，以培养“三创型”人才为目标，融入大课程设计体系，培养学生原始创新能力，为 2019 年首批本科生招生打好基础。

研究生教学方面。实现跨专业招生，多学科交叉培养。2018 级首届硕士研究生、博士研究生顺利入学，其中，硕士生 8 人、博士生 15 人，学生分布在机械工程、控制科学与工程、信息与通信工程、软件工程 4 个专业。完成 2019 年硕士推免生招生工作，共招收硕士推免生 17 人。

【科研工作与对外学术交流】加强校地、校企合作，推动科研和成果转化平台建设。学校与广州开发区签订《共建广州智能工程研究院框架协议》，推进与广州无线电集团在人工智能、高端装备制造、大数据、物联网等领域的合作，推进与广州市、博世（中国）集团合作创建工业 4.0 创新技术中心。

对外交流方面。在与密西根大学吴贤铭制造研究中心合作的基础上，推动两校在人才培养、师资队伍、课程体系、科研合作等方面的实质性合作。

【综合管理】加强制度建设，完善“三重一大”决策制度、教学管理制度、学生管理制度、人事管理制度、实验室安全管理制度等。加强基础设施规划，结合学院实际需求，协助完成学院大楼整体设计及规划和区域功能及用途规划；开展办公区域办公家具和办公设备配置方案论证工作，配合完成学校广州国际校区一期建设部分家具及办公设备采购的前置工作。完成学院视觉形象识别系统设计和学院中英文网站的初期工作。

微电子学院

【党建与思想政治工作】学院成立于2018年7月。目前学院共有教工党员17人。组织党员认真学习贯彻党的十九大精神，加强思想政治理论学习，扎实开展“两学一做”学习教育常态化制度化活动。建立健全各项规章制度，推进党支部活动制度化。组织开展支部活动，不断增强党组织凝聚力。

【学科与队伍建设】面向粤港澳大湾区电子信息产业的发展需求，加强“电子科学与技术”学科建设。积极引进海外优秀人才，1人入选“海外高层次引进人才”。

【教学工作】2018年完成集成电路工程专业研究生学位授权点评估。完成电子科学与技术、集成电路工程专业研究生培养方案修订。获国家教学成果二等奖1项，获广东省教学成果一等奖2项、二等奖1项，获校级教学成果一等奖1项。

【科研工作与对外学术交流】申报“广东省本科高校示范性产业学院”，积极探索产学深度融合人才培养模式；完成“双一流”建设经费一期（220万元）的设备购置，进一步改善教学科研条件。

在IEEE *Journal of Solid-State Circuits*、IEEE *Transactions on Electron Devices* 等顶尖期刊发表论文30篇；获国家自然科学基金、广东省重大科技专项、广东省自然科学基金等项目11项；申请发明专利15项。

【综合管理】加强规范化管理，成立人才引进工作小组、实验室建设工作小组、引进人才遴选委员会、临时学术委员会等专门机构，对专项工作进行监督和管理。

分子科学与工程学院

【党建与思想政治工作】2018年发展党员2人。现有党员35人，其中，教工党员15人，占教工比例的34.9%；学生党员20人，占学生比例的26.7%。加强理论政治学习，夯实支部基础，发挥党员核心作用，创建学习型党支部。完成基层党组织设置和选举工作，成立华南软物质科学与技术高等研究院教工党支部和2018级研究生党支部。落实“三会一课”等基本制度，坚持把党建工作融入学院

（研究院）建设中，努力形成党建引领发展、党员服务群众的良好局面。

【学科与队伍建设】 瞄准世界科学与技术发展前沿，结合国家与广东省重大战略需求，坚持“国际化、高水平、创新型”发展定位，围绕软物质科学基础、软物质功能材料后续工程化和技术集成等领域开展前瞻性基础研究和技术创新，设立“软物质科学与工程”新兴交叉学科，为国家在软物质这一前沿交叉学科方向培养高素质人才。

外引内育，加快人才队伍建设。引进发达国家院士1人，“海外高层次引进人才”创新项目获得者1人、青年项目获得者4人。培养广东省杰出青年基金获得者1人。

【教学工作】 整合软物质研究院等资源，成立分子科学与工程学院，进驻广州国际校区，着力开展高水平交叉学科研究和高端人才培养。设立“分子科学与工程”本科专业，组建本科生课程设置委员会，从顶层设计把控本科教学质量。

首次举办夏令营招生活动，来自“双一流”建设高校的学生占参与人数的80%，研究生生源质量明显提升。首次独立招收博士和硕士研究生，目前共有博士研究生32人、硕士研究生43人。教育与科研并重，全体科研人员主动担任研究生和本科生的教学工作，打牢专业基础，着力提升研究生培养质量。1名教师荣获华南理工大学2018届本科毕业设计（论文）优秀指导教师奖。

【科研工作与对外学术交流】 新增科研项目22项，总立项经费4552.83万元，其中，国家自然科学基金项目9项，包括重大项目、重大研究计划、联合基金等，立项经费2481.83万元；教育部和外专局平台类项目1项，立项经费450万元；科技部重点研发项目课题1项，立项经费628万元；其他部省级以上项目8项，立项经费453万元；横向项目3项，总立项经费540万元。发表三大索引论文25篇，其中SCI论文24篇（一区15篇、二区6篇）。申请发明专利9项，获授权发明专利2项。获批建设国家级平台“软物质科学与技术学科创新引智基地”。

举办学术报告会39场，邀请海内外知名专家来校交流，包括美国卡内基梅隆大学Krzysztof Matyjaszewski教授、日本九州大学Atsushi Takahara（高原淳）教授、美国阿克隆大学Toshikazu Miyoshi教授、以色列本古里安大学Ira A. Weinstock教授、美国康涅狄格大学Yao Lin教授、德国明斯特大学Michael Ryan Hansen教授等。举行大型学术研讨会4次，包括2018年软物质科学与技术国际研讨会、华南理工大学－台湾清华大学两岸学术研讨会、2018软物质国际学术交流会、华南理工大学－北京大学双边学术交流研讨会，其中“2018年软物质科学与技术国际研讨会”参会嘉宾达200余人。

【综合管理】 完善内部管理机制和教学课程设置，已形成一套较先进成熟的国际化管理体系和制度。制定例会制度，定期召开全体会议和专题会议对学院（研究院）全面事务和具体事务展开部署。调整和设立学院（研究院）学术分委员会、教学指导分委员会、学位评定分委会、管理委员会、Seminar委员会，保障学院（研究院）各项工作正常运转。制订《华南软物质科学与技术高等研究院实验室安全管理办法（试行）》和《华南软物质科学与技术高等研究院大型仪器平台管理办法（试行）》等制度，保障实验室和仪器设备的安全管理，落实对师生负责、安全科研的基本原则。

资料 2018 年学院情况一览表

序号	学院名称	学科与专业（个）					教职工（人）				在校生（人）			
		博士后流动站	一级博士学位授权点	博士学位授权点	硕士学位授权点	本科专业	教授（正高）	副教授	高级工程师或其他副高	教职工总数	博士生	硕士生	本科生	学生总数
1	机械与汽车工程学院	3	3	7	5	7	92	67	18	314	316	1025	2331	3672
2	建筑学院	3	3	3	7	3	34	47	4	152	235	914	959	2108
3	土木与交通学院	4	4	9	6	7	62	81	6	226	177	1281	1855	3313
4	电子与信息学院	2	2	2	2	4	40	55	14	172	176	930	1502	2608
5	材料科学与工程学院	2	2	2	2	6	108	92	10	297	482	1095	1642	3219
6	化学与化工学院	2	2	11	11	5	94	40	37	239	293	836	1118	2247
7	轻工科学与工程学院	1	1	2	2	2	31	14	30	109	121	285	356	762
8	食品科学与工程学院	1	2	7	7	2	50	22	17	127	224	608	512	1344
9	数学学院	1	1	1	1	3	26	40	1	106	65	155	870	1090
10	物理与光电学院	0	1	2	5	2	31	27	5	107	33	140	532	705
11	经济与贸易学院	0	2	3	6	7	30	51	1	154	89	424	2177	2690
12	自动化科学与工程学院	1	1	1	1	2	25	31	10	107	135	619	1080	1834
13	计算机科学与工程学院	1	2	2	3	3	29	38	4	102	61	635	1254	1950
14	电力学院	2	2	7	9	3	41	37	15	139	136	1138	1679	2953
15	生物科学与工程学院	1	1	6	8	3	23	27	2	76	114	424	483	1021

续表

序号	学院名称	学科与专业（个）					教职工（人）				在校生（人）			
		博士后流动站	一级博士学位授权点	博士学位授权点	硕士学位授权点	本科专业	教授（正高）	副教授	高级工程师或其他副高	教职工总数	博士生	硕士生	本科生	学生总数
16	环境与能源学院	1	1	2	2	3	48	22	6	103	172	518	503	1193
17	软件学院	1	1	1	1	1	12	16	1	67	53	457	1352	1862
18	工商管理学院	2	2	4	4	6	46	41	1	144	180	1822	1236	3238
19	马克思主义学院	0	1	1	2	0	16	22	0	70	48	337	0	385
20	公共管理学院	0	1	1	6	1	22	17	1	64	5	1184	360	1549
21	外国语学院	0	0	0	1	2	14	22	0	104	0	133	381	514
22	法学院	1	0	0	9	2	20	26	0	73	39	642	681	1362
23	新闻与传播学院	0	0	0	2	4	17	17	1	60	0	237	552	789
24	艺术学院	0	0	0	1	3	6	20	0	58	0	45	414	459
25	体育学院	0	0	0	1	1	11	30	0	84	0	73	175	247
26	设计学院	0	0	0	2	4	16	26	0	86	0	200	871	1071
27	医学院	0	0	0	1	1	22	12	1	99	33	280	142	455
28	生物医学科学与工程学院	2	2	2	7	0	2	0	0	4	15	41	0	56
29	吴贤铭智能工程学院	0	0	0	0	0	2	0	0	3	15	8	0	23
30	微电子学院	1	1	1	1	1	4	7	3	20	16	184	422	622
31	分子学科与工程学院	0	0	0	0		12	6	1	43	32	43	0	75

表彰与奖励

2018 年获得市级以上表彰或奖励的部分单位和个人

一、获得表彰与奖励的单位

授奖部门	获奖称号	获奖单位
教育部	教育信息工作先进单位	华南理工大学
	全国创新创业典型经验高校	华南理工大学
	第一批中华优秀传统文化传承基地	华南理工大学粤剧艺术传承基地
教育部办公厅	全国 50 所创新创业典型经验高校	华南理工大学
	首批全国党建工作标杆院系培育创建单位	建筑学院党委
	首批全国党建工作样板支部培育创建单位	机械与汽车工程学院党委本科生第三党支部
中共广东省委办公厅	全省党委系统信息工作先进单位	华南理工大学
中共广东省委教育工委	全省党建工作示范高校	华南理工大学
	广东省委教育工委 2018 年大学生党员暑期社会实践活动优秀团队	建筑学院中山南朗镇左步村活化改造调研团队
	全省党建工作标杆院系	建筑学院
	全省党建工作样板支部	材料科学与工程学院光电材料党支部、机械与汽车工程学院本科生第三党支部
	广东省首批“双带头人”教师党支部书记工作室	公共管理学院公共管理与公共政策研究所党支部郑石明工作室

续表

授奖部门	获奖称号	获奖单位
团中央学校部	全国大中专学生暑期“三下乡”社会实践优秀单位	共青团华南理工大学委员会
	全国大中专学生暑期“三下乡”社会实践“千校千项”最具影响好项目	青年马克思主义者学习研究会红色剧本社会实践项目
	全国大中专学生暑期“三下乡”社会实践“千校千项”百佳创意短视频	经济与贸易学院贵州黔东南“三下乡”实践队视频作品《北侗报京山海连》
	全国大中专学生暑期“三下乡”社会实践“千校千项”匠心传播好作品	华南理工大学暑期“三下乡”社会实践乡村振兴调研团队
	全国大中专学生志愿者暑期“三下乡”社会实践“镜头中的三下乡”优秀报道奖	红色创意剧本团队
	全国大中专学生志愿者暑期“三下乡”社会实践“镜头中的三下乡”优秀摄影奖	电子与信息学院E光青年志愿者服务队
团省委学校部	2018年广东省大中专学生志愿者暑期“三下乡”社会实践活动优秀单位	华南理工大学
	2018年广东省大中专学生志愿者暑期“三下乡”社会实践活动优秀团队	建筑学院青云村“乡建工作营”志愿者团队
		华南理工大学延安“产业扶贫及品牌农业建设的现状及其对策研究”专项调研核心实践队
省委宣传部、省文明办	第四批广东省学雷锋活动示范点	工商管理学院“博维”青年志愿者服务队
广东省总工会	广东省五一劳动奖状	华南理工大学植物资源化学团队
共青团广东省委员会	2018年度广东共青团工作先进单位	共青团华南理工大学委员会
	广东省五四红旗团委	建筑学院团委
	广东省五四红旗团支部（总支）标兵	机械与汽车工程学院2014级机械类创新班团支部
	广东省五四红旗团支部	电力学院电气工程及其自动化专业2015级卓越班团支部
中国青少年科技创新奖组委会	小平科技创新团队	华南理工大学机器人创新基地
广东省学生联合会	广东省优秀学生会	材料科学与工程学院学生会
	广东省优秀学生社团	Fresh环保协会、求是学社

二、获得表彰与奖励的个人

授奖部门	授奖称号	获奖者
教育部办公厅	全国高校百名研究生党员标兵	廖锡豪
共青团广东省委员会、广东省青年联合会	广东青年五四奖章	章秀银
广东省学生联合会	广东省优秀学生干部	兰雨潇　范　宇　朱俊霖　高　欣　陈晓敏
共青团中央、全国学生联合会	践行社会主义核心价值观先进个人标兵	郑昱林
共青团广东省委员会、中共广东省委教育工委	选派高校团干部到县级团委挂职工作先进个人	王延项
广东省妇女联合会、广东省总工会	南粤建功立业女能手	汪双凤
广东省总工会	广东省五一劳动奖章	汪双凤
广东省教育厅思想政治教育人才培训中心	2017 年广东大学生年度人物	王海燕
中共广东省委教育工委、广东省教育厅、广东省人力资源和社会保障厅、广东省总工会	南粤优秀教师	郭　艾　全燕鸣　赵渺希　高红霞　王枫红　武建国　李雪辉
中国侨联、国务院侨务办公室	全国归侨侨眷先进个人	安　然
团中央学校部	全国大中专学生暑期“三下乡”社会实践“千校千项”强国一代新青年	刘艾拉
	全国大中专学生志愿者暑期“三下乡”社会实践“镜头中的三下乡”优秀指导教师	石春亮　张馨元
	2018 年广东省大中专学生志愿者暑期“三下乡”社会实践活动优秀个人	高　熠　石小惠　韩　静　谢　锋　陈楚豪　黄文浩　王燕林　陈炜强　陈浩文

2018年获得学校表彰或奖励的部分单位和个人

一、获得表彰与奖励的单位

华南理工大学先进基层党组织

土木与交通学院党委
公共管理学院党委
马克思主义学院党委
艺术学院党委
离退休教工党委
机关党委党办校办党支部
机关党委组织统战党支部
机械与汽车工程学院党委机械制造工程系党支部
机械与汽车工程学院党委2016级硕士第三党支部
建筑学院党委城乡规划党支部
建筑学院党委本科生城乡规划党支部
土木与交通学院党委交通运输工程党支部
土木与交通学院党委本科生2015、2017级党支部
电子与信息学院党委办公室党支部
电子与信息学院党委2014级本科生第一党支部
材料科学与工程学院党委金属材料党支部
材料科学与工程学院党委本科生第三党支部
化学与化工学院党委本科生化学党支部
轻工科学与工程学院党委2017级博士研究生党支部
食品科学与工程学院党委办公室实验室教辅人员党支部
食品科学与工程学院党委本科生党支部
数学学院党委2016级研究生党支部
物理与光电学院党委学院办公室党支部
经济与贸易学院党委办公室党支部
经济与贸易学院党委金融系教师党支部
自动化科学与工程学院党委本科生第一党支部
计算机科学与工程学院党委教工第二党支部
计算机科学与工程学院党委本科生第三党支部
电力学院党委动力系教工党支部
电力学院党委2015级本科生电气第三党支部
生物科学与工程学院党委生物工程系党支部
环境与能源学院党委办公室党支部

软件学院党委办公室与实验室党支部
工商管理学院党委 2015/2016 级本科生党支部
公共管理学院党委地方风险治理研究中心党支部
马克思主义学院党委办公室党支部
外国语学院党委教工（大英）第四党支部
法学院党委法学本科生党支部
新闻与传播学院党委品牌传播系党支部
艺术学院党委本科生党支部
体育学院党委竞技体育系党支部
设计学院党委信息与交互设计系党支部
医学院党总支第一学生党支部
继续教育学院党委教工第一党支部
图书馆党总支第一党支部
校医院党总支第四党支部
资产经营有限公司党委数园网络公司党支部
离退休教工党委无机材料退休党支部
离退休教工党委机械与汽车工程学院第四党支部
离退休教工党委宣传部党支部
中小幼党总支附属幼儿园党支部

2017—2018 学年度校园十佳班集体

电子与信息学院
2016 级信息工程 6 班

材料科学与工程学院
2015 级材料科学与工程（无机）班

食品科学与工程学院
2016 级食品科学与工程 2 班

物理与光电学院
2016 级光电信息科学与工程 1 班

经济与贸易学院
2015 级金融学 1 班

计算机科学与工程学院
2016 级计算机全英联合班

软件学院
2016 级软件工程卓越班

工商管理学院（创业教育学院）
2016 级财务管理班

艺术学院
2016 级舞蹈学 1 班

设计学院
2016 级工业设计实验班

2017—2018 学年度先进班集体

机械与汽车工程学院
2016 级材料成型及控制工程（高分子）班
2017 级机械工程 1 班
2016 级机械工程卓越双语班
2017 级车辆工程 1 班
2016 级机械工程 1 班
2017 级机械工程 2 班
2017 级机械工程 3 班
2017 级安全工程班

建筑学院
2016 级建筑学 1 班
2016 级建筑学 1 班

2017 级城乡规划 1 班

土木与交通学院

2015 级工程管理班
2016 级土木工程 1 班
2016 级土木工程 3 班
2016 级交通运输班
2017 级土木工程卓越全英班
2017 级交通工程班
2017 级工程管理班
2017 级交通运输班

电子与信息学院

2016 级电子科学与技术卓越班
2017 级信息工程 1 班
2017 级信息工程 5 班
2017 级信息工程冯秉铨实验班

材料科学与工程学院

2015 级光电信息科学与工程（光电器件）班
2016 级生物医学班
2017 级高分子材料与工程 1 班
2017 级材料科学与工程（无机非金属）班
2017 级高分子材料与工程 2 班

化学与化工学院

2015 级能源化学工程 2 班
2015 级化学工程与工艺 2 班
2015 级制药工程班
2016 级制药工程班
2017 级化学工程与工艺 2 班

轻工科学与工程学院

2017 级轻化工程 1 班

食品科学与工程学院

2017 级食品科学与工程 2 班
2017 级食品科学与工程 3 班

数学学院

2016 级数学与应用数学（统计学方向）班
2017 级信息管理与信息系统班

物理与光电学院

2017 级光电信息科学与工程 1 班

经济与贸易学院

2015 级会展经济与管理班
2016 级经济学班
2016 级金融学全英班
2016 级会展经济与管理班
2017 级金融学 2 班
2017 级金融学 1 班
2017 级旅游管理国际班

自动化科学与工程学院

2015 级自动化本硕连读创新班
2017 级自动化本硕连读班

计算机科学与工程学院

2015 级计算机科学与技术 1 班
2016 级计算机科学与技术全英创新班
2017 级计算机科学与技术 2 班

电力学院

2015 级电气工程及其自动化卓越班
2015 级电气工程及其自动化 6 班
2016 级电气工程及其自动化卓越班
2016 级电气工程及其自动化 2 班
2017 级电气工程及其自动化卓越班

生物科学与工程学院

2016 级生物技术班

环境与能源学院

2015 级环境工程班
2016 级环境工程班
2016 级环境科学班

软件学院

2017 级软件工程 2 班
2017 级软件工程 3 班
2017 级软件工程卓越班

工商管理学院

2015 级工业工程班
2016 级会计学 1 班
2015 级财务管理班

公共管理学院

2017 级行政管理 1 班

外国语学院

2016 级商务英语 2 班
2016 级商务英语 3 班

法学院

2017 级卓越法律班
2017 级法学 2 班

新闻与传播学院

2016 级新闻学班
2017 级传播学国际班
2017 级新闻学班

艺术学院

2015 级音乐表演 2 班
2015 级舞蹈学 1 班
2015 级音乐表演 1 班

设计学院

2016 级公共艺术与设计班
2017 级环境设计 1 班
2016 级工业设计 1 班
2017 级工业设计 1 班

医学院

2015 级医学影像学班

2017—2018 学年度共青团组织先进集体

先进团委

工商管理学院团委
软件学院团委
建筑学院团委
设计学院团委
土木与交通学院团委
化学与化工学院团委
计算机科学与工程学院团委
物理与光电学院团委
数学学院团委
生物科学与工程学院团委
电子与信息学院团委
法学院团委
材料科学与工程学院团委
自动化科学与工程学院团委

表扬团委

电力学院团委
艺术学院团委
经济与贸易学院团委
食品科学与工程学院团委
轻工科学与工程学院团委
机械与汽车工程学院团委
环境与能源学院团委
新闻与传播学院团委
公共管理学院团委
外国语学院团委
马克思主义学院团委
体育学院团委

五四红旗团支部

建筑学院 2015 级城乡规划专业第二团支部
建筑学院 2015 级风景园林专业第一团支部
建筑学院 2015 级建筑学专业第一团支部
材料科学与工程学院 2015 级无机非金属材料团支部
材料科学与工程学院 2015 级高分子材料科学与工程第三团支部
化学与化工学院蒲公英义工队团支部
数学学院 2015 级信息与计算科学团支部
物理与光电学院 2015 级光电信息科学与工程第一团支部
物理与光电学院 2015 级光电信息科学与工程第二团支部
经济与贸易学院 2015 级金融学专业第一团支部
自动化科学与工程学院智能传感俱乐部团支部
计算机科学与工程学院 2015 级网络工程第三团支部
计算机科学与工程学院 2015 级计算机科学与技术全英联合团支部
环境与能源学院“三下乡”团队团支部
工商管理学院博维青年志愿者服务队团支部
公共管理学院 2015 级第一团支部
公共管理学院 2015 级第二团支部
外国语学院 2015 级商务英语第三团支部
外国语学院 2015 级日语团支部
外国语学院 2015 级商务英语第一团支部
法学院法学专业 2015 级法学一班团支部
法学院法学专业 2015 级法学二班团支部
艺术学院 2015 级舞蹈学团支部
设计学院 2015 级产品设计专业第二团支部
设计学院 2015 级产品设计专业第一团支部
设计学院设计圆梦服务队团支部
设计学院 2015 级工业设计专业第三团支部
医学院 2015 级医学影像学第一团支部
Fresh 环保协会团支部

先进团支部

机械与汽车工程学院

2014 级车辆工程专业第二团支部
2015 级车辆工程专业第二团支部
2015 级能源与动力工程专业制冷班团支部
2015 级安全工程班团支部
2015 级机械工程专业创新班团支部
2016 级机械电子工程专业第一团支部

建筑学院

2014 级建筑学专业二班团支部
2015 级城乡规划专业一班团支部
2015 级建筑学专业一班团支部
2015 级城乡规划专业二班团支部

土木与交通学院

2014 级工程管理团支部
2015 级工程管理团支部
2015 级房屋建筑工程一班团支部
2016 级硕士研究生三班团支部

电子与信息学院

2015 级信息工程冯秉铨实验团支部
2016 级信息工程第五团支部
2016 级信息工程第六团支部
2016 级信息工程冯秉铨实验团支部

材料科学与工程学院

2015 级光电信息科学与工程（光电器件）团支部
2016 级无机非金属材料科学与工程团支部
2016 级硕士第三团支部
2016 级生物医学工程团支部
2016 级高分子材料与工程第一团支部
2016 级高分子材料与工程第二团支部

化学与化工学院

2016 级化学工程与工艺专业一班团支部
2016 级硕士研究生二班团支部

轻工科学与工程学院

2016 级资源环境科学班团支部
2016 级轻化工程专业二班团支部

食品科学与工程学院

2015 级食品科学与工程专业一班团支部
2016 级食品质量与安全专业团支部

数学学院

2015 级信息管理与信息系统班团支部
2016 级信息与计算科学班团支部
2016 级数学与应用数学班团支部

物理与光电学院

2016 级光电信息科学与工程专业一班团支部
2016 级光电信息科学与工程专业二班团支部

经济与贸易学院

2015 级金融学专业一班团支部
2016 级会展经济与管理专业团支部
2015 级电子商务专业一班支部委员会
2016 级金融学专业二班团支部
2015 级会展经济与管理专业会展班团支部
2016 级国际经济与贸易专业二班团支部

自动化科学与工程学院

2015 级自动化专业三班支部委员会
2016 级研究生支部委员会
2015 级自动化专业四班支部委员会
2017 级研究生支部委员会

计算机科学与工程学院

2015 级计算机科学与技术专业全英联合班团支部
2016 级计算机科学与技术专业一班团支部
2015 级网络工程专业网络工程班团支部
2016 级计算机科学与技术专业二班团支部
2015 级计算机科学与技术专业二班团支部

电力学院

2014 级电气工程及其自动化专业六班团支部
2016 级电气工程及其自动化专业六班团支部
2015 级电气工程及其自动化专业卓越班团支部
2016 级电气工程及其自动化专业四班团支部
2016 级电气工程及其自动化专业二班团支部
2016 级研究生电子班团支部

生物科学与工程学院

2015 级生物制药团支部
2015 级生物工程团支部

环境与能源学院

2016 级硕士班团支部
2016 级环境工程班团支部
2016 级给排水科学与工程团支部

软件学院

2016 级软件工程专业第一团支部
2016 级软件工程专业第五团支部
2016 级软件工程专业卓越班团支部
2016 级软件工程专业学硕班团支部
2016 级软件工程专业第二团支部

工商管理学院

2015 级财务管理专业团支部
2015 级市场营销专业团支部
2015 级工业工程专业团支部
2015 级会计专业第一团支部
2016 级会计专业第一团支部
2016 级会计专业第二团支部

马克思主义学院

2016 级硕士班团支部

公共管理学院

2016 级行政管理专业第一团支部

外国语学院

2015 级商务英语第二团支部
2016 级商务英语第三团支部
2016 级商务英语第二团支部

法学院

2016 级法学第二团支部
2016 级法律卓越班团支部
2016 级知识产权团支部

新闻与传播学院

2015 级传播学二班团支部
2015 级广告学团支部

艺术学院

2015 级音乐表演专业一班团支部
2016 级舞蹈学专业团支部

设计学院

2015 级产品设计专业一班团支部
2015 级产品设计专业二班团支部
2016 级环境设计专业二班团支部

医学院

2015 级医学影像班团支部

二、获得表彰与奖励的个人

华南理工大学优秀共产党员

机关党委

马红红　王　健　王亚南　王庆年　王贵军　王德林　文　琳　方壮妙　邓国强　占友林　卢开聪

叶伟雄　叶志锋　叶钦媚　朱永东　刘　哲　刘卫华　刘祥富　祁琳青　阮向前　孙　峰　孙宏志
李　波　李　娟　李卫青　李石勇　李静蓉　杨　琼　肖向晨　肖敬武　张　丽　张　明　陈　国
陈　强　陈　聪　林　伟　林艺文　林胜德　罗　毅　岳春雷　周　玉　郑　枫　郑文杰　房俊东
赵建仓　胡　高　胡贵平　洪梦晓　姚　旻　凌　贵　高　云　郭世銮　崔　洁　梁权森　蒋兴华
曾小平　曾琦锴　雷育胜　潘宜玲

机械与汽车工程学院党委

教工：

王惜慧　冯彦洪　刘兴瑜　刘旺玉　刘新育　许华忠　李小强　李建三　杨林丰　何绍清　宋　建
宋长辉　张春华　陈子健　陈维平　周　璇　赵克刚　赵晨祎　夏琴香　唐臣策

学生：

万　好　上官尧　王春燕　方　南　朱　焘　刘传运　刘家武　刘得星　刘蒙蒙　李　帅　李惠兰
吴　强　何　婧　余泳霖　宋存江　陈炳喆　林庆宏　郝　雪　黄传收　戚龙飞　崔延鑫　熊静文
薛程雄

建筑学院党委

教工：

刘玉亭　杜宏武　肖大威　吴硕贤　陈　莹　陈纪鑫　廖文飞　潘　莹

学生：

李东沅　李耀成　何文婷　张晓阳　张　喆　陈东炜　陈雄飞　林　悦　钟碧珠　郭方洁　黄利华
梁潇亓　程　娟　曾宪策　谢明哲　戴　典

土木与交通学院党委

教工：

马莹莹　申琪玉　朱良生　刘叔灼　巫剑伶　吴　波　余晓琳　张　红　陈庆军　陈逸新　季　静
郑存辉　郑国梁　郭瑞玉

学生：

于　恒　刘小萌　江沈阳　李　勇　连维越　汪思聪　张桂林　张筑杰　林静聪　郑　伟　郑凯翔
郑思源　高　麟　郭天昭　黄靖翔　蒋望涛　蔡柯敏

电子与信息学院党委

教工：

冯穗力　李　斌　陈　艳　易红英　赵小兰　秦慧平　殷瑞祥　梁亚玲　傅予力　褚庆昕

学生：

庄镇东　刘玉德　刘森标　齐嘉杰　杜栋坤　李润铄　吴　锐　余颖娟　陈浩翔　林旭杰　林洛君
赵经纬　翁远航　郭德鑫

材料科学与工程学院党委

教工：

王　歆　叶玉嘉　朱小科　刘　平　吴宏滨　陆　莹　陈　炤　陈晓峰　胡　捷　胡仁宗　秦安军
高　岩　高　强　郭宝春　彭　诚　彭成红　赖学军　薛　锋

学生：

马亚威　王小君　王亚飞　孔晶晶　石楚琪　邢舒婷　刘德芳　李秋玲　张志煌　陈国良　陈　斌
金家宏　郑介明　赵仲勋　钱国权　徐志魁　黄俊聪　梁培辉　董怡帆　蒋　晗

化学与化工学院党委

教工：

王秀军　邓远富　刘　历　江焕峰　李雪辉　李　琼　肖　静　汪双凤　张　扬　张坚雄　陈敏红　曾　慧　樊　丽

学生：

韦何磊　庄丽彬　刘　栋　刘燕晨　汤冰雪　李泽宇　旷天亮　宋文丽　张玉磊　张志雄　陈福林　陈碧玉　罗建民　岳莺莺　周岳凤　周思全　赵　俊　徐飞宇　黄升流　梁文豪

轻工科学与工程学院党委

教工：

伍凤平　庄军平　李兵云　杨　柳　陈华志　陈奇峰　雷利荣　谭循恩

学生：

王蒙蒙　李嘉禾　杨永涛　张　希　姜炜坤　蔡　玲

食品科学与工程学院党委

教工：

田　蕾　阮　征　张　斌　赵　欣　耿予欢　崔　春　韩　忠　游丽君

学生：

王晶雯　艾　超　伍如亮　孙任宽　杨　柳　陈华敏　林诗琪　欧蓉蓉　胡均鹏　徐锦川　崔　峻　谢丽平　戴宏杰

数学学院党委

教工：

朱长江　李　兵　林　郁　姚占林　凌卫新　梁　勇

学生：

毛　亮　李志军　赵　硕　贺学威

物理与光电学院党委

教工：

王艺翔　邓华秋　叶晓靖　李志巧　杨日福　黄学勤　傅秀军

学生：

曾景辉　潘裕利

经济与贸易学院党委

教工：

丁焕峰　王仁曾　王和勇　牛　佳　左文明　毕斗斗　江金波　杨　磊　余瑞哲　雷玉桃

学生：

王纯洁　王　凯　王思聪　叶倩琳　杨吉安　汪树彤　沈国健　钟康贤　祝圆静　徐敏行　黄至言

自动化科学与工程学院党委

教工：

邓晓燕　刘富春　杜启亮　李　艳　罗家祥　郑莉娟　谢　巍

学生：

庄　飞　刘卓林　李　丹　李　旺　吴　菁　区家荣　赵　欢　高　熠

计算机科学与工程学院党委

教工：

毕　盛　吕建明　庞冬梅　洪家龙　徐红云　高　英

学生：

池孙煌　李永发　李秋霞　余柳红　陈昕叶　陈　霖　罗睿琪　要利娇　彭　晶　温泉思　管宇男　廖晓雯

电力学院党委

教工：

刘金平　刘　焱　许中华　张俊勃　张勇军　陈穗琳　罗建锋　郝艳捧　荆朝霞　姚顺春　廖艳芬

学生：

万　静　庄哲鑫　江里舟　张垭琦　张　悦　陈俊斌　林育庆　周俊煌　赵　芳　胡列豪　洪锐媛　郭少峰　黄健伟　韩　冲　喻子彧

生物科学与工程学院党委

教工：

朱明军　肖波涛　陈　婷　易　振　黄黎珍

学生：

卢丹妮　吴柏华　陆璐璐　郑凯文　郭小春　韩佳悯　廖锡豪

环境与能源学院党委

教工：

叶代启　杨　琛　林　璋　银玉容　蒋仲杰

学生：

邓永尧　朱　潇　江鲜英　吴圆圆　陈伟仡　周家智　梁乾伟　琚丽婷　董立夫　薛　昊

软件学院党委

教工：

曲珊珊　吴庆耀　黄　敏

学生：

王昌盛　闫玉光　闫明远　苏汉霖　李立辉　陈　瑾　胥雅雯

工商管理学院党委

教工：

李红凯　张卫国　张咏莲　张　鹏　陈远志　钟远光　徐喜春　黄嫚丽　曹晓丽

学生：

丁铭铭　王萧萧　邓惠如　吕　杰　朱　丹　刘　洁　刘春会　李　扬　杨炜炜　黄如意　崔　寒　梁佩珊　裴华飞

公共管理学院党委

教工：

方　俊　李文彬　钟玉英　黎　群

学生：

张志鸿　潘　泠　潘国君

马克思主义学院党委

教工：

王玉龙　李旭辉　李良成　李薇菡　钟　健　解丽霞

学生：

王庆林　周艳丹

外国语学院党委

教工：

朱献珑　陈　芸　徐　鹰　崔　岭　韩金龙　程　杰

学生：

张成娣　陈俊成　谢世雄

法学院党委

教工：

冯健鹏　刘应思　张继承　陈红彦　殷继国　黄旭东

学生：

刘　阳　苏晓敏　呙雨晴　沈柱萍　陈英特　董　凡

新闻与传播学院党委

教工：

朱剑飞　刘小妮　孙　珉　段淳林

学生：

厉　敏　蓝　元

艺术学院党委

教工：

刘　丁　陈刚毅　陈青丽　熊小兵

学生：

吕安妮

体育学院党委

教工：

万发达　刘　明　阮怀云　杨敏伶　张瞻铭　唐建佬

学生：

高　锋

设计学院党委

教工：

王枫红　陈木龙　欧阳波　姜立军　高占盈

学生：

陈昊男　钟毓秀　薛　毅

医学院党总支

教工：

王　均　辛学刚　曹家富

学生：

田　婷　陈静勿

继续教育学院党委

尚琳琳　周　超　庞爵辉　胡　侠

图书馆党总支

丁　雷　王丽萍　范家巧　周　锋　陶　宇　曾永杰

校医院党总支

刘　冰　张　磊　陈秋苹　彭桂福

资产经营有限公司党委

王智峰　韦　宏　邓孟仁　江　毅　汤朝晖　寿劲秋　杨小珊　何丽云　张振辉　林亮洪　罗英奇
罗建河　周汉香　郑创彬　赵　鑫　钟　珂　姜洪庆　袁　泽　高　飞　曹　斌　梁海岫　黎　杰

离退休教工党委

王玉照　王群生　邓凤銮　刘登坤　关剑雄　许石嵩　许统邦　许静雅　孙怀生　苏达根　李　彬
李瑞芳　杨　炜　肖士民　何笑评　余志新　宋公德　张小诚　张国莉　张　毅　陈　红　陈秀兰
林彩琴　周庆乐　官家伦　钟圣兆　骆桂海　袁　键　莫炳禄　贾德民　盛佩珍　彭兆蘅　谢广达
谢为道　谢存禧　褚小环　廖奕水　黎厚芳　潘碧章

中小幼党总支

何　蓉　杨冬梅

华南理工大学优秀党务工作者

王丹平　司聚民　吕萱萱　邬　智　刘兴东　刘　波　关春兰　麦均洪　杜树芬　李　理　李　嘉
李泽宇　杨杰林　杨怡斐　何东清　何华宇　张春辉　张锅红　张蔚洁　张馨之　陈占炬　陈冰琼
林海清　胡冰玉　贺前华　益瑞涵　淡瑞霞　梁书利　谌艳梅　韩　乐　曾江华　曾学敏　曾雪梅
楼宏铭　魏　争　刘周慧子

2018 年度华南理工大学“研究生教学优秀奖”获得者

机械与汽车工程学院	陆龙生	**物理与光电学院**	邓华秋
土木与交通学院	申琪玉　林培群	**材料科学与工程学院**	龚湘君
马克思主义学院	覃辉银	**电子与信息学院**	宁更新
建筑学院	林广思	**工商管理学院**	简兆权
数学学院	郑驻军	**外国语学院**	武建国　程　杰
法学院	杨雄文	**新闻与传播学院**	罗韵娟

2018 年度华南理工大学“华为就业指导奖教金”奖获得者

学生就业指导中心	孙　琛	**物理与光电学院**	王艺翔
自动化科学与工程学院	胡冰玉	**电力学院**	罗建锋

2016—2017 学年度本科教学优秀奖获得者（2018 年评选）

机械与汽车工程学院	翟敬梅　李　旻	**建筑学院**	潘　莹
土木与交通学院	陈庆军　吴　凡　李弘扬	**电力学院**	梁　梅
电子与信息学院	吕念玲	**自动化科学与工程学院**	高红霞
材料科学与工程学院	张安强	**化学与化工学院**	葛华才　王芙蓉
数学学院	梁　勇	**物理与光电学院**	邝　泉
工商管理学院	张春阳	**马克思主义学院**	彭　蕙　李　岩
外国语学院	陈艳艳	**体育学院**	扶健华
计算机科学与工程学院	张见威	**软件学院**	郭　芬
环境与能源学院	施召才	**生物科学与工程学院**	郑穗平

新闻与传播学院	刘银娣	**艺术学院**	陈刚毅
法学院	徐　树	**经济与贸易学院**	雷玉桃
设计学院	廖　丹	**国际教育学院**	单韵鸣

2018 年度南光卓越教学奖获得者

本科

机械与汽车工程学院	黄　平	**土木与交通学院**	季　静
材料科学与工程学院	殷素红	**数学学院**	刘正荣
艺术学院	沈云芳		

研究生

工商管理学院	蓝海林	**电子与信息学院**	李　斌
建筑学院	李璨得	**材料科学与工程学院**	谢灿宇
数学学院	何奕萱	**自动化科学与工程学院**	翁卓荣
计算机科学与工程学院	马一宁	**电力学院**	付　炜
生物科学与工程学院	吴柏华	**软件学院**	连木明
工商管理学院（创业教育学院）	杨睿琳	**艺术学院**	喻希雅

2017—2018 学年度三好学生

机械与汽车工程学院

周一帆　姜祥钰　蔡锦权　蔡中斌　陈浩宇　陈家泳　陈伟臻　陈栩琳　陈有栋　林耿亮　刘俊波
唐华杰　王睿诗　肖世雄　余炳寰　赵世杰　陈淑玲　方梓帆　赖立炫　张　菁　颜世露　张　蕾
方晓琳　叶胤桐　钟全发　陈海文　陈宇翔　程　鑫　高明阳　侯学峰　霍盛增　赖　威　李　涛
林　彬　林忠彦　鲁　港　麦茂瑜　石紫娴　王志皓　徐楚轲　杨　坤　袁　铮　赵　婷　林诗峰
刘成浚　肖楷彬　徐　珊　张雨阳　赵婉婧　邹慧娴　郭超强　黄虹霖　黄　乐　李　沐　梁建荘
刘　琪　乔贺阳　佘佩健　王伟宇　吴展纯　谢帮朝　许锦盛　钟浩钊　陈锦鹏　龚云坤　郭郑道
黄展凌　林炜坚　毛好宇　邱　悦　冼浩岚　庞业忠　宋品皓　杨镇坡　宋春雨　张峻铭　魏贤忠
杨远生　柯　宇　姜一帆　刘丰溥　王伊萌　孟　俊　胡志伟　赵春玉　陈　广　郝永志　杨智琪
杨万胜　傅裕燊　纪淮宁　孔令镇　李锦钊　宋　琦　吴格宏　吴盛红　吴壮辉　谢金宏　郑航宇
朱梓丹　曾　耀　何宝茵　何苑榕　黄子盈　李舒歆　李粤峥　汤　恺　童桂超　贺　聪　王储辉
吴焱桐　姚望洁　游文杰　郑日麟　解宇敏　林　婉　林梓欣　杨　懿　陈梓毅　龚国铮　何锡渠
蒋　檬　李健霖　唐　玥　陶阿邦　王德利　朱记本　莫善聪　杨　阳　于　涛　张　宇　郑家龙
钟　咏　周柏李　郭俊锋　柯健洪　赖建豪　林景新　任海林　江东航　利崇彬　任崟肖　邹旭书
陈茗萱　肖天乐　许浩涛　鄞伟杰　刘明熙　谢鹏程　陈宣合　李杰鑫　李泽泓　张　恒　周子强
杨文静　胡　赢　陶　莹　黄　健　李锦广　徐阳阳　钟喜明　陈焜杰　黎杰荣　刘煌桦　潘琪琪
王矿岩　王梓聪　徐智聪　许锦泽　叶锐华　章小会　张汉林　张　宁　蔡　翔　方淑芹　高　威
盛宇轩　唐涯天　文　易　曾志豪　赵文萱　岑锐鸿　方灿能　李佳玲　刘尚诗　邱智颖　谭颖诗
伍靖怡　邓志邦　胡雨玲　廖雨欣　廖元太　唐泽嘉　肖紫欣　蔡伟斌　蔡泽荃　陈浩强　冯杰寅
胡华辉　蒋　亮　赖乙文　李琳丹　李振聪　练秋西　马哲昊　宋　鑫　夏纯钞　邹林海　成　佳
蒋安邦　李伯佳　马明辉　向　念　詹润钦　张建华　张　鑫　梁靖康　邱雨玮　袁泽锟　陈卫国
戴　维　冯雨佳　郭佳敏　张辉坤　刘玉琪　李意浓　郑天翔　梁子凌　张伟俊　邓克豪　刘正清
王阳姝　祝隽永

建筑学院

李媛媛　杨淑妍　方　翔　陈佩谦　王润娴　李雪颖　汪　昊　廖亚乔　单诗涵　何欣然　黄　悦
林健成　齐　放　孙　灿　王隽琳　张文豪　陈嘉悦　韩咏淳　卢逸伦　谢雨吟　许　琳　刘可欣
郑佳佳　朱　汐　陈宬宇　白　杨　庄　筠　陈欣如　魏易芳　尹亚森　何韦萱　胡阳芷　卢镛汀
刘　悦　沈晓莹　王佳蕙　王土坤　吴佳丽　许泽冰　杨天朗　顾嘉欣　李皇龙　梁雅捷　张艺菡
陈冠宇　陈健聪　朱梓曼　杜　森　汤雪儿　许依琳　罗　诚　宋夏童　韩增旭　江慧媛　陈凌凡
黄一杰　李瓅得　皮若瑾　吴逸欣　曾译萱　范子钿　方文靖　傅振荣　郭璞若　黄家鑫　麦洁鸣
伍兆琳　修文文　徐凌芷　闫　瑾　黄益锋　刘东媛　李佳雨　陈建铭　郭泳希　何可柔　黄扬峰
鞠　力　王家磊　夏湘宜　张媛媛　胡成霖　李赫祺　李佳悦　刘晨瑜　伍绮菁　钟佳烨　邓祎琳
黄同悦　邱昕云　王嘉颖　高雅清　刘雨洋

土木与交通学院

陈佩琪　卢健元　陈　曦　何艺涛　江书妍　罗芷晴　谢沅琪　林桂欣　叶丽盈　曾维鑫　张鸣阳
林译峰　任　杰　祝旭乾　黄庆洋　李展锋　莫泳晖　陈珊珊　陈万昕　蓝天立　李珊珊　廖向华
陆兆锦　周树津　白城宗　蔡良怡　蔡燕飞　陈启健　陈颖芝　窦苗元　甘振先　郭煜斌　黄　涛
黄宇鹏　李健聪　李泽玉　廖炳烈　林翰彬　林子琪　卢子洋　茅思奕　王斯雅　吴　毓　熊真健
徐　哲　郑仲荣　朱睿懋　陈丽娟　陈彦霖　林玉燕　王家英　李泽亮　何斯华　张　艺　孟诗慧
胡映勋　许少峰　洪佩鑫　吕端雅　朱淑芳　李　垚　陆小凡　石凌云　赵　敏　汤文轩　徐烨晨
杨　杰　曾　俊　范程凯　奉兰西　林振宇　张　程　钟伟恒　陈志威　黄锦旋　廖耀星　罗　熠
莫键豪　荣　华　谭仲德　熊景华　曹　月　曾锦开　曾衍衍　陈扬文　陈怡华　陈友明　褚　晟
高嘉欣　关竣尹　何展超　胡锦源　李辉庭　李湛钧　庞振浩　彭泳辉　沈可夫　王福鑫　王彤岸
吴伟建　詹建潮　赵师煊　周文鎏　曾理菁　范子燕　凌　敏　罗子媛　穆晓阳　温　诚　姚　瑶
张佳奕　胡正涛　李小雨　龚安琪　陈海标　陈启邦　姜　霖　杨益钦　曾　坤　黄思颖　赵崇毓
苏家杰　李　傥　管　雪　初　琦　马思维　区泳霖　吴敏琪　熊　湘　曾维嘉　阎丽文　陈俊华
吴丽莎　蔡炜程　程亚天　金子力　李　治　林姗虹　刘　欢　刘芝帆　刘　卓　伍镓荣　钟联杰
陈奕年　刘志豪　马建峰　杨淏华　代志伟　邓慧琪　杜佳锴　李佳玥　林勇勋　刘志鹏　苗　茁
孙皓炜　丁　思　冯泽豪　黄梓铭　梁伟淳　廖　薇　马文千　邱思杰　王一迪　王韬珺　萧明强
叶　昕　朱子寒　覃江裕　李郁环　梁静美　杨思雅　覃宇翠　谢宇轩　王　萌　马逸敏　杨彦青
陈　楷　贺科智　罗逸鸿　黄国贤　何春杉　张　彬　欧阳楠茜

电子与信息学院

范兆权　张浩健　曹俏钰　陈敏园　陈自清　戴明翔　戴荣超　古瑞滨　黄　铤　李锦彬　李鹏乾
刘洁锐　卢伟锐　邱　臻　宋　欢　苏军羽　苏雅诗　吴海唯　谢晓娜　徐冰妍　叶木超　张宇轩
陈生畅　郭悦婧　黄思敏　李远婷　廖远达　彭政夫　王胜光　曾　志　柏　杨　蔡楚鑫　柴　铎
贾　雪　林梓尧　吕玲玲　马伟洪　宋永昊　孙梓凯　唐高中　伍思航　谢裕麟　杨　杰　袁紫烟
詹艺宇　陈梓瀚　陈靖康　赵　怿　胡庭旭　贾浩阳　王忆麟　陈雨航　王　琪　陈光科　庄佩文
何晨晖　张莹莹　余思妍　胡　啸　柯嘉聪　敖梓茗　陈伟斌　陈永炜　丁旭桐　冯秋梅　郭婉桢
胡天翊　赖惠君　李瑞莛　林晓涵　林　榆　刘欣然　刘孜路　马洪佳　彭一帆　谭咏雯　吴金哲
徐依绵　阳欣怡　张怡然　钟淑莹　谌绍泉　蔺　举　刘剑苇　祁家豪　王　浩　叶长青　袁　纯
钟有轩　董泽坤　李子怡　姚林荣　程嘉乐　耿家锴　李志豪　刘建林　谭杰康　王怡明　魏泽伟
尹虹艳　吴朝捷　钟凯铭　杨豫婷　许建城　彭裕成　高　山　刘　博　程倩倩　姜　帅　陈佳乐
丁安迪　黄明鑫　黄　璇　李凤梅　李南鹏　刘健安　罗倚轩　罗智斌　牛彦朝　王浩赟　王忠英
巫嘉鑫　郑锐佳　周　鑫　覃　昊　陈荣炎　陈天乐　陈炜东　邓永健　李捷磊　刘睿孜　罗英杰
张　海　赵江江　梁瑛钜　张慕言　佘建民　方　婷　林灏森　帖千枫　王熙柱　吴清茹　杨苏鹏

欧阳锦浩 彭子瑶 李玉辉 吴华崇 胡 月 马蓉鑫 陈洪勇

材料科学与工程学院

谢灿宇 陈继庭 陈家董 邓乐坚 何乐为 李燕姗 连文漪 梁志豪 姚中麒 余 腾 郑龙珠
孟庆港 叶倩妮 张美琦 赵 攀 黄 灵 黄 薇 李明佳 李耀华 李雨茵 柳容平 汪子登
王 格 伍海健 许业滔 钟文韬 陈妍如 柯 敏 翁子淳 左 欣 曾嘉瑜 张晓园 只 夏
周 元 罗娟娟 张晓晴 陈 鹏 靳肖林 王洒洒 张 蒙 肖 毅 白峻晨 张 笛 王鹏飞
朱剑超 余羿叶 徐茂凯 陈健祥 邓程程 邓燧楠 冯秋语 何国睿 胡京涛 胡乐箫 孔展涛
李桂兰 梁明韫 梁文雅 姚冠妃 张填峰 曾 俊 陈健濠 陈金伟 刘曼钰 吴 琼 陈鸿谦
李 文 李柱铭 曲新宇 孙梦园 朱志杰 柴华卿 李雨萱 张家鑫 朱筱珂 符 晓 刘 昊
闫梦真 张鹏飞 周颖芝 白原青 过新雨 龚雨晴 郑方仪 黄怡萱 林颖欣 钱姚天 全悟秀
杨晶晶 周炜璇 吴婉华 陈德润 侯一曼 赵锦山 许啸天 钟 心 周佳宁 刘惠君 梁凤娟
陈丙昌 曾慕雪 李建清 刚 柔 郝 运 李鸿飞 利敏蓥 潘怀远 丘俊铭 谭晓昕 谢俊安
梁敬晗 林 菁 林雯欣 史昊天 孙宇轩 卫睿珊 叶昇达 袁健铭 张诗雨 郑炽彬 覃楚卉
李淼昊 林义钦 符沐燚 江 曼 赖迪霖 李聪昊 朱 星 程齐风 李 萌 刘文馨 叶 洵
龚 晨 金思远 李幸晗 汤雯晶 张玮琦 彭 琳 金雪晴 刘鑫智 郭铠闻 詹耀钊 肖一鸣
刘玉琪 朱景霖 区朗曦 张品蕊 冼清越 卜章民 李嘉欣 王立韬 丁 芮 李所当然

化学与化工学院

刁 威 丁收香 黎晓坤 李 钰 陆燕玲 罗家柱 万 芳 魏 娇 温和杰 张泽新 郑佳蓉
周晓丽 马苑纯 陈梓洋 黄圣欣 吕露茜 沈子榕 苏国城 孙倩如 谢心怡 陈瑞婷 陈颖娴
李 祎 罗明昀 潘伟权 吴志强 朱 卉 蔡哲毅 陈 红 王 帆 罗晓曦 徐小清 王瑞卿
张龙海 毕子欣 李泽昊 林伟腾 孙 可 袁家瑜 李佩诗 梁华润 王佩瑶 薛晓琪 蔡莹莹
黄夏基 杨 莹 程泰然 邓月华 耿碧君 贾寓凯 叶礼铭 张一帆 曹其琛 陈才娣 唐志贤
吴卓颖 钟承志 钟思媛 邱文华 李前跃 李朝生 袁 芳 郭嘉艺 郭家星 李柯雨 廖 波
倪薪一 徐月莲 张思琪 林广源 林丹霞 林雪敏 王锦贤 冯宇粱 黄展鸿 卢宏程 莫文湖
肖嘉程 余 菲 佘逸琦 刘健康 苏佳生 王楠舒 余佩敏 彭杨铮 刘兆镇 龚晓婷 丁茂峰
李志鹏 吕东昊 马鑫宇 赵莉莉

轻工科学与工程学院

赖海宏 韦岚升 林晓宇 黄 颖 景 俊 雷智惠 李文青 王景行 周文伯 熊雨桐 张诗可
罗青松 杨紫微 邓喻璇 孙泽宇 谭 鑫 汤 浩 吴子宇 张诗曼 赵诗婷

食品科学与工程学院

蔡鑫泽 李蔚偲 王文欣 韦希琼 杨 晓 张 颖 陈晓琦 凌嘉艳 屈子尧 张 英 赵文珂
郝 欣 余青紫 陈伟明 贾镇东 寇晓晖 李治康 梁詠欣 杨韵仪 张思锐 周子茵 余钰莹
苏韵星 赖海平 闫宇微 肖兰芳 陈宇星 黄康盛 李翰良 凌 莹 刘建芳 罗怀楠 赵键文
胡 颖 石文婧 张婷婷 程子齐 林如歌 饶 翔 李 鹭 林宇栋 赵晓晴 邹歆媛 郭水连
欧阳绮鸿

数学学院

陈翔宁 邓淦森 高 歌 郭 莉 李 嘉 李 璇 林 涛 吴卓虹 冼成谦 许荣贵 叶 欣
余钊慧 张馨元 廖至楠 沈 璐 吴汝婷 姚若凡 张静仪 房依璐 郑桂钖 谭艳鸿 陈钰莹
成 斌 张凤达 谢伦伟 张 婷 葛宸希 李延希 殷 璇 戴 芙 高 晗 何奕萱 孙 婷
谭双翼 谭媛媛 王雨奇 张曼娴 岑杰东 曾华锋 陈椿晓 陈 缘 何鸿蔚 潘晓彤 张晓怡
甘桃菁 王潇乐 谢伟琼 陈 曦 陈梓杰 董晓帆 丘皓怡 陶 露 赵 威 彭炼云 贺婉莹

杨恬乙 刘嘉欣 祝佳雯 邓艾西 杨玥敏 李宗广 赖晓倩 张吉应 蒲虹杉 孙 娜 温仁杰
董 适 黄 君 黄少轩 李 可 凌佳欣 巫俊达 吴宇昊 徐雨竹 叶佳宁 张泰伟 陈 源
吴 江 董督凯 林嘉北 徐青影 冯伟坚 梁凌睿 林泽豪 张伟豪 郑诗剑 李世哲 孙宇鹏
王 尧 包 宇 陈子仪 王 浩 罗 烨 徐 宽 周菁媛 张清林

物理与光电学院

何 斌 兰 予 刘依君 沈子松 文晓晓 杨嘉嘉 黄佳祺 黄钰淇 林惠敏 田芮华 陶若文
郭勇帆 严文翔 梁 钰 邓瑞娟 高伟光 黄伟濠 雷国盛 刘 芸 卓思超 黄浩轩 李博文
符文韬 彭莹莹 王 深 孔德鸿 徐 捷 祝松祥 孙文杰 麦健儿 郭钰滢 李晓彬 刘家炜
刘峻铭 罗 杰 战子钰 周 伟 李云博 于欣悦 张桓彬 陈泓樾 李 旭 刘 维 宁晨曦
颜国锋

经济与贸易学院

喻 莹 郑梦媛 骆子扬 蒋栩枫 蒋聪聪 叶 蕾 崔文晓 黄子茵 林诗诗 刘雨欣 刘 钊
罗晨靖 罗雅婷 马泽莉 叶 遥 张晓菁 朱玉希 曹 昱 岑诗雅 洪佳薇 黄健仪 黄静萍
江 奕 梁柏淇 林晓滢 罗小聪 苏钰棚 涂芷珊 王霖钰 于诗卉 曾奕航 詹伟键 张国林
张 星 赵洁芳 范晗馨 黄翠玲 黄梓芸 李玉洁 林灿鑫 卢淑霞 丘心心 谢玉杰 杨家琦
董晓旭 郭纯华 胡文婷 林学基 刘吉萍 隆攀攀 谭佩妍 许雯嘉 蔡思辰 刘小佳 容旖晨
王志慧 方嘉嘉 魏沁怡 徐敏行 洪 艺 劳茗钫 李伊玲 林 茵 罗 杰 史源金 杨卓文
钟美玲 瞿春珲 马佳伟 陈 欣 胡际豪 黎明钰 熊婷慧 许多艺 金 鹏 杨 珍 张雯倩
张家豪 冯 麟 郑敏达 吕嘉盈 林镇武 徐浩洋 曹婷婷 曾韵华 林 钰 王 璐 曾旭铭
陈镜如 陈烨珩 李 秋 李奕锦 林冰冰 石步超 王楚萱 王佳凝 叶淑瑜 庄 唯 庄怡玫
陈思敏 方琪源 姜爱华 李欣莎 林浩晖 刘馨悦 罗秋萍 罗樱桐 宋艳霞 杨志龙 叶 欣
郑嘉榆 杨郑妍 蔡 铭 陈曼莲 古 龙 陈玉莺 郜家珏 李靖康 彭狄钦 邱康石 王桂铮
袁浩轩 张钰港 郑 聪 黄安琪 王璐瑶 张 佩 邝颖琪 刘苗苗 卢 苇 潘捷颖 王毓玮
陈启轩 陈彦彤 何恺茜 黄颖平 吴心玥 许宇星 叶祎珏 张 涛 黄颖嘉 安 然 黄楚文
黄雯欣 吴映君 肖坤然 杨子昕 汪文韬 杨馥菁 张少喆 周超冉 魏潇天 方士奇 杨汐然
张清茵 方 俊 刘志尚 曾余凡 刘敏俐 范芳芳 王 璐 陈芷芸 李润森 吴钰莹 寻 蕾
杨雪玉 赵彦纯 蔡燕琼 陈慧珊 陈芷莹 方希婧 郭亚飞 郭鹰洁 李晨崴 李 楚 刘国鹏
刘 可 刘宇韬 刘 玮 莫带娣 宁 玲 唐 烨 肖 璇 许 玫 杨越雯 叶桃红 郑蕴含
邬宝仪 黄俊凯 丘润文 苏香轩 唐文彪 叶绍锦 周思鑫 庄子聪 晁 炜 陈奕凯 李洁滢
熊 鑫 余艳春 郑海霞 崔艺潆 刘丹妮 欧阳啸 房美佳 何钰琴 陈嘉健 李苑馨 李智凝
卢耕雨 刘家熳 余茂源 林枫华 秦佳慧 詹文鑫 曹敏钰 艾俊其 薛祎诺 张 瑶 匡校君
蓝 利 叶劲辉 陈鸿倩 欧阳瑞玲

自动化科学与工程学院

许练濠 王佳佳 李志鹏 郜泉凯 刘俊浩 王冲之 陈 乐 陈泽同 付志平 黄观钦 黄海棋
黄阳灿 孔祥宏 李日红 李 睿 李志豪 刘智锋 陆子霖 罗家健 潘树良 区家荣 王 敏
翁卓荣 吴春台 夏德强 萧华希 谢勇坚 杨湖广 杨尚择 叶欢霆 余锦伟 云 雪 张广滔
张锐东 陈卓明 何 杰 侯宜君 孔令东 毛 适 牛雅儒 施翔宇 杨昕格 黄谋潇 岑佳婧
陈良玮 陈 庆 冯镜儒 冯雪纯 关文诗 关振峰 黄铎镇 黄海真 吉冬昱 贾 斓 李国城
李 娴 林德强 林浩敏 林 熙 马钰儿 谢苗苗 熊宇涛 郑浩东 郑梅义 钟濠安 左 臻
邓羡知 韩思玮 梁智灏 廖宏宇 孙浩然 李竞宜 陈 迪 陈 春 吴威振 杨 兴 赵冠懿
蔡炳铨 方泽龙 郭一丹 何宇恒 贺亦欣 黄观禹 李佳晓 梁泽人 林坤阳 卢浩明 潘佳卉
潘文豪 王国琛 王松波 王贤枥 徐 婷 杨俊杰 赵黄婷 丘俊荣 孙鑫宇 朱澧湘 黄济懿

黄三航　赖丰祥　黎禹昕　谭泽群　吴梓浩　马奕然　姚瞻楠　刘欣茹

计算机科学与工程学院

张智炫　邹秀鸿　邓骏杰　陈浩鑫　魏凤凤　陈嘉健　邓广昌　何杏萍　胡景铨　李崇宇　李东芮
覃杰婵　王亚权　王　颖　巫　威　谢林森　谢欣言　叶　超　曾建钧　左世豪　陈子鹏　程田田
高楚杰　何　记　何劲和　廖晓媚　肖楚烽　张爱玲　池慧珏　高雨晴　何俊杰　胡晓晴　胡心怡
欧昭婧　叶咏欣　曾佳尉　张星海　黄仕嘉　尹思媛　应澄粲　安怀恬　马一宁　朱　翼　毛峻宏
王浩然　黄梦雨　王贤为　郑滨雄　艾　琦　蔡森淼　陈星宇　陈泳良　陈梓彤　黄振邦　霍晓阳
李伟珊　李逸楷　刘　真　文毅鸿　翁　跃　姚旭真　钟旭东　林嘉鑫　吴思琦　钟汉兴　姜云朋
杨晓雯　陈楚鑫　杨慧婷　罗奉志　陈海斌　李　峰　潘绍辉　邱文锦　田嘉琪　吴梓聪　周　洋
周子昕　陈新瑜　陈　杨　李立尧　林　青　刘耿雄　龙宇翔　任志豪　魏庭瑞　肖朝辉　徐晨舒
袁海桃　张捷惠　张蔚文　江煊璐　金育妍　李志铭　谭壮伦　朱小媚　蔡宛承　罗云花　吴宗威
邓　璟　崔雅琦　耿明灿　罗琳峻　张一帆　赵孔延戈　何倪凯杰

电力学院

陈柏任　李雨桐　杨悦荣　陈慧敏　陈嘉俊　陈星宇　黄静仪　江链涛　赖承中　李　捷　李思琪
梁悦薇　林泓宏　林鸿业　林银鸿　刘晋宏　宁炳文　潘厚霖　石剑涛　苏　晓　苏子钊　王　瑾
王康敏　王兆延　王梓耀　吴洁聪　吴秋媚　伍靖媛　肖瑞庆　谢金彤　邢益辉　杨景旭　叶运铭
张良权　张艺妮　张志康　赵柏宁　钟力文　仲礼鹏　朱嘉健　左冠林　李承昊　王　壮　魏敬弘
黄济宇　黄文靖　纪　超　苏晓鹏　邬　霄　黎志锋　刘鸿健　罗江诚　吴俊晔　许统棋　杨兴梓
余银豪　曾　磊　张　栩　潘世贤　余天宝　檀金亮　林文智　谢　东　陈智颖　刘润泽　赵子先
刘　琪　韦乾龙　曾　翔　陈伟国　陈晓璇　陈鑫沛　陈子聪　方进浩　符致敏　郭泰亨　胡竞文
黄焕傑　黄钦雄　黎俊文　梁炜焜　梁樱宝　林荣锐　刘　煜　罗辉全　罗钰魁　莫凯雯　欧　金
容语霞　尚文辉　宋晓维　苏秀涵　覃志城　万吟雪　位亚东　吴亿豪　杨家俊　杨青帆　张林婷
陈　攀　何伟涛　官裕达　何德宇　王诗雨　王雪毅　奚圣羽　张秋宇　朱思婷　宾衍辉　陈法丞
付　炜　黄梓淦　李浚杰　梁金冰　廖月鹏　王晓洲　易文俊　张子文　郑晓腾　支嘉琦　朱翠英
陈泽材　张港华　朱　飒　李雨轩　李玉坤　蔡清淮　陈浩维　陈明丽　陈霆威　邓柏荣　丁巧宜
冯祥勇　黄健豪　黄善超　李博雯　李志鹏　利勇乾　马成元　徐小圣　殷　悦　张思毅　张　洋
张　淼　赵　棚　钟　康　周浩然　黄　莹　屈可扬　胡嘉铭　李　煜　林子惠　卢冠华　谢　钰
徐　征　曾雨萌　蔡锱涵　李锦辉　刘剑华　张华杰　郑海虹　胡乐遥　黄　婕　刘映雪　吴善姝
曹成志　张丽贤　井子琪　许崇治　岳元茂　余震霄

生物科学与工程学院

胡严元　刘洁铮　何舒韵　汪凯婷　曾敏菲　常梦阳　胡日荣　霍薪宇　廖沛林　王俐茜　吴柏华
袁才媚　梁梓甄　王孔文　郭小春　卞振华　房于情　李秋霞　熊一娇　张展华　覃静欣　严洪珊
朱志翰　陈　亮　陈彦权　林晓倩　邱欣乔　唐思媛　李艳茹　程心怡　周雨欣　李恒润　陈舒婷
谢子峰　曾浩锋　汪伟滨　陈婉桐　钟晓蕴　李　欣　张　盼　赵　梅　赵思思

环境与能源学院

黄礼艳　黄若琳　毕颖智　邓翠兰　邓郁蓉　黄晓佳　卫晓蓉　伍丞毅　颜秋怡　余晓芹　张慧中
邹钰麟　陈小宁　古昀冬　谭雨欣　吴欣然　张柔柔　丁跃飞　刘自敏　段琬阁　朱　文　王　璐
吴兆基　李智博　马嘉欣　冼金婵　李典迪　麦嘉琳　任雪樵　余显基　钟祖琪　陈志乐　胡佳敏
刘一璇　毛婧芸　莫耀钧　陈江源　廖贤达　吴依真　吕梦雨　陈　朗　朱芮妍　庄叶游　杜捷晖
林　琳　卢　芮　戴宗仁　何婧嫘　裴　瑶　谭　拓　陈建洪　许轩铃　李登瑚

软件学院

覃伟达 李冠凯 蔡鸿钦 蔡健聪 曹　晋 陈　峰 方赞杰 黄俊聪 黄启琛 林俊钦 饶浩聪
苏俊鹏 苏婉婷 王圣杰 文永亮 吴宏阁 吴泽恩 伍瀚杰 夏俊煊 邢正颖 叶珂男 张雄帅
张轩艺 张梓佳 董　骞 徐浩明 陈梓轩 陈丹燕 邱宏鑫 唐镇溢 曹瑞东 陈佳烁 陈俊伟
范峻铭 黄彬彬 黄　捷 黄绍铭 解　坤 金日进 李克奉 李铭豪 连木明 林安然 刘凯婷
刘　旭 卢俊宇 罗　凡 潘浩霖 秦　华 汤晓岚 魏　芸 谢方圆 许　婷 张　昶 张光云
张　媚 张　扬 周　凯 邹鹏宇 蔡思凯 桂宇翔 石望华 宗文智 陶子卓 郭晓凡 蔡镇锋
曹隽逸 陈宋佳 陈泳欣 方思政 林墨馨 林梓成 刘立钊 刘书沁 马诚志 马晓轩 彭天祥
孙津梁 吴国楷 伍明慧 张　敏 赵文松 邝碧霞 陈锐铭 李俊辉 罗湘月 郑佳燕 冯超瑜
李浩津 林　晖 李宇虹 利俊安 薛青田 李　扬 陈　亮 陈若邻 黄树炫 杨喻棋
苏江科夫

工商管理学院

敖卓然 陈晓艺 闫婉琳 陈　熙 张海霞 陈培锋 胡　婧 李金璇 梁　爽 杨晓玲 游必易
陈佳娜 陈静谊 陈培贤 陈启诗 陈湘颖 李　芸 林昭玥 秦启雯 邱翠平 温碧仪 吴晓霜
吴茵茵 曾芷晴 钟　迪 庄添羽 景融嘉 杨睿琳 张少敏 王伏瑾 潘敏玲 李思佳 阮梓莹
施若凡 罗　犇 宋英楠 王秋平 周莉媛 朱家铨 方舒林 唐晓晓 朱　咪 魏金慧 吴东魁
唐远华 赖若萱 吴伟冬 杨　童 谢兆楠 蓝宇菲 伍淑妍 姚子怡 张　蓉 陈文庆 方吉薇
顾煜菲 何嘉欣 刘欣宜 王　蕊 徐　梵 余银漩 周佳倩 周依婧 曹靖仟 曹钰婷 曾爱花
顾晓欣 关婷婷 郭霭明 侯祎然 胡明煜 劳紫裕 李忻洮 梁　杏 梁钰怡 刘　欢 秦乐诗
谭学雯 吴　言 谢　薇 徐妍钽 杨静钰 叶家艺 张怡程 郑鸿升 郑泽敏 周志敏 杨思诗
曾维彬 王路遥 孔思澜 王邵婕 陈艺鎔 董　健 何昱锡 李雯瑶 马弘寅 彭千航 孙　扬
王泊凝 姚宇思 菅泽华 李永昊 禤洁明 唐嘉敏 魏筱昀 胡苗苗 赖栩楠 梁可莹 梁蓓欣
林文旋 刘玉伶 吕晓颖 吴文丽 吴　翕 俞　芹 张晓敏 郑颀丰 曹芮文 曹睿杰 常浉林
陈筱露 程晓婷 甘翠清 郭慧霖 何斯美 黄　深 黄欣然 黄泽玲 黄庄桐 黄梓桐 蒋　丹
黎安和 黎倩君 李珊珊 李　双 梁　颜 林燊梓 罗　强 肖雪灵 谢逸劼 袁士超 张曼迪
郑玉莹 宫晓睿 邬奕雯 许彦成 史　佳 吴欣燕 都晓薇 赵仲旭 蔡文蕙 凌恺童 钟银斌

公共管理学院

郭慧伦 蔡嘉茹 陈佩瑜 方雨婷 冯少环 符　蓉 赖舒婷 李玉玲 马小茜 潘亚云 石慧敏
魏倩诗 杨茗惟 周博文 杜静静 李宁宁 吴桃龙 陈佳慧 黄惠敏 江苗苗 李丽萍 刘　璐
刘宇博 卢琳静 祁湘月 任婉玮 文婉慧 辛　猛 薛雨浓 郑　冰 程　畅 田张鸣 何雨泽
李桐昕 罗书敏 沈玖玖 谢汝欣 曾　艳 周伊敏

外国语学院

戴慧诗 李蔓玉 吴彩萍 焦虹霖 蔡润泽 郭静雯 李　朔 林思颖 任一铭 申　琦 徐　晗
张漠寒 张眺眺 龙凌芸 宁思超 余　晴 方思蕴 郝珠琳 何佳璇 李佳慧 林雅雯 刘一霏
麻赢心 宁　曦 徐天怿 张斯琦 徐偲睿 韩皓玮 李　泳 李育静 刘诗琦 刘胤佑 王晓敏
张博颖 赵一瑾 郑珮珊 郑一菲 晏方琪 陈竹思绵

法学院

练卓琦 曹　萱 冯丽珊 匡梦冉 李梦园 彭灏岳 王倩莹 王雨宸 杨佩钰 钟　琰 陈柳汐
黎绮玲 郑　沛 李嘉怡 李轶妮 莫素卿 丘伟豪 王艺霖 闫丹雅 于　瑶 曾晓娟 黄　啸
黄金玲 江欣洋 李欣悦 刘惠惠 刘梦婷 刘湘婷 苗晓雪 谭添尹 吴淑贤 谢　琴 许旖旎
赵　净 陈丽琳 邓思宁 李宇豪 郑璐瑶 何林翀 李　柔 林秀英 周鸿雁 周　茜 周欣琦
郑志聪 鲜　蔚 张雨萌 陈思懿 高　菲 顾天齐 胡李灵 胡雪霏 李纪超 厉铖铖 林思颖

刘泽妍　马烨琪　王俊琦　张淡钿　陈丽霞　陈雪莹　杜斯敏　关　儒　何玉梅　黄燕鸣　曲昭怡
王园园　文沅蓥　吴晓祺　高忆辰　沈鸿艺　苏如拓　陈月娆　邹江南　林敏英　黄　琦
欧阳铭斯

新闻与传播学院

柯楚仪　莫杰连　秦钰雯　刘入豪　孟佳琦　朱艾婷　刘　颖　张舜琪　周定晖　杜宇星　郭华政
闫中慧　卢莹莹　潘春燕　潘雨荷　王懿宁　吴宇杰　闫荣美　余芳婧　战瑾元　张小芳　赵绮晴
陈佳琳　陈倩楠　陈泳澜　胡　萌　柳春连　余秋苗　柯晓姗　任碧玥　于北辰　赵婉言　周雪涵
陈厚燃　黄佳兰　季思岑　李汉清　李惠文　俞灵燕　周　颖　张晨曦　顾睿璇　刘馨琳　何　漫
苏经俐　夏　妍

艺术学院

辜　琴　郝昱捷　黄若宾　李明诗　刘夏菁　申雨恬　王乙翕　温佳妮　张一勃　周岐荣　周雨薇
林　鸿　徐聪慧　詹　敏　赵怡婧　陈彩凤　陈俊霖　陈思曼　陈紫欣　金声宇　李枝蔓　董欣锐
黄于桐　任宏阳　杨倩如　喻希雅　谢永涛　陈秋彤　彭慧娴　苏颖欣　杨瑞铭　刘艾拉　刘雅芳
王兰欣　李欣瑜　郑婉纯

体育学院

何健明　何　玮　林靖恩　彭俊瑶　商燕桦　王泽凤　许　崴　张婉秦　张怡宁　张智建　冯玥斐
刘含煦　王雪婷　周立冈　崔　曦　何志林　王小奇　王小天　谢於倍　张译文

设计学院

龙婷薇　宋方力　黄晓琳　黄　琰　李思宇　吕　璐　彭　颢　文若愚　张超男　张　月　黄献慧
黄晓岚　林　岚　徐一帆　赵慧琳　陈星晨　陈昱君　黄可悦　马　驰　王　哲　杨雨彤　赵楚伊
朱金铭　魏　霄　周悟源　胡亚茹　吴王婷　陈　瑾　黄一诺　那嘉洱　沈丹丹　张婉倩　张雅惠
周　炀　陈佳旺　黄婷婷　李广兰　李佩璇　马菁菁　秦　齐　沈　锐　田中宇　王　鼎　王　景
曾竣慧　黄思佳　刘佳臻　卢彦君　荣　蓉　盛烨辉　熊诗琪　朱胤溥　张子阳　方玮绚　程宇婷
梁君遥　梁悦怡　吕明慧　孟思薇　赵　晶　高雨晴　宋晨瑶　王格维　王泽君　邓　皓　沈　骏
童培杉　陈　西　曾天一

医学院

李夙芸　刘秀锋　揭光灵　林丹琳　蒋振鹏　何康文　王蔓雯　黄绮彤　区楚岚　许锦鑫　余委玲
朱乐怡　张保帅

2017—2018 学年度优秀学生干部

机械与汽车工程学院

陈栩琳　陈淑玲　陈海文　徐楚轲　赵婉婧　邹慧娴　吴展纯　许锦盛　龚云坤　林炜坚　冼浩岚
柯　宇　胡志伟　纪淮宁　吴壮辉　谢金宏　何宝茵　李粤峥　汤　恺　吴焱桐　姚望洁　郑日麟
杨　懿　李健霖　陶阿邦　张　宇　郑家龙　钟　咏　江东航　肖天乐　鄞伟杰　谢鹏程　杨文静
胡　赢　黄　健　李锦广　潘琪琪　方淑芹　廖雨欣　蔡伟斌　陈浩强　李琳丹　向　念　梁靖康
张伟俊

建筑学院

陈宬宇　王佳蕙　许泽冰　杨天朗　李皇龙　梁雅捷　张艺菡　汤雪儿　韩增旭　陈凌凡　黄一杰
范子钿　傅振荣　郭璞若　麦洁鸣　徐凌芷　刘东媛　李佳雨

土木与交通学院

祝旭乾 郭煜斌 林翰彬 吕端雅 朱淑芳 石凌云 曾衍衍 高嘉欣 沈可夫 王福鑫 温 诚
姚 瑶 张佳奕 李小雨 赵崇毓 曾维嘉 陈俊华 吴丽莎 杨淏华 邓慧琪 马文千

电子与信息学院

戴荣超 吴海唯 陈生畅 郭悦婧 彭政夫 王胜光 马伟洪 宋永昊 杨 杰 陈梓瀚 王 琪
余思妍 陈永炜 林晓涵 刘孜路 阳欣怡 张怡然 钟淑莹 蔺 举 叶长青 刘建林 姜 帅
李南鹏 王浩赟 巫嘉鑫 周 鑫 刘睿孜 张 海 方 婷 杨苏鹏

材料科学与工程学院

何乐为 李燕姗 余 腾 孟庆港 李耀华 许业滔 陈妍如 左 欣 张晓园 陈 鹏 王洒洒
白峻晨 邓程程 胡乐箫 李桂兰 梁文雅 姚冠妃 曾 俊 陈健濠 李柱铭 曲新宇 张鹏飞
周颖芝 黄怡萱 林颖欣 杨晶晶 吴婉华 许啸天 钟 心 刘惠君 利敏滢 谭晓昕 程齐风
詹耀钊

化学与化工学院

丁收香 李 钰 陆燕玲 万 芳 黄圣欣 陈瑞婷 李 祎 王瑞卿 林伟腾 梁华润 薛晓琪
黄夏基 耿碧君 贾寓凯 吴卓颖 李前跃 李朝生 袁 芳 李柯雨 倪薪一 冯宇梁 余 菲
王楠舒 吕东昊

轻工科学与工程学院

熊雨桐 罗青松 杨紫微 吴子宇

食品科学与工程学院

蔡鑫泽 余青紫 寇晓晖 李治康 杨韵仪 欧阳绮鸿 赖海平 肖兰芳 饶 翔

数学学院

叶 欣 张静仪 葛宸希 何奕萱 张曼娴 岑杰东 王潇乐 谢伟琼 陈梓杰 陶 露 邓艾西
杨玥敏 李宗广 徐青影 梁凌睿 张伟豪 陈子仪 徐 宽 张清林

物理与光电学院

文晓晓 陶若文 严文翔 高伟光 王 深 孔德鸿 徐 捷 张桓彬 李 旭

经济与贸易学院

郑梦媛 马泽莉 叶 遥 黄静萍 苏钰棚 于诗卉 卢淑霞 丘心心 董晓旭 许雯嘉 王志慧
徐敏行 罗 杰 钟美玲 胡际豪 张家豪 林冰冰 王佳凝 庄怡玫 姜爱华 郑嘉榆 郑 聪
张 佩 潘捷颖 许宇星 张 涛 黄颖嘉 肖坤然 汪文韬 张少喆 杨汐然 刘敏俐 杨雪玉
陈慧珊 刘 可 郑蕴含 晁 炜 陈奕凯 郑海霞 欧阳啸 陈嘉健 刘家熳 詹文鑫 艾俊其

自动化科学与工程学院

陈泽同 李 睿 李志豪 陆子霖 张锐东 侯宜君 毛 适 施翔宇 黄谋潇 冯镜儒 黄海真
贾 斓 李 娴 左 臻 梁智灏 陈 春 方泽龙 何宇恒 梁泽人 林坤阳 卢浩明 王国琛
黎禹昕 刘欣茹

计算机科学与工程学院

魏凤凤 陈嘉健 胡景铨 巫 威 谢林森 廖晓媚 曾佳尉 黄仕嘉 陈星宇 文毅鸿 翁 跃
林嘉鑫 杨晓雯 周子昕 李立尧 张捷惠 张蔚文 江煊璐 蔡宛承

电力学院

李雨桐 林鸿业 张良权 钟力文 朱嘉健 李承昊 黄文靖 吴俊晔 余银豪 张 栩 郭泰亨

黎俊文　刘　煜　莫凯雯　容语霞　覃志城　万吟雪　吴亿豪　何伟涛　何德宇　奚圣羽　朱思婷
陈法丞　王晓洲　朱翠英　张港华　李玉坤　李志鹏　马成元　徐小圣　钟　康　卢冠华　张华杰
胡乐遥　曹成志

生物科学与工程学院

常梦阳　吴柏华　梁梓甄　郭小春　张展华　邱欣乔　周雨欣　钟晓蕴　赵思思

环境与能源学院

毕颖智　卫晓蓉　余晓芹　张慧中　古昀冬　刘自敏　朱　文　王　璐　李典迪　吴依真　林　琳
戴宗仁

软件学院

蔡健聪　黄启琛　吴泽恩　伍瀚杰　陈丹燕　陈佳烁　范峻铭　黄　捷　黄绍铭　解　坤　连木明
汤晓岚　张　昶　张　媚　陈泓宇　曹隽逸　陈锐铭　陈若邻　黄树炫　苏江科夫

工商管理学院

陈晓艺　游必易　吴晓霜　庄添羽　杨睿琳　李思佳　阮梓莹　宋英楠　朱　咪　杨　童　顾煜菲
刘欣宜　徐　梵　秦乐诗　谢　薇　徐妍铌　郑鸿升　周志敏　陈艺鎔　姚宇思　菅泽华　唐嘉敏
魏筱昀　吴文丽　吴　翕　曹睿杰　郭慧霖　林燊梓　郑玉莹　吴欣燕　赵仲旭

公共管理学院

李玉玲　周博文　杜静静　李丽萍　刘　璐　任婉玮　文婉慧　李桐昕

外国语学院

郭静雯　宁思超　郝珠琳　何佳璇　张斯琦　李　泳　李育静

法学院

杨佩钰　黎绮玲　于　瑶　黄金玲　谢　琴　李宇豪　林秀英　郑志聪　林思颖　文沅蓥　高忆辰
苏如拓　黄　琦　欧阳铭斯

新闻与传播学院

刘入豪　刘　颖　陈泳澜　胡　萌　任碧玥　陈厚燃　李惠文

艺术学院

温佳妮　詹　敏　陈彩凤　黄于桐　任宏阳　谢永涛　刘艾拉

体育学院

林靖恩　张智建　王雪婷　周立冈

设计学院

黄献慧　朱金铭　周悟源　张雅惠　黄婷婷　李佩璇　沈　锐　熊诗琪　朱胤溥　张子阳　赵　晶
王泽君

医学院

刘秀锋　何康文　朱乐怡

2017—2018 学年度标杆工程十大共青团员、共产党员标兵

黎　枫　吴炜生　祝旭乾　黄　舒　魏凤凤　何奕萱　陈重辰　王慧芹　丘心心　杨镇坡

2017—2018 学年度优秀共青团干部

机械与汽车工程学院

朱　文　徐　梁　刘得星　范光涛　程　斌　汪弘昊　李锦广　徐书恒　张守一　陈家泳　傅杰城

纪淮宁　刘静怡　邹慧娴　黄琳琳　杨珊珊　吴焱桐

建筑学院

李瓅得　吴　昊　卢培夫　李东柱　付佩瑜　吴芳凝

土木与交通学院

陈嘉文　吴璐帆　张裕天　区俊锋　郭煜斌　王奕可　张　艺　陈熹俊　孟柳辰　罗　婷　梅锦玲
陈雅娇　曹睿冲　高嘉欣　蔡柯敏　庄升镇　黎斯晗　戚明远　刘春雷　高　麟　严心宽

电子与信息学院

邹　超　徐容丰　阳欣怡　刘孜路　贾　雪　袁　纯　张宇轩　郑敏芬　余思妍　马伟洪　刘建林
郭少慧　袁紫烟　徐冰妍　李晓源　邓朗文　黄　铤　林宏辉　李冰泽

材料科学与工程学院

张　悦　孟庆港　王洒洒　孔晶晶　刘恒志　梁明森　周颖芝　杨晶晶　庄梦迪　张莉维　王克冰
黄晓盈　侯一曼　倪震宇　冯家瑞　王炳程　刘逸才

化学与化工学院

高妙丽　陈开湟　刘凝晖　谢心怡　杨敏慧　李穗敏　方　畅　梁文豪　徐飞宇　熊康宁

轻工科学与工程学院

魏　琪　刘雅云　黄平权　刘志尚　潘　婷　王孟祥　吴桦瑶　郑宏志

食品科学与工程学院

孙瑞云　朱子熙　陈晓琦　黄欣颖　骆土华　刘思斯　金　艳　黄燕燕　朋　贤　叶安妮　张培智

数学学院

成　斌　陈雪松　李宗广　杨玥敏　张天爱

物理与光电学院

严文翔　黄钰琪　文晓晓　刘伯东　高伟光　李　文　黄思雪

经济与贸易学院

黄楚文　幸君林　尤文灿　林学基　张少喆　王志慧　曾余凡　张　萱　陈明仁　叶　欣　李靖康
李观琴　张　涛　唐楚翘　林　珊　郑梦媛　梁紫堃　李定坤　黄腾辉　唐清澜　何卓越　毕梦雨
彭静纯　龙　钰　刘苗苗　杨兆佳　方嘉嘉　王　灵　王　颖

自动化科学与工程学院

夏子轩　何锦雯　郭　翊　左　臻　冯镜儒　邓树乐　陈　成　刘梓辰　何　杰　陈　春　高　熠
施翔宇　卢华标　方良韬　陆子霖　王佳佳　黄阳灿　黄谋潇　范智博　凌敬翔　范稼宝　郑祎楣

计算机科学与工程学院

黄　明　廖晓媚　罗睿琪　马宏珍　魏凤凤　谢林森　要利娇　张　兴　易　辰　张　豫

电力学院

吴俊晔　陈镇煌　姜雨滋　赵柏宁　王璨珉　柯少佳　张正刚　肖梓恩　丁佳彦　赖健文　谢泽宇
张良权　孙启政　沈楚生　喻子彧　毕继凯　黄　湘　梁子鹏　刘　楠　兰雨潇　刘　琪

生物科学与工程学院

倪佳俐　梁梓甄　张明舒　常梦阳　郭小春　韩建钢　谢　珊

环境与能源学院

刘锐源　梁铭珅　卢泳珊　颜秋怡　卫晓蓉　吴兆基　周家智　肖芳芳　刘自敏　周　璇

软件学院

谢文朗 张 媚 林安然 陈佳烁 周海颖 陈丹燕 宁雪琴 王业超 冉东升 丁 可 李 蓉
林艾琳 张子伟 文 威 陈安妮 宋 凯 曹 晋 伍翰杰 张 津

工商管理学院

郭红艳 陈培贤 金嘉怡 张心怡 王 靖 杨晓玲 游必易 姚宇思 顾煜菲 陈苗臻 曾冰璟

马克思主义学院

陈丽婷

公共管理学院

周博文 孟 晶 殷 越 宋雪龄 周芸芸

外国语学院

李瑞程 路蕴华 郭静雯 李蔓玉

法学院

黄 易 陈小晶 何柳汝 刘孟琴 黎绮玲 于 瑶 周 瑛 江欣洋 许永鸿

新闻与传播学院

邱 乾 早新蕾 吴宇杰

艺术学院

温佳妮 王乙翕

体育学院

林靖恩

设计学院

赵楚伊 吴玮萱 沈 锐 左艺琳 吴标华 黄 滢 周丹萍 沈丹丹 萧颖诗 熊佳盛

医学院

梁田田

2017—2018 学年度优秀共青团员

机械与汽车工程学院

林景新 周柏李 梁洁琳 刘智恒 赵启良 程仁杰 王志皓 何宝茵 林 婉 刘嘉祺 王 航
罗琛南 王储辉 黄观源 胡 杨 李昊宇 宋百哲 郑家龙 李 涛 杨镇坡 席小倩 苏志华
杨远生 王亚超 陈 磊 董 健 陶阿邦 庞业忠 姚望洁 旷 丹 张峻铭 郑才子 洪 鑫
谢鹏程 何宝添 陈宇翔 阙苏杨 蒋 檬 曾 博 林勋沐 李梓棋 郑泽滨 陈冠文 颜世露
谭宗佳 陈胜鹏 乔贺阳 庄庭达 周 峰 赵嘉伟 王志杰 周依行 章小敏 邱 悦 海 云
林炜坚 王浩楠 游文杰 李嘉兴 李 睿 李远政

建筑学院

李媛媛 林健成 赵梓凯 孙 灿 冯 欣 汤浩恒 黄植业 陆楚杰 黄一杰 包嘉敏 吴佳丽
陈宬宇 梁英伟 王诣童 倪 佳 徐 斐 朱瑞琳 徐凌芷 闫 瑾 郭璞若 曾译萱 王 琼
卢 奕 黎瀚霜 李佳雨 方晨蓉 邓思华 刘诗茹 李丽晨 梁景宇 秦 宇 施佳璇 隋佳音
唐封强 许冬阳 薛 妍 朱光鑫

土木与交通学院

肖诗豪 王家英 林静聪 林翰彬 洪佩鑫 徐烨晨 卢德佑 蒋望涛 张文博 蔡 磊 洪书涛

卢健元　刘宣谊　杨　杰　郑　伟　陈　森　褚海涛　胡坚彬　李健聪　徐　哲　吕端雅　胡正涛
李　勇　黄鸿浩　文敏郦　王云鹏　刘　威　周振峰　赵一鸣　李小雨　张　垒　张桂林　周　伟
熊真健　苏金鸿　龚安琪　曾　坤　林浩钜　吴志勇　黄旭辉　陈雅娇　张天宇　余梅霞　石嫣然
何梓琦　王炎佳　潘忠尧　郑培鑫　陈彦霖　蔡燕飞　郑仰东　温　诚　石凌云　杨尚霖　李琼宁
刘　彪　黄　棉　陈启健　郑　鑽　李雯光　张柏林　曾照洋　舒浩恺　韩　婷　黎绮琪　陈颖芝
任　杰　陆小凡　赵崇毓　梁　严　陈家航　汤左淦　林玉燕　黄思见　王哲轩　陈　哲　范程凯
朱　玲　黄　婧　厉淡宁　廖镜明　陈万昕　曾锦开　奉兰西　霍　萍　陈宇轩　陈纲梅　刘　健
任　倩　陈丽甜　张　璇　黄昆泓　刘芳芳　马东鹏　赵　俊　刘忠辉　欧阳楠西

电子与信息学院

权融威　王　琪　周泽鑫　廖媛媛　陈伟斌　黄汉业　张怡然　蔺　举　梁根著　吴海唯　卢伟锐
李敏盛　程嘉乐　屈　贤　苏雅诗　何儒燊　彭德智　谢裕麟　林晓涵　江　军

材料科学与工程学院

郑昱林　冉合迎　朱剑超　白峻晨　唐浩洲　陈　鹏　刘博洋　朱吉权　庞　杰　苏立亚　陈家董
徐楚斌　谢　昕　王芳芳　杨　童　唐周纳　甘展慧　马春杰　朱润瑶　张　笛　李雨茵　俞　航
刘涛奇　曹逸鹏　廖潇涵　叶倩妮　肖　毅　吕云琼　周　元　李明佳　李柱铭　高宇红　杨志鹏
汪子登　余　腾　陈妍如　蔡丽晶　王　格　朱志杰　徐梦蕊　姜　峰　黎丰霆　何乐为　柯　敏
乔垣方　龚雨晴　陈绍军　胡乐箫　汪　洋　顾欣然　郑龙珠　左　欣　罗　政　李建清　吴婉华
胡京涛　过新雨　谢灿宇　黄晁康　阮映枫　林梓宇　陈雨桐　林兆海　梁栩桐　刘俊宏　朱筱珂
刘　淳　张家鑫　姚诗言　曾　俊　周　良　林颖欣　黄怡萱　全悟秀　邓玲利　彭双双　陈金伟
李耀华　尹博钊

化学与化工学院

梁华润　吴　婷　黄夏基　潘显凯　程泰然　贾寓凯　邓月华　陈海彬　杨婷婷　柯　治　周文晨
丁收香　姬　兵　吕露茜　周晓丽　胡腾鑫　周晓丽　戴之易　陈碧玉　钟　雪　朱春芳　陈　钰
黄秋玲　江周明　宋文丽　张锦文　赵伟杰　郑　涛

轻工科学与工程学院

杜新亚　王　阳　唐大荣　胡雨沙　李嘉禾　宋飞宇　黄　颖　黄正胜　计园火　景　俊　李润卓
李胜超　李文青　罗青松　饶雨晴　沈　林　王莎麟　魏　远　吴宇晴　徐　强　徐勇康　易基旺
张明权　杨紫微

食品科学与工程学院

樊文博　郝　欣　林佳仪　凌嘉艳　潘芷君　沈碧寒　万媛媛　王靖雯　肖兰芳　徐文仪　闫宇微
杨韵仪　张道瑞　周子茵　潘　祥　余泳薏　李治康　王文欣　郭　峰　李　全　韩德侠　何　叶
陆　萍　张萍玲　杨　君　翟梦宇　丁　丽　韩　锐　路怀金　饶雪甜　张　驰　贾盟盟　葛模燕
张佳琦　李　青　欧阳绮鸿

数学学院

林　涛　冼成谦　成　斌　房依璐　潘晓彤　张吉应　蔡　婕　高　晗　何奕萱　彭炼云　张天爱
徐　徐

物理与光电学院

王　可　耿忠江　周昀璐　潘裕利　梁杰辉　林楚湘　陶若文　温佳玉　蔡文锋　文晓晓　刘泽楠
严文翔　陈　昊　陈帆杰　梁淑瑶　张智超　张灵恩　雷国盛　叶仲明　孔德鸿　冯腾燕　严　谋
朱震霄　董　博　洪丽红　王　健　张若钦　吴锐兴　倪慧琴　柯新坤

经济与贸易学院

郜家珏　杨卓文　吴映君　郭泓滟　王　铮　彭狄钦　黎明钰　王宇濛　林　斌　杜　玥　杜珊珊
闫　欣　丘心心　谭　昊　钟美玲　邓耀明　范晗馨　黄子茵　蔡　铭　陈霞欣　徐云飘　蒋聪聪
林展宇　古　龙　江　奕　周敏玲　梁健婷　郑嘉榆　董晓旭　罗晨靖　陶斯茹　杨郑研　冯小涛
柳新钰　严于宽　许彬钦　尹裕敏　洪　艺　于诗卉　苏钰棚　杨　楠　王　东　魏潇天　苏洁銮
陈　茗　黄　洁　许小慧　刘蓓萱　童　瑶　詹伟键　陈浩鹏　邓肖娟　饶玉蕾　朱珍梅　秦梓月
姜爱华　卢　苇　许雯嘉　林浩晖

自动化科学与工程学院

马佳伟　任　智　宋　晨　张　睿　甘军保　黄德东　毛　适　倪妙玲　林志伟　郜泉凯　李志鹏
曾宇鹏　陈　乐　潘树良　廖艺航　吕锦泉　区家荣　邓筠钰　康亦琛　黄海真　杨淋尹　张骁志
林　熙　黄盛钊　张志宏　沙　煜　肖　卅　陈　庆　李佳琪

计算机科学与工程学院

巫　威　林安琪　王亚权　郑嘉意　陈浩鑫　何杏萍　邱子昀　郑晓燕　赵菲苑　邓勇达　黎建宇
薛　进　黄志敏　成奕彬　高楚杰　马一宁　胡德芬　池慧珏　胡心怡　陈楚鑫　翁　跃　曾瑞华
黄仕嘉　霍晓阳　李伟珊　陈星宇　陈梓彤　钟汉兴　李圳凯　肖皓朗　胡益畅　伍嘉栋　赖录坤
旷宗强　徐傲丹　李　惠　徐绍栋　郭晓琦

电力学院

陈楚豪　莫凯雯　黎俊文　朱峻良　宛传捷　何润泉　冯帅松　李俊业　陈健润　刘　煜　万吟雪
唐远华　方浪森　夏璆钰　付　炜　何锐金　朱思婷　奚圣羽　陈法丞　陈远庚　胡燕春　李　捷
石剑涛　叶耀聪　刘子鹏　赖承中　黄剑平　王梓耀　王　瑾　潘厚霖　陈星宇　廖高峰　叶运铭
谢楷俊　檀金亮　于　宙　王　壮　魏敬弘　杨春邦　杜颖君　张子英　余银豪　王泽嵩　王润鹏
刘雨铮　沈　栋　林浩庆　奚伟钦　陈　戈　李维维　程东鹏　黄静仪　熊谈政　林　旭　韦　杰
张智敏　郭少锋　曾磊磊　黄昱翰　胡昕彤　张　哲　陈　云　王侨侨　彭嘉俊　陈尔健　程培军
谢家正　赵　芳　杨　林　黄梦华　李含玉　陈稼茜

生物科学与工程学院

倪梦姣　何昌生　叶方开　卞振华　陈佩珍　周雨欣　吴宗泽　贾冰洁　王孔文　钟颖雯　戴伟霖
张展华　向慧敏　陈玲伽　刘亚兰　梁艳珊　布安琪　钟正刚　袁才媚　张肇鹏　陈　亮　陈筱仪
欧扬慧　周　阳　卢悦祺　林浩斯　胡日荣　贾智锐

环境与能源学院

张芷琪　郑如婷　黄嘉俊　黄静怡　邓郁蓉　刘自敏　麦茵茹　梁丽敏　王亦琳　邱培鹏　丁跃飞
田俊泰　吴依真　孔思澜　刘彤昀　莫耀钧　梁　格　刘子毅　朱　潇　张　梦　申华楠　郭雯颖
陈　静

软件学院

高语真　高转明　戈　峰　黄彬彬　黄绍铭　梁永恒　卢俊宇　宋玥明　吴志祥　谢方圆　谢昱珊
梁志桃　罗　凡　潘浩霖　魏　芸　游　增　刘杨栋　许　婷　刘凯婷　刘雨心　陈港鸿　秦　华
金日进　祝鹏富　陈俊伟　解　坤　陈　霞　汤晓岚　罗宇成　张　扬　黄　捷　赵康铭　何晓麦
黄品超　许杨俊　严淑敏　林果实　林康浩　潘楷乐　饶浩聪　吴泽恩　方赞杰　叶柯男　黎　枫
杨晓婷　李小秋　李子龙　吴国楷　曹隽逸　刘登科　陈勒基　姚晨豪　孙　彪　林俊涛　赵文松
李伟忠　伍明慧　赵卓然　李毓标　毛裳裳　陆徐鹏凯

工商管理学院

陈　筝　詹敏敏　杨海欣　徐雅婕　杨雪丽　菅泽华　李欣儒　郭慧霖　许　昕　吴晓霜　方舒林
罗　犇　劳紫裕　余银漩　陈倚倩　吴　翕　曾芷晴　陈启诗　唐晓晓　朱家铨　谢　薇　陈怡聪
马弘寅　林慧琪　柴小涵　敖卓然　王　静　陈合兴　王　浩　黄元昕　林燊梓　罗双梦　江欣怡
卢　肃　陈娉杭　曹靖仟　常　露　吴家惠　程晓婷　王晓萱　林媛峰　陈　熙　李子雯　林惠婵
胡锦亚　周佳倩　陈筱露　吴文丽　麦靖林　陈晓艺　罗必奇　乐莹莹　邓靖川　黄　铖　黎倩君
李恒基　秦启雯　黄钰仪　刘哲绮　杨静钰　管志鑫　蓝宇菲　郑玉莹　王敏涵　俞　芹　张晓敏
郑颀丰　黄君懿　唐嘉敏　赵仲旭

马克思主义学院

张婷婷　黎林戈

公共管理学院

高灿玉　卢琳静　李丽萍　李玉玲　黄　敬　王　军　刘国歌　李嘉嘉　田张鸣　文婉慧　王　欢
方雨婷　石慧敏

外国语学院

张斯琦　付天麟　杨屿可　方思蕴　徐偲睿　刘怡君　蔡润泽　吴彩萍　张漠寒　邓浪楚　张鸿浩
张婧宜　黄馨娆　李雨桐　阮玉华　刘玉辉　潘嘉倩　任一铭

法学院

欧书沁　陈柳汐　颜　森　刘惠惠　嵇薇薇　廖　洋　郑璐瑶　张淡钿　钟　琰　赖慕越　何佳霖
鲜明颖　谢　琴　林秀英　郑志聪　凌恺童　高　菲　厉铖铖　林思颖　何玉梅　文沅蓥　单　浩
阿依曼·巴叶肯　欧阳铭斯

新闻与传播学院

叶子怡　杜宇星　于北辰　万　彤　张舜琪　潘雨荷　胡　萌　李晓健　李　莎　罗俊毓　赵绮晴

艺术学院

杨倩如　黄于桐　喻希雅　侯欣汝　何沁蕊　詹　敏　张一勃　张佳晨　徐聪慧　周雨薇　任宏阳
刘紫芸　韩　晴　陈祥依　陈俊霖　周岐荣

体育学院

何志林　崔　曦　王雪婷　刘含煦　胡一鸣

设计学院

马　驰　蔡楠伟　林　岚　陈昊男　杜艺铭　王景威　张　月　贾宇航　姜坤佳　荣　蓉　陈　瑾
刘广晗　林华娟　周璇璇　彭　颢　黄晓琳　黄婷婷　刘国燊　龙婷薇　张雅惠　刘敏敏　徐嘉慧
袁佳尔　庞启玲　陶玉棠　黄献慧　俞奇娟　朱金铭　武玲玲　熊佳盛

医学院

李夙芸　刘秀锋　夏晓颖　罗晓雯　杨丽芳　郭礼妍　陈瑞平

2018 年获省级以上奖励的部分教学科研成果

一、获奖的部分教学成果

2018 年国家级教学成果奖（高等教育）

获奖等级	成果名称	完成人
一等奖	规范引导、协同育人、均衡发展的中国化工高等教育综合改革研究与实践	陈　砺
一等奖	时空融合、知行耦合、师生多维互动的机械大类课程教学新范式	王枫红
二等奖	基于“4I”的工程科技人才培养模式改革	王迎军　邱学青　李　正　项　聪　孙一民　扶　雄
二等奖	理工科创新型人才培养的“四步进阶”大学数学教学改革与实践	朱长江　郭　艾　王全迪　陈文革　张　梅　杨立洪
二等奖	城市设计创新人才培育体系改革与实践	孙一民　苏　平　肖毅强　王　璐　李敏稚　周剑云　林广思　赵渺希
二等奖	构建“六个融合”的工程图学教学模式探索与实践	王枫红　陈　亮　熊　巍　张瑞秋　彭华明　陈锦昌
二等奖	创新引领战略下电子信息创新创业人才培养的探索与实践	徐向民　李　正　韦　岗　李　斌　殷瑞祥
二等奖	国家大学生创新创业训练计划“1311”体系创新及十年实践	李　正

2018 年广东省教育教学成果奖（高等教育）

获奖等级	成果名称	主要完成人
特等奖	基于“4I”的工程科技人才培养模式改革	王迎军　邱学青　李　正　项　聪　孙一民
一等奖	面向理工科创新型人才培养的“四步进阶”大学数学教学改革	朱长江　郭　艾　王全迪　陈文革　张　梅　杨立洪

续表

获奖等级	成果名称	主要完成人
一等奖	面向国际化的城市设计创新人才培育体系改革与实践	孙一民　苏　平　肖毅强　王　璐　李敏稚
一等奖	全知识链光电技术领域人才培养模式的构建与实践	彭俊彪　文尚胜　姚日晖　曹　镛　吴为敬　王　丹
一等奖	实践驱动的工程教育课程体系探索与实践	邱学青　李　正　项　聪　徐向民　张星明
一等奖	政、校、企深度融合的化工安全复合型人才培养模式探索与实践	张正国　吴妙娴　严宗诚　陈　砺　王秀军
一等奖	以卓越全英专业为载体的土木工程国际化人才培养探索与实践	苏　成　王　湛　季　静　李　静　陈庆军
一等奖	电子信息类专业创新创业人才培养模式探索与实践	徐向民　靳贵平　韦　岗　赵红茹　殷瑞祥　李　斌
一等奖	机械类人才协同培养模式的探索与实践	张宪民　李　琳　张　东　李巍华　王清辉
一等奖	构建“六个融合”的多元化“工程图学”教学模式探索与实践	王枫红　陈　亮　熊　巍　张瑞秋　彭华明　陈锦昌
一等奖	面向产业发展的“三明治”式集成电路工程型人才培养模式探索与实践	李　斌　姚若河　贺小勇　蔡　敏　徐向民　吴朝晖　刘玉荣　耿魁伟
一等奖	来华留学生思想教育模式的探索与创新	安　然　刘　程　杨浩松　崔淑慧　黄爱平
一等奖	机械设计类课程多维度教学创新与实践	黄　平　徐　晓　翟敬梅　刘小康　李　旻
一等奖	以创新实践能力培养为导向的自动化专业人才培养体系改革与实践	李远清　高红霞　黄道平　赖何季　王孝洪　陈　安　邓晓燕　罗家祥
一等奖	面向国际化卓越工程人才培养的“化工原理”课程建设与改革	钟　理　郑大锋　杨东杰　赖万东　马四朋
二等奖	以工程实践能力为核心的环境类人才培养机制探索与创新实践	朱能武　银玉容　周兴求　易筱筠　任　源
二等奖	科教企协同培养具有国际竞争力的材料类创新与工程技术人才	余其俊　殷素红　王　丹　彭俊彪　马　强　杨　丽
二等奖	电子信息领域专业学位研究生“三段式”校企融合培养模式改革与实践	韦　岗　宁更新　李　斌　姚若河　冯穗力　吴朝晖　贺小勇　秦华标

续表

获奖等级	成果名称	主要完成人
二等奖	面向学生能力成长的工程专业实验教学设计与实施	殷瑞祥　吕念玲　李　磊　张林丽　赖丽娟　秦慧平　向友君　张　鑫
二等奖	思想政治理论课实践教学“3L”育人模式的改革与探索	刘社欣　解丽霞　左伟清　亢　升　周　云
二等奖	旅游管理专业“三位一体”人才培养模式的探索与实践	江金波　毕斗斗　曲　波　魏　卫　高克昌
二等奖	新工科背景下大学生审美创造力培养的探索与实践	苏宏元　孙　珉　谢　勇　陈　映　周　可
二等奖	基于产学研结合的计算机工程研发型人才培养	韩国强　张星明　何克晶　毛爱华
二等奖	构建多元化教学资源系统，保障软件人才培养模式持续创新	左保河　刘　俊　张　杨　冯玉翔　陈春华
二等奖	设计任务驱动的机械基础系列课程改革与实践	李　琳　张　东　邹焱飚　张　铁　邱志成

二、获奖的部分科技成果

2018 年国家科学技术奖

奖种名称	等级	项目名称	所在学院	主要完成人
科技进步奖	二等奖	废旧混凝土再生利用关键技术及工程应用	土木与交通学院	吴　波(1)　赵新宇(5)
技术发明奖	二等奖	心理生理信息感知关键技术及应用	电子与信息学院(2)	徐向民(2)

注：括号内数字为我校完成单位或完成人的顺序，下同。

2018 年高等学校科学研究优秀成果奖（科学技术）

奖种名称	等级	项目名称	所在学院	主要完成人
科技进步奖	二等奖	空间听觉与虚拟听觉重放的关键技术及应用	物理与光电学院	谢菠荪(1)　余光正(3)　钟小丽(5)　饶　丹(6)

2018 年广东省科学技术奖

奖种	等级	项目名称	所在学院	完成人
科技进步奖	特等奖	港珠澳大桥工程建设关键技术	土木与交通学院(9)	邹桂莲(18)
技术发明奖	一等奖	基于丝网印刷的晶硅光伏太阳能电池关键技术及成套装备	机械与汽车工程学院	张宪民(1) 陈　忠(4) 邝永聪(6) 梁经伦(8) 邱志成(9) 王念峰(10) 朱本亮(11) 欧阳高飞(12) 杨丽新(13) 张续冲(14) 黄沿江(15)
技术发明奖	一等奖	光纤激光波长调谐与噪声抑制关键技术及应用	材料科学与工程学院	徐善辉 杨中民 张勤远 杨昌盛 冯洲明 姜中宏
科技进步奖	一等奖	果蔬冷链控制关键技术与装备创制及应用	食品科学与工程学院	孙大文(1) 朱志伟(3) 蒲洪彬(4) 成军虎(7) 韩　忠(8)
科技进步奖	一等奖	蛋白乳浊体系稳定化及高品质乳制品产业化关键技术	食品科学与工程学院	赵强忠(1) 赵谋明(2) 周非白(9)
科技进步奖	一等奖	物联网技术及其在物流供应链中的应用	计算机科学与工程学院	刘发贵(1) 王亮明(4) 张　杨(6) 钟德祥(8) 秦　政(10) 张一弓(11) 丁耿佳(12) 林跃东(13) 肖　芬(14) 罗松超(15)
科技进步奖	一等奖	轨道交通大功率高可靠供电系统的关键技术及工程应用	电力学院	张　波(1) 陈艳峰(3) 丘东元(5) 肖文勋(12) 谢　帆(13)
科技进步奖	一等奖	复杂空间钢结构建造关键技术创新与应用	土木与交通学院(3)	王湛(4)
科技进步奖	一等奖	高端电子基板多品种高精高效制造核心装备、关键工艺及系统集成	机械与汽车工程学院（6）	万加富(7)
自然科学奖	二等奖	先进材料与结构力学行为及其失效机理的研究	土木与交通学院	姚小虎 韩　强 黄怀纬 王　炯 张晓晴
技术发明奖	二等奖	旋流雾化高效深度脱硫除尘一体化技术	电力学院	刘定平(1) 徐开华(2) 单　婕(3)

续表

奖种	等级	项目名称	所在学院	完成人
技术发明奖	二等奖	多模态融合智能外骨骼机器人系统	自动化科学与工程学院（2）	李智军(2)　冯　颖(10)
科技进步奖	二等奖	面向车联网多源信息智能感知终端关键技术研究与产业化	机械与汽车工程学院	洪晓斌(1)　刘桂雄(3)
科技进步奖	二等奖	高强高韧海洋工程及船舶用钢关键技术研究及产业化	机械与汽车工程学院（2）	李烈军(1)　彭政务(7) 霍向东(10)
科技进步奖	二等奖	无卤阻燃导热有机硅电子灌封胶的制备及产业化关键技术	材料科学与工程学院（2）	曾幸荣(2)　陈精华(3) 林晓丹(4)　郭建华(5)
科技进步奖	二等奖	铝合金型材无铬表面钝化技术开发及产业化	材料科学与工程学院（2）	李文芳(2)　杜　军(10)
科技进步奖	二等奖	安全环保型超高性能路（桥）面结构延寿技术	土木与交通学院（2）	王端宜(2)
科技进步奖	二等奖	城市供水管网漏损检测与控制技术	环境与能源学院（2）	陈　兵(3)
科技进步奖	二等奖	含铜重金属工业危险废物资源化处理关键技术开发及产业化	化学与化工学院（2）	谢逢春(3)
科技进步奖	二等奖	免疫荧光定量快速检测技术在重大疾病检测中的应用	生物科学与工程学院（3）	王菊芳(3)　李　杉(10)
科技进步奖	二等奖	基于热转印铝型材粉末涂料用新型聚酯树脂的合成与应用研究	化学与化工学院（3）	涂伟萍(6)
科技进步奖	二等奖	铝合金特种船舶高效焊接与变形控制装备及应用	机械与汽车工程学院（3）	
科技进步奖	二等奖	三维叠层微电极关键成形工艺技术及其产业化应用	机械与汽车工程学院（5）	万珍平(10)
科技进步奖	二等奖	含果糖基天然益生元功效分析、生产关键技术研究及产业化应用	生物科学与工程学院（6）	张　毅(6)

2018 年专利成果奖

类型	专利名称	主要完成发明人	所在学院
中国专利银奖	适用于多直流馈入电网的动态无功补偿装置的控制方法	汪娟娟　傅　闯	电力学院
中国专利银奖	一种化肥废水处理工艺优化方法	周少奇　彭华平　张战利	环境与能源学院
中国专利优秀奖	一种高分子量中磺化度木质素基农药分散剂及其制备方法	邱学青　楼宏铭　庞煜霞 杨东杰　易聪华　欧阳新平 周明松　邓永红	化学与化工学院
中国专利优秀奖	一种薄膜型 LED 器件及其制造方法	汤　勇　余彬海　李宗涛 丁鑫锐　陆龙生　袁　伟 万珍平	机械与汽车工程学院
中国专利优秀奖	一种 Boost-Buck-Boost 无桥变换器	张　波　张　能　黄子田 丘东元　肖文勋	电力学院
中国专利优秀奖 广东专利金奖	一种耐热性提高的偏甘油酯脂肪酶突变体及突变质粒、重组菌株和制备方法	王永华　蓝东明　高崇亮 刘　璐　杨　博	食品科学与工程学院
中国专利优秀奖	一种高熵合金增强的铝基复合材料及其制备方法	朱德智　罗铭强　陈文泗 陈　奇　丁　霞　李　辉 聂德键　张小青　黄和銮 罗伟浩　陈树钦　易　鹏 林丽荧	机械与汽车工程学院

2018 年学生课外学术科技创新竞赛成果（杰出贡献奖）

序号	竞赛（评选）名称	获奖等级	获奖者姓名	指导老师
1	2018 年美国大学生数学建模竞赛（MCM/ICM）	特等奖提名奖	曾一鸣　郭堃林　郜泉凯	刘　清
2			刘双源　张龙飞　刘俊琳	茅新晖
3		一等奖	林银鸿　苏晓鹏　王景叶	茅新晖
4			黄才帆　徐佳明　陈霞欣	茅新晖
5			陈　耕　梁荣国　汪嘉鹏	茅新晖
6			赵柏宁　陈蔚麟　罗雅婷	黄　平
7			王忆麟　郭沛榕　张添博	茅新晖
8			袁家瑜　陈艺荣　周泽鑫	茅新晖
9			管海霞　赵世杰　罗祯广	茅新晖
10			江书妍　谢沅琪　朱志杰	茅新晖

续表

序号	竞赛（评选）名称	获奖等级	获奖者姓名	指导老师
11	2018 年美国大学生数学建模竞赛（MCM/ICM）	一等奖	杨林娟　李旭鹏　黄　敏	茅新晖
12			张文瀚　李志豪　姜爱华	丁为建
13			张　媚　植浩聪　魏　芸	茅新晖
14			贾　宇　陈培欣　蔡鸿钦	茅新晖
15			陈　庆　李志鹏　张子英	茅新晖
16			杨　楠　王一松　邵婉莹	茅新晖
17			李冠岳　邱子昀　吴汝婷	茅新晖
18			魏凤凤　薛　进　冯宇腾	
19	2018 中国国际太阳能十项全能竞赛（市场潜力）	二等奖	王奕程　赵一平　许安江　关竣仁　陈崇文　胡阳芷　杨淑妍　袁　铁　陈欣如　徐　越　陈宬宇　刘嘉豪　薛加伟　刘可欣　陈佩谦　王润娴　卢逸伦　何欣然　杨思诗　陈合兴　程　炜　邱淼坤　徐嘉迅　卢镛汀　何韦萱　许智熙　杜翔宇　李　昊　刘黎鸣　田俊泰　吴欣然　谢恒馨　吴洁璇　陈健宁　韩芳墨　林健成　孙　灿　庄　筠　韩雪颖　肖　俊　陈清源　黎　枫　邵逸臻　官晓晴　张鑫雨　李瓅得　汤雪儿　杜　森　尹　珠　耿世铮　林继强　冯致谦　邓一帆　庄宇轩　刘　杰　邓美慧　吴启锐　卢　宇　黄绮琪　骆武辉　韩咏淳　许　琳　郭　晓　何雨晴　李亮稷　张文豪　赵梓凯　陈斯炫　谢　燮　魏　薇　黄天元　林　焰　陈飞超　刘　祺　李令令　饶裕斌　刘宇霆　刘穗杰　崔少伟　蒋宇健　杨　杰　杨学斌　樊建业　黄树鑫　廖亚乔　李彦博　李一姣　金美英　石章文青	肖毅强　钟冠球　徐好好　王　静　张宇峰　萧　蕾

续表

序号	竞赛（评选）名称	获奖等级	获奖者姓名	指导老师
20	2018 中国国际太阳能十项全能竞赛（建筑设计）	二等奖	王奕程　赵一平　许安江 关竣仁　陈崇文　胡阳芷 杨淑妍　袁　铁　陈欣如 徐　越　陈宬宇　刘嘉豪 薛加伟　刘可欣　陈佩谦 王润娴　卢逸伦　何欣然 何韦萱　许智熙　林健成 孙　灿　庄　筠　韩雪颖 尹　珠　耿世铮　卢　宇 黄绮琪　骆武辉　韩咏淳 许　琳　郭　晓　何雨晴 李亮稷　张文豪　赵梓凯 陈斯炫　谢　燮　魏　薇 黄天元　刘　祺　刘穗杰	肖毅强　钟冠球 徐好好　王　静 张宇峰　萧　蕾
21	2018 中国国际太阳能十项全能竞赛（居家生活）	二等奖	王奕程　赵一平　许安江 关竣仁　陈崇文　胡阳芷 杨淑妍　袁　铁　陈欣如 徐　越　陈宬宇　刘嘉豪 薛加伟　刘可欣　陈佩谦 王润娴　卢逸伦　何欣然 杨思诗　陈合兴　程　炜 邱焱坤　徐嘉迅　卢镛汀 何韦萱　许智熙　杜翔宇 李　昊　刘黎鸣　田俊泰 吴欣然　谢恒馨　吴洁璇 陈健宁　韩芳墨　林健成 孙　灿　庄　筠　韩雪颖 肖　俊　陈清源　黎　枫 邵逸臻　官晓晴　张鑫雨 李瓅得　汤雪儿　杜　森 尹　珠　耿世铮　林继强 冯致谦　邓一帆　庄宇轩 刘　杰　邓美慧　吴启锐 卢　宇　黄绮琪　骆武辉 韩咏淳　许　琳　郭　晓 何雨晴　李亮稷　张文豪 赵梓凯　陈斯炫　谢　燮 魏　薇　黄天元　林　焰 陈飞超　刘　祺　李令令 饶裕斌　刘宇霆　刘穗杰 崔少伟　蒋宇健　杨　杰 杨学斌　樊建业　黄树鑫 廖亚乔　李彦博　李一姣 金美英　石章文青	肖毅强　钟冠球 徐好好　王　静 张宇峰　萧　蕾

续表

序号	竞赛（评选）名称	获奖等级	获奖者姓名	指导老师
22	第十一届建设工程与管理创新竞赛	二等奖	李雅坤　丁国梁　苏泊雅　谌　露　肖瑞群　李　涛	李弘扬　吴　凡
23	2018 ACM-ICPC 上海大都会赛	金奖	胡日扬　邢正颖　朱国富	陈俊颖
24		金奖	孙宇鹏　黄浩填　王　络	陈俊颖
25	2018 ACM-ICPC 中国邀请赛（西安）	金奖	孙宇鹏　黄浩填　王　络	陈俊颖
26	2018 年第十六届亚洲设计学年奖	金奖	王　桑	彭长歆　吴隽宇
27	ACM-ICPC 全国邀请赛（陕西）	金奖	马锴豪　胡顺宏　林仕居	刘　捷
28	ACM-ICPC 亚洲区域赛（北京）	金奖	胡日扬　邢正颖　朱国富	陈俊颖
29	ACM-ICPC 亚洲区域赛（南京）	金奖	马锴豪　胡顺宏　林仕居	冼楚华
30	ACM-ICPC 亚洲区域赛（沈阳）	金奖	傅少鹏　黄仕嘉　魏承东	刘　捷
31	2018 年 GMC 国际企业管理挑战赛世界总决赛	亚军	劳紫裕　李浩诚	李卫宁
32	2018 中国国际太阳能十项全能竞赛（创新能力）	一等奖	王奕程　赵一平　许安江　关竣仁　陈崇文　胡阳芷　杨淑妍　袁　轶　陈欣如　刘嘉豪　薛加伟　刘可欣　程　炜　邱焱坤　徐嘉迅　卢镛汀　何韦萱　许智熙　杜翔宇　李　昊　刘黎鸣　田俊泰　吴欣然　谢恒馨　吴洁璇　陈健宁　韩芳墨　林健成　孙　灿　庄　筠　韩雪颖　肖　俊　陈清源　黎　枫　邵逸臻　韩咏淳　许　琳　李令令　饶裕斌　刘宇霆　刘穗杰　崔少伟	肖毅强　钟冠球　徐好好　王　静　张宇峰　萧　蕾

续表

序号	竞赛（评选）名称	获奖等级	获奖者姓名	指导老师
33	2018 中国国际太阳能十项全能竞赛（电动通勤）	一等奖	王奕程　赵一平　许安江 关竣仁　陈崇文　胡阳芷 杨淑妍　袁　轶　陈欣如 刘嘉豪　薛加伟　刘可欣 程　炜　邱焱坤　徐嘉迅 卢镛汀　何韦萱　许智熙 杜翔宇　李　昊　刘黎鸣 田俊泰　吴欣然　谢恒馨 吴洁璇　陈健宁　韩芳墨 林健成　孙　灿　庄　筠 韩雪颖　肖　俊　陈清源 黎　枫　邵逸臻　韩咏淳 许　琳　李令令　饶裕斌 刘宇霆　刘穗杰　崔少伟	肖毅强　钟冠球 徐好好　王　静 张宇峰　萧　蕾
34	2018 中国国际太阳能十项全能竞赛（工程设计）	一等奖	王奕程　赵一平　许安江 关竣仁　陈崇文　胡阳芷 杨淑妍　袁　轶　陈欣如 刘嘉豪　薛加伟　刘可欣 程　炜　邱焱坤　徐嘉迅 卢镛汀　何韦萱　许智熙 杜翔宇　李　昊　刘黎鸣 田俊泰　吴欣然　谢恒馨 吴洁璇　陈健宁　韩芳墨 林健成　孙　灿　庄　筠 韩雪颖　肖　俊　陈清源 黎　枫　邵逸臻　韩咏淳 许　琳　李令令　饶裕斌 刘宇霆　刘穗杰　崔少伟	肖毅强　钟冠球 徐好好　王　静 张宇峰　萧　蕾
35	2018 中国国际太阳能十项全能竞赛（舒适程度）	一等奖	王奕程　赵一平　许安江 关竣仁　陈崇文　胡阳芷 杨淑妍　袁　轶　陈欣如 刘嘉豪　薛加伟　刘可欣 程　炜　邱焱坤　徐嘉迅 卢镛汀　何韦萱　许智熙 杜翔宇　李　昊　刘黎鸣 田俊泰　吴欣然　谢恒馨 吴洁璇　陈健宁　韩芳墨 林健成　孙　灿　庄　筠 韩雪颖　肖　俊　陈清源 黎　枫　邵逸臻　韩咏淳 许　琳　李令令　饶裕斌 刘宇霆　刘穗杰　崔少伟	肖毅强　钟冠球 徐好好　王　静 张宇峰　萧　蕾

续表

序号	竞赛（评选）名称	获奖等级	获奖者姓名	指导老师
36	VisDrone 2018 Task 1：Object Detection in Images Challenge	一等奖	林　沪　罗　忆	刘　琼
37	2018 年第十六届亚洲设计学年奖	银奖	方　素　周瑶逸　武梦宇 王逸慧　林逸风	周剑云　禤文昊 翁奕城
38	ACM-ICPC 亚洲区域赛（焦作）	银奖	马锴豪　胡顺宏　林仕居	冼楚华
39		银奖	洪浩强　沈圣宇　钟汉兴	刘　捷
40	ACM-ICPC 亚洲区域赛（南京）	银奖	苏伟轩　陈家鸿　印泓博	刘　捷
41	ACM-ICPC 亚洲区域赛（青岛）	银奖	傅少鹏　黄仕嘉　魏承东	冼楚华
42		银奖	陈明睿　郑炜城　周瑞东	池品优
43	2018 中国国际太阳能十项全能竞赛	总冠军	王奕程　赵一平　许安江 关竣仁　陈崇文　胡阳芷 杨淑妍　袁　铁　陈欣如 徐　越　陈宬宇　刘嘉豪 薛加伟　刘可欣　陈佩谦 王润娴　卢逸伦　何欣然 杨思诗　陈合兴　程　炜 邱焱坤　徐嘉迅　卢镛汀 何韦萱　许智熙　杜翔宇 李　昊　刘黎鸣　田俊泰 吴欣然　谢恒馨　吴洁璇 陈健宁　韩芳墨　林健成 孙　灿　庄　筠　韩雪颖 肖　俊　陈清源　黎　枫 邵逸臻　官晓晴　张鑫雨 李爍得　汤雪儿　杜　森 尹　珠　耿世铮　林继强 冯致谦　邓一帆　庄宇轩 刘　杰　邓美慧　吴启锐 卢　宇　黄绮琪　骆武辉 韩咏淳　许　琳　郭　晓 何雨晴　李亮稷　张文豪 赵梓凯　陈斯炫　谢　燮 魏　薇　黄天元　林　焰 陈飞超　刘　祺　李令令 饶裕斌　刘宇霆　刘穗杰 崔少伟　蒋宇健　杨　杰 杨学斌　樊建业　黄树鑫 廖亚乔　李彦博　李一姣 金美英　石章文青	肖毅强　钟冠球 徐好好　王　静 张宇峰　萧　蕾

续表

序号	竞赛（评选）名称	获奖等级	获奖者姓名	指导老师
44	2018 世界机器人大赛	第二名	周亚军	李远清
45	Clinical Entity Recognition with Attributes Extraction in Chinese Clinical Notes	第一名	任　达	蔡　毅
46	“PTV 杯”第十三届全国大学生交通科技大赛	二等奖	孙灼昕　杨雅云　石凌云　许少峰　李　悦	漆巍巍
47	“新浪潮杯”首届全国校园文学创作大赛	二等奖	林培康	
48	“易居杯”第十届全国大学生房地产策划大赛暨首届全国大学生投资分析案例大赛	二等奖	蔡梓淇　杨士彬	王幼松　吴　凡　李弘扬
49	“东证期货杯”全国大学生统计建模比赛	二等奖	叶燕霞　刘敏丽	王　刚
50	2017 IBM 区块链技术黑客马拉松全国校园大赛	二等奖	郭　锐　黄品超　梁肖剑　阮子琦　刘子凡　闫明远	王振宇　林镜亮　许　可
51	2017—2018 全国高校信息安全铁人三项赛总决赛	二等奖	黄瑞斌　卢楚斌　潘文杰　张以恒	冼允廷
52	2018 CCF BDCI 大数据与计算智能大赛	二等奖	谈星伟　江　登　陈　峰　孔俊生	蔡　毅
53		二等奖	贾学雨　卢健威　束　航　钟宇轩	蔡　毅
54		二等奖	吴潘安　戈　峰　陈锶聪　杨慧婷	蔡　毅
55	2018“百万同题英语写作”活动	二等奖	杨喻棋	
56	2018“创客中国”大健康创新创业大赛	二等奖	黄骐云　肖　景　晏　林　卢丽容　石和兵　卢星宇	李远清
57	2018“外研社·国才杯”全国英语写作大赛	二等奖	徐昌文	马　荟
58	2018《中国建筑教育》“清润奖”大学生论文竞赛	二等奖	梁景宇	赵渺希

续表

序号	竞赛（评选）名称	获奖等级	获奖者姓名	指导老师
59	2018东风汽车杯第十一届全国大学生节能减排社会实践与科技竞赛	二等奖	黄哲鑫　林杰松　郑　威　吴展纯　刘智恒　钱泽宇　谢中鑫	杨林丰
60	2018年“柏鹭杯”大学生网络空间安全精英赛突围赛	二等奖	黄瑞斌　黄伟华　李　彬	冼允廷
61	2018年“柏涛杯”构造大赛	二等奖	余经伟	熊　璐
62	2018年“工商银行杯”全国大学生金融创意设计大赛	二等奖	林梓成	
63	2018年“网鼎杯”网络安全大赛线上赛	二等奖	黄瑞斌　刘以恒　李　彬　黄伟华	
64	2018年贝加莱学界联盟“温度控制系统设计”竞赛	二等奖	洪培烽　张啸言	
65	2018年全国大学生数学建模竞赛	一等奖	黄文靖　桑　田　张书海	刘深泉
66		一等奖	罗　杰　杨卓文　李靖康	茅新晖
67		二等奖	梁炜焜　邓修艺　陈智杰	刘　清
68		二等奖	周文秀　黄钰桦　陈曼莲	茅新晖
69		二等奖	吴铮涛　林琼琳　谢发文	丁为建
70		二等奖	李延希　潘晓彤　张晓怡	丁为建
71		二等奖	陈　缘　陈　曦　朱志杰	刘　清
72		二等奖	郑键涛　李俊港　陈良玮	刘　清
73		二等奖	蔡　婕　邱皓萌　陈熙统	黄　平
74	2018年全国语言与翻译研究生论坛	二等奖	梁嘉仪	
75	2018年中国高校计算机大赛——微信小程序应用开发大赛决赛	一等奖	陈若晖　钟震宇　杨　婷	赖晓铮
76		二等奖	冯曦蒙　张　津　林　军	左保河
77	2018全国高校绿色计算大赛	二等奖	刘林炙　黄浩淦　魏一戈　林叶桐　庄培溪　陈若邻	杜　卿
78	2018中国（国际）传感器创新创业大赛	二等奖	蒋晨杰　吴嘉健　王博帝	
79		二等奖	周建熹　周孜毅　林金帆　刘　远	

续表

序号	竞赛（评选）名称	获奖等级	获奖者姓名	指导老师
80	CAPINNO 全球食品饮料商业挑战赛	二等奖	余钰莹	郭新波
81	ICAN 国际创新创业大赛中国总决赛	二等奖	陈旭涛　林泽康　于　宙　石剑涛　盛治港	肖文勋
82	丹佛斯杯第五届中国制冷学会创新大赛	二等奖	吴俊晔　辛世荣　许统棋	许雄文
83	第八届高校电视奖	二等奖	史松坡　陈泰瀚　王懿宁　沈晓莹	罗韵娟
84		二等奖	史松坡　沈晓莹　陈泰瀚　潘春燕	张锅红　张步中
85		二等奖	李　晨　王　峰　刘博闻　刘少娇	张步中
86		二等奖	史松坡　卢莹莹　潘春燕	宁群贤
87		二等奖	邹　鸿　刘相利	张步中
88		二等奖	李晓健　陈梦媚	张步中
89		二等奖	李晓健　陈梦媚	宁群贤　张步中
90	第二届“国青杯”全国高校艺术与设计作品展评	二等奖	孙皓晗　刘敏敏	杨　静
91	第二届“国青杯”全国高校艺术与设计作品展评（学生组）	二等奖	张　艺　王明仪　李　强　雷　奕　周晓晗	门德来　胡小平
92		二等奖	王敏娟	谢冠一
93		二等奖	王明仪　张　艺　雷　奕　周晓晗	门德来　胡小平
94		二等奖	徐智煜　谢佳雯　王珍珠	
95		二等奖	张嘉敏	杨　静
96	第二届全国大学生环境实践虚拟仿真创新大赛	二等奖	戴宗仁　黄嘉鑫　梁铧文	要利娇
97	第二十一届“外研社杯”全国大学生英语辩论赛全国总决赛	二等奖	陈颖娴　陈开琛	
98	第三届全国大学生生命科学创新创业大赛	二等奖	向　楠　林柯涛　潘芷君　黄思玮　梁晓欣	郭新波

续表

序号	竞赛（评选）名称	获奖等级	获奖者姓名	指导老师
99	第三届全国高校智能交通创新与创业大赛	二等奖	沈　栋　刘雨铮　莫梓颖　林泽康　詹煜清	肖文励　谢　帆
100	第十一届“高教杯”全国大学生先进成图技术与产品信息建模创新大赛（尺规绘图）	二等奖	袁泽锟	熊　巍　潘鲁萍　李　淼　肖　畅
101		二等奖	张世帆	熊　巍　潘鲁萍　李　淼　肖　畅
102	第十一届“高教杯”全国大学生先进成图技术与产品信息建模创新大赛（机械类建模）	一等奖	刘博生　袁泽锟	熊　巍　潘鲁萍　李　淼　肖　畅
103		二等奖	张世帆	熊　巍　潘鲁萍　李　淼　肖　畅
104		二等奖	曾子蕊	熊　巍　潘鲁萍　李　淼　肖　畅
105	第十一届“高教杯”全国大学生先进成图技术与产品信息建模创新大赛（机械类团体）	二等奖	刘博生　袁泽锟　张世帆　曾子蕊　蒋安邦	熊　巍　潘鲁萍　李　淼　肖　畅
106	第五届全国大学生基础医学创新论坛暨实验设计大赛	二等奖	刘秀锋　蒋振鹏　林伟源　陈露丹	李艳红
107	电子设计竞赛——2018 大学生嵌入式系统专题邀请赛（英特尔杯）	一等奖	柳宇非　林宏辉　刘洁锐	张　鑫
108		二等奖	江泽添　李鹏乾　卢伟锐	徐向民
109	全国大学生智能车竞赛	二等奖	仇泽峰　黄观钦　黄国津	陈　安　邓晓燕
110		二等奖	陈沛帆　程志辉　郑皓辉　罗庭堃　张梓豪	陈　安　邓晓燕
111		二等奖	谭宇琛　吉冬昱	陈　安　邓晓燕
112	全国高等学校城乡规划学科 2018 年城市设计课程作业评优	二等奖	徐金涛　陈东祺	姚　圣　杨雅洁
113		二等奖	陈斯炫　黄天元	姚　圣　杨雅洁
114	首届“万华杯”青年新材料创新创业大赛决赛暨第五届创新应用大赛	二等奖	刘凝晖　丁　力　叶礼铭　谢逸轩　崔艺潆	魏嫣莹　龚　振
115	首届中国研究生创“芯”大赛	二等奖	李永祥　陈　鸿　徐煜明	陈志坚　李　斌
116		二等奖	韦　天　曾伟森　郑锦泽	李　锋

续表

序号	竞赛（评选）名称	获奖等级	获奖者姓名	指导老师
117	中国大学生数学竞赛决赛（数学专业）	二等奖	郭　政	匡　锐　程永宽　杜晓明
118	中国高校智能机器人创意大赛	二等奖	黄　琰　刘　杰　曾一鸣	姜立军　王枫红
119	中国数据新闻大赛	二等奖	贺明静	吴小坤
120	中国研究生数学建模竞赛	二等奖	王琦然　刘广宇　周　游	刘小兰
121		二等奖	蔡苏斌　李志华　何伟明	黄　平
122		二等奖	梁聪垣　张佳豪　刘　杨	刘　清
123		二等奖	黎炜敏　文伟海　林妍然	谢　波
124	2018 年全国移动互联创新大赛总决赛	高校组二等奖 最佳团队奖	廉胤东　胡乐箫　麦淞碧　陈思思	谢　巍
125	2018 全国大学生软件实践与创新能力大赛	冠军	郑泽丹	李　东
126	“达观杯”文本智能处理挑战赛	季军	曾泽权　任浩鹏　江　登　谈星伟　李泽婷	蔡　毅
127	2017 年“百思德”杯新锐设计竞赛	金奖	李佳岭　任道怡　关蓓婷	
128	2018 第四届中国人居环境设计学年奖（城市设计类）	金奖	方　素　周瑶逸　武梦宇　王逸慧　林逸风	周剑云　禤文昊　翁奕城
129	2018 国际物联网可视化设计大赛（中国赛区）	金奖	钟震宇　杨　婷	赖晓铮
130	2018 年“创青春”全国大学生创业大赛	金奖	陈国强　杨睿琳　陈鑫洋　李熙尧　刘小欢　黄馨锜　陈培贤　殷若晴　姚　甜　郑铭莉	
131		金奖	陈愿好　菅泽华　吴雨璐　刘欣宜　黄　洁　郭丽嘉　王乐凝　詹敏敏	
132		金奖	陈　颖　段庆飞　孟令晗　魏晓奇　许龄方　蔡嘉立　吴　伟　陈　霞　何舜桦　刘　艺	

续表

序号	竞赛（评选）名称	获奖等级	获奖者姓名	指导老师
133	2018 年“创青春”全国大学生创业大赛	金奖	黄骐云　卢星宇　容佳琪　侯鑫颖　王晓菲　黄幸盈　秦启雯　黄庭民　庄添羽　沈学儒	
134	2018 年“创青春”全国大学生创业大赛	金奖	臧建波　张　涛　吴志浩　李雅坤　江东航　简思敏　劳紫裕　方舒林　陈　成　廖璟怡	
135	2018 年中国大学生程序设计竞赛（总决赛）	银奖	孙宇鹏　黄浩填　王　络	陈俊颖
136	2018 年中国大学生程序设计竞赛（桂林站）	金奖	胡日扬　邢正颖　朱国富	陈俊颖
137	2018 年中国大学生程序设计竞赛（桂林站）	银奖	傅少鹏　黄仕嘉　魏承东	刘　捷
138	2018 年中国大学生程序设计竞赛（秦皇岛站）	金奖	胡日扬　邢正颖　朱国富	陈俊颖
139	2018 年中国大学生程序设计竞赛（秦皇岛站）	银奖	孙宇鹏　黄浩填　王　络	陈俊颖
140	第四届中国“互联网＋”大学生创新创业大赛	金奖	王　一　曹志豪　李　华　李景嫦　钟　迪　张琼之	黄　敏　龚　振
141	第四届中国“互联网＋”大学生创新创业大赛	金奖	刘凝晖　丁　力　谢逸轩　胡　婧　崔艺潆　叶礼铭　吴茵茵　吴晓霜	魏嫣莹　龚　振
142	全国大学生化工安全设计大赛	金奖	林伟腾　袁家瑜　方文睿　敖　伟　李泽昊　罗顺伟	龙新峰
143	2018 年第二届全国大学生集成电路创新创业大赛	特等奖	许华杰　段孝星　廖汉松	吴朝晖
144	第六届中国大学生高分子材料创新创业大赛	特等奖	胡乐箫　叶倩妮　杨峥宇　何紫薇　邱　杨	崔跃飞
145	“徕卡杯”第七届全国大学生金相技能大赛	一等奖	肖　潇	彭成红　朱伟恒
146	“欧倍尔杯”首届全国大学生食品工程虚拟仿真大赛（南部赛区）	一等奖	张炳辉　赵文珂　苏子兰	赵振刚
147	“欧倍尔杯”首届全国大学生食品工程虚拟仿真大赛（总决赛）	一等奖	张炳辉　赵文珂　苏子兰	赵振刚

续表

序号	竞赛（评选）名称	获奖等级	获奖者姓名	指导老师
148	2018 年“光威杯”中国大学生高性能复合材料科技创新竞赛	一等奖	周　泉　邱杰东　吴桐毅 李佳欣　谢华理	曾幸荣　赖学军
149	2018 年 GMC 国际企业管理挑战赛	一等奖	劳紫裕　李浩诚	李卫宁
150		一等奖	冉启斌　张琼之　周荷晖 刘欣宜　邓靖川	李卫宁
151	2018 年第二届全国大学生集成电路创新创业大赛	一等奖	李华艺　谢谱敏　李翠雯	郑彦祺
152	2018 年第十二届全国大学生结构设计竞赛	一等奖	潘昊瑾　杨益钦　林杨胜	陈庆军　刘慕广
153	2018 年东风汽车杯第十一届全国大学生节能减排社会实践与科技竞赛	一等奖	于　宙　陈旭涛　石剑涛 盛治港　苏子钊　张志康 莫杰连	肖文勋
154	2018 年神经义肢技术创新竞赛	一等奖	袁昱霞　刘跃跃　赵　亭 叶志峰	
155	2018 全国高校云计算应用创新大赛	一等奖	梁　迪　陈宗淦　王　博	詹志辉
156	2018 中国大学生电动方程式汽车大赛	一等奖	陈宇翔　李梓棋　黎子田 冯梓浩　雷雨田　邱皓萌 马　融　陈炜臻　任銮肖 曾钊键　许益元　李雨桐 陈昕哲　张涵真　谢鹏程 陈金静　王　森　周健威 黄鸿琳　刘润溪　陈楚华 林宏彬　黄伟生　莫鸿昌 杨尚东　陈伟臻　蒋　檬 蔡锦权　杨昌岳	李巍华
157	2018 中国大学生方程式汽车大赛	一等奖	区霆钧　谢　翀　简志恒 张祖士　李嘉伟　李沛中 温达旸　陈万钧　杨　灏 朱记本　李健霖　陶阿邦 林皓然　陈胜鹏　何锡渠 赖照丹　王德利　童永生 刘方圆　童桂超　刘柱佳 刘　涛　陈嘉慧　黄国泳 谢海亮　谢伟镛　林桂峰 熊祖林	李巍华

续表

序号	竞赛（评选）名称	获奖等级	获奖者姓名	指导老师
158	ICRA 2018 DJI RoboMaster 人工智能挑战赛	一等奖	陈国国　颜小林　陈泽达　卢欢鹏　刘相乾　伍子健　郑增光　杨镇坡　陈善耀　卢子寅	张　东
159	第八届高校电视奖	一等奖	史松坡　吴晶晶　沈晓莹　潘春燕	张步中　罗韵娟
160		一等奖	秦钰雯　欧　婷　邱渝茵　钟懿龙	张步中　周　煜
161	第二届全国"互联网+生命周期评价大赛"绿色化纤专题竞赛	一等奖	李伟培　黄楚云　张小明　邵志远　琚家豪　李伟培	严玉蓉
162	第六届中国大学生高分子材料创新创业大赛	一等奖	赵　潇　苏晓竞　高天元　吴菁菁　杨志鹏	李红强
163	第六届中国大学生高分子材料创新创业大赛（总决赛）	一等奖	赵　潇　苏晓竞　高天元　吴菁菁　杨志鹏	曾幸荣　陈中华　李红强　曾幸荣
164	第十三届中国研究生电子设计竞赛	一等奖	徐天源　唐　伟　花浩镪　吕　翀	舒　琳
165	第四届大学生国际学术研讨会	一等奖	宋弘健　肖鸿昭　沈智杰　唐宏成	朱　琳
166	第五届全国大学生混凝土材料设计大赛	一等奖	陈海任　许祖华　林梓宇	李方贤
167	全国大学生电子设计创意创新大赛	一等奖	李梁豪　柯宗言　郑道明　李培文　刘伟杰	黄　翰
168	全国大学生智能车竞赛	一等奖	韩　澍　周佳楸　蔡锦权	陈　安　邓晓燕
169		一等奖	李锦辉　张广滔　付志平	陈　安　邓晓燕
170		一等奖	连维钊　董雷震　方　昱　杨德华	陈　安　邓晓燕
171		一等奖	池梓鹏　蔡铖栊　李杰鑫　刘文胜	陈　安　邓晓燕
172	中国研究生数学建模竞赛	一等奖	蔡珠清　黄典业　叶宇航	刘深泉
173		一等奖	杜锦涛　黄紫林	丁为建

续表

序号	竞赛（评选）名称	获奖等级	获奖者姓名	指导老师
174	2018 CCF BDCI 大数据与计算智能大赛	一等奖 最佳算法能力奖	林泳光　姚立洋　陈文平 王志豪	宋恒杰
175	2018 年“创青春”全国大学生创业大赛	银奖	吴观众　王冬韵　林译涵 刘思斯　施若凡　李美茵 陈静谊　柯　涵　吴志杰 陈　烘	
176	ACM-ICPC 全国邀请赛（西安）	银奖	胡日扬　邢正颖　朱国富	陈俊颖
177	第十二届中国国际女装设计大奖赛	银奖	蒋英子	张金梅　刘宇航
178	第四届中国“互联网＋”大学生创新创业大赛	银奖	杨　颋　李海波　陈　娅 刘雨航　项阳凯　陈佳楠	张智敏　樊　霞
179	第四届中国“互联网＋”大学生创新创业大赛	银奖	张　涛　臧建波　吴志浩 李雅坤　简思敏　袁浩轩 劳紫裕　刘雨婷	龚　振　吴　波
180	全国大学生化工安全设计大赛	银奖	王逸堃　龚姝玮　何国宝 王　垚　吴玮靖　詹君正	龙新峰
181	全国大学生化工安全设计大赛	银奖	冯锦霖　陈才娣　雷栋钧 张哲琨　段凌霏　陈梓信	龙新峰
182	第十七届全国大学生机器人大赛 RoboMaster	总冠军	陈文辉　禤俊鹏　杨泽霖 蔡德铮　赖智立　刘相乾 杨言浩　杨镇坡　方文锐 龙永灏　陈之楷　刘丰溥 吴格宏　林亮洪　张　阳 刘明熙　陈智杰　黄灿彬 李超群　庄佳欣　董　健 许文杰　余兆昊　何儒燊 邹旭书　丘程潜　潘泽炜 谭咏雯　孟圣康　黄迪和 陈镇佳　王　梅　郑钊宇 骆杰豪　翁卓荣	张　东

毕业生名单

2018 届博士学位获得者

经济学博士

应用经济学

蔡玉梅　贾　云　宋　昕　梁华杰

法学博士

法学

刘　凯　丘川颖　唐　霄　易磬培　谢能重　刘亚娟　阮汨君　肖　璐

法学理论

段　明　李石勇

经济法学

王挺昂

马克思主义中国化研究

PRAMESINI KHAMTAB　谭志敏　谢文新　郝一峰　李小平　梁庆周

理学博士

基础数学

唐　浪　王艳玲　张晓红

应用数学

李光洁　史诗洁　项巧敏　杨　廷　朱　能　宁　翠　魏永昌

运筹学与控制论

刘玉兰

无机化学

谭爱东　程　帆

分析化学

岑水斌　刘柏辰　马　亚　赖璇迪

有机化学

曹同祥　陈修文　胡维高　黄九忠　黄玉冰　蒋光彬　欧阳露　汪　煦　熊文芳　张昌源　周昌健
朱忠智

物理化学

房瑞琪 李 馗 邱 璇 王赛男 肖永昊 许成群

高分子化学与物理

高洪成 蒋剑霞 刘伟时 张冬桥

生理学

陈耀旭

微生物学

谢腾飞 刘 欣 班世栋 廖东奇

生物化学与分子生物学

谷华玮

医药生物学

唐盛高 刘 青 张 昊

工学博士

固体力学

黄健彰 李东洋 罗姗姗 龙舒畅 欧 翔 陈 蔚 陈彦飞 李旺辉 林嘉祥

机械工程

TRAN ANH VANG 白玉超 谢 恒 吴 婷 袁 丁 李 振 唐 恒

机械制造及其自动化

TRANG THANH TRUNG 张晓涛 贺爱东 李 海 罗远强 王兴坤 杨丽新 张 龙 周佳军 郭清达 黄光汉 黄家乐 杨大勇

机械电子工程

李小敏 冯 豪 翟振坤 张小帆 李 欢 区嘉洁 肖泽锋 翟晓晨

机械设计及理论

陈伟华 童 俊 姚 莉 黄照夏 罗 岳 孟 元

车辆工程

李永焯 谢金红 郑祖美 杜天亚 徐艳民 杨越东 叶 杰 刘雪莱

制造工程智能化检测及仪器

陈国宇 王磊磊 郑照红 董昌文

材料物理与化学

陈梓铭 程运华 邓万源 胡诗犇 李启东 李晓天 梁俊飞 缪 锴 石 慧 宋 晨 王雅婷 徐 进 许少刚 颜 骏 姚 翔 梁铨斌 谢 源 胡 懿 赖德林 徐荣国 徐文战

材料学

LU XIAO 陈 斌 陈植耿 邓婷婷 杜柱康 樊宝兵 冯士振 高品海 郭 辉 韩 瑾 洪 伟 胡英元 贾建超 金 广 雷志文 李白雪 李博文 李丽华 李晓曼 李泽标 林水木 林志霆 刘 洋 马炜涛 孙明晓 田生慧 田祥岭 王春浩 王海燕 王聿栋 温 雷 武英龙 肖曼军 谢庆宜 徐立国 于泳泽 臧启光 张国梁 赵志广 甄士杰 蔡欣佚 陈金祥 陈俊祺 陈志锋 高 鹏 何柏田 衡小波 李仁龙 罗锦添 莫锦鹏 吴 昊 杨喜业 张晨阳 张亚军 周 蕾 高文东 李 凯 李丽秀 刘 熙 孙 敏 吴敏铭 肖练钢 易 欢 庞兴志 杨永民 姚 航 朱洋洋

材料加工工程

GULZAR AHMED 朝 洁 陈德馨 耿立宏 桂珍珍 郝明洋 黄 岸 黄家强 刘 健 万兵兵

王大中　吴　敏　赵愈亮　周培培　李　冲　马妙莲　孟　聪　杨文刚　豆　琦　赖嘉威　李凤娇
卢　斌　孙晓燕　王　芬　杨志军　喻慧文　张成峰　王昱坤　吴思武

化工过程机械

冯振飞　李　聪

电路与系统

陈　越

电力系统及其自动化

MUHAMMAD SHAHZAD NAZIR　陆文甜　辛妍丽　殷林飞　张　聪　马燕军　叶琳浩　陈丽丹
李钦豪　尚筱雅　夏侯凯顺

电力电子与电力传动

许志荣　陈　曦　姚　远　陈敬峰

电工理论与新技术

王　磊　张　严

电站系统及控制

李日新　李双双　林有胜　罗燕来　彭晓为　陈焕栋

微电子学与固体电子学

刘宇锋　郑卫国　吴海岗

物理电子学

ALHARBI EBTESAM MOHMEED D　吴世巧

电磁场与微波技术

吴　锐　林江锋

信息与通信工程

陈博恒　陈焱琨　呼　增　刘　芳　刘　云　万德焕　王鹏伟　谢中华　余家林　郑倍雄　刘柏杨
刘　建　杨维信　唐玮俊　魏纵横　崔曼曼

控制理论与控制工程

SENDI NOVIANTO　罗　婳　赵　亭　秦　毅　胡　斌

检测技术与自动化装置

徐海波　邱　禹

模式识别与智能系统

李祥霞　谢小峰　肖　君

计算机科学与技术

NAZIA ANWAR　FARRIKH ALZAMI　黄　艳　李丹杨　王景文　王志强　喻　维　陈　培　吕　波
邓达成　李筱鹤　唐　洪　袁　青

计算机系统结构

王新阳

计算机应用技术

郑颖龙　蔡　沂　伍杰华

建筑学

程炎焱　黄祖坚　李树宜　孙　冰　张仲军　黄源成　程志伟　侯　晓　侯　叶　李景磊　刘　浩
马　越　宋恒玲　王梦蕊　陈　琳　李　腾　潘振皓

建筑历史与理论

曾令泰　谢燕涛　郑　莉　孟　慧　王　平　陈海峰

城市规划与设计

吕　慧

建筑设计及其理论

陈　怡　区文谦　倪　阳　陈伟军　陈亚利　唐雅男　徐　莹

建筑技术科学

王志刚　袁炯炯

岩土工程

赵仕威　高振宇　肖莹萍　单　毅

结构工程

戴宇文　乔升访　张乐乐　曹明杰　周新显　王　鹏

防灾减灾工程及防护工程

李　岫　李　祯

桥梁与隧道工程

孙文火　董春光

化学工程

洪思慧　黄　阔　蒋松山　李亚军　宋　雄　汪红娣　汪　磊　曹晨旸　陈　全　李圆圆　吕　凤　王　欢　薛雨源　周怀荣　王蔚琳　张　凯　周才龙　李昱达　彭俊洁　王　韬　熊文龙　张　栋　马　宸

化学工艺

平　丹

生物化工

胡双岚　魏　萍

应用化学

邓怡杰　罗俊明　汤海波　王光华　范文俊

工业催化

党成雄　母佳利　李章敏　李雨航

能源环境材料及技术

张　浩

能源化学工程

KASSANOV BEKBOLAT　李国培　刘　琼　谢泽琼　元武智　苑坤杰　张　琦　梁骁聪　于　驰　张雯翔

制浆造纸工程

李晓云　张舒心　张志礼　曾志强　冯郁成　李　楠　陈　挺　贾兆阳　宋建伟　王　莎　张燕忠

制糖工程

别平平　何　其　孙培培　王敬敬　蔡燕雪　刘　坤　郭筱兵　李倩茹　秦　丹　陈　春　刘晓菲　熊志勇

淀粉资源科学与工程

夏会平

发酵工程

陈俊辉　胡彬彬　黄园园　李　承　王　露　王　盼　张　锟　秦　磊　王　蒙　索玉凯

生物质科学与工程

黄修杰　姜炜坤　尉慰奇　杨　洋　张　晖　周秋生

道路与铁道工程

钱尼贵　陈　搏　容洪流　杨　震　于泳潭

交通信息工程及控制

荆彬彬　刘永鑫　王　钰　张东波　王祥雪　鄢小文

交通运输规划与管理

容　颖

船舶与海洋结构物设计制造

李健华　刘夫永　赵仕伦

环境科学与工程

封　觅　刘崇敏　濮梦婕　唐少宇　谢莹莹　晏晓丹　张峰振　张亚鹏　周红桃　周少锋　陈泊宏　邓　丰　包艳萍　陈振国　李石雄　潘建新　汝　旋　王邦芬　卫　昆　杨　草　郑　可　钟庄敏　窦容妮　汪小雄

绿色能源化学与技术

曾帅波　贾　进　刘佩佩　欧　星　戎海波　伍　鹏

生物医学工程

马立敏　程天宇　谌　斯　王　刚

食品科学与工程

戴宏杰　黎青勇　李道明　刘祎帆　王怀玲　吴继红　伍芳芳　费永涛　杨　娟

食品科学

AMJAD ALI　MUHAMMAD ADIL FAROOQ　SAUD KHALID　程玮玮　张远红　赵甜甜　郭瑞雪　庞道睿

粮食、油脂及植物蛋白工程

邹　苑

食品质量与安全

胡双芳　尹志娜　周文渊

城乡规划学

庞晓媚　梁颢严　刘　铮

风景园林学

彭孟宏　高海峰　张莎玮

医学博士

生物医学工程

赵夫健

管理学博士

管理科学与工程

曹　彬　纪静娜　李蓬实　李　哲　罗　胜　宋志婷　余　星　张　莉　郑斯斯　周　涛　邓典雅　齐　芮　王　滔　闫　慧　叶倩婷　李　敏　莫国莉　赵雪瑾

管理科学与工程（工业工程与管理工程）

李昌文　陈小平

物流与供应链管理

杨君豪

会计学

吴小满

企业管理

吕迪伟　梅　洁　钱崇秀　冯镜铭　鲁竞夫　孙　博　朱益霞

旅游管理

余构雄　韦　瑾

技术经济及管理

袁剑锋　张　骁　徐梦丹

工程博士

电子与信息

周　斌　叶　晖

能源与环保

叶章基　靳福明

2018 届硕士学位获得者

哲学硕士

马克思主义哲学

陈镘蕾　罗赵华　文兆壁　阎宇番　张未未

中国哲学

吴江艳　张　蕖　张　英

美学

荆梦婷　梁冬芳　梁雅倩　王一淋

科学技术哲学

陈宝禄　陈青丽　宋菲菲　叶宇彤

经济学硕士

国民经济学

何　真　吴　清

区域经济学

陈子虹　邓光启　杜　佩　黎梓婷　柳明璐　秦　冲　徐　楚　张　宁　张　姝

金融学

谷　椙　林梓煌　刘瑾瑜　罗天祺　宁盼盼　尚　磊　孙宇遥　王秀花　肖水灵　徐瑶锃　叶忠航

邹　成

产业经济学

李　纯　周　斌

国际贸易学

RAVI RANJAN KUSHWAHA　李　也　梁嘉韵　王文浩　赵　焱

数量经济学

林庆文　覃　婧

统计学

曾嘉豪　陈　飞　陈晓君　韩　阳　骆妙璇

金融硕士

白娜娜　陈炯旭　丁有炜　郭东衡　黄　健　赖慧敏　李海菲　李俊逸　梁结欣　刘雅慧　刘彦彦　吕周汀　马梦江　彭永喻　谢伟恒　谢志杰　叶美灵　张超予　周　琪　王　露

国际商务硕士

曾婉珊　高　娜　高于思　郝彬凯　黄秋燕　李丹丹　李福锦　李若娴　刘昕界　罗力舒　孙　缘　王一鸣　肖炎兴　辛　帅　徐笑乐　姚张帆　季政勋　周金刚

法学硕士

法学理论

ELIZA PIRMAMATOVA　何　阳　黄　其　朱春凤

法律史

陈玉婷　王园园

宪法学与行政法学

胡　双　黎桂芬　罗文捷　王楠楠　邢伟星　周　杰

刑法学

黄珺珺　林　羿　刘哲芃　苏子坚

民商法学

NATALIA TILLACK　陈丹青　邓　杰　赖江林　李泽欢　梁远高　林　梅　茹鲜古丽·阿不都热依木　王　骏　吴　冰　许凯映

诉讼法学

江文成　刘　敏　吴慧祺　杨丽梅

经济法学

吴泽钦　鄢　静

知识产权

陈秀芳　程小仪　董晋瑜　梁嘉琪　刘梓清　邱淑妙　王　丹　徐宏鸣　徐景霞　徐玮盼

马克思主义基本原理

马真容　叶　蓉

马克思主义中国化研究

丁珍珍　李丽娜　李　义　宋丹丹　粟林杰　闫茹冰　杨伟桦　赵争艳

思想政治教育

陈惠莲　陈　洁　邓艳梅　郭甜甜　何嘉欢　雷　飘　李洁红　朱文娟

中国近现代史基本问题研究

方　方　覃政力

法律硕士

蔡永刚　马婧婷　白如菲　白锐杰　戴群枝　邓君霞　董　赟　范舒琼　费伯成　冯凌鸿　郭　哲
黄林燕　黄玉华　黄喻诚　李健平　李坤奇　李寿明　李笑笑　李炎瑾　李媛媛　李郑晨　梁旖君
林佳清　林　敏　刘丹青　莫丽桐　钱　鑫　阮　芳　石铭铭　唐远昭　王　孜　吴　林　谢　晗
徐炜丹　杨红霞　伊梦雪　于会娟　于奇奇　袁利敏　赵　津　赵利文　赵小舟　钟小榛　朱炎锋
曹惠晴　陈　洁　陈少红　邓　澄　甘秋紫　黄灏哲　克玉辉　李小莲　林泽雅　刘　鸽　刘孟琴
卢裕康　罗婷婷　孟　丽　邱艳玲　王天程　王　翔　项文清　谢幸股　禤英娜　杨　洁　张泽天
郑妍琼　钟俊杰　庄璇惠　邹湘文　曹　南　曾丽芬　曾森林　车小玲　陈博潭　陈佩泽　邓　健
邓　灵　邓灵灵　邓升华　杜　欣　范桂香　古勇新　郭衍宗　黄俊骏　黄新安　黄玉娟　李　骏
梁嘉嘉　林金爱　林　凌　刘　彬　骆映妤　潘俊文　邱志新　史　凯　舒　芳　许滔滔　杨满娣
姚耀武　姚　晔　余　婷　袁燕儿　张泽鑫　朱明丽　欧阳龙正

社会工作硕士

顾蒙蒙　郝薇薇　林子珺　杨　旭　余　弘　赵　悦　钟雪霞　邓慧芬　黄吴敏　李梦伟　李祎礽
梁慧珊　林博府　刘创新　刘开频　罗昕欣　马洁婷　邱欢颖　阮　成　沈　胜　王跃成　魏　瑛
周荣秀

教育学硕士

教育学原理

李若兰　肖秋霜　杨孟甜

高等教育学

单飞翔　韩　云　蒋芳薇　赖天恩　黎艳红　涂紫菱　王春梅　王　燕　朱彩平　张殳竹青

体育学

曹夏泉　陈　定　高天宇　龚寒影　黄辛美　黄梓熊　江　珊　李姗杉　刘俐男　刘　宇　潘积宁
潘元涛　谭定东　王文晓　谢超杰　周姝熠

体育硕士

体育教学

杨姗姗　于常海　张恒志　张毛毛　张智强

文学硕士

英语语言文学

甘　媚　林　宁　刘　嫣　齐骁翔　邱扬林　王小凤　吴泳容　谢世雄　严启梅

外国语言学及应用语言学

陈聪颖　樊淑颖　严晓朦　杨立汝　钟翠霞

新闻传播学

CHUMAKOVA LIUDMILA　LE THU HANG　NATCHALAI PINKAEW　NGUYEN THANH NHAN
NGUYEN THANH SON　NGUYEN THI MY HANH　SVYNAROVA SVITLANA　VI TRAN VUONG ANH
付洁萍　高　瑾　何岳红　贺　婷　黄亚兰　李　胜　李　燕　李　喻　梁嘉韵　梁捷琴　刘　芳
刘　羽　吕　笑　莫心渊　区　敏　舒培钰　孙翠平　孙　青　唐献溢　王　扬　吴卫红　伍素文
香玉清　谢文诗　徐　洪　杨　晨　杨　琦　张　婧　张艺冰　赵思宇　周　丹　房　佳

传播学

ALINA TELBAYEVA

翻译硕士

英语笔译

曹慧敏　董丽雯　范苏华　高千云　龚　纯　黄　洋　李冰明　李鸿元　刘玉辉　陆美如　罗紫俊
潘丽娜　乔新刚　田佳鑫　王婷艳　王绚祯　吴嘉琪　肖　露　肖倩玉　杨　苗　余慧敏　张　颖
朱明晔　朱珍葶

日语笔译

陈潇韵　李慧芝　潘永萍　阮玉华　石桂丽　章菁钰

新闻与传播硕士

成　思　何　婷　李嘉琪　李　秀　刘子莹　罗燕波　戚淑妹　韦俞任　谢金钿　张潇满　张艺萌
赵林鹏　陈凯昊　李思涵　李振铭　申韵清　周维嘉　周智伟

理学硕士

基础数学

陈佳楠　陈奕奇　潘甜甜

计算数学

黄嘉艳　刘　芳　龙　力　王　青　徐慧丽　徐露露　张世龙　郑碧如

概率论与数理统计

白肇强　林杨珺　王灿杰　王　玲　王思敏　吴桂楠　叶成达　张　辉　张惠玲　庄惠丹

应用数学

陈丹丹　邓　颖　冯继雄　龚伟华　李　青　梁钰兰　刘火霞　罗伟杰　吕　欣　邵平平　杨师华
袁玉娇　赵倩芸

运筹学与控制论

林建龙　王克利　吴　微

凝聚态物理

蔡　聪　曹志鹏　方泽群　黎　静　连　鑫　王　健　王青海　温泳梅　易　可　袁澍荣　臧　翔
张红梅

声学

邓秀方　郭文英　何　捷　吴锐兴　郑东梅

光学

敖黎铭　黄振鹏　黄治凡　李　炯　李祈昕　施　伟　文如莲　肖鸣杰　肖　统　杨宇翔　周秀杞
李　熙　张运原

无线电物理

曾佑杰 陈　亮 范小邦 洪旭烨 唐云飞

无机化学

黄明保 黄小敏 彭秋霞 王伊方 薛　丹 邹　睿

分析化学

白四兰 程文雪 黄　静 林小荣 唐梁凤 王亚平 岳国青 张晓娜 张玉馨 朱纯梁 邹秀平 耿鑫然

有机化学

安艳妮 陈春莲 陈祥根 崔明明 胡新伟 黄　薇 姬汉轩 蓝建勇 林芝铭 罗　奎 马良伟 邱韶童 王　安 吴约成 颜东豪 杨永杰 张舒娣 赵　雨 周岳凤 祝　蕊 卓少春 王志强

物理化学

邓　鹏 高　曼 梁进觉 刘丹丹 刘广智 刘　真 邵奕嘉 苏荣荣 杨　刚 姚　娟 余志鹏 袁　怡 张丽娜 邹凯翔 邹欣伟 刘易烨

高分子化学与物理

楚豫寒 戈　夏 金智军 刘　操 田　文 万之君 王仕亮 王晓辉 魏秋实 徐志达 朱睿哲 朱文彬 庄一琦

生理学

李雨峰 余杉杉 肖　静

微生物学

郝月绰 刘可心 罗时渝

生物化学与分子生物学

范　维 毛少龙 庞士慧 徐　阳 李伟琦 秦艳霞 武国松 梁锦升 王逸丛 杨颖茵 庾晓康

医药生物学

高绪强 李丽阳 彭雅玲 王　海 谢艳香 杨　阳 周慧敏 朱佳莹 程玲慧 罗　瑶 胡婷婷 王　圆 莫贤炜

系统分析与集成

孙怡昕

生物医学工程

陈海婷 陈建辉 丁正敏 董旭初 董怡帆 杜　欣 侯姣蛟 黄志勇 李飞霞 李诗武 刘珂娜 刘琼琼 刘章拴 梅明金 苏燕红 万双燕 王　欢 王舒浩 文　章 吴聪玲 杨勇哲 姚　洁 易　新 张　颖 张哲思 张　灼 祝雨雷 何　兰 刘晓骏

工学硕士

力学

陈俊帆 程　楠 高华峰 黄佳兴 简武荣 刘　东 刘红卫 石　媛 涂成枫 王春莹 王　欣 姚　超 张宗恒 方奕欣 潘志伟 廖贯宇 林俊雄

机械工程

ANOUSITH CHANTHAVONG 曹　睿 曹小兵 陈　川 陈　康 陈锐奇 陈文军 崔超宇 邓海燕 范吉斌 冯　晨 冯　锴 付西敏 高　娇 龚瑞卿 顾盛勇 郭　浩 何　迪 洪华锋 洪　峥 胡　波 胡鹏飞 蒋晓孟 柯栋盈 赖文林 李　城 李　刚 李家裕 李杰鸿 李鸣珂 李穗婷 李　政 梁志豪 林庆宏 林润生 林晓辉 林燕龙 刘　坤 刘志洋 罗海松 罗　豪 马喜平

潘灿　彭于江　彭羽健　彭泽林　宋定昆　苏洪华　苏烨琳　汤怀艳　汤胜龙　唐昌滔　陶韬
王安民　王奥宇　王晗　王卉玉　王佳佳　王亮　王新　王永南　吴培浩　肖骏　肖然
肖尧　谢海龙　谢文华　熊英超　徐笑天　许家诚　杨嵩　杨章选　尹联民　余竟　余艺
张斌　张成　张飞翔　张天然　张志远　郑养龙　郑宇星　周仁义　周卫林　朱安仕　邹国峰
白石根　邓军杰　劳同牧　李昌达　刘德晖　申宽　谭孟　杨伟朋　叶锋　赵雨亭　张宏生
朱振柏

机械制造及其自动化

孙同阳　刘建东

机械电子工程

赵朋飞

机械设计及理论

陈维杰　李万秋

车辆工程

董万里　郭泉成　何川　胡淼松　黄佳楠　黄思良　李岩　梁土强　林德佳　宁武林　彭睿
吴小蒙　吴中伟　谢忠开　杨刚　张斌　张东羽　郑习娇　朱柏霖

测试计量技术及仪器

丁郭　江境宏　赖炜敏　沈璐璐　吴坚

材料物理与化学

陈为锋　邓万顺　段湘艳　符民　过配配　何志伟　贺菲菲　黄东晨　黄欣欣　李宇琴　刘华涛
庞小雷　王磊　文妮　吴荣方　徐志魁　许璐　杨财桂　易淑旺　张辉　张鹏　郑泽科
钟镇基　漆俊

材料学

蔡建烟　蔡璟沛　蔡李刚　蔡挺挺　曾兰英　陈庚　陈鹏程　陈奇　陈秋群　陈淑琦　陈垭玮
程炳坤　程文华　崔金平　单宇珂　丁杰　范培榕　高阔　郭倩怡　郭铁柱　郭燕霞　郝应心
何倩　胡家兴　胡衍志　胡燕　黄健　黄健　黄凯敏　黄帅玲　黄炜妍　黄智明　贾雷
金敏　金文　晋光荣　李彩新　李乐京　李美凤　李慕侨　李秋玲　李诗宇　梁玉玲　林静
刘俊哲　刘峻恺　刘思琦　刘昳阳　刘勇　罗文文　吕时超　牛昌辉　庞栋文　彭健　邱敏
邱晓忠　阙显洋　苏媚兰　孙佳奕　田甜　王君易　王玲燕　王瑞　王圣　王小君　王志芳
巫殷伟　吴春先　吴良辉　吴文刚　肖艳红　谢晓庚　徐玉彬　许鹏　薛亚飞　杨力　杨新雷
杨振国　余盼盼　袁方强　张奋　张时　张闻达　张云龙　张云鹏　郑佳富　钟舒婷　周超群
周文浩　朱嘉琦　朱玥

材料加工工程

曹罗香　曾伟奇　陈国富　陈日　陈晓东　陈紫默　程玉婉　邓勇宏　冯子康　付兴凤　高楠
韩嘉晖　韩赟　何建良　胡愿　黄垒　黄妙君　蒋晗　兰碧　黎毓灵　李安安　李达磊
李芳东　李迎春　李志锋　梁行　梁涛　林泽声　刘杨　罗政　吕少茵　毛梦迪　毛亚雄
莫瀚尧　牛嘉运　牛蕾　庞浩良　丘玉萍　舒霞　田国强　田小平　田忆兰　王瑾　王美春
王书林　王文涛　王文熊　文晓平　吴林宋　吴茜　肖俊儒　熊超　徐波　徐小兵　阳朔
杨润生　杨威　杨一林　杨长毅　尹灿　尹晨欢　余开斌　余珠华　袁冰玉　张冠群　张厚泼
张进福　张凯　张梦迪　张梦航　张伟鹏　张文博　张洋　赵延杰　钟惠婷　周舟　朱梦蝶
成伟　戚龙飞

工程热物理

范云龙　黄伟豪　刘黎鸣　莫爵徽　王国旭　王旭升　王梓桓　徐嘉隆　薛演振　杨鹏　袁丹珏

张横锦　赵静波

动力机械及工程

李　冲　刘振洋　水　琰　魏炫坤　游　鹏　赵　晋

化工过程机械

陈　强　凡祖兵　郭　峰　黄晓之　李海燕　熊静文　朱　槟

电机与电器

罗　芳　苏　威　王　玗　王　孟　吴子杰　赵　晨

电力系统及其自动化

曾　杰　曾金灿　陈伟坤　邓　珊　樊晨曦　冯　雷　付　东　郭履星　郭曼兰　韩博文　韩兴磊
洪丹仪　黄晶晶　黄琳妮　黄廷城　江浩荣　柯少佳　柯梓阳　李燕珊　梁梓均　凌毓畅　刘丽媛
刘　轩　潘天亮　孙兴鲁　王步云　王　真　吴利兰　肖　江　许志恒　颜　远　杨清波　余　达
俞龙飞　臧晓春　张冬怡　赵　琦　郑佳滨　郑　展　周灿煌　周文婷　朱继松　朱　涛　陈肖灿

高电压与绝缘技术

韩玉英　李超红　李　炀　刘胜波　邱伟豪　阮耀萱　肖百惠　余　佳　朱　文

电力电子与电力传动

曾玉凤　陈海锋　杜发达　何　婷　黑晨阳　黄雅琪　林凯东　王书彪　吴佳磊　吴璟玥　袁　讯
张杰楠　赵志友　郑成立

电工理论与新技术

何战峰　李　祥　夏　俊　朱光磊

物理电子学

黄进宏　李　征　肖学锋　杨倬波　张宇宁

电路与系统

包　涵　曾宪祯　李楚怡　刘曼飞　刘　青　阳赵阳　叶梦涓　易　欢

微电子学与固体电子学

陈逸炼　陈兆权　樊娇娇　郭晓昕　郭长荣　胡智超　黄　荷　黄昕乾　雷　佳　李佳桐　李正祥
刘　杰　卢腾辉　彭振敬　邱若谷　王瀛洲　韦胜昌　严耀锋　詹静糠　周观太　朱成彬　朱嘉祺
卓展鹏

电磁场与微波技术

何殷健　李润铄　翁佳钿　肖兴慰　姚　越

信息与通信工程

ANGGA WAHYU WIBOWO　HAYFORD PERRY FORDSON MAWULI AGBANU
HUSSAIN ALTAF　HUSSAIN ISRAR　KEVIN TWUM ABOAGYE OKAI
MOAZZAM ALI BHUTTO　VICENTE OGONO　S. M. BAYAZID
MOHAMMED ABDULQADER MOHAMMED AHMED AL-ALAS　MUHAMMAD AHMAD AMIN
MOHAMMED GARALLAH ALI SHWEA　MUHAMMAD SALMAN　SANJAY KUMAR SAH

通信与信息系统

艾　拓　包昕幼　曾广德　陈偕权　陈宇清　陈增辉　邓楚虹　邓舒夏　邓子杰　段才伟　甘玉宇
韩民钊　何书凡　洪成昌　胡友志　黄桂冰　江达海　李　格　李欣雯　李玄平　李　增　廖晓敏
廖奕铖　林冰娜　林佩航　刘晓涛　刘玉德　刘照辉　罗超群　马正宇　祁昌龙　师婷婷　宋玲娜
苏炜跃　孙启梦　孙增辉　谭华彬　田龙伟　万选亮　王　彬　王波文　吴朝东　吴俊峰　吴天丽
薛成戴　薛嘉兴　杨平平　杨婉军　叶展鹏　余德成　余　江　张楚翘　张金鹏　张文松　张　雪

赵雪灿　郑炳龙　钟晓辉　周佳敏　朱绍明　朱亚伟　朱志晓　资灵薇　邹国庆　洪佳枫　林景裕

信号与信息处理

SANJAY KUMAR ROUNIYAR　曾昭峥　陈　灿　程　卓　戴　超　邓博文　高　航　龚文斌
黄俊铭　黎　蒙　李泓佑　李凯鑫　李天雅　李肖肖　廖　轩　刘楷怡　刘盛清　刘衍平　罗阳星
梅　寒　潘子逸　彭诗云　邱梓珩　苏春晨　苏国曦　涂志强　吴小思　熊光银　许　望　严　科
杨朝煜　杨　帅　詹宇芃　张发华　赵汝正

控制理论与控制工程

陈绪超　程　坤　杜海军　甘　地　高孝君　何伶珍　侯荣波　黄荣恩　黄子峻　蒋飞朋　柯　凡
匡海健　雷焕恒　黎浩正　李岿林　林嘉鑫　刘　金　刘一良　罗　丹　潘思思　孙　坤　谭嘉政
田世鹏　王　超　王　鹏　王伟杰　王永志　吴怀炜　徐将将　徐伟钊　许　敏　晏文坛　杨晟轩
杨　旭　叶慧平　叶润超　张兴志　张　泽　周忠太　朱世钧　程剑彬　肖　杨　张仕煜　曾健华

检测技术与自动化装置

陈　芳　苏　泫　王亚涛　王宇雨

系统工程

龚贝利　韩芳墨　刘　君　申泽星　吴海龙　许晖敏　叶世武

模式识别与智能系统

陈　晨　陈　涛　陈泽创　陈展鸿　房育勋　黄金洪　江锦东　解德芳　李　翼　欧　奔　彭光柱
秦一焜　孙佳敏　王行健　王梦华　吴桂乐　余梦琦　张树怀　庄兆殿　黄　建　饶熠舟　邱嘉裕
夏　威　朱烙盛

电气与计算机工程

ABDUL WARIS　GHULAM ARBI　HASSAN ABBAS HASSAN ALI
MANIRAGUHA THEONESTE　MUHAMMAD KASHIF　ROCKY CHAKMA
THANARAT CHAWAPHAN　MUTUYIMANA ISMAEL　AFTAB UL NABI
IMRAN MUHAMMAD　MUHAMMAD ARSLAN　MUHAMMAD FAIZAN
MUHAMMAD ZEESHAN JAMAL　NJEKWA KOTA SAWEKEMA

计算机科学与技术

柏朋成　蔡就伦　曹建洲　曹　旭　曾广俊　曾志超　陈丹妮　陈洪健　陈洁彦　陈俊生　陈　霖
陈祈祈　陈西蒙　成　斌　邓德荣　杜任仕　冯里千　辜家伟　古振威　何华赟　何　杰　何志强
贺佚南　黄敦贤　黄健文　黄婧莹　黄树豪　黄炜杰　黄永燊　霍振朗　暨思铭　李辰洋　李梦溪
李秋霞　李　雯　梁桂煌　林　哲　刘　柽　卢剑锋　卢明林　罗达志　毛婷伟　欧嘉敏　裴茂锋
戚潇明　邱双旭　沈礼锋　宋　炎　苏强卫　汤　雪　唐小辉　田梦达　涂逸欣　王　博　王浩宇
王科文　温春霞　温　馨　吴　宸　吴世豪　吴文泰　吴　雁　吴宗泽　伍楚丹　武天舒　肖永杰
谢敏珊　杨　克　杨秋明　游　源　余　珍　俞　彬　张　帆　张　弘　张　立　张声超　张银珠
张榆达　章文婧　赵明飞　郑万童　周君君　周玮康　周晓场　朱国轩　朱闰超　杨　颖
司徒亨哥

建筑学

曾小洲　查　斌　陈思文　董凯红　方伟茜　冯璐垚　洪育良　黄冬娜　康　琪　李日毅　马路遥
梅凌云　聂　琦　王娜娜　吴简池　徐云飞　许　晓　薛汪祥　叶宝聪　张明扬　钟达伟　周　婷
朱海明　张苏珊

土木工程

曹　源　曾　启　常　啸　陈飞超　陈焕煜　程　赛　程　炜　邓楚剑　段德章　范　泽　冯　文
高胜福　耿蒙蒙　龚　哲　郭宇嘉　郝定迪　何福康　洪　灏　胡　彬　黄浩滨　黄浩昌　黄晓城

黄晓烽　黄　宇　黎　哲　李光华　李国华　李嘉华　梁炽峰　梁春芳　林诚发　林国旭　林培钦
刘　兵　刘　翔　刘　翔　刘　洋　罗凯文　麦炜伦　孟　巅　申　超　汤镇州　涂天驰　汪思聪
王　杰　王　坤　王　力　王南京　王勤傲　王　跃　魏沐杨　吴导中　吴松飞　吴小环　谢岳峻
徐传堡　许炜星　杨　光　杨　健　杨　茵　叶　亮　尤　涛　余良滨　张来健　张铨婧　张茹佳
张晓荣　张　震　张志坚　张子健　赵煜星　郑照怡　郑镇杰　钟春意　周锦昌　周玲珠　刘　承

结构工程

郑之义

市政工程

谭晓君　王田天　陈逸群

供热、供燃气、通风及空调工程

李　佗　骆诗哲

水利工程

陈斯达　丁　瑞　胡佳纯　黄文敏　林泽峰　刘师辉　谢宇宁　赵雪峰　朱江颖

化学工程

鲍　越　蔡　琰　曹丽琦　曾　武　曾艳华　陈　诚　陈　煌　陈　莉　戴　溜　樊宏杰　冯　俊
郝　汉　贺冬琳　侯嘉敏　黄　宏　黄文靖　金　云　靳冬雪　旷天亮　李　登　李广彦　李金清
李晶晶　李兰菊　李　亮　李敏章　李少敏　李希翼　李　欣　李　阳　李映图　廖明锐　林文胜
林哲栋　刘银花　柳　娣　罗文姬　庞嘉凤　任晓玲　宋蒙蒙　孙改转　孙　锐　唐林雅　王　楚
王　菊　王　丽　王　莉　王琼柯　王舒敏　王　莹　萧鸿华　谢晓娜　徐　雪　颜子敏　阳红军
杨靖雯　余楠林　张宇帆　张玉磊　张志雄　赵　颖　郑　翔　郑雁芬　周成龙　周绍明　周　胜
周　岳　霍伟智

化学工艺

柴　军　陈义文　封　啸　秦红雷　冉　晶　韦美姣

生物化工

董礁礁　黄子轩　文　岚　杨　谦

应用化学

曾梅君　池　滨　韩　磊　何春香　江　森　金小花　赖　强　李柳萍　李小江　李　莹　林美露
刘宗泽　罗　铮　吕　磊　石亚村　宋道君　田小东　王冰冰　王　鹏　吴文俊　谢安娜　熊紫超
尹　月　邹　滔

工业催化

李　万　芦文慧　马宁宁　孟　珍　秦彬皓　宋一博　王璧莹　王　坤　徐志祥　张龙飞　赵伟杰

能源化学工程

蔡楚轩　樊春雷　方松添　付露露　龚灿腾　胡益豪　黄晓烁　李　诵　李　雪　李昭阳　梁秋芸
梁文豪　林　晗　刘　芬　柳俊万　罗子庚　田亮亮　王　彤　谢文钦　钟　胜　周　妍

油气储运工程

钱瑶虹　舒亚篮

制浆造纸工程

陈　军　付俊俊　葛广德　葛淑娟　郭淑红　郝青青　何　甜　侯邱鹏　孔凡娇　李　哲　刘谷红
刘亭利　刘　萧　路朋博　罗显星　马红燕　米　婷　彭从星　齐亚楠　宋树芳　孙　冰　谭　丽
唐亚男　汪　涵　王　溦　王文萍　肖欣蓉　闫长媛　颜兴艳　杨华宇　杨　珍　张凯丽　赵梦晓
赵宗倩　周国强　周晓明

制糖工程

包雪蕊 丁晓艳 董 芳 董竹平 冯明月 何陵玲 侯玉超 胡双飞 雷忠华 李太鸿 刘小芳 彭晓龙 阮之阳 盛布雷 宋晶晶 苏国莹 田苗苗 王萍萍 王天星 谢金红 谢晓慧 熊玮彦 岳凯婷 张少波 钟少文 周思思

发酵工程

敖婉钦 贝 琦 陈 华 崔玉涵 甘 兴 高嘉心 龚 斌 黄 聪 黄 涛 李 晨 李 玲 李乔乔 李小坤 李远锋 梁 静 林焕娜 柳艳华 罗晶晶 罗展浩 骆 胜 宋培钦 宋 妍 吴轩德 谢 佳 徐天旺 徐中华 叶冬冬 张亚萍 张亚南

淀粉资源科学与工程

李 赛 谢 芳

生物质科学与工程

白有灿 李燕鹏 李增勇 司景航 覃海明 王兰英 向志华 严羽欢 杨永涛 喻伯鸣 张 强 张晓婷 李亚辉

道路与铁道工程

陈 丹 陈晓生 耿 杰 李明汇 李思源 鲁 岳 罗传熙 马杰贤 彭昊源 孙元鹏 王华新 王兆阳 阳经培 杨 俭 赵建营

交通信息工程及控制

黄 颖 雷永巍 李嘉智 李子彦 梁 雪 彭新建 汪周盼 王文静 邹祥莉

交通运输规划与管理

韩博文 黄靖翔 黄玮琪 梅家骏 谈进舟 朱殿臣

载运工具运用工程

谷 广 杨 洋

船舶与海洋工程

陈 燕 陈泽华 丁一文 刘 灶 王英毅 吴 攀 杨显原 尹梓炜

环境科学

杜晓冻 方 伟 黄日萍 江鲜英 林浩忠 刘鸣娟 宋军卫 王梦琨 刘嘉俊

环境工程

安少荣 鲍云锋 蔡如梦 曹 雁 陈 捷 陈梅青 陈小方 董立夫 端 艳 方一莉 付炳炳 高 文 侯鸾凤 黄海澜 黄壮鹏 康乃馨 李嘉树 李君菲 李淑君 李一农 李 颖 林雪婷 刘佳伟 刘 颖 刘泽珺 牛珠玉 彭兰芳 万晶晶 汪勇强 王冠华 王冠雯 王九妹 王倩楠 王苏女 王桐屿 翁晓琳 伍开毅 武士川 夏 迪 熊嘉雯 闫学超 严 伟 杨 晶 杨 婧 杨 奎 杨腾飞 杨永愿 姚明海 叶 潇 游素珍 张烽起 张 健 张利华 赵登科 赵 爽 郑丽珊 周雪丽 李 哲 渠艳飞 肖海麟 熊志利

食品科学与工程

陈华敏 陈秋宏 陈思敏 陈业宝 程 欢 段雪菲 管锦绣 郭秋珊 韩裕睿 侯 睿 黄 敏 黄 越 焦 铭 李 菲 李敏佳 李淑莹 李亚茹 刘海英 刘 楠 刘昱微 麦润萍 潘润斑 史传超 苏芳萍 苏颖晶 谈文诗 唐语轩 汪 娟 汪雨亭 王 成 王金花 王梦萍 王倩怡 王秋丽 王 腾 魏静妮 吴恒源 吴健锋 吴滋灵 谢 瑾 谢利华 许海霞 许 瑜 杨丹霞 杨 柳 姚记威 叶昱辉 袁亭亭 展曦鸣 张 慧 张 阳 赵 格 赵翊君 朱云婷 邹 晶

食品质量与安全

黄 琴

城乡规划学

陈玉兰　陈昱帆　程　哲　黄俊浩　黄诗贤　蓝素雯　梁　健　刘　玮　宁　浩　彭小京　申展飞
汪　蓉　吴凯晴　许　欢　易雷紫薇

风景园林学

关洁茹　胡　婷　李雪丹　秦雅楠　任家仪　熊玲玲　于　畅　虞芝灵　周诗乐

软件工程

陈　瑾　陈裕通　陈震鸿　陈志誉　戴瑾如　付雅晴　郭泽豪　韩建桥　何伟鹏　贾建业　蒋俊翔
李　斌　刘光忠　刘　颖　罗晶晶　吕　亮　马聪博　秦　亮　王　恰　王松柏　谢晓佳　许瑞霖
颜锐荣　甄江杰　郑立凡　钟　迪　周顺风　庄壮伟

安全科学与工程

梁云龙　王永兴　王玉丹　袁　周　周启超　周序霖　邹梦婷

管理科学与工程

曾万强　陈耀锋　陈志新　丁　雯　何欲晓　纪　宾　李　琴　梁挺勤　刘　凯　欧耀辉　苏耿斌
王晓明　王溢健　魏　静　吴　丹　吴伟俊　肖　科　谢　文　张俊勇　赵　焘　郑锦峰　陈俊宇
黎夏宁　彭思远　吴嘉裕　游明刚　吴柏葳

设计学

陈义言　邓　婷　方倩恩　贾国忠　雷熙平　冷少伟　黎　敏　李建余　李　桀　廖　辉　秦志南
张　瑜　刘淑娴

建筑学硕士

KHANDJAMTS BAATARSUKH　包欢辉　蔡宜君　曹若泠　曹　月　曾彦春　陈楚宇　陈桂欣
陈　静　陈立娴　陈令怡　陈　婷　陈　阳　陈逸雅　陈　颖　陈映帆　程迟一　邓　俊　范　朝
封瑞牧　干颖滢　郭方洁　郭俊亿　郭明远　郭垚楠　海　珊　何亭枚　何　悦　胡凯雯　黄飞亚
黄　文　黄　莹　黄卓岚　贾博雅　金继国　琚豫婕　黎　峥　李临娜　李泳妍　李　越　梁启颖
廖绮琳　林　颖　林紫琪　刘玮婧　刘宇霆　柳　珊　吕晓晓　潘　柳　彭清蓉　齐　艳　盛日照
盛秀秀　舒山偌　宋　璐　宋兴涛　王菲菲　王　健　王　璟　王　琳　王茜雯　王炜航　王怡春
吴春晓　吴　巍　吴志谦　肖　磊　辛　颖　邢鹏威　徐洪量　徐　腾　旋　凯　闫留超　杨艾昕
杨　瑾　杨舒雅　叶京璐　易长文　翟卓越　张丹璐　张　帆　张文达　张一帆　张原浩　张　喆
赵　杰　甄穗豪　郑舒韵　郑宇晨　周　理　朱　娜　朱彦伟　陈雨牵　胡丽琼　孙泽文　王　斌
刘姝含

工程硕士

机械工程

安　琪　郭锐斌　郭振华　贺　路　贾明峰　江丽珍　康丽萍　李传禧　李东方　李冬如　李帅领
刘四涛　龙家钊　罗国科　彭盼道　舒凯翔　苏保齐　谭承诚　唐　敏　王洪亮　向林涛　谢先治
杨　帆　杨　柳　张钟周　周　森　蔡志超　郭昀朋　黄健明　李畅毅　李志刚　刘宏波　刘锦杭
罗光华　罗晓微　吴　峰　张志松　周年成　白来存　胡　亮　黄春喜　黄型钢　黎德桂　黎秀郁
李晓晖　梁勋南　林鹏程　林伟文　刘　伟　任金虎　孙希强　王浩铭　王世保　徐美宝　阎　醒
阳　巧　杨汉卿　张金珠　周　明　庄义钦　陈　灿　陈杰凌　陈　康　陈　涯　陈一峤　崔志杰
郭秀平　黄炽豪　黄绍枝　姜常宇　廖少丰　林　浪　刘家武　刘　坤　卢新锋　石小东　孙佳伟
孙　坤　覃彬彬　谭振豪　王孟飞　温秋明　吴柏禧　吴　磊　肖龙帆　谢柳杰　闫志国　叶嘉坤
占树言　张金婴　张文涛　张希亮　张志飞　郑东泽　郑　全　郑昕亮

仪器仪表工程

李　璐 阮瑞雯 王　攀 邹颂书 陈　华 何钦尧 李广智 陈永煌 邓鸿炳 李观喜 廖　帆
罗德章 沙幸威 谢芳祥 许维蓥 杨运旅 余　蓉 郑焕健 朱　磊 竺马云

材料工程

陈　琼 邓　科 邓沃湛 龚　舟 郭起玲 何益多 胡　杰 胡金妮 胡文梅 黄德裕 黄雄健
黄玉山 简思强 李　斌 李　冬 李　敬 李孔哲 李　艳 连晓磊 廖前兵 刘　飞 刘晓娟
柳　雷 卢振威 罗　政 莫圣鹏 石　亮 孙　文 唐　明 王　军 熊　成 余焰根 张　林
张　森 郑何敏 周阜成 蔡成松 何瑞文 刘　晴 罗超龙 倪静绚 阙祥灯 陈　列 梁江华
刘　洪 梅青冉 王　飞 王荣勇 韦昌炜 闫志旭 余志仁 袁　林 赵畅畅 周德利 曹　琴
曾嘉浩 陈国良 陈　可 陈珊珊 陈莹莹 成家添 董国艳 冯正林 付加攀 高小云 黄训辉
李　洁 李开武 李　旺 李晓聪 李晓青 李哲星 刘　恒 刘擎国 罗　雪 马　丝 马小娟
穆　兰 潘嘉莹 潘雅娟 戚鹏飞 绳瑞达 谭振华 唐钰晗 王　端 吴梦泽 肖文武 邢天成
熊　梅 杨文化 叶文兵 张　亨 张玲莉 张腾飞 张玉欣 张子扬 郑小星 钟安星 朱彩萍
朱美潼 朱　蓉 朱增裕 邹逸丰

动力工程

刘　鹏 庞庆勋 赵　源 曹　勇 耿见垚 何镇威 黎晓军 蒙盛吉 佘娇容 王光泽 吴　聪
杨焱鑫 蔡　琳 蔡　攀 方海林 江政纬 金小明 吕　浪 吕士亮 门玉葵 潘垚池 覃日富
谭　超 王　玲 王晓晖 吴振东 杨帅普 姚婷婷 钟玉莹

电气工程

包　涛 贲　成 蔡振满 曾志武 陈鸿昆 陈　鹏 陈小闽 陈中飞 陈　柱 冯　腾 何毅鹏
黄俊铭 黄丽颖 黄院芳 黄梓健 金　林 李杜海 李　为 梁伟豪 林　波 林达瀚 林腾飞
林钰灵 刘　军 刘鹏航 刘远鹤 龙雄峰 卢凯昕 卢曰海 马　毅 庞思远 邱　明 沈　润
孙莉琴 王钧泽 王文斌 王志军 吴梦维 吴易容 吴志坤 谢秋霞 许晨宇 杨昌烨 尹　芬
游　磊 袁子聪 翟建伟 张秋实 张育嘉 张壮领 张紫珩 郑文坚 庄乐禹 蔡丛楠 樊　烨
黄　强 蒋鹏为 李华峰 林汝东 刘健生 陆超欣 麦敬明 谢水杰 徐志恒 颜广兴 余海翔
张家福 曹小云 陈冠豪 陈嘉威 陈思远 陈晓湖 陈晓亮 陈　怡 周荣生 朱华托 朱卓文
程诗明 程兴智 程　志 崔　卓 邓景柱 董　军 董奇光 杜启业 杜绍暑 方　德 韩杰臣
胡劭超 黄炳祥 劳颖然 李　博 李瑞桂 梁　晨 梁竞雷 林耿生 林怀德 林泽宏 刘慧娟
刘　凯 陆　锐 罗　彬 骆志敏 邱泽坚 沈晓芬 谭伟盛 王　仁 吴　淮 吴　媚 鄢　露
杨文杰 杨宇斌 叶俊鸿 袁　也 张金龙 张　哲 章　海 赵水清 郑惠哲 周鹏威 蔡　昆
曾桂辉 曾志广 陈振晓 程　旭 邓　焱 杜婉琳 杜余昕 高　琴 郭亚勋 韩传家 黄健昂
黄科峰 黄森年 兰　浩 黎　俊 黎振达 李凡昌 李祺威 梁伟斌 林　赟 刘汉才 刘　洪
刘玉雷 刘志江 陆俊宇 吕海智 吕耀棠 钱　敏 石　泉 宋嗣博 孙乐平 万楚林 王雅平
吴晨静 伍兆恒 谢昭群 徐　浩 徐　烁 杨伟涛 杨　阳 姚　远 易　洋 尹浩锋 袁咏诗
张　明 周运权 朱　恺 庄远灿 庄子乔

电子与通信工程

包仁智 蔡少芝 蔡旭坤 曹文雄 陈汉成 陈佳豪 陈沛豪 陈祈宇 邓佳丽 邓腾飞 方　升
洪冬梅 胡　玮 黄书敏 黄　韬 黄仙海 黄烨霖 黄志建 赖汉华 黎李强 李高亮 李林荪
李毅辉 李振齐 梁　舒 梁烜彰 梁志韬 林跃龙 蔺丽钊 罗　材 罗　聪 吕　刚 吕智煊
梅　伦 宁秋燕 钱　龙 宋校曲 苏　丽 王亚楼 王泽众 韦炳田 温锦雄 巫小兰 吴冬夏
夏儒斐 谢清华 严　轲 姚欣欣 余佳杏 余颖娟 俞　政 袁东芝 詹皓粤 詹明俊 张莉婷
张　园 赵志成 郑少胤 郑晓旭 周华盛 周林斌 周永进 邹　波 关广东 黄中一 林俊男

孙振　吴凡　杨国明　段誉　黄毅　祁运　王冠恒　谢永红　严明喜　陈堆盛　陈健锋
邓飞　黄杰雄　金亚强　李锋　罗伟芳　石孟楠　石巍　谭云飞　王关政　王龙威　姚锦江
周欣

集成电路工程

何敏君　黄培裕　柯年杭　黎济铭　刘洪光　刘嘉　罗聪　苗鸿昊　汪庆　王超　吴建东
吴永科　杨建新　杨林　张津源　郑祥忠　周晓阳　朱翔宇　李泽祥　吴镜聪

控制工程

戴建芯　冯敬宇　郭兴龙　黄晓群　刘栋材　苏文斌　王秋阳　徐艳宾　詹国辉　赵垒　钟嘉伟
陈哲韩　方畅　刘军强　施涛　杨珺鹏　叶跃华　周俊　曾宝莹　曾俊皓　蓝浩　李德恒
林水泉　马强　王珏　吴苏如　徐新悦　袁智敏　陈超　陈盛闯　陈璇　成丰江　杜健
方冲　高照　何家恒　何梓扬　胡慧　黄博　黄婷　康忠润　兰玉兵　李泊林　李龙
梁智超　林茂杰　刘时宇　刘晓聪　刘扬开　刘雨曦　娄丹丹　罗达智　马鹤鸣　卿婷婷　邱恒伟
邱鑫威　屈新东　石潮　苏丽莉　苏天裕　苏文丹　孙称立　唐溯　王浩　王俊锋　王子辉
伍天阳　谢鹏程　徐晟　徐燕翔　闫行　余志强　张培颖　张燕雯　赵一丁　郑灿涛　郑镇城
周裕华　庄聪聪　邹艳霞

计算机技术

畅彤　陈怡恒　邓昶博　段良诚　何子平　贺航　胡坚才　胡贤　乐有贤　李帆欢　李经纬
李志瑞　梁慰乐　廖飞　林政　林梓越　卢建新　罗小江　马帅　马雅从　彭妙霞　彭伟华
施瀚翔　石雄雄　孙迪钢　汤武　魏新岸　温昂展　吴捷恒　谢仁杰　徐展良　张启华　张远驰
张展鸿　周高攀　周堪贞　朱合志　林杰文　肖杰　易先锋　陈伟晓　陈志添　程俊　丁乐
高崧　郭建志　胡旻　邹志财　黄校尧　黎绍武　李大森　李湛斌　廖秋雯　廖伟文　刘华东
刘继刚　罗芳　罗学贯　覃福钿　谭兆麟　唐柳术　王嘉欣　吴志雄　肖秀娟　谢羽霏　徐静
杨伟聪　喻金峰　张启　张晓娜　管宇男　何远生　黄伙贤　纪秋佳　李若鹏　李莹莹　刘华
刘新宇　农彩勤　皮思远　任思璇　肖雨佳　赵菁　钟佳琪　周奇　庄奕珊　欧阳志凡

软件工程

鲍克勇　曹峻许　曾凤华　陈汉龙　陈一　高驯　黄创杰　黄伟　黄伟燃　李健　李万军
李永华　李子健　刘海杰　刘嘉亮　骆金维　米秋香　区城玮　宋秉麟　宋胜东　王传鹏　王会岛
吴杰楚　萧永乐　杨建辉　叶毅廉　叶智铭　叶子安　易帆　郑灶旭　周子程　梁霁　曾译锋
陈燕葵　陈仪　黄春　黄秀美　黄志刚　雷运涛　黎俊男　李成炼　李凯　李巧敏　廖晓昱
刘强　麦丽妮　汪志军　王毅超　余春贵　张景奎　白玉龙　陈程　陈国强　陈航　陈诗云
陈树栋　陈长苁　丁东辉　高勤　何欣燕　蒋慧强　赖昌海　李扬　林跃宏　刘思源　刘屹
邱伟　田军浩　王文浩　谢梦蓓　徐杨　徐云朋　袁阳　张其龙　章凯　郑国飞　周一川
庄坚　慕容伟波

建筑与土木工程

曾冠锋　曾桑平　陈前谱　陈耀明　戴明恺　单宏祥　邓巧利　冯再望　何湘杰　贺张毅　洪勇
胡旭　胡旭　胡瑶　黄才茂　黄启燎　黄泽钦　江沈阳　孔维美　黎梓健　李程　李达
李劲珉　李兰武　李彤彤　李万军　李卫峰　梁俊辉　梁焰兴　林锴恩　林全攀　林榕　刘安琪
刘亨　刘练　刘凌菁　刘小伟　罗权　吕俊锋　马博康　马天颖　麦桂林　梅文楷　苏子威
唐雪君　王亮　王永琦　吴丕　吴文雯　吴焱　谢晓杰　熊学祥　许智艺　杨瑞意　杨洋
杨寅正　姚烁　张沛林　张奇　赵瑞　郑华堂　郑雄清　周宇骏　朱传聪　卓见　林海珠
翁樟水　蔡丽拉　陈丹钿　陈路　陈兴　陈勇　董晓博　甘雨亭　郑超　郑诗圣　周楚鑫
何慧婷　黄钧钰　黄少强　贾剑虹　赖展龙　李京屹　李上潮　李文锋　李文豪　李雪　李永权

李振国 梁翠玲 梁志光 林铭潮 林宇欣 芦政阳 吕国栋 马琳 彭波 彭晋碧 彭伟强
彭武辉 宋健 王显华 吴家辉 吴永强 肖兰 谢燕生 徐双梅 徐晓明 许越 颜静霞
晏索炜 阳佳丁 阳亮 杨敏 叶琳远 叶玉嫦 于猛 袁灼光 张震 陈伟 胡忠豪
黄臣瑞 李向南 李志云 林朗 彭均阳 吴有华 欧阳浩俊

化学工程

高拓 郭敬 计强 刘辉 罗彦 史耀振 丁力 古银英 雷远志 李利宏 刘好欣
周艺 操原 曾一成 陈天翔 陈毅滨 凡宇 范美玲 冯贤达 龚美茹 郭海燕 何勇
贺成 胡佩 黄鹏 黄欣 李文养 李子宜 廖藤藤 林清 刘淳 刘冬青 刘小敏
刘亚萌 亓熙 汤冰雪 王彩 王盛文 王友长 王仲禹 温伟红 肖冬平 谢金刚 徐思婷
易波 游高雄 张晨 张东旭 张和 张金琦 张兰芝 张世一 赵媛媛 赵紫怡 周枫
周威 朱琦

轻工技术与工程

陈博儒 陈浩宏 陈霄 褚江勇 高大磊 郭陈锋 郝亚成 何世军 胡晓琛 廖建明 刘宝联
罗勇 吕毅东 马军 任盼玲 宋强 孙见良 陶紫 王佳佳 王雪 王智明 席永康
张成 张明明 张学稳 王斌 周杨 陈东霞 杜亮 贺政国 史志雄 张力
欧阳兰花

交通运输工程

陈杰 陈韬 丁燕飞 桂珂捷 胡方方 黄士桐 金招华 孔翎旭 雷焕宇 黎景壮 李江伟
梁昭德 梁中岚 林龙 林茂伟 刘新海 刘易家 龙哲竞 吕瑶璐 马美娜 邱莹 阮冠轩
苏冠宇 王鹏 肖雅惠 谢昳辰 鄢然 闫岑 尹诗德 张鑫 赵腾飞 周捡平 周楠楠
朱博雅 朱振杰 曾栋 陈永坚 冯婉珊 黄健新 李恩瀚 梁宇航 刘铖炜 罗肇剑 潘雷
秦立朝 邢欢 徐海宏 欧阳俊峰

安全工程

蔡斯迪 陈俊仰 陈楷佳 陈鹏 陈曦日 戴卓 丁大雷 蒋晓涛 黎志国 李春阳 李建隆
罗恩民 马从波 马德良 孙杰 唐鹰翔 王博 王鹏 王兆涛 翁明鑫 夏浩 周晓革
祝伟华 曹京 傅瑶 高帆 何远希 林乔禹 任程远 吴明仁 谢林 张燕云 陈兵耘
何勇 黄博伟 黄传飞 蒋晶晶 李昌霖 林喆柯 林振琦 刘仁杰 马群 王文通 王政
魏然 谢达杨 徐彪 张鹏 周洁

环境工程

卞雅慧 陈丽雅 冯伟明 龚玲婷 郝金蕾 姬保华 江荻 梁丽琨 林晓烽 卢妙 毛玉杰
谭雪云 王丰 王丽苹 王延龙 谢彬 袁琪 张君亚 张夏夏 甄梓豪 曾嘉伟 曾宇飞
刘玮婷 卢毅欣 陈文航 崔陪陪 董坤乾 阎春蕾 黄婷 李静 梁雅雅 刘倩钰 芦昱
马福臻 盛叶文 石田立 田雷 童晓雯 万辉 王凯 严静娜 尹富华 游霞 喻浪风
周营

生物医学工程

林国顺 孟铁豹 吴宇鹏 何佳鹏 李承炜 李隆佳 刘永超 宋建辉 孙璐瑶 韦路希

食品工程

蔡欢欢 曹静 陈嘉辉 程萌 董洲 黄华 李靖 李天琪 李一飞 林清娜 刘丰源
刘涛 尚帅明 盛周煌 孙任宽 谭熙钰 韦仕静 吴春莲 向雨珂 杨坤 叶瑞森 于培玲
张欢欢 张青 张桃 郑桂青 郑海云 郑晓洁 周艳 周永婧 邹颖 冯铭琴 胡晓飞
黎彩平 罗湛宏 韦建明

车辆工程

曾文豪 陈超 陈秋利 户晋文 李国峰 刘韩 刘开 刘兰馨 刘蒙蒙 马强 孟宪霖

皮志刚 汪家龙 王立臣 徐邦仕 徐 谱 许顺凯 颜 贤 杨洪刚 杨先锋 杨泽彪 余 蒙
郑文杰 钟伟楠 钟耀文 何 鹏 卢铁敏 卜运红 陈文宝 何永溢 黄晓珊 赖钜华 雷治亮
李传健 邱雪君 苏思诺 谢曙芝 邹家远 陈政和 韩联进 凌诗韵 柳炽伟 王明亮
胡肖琬玥

工业工程

李 桦 廖景洁 刘 畅 刘霞军 钱春建 阮永辉 覃国坚 陈嘉扬 关俊佳 官军明 姜 柯
李日辉 李小康 梁丽丽 刘节亮 刘 霄 孙宝莉 万晓敏 王诗萌 谢 苗 张华炼 赵兰森
钟德清 周慧明 周玲玲 何舜琪 潘锐滔

工业设计工程

曾镇文 陈 畅 陈国彪 陈诺言 董小利 洪小蕾 刘冀湘 刘 娜 卢赤诚 罗珊珊 罗星宇
马 羚 邱松芹 唐亚玲 王亚琦 吴章鸿 闫祯杰 张继涛 张腾飞 张仰秀 赵 然 朱静静

生物工程

曾玉琳 陈敏威 董文超 冯朝朝 胡肖怡 李 玲 李业成 林毅英 孙胜利 涂泽敏 王勇军
吴芳燕 周 楠 邹 卉 艾军文 陈 莉 梁 颜 汤健胜 王星凯 熊春燕 袁剑颖 霍碧桃
李立晶 林忠晓 刘小敏 项海涛 杨振军 祝中一 蔡义文 党通州 段梦洁 葛玉萍 黄海军
江 月 蓝碧锋 李 娟 李玲芳 李雪晴 梁若楠 林木飞 刘碧湘 刘凤玲 刘汉奎 刘 峥
彭冬秀 唐明晓 王 框 徐晓敏 钟宏彬

项目管理

白 玲 陈冠军 陈立鹏 陈韶飞 陈舒政 陈毅波 陈卓颖 何颖怡 黄秋诗 黄韶芳 贾静仪
刘 涛 彭 杰 邵土贤 王 晶 王 源 谢龙光 谢钊桓 徐 乐 徐钦炜 张丹炜 张立雄
张丽萍 张中元 赵微微 钟思思 曾庆奕 陈嘉威 陈建博 陈开柏 陈丽施 陈良哲 陈美芩
庄泳林 陈春花 陈 文 陈文雯 陈现龙 陈晓亮 程 旸 邓 亮 符仁义 郭 芬 郭蕾锐
郭笑天 何 波 何明全 何 韬 何影阳 侯秀颖 胡 涛 胡伟健 黄慧群 黄展正 金 璐
赖子波 李 丹 李独秀 李华隆 李建军 李金徽 李凌文 李维志 李吴达 李业亭 李莹莹
李 泽 梁志峰 廖营基 林 木 林欣荣 刘继源 刘坤辉 刘雨诚 刘云辉 刘智强 龙家乐
罗慧聪 罗嘉明 马 继 马 丽 孟巾莎 潘 兰 潘文钦 蒲红斌 秦嘉胜 申金金 孙景琦
谭国欢 唐 珂 陶忠晖 汪家爽 王 波 王钧召 王胜男 王添行 王晓磊 王兴方 温明亮
吴达萍 吴俊越 吴 凯 吴武林 吴 哲 吴忠超 伍绍秋 谢耀彬 许春云 杨德轩 杨云香
姚世银 叶俊文 于 浩 余华梅 余 韬 遇 亭 张 凤 张俊峰 张敏敏 张 琦 张文棋
张一戈 张永红 赵永强 赵志刚 甄 鹏 郑天然 郑玮琳 钟 倩 周 璐 周启智 朱幸杏

物流工程

蓝 远 林恩德 刘 威 李雪婷 杨本立 车国彩 陈 万 陈 伟 何健钊 胡庚发 黄嘉祺
黄 劲 李紫昌 廖志伟 林 键 刘承子 卢俊利 罗新科 彭丽萍 赵雅兰 赵玉姣 汤梦婷
王 丹 王玲玲 王晓航 谢博英 郁 勇 张海唐 周 远 蔡从燕 梁 希 刘利锋 刘 洋
卢帅旗 戚 茜 区月华 杨 柳 翟 辉 张 琴

城市规划硕士

陈多多 陈淑菡 胡可可 刘逸芸 龙 晓 罗嘉伟 罗胤权 骆媛婷 马鑫鑫 佘亘晋 石少微
王秋婧 夏静婧 许永成 颜益辉 杨晓帆 张世君 张 晓 赵银涛 郑 坚

风景园林硕士

陈 思 陈晓宇 程 琢 郭健男 简 萍 李 勇 刘益微 罗咪咪 孙梦晨 杨 翼 张志超
梁健派 刘欣妍 邓毅成 郦诗原 向 婷 李茂喆 宁 洁 张夏怡

管理学硕士

管理科学与工程

MATUGORN LIMPANADUSADEE　NUANJAN TANPHATIKUN　TANATTARAT TAKURAKIAT
SADDAM FUAD HUSSEIN ALQADAMI　白　煜　蔡翠莹　曹　磊　陈蓓蓉　周玉林　舒振刚　唐　雨
陈会全　陈　洁　陈少杰　陈天歌　陈雪仪　程　茜　褚雁群　崔　寒　崔　蓉　邓思琪　关杏彬
侯　刚　黄小泳　江哲愚　姜　琳　蒋　浩　蒋巧文　金子杰　柯心蕊　李　晶　李　君　李　兰
李晴琳　李　洲　林　瀚　林　焰　刘　荔　卢于欣　罗东生　罗诗慧　吕　婷　莫荔媛　欧　晨
钱　娇　宋佳佳　孙　婧　孙楠楠　王程远　王华岭　王雅婷　王　尧　吴槐雄　吴文玲　谢欣秀
杨　祺　叶倩琳　庾灿斌　詹时林　张凤武　张宁宁　张泽南　张振宇　赵艳敏　赵　燕　郑小欢
钟宝玉　周艳红

会计学

陈庆敏　高　月　李晓梦　彭索醒　孙秀利　谭　丽　陶羽华　余丽娜　翟永芳

企业管理

ALTYNAI SATAROVA　DANIEL ISRAILOV　DIANA ROCIO CASTANEDA SANCHEZ　LIYU ZHAO
MARIA MUKHINA　VORACHIT SITHAVONG　HANNA KIM　SETTAWOOT SUTHIKUNKARN　高铭悦
高　琰　桂林玲　黄如意　黄婉玲　黄智强　黄紫薇　金永越　黎子森　李炳希　李洪发　李巧敏
林　荣　林艺晖　林越颖　林志杰　刘　洁　刘金平　刘璇冰　刘莹莹　柳亚专　卢周伟　陆诗夏
罗淏元　罗　晶　门晓会　潘阁阁　盘　颖　盛　勇　施英仁　田安冬　王梦涵　王琦馨　王亚丹
吴雨亭　伍健华　夏家弯　夏秀云　姚　聪　张剑英　张　兰　张胜君　张宇彤　郑杨柳　钟　慧
周杰彬　周　斓　崔小雨　樊梦莎　冯鹤鸣　付斯洋

旅游管理

陈晓琪　陈渊博　胡兰双　姜晓培　李玉芬　林丽清　刘瑞霞　刘婷婷　王韵迪　周　旋　刘朝阳

教育经济与管理

孙行臻　许少卓

技术经济及管理

陈颖欣　程　巧　胡志云　江志鹏　李舒容　李　扬　刘文杰　宋　丽　王诗卉　王小燕　温梦源
杨艳君　张威然

行政管理

LY THI OANH　MOOTJALIN TANGLAKDEE　车德昌　陈　绩　陈　婷　陈贤亮　陈　醉　邓新勇
杜菲菲　高彦彪　关飞洲　郭　璨　郭婉玲　黄业展　黄怡茵　孔云茹　李嘉嘉　李雅婷　廖梦玲
罗　艺　欧阳琦　潘　泠　潘振赛　商椏维　石泽润　史前进　史懿吉　孙　赫　涂　静　王　辉
吴　际　吴祖昱　杨清谦　叶　珊　于　超　张年宽　周挺之　田佳琪

社会保障

刘怡辰　梅雪恒　谭影波　吴桂玲　宗　洁

土地资源管理

李　丹　农殷璇　杨倩楠　庾　峥

工商管理硕士

NOOR ABDIRIZAQ ADAN　ADU KOFI FRIMPONG　AHMAD FIRDAUS BIN ARIFIN
AIZAT ISAMATOVA　AKTER MAMTAJ　ALAPAEVA ASEL
ASHOK CHAND　BADALOV HUSEYN　BEKELE YEWUBDAR GIRMA
DINH NGOC THANH　DISSANAYAKE NETHMA YASARA

FODOR GABOR SZABOLCS　FORKSANTIAH THITI　HATSADY PHONEPASEUTH
INTHAVONG SENGDAO　KATO JOANES CLEOPHAS　KHAT PROMSOPHEAKTRA
LE THI HANG　MWAKALOBO IPYANA　NASILELE SIMASIKU
NAWID AHMAD JAILANI　PHANGTHAVONG VANLAKHONE
PHYOE ZAR MAUNG　RAJENDRA DULAL　SENGBANDITH KHINNITHUCK
SIDDIKOVA MARGUBA　SIEN SOPHEAK　SUKHBAATAR ERDENE
TIRUWORK MEKURIAW KELKAY　XAIVOUTH BOUNCHANH　ZAW LINN OO　蔡德超　蔡锦鹏
蔡秋璇　蔡荣耀　曾健洲　柴勇　陈俊辉　陈俊锐　陈新宇　陈雪娇　陈彦　陈哲羽　迟文嘉
邓成文　邓觊骥　邓凯升　丁建　董超雄　范道霞　方衔　冯逸诗　傅金丹　富宇　高继军
巩虔　关志辉　郭捧捧　郭允臻　韩学彬　何慧妍　何锦明　何俐辉　何媚　洪琳　胡逢明
胡蓉　黄疆　黄杰　黄洁丽　黄林生　黄千珊　黄睿　黄少平　黄婷婷　黄颖清　黄政
姜君　姜茜　康经楚　孔燕婷　孔奕　赖光杰　赖文龙　赖铮耀　劳文波　李冲　李国庆
李建华　李明烨　李婷婷　李文晋　李小庆　李新艺　李星　利颂东　梁宏　梁水新　梁晓华
林子皓　刘聃　刘鹤　刘佳　刘剑钊　刘丽娜　刘婷　刘彦　刘洋　卢泽华　马昌松
马亚丽　茆羽　孟凯　彭康铭　彭霞　秦海涛　施亚洲　石瑜　唐婧　汪晓琦　王慧
王菁　王丽芳　王利波　王明国　王鹏凯　王盛勇　王同新　王文雄　王子嘉　韦韩　魏伟
魏尤海　温永向　吴高　吴会廷　吴晶　吴细斌　吴彦斌　夏鹏　肖伟豪　熊莎莉　徐悦赞
闫超敏　颜成刚　杨博　杨莎　杨卫明　杨小环　杨学彬　杨雪倩　姚沛捷　叶冰雪　易飞
袁瑜媚　占鑫华　张家群　张倩　张庆杉　张绍卿　张伟　张显星　张哲维　张珍　张志威
赵静轩　赵运先　钟学勇　周波　周宏龙　周品含　周炜　周弦　朱俊　陈胜城　黄维军
孔凌霞　林艾芳　骆波　钟健辉　陈贤政　邓志文　辜永恒　何秋芳　梁舒云　乔馨仪　王海光
吴越　谢博　杨帆　赵传统　朱仕明　彭湘勇　谭阳晖

公共管理硕士

敖爱玲　白一　包蕾　蔡荣凯　曹琬茜　曾怡瑾　陈柏欣　陈静　陈军胜　陈术创　陈伟
陈伟智　陈文斌　陈晓云　陈学娟　陈月　陈芸　陈珍　成岩　董川渝　杜峰杰　杜玉辉
范云倩　方夏　郭建飞　郭晴慧　郭湘楠　韩旭　何秋燕　何奕忠　贺秋炎　侯利　胡湘雯
胡志辉　黄碧滢　黄晨　黄晖平　黄嘉诚　黄琳　黄文君　黄雯波　黄奕　简永舜　蒋小波
靳斌　柯璧琦　柯劲　赖丽芳　赖友新　雷伟强　黎晴　李飞球　李佳　李力颖　李利兵
李林聪　李苗苗　李思弘　李涛　李腾　李文杰　李晓娇　李云　李哲子　李子宁　梁春泉
梁开发　梁舜　梁瑜珊　梁云　林帆　林芳洁　林菁青　林敏佳　林绮雯　林泽萍　刘冲
刘根才　刘鹏　刘夏子　刘絮　刘勇　卢俊龙　陆兴翘　陆应球　罗小聪　马文琪　马一鸣
麦荣灿　苗姿　欧洪彬　欧瑾瑜　欧俊　欧千帆　欧阳华　彭立峰　邱慧君　邱俊　饶卫斌
任帅英　阮湛洋　沈坤　沈琴　施鉴芝　宋飞　谭晶晶　谭漪凡　汤奕允　唐珏　涂顺龙
王宝欣　王丹阳　王欢　王建华　王晓光　王晓璇　翁嘉源　吴瀚　吴彤　肖国俊　谢春华
谢丽红　谢致君　徐文涛　徐莹　许健逵　杨静凯　杨坤钢　杨龙　杨胜强　杨雯哲　杨勇
姚木奎　叶倪彤　尹健胜　游罗杨　余佳璠　余洁　袁慧　张剑　张韧　张婷　张伟津
张学玲　张裕平　张智敏　郑晨宇　郑洁　钟家华　钟晓东　周崇嘉　周彦健　朱倩　朱奕炜
朱振文　庄若涵　邹巨涛　邹露明　安智巧　蔡敏生　曹云斌　曾骅　曾晓毅　陈达伟　陈广浩
招俊良　郑子辉　周多　崔巧英　黄振宇　晋松　赖绚丽　李博琛　李奋　李俊鸽　李崧
李晓莉　林东香　林劲辉　林劭韵　林文展　刘耿明　罗春红　罗钧豫　吕开楠　吕坤刚　吕美玲
谭观连　肖俊华　肖倩　许铭悦　易嘉宁　张黛　周穗云

会计硕士

蔡钰娜　曾劼宁　昌颜利　陈珏安　陈蕾　程高艳　傅斯璐　高雅　韩芳芳　韩添锦　何晓莎

何子君 黄捷苑 黄芷琳 李京京 李逸翔 栗梓操 梁佩珊 凌文玲 刘美琴 刘亚君 吕静妮
孟 睿 潘建毅 彭艳咪 皮金花 邱永旺 阮淇馨 邵 敏 汤晨妮 唐 蕾 万 子 王 娟
王俊盛 王 潜 王诗萌 王 贤 王志强 吴佳琳 伍 钰 夏敏峰 肖 婵 谢蔼莹 熊 亮
徐 沙 颜嘉泽 杨 溯 杨腾香 杨志锋 姚 瑶 于晓彤 俞旭芬 袁学玲 张倍瑜 张继强
赵力学 赵思慧 郑璟菁 郑艳红 钟浩清 周键豪 邹紫微 郭小曼

工程管理硕士

曾 政 段长春 梁邦炎 林凯勇 麦盛江 潘 炜 谭志坚 温 俊 肖智仁 杨 楠 余志鹏
张忠桀 陈靖谊 陈秋华 冯建林 冯健璋 韩 淳 雷雅玲 李松莲 周 旻 周祖禹 王 勃
王纪辉 王 杨 肖 宁 谢家意 徐毅峰 姚瑞哲 于宗虹 张星星

艺术学硕士

音乐与舞蹈学

陈倩君 葛韵韵 梁懿琦 刘晓晖 邱 玥 滕海峰 王 艾 王 睿 肖惠嘉 易竹春 岳技博
上官曼曼

设计学

陈高森 景梦奇 李幸忆 梁才贵 刘雨玲 吕家洁 庞启玲 盛 康 谭 博 谢盼盼 薛 毅
杨玉玲 周 婧 朱 琳

艺术硕士

音乐

陈焕然 方煜煌 郭佳颖 孟 盈 袁闻舞 张 婵 周梦雨

美术

陈羽佳 李冠樱 王在轩 吴东东 张蔚青 彭 亮 王桂花

艺术设计

冯吕华阳 李 乾 裴 芩 彭金红 谢欣仪 尹 婕 张 潇 仲济滢

高级管理人员工商管理硕士

曾 义 陈楚洪 陈卫东 陈展文 邓 飚 邓 翔 董建志 方廷余 甘普华 龚湘毅 何 滨
黄伟杰 黄伟康 黄毓祥 江国民 蒋 超 康 鸿 雷如松 雷 兴 李琳涛 李 宁 梁 娜
廖国成 林 勇 刘 哲 罗碧霞 吕贻强 莫浩文 倪炜亮 欧 鹏 彭忠泉 邱俊锋 全任茂
阙开富 阮 强 沈叶明 沈 越 宋 航 孙阳光 孙 愈 谭锦波 谭 科 涂伟根 屠 欣
王金辉 王 平 王穗青 王伟民 韦 杰 吴永斌 冼山凯 谢维波 谢志国 徐伟彪 晏培华
杨 红 杨晓江 袁平清 张 恒 郑冠华 周德耀 朱 玥 陈 德 文 双 蔡树斌 蔡穗有
蔡振宇 蔡 震 曾颖健 曾 智 陈 环 张远新 周 岚 周 勤 孙建军 许洪彦 张承伟
陈金辉 陈钦涌 陈毅峰 成国新 褚 波 丁少艳 董 松 冯俊青 高 坤 高新文 胡 俊
胡毅蓉 黄丽琴 黄茂慧 贾世萍 蒋益树 康智勇 李保民 李 亮 李信波 梁少聪 廖建峰
林礼君 林小玲 刘珊红 刘正强 龙 洲 陆金燕 罗 颜 苗新民 彭初霞 亓 鑫 秦绍勇
邵 晨 苏绍鉴 檀琳琳 唐青涛 万智钢 王 丹 王建兵 王剑飞 王少维 王新仁 王旭东
王艳优 温健建 吴 浩 吴伟江 吴智华 夏燕玲 肖化楚 谢 琦 徐向军 徐有富 许 锐
杨 洪 杨林森 杨明杰 叶海滨 张剑锋 张伦琼 张琪晖 张伟明

2018 届同等学力硕士学位获得者

经济学硕士

国民经济学

程　曦

金融学

郭　琳　任思敏　吴丽卉　邓世和　韩鲜维　贾　楠　梁振宇　林任祥　吴　凡　郑　俊

产业经济学

庄俊明

法学硕士

民商法学

刘海莲　刘秀娟　梅文风　张　傲　张　晶　张团委

管理学硕士

管理科学与工程

刘雪洁　彭锦永　秦巧珍　喻明晰　严福荣

会计学

吴韵思　洪丽珍

企业管理

蔡维博　曹　璞　何　悦　黄文焘　李新宇　林玉棠　邱　斌　全宇平　沈　瑶　苏秋燕　徐康文
严晓桦　叶海燕　于文洁　赵悦含　郑家杰　钟得珲　钟柳菁　钟　鸣　周丽冰　朱　会　陈园婧
赖　冰　李　蕙　刘春燕　何靖雯　黄佳娟　林大盛　王颖颖　张颂兴　张炜玲　周秋余　魏建勋

技术经济及管理

郭大忠　刘　姣　陆启明　杨晓杰　赵莎莎

2018 届全日制本科毕业生名单（含结业生）

机械与汽车工程学院

陈伟　高刚　姜荔　雷开　李红　李洁　李鹏　庞敬　秦臻　王壮　王萱
许婷　杨东　杨帆　余昆　詹旭　张波　张杨　郑威　郑重　周斌　邹捷
曹凯　段野　龚浩　李焜　李浩　李欢　陶垒　肖畅　徐升　陈豪　楚乔
邓剑　邓澍　高杰　茹科　王凯　韦创　陈磊　陈卓　陈鑫　胡洋　黄禹
李博　李裕　梁凯　吕波　王超　吴柯　吴松　徐磊　杨雷　于昊　张淳

张越 赵军 郑晓 陈熹 海云 刘萃 马迪 邱敏 孙平 万洁 谢波
于虎 周胤 周婷 刘雄 王华 吴懿 武波 高琦 郭康 彭涛 沈晨
孙斐 薛伟 杨豪 钟鋆 陈铭 郝强 黄烨 黄钺 景伟 蓝睿 刘萌
马欣 宁聪 沈浩 王程 吴桐 谢璟 谢恩 杨峰 杨萌 杨芯 叶佳
岳凡 张帆 张浩 张旗 张瑜 谌俊 方效 林沂 王锦 杨生 陈伊
陈楠 黄波 李恒 邵帅 鲜婷 金鸿 金林 王予 蔡中智 陈炳喆 陈狄钊
陈汉伟 陈家恩 陈其民 陈思恒 陈毅铭 陈子健 崔文馨 邓耀斌 段英健 方良标 房安霖
郭浩亮 何晓妍 何雨珂 胡海鹏 胡宇虹 黄基祚 黄天宇 黄梓田 黄焯胜 姜博伟 康中强
康子煜 匡鸣宇 赖鸿轩 赖逸颖 蓝海林 雷勇新 李国峰 李康伟 李仕文 李洋洲 李远财
李泽民 李卓豪 梁立定 梁依帆 廖俊杰 廖庆锋 林凯东 刘若韬 刘有为 刘志豪 柳臣明
罗培涛 罗佩瑶 马宇昕 麦靖明 庞小龙 秦文韬 邵芍华 苏凌丰 苏晓晴 汪曦祥 王锐健
王心铠 王泽钧 吴迪朗 吴郭烽 吴国权 吴昆昇 吴文浩 伍浩然 严盛豪 杨佳鑫 杨建辉
杨隆源 杨振南 尹民博 尹灼轩 俞方俊 曾繁铿 张锦辉 张群明 张伟楠 张啸剑 张志康
赵振东 甄肇麟 郑增光 钟启明 钟章第 周旖晨 朱弘基 朱坤财 邹先进 陈嘉颢 艾振东
曹健豪 范庭望 傅钊恒 郭泽辉 黄双鹏 惠显鹏 蒋祥全 林镇耿 刘东阳 刘李嘉 刘林青
罗勇军 石文隆 吴培杰 谢强平 谢振泉 余林峰 张玖慧 张启迪 赵启霖 郑先岐 周潘潘
邹永健 蔡晓军 陈逸维 陈宇林 邓青松 方雪儒 冯达聪 郭飞龙 黄勇超 孔令聪 兰旭恒
李东阳 李显超 林棱坚 罗子仁 汤锐辉 俞国勋 袁思成 张国锋 张智敏 闫春芳 暴比达
贝泾浩 蔡春霞 蔡汝懋 蔡自成 陈焕良 陈黄冬 陈泽瑞 陈辙涵 陈梓超 程仁杰 代金坤
邓善明 范启伟 冯秉潜 冯谦琅 关杰鸿 郭浩帆 何宝添 何镇林 黄炳筠 黄宏滔 黄浚峰
黄宇川 蒋金华 匡宾乐 李金江 李伟健 李文宇 李远政 梁飞龙 梁明睿 梁世宁 廖健培
林楚键 刘冬新 刘南星 刘润泽 刘彦华 刘玉运 刘琪玥 隆书亭 卢若皓 陆奕辰 罗鹏程
麦港文 毛志远 朴烽源 任思学 孙宜勤 谭浩良 谭维冠 谭展艺 谭子懿 唐宗祥 王桂南
王义铭 王原子 王泽寒 王志彬 魏晓良 文浩彬 翁楚滨 吴观平 吴祖仲 徐前龙 徐思颖
徐维桢 徐一畯 杨培权 叶学麟 曾柏鸿 张文斌 张子杰 赵庆平 郑健伟 郑益谦 郑永基
周国飞 周智豪 纵开华 左志秋 颜怀堃 褚略超 曹秀阳 曹泽鹏 陈安琪 冯神影 关智豪
黄洁军 黄展毅 李恩亮 李一川 李一鸣 李楠平 梁浩庭 林鸿锭 林明熙 龙杰勇 陆文皓
罗贤芬 罗子璇 牛得汀 宋存江 谭春灿 王积磊 王雅婷 韦双六 吴云飞 杨颖仪 张屹东
张泽旭 周宇泽 朱俊凯 邹志豪 陈锦琛 陈禹昆 陈籽丞 程韬潜 代龙云 郭建修 李增芳
李子杨 刘宏俊 刘晓雯 卢云圣 马晓竹 谭巧蔚 吴立宇 谢玉洁 徐睿晗 杨建勋 岳艳艳
詹强坤 张学峰 赵雅文 蔡梦琦 柴博恩 陈沂峰 冯泽锋 龚瑾洁 关慧渝 何张平 江金旺
李春海 李伟民 李育萍 李志坚 林泽南 刘俊潇 刘昕睿 涂长征 王天星 吴宣霆 吴亚妮
谢延旭 严明保 姚全仁 曾昭明 张宗仪 周智轩 邹开平 蔡朝鹏 曹旭阳 陈纯浩 陈宏涛
陈焕球 陈锦辉 陈钦诚 陈永城 陈泽键 陈卓伟 邓迪流 丁广全 杜良杰 杜凌皓 杜增烽
高泽铭 郭泽炫 郭怡波 何润森 何耀强 何一明 何志鹏 贺悦茂 胡世宇 黄城坤 黄峰庆
黄逢桐 黄鸿彬 霍思毅 纪禹操 姜俊杰 鞠习可 康文权 赖松锐 雷嘉铭 李坚权 李健生
李江其 李界界 李帅鹏 李伟祥 李文琪 李叶辉 李宇航 李豫龙 李子熙 连庆辉 梁浩阳
梁晓莹 梁铸强 梁子轩 廖才磊 廖嘉豪 廖中源 林国欢 林坤键 刘庚辛 刘海泓 刘希婷
刘兴松 刘雄敏 吕程群 罗福雄 罗进昕 骆文宾 马赐文 马宇鹏 梅小康 彭俊孜 彭乔忠
彭小洲 曲希帅 山昆飞 唐海帆 唐嘉健 唐瑞杰 唐子遨 唐邕涛 田泽麒 王灿烨 王嘉玺
王靖威 王蓬勃 王钟毓 王卓然 魏浚宏 魏伟和 吴凌峰 吴鹏弟 吴逸飞 吴淇森 肖海飞
肖鑫鸿 谢晓东 徐德健 徐开明 许柏晟 薛朝阳 杨辅标 杨金水 杨日昇 杨世凡 杨天一
杨皓童 姚侠楠 叶长坤 易雪松 游双龙 曾鸿亮 曾坚盛 曾立志 曾艺思 张华才 张佳豪

张建亮 张敬朋 张千逸 张与鹏 赵晨旭 郑少彬 周豪豪 周俊杰 周顺龙 朱元韬 庄庭达
庄梓译 曹子恒 陈志培 陈钊杰 陈铮锴 崔良钾 范林枫 方贵诗 何勇威 黄盛和 黄梓鹏
黎日升 李诗成 李向东 李子城 梁兴湖 林裕旺 罗相逸 吴伟涛 吴宗正 徐海辰 徐章越
薛程雄 杨智烨 袁泽文 曾文兴 郑锋泽 周南昕 范东强 黄泽楠 姜越洋 蓝启航 雷国豪
李伟锋 李愈坤 梁海英 梁家乐 刘自立 罗丽萍 骆明柱 盘宇洋 沈柏涵 王芷咏 杨智聪
张海培 周思勤 祖帅飞 冼君琳 覃东晓 陈汉造 陈子钊 陈锴彬 崔延鑫 郭奥铟 黄雄荣
赖林生 黎应豪 梁俊文 林金帆 刘清彬 毛广扬 潘保有 邵琰杰 王业平 翁昌威 徐沛悬
叶光照 曾得志 郑少武 钟凯帆 司徒华杰 林廖鹏程 邓张一照 阿不都拉·热合曼
热依拉·艾比布力

建筑学院

陈伟 陈仲 贾姗 林宇 邱璜 王妍 徐妍 杨乙 于点 张帆 栾璞
陈燊 郭仲 沈薇 徐敏 陈韵 方素 洪超 黄思 黄婉 解丹 景旭
刘祺 唐璇 王彬 王桑 姚翥 叶磊 余韬 张涵 张晴 张宇 蔡俊杰
陈丹彤 陈立驰 陈沛健 陈汝霜 陈彦杰 陈兆凯 陈卓伟 陈昕玮 丁春雨 葛立曦 郭焕金
黄静怡 黄永贤 回雪静 李家琦 李彦博 李振豪 李晟霖 梁瑾晗 林焯炜 刘雪冬 卢培骏
莫海彤 倪小弋 邱彦琦 邱弋璇 沈睿熙 苏荣强 苏章娜 孙先甫 汪雪纯 魏文翰 伍敏安
谢光源 邢维逸 叶东豪 殷佳婧 章梦诗 张宏滨 张嘉铭 赵伟杰 郑涵頔 郑太善 钟碧珠
钟浩明 周一慧 周曦明 左凯迪 逄浩廷 曹君宇 陈鹏任 陈舒熳 范逸轩 胡美芳 江伟恺
柯志宏 李健祺 李泉江 梁杰麟 林思俊 林倩雯 刘雨乔 罗嘉宇 王逸慧 吴嘉俊 吴雨桐
夏丽莎 徐庆华 许植桐 杨晨辉 叶佳林 张佳馨 张宛馨 赵丽洁 赵芯妍 郑少志 邹子意
白友诚 蔡璐阳 陈子恩 戴方舟 代雨彤 邓绍斌 邓文帝 邓逸凡 董小晖 董曜玮 杜嘉雯
傅弈佳 何佳达 何沛文 胡功博 胡沁欢 黄俊捷 黄丽丹 黄淑清 计日程 姜林成 李剑萍
李蕊汐 李诗瑶 李天健 李文卿 廖岳骏 林若焜 林仕哲 林晓民 林逸风 刘海威 刘瑞珺
刘思妍 刘心悦 刘泽鑫 刘馨予 刘睿杰 龙华波 楼忻奕 彭天奕 邱伟鑫 任美臻 沙龙翔
沈康丽 施倩妮 宋宇翔 唐谷雨 唐瑞阳 田皓元 王杰立 王明阳 王晴怡 魏子悦 温舒婷
吴嗣铭 武梦宇 相树远 肖家琪 徐赫言 许嘉豪 许明锐 许任清 许轩仪 许哲嘉 许媛媛
杨小凡 姚俊伟 应秉佐 曾哲笙 张烘溢 张锦玉 张梁铎 张韬奇 郑涛涛 郑晓燕 周俊儒
周瑶逸 晏鑫宇 胥珂珲 阿依古再力·阿克木

土木与交通学院

陈堃 何力 李晨 刘栋 章卓 周荣 曹正 刘畅 罗筱 彭颢 汪丽
吴蔚 夏雨 黄钦 林佳 刘成 姚雄 赵亮 郑佺 钟艺 陈晨 付骥
耿洁 蒋晗 沈斌 张杰 周伟 陈衡 冯琦 韩海 蒋健 尚曦 赵馨
陈振 程宇 崔威 戴亮 何俊 梁立 王雨 徐阅 杨阳 张超 蔡东
达娃 黄威 毛涛 孙浩 唐喆 王崴 谢彬 熊卓 杨浩 周李 黄奕
焦芳 刘元 卢卉 王涵 肖婧 张琦 蔡墅 雷颖 聂凯 苏延 谭钢
王毅 王哲 谢宇 熊媛 杨翊 李杨 王娅 张哲 陈健锋 陈育滨 刁智航
方健海 房佩轩 官闻达 郝裕祺 何祉栋 侯俊华 黄国忠 黄智可 黄钰航 李欢盛 李杨凯
连维越 梁冠超 梁俊杰 凌华明 卢朱玉 罗宇蕃 马泽志 麦裕灿 毛恩宇 彭秋斌 王杰聪
王景霄 王逊达 王怡苏 王梓颖 吴孝明 谢银镖 许冬辉 薛承沛 杨钰炜 叶子进 于楚弘
张立煌 张正与 周诗伟 周一帆 朱贵莹 朱朋辉 邓秋婉 傅洪伟 何慕贤 黄一铭 廖栋如
林启恒 吕佳颖 罗积银 庞崇浩 冉茂曦 宋文通 谭丰贤 肖林炜 曾紫宸 张迎佳 钟佳宏
庄缘源 安文苑 蔡冠榕 曹业伟 陈嘉雷 陈嘉鑫 陈思宇 陈远华 程赵德 丁刘辉 董冠鸿
葛文博 古晓天 郭思炫 黄洁纯 黄松兴 李冠霖 李哲渠 梁炳贤 梁浩铭 梁嘉裕 梁泰豪

刘小萌 刘宇婷 罗瑞鑫 任智杰 谭伟聪 王良鹏 韦舒杰 吴敬蔚 谢惠媚 杨钦晖 周植鹏
周志科 朱蕙絮 邹扬忠 曹斯茗 陈思亦 陈晓达 程子鹏 邓钦原 杜旌扬 葛程燊 郭天昭
胡海洋 黄若绵 蒋云鑫 李雨恒 李曦晖 梁慧明 刘家明 龙悦贝 陆玉雄 罗凯丹 马华清
庞章华 区俊锋 王淙琤 文敏郦 夏宁馨 杨向阳 杨蕤铜 张文强 钟素晓 覃少洒 边雅龙
陈淡贤 黄君伟 黄智凝 李浩祖 李俊贤 李帅斌 梁杰明 梁汝轩 卢昭明 罗福星 邵芷璇
孙浩伦 王泽楷 吴卓恒 谢雯慧 徐沛栋 张浩然 张宁泊 曹慧璇 陈百曦 陈思威 甘梓宏
郭侯佐 郭朱屹 黄昱昊 江少坤 江伟铵 黎凯宇 梁国立 龙天翔 罗翼锋 马平川 毛炜宁
倪昊楠 宋紫微 苏俊光 王博宇 王瑞轩 王自豪 吴智辉 许凯文 薛皓文 杨树森 杨越鹏
张博文 郑钰洁 陈海棠 陈家超 陈荣概 陈宗义 陈泓羽 方至昊 韩雨薇 何远威 侯文龙
姜晓天 康子凡 黎健平 黎江明 李务华 李一然 李颖聪 利立宇 林润发 林伟南 林宇涛
刘曼曼 卢思攀 罗应燔 毛亿峰 莫晚成 莫轶鸿 王博宇 王广益 肖耿锋 姚晓庆 余水灵
张昌辉 赵必康 郑灿安 郑纯玲 郑家豪 周可成 朱云鸿 覃鹤佳 郭鸣雷 胡碧霞 黄文耀
黄晓芬 纪安琪 靳博林 缪志豪 李淑贞 梁铭为 林垲航 刘玥舟 刘惠艳 马晓敏 彭绮琪
苏泊雅 文唯嘉 翁海玲 吴若青 武金晶 伍秀婷 杨心懿 易理昂 曾颖妍 钟丽娜 邹绮珊
褚海涛 蔡宏昊 蔡晓涛 陈文昌 邓小华 丁术鲜 杜秀丹 冯乃聪 冯润平 冯天奇 郭超海
郭俊辰 贺玉婷 洪煜南 黄春玮 黄凯林 黄若洋 黄琬晴 蓝煜明 黎堉杨 李东旭 李炯辉
李之吉 李绮玉 连铭宇 梁锦华 林健涛 林伟杰 刘伯达 刘华峰 刘健成 刘舒诣 刘思辰
刘文浩 刘晓旋 刘中欢 刘卓颖 陆胜辉 罗济杭 罗鑫源 莫淑贞 欧焕聪 欧子健 潘智航
邱智育 苏楚恒 苏嘉文 谭健成 唐永锋 唐紫鉴 王卉祺 王俊杰 王仁凯 吴莹莹 吴颖谦
谢伟胜 谢晓全 徐宁远 许泽佳 杨远杯 殷晓然 余传熙 余理超 余子维 张上元 张仰镛
赵茂伶 赵文俊 郑凯翔 郑松辉 郑振光 钟冠华 朱华豪 蔡晓明 陈立坤 邓海彬 方兴达
黄诗惠 黄赞轩 黄兆江 康清轲 李永东 林浩帆 刘柏龄 刘俊豪 卢健东 马铭骏 潘涵韬
孙堉鑫 唐梓棋 吴一贤 吴宇航 伍伟翰 肖诗豪 谢宇曦 徐世杨 严子威 叶振威 余得锐
张文博 冼健棠 欧阳潇湘 欧阳晖广 余戴君玥 嘎玛云旦 洛松尼玛

电力学院

白钰 陈戈 陈浩 陈秧 陈垣 陈滢 陈娴 刁扬 董昊 樊明 丰源
冯磊 冯艺 苟彬 郭野 韩银 洪慎 黄伟 蒋磊 黎宁 李坤 李响
林聪 林丹 林锐 卢操 卢星 罗璇 沈栋 施展 孙杰 孙洋 汪鑫
王超 王瑶 魏山 吴悔 夏涵 夏铭 肖莹 熊能 严言 杨虎 游渊
俞涵 张浩 张荣 张义 赵洳 郑昊 周宇 朱均 冯灿 郝鹏 刘畅
刘川 宋健 庄正 龚昊 荣超 王奖 徐涵 黄杰 郎兵 李流 刘欣
卢炯 王魁 吴昊 张璐 周毅 蔡朝圳 蔡仁旺 蔡雅琪 蔡元程 蔡泽鹏 曹春来
曹键滨 陈海涛 陈厚任 陈佳琳 陈佳择 陈健宁 陈锦涛 陈静川 陈淑霓 陈思瑞 陈婉婷
陈晓盛 陈泳锋 陈泽铭 陈昶儒 陈鑫全 程东鹏 戴超淇 邓东虹 丁大伟 丁世勇 丁彦恒
杜沛康 杜思奇 范官盛 范苏纯 范文心 方灿均 方健锋 方奕佳 冯贵勤 冯智毅 付新园
关冠华 关震东 管凌浩 郭俊昌 郭志宇 韩平骁 何晓彤 贺睿腾 洪裕涛 胡家健 胡凌云
黄楚源 黄韩填 黄浩斌 黄杰栋 黄晓明 黄弋珂 姜凌日 江里舟 江伟岸 江晓锋 蒋宗祺
赖克奇 赖柳坛 蓝超凡 兰雨潇 劳子弘 黎炳坤 黎大榆 黎浩庭 黎志瑞 李堉鋆 李方耀
李富春 李富盛 李广程 李海源 李豪璐 李嘉东 李良创 李明远 李培辉 李润鑫 李少杰
李思懿 李维豪 李维维 李文矛 李欣妍 李永尚 李远航 李运龙 李泽华 李紫微 李宗元
李锴源 梁高闻 梁官清 梁海镇 梁家辉 梁颖琪 梁作贤 林浩庆 林满豪 林堂正 林伟明
林忆昕 林映溪 林梓源 凌勇明 刘达贤 刘海欣 刘蔚盈 刘雨铮 刘泽扬 刘子庆 楼瑜赟
卢治霖 鲁峻良 陆进威 陆荣辉 陆展辉 罗惠丹 罗嘉林 罗梓聪 马创鑫 马郑明 苗瀚文

莫克镱 莫飔旻 宁东明 彭家荣 戚汇鑫 丘子岳 邱佳珊 邱茛智 任昶霖 阮立兴 申雨佳

沈楚生 沈英庭 萧志均 史学祎 宋育洋 苏子恒 苏梓豪 孙宇嫣 谭展鹏 唐管政 唐国庆

唐仲思 王达智 王加傲 王杰聪 王润鹏 王胜寒 王植槐 王鑫泉 魏碧桧 魏棉鑫 温富琅

温恒睿 温翁莹 文兆新 翁欣羽 吴柏森 吴洁璇 吴佩蓉 吴启鹏 吴卓伦 伍子剑 夏云睿

谢辉贤 徐华松 徐涛华 许建望 许经纬 许锐佳 许子嘉 严智凡 杨福焜 杨贵花 杨国康

杨浩宗 杨柠瑞 杨婉怡 杨宇航 杨悦勇 杨梓杰 杨昕陆 姚程文 姚蔚琳 姚永杰 姚子睿

叶文滔 于金雨 于俊杰 于晓晴 余宏晖 余宇轩 詹浩钦 张道路 张国兴 张龙威 张梦琪

张延生 张镇生 张子良 赵子豪 赵梓超 郑东阳 郑伟彬 钟丹婷 钟瑞彬 钟诗恩 周洁涛

周裕华 周子凯 周子钰 朱涵庭 朱翰鑫 朱惠玲 朱逸山 卓佩怡 卓映君 邹泽宇 佘天泽

谯霁昭 邝文俊 邝梓健 奚伟钦 陈稼茜 陈俊浩 冯敬铿 高一飞 巩子琦 何淑文 黄铁生

李光宇 陆倩岚 马俊杰 汤俊铭 王泽隆 吴震林 许永睿 于鸿昊 喻子彧 赵煜祺 郑志铭

朱柯宇 邹丽昌 蔡俊锋 蔡一鸣 陈付强 陈关锋 陈泽鑫 陈智豪 陈重辰 郭珊珊 何健明

黄锐斌 黄艺英 赖迪锦 李扶瑶 李中兴 李卓环 梁雅珺 林增健 刘立夫 吕宇桦 吕云飞

马旭聪 毛健琨 唐睿祺 王子石 肖傲阳 肖瑞超 谢小瑜 许亦冉 许育炼 张经纬 张景超

张景新 张文倩 张宇涵 赵绪时 郑锦良 陈华建 陈嘉乐 陈嘉衍 陈俊道 陈丽尧 陈亮宇

陈梦圆 陈勤飞 陈世楷 陈思如 陈伟坤 陈子翔 崔建昊 冯清影 龚泓宇 郭明轩 何林峰

侯子鑫 贾雄杰 蒋航航 赖琪峥 蓝茂蔚 李东亮 李复翔 李建恒 李宇夫 李卓林 梁宝耀

梁志辉 林伟江 林言泰 凌远盛 刘和逸 刘金松 刘泽樊 刘奕欣 龙嘉健 吕东尧 吕海燕

罗嘉奇 马春阳 宁业奔 彭成熙 彭远超 苏伟钊 孙牧川 唐芳芳 吴常皓 夏雨晴 肖志远

谢子杰 徐雪萍 杨湛锐 叶芷瑜 张超越 张德建 张东新 张丽珠 郑智峰 钟浥柳 朱丹丹

朱业铭 邬俊楠 窦满江

电子与信息学院

陈佳 陈敏 陈正 陈蕤 邓康 范洁 甘豪 管健 郝翊 黄韬 焦扬

康琦 蓝薇 黎鑫 李勏 梁豪 梁尧 林越 齐妙 邱铄 唐慧 汪洋

王晴 王恺 谢博 许可 薛吉 叶升 张明 张薇 植竞 周橦 安娜

李锐 宁聪 冉芹 王龙 王让 王瑞 王皓 杨逍 余钰 张淳 张航

张锟 黄君 吕喆 周颖 陈晓 翟昊 冯帅 胡江 李喆 李闯 李松

唐卓 万成 王川 吴悦 袁野 张硕 钟宁 薄少飞 贝伟强 毕伟康 蔡德利

蔡秦发 陈崇彦 陈东华 陈汉标 陈浩宏 陈浩文 陈佳蒙 陈静虹 陈启文 陈清睿 陈帅豪

陈威鹏 陈伟煌 陈向乐 陈裕鸿 陈增群 陈子威 陈宗保 陈奕毅 陈梓民 陈梓庆 崔东柱

邓立坚 邓诗雨 禤韵怡 杜栋坤 范雨菲 冯健明 高尔希 关伟权 郭家安 郭武斌 郭雨阳

何冠达 何雨阳 何志强 侯宏鸿 胡雄展 胡子琳 黄灿群 黄冠铰 黄浩群 黄坚荣 黄俊凯

黄茂蕊 黄三伟 黄祥茜 黄晓萍 黄忆君 黄愉贺 黄玉婷 黄芷枫 黄钰文 霍俊豪 江士尧

蓝伟滨 黎永坚 黎子杰 李斌叶 李嘉恒 李嘉瑜 李经纬 李久航 李培宁 李培锌 李思禹

李伟鹏 李伟业 李新鹏 李泽婷 李哲夫 梁家炎 梁露琪 梁佩雯 梁仕南 梁天保 廖泽杭

廖橹帆 廖皓琳 林晞棠 林立韬 林沛斐 林锐辉 林烁挺 林伟金 林幼娜 林泽填 林渲翔

刘浩帆 刘佳佳 刘金鑫 刘乃新 刘润泽 刘森标 刘天玥 刘宇钧 刘镇杰 刘梓熙 罗慈霞

罗家炜 罗晓东 罗晓亮 罗苑杏 马文鑫 马学东 苗田超 欧阳慧 欧炜滨 潘俊毅 裴欣月

彭子沣 乔海腾 孙瑞琪 谈裕锦 汤铭鸿 唐少逸 唐舟江 陶禹成 王宝华 王天皓 王伟然

王翔宇 吴敏意 吴廷霖 吴泽威 夏斯凡 肖俐彤 许纯燕 许桂仪 杨代辉 杨佳骆 杨棋钊

杨晓森 杨胤哲 阳明宏 姚晓敏 姚钰滢 叶茂辉 叶艺铿 于小涵 余海忠 余晓纯 余银萍

余泽琼 袁镜中 袁明义 曾德才 曾柃基 詹润泽 张丹丽 张莉莎 张宁远 张瑞君 郑静霞

郑康达 郑松才 郑小青 郑子瑶 钟钦伟 钟文超 周俊杰 周陆旺 周少基 周裕鸿 周紫茵

朱巧纯 朱智诚 邹睿明 佘嘉壕 鲍弘毅 蔡耿涛 柴光南 陈晓雪 戴土旺 邓锦灿 邓卓为
董庆州 冯浩翔 何伟龙 黄俊阳 黄林琦 李冰莹 李文俊 李永飞 李永佳 李宇威 利俊标
梁又凡 林炳如 林佳燕 林立明 刘堃钤 刘圆圆 刘泽平 罗朝辉 马雨汐 潘柏晓 唐佳鹏
唐元锟 王金龙 王林尧 王天玮 王怡凡 吴凯槟 向凯燃 谢云梦 余泽熙 张志杰 张圳畅
赵恒辉 赵艺璇 郑淇尹 周迅丞 周子键 朱远志 庄镇东 庄镇州 陈欣煌 黄美纯 黎宝柱
黎子仟 李翠雯 李如旁 林悦滔 刘佳文 沈学儒 杨镇川 曾泽楠 张海彬 张南堃 蔡家奇
陈怡婷 陈睿鹏 陈钊汶 邓子聪 杜海杰 付雯琪 甘建弘 甘泳机 郭德鑫 胡小东 金泽润
赖展晴 蓝英财 李键炜 李清华 李思敏 李裕昀 廖宣凯 廖奕松 林煜东 刘龙至 刘洋帆
马凯斌 苏梓鑫 王藩富 王刚飞 王孝牛 薛声银 颜琦锐 杨子涵 苑军见 张键驰 张静仁
钟楚杰 周仕超 朱湛宁 上官建文

材料科学与工程学院

陈逸 付威 高钦 黄安 姜峰 李彪 李颖 凌浩 罗超 麦钧 汪洋
王昌 王闯 王颖 杨江 余旭 张悦 陈昊 华珺 彭铸 杨琛 朱斌
陈琛 庞杰 郭鹏 黄容 纪翔 李婷 刘衎 罗浩 彭翔 王嘉 谢铭
熊菲 曾禹 张鑫 赵杰 赵清 冯旭 冯翊 李牧 廖敏 许可 许琦
袁东 蓝怿 唐悦 曾舒 蔡鸿 陈鋆 雷孟 雷敏 王庆 吴勇 谢宇
徐晟 杨剑 张帅 陈芳 陈瑶 陈晗 戴瑞 黄婕 罗曼 秦浩 蔡晓强
陈楚宏 陈基兆 陈嘉壕 陈鹏然 陈启威 陈思宇 陈晓婵 陈振江 陈梓鑫 崔尔佚 代迎康
单世洁 邓江健 封曦翔 甘展慧 贡子元 顾天一 何世杰 何雪峰 洪雨栋 黄世锋 黄仕文
黄雅琪 黄玉章 黄振强 孔晓磊 赖钰妍 黎家雄 黎宛婷 黎颖豪 黎鑫生 李关宇 李冠泽
李森浩 李伟培 李相仪 李业泓 李泽坤 梁嘉豪 梁秋敏 梁子烽 廖潇涵 林朝炀 林康岚
林敏刚 林水玉 林永强 刘滨滨 刘大柯 刘志鹏 芦麒任 陆海坤 罗鸿杰 罗慕全 毛天骄
苗士博 潘朗恒 盘荣中 彭嘉晖 饶曼乐 桑广德 盛叶明 苏慧桦 苏建洲 谭嘉雯 谭锦炎
王博涵 卫家熙 吴炳权 吴秋慧 吴晗鑫 谢竹韵 邢舒婷 熊健翔 徐弘灏 徐绍深 徐雪雁
许少漫 许寅发 严俊芳 杨志鹏 叶博韬 易冬林 于伊凡 余双舰 袁中润 曾冠霖 张可心
张齐丽 张淑慧 张伊雯 张泽升 赵焜宇 赵宇鑫 钟建文 钟绍信 钟梓元 周建达 朱狄铭
庄梦迪 冼晓欣 闵金飚 缪艳娟 陈家浩 陈伟杰 程朝益 代腾宇 邓深思 郭子真 何嘉俊
胡泽森 黄富瑶 黄润凯 黄盛德 梁启东 林永鑫 林早阳 刘义帆 龙方超 卢思欣 吕阳昌
罗礼犹 宁沛明 欧俭开 潘子俊 庞雅文 丘金光 谭永志 吴癸金 吴兴邦 许育侨 杨博睿
杨振粮 张钊泽 周镓杰 曹子琪 陈页骅 陈玉娴 陈柱恩 程建冰 方冯捷 冯宇淳 何嘉幸
洪诚琪 胡绮倩 黄漫钰 黄鹏飞 黄裕贤 梁辉艳 林晓彬 裴克全 施荣盛 唐鸿杰 吴乐耀
谢夏琳 谢子杰 张校士 张志煌 覃倩楣 陈严毅 陈智锐 陈锶畅 代俊峰 邓子钦 杜观昕
方嘉静 顾玮韬 郭晓萍 胡佳琪 黄梓铭 金玥昂 李日强 练镜扬 梁若繁 廖镇锋 刘杨彪
刘泳辉 罗至恒 罗智锟 毛理燕 彭慧欣 彭易凯 乔瑞龙 谭晓东 谭友豪 王晓宇 王媛婧
吴建辉 颜华君 杨永凯 余学舟 曾子欣 曾煜彬 张建旺 张乔宇 张书馨 张泽嘉 张征坤
郑志翔 朱金钟 孔得宇 彭子兴 唐浩然 邢晔彤 余粤锋 张伯儒 赵铎凯 郑昱林 周宇彬
陈欣衡 楚高杰 豆明星 杜星阳 何子聪 胡惠祥 胡家雄 黄天柏 李康捷 李维聪 刘立夫
刘苡宸 刘奕彤 毛宇晨 莫佛胜 钱永麟 冉合迎 宋柏宁 苏立亚 王启祥 温炜成 吴新林
吴雨鹏 许垂康 颜小华 张家维 陈家乐 陈建炜 陈心雅 衡璟轩 黄瑞怡 李海华 李妙姿
李牧云 李旭阳 李志航 李志均 梁依倩 刘家宏 刘松炜 刘维庚 刘鑫妍 潘薪宇 庞培元
齐俊毫 史沐杨 宋嘉良 宋乐凯 王晓杰 王妍璇 温诗雅 徐延港 杨紫琪 易佳霖 袁炜健
张巡天 张宗明 钟云肖 周沛沛 周尚雄 周文峰 邹培安 覃祉福 柴昕辰 陈晓佳 董子萱
高文鹏 郭锟忠 黄思琦 黄筱航 孔令茵 李晓莹 李云磊 梁敏铧 林晋贤 刘晓飞 陆柳颖

马春杰　毛福靖　彭红霞　谭晓君　王佳晨　王凯勇　辛敏轩　余积磊　张开帆　张宇杰　郑凌翔
彭杨子威　沙比拉·阿不都赛里木　木尼热海尼木·阿布力米

化学与化工学院

蔡琳　陈聪　程茜　戴博　郭浩　黄婧　雷鹏　林俊　刘恬　卢珊　罗欣
任远　邵帅　王薇　徐可　杨立　姚兰　郁哲　黄珑　李航　李强　马强
彭玲　谢全　谢优　杨佳　陈扬　陈宇　郭琛　黄悦　李栋　刘炽　刘昊
罗荻　马骏　孟杨　宋璐　汪杨　吴驰　杨旭　曾浩　张亮　张璐　朱昊
代雄　邓洁　方畅　蔡金　陈峰　郭欣　胡飞　金硕　鞠敏　李彤　刘栋
陆勋　潘毅　徐健　薛尧　张韧　郑航　朱丹　扆豪哲　蔡育铨　曹世海　陈聪怡
陈迪龙　陈基尧　陈嘉盛　陈嘉宇　陈军荣　陈美俊　陈伟程　陈晓翰　陈泽佳　陈钰瀚　戴宗屹
翟羽佳　丁倩欣　董超杰　樊晓彬　冯博洋　冯家成　冯婉仪　傅永铭　高振钧　郭灿鸿　郭悦成
何祎玮　何建宏　洪细鲁　胡成浪　黄纯西　黄梦蝶　黄子辉　赖剑锋　李慧静　李培轩　李晓杰
梁畋骞　梁俊杰　梁婉乔　廖禹纶　林焕强　林嘉玲　林铭钦　林盛帆　林思雯　林泽斯　刘宝林
刘冠宏　刘家俊　刘锐安　刘炎昌　刘泽珊　卢家照　卢文健　罗时栋　罗瑶兴　罗苑子　骆奇贤
磨晓虹　任美琪　孙思源　唐鸿轩　王飞迪　王文韬　王媛媛　王炜钰　卫子蓥　文露皎　吴跃生
吴昱璋　徐亚飞　杨文龙　叶芳芳　叶丽萍　尤锐雄　游尚柱　余思遥　余晓景　曾志超　詹俊华
张智杰　郑歆来　周波雄　朱国宁　陈昭丹　方晓燕　郭阳光　胡慧珺　柯展帆　李德保　彭诗蕴
商俊兵　沈华鑫　苏映霄　武恒仪　杨壮刚　袁素英　张文彬　张鑫宇　郑晓敏　冼钰怡　蔡国权
曹巧凤　曹炜桥　陈健超　陈杰思　陈可艳　陈淑琪　陈文杰　陈恺桁　陈锶静　单雪婷　管文康
郭伟聪　何润华　黄炳豪　黄承胜　黄光杰　黄铁真　黄晓凤　黄兴鹏　蒋国星　李非凡　李罗兰
李自扬　廖哲慧　卢云飞　马樱芷　邱雪莹　孙栋梁　汤锦辉　王焱宇　伍沃权　许晴媛　杨灿锐
杨蓉楠　杨荣康　杨亚平　杨泽兰　杨昊凡　余佩琪　詹伟腾　章慧平　张光锐　张凯旋　张明慧
钟定明　钟华鉴　庄倩愉　陈政廷　崔天华　戴之易　邓俊杰　关俊超　黄升流　黎凤欣　李穗敏
梁阳彬　梁倩楠　林子豪　刘子贤　罗惠彤　莫泽源　潘俞安　孙艺薇　于茂兴　蔡润锭　陈俊亦
陈逸明　陈奕名　邓宏基　冯锦新　冯雪清　郭健春　何俊橦　洪晓亮　胡靖敏　华晶琛　黄耿铭
黄江常　黄文杰　黄小虎　金若石　李凌杰　李明东　李逸谦　李泽宇　李中正　李璋怡　廖振程
林鸣欢　林宇润　林志炫　刘丽莹　龙树明　娄瀚文　卢栩健　吕义辉　马一秣　马玉杰　秦茄玲
丘穗祁　丘祥晖　邱锦丽　王佳丽　魏兴雄　温婉慧　翁玉荃　吴柏健　吴丹霞　吴晓欢　熊嘉鸣
杨泽凡　杨智杰　张亨特　张家荣　周丝雨　周裕民　朱郑婷　卓楷升　闵婷婷　艾买提·艾海提
索米杨子　依·哈生高娃　凯维塞尔·希艾力　娜菲沙·阿布都麦明　海力且木古力·艾得力司

轻工科学与工程学院

陈萍　高洁　高运　顾波　胡松　蒋皓　李悦　李鑫　刘源　刘鑫　陆锋
马涛　吴彬　肖鹏　杨婷　于全　曾玫　张洁　张猛　周静　字洪　刘琦
彭程　吴俊　杨懿　钟悦　佟彤　蔡丰键　蔡国徽　蔡剑雄　陈道卓　陈贵娴　陈义川
陈元昊　陈镇松　陈毓桐　冯锐恒　郭庆玲　韩彩屏　何嘉皓　何旭琳　黄谦羽　黄昊才　李冠豪
李冠辉　李锡欣　林婉纯　刘丁兰　蒙华星　庞国新　丘鑫财　容仲仪　宋易霖　孙菁菁　唐国威
汪纪文　王太平　王尧尧　文执成　谢宇坤　许智诚　杨亚东　于朝阳　张礼慧　赵鸿宇　郑景元
覃芳怡　陈思泽　邓皓月　古美玲　金旭宸　柯庭煊　李何研　刘嘉恩　刘玉豪　刘梓安　罗元超
邱舒婷　史子正　王锴钊　卫晓勇　吴锡鹏　杨珂昕　姚熙朗　张文阳　钟智霖　朱紫嫣
杨若梦真

食品科学与工程学院

蔡洁　曹婷　曹睿　陈云　陈玮　管慧　韩育　李瑞　林琪　马静　彭婕

王涉 危萌 俞雪 郑晴 陈涌 黄纯 黄晓 李博 李望 刘靖 潘琪
许佳 曾悦 张萍 李蔚 潘琪 王旭 伍磊 向楠 曾崇 郑虹 陈浩莹
陈慧凌 陈佩珊 陈周阳 成嘉怡 翟兆琪 范义华 高雅君 龚昱荣 黄冠霖 黄嘉仪 黄清东
黄钰雯 康嘉欣 孔家炜 李博林 李楚倩 李航啸 李佳纯 李巧玲 李穗君 李湘湘 李悦文
李芷珊 梁婉玲 林慧真 林祥根 林梓茵 卢夏凯 麦梓宁 欧蓉蓉 任洁柔 谭伟超 王桂珍
王艳婷 王畹佳 吴湘屿 吴瑾槿 肖科航 严飞腾 杨晓茵 姚沛杰 应京达 张尚微 张小兵
张浙江 郑冠伟 朱嘉文 邝嘉华 岑月妍 覃业桂 郭佳林 黄雅婷 蒋依依 李时晴 练颖仪
梁晓欣 罗思琦 欧健铭 蒲松坪 文丽青 武新天 伍如亮 谢京明 姚登洋 曾佳纯 周映成
陈裕宏 冯泉慧 黄思玮 黄梓桑 赖靖博 李慧娴 李佳慧 梁丽雯 刘若冲 刘晓嘉 施译琳
田宇晨 王雪婷 王尧纯 王雯童 吴睿晴 徐志杭 许蔓铭 许樱川 严诗琪 杨延清 曾咏欣
边巴央吉 德吉玉珍 美迪努·艾科拉木 阿里木·麦提喀斯木 阿友尔江·南登琪琪格

数学学院

富康 黄凤 黄润 吕依 母鹏 严放 张异 甄津 邓烽 方筠 龙游
温萍 向涛 熊艳 俞聪 陈璇 李布 李璨 彭煌 赵曼 周杨 陈琪
俞快 张晨 白瑞 冯玥 高歌 高海 黄媚 蓝昊 李鑫 刘悦 卿霞
汪强 蔡志强 陈焕滨 陈抒扬 陈晓艳 甘鸿川 郭思言 何冠迎 何文涛 何宇泽 贺佳楠
胡鸿锋 胡皓然 纪依伶 黎志豪 李晓欢 林志萍 林炫佑 刘佩嘉 刘蕴之 卢春德 罗翰哲
骆嘉明 马晨骁 沈子凡 宋亚轩 谭玮祺 王奇军 吴育洽 谢永笔 邢益传 杨梓健 张明星
张瀚之 蔡沛良 曹希雯 陈志豪 杜欣逸 古靖琳 何海文 贺培萱 黄天宇 黄远成 梁远鹏
梁兆基 林影娴 林颖茵 刘丁生 刘泽钊 陆潇潇 罗家骏 罗智辉 马卯升 莫海疆 秦毅枫
区健琳 沈倩珊 谭丰林 王泽桐 吴蘅倪 鲜仲颖 许海城 杨晋泺 杨秋婵 叶耀基 余学倩
张顺安 郑锦昌 祝为略 佘元中 谌子民 安松柏 车昭静 陈嘉星 陈致宏 邓德武 高一鸣
黄章棋 江思涌 金晓娜 李东华 刘禹遥 刘哲欣 刘奕宏 马东鹏 庞筱卉 苏兆祥 王宇琳
谢梦颖 邢泽涛 许国茂 余志辉 禹乐辉 喻俊淇 张博崴 张伯豪 周淑姿 陈永霖 陈宇琛
陈泗江 韩文婷 黄克林 靳雅茹 李伟贤 梁桂明 梁展航 廖冰慧 钱亦天 吴乔茵 杨利颖
章捷敏 赵九州 钟声亮 庄彦斌 瞿东彦 曹哲豪 曹丕垚 陈景城 陈恺霖 程嘉琪 戈博昆
郭渊博 何春平 胡芹璐 黄珈璐 柯彦哲 黎毓明 黎炜敏 李佳禾 李敏丽 李昕怡 凌灿城
刘安屹 刘继超 刘子琬 吕天波 罗明亮 罗晓彤 马荣兴 欧启高 孙弋淼 王宏涛 王梦洁
王智韬 吴逸群 谢忠锴 杨柳婷 杨颖一 游若鱼 俞姗姗 张景尧 赵宝玉 赵子琪 周冠南
周子昊 滕振韬

物理与光电学院

刘洁 卢爽 徐立 张伟 池颖 葛凡 李舟 林湘 刘贵 刘锐 刘鑫
马杰 莫冰 宋静 汤平 王可 谢宁 徐宇 张睿 郑琳 陈城威 陈晓凯
邓伟锋 禤文烨 高子镡 韩俊杰 何长春 黄东鹏 黄锦婷 姬泽鹏 黎小龙 李晓群 李炎明
梁进勤 梁晓敏 廖立涛 林锦涛 马守然 莫建威 潘裕利 邱艺娴 宋昊聪 王彩强 王炫岚
徐旻翔 杨媛惠 尹学文 余泽世 袁有能 曾佳锐 张园宝 郑铭剑 周健文 朱戈仁 安得烈
蔡伟佳 陈俊昌 陈同羡 陈伟健 陈伟宁 陈晓鹏 陈子豪 陈子豪 陈丕光 陈鑫源 高亚美
耿忠江 韩青原 黄海聪 黄锦智 黄智伦 康云鹏 李广伟 李鹏远 李其轩 李赛岚 李正林
梁春娟 梁嘉辉 梁一峰 廖振辉 林凯彬 林怡静 刘佳敏 苏伟伦 孙远发 索亚伦 汤云青
王俊杰 项宇銮 谢子敬 杨卓霖 叶满庭 叶润健 张燕婷 张婧怡 郑日翌 郑育坤 钟国明
钟润梓 周一帆 周昀璐 冼仲濠 岑志豪 覃琪淋

工商管理学院

高瑶 李维 梁洁 林璇 刘傲 彭安 任铮 王翠 关欣 刘越 袁媛

张恩 刘欢 尚洁 谭芯 王建 王珊 王玉 肖丹 谢飞 杨丽 张艳
滕琨 陆瑶 聂啸 朱颖 扶飙 胡维 李潮 李潇 秦今 吴宁 杨炀
曾辰 陈可 潘敏 周锐 陈珊 范锐 姜帆 李倩 梁毅 石毅 汤威
田卉 田珊 张进 张璇 张璇 周浩 陈怡 兰鹏 龙漂 王静 杨融
杨欣 杨婧 张玲 郑嫘 曹云飞 曹睿文 陈家鑫 陈禹廷 崔婷婷 关茵宁 郭钧益
过禹廷 黄靖雅 黄小宇 梁浩铉 梁天耀 龙正峰 罗晓涛 马若男 彭嘉嘉 苏伟钢 苏煜曦
田宗尧 王心怡 赵福臣 曹冰倩 邓惠如 邓一诺 樊笑成 范宗伟 古韵盈 郭皑馨 胡思琪
黄心仪 吉星宇 黎梓婷 林嘉颖 骆天豪 潘小莉 秦蔡齐 任薇薇 王可瑄 王亚妮 吴登芳
谢倩倩 徐嘉颖 许宋玉 余若安 余绮岚 张楷平 张卓超 张婷婷 赵雅坤 周滋妍 陈淇淇
蔡丹华 蔡嘉立 陈创涛 陈佳琳 陈灵卉 陈晓衡 陈泽铭 陈熠灵 董云杉 冯春瑜 傅伊妍
高志宏 郭婉婷 郭宇琦 何炜国 黄静仪 黄彦钊 黄琦皓 黎绮琪 李佳豪 李莉萍 李秋璇
李婷婷 李绮琪 梁钊羽 林美娟 林雪柔 刘丹妮 刘付鹏 刘思奇 刘晓倩 罗盈盈 强崇峻
区健敏 汤红芳 王翠婷 谢洁仪 谢一鸣 许慈琼 许芷慧 于军峰 袁雅静 曾静怡 张诗秋
张姝铭 赵雨果 周婧仪 邹萍萍 邝静雯 蒋雨蕙 刘焯恩 刘筠婷 苏琼箫 徐绮莹 邓元凯
董晓彤 韩昊天 何健恒 黄堃浩 简晔珠 孔祥晖 黎梓生 李秋雨 李淑达 李镔麒 廖楷杰
马雪琪 潘穗军 孙绮悦 王凤淞 王鹏宇 温子元 吴健霏 吴梓健 严一翀 叶任堃 叶晓丹
曾日恒 张智渊 赵天奇 车林贵 陈贵珊 陈若妮 陈依颖 邓钰莹 冯钰斯 高佳玲 胡晓婷
黄志敏 柯韵韵 雷元哲 黎嘉城 梁瑞洁 梁欣然 欧桦暖 潘秋运 冉林瓒 孙晓蔓 蘇志楷
谭佩琪 田宁馨 王敏仪 吴嘉杰 吴皓鎏 肖圣宗 徐艺宁 杨诗婳 殷承凯 余斌凯 曾雅圆
张擎天 张庆铭 张甜珂 张雅欣 钟天珍 陈锦晖 陈启文 陈永琪 陈芸清 单志峰 佃锋辉
杜晓桐 樊俊宏 付皓健 古韵阳 郝正昆 何惠坚 胡诗元 黄钰昕 李佳蓉 李建新 李美婷
李巧玲 李绮纯 梁桂映 梁世帮 梁茵琳 梁展铭 林华强 林月兰 林倩霓 林曦明 刘家琪
卢雅嘉 卢远鹏 吕小琳 吕一品 罗舒萍 穆晓美 潘昕澄 彭旭明 蒲筱韵 邵嘉卉 沈嘉贤
苏颖年 孙继欣 唐梓晋 陶晓彤 汪宇萱 王丹笛 王锦深 王连城 王润青 王子立 魏祎凡
温洲鹏 吴真诚 吴婷贤 肖晓婷 谢思敏 许慎予 尹姝一 曾浩泓 张娜娜 张清容 张泉先
张晓君 张心奕 张智铭 郑依敏 钟丹婵 钟梨婷 周逸玲 邹燕燕 邹祖政 邬心悦 林嘉熙
骆永轩 陈泽鹏 丛华锋 冯苗苗 何家慧 金子亮 赖晚露 李家琦 刘思敏 陆思特 罗开毅
马靖雯 裴华飞 王冬梅 王浩恒 吴城辉 吴茂裕 吴晓婷 谢海杰 姚静怡 姚泽丽 张光亮
钟明均 朱子晟 卓建茹 达尼亚尔·热夏提 爱飞乐·巴德勒汉 玛尔哈巴·热合甫

公共管理学院

陈槿 冯浩 巩莉 洪帅 蓝图 李硕 李勇 林敏 刘威 刘颖 龙达
罗楠 王城 王惠 吴津 吴珊 向灿 叶露 张苒 张瑜 张榕 赵倩
贠飞 钱隽 杨邹 艾俊雯 白钰婷 蔡曜刚 陈庆文 陈庭薇 陈婉莹 陈仪瑛 陈旖恒
程雨菲 邓心怡 丁梦星 丁乾宇 董娅妮 龚丽霞 龚钰涵 巩金昊 黄朝斌 黄秀媚 黄艺扬
黄煜华 江增皓 蒋甜甜 蓝望萍 李乾娇 李洋帆 李钰敏 梁宇鑫 林芳洲 刘小莉 刘洋戈
卢小凤 毛亚敏 潘国君 邱晓卿 孙文萱 谈嘉敏 唐春晓 王畅欢 王晨晨 王晓璐 王妍曼
杨妍琪 叶滢怡 张嘉文 张晓炜 张轩宇 张子威 张倩茹 赵柽笛 郑洁婷 郑世卓 周思玙
周亚敏 朱玥颖 朱昌文 朱丹璐 栾慧倩 臧浩威 覃雅芳 陈安安 陈润旻 丁雪蓉 方芷芊
高雪浩 郭彦杰 林晓彤 刘思遥 许昕怡 张若兰 巴桑欧珠 达瓦拉姆 旦增钦孜 索南措姆
索南朗杰 阿米娜·艾尔斯良 阿依布拉克·伊马木 麦尔比叶木·库尔班尼亚

外国语学院

曹森 房棋 刘日 强广 徐畅 许云 赵鑫 栾硕 程钰 付钰 高尚
高宇 高源 廖倩 刘硕 宋玥 田静 武念 徐嘉 周韵 陈欣芃 陈茁茗

程慧博 丁一桐 范博文 冯楚娴 黄宇娇 黄馨娆 金诗慧 李雨桐 任佳蓬 苏泳贤 万佳豪
谢梓峰 颜逸颖 游思源 余星瑶 朱丽艳 蔡锶迪 曹中皓 车俊杰 陈佳良 陈萍萍 陈思媚
陈志武 程慧阳 翟乃文 冯树铭 高子怡 韩家欣 韩润冬 侯雅璐 后淑芬 黄雅平 江静菲
蒋璐阳 赖思宇 李金敏 梁敏仪 林丽萍 刘燕华 芦大鹏 麻程琳 孟令希 米大仓 穆彦文
彭嘉颖 任晓辰 石译心 孙京玉 孙晓笛 汤巧玲 王乙涵 王照中 王瑾妍 吴庚泽 吴启锐
武子婧 肖舒元 熊雨轩 徐凯理 徐尚辰 张天骄 张文博 张学诚 张赢月 张馨月 张茗沁
张婧宜 赵嘉瑄 赵伊凡 赵雨祺 周斯迪 周斯佳 朱文涵 徐明邹睿

自动化科学与工程学院

陈聪 陈佳 陈越 程卓 范钰 高熠 郭垚 郭雷 黄淋 黄熙 黄锟
赖剑 李丹 李俊 林颖 刘苏 龙跃 罗超 邱收 任闯 石佩 谭莉
唐婷 童俊 王伟 张胜 张政 周翔 覃杰 戴磊 丁莞 黄墉 黄睿
罗威 农裕 汤飞 甘敏 黄芊 贾驰 江鹏 刘乐 刘杨 柳泽 王菁
吴桐 艾思捷 蔡健祥 蔡俊钿 蔡珠清 曹俊文 陈必宏 陈川博 陈法众 陈活聪 陈俊杰
陈沛豪 陈锐坤 陈旭梁 陈逸东 陈宇啸 陈岳钦 陈悦声 陈作浩 程俏兰 崔光耀 邓远志
丁新尧 董卓成 范稼宝 冯志鹏 甘军保 甘伟捷 宫云渤 何东旭 何锦荣 何庆鲲 何沃青
何哲宇 洪锦烽 胡俊安 胡溢欢 胡昊杰 黄冠豪 黄乐聪 黄少嫣 黄盛钊 黄杨波 黄永前
贾隽凯 康愫愫 黎嘉潮 黎肯迪 黎天胜 黎振锋 黎子豪 李玥佳 李思伟 李文路 李泽杰
李振铭 李璐斓 梁俊杰 梁启政 梁伟斌 廖晓龙 林钧宇 林舒阳 林伟波 林伟雄 林湘源
林秀曼 林裕峻 林志东 林卓斌 林玮源 刘锦航 刘明宇 刘权国 刘思军 刘贤畅 刘星原
刘永航 刘胤炫 卢欢鹏 罗浩远 罗泳妍 罗沐融 马庆杰 麦锦海 欧峰华 潘文俊 庞绮妍
戚笔税 齐嘉欣 祁司聪 丘嘉乐 邱泰儒 饶得晨 石华川 石昊晨 宋丰成 宋逸凡 苏树鹏
苏毅涛 谭皓天 唐英杰 王家兴 王明鉴 王天翔 王文耀 王兴锴 魏毓文 温文静 吴楚鸿
吴铭潮 吴牧仑 吴应鑫 吴桦健 肖浩然 肖文煜 谢冠杰 谢少辉 谢政锟 邢福奋 徐振华
许聪杰 许宏韬 薛泽夏 杨华浩 杨家伟 杨家晖 杨洁芮 杨伟添 杨又聆 殷侃悦 于永昊
袁昊宇 曾焕浩 章俊翔 张淏帅 张长灶 张慈恒 张富源 张耿望 张杰华 张康铭 张志宏
郑春斌 郑思敏 郑雅迪 钟家明 周琼怡 周泳鑫 周哲地 周鑫东 朱嘉炜 朱释靖 岑恒辉
陈晓铭 何顺展 胡竞涛 胡泽东 黄迪臻 黄理广 李辉文 林汇丰 林宗沛 刘铭霏 潘春文
谭超凡 吴梓聪 杨少基 余健立 赵珺瑜 郑立楷 邝东海 陈成杰 陈希洋 丁俊夫 高文渊
黄宇坤 江荣埻 雷佩瑜 李健扬 李锦海 李伦坤 李书瀚 李颂惠 梁镇辉 林灿光 卢烨筠
陆玉恒 罗坚辉 毛兴平 莫金洋 倪妙玲 潘志广 任锦荣 石立鼎 宋智琪 孙嘉锐 涂思强
温坤强 向博阳 谢兴济 许洽鑫 姚华升 叶焯彬 张骞月 周大江 周嘉杰 朱业成 朱瑾颐

体育学院

洪瑶 黄倩 吉锐 刘博 张地 张晶 张戬 陈奥仁 陈冠宏 陈曼玲 陈诗远
陈炜誉 杜嘉林 何紫茵 胡家伟 黄博凯 黄晓杰 黄子玲 黎泽仪 李保龙 李慧梁 梁梓仪
刘海勤 刘向东 鲁大立 彭潇莹 苏子丰 孙秋鹏 王碧蓉 王歆雅 徐淑仪 徐中原 杨盛智
叶子欣 余春瑜 余贺新 曾俊玮 张瑞轩 张文德 张洹铭 郑若愚 朱昊旻

计算机科学与工程学院

黄豪 唐炎 滕寰 高钊 郭舜 何扬 胡浩 黄睿 解尧 李海 李锐
李烁 刘静 刘欣 彭昊 邱慧 唐泉 王靖 王庆 王鑫 温馨 肖萌
许添 严栋 杨鹏 叶仪 曾行 詹基 张蕊 周璇 荆睿 潘剑 钱昆
沈婕 唐冲 张众 祝叶 陈玥 洪凯 胡威 黄含 黄奕 黄鑫 金礼
李鑫 梁迪 施画 石琳 王果 尹卓 张风 张佳 郑超 郭宇 郭宇

黎莹　羊沛　尤瑞　陈家兴　何美晨　黄文耿　黄至行　蓝侃侃　李嘉泳　林文根　孙博宇
谭尹杰　吴瑞萍　吴自辉　杨文星　张正昊　蔡承平　曹聪灵　陈东培　陈焕林　陈际州　陈佳超
陈瑞鑫　陈若琳　陈世锴　陈天予　陈星毅　陈毅俊　陈雨彤　程凯迪　党宏宇　丁嘉会　丁业凯
冯呈祥　傅汝佳　付小桐　古杨威　官易丹　郭家鑫　郭晓琦　韩问寒　何嘉麟　何祥强　何梓源
洪发挺　侯杰炯　黄德雄　黄嘉钦　黄令洲　黄士心　黄文杰　黄振荣　黄昊川　纪鑫榕　揭诗韵
柯昭武　劳宇轩　雷颖仪　李柏毅　李博洋　李华欣　李嘉敏　李可铭　李敏贤　李鹏飞　李晓彤
李颖健　李永强　李展华　梁嘉俊　梁裕宏　梁雯珊　廖子杰　林莉萍　林美琴　林钦杰　刘德逗
刘可欣　刘洋量　刘卓渝　卢伟荣　路清文　吕朝阳　罗俊杰　莫振浩　邱一师　阮松松　邵伟泽
史佳思　宋晓霓　苏健深　苏则铭　孙伯毅　谭灿文　谭伟锋　王家齐　王景叶　王志涵　王皓平
韦华超　温国盛　吴光欣　吴舜谣　吴睿奇　谢发洲　谢雅沁　许思锐　许展豪　颜鸿辉　颜煜庆
杨梦君　杨垲泓　姚秀秀　叶国坚　游芊莉　余国斌　余智星　曾纪文　曾锦辉　曾庆荣　曾佑彬
章天豪　张敏锐　张钦博　张森泉　张文超　张夏昊　张晓灿　张潇文　赵梓豪　郑洁萍　钟佩绚
钟泽耿　庄增锋　邝惠风　邝锦城　邝镇麟　闫英英　蔡吉鑫　蔡立仁　陈桂雄　陈洁依　陈培滨
陈少群　陈哲敏　陈智涛　戴炜杰　樊建业　范浩权　冯致谦　傅茂铖　傅紫铭　何锦沛　黄丹霞
黄文朝　黄泽鑫　黄珏栋　姜林伟　蒋毅卓　李辰光　李刚刚　李洪彬　梁家玮　廖晓娟　林诚健
林继强　林思洁　林兴银　刘天成　刘文盛　卢汉胎　卢蕴瑶　罗文韬　马冰洁　毛志铭　欧思涛
潘思睿　潘乙庆　邱子豪　饶钟得　汤亮辉　王昆昆　王轶凡　王钊越　吴湧杰　吴烘锐　吴挺康
谢佰洪　许祈馨　杨婕婷　要利娇　殷光菊　袁文广　曾金龙　郑展奋　周德平　朱天语　邹浩阳
邹颖茵　鄢紫婷　覃镇林　蔡蔓菁　陈海风　陈秋呈　陈思宇　陈燕娇　陈子颖　邓心怡　甘文真
龚韵晴　何浩林　何闵隆　黄鹏飞　霍思贤　姜思君　巨菲娅　李嘉辉　李伟越　李文卿　梁文欣
梁肇宇　梁振仪　林傲宇　林宏亮　林与非　刘昕奕　吕炯豪　罗文锋　秦文辉　邱嘉晟　石贵文
唐龙文　吴炼清　吴梦瑶　肖睿洋　伊尔盼　曾士桐　张仁浩　张一凡　赵康楠　赵文耀　栾超翔
陈嘉敏　陈圳源　崔婧楠　黄志敏　蒋馨瑶　蒋懋然　黎建宇　李祥富　刘雨晨　卢承宇　谈力滔
肖建平　薛怡雯　张心怡　张蕴韬　张煜锋　周亚倜　周宇梁　艾尔西丁·艾海地
依力哈木·图尔贡

软件学院

蔡浩　陈俊　程戈　程智　崔江　戴震　符钵　龚政　管伟　郭洲　洪吟
雷啸　黎枫　李楷　李昕　李麟　林熠　刘谦　刘群　刘璇　龙行　彭禹
沈鑫　宋丹　唐凌　唐龙　文涛　吴双　肖曦　徐雪　杨添　袁晨　张旺
郑泓　邹彬　奚望　雷昶　李坤　李乔　林捷　林玮　牛哲　吴欣　杨慷
詹茁　张政　蔡凯宇　蔡学元　常荣钊　陈成佳　陈德欣　陈红彬　陈红宇　陈焕佳　陈佳玲
陈家宝　陈俊凯　陈俊哲　陈启耀　陈青淮　陈韶锐　陈纬驰　陈小龙　陈星宇　陈耀佛　陈永良
陈增隆　陈志涛　陈子贤　陈婕妤　陈栩林　陈昱儒　程瑞起　楚竣棋　崔楚文　崔笑天　戴春晖
邓康俊　邓智昊　丁金锋　董月滋　段鹏宸　范耿迪　冯林哲　付懿轩　甘寿枢　高于钦　顾芳铭
郭嘉豪　何文栋　何徐昊　贺小刚　侯劲松　胡少游　黄璟琳　黄海祺　黄浩建　黄嘉锋　黄杰森
黄锐纯　黄宗欣　黄榕焯　纪泰安　纪梓楠　江汝豪　蒋龙杰　蒋子涵　赖吕龙　雷雨声　黎一锴
李长春　李观鲁　李杭澍　李佳楠　李坚铃　李金榜　李均亮　李众普　连凯裕　梁创闰　梁广攀
梁镜洪　梁竞文　梁思毓　梁文韬　梁耀友　廖陈煊　廖俊聪　廖一璇　林国盛　林浩杰　林焕壁
林攀学　林树彬　林伟强　林伟毅　林旭南　林云龙　林梓扬　凌嘉文　刘孟珂　刘润华　刘仕达
刘廷润　刘晓安　刘新禧　刘岩栋　刘佑鑫　刘中琦　卢少锋　卢泽平　卢子斌　伦家俊　马松山
麦健成　麦永亮　蒙科德　莫梓钊　倪仰秋　戚纬奇　屈昕沂　阮羽彬　邵逸臻　沈展鸿　施皓宇
石苏鹏　宋岩栩　苏时元　苏廷轩　孙郡瑶　孙乐赞　谭恩泽　谭玲玉　谭声俊　唐荣凯　唐雅仪
汪博全　王昌盛　王坤琛　王日尧　王若琨　王文豪　王一鹏　王锴宏　韦杰荣　魏子敬　温永正

吴嘉铭 吴家驹 吴俊杰 吴俊贤 吴伟鹏 吴锡龙 吴晓伟 吴卓锐 肖楠青 谢灿宏 谢楚荣
修海锟 徐加奇 许嘉乐 许润添 许守恺 许鋆莹 严伊彤 杨杰华 杨穗珠 杨孙旺 杨晓婷
杨志滨 姚泽铭 叶丽清 叶文彬 叶宇蔚 易冰倩 曾德东 曾贤闯 詹育帆 詹育壕 张奥伦
张保华 张芳淋 张惠婷 张家骏 张梦雪 张文博 张夕萌 张小贤 张志斌 张柱华 张骁尧
张钰莹 赵堃圻 赵文龙 赵永烙 郑家伟 郑杰辰 郑煜佳 钟玉生 周荣滨 周伟洪 周子愉
朱敬轩 朱晓江 岑健隽 曹文彬 陈明洁 陈文源 陈振贤 崔国峰 方翔宇 费国昌 冯达远
高新君 黄家俊 黄俊杰 江泽星 李景康 梁鸿皓 梁展宁 林俊雄 林沈泳 刘广源 刘雨瑶
卢永豪 唐子齐 王世豪 温昊煌 翁昱铠 巫志旺 吴福怡 许君杰 杨泽宇 曾沂江 詹逸祖
张炳寅 张焕明 张铭杰 郑昌萌 钟志成 朱本金 朱良臻 庄舒然 胥雅雯 马胡喜子
谭伟宏光

经济与贸易学院

贺梅 黄河 黄倩 李梦 李悦 廖嘉 林闯 刘原 柳璇 钱虹 王瑞
王肖 王婷 王晗 杨柳 杨铭 叶楚 张玥 张琴 张旭 俸希 陈俊
陈琳 陈晖 杜婧 吉延 姜丰 江山 李戈 林琳 林仪 陆欣 汤玥
唐鹏 童瑶 王钰 温馨 肖俏 熊昭 徐扬 杨菁 张瑶 郑越 周亢
邹阳 陈帅 戴宇 高源 郭森 郭薇 黄丽 黄转 劳盈 韦楷 张楷
陈烘 方颉 李坤 刘宏 刘磊 卢莹 马强 王祾 王东 王艳 魏阳
夏鹏 肖婷 严杨 余骁 张沫 张幸 郑琴 钟平 庄瀚 白璐 曹怡
樊思 高尚 黄涛 黄榕 贾涵 李秋 王杏 谢逸 许欣 方颖 黄卓
刘韦 许悦 邹君 佘瑶 黄靖 肖颖 周雨 黄喆 林远 钱伟 周莹
杜玥 冯慧 金莹 梁林 孙悦 毕玉涵 卜祎力 蔡丹萍 蔡家伟 陈丹霞 陈柯奇
陈诗楠 陈帅彤 陈莹丹 崔李铭 丁培媛 范炯铵 韩宗贤 何凯琪 何玉莹 何苑晴 胡蓉影
胡卓生 黄凯欣 黄立志 黄诗茵 赖偲昕 李鸿姬 李嘉禧 李俊铭 李立夫 李佩珊 李文强
李锡坤 李颖妍 梁钊炜 廖志明 刘佳林 鲁倩倩 陆美华 秦纯良 石惠锋 汤咏诗 王佳妮
王若曦 王旭东 文阳光 巫柽芳 吴沁敏 吴彦涵 夏小惠 肖凤珍 谢金浩 修佳钰 徐以玮
杨济玮 杨雨芊 叶健珍 叶文康 殷诗艺 岳星丞 张慧敏 张嘉浩 张佳凡 张雨涵 张志超
张紫溦 赵嘉琳 赵玉洁 赵梓盈 郑建煜 郑文婕 郑忠飞 周丽丽 周斯妤 朱政宇 朱智成
陈嘉馨 陈锦麟 陈晓仪 陈小梅 陈星星 陈燕君 陈彦汝 陈梓钰 成小翠 崔添伊 邓肖娟
邓玮程 邓玮琪 杜家欣 方相君 方之希 冯小涛 高建瓴 郭嘉慧 韩冰洁 侯鑫颖 黄丹霞
黄海珊 黄文彦 黄晓莹 贾筱曼 金子琰 赖嘉敏 李彩燕 李伟腾 李文晴 李晓慕 李映东
李婷鑫 李绮珊 李玮璇 梁纪婷 梁晓滢 梁志彭 廖伟睿 刘彬彬 刘嘉乐 刘沛伶 刘朋鑫
刘润贤 刘晓阳 刘子筠 卢纯映 罗佩瑶 罗晓君 马瑄忆 麦颖欣 莫宜菲 倪伟珊 丘彦强
全婉珊 任禾佳 申依璇 沈慧芳 石凯茜 史玉超 孙雅婷 谭秋怡 谭诗荟 汤兆绩 唐清澜
田安芝 汪树彤 王乐诗 王立中 王思聪 王晓君 王鹤颖 韦嘉颖 温楚芬 文洁滢 吴嘉仪
吴静发 吴秋英 吴若溪 吴蔚菁 吴晓丽 谢璐璐 徐国钊 徐鹤立 徐严妍 薛铃丽 杨嘉庚
杨凯中 杨力豪 姚诗鸽 叶俊浩 尹方晗 曾锦仪 曾文君 詹涟思 张洪铭 张晓华 张宇婷
张榕堃 周碧莹 周思婷 芮榕遥 阚星辰 覃雪媚 蔡媚媚 陈嘉俊 陈立晟 陈润宇 陈晓双
陈欣然 陈艳红 陈奕健 陈钰冰 崔紫霞 杜品安 杜珊珊 范杰声 关倩晴 郭少玲 郭绮乔
郝天意 黄枫璇 黄蓝青 黄彦扬 冀睿秀 江明静 李东虹 李静雯 李敏杰 李宛若 李雅薇
李正艺 梁洁枝 梁珍丽 梁卓晖 廖舒娴 林佳茂 林勋莉 刘文雅 卢婧苓 陆桂婵 罗思蓓
麦宇姮 彭道福 彭静纯 彭思影 石书怡 孙秀滢 谭文锋 王鸿伟 王建明 王靖雯 王可欣
王丽南 王幸婷 王志平 魏绮珊 吴丽冰 吴士吉 伍紫颖 熊雨舒 许金灿 许志威 薛桐馨
严文珧 杨沁宽 杨少坤 杨志远 虞晋钧 曾德杭 张朝荣 张海璇 张贺龄 郑嘉煜 周晋昭

周文斐 陈斯敏 陈思宇 陈勇成 迟志新 邓子豪 翟可璇 樊俊贤 范雪冬 郭泽伟 何昱廷
洪晓琪 胡伟健 胡子玮 黄锦昌 黄晓峰 黄至言 李佳瑶 李晓利 林梦蕾 刘春林 刘高镝
刘海堂 刘怀志 刘金全 刘文志 刘亚娟 潘楚红 彭柱文 邱燕婵 沈国健 台运鑫 谭毅灵
王平东 王清桂 王卓立 王炫植 韦燕姿 吴金峰 吴一凡 谢松阁 谢梓心 杨嘉豪 杨启航
叶骏鸣 殷紫瑜 游飞宇 岳秋菊 张天琦 张宇鹏 甄颖晖 周玥东 周敏玲 庄家林 覃琬莹
曹国栋 陈帅廷 陈文意 陈晓晴 陈振池 邓伦语 高悦然 韩冰晨 何伟彬 黄华青 黄子窈
蒋净洁 李承致 李浩楠 李惠敏 李建辉 李香莲 刘心宇 刘子毓 刘珈珲 卢卓麟 马健凯
任芷君 谭诗琪 陶慧敏 王硕嵩 魏伟媛 吴如珊 吴晓芳 吴欣谕 徐隽逸 许莉莹 杨术雯
杨一帆 曾淑君 张凯敏 张文茜 张玉玲 郑茜云 钟舒卿 钟雅婧 闫东阔 白桦林 程华平
戴书妍 黄桂婵 黄慧婷 黄倩婷 列永莲 刘子涵 刘芮希 马雪珂 莫嘉铭 任璐延 苏依格
宛姣姣 王浩然 王梦洵 文满堂 杨吉安 杨尚霏 张阳阳 赵怡婧 郑立勋 陈翠夏 陈慧婷
陈梦婷 陈婉冰 陈卫聪 陈琪琪 陈梓佳 邓碧瑜 邓君怡 费潮生 胡耀宗 黄婉瑶 冀冬雪
季丽娟 赖思芮 李嘉仪 李思娴 李紫君 刘佳颖 刘奇全 刘圣婕 刘叶子 罗雅瑜 罗依琳
蒙洁怡 邱明钰 王紫胭 吴雨宣 吴志强 谢佳儿 谢鹏威 徐晓欣 徐瑛雪 严敏华 曾震洋
张怡雯 甄绮梨 钟康贤 冼乐瑶 崔夏彤 黄蔚媛 黎艳君 刘婧睿 鲁晓奕 罗玮佳 许译方
严咏卉 詹雪晴 张嘉慧 陈丹苹 陈开琛 陈泳桦 冯玉蓉 付诗羽 黄庭林 黄远州 季文奎
黎可妍 李嘉雯 廖诗雨 刘俊琳 刘守锴 刘双源 刘颖欣 刘柘华 吴芯仪 许雅婷 叶艳宇
易图琨 张龙飞 朱淑铭 崔霖怡 郭颖聪 李嘉驹 吕婉琳 汪丽文 王雅露 韦雨田 徐笑川
徐伊婷 许伊夏 杨超然 张世泽 郑梦琳 钟景雯 石章文青 钟肖雪苑 阿德江·吐逊江
费川夏霖 司徒汝盈 边巴卓玛 次仁央拉 达娃扎西 旦增巴姆 胡马明宇

环境与能源学院

董正 黄舒 张硕 卓措 方兴 李健 刘珽 孙凯 王丹 艾健 布琼
蔡月 冯杰 梁晨 廖妍 马真 潘毅 王浩 薛昊 姚磊 陈斌彦 陈昱凝
李博川 李鹏飞 李淑仪 梁铭珅 卢粟霄 史雅瑜 王艺璇 吴多多 肖宇玺 杨东伦 袁颖枝
张雁然 蔡文婷 曹琳碟 陈代金 陈浩川 程晓薇 邓永尧 丁铁军 房斤二 冯思元 耿新成
胡焜伟 胡海慧 巨司源 李慧春 李俊鹏 李敏婷 廖青莹 刘锐源 刘宇达 罗子健 汪士愉
魏梦帅 吴逸生 谢恒馨 徐秋宇 叶颖珊 张天雨 张芷琪 郑光宇 郑文笑 钟文俊 左翔之
覃本倩 陈子扬 邓鹏亮 高伟楠 郭悦宁 胡建宏 黄静怡 黄梓燕 蒋丰羽 刘竞辉 马海英
邱小原 王瑞鑫 王欣楠 王郁夫 魏波怡 温嘉怡 熊岳城 张彦鸿 张宇筠 钟盛邦 陈国勋
高小莉 关晓薇 韩璐璐 何少奇 侯奕伶 胡生俊 黄嘉俊 简义涛 李慧琴 李杰轩 李展程
李镇涛 梁毅燊 刘铭明 刘彦禧 刘倩玉 刘奕君 卢泳珊 饶贤鹏 饶裕斌 石玮霖 孙静远
汪文祥 王浩男 文思齐 吴炽瞳 吴作昱 许景业 赵可心 郑如婷 旺久次仁 欧阳致文
仁青旺久

生物科学与工程学院

郭涛 李文 李晖 林婷 罗奎 庞诺 张悦 刘阳 孟超 尼玛 王瑞
周周 宝吕 陈卓 程丽 范宇 牛进 邱航 王雪 张悦 陈永安 陈月莹
陈梓晴 池伟城 冯政明 黄振生 黄怡琳 李浩健 李文博 李文杰 李叙颖 林文心 刘佳奇
刘乃毓 陆一乾 马思静 彭思琪 王彦文 吴晓辉 吴晓伟 谢名浩 杨艳霞 朱俊杰 陈楚强
陈婷婷 陈昱吉 范浩霖 郭智杰 韩箫宇 胡亦俍 江秋悦 赖佳韩 李超凡 李维聪 刘安云
刘丽君 刘宇森 刘政宇 龙星宇 罗志鹏 骆怡帆 莫智茵 王艺宣 王宇鹏 吴俞蓉 徐锦涛
严永鸿 张嘉文 张宇霞 钟如标 朱丹丹 陈冠聪 陈观豪 陈李俊 陈思韵 房其键 冯振桓
郭日宝 黄敏涵 黄馨锃 黎卓凡 李嘉颖 李玉坤 李志瑛 林美英 林晓东 林紫嫒 刘春显
刘天洋 刘晓琳 罗铭秋 罗言庆 蒙红芳 欧慧敏 邱韵静 王丹妮 王文浩 谢嘉睿 徐子砚

张光明　张梓鸿　赵颖颖　周林付　佘佳娥　尼玛平措　旺堆加布　苏比·吐尔干　娜地叶·库尔班

新闻与传播学院

陈玲　陈芸　冯燕　何昕　姜姗　景恬　雷聃　厉敏　刘强　龙航　门闻
王珊　王颖　邢卉　杨玥　余寒　曾羽　张璐　赵征　佘垒　陈可　黄奇
李缘　邱彬　颜熙　杨光　赵然　吴楚　柏诗曼　蔡于浔　蔡芊烨　常雪莹　陈道欣
陈海燕　陈晓晴　崔潇月　代雅娜　邓乔林　翟雪词　丁伯华　丁姝心　韩奥博　何嘉慧　何晓幸
贺逸舒　洪宇刚　胡海婷　黄希原　黄依婷　黄怡晗　雷月媚　李布雨　李佳芮　李金旭　李可翀
李顺梅　李昭曦　梁嘉颖　廖思琪　林启慧　刘宝腾　刘芯言　刘仲豪　陆凯翔　罗冠华　苗靖茹
欧阳熙　欧阳霞　潘晨娜　潘静瑶　秦人仕　秦依依　任丽珠　唐晓璇　汪冰蟾　汪德馨　王凯东
王瑞端　危晓杰　翁颖霓　吴丽莎　吴晓亚　肖子昕　谢凤怡　谢伟东　杨梦婷　杨思琳　杨婉怡
杨治尧　尹富诚　尹星雨　袁晓铃　袁嫒怡　张铭兰　张皓冉　郑淏铭　郑丽慧　郑颖妍　钟泳欣
周锦成　周铭远　周泳君　周永飞　陈韵颖　胡嘉婕　胡婉歆　焦天骄　李聪瑞　李昀哲　罗惟诚
汤妙嘉　夏汉高　杨逸凡　叶蕴彤　张嘉欢　贺雪竹　梁殷欣　柳竹暄　王楚婷　夏心茗　周天天
周雨杉　张颢蓝

艺术学院

陈蔚　陈鑫　赖静　李昊　刘晓　龙润　乔艺　唐优　唐昕　田静　向靖
肖骞　杨函　易洲　余萌　张帆　周蕊　范牧　林怡　刘梦　刘琪　王盈
吴晔　夏鑫　徐邦　易盈　佘雯　李昕　常颖俐　陈焕冠　陈健禾　陈欣宜　丁治加
郭佳荟　郭君宇　郭起睿　黄博文　焦子俊　亢鸿志　李雷婷　李颖珊　梁思宇　刘柯辰　刘沛然
刘纬麟　罗思思　潘逸瑾　裴婕宇　平博文　邱俊超　苏子璇　孙中琦　王和青　王经仪　王路瑶
温昊星　吴雨壕　向馨怡　熊书月　徐可望　杨嘉武　杨雪婷　易宇钦　余威升　张国庆　张浩荣
张佳钰　张震宇　张曦文　赵鉴楠　郑程誉　钟宝儿　朱瑀石　朱劲恺　呙俊羽　陈奕圣　符艳红
李斯媛　李奕卓　林家玉　刘文婧　卢雨婕　唐娉婷　王国威　文海娜　吴丹恬　向舒婷　张锦凡
张梦漪　郑鑫垚　周世壕　黄静婷　李思静　刘洪睿　刘芷君　宋亚唯　魏祎琳　伍君钰　熊曼伊

法学院（知识产权学院）

才智　曹涵　葛璇　郭瑶　郭颖　郭婧　何豆　黄樱　黄莹　金诚　李妍
林煜　刘霄　刘颖　吕婷　马继　任帅　王凡　吴凡　夏跃　谢唯　杨乐
杨樱　姚菲　张蕾　钟露　卓越　彭榕　陈颖　黄颖　李特　庞镛　孙彤
王婷　王瑜　谢朗　阿依坚　安晓雯　包淑贤　曹俊滨　陈丹茹　陈惠敏　陈文雅　陈晓仪
陈颖琳　陈语嫣　陈绮雯　陈镘羽　邓子涵　丁雅妮　董博文　董子颜　杜孟洋　杜玉琪　范晋玮
冯晓思　冯乙梓　郭俊莹　郭英慧　郭苑薇　何健汾　何婉迪　何昊琳　何翊侥　胡鑫楠　黄启航
黄思华　黄兴洁　黄子恒　黄芷晴　姜红羽　蒋娉婷　景婉容　康丽君　柯思宇　兰琪琪　黎宇乔
李东燕　李佳琪　李文轩　李羽绮　梁浩晖　梁静娴　梁俊杰　梁雪钰　廖晓仪　林尔东　林佳颖
林佩斐　林熳殷　刘美君　刘美如　刘小成　刘昕彤　卢丽燕　卢云舒　吕俊彦　罗晓玲　麦志影
毛梓先　潘旭东　潘倩倩　彭欣雨　茹秋乐　施良骄　苏伟玉　陶亭亦　涂嘉慧　王锦铎　王习林
王雅博　王延昊　吴东妮　吴文君　伍指康　肖思敬　谢柳萍　谢雨霖　谢元嵋　谢子仟　辛怡聪
许昭琪　杨程鹏　杨奕昂　叶萍花　叶文婷　叶雪莹　尤升颖　余德高　曾惠玲　曾烨华　张丹琳
张琳敏　张书凝　张一泓　张雨薇　张紫涵　周晶蕊　周荣莹　周笑阳　陈姿璇　高紫琼　郭泉钧
黄丹彤　黄佩瑜　牟汐雅　聂凤琳　赵方苑　郑若颖　洪夏薇　侯雯瀚　胡诗萌　李淳梓　李颂朋
林诺馨　林旭昕　林宇婷　龙兆丰　潘晓琼　乔培斌　谭谨宜　吴昊迪　张丹侨　张洁卿　张馨元
赵嘉悦　周梅坚　呙雨晴　赤来卓嘎　次仁旺杰　次仁央宗　德吉曲桑　晋美加措　夏甫哈提·牙力洪
扎西旺姆　地里尼尕尔

设计学院

李皓 梁怡 刘虹 裴蕾 谈颖 王慧 肖婕 杨晗 殷冲 张俊 张翼
张雨 张琦 朱芮 赍腾 黄昊 景涛 刘创 毛静 石庭 汪瀚 王铭
肖婧 陈卉 高奥 刘昳 曾敏 陈聪 李信 刘瑨 魏政 谢盈 葛颖
李旭 李姣 任其 杨雪 曾嘉 朱悦 王馨 黄娇 彭鹏 彭威 叶子
赵爽 蔡显铨 陈嘉楠 陈诗茵 陈烁瑜 陈逸菲 邓杏仪 符韵之 龚钰婷 古翔夫 官瑞琪
何韦静 洪悦妮 胡浩烨 黄燕珊 江智聪 康靖晨 黎璎萱 李思清 李鹭航 梁田田 林家仪
刘易泓 毛彬权 莫书琦 饶雯婧 石月莹 谭志臻 王秋月 王舜昌 吴翠莹 伍家豪 谢锦庭
严思遥 杨国华 杨嘉怡 叶建立 袁依楠 张嘉宸 张人苏 张万里 张逸帆 郑礼锵 郑喜丹
包美琳 邓康利 冯培仪 蒋培园 李沁雨 林思远 罗芷欣 沈维亦 涂文曦 王敏娟 王璐瑶
温盈盈 杨明之 尹有婷 曾雯君 张豪元 钟毓秀 庄宇宁 竺玲杰 代育齐 邓依婧 房文娜
高亦如 郭青运 何思远 胡诗琪 黄俊豪 黄明娟 梁伟臻 刘叶凡 刘子晗 任原醇 王尚文
王玉莹 王茜钰 肖景濂 谢岱容 杨知行 袁慧莹 张雅岚 郑倩昀 周云霄 陈建行 陈丽颖
陈佩欢 陈瑶瑶 成晨昱 戴锦程 郭博辉 李瑞雪 李炫璋 刘浩然 刘思妤 刘潇晗 宋莹莹
文阳蕾 吴文天 姚卜方 朱俊丞 朱泽宇 闫炳文 杜诗筠 冯杰茜 胡静怡 胡珂嘉 黄嘉敏
黄俊钧 梁倚侨 林佳丽 罗龙林 吴昱璇 姚炫妃 张碧莹 张颖琪 王雅婷 许世琳 陈诗冰
单远娴 邓一珊 郭必考 李春彬 李欣格 李颖贤 李妍雨 练书心 林嘉蕾 刘鹏辉 鲁怡冰
麻少梅 阮丽敏 宋海龙 王晨曦 邢文畅 姚洁莹 曾子源 张季秋 张悦宁 瞿慧敏
张杨东方 司马丽莎

2018届辅修学位毕业生名单

工商管理学院

邱敏 谢全 刘鑫 马继 毛志远 吴云飞 蔡梦琦 何张平 罗积银 刘小萌 陈丽尧
陈亮宇 冯清影 李宇夫 朱丹丹 胡泽森 卫子蓥 叶芳芳 方晓燕 陈慧凌 李博林 邱舒婷
冯泉慧 杨媛惠 张茗沁 周斯佳 甘伟捷 黎肯迪 陈成杰 陈永安 刘佳奇 杨若梦真

外国语学院

沈薇 肖婧 方畅 梁毅 叶露 佘雯 陈聪怡 梁阳彬 罗惠彤 谢倩倩 林雪柔
梁桂映 丁乾宇 张子威 张倩茹 黄令洲 陈文意 白桦林

计算机科学与工程学院

武念 刘蕴之 陈佳琳 陈晓衡 陈泽鹏 姚泽丽 谢梓峰 陈志武 王可欣 许金灿 曾德杭
张海璇 周晋昭 王硕嵩 陈泳桦 季文奎 刘守锴 易图琨 胡亦佷 郑若颖

经济与贸易学院

李焜 钟鋆 陈伊 沈斌 刘欣 王颖 杨江 陈聪 林俊 郑航 王莎
曾玫 李璨 葛凡 肖丹 秦今 周锐 田卉 陈槿 巩莉 林敏 罗楠
张榕 刘日 高尚 田静 叶仪 曾行 龚政 黎枫 彭禺 劳盈 王东
庄瀚 许欣 方颖 许悦 王丹 王瑞 邱航 姜姗 景恬 王颖 杨光
陈鑫 吴晔 葛璇 林煜 刘颖 王凡 谢唯 张蕾 黄颖 匡鸣宇 谢振泉
代金坤 王积磊 李育萍 朱元韬 李雨恒 区俊锋 文敏郦 杨向阳 钟素晓 黄文耀 江里舟
李运龙 梁作贤 杨悦勇 陈嘉乐 郑智峰 吴兴邦 谢子杰 毛理燕 樊晓彬 傅永铭 王飞迪

胡慧珺 柯展帆 郭伟聪 黄铁真 孙艺薇 洪晓亮 胡靖敏 陈佩珊 李巧玲 欧蓉蓉 谭伟超
李时晴 蔡丰键 蔡国徽 黄昊才 金旭宸 王雪婷 吴睿晴 骆嘉明 宋亚轩 梁远鹏 杨晋泺
王宇琳 谢梦颖 赵宝玉 冼仲濠 黄靖雅 曹冰倩 邓惠如 郭皑馨 周滋妍 陈创涛 傅伊妍
李婷婷 温子元 吕小琳 潘昕澄 邵嘉卉 吴婷贤 尹姝一 张清容 陈婉莹 丁梦星 李钰敏
卢小凤 潘国君 邱晓卿 孙文萱 王畅欢 王晨晨 赵柽笛 郑世卓 朱昌文 朱丹璐 陈润旻
陈欣芃 程慧博 范博文 苏泳贤 万佳豪 蔡锶迪 陈佳良 陈萍萍 韩家欣 侯雅璐 后淑芬
江静菲 林丽萍 刘燕华 麻程琳 穆彦文 任晓辰 吴启锐 武子婧 熊雨轩 张文博 张赢月
张馨月 张婧宜 周斯迪 朱文涵 何嘉麟 张潇文 陈少群 刘天成 罗文韬 巨菲娅 李嘉辉
杨又聆 陈希洋 张骞月 何紫茵 付懿轩 郭嘉豪 杨晓婷 方翔宇 陈润宇 陈欣然 杜品安
黄枫璇 李敏杰 梁洁枝 林勋莉 彭思影 伍紫颖 陈斯敏 郭泽伟 胡伟健 黄锦昌 黄晓峰
刘高镝 刘金全 潘楚红 沈国健 殷紫瑜 游飞宇 岳秋菊 周敏玲 刘心宇 谭诗琪 陶慧敏
吴如珊 许莉莹 张玉玲 程华平 杨尚霏 张阳阳 刘锐源 陈子扬 黄静怡 蒋丰羽 王瑞鑫
林文心 王彦文 吴晓伟 刘宇森 张光明 蔡芊烨 常雪莹 陈晓晴 代雅娜 翟雪词 何晓幸
李金旭 李可翀 梁嘉颖 林启慧 苗靖茹 肖子昕 郑颖妍 周永飞 胡婉歆 夏汉高 杨逸凡
郭君宇 孙中琦 王路瑶 温昊星 徐可望 杨嘉武 易宇钦 钟宝儿 张梦漪 魏祎琳 安晓雯
包淑贤 陈文雅 陈颖琳 邓子涵 冯乙梓 何婉迪 黄芷晴 黎宇乔 李佳琪 李羽绮 梁雪钰
林尔东 林佳颖 麦志影 潘旭东 王习林 王雅博 吴文君 伍指康 肖思敬 谢元嵋 谢子仟
辛怡聪 叶文婷 张书凝 周晶蕊 周笑阳 高紫琼 黄佩瑜 侯雯瀚 乔培斌 周梅坚 张豪元
郑倩昀 彭杨子威 阿米娜·艾尔斯良

新闻与传播学院

白璐 王杏 陈蔚 王馨 赵爽 刘舒诣 张晓炜 马健凯 列永莲 黄庭林 黎可妍
黎卓凡 陈晓仪 张琳敏 王敏娟 尹有婷 宋莹莹 许世琳 单远娴 邓一珊 郭必考 宋海龙

法学院（知识产权学院）

黄婕 彭玲 陈怡 高宇 廖倩 黄倩 吉锐 张戬 廖嘉 徐扬 高源
王祾 肖颖 周雨 赵征 向靖 范牧 汪瀚 胡海洋 冯乃聪 陈思宇 代腾宇
罗礼犹 衡璟轩 黄梦蝶 梁婉乔 罗时栋 钟丹婵 龚钰涵 刘洋戈 谈嘉敏 王晓璐 翟乃文
高子怡 丁培媛 范炯铵 何苑晴 李颖妍 鲁倩倩 修佳钰 徐以玮 张慧敏 张志超 赵梓盈
陈梓钰 马瑄忆 莫宜菲 周碧莹 芮榕遥 周玥束 黄子窈 徐隽逸 刘芮希 任璐延 杨吉安
邱明钰 欧阳熙 欧阳霞 尹富诚 刘沛然 朱瑀石 唐娉婷 郑鑫垚 房文娜 刘思妤 刘鹏辉

设计学院

臧浩威 丁一桐 黄馨娆 陈姿璇

2018 届成人教育毕业生名单

专升本

财务管理（会计学）

苏嘉妍 陈淑梅 陈秀琴 吕舒娴 罗文芳 马学丽 吴泽璇 余文欣 张建茹 张向辉 郑金霞
曹莉敏 戴碧波 梁光取 刘润清 姚嘉欣 叶连连 余静雯 曾晓悦 刘秀丽 叶常秀 朱袁槺

电气工程及其自动化

李　强　莫兆章　杨　思　陈诒中　林海祥　王海全　王清雅　伍　砖　陈同磊　蔡文平　方　清
何李超　黄顺友　黄伟俊　黄　源　季　洁　江　珊　柯秀婷　雷振芳　林冬雄　林辉明　林远健
骆道亨　毛学跃　莫春明　宁立彦　沈　涛　苏炯力　翁晓铖　吴德森　吴宇豪　谢学敏　杨惠军
余杰辉　俞志军　曾天润　曾小莉　张　彬　张　静　张　艺　招海春　赵来仕　周伟杰　朱紫君
曹　琼　陈瑞明　黄佳鑫　黄俊诚　黄雪亮　蒋厚荣　李艳花　李焱鑫　林浩灿　林毅文　林祖坚
陆素欢　罗建强　夏坤初　肖展辉　谢永龙　徐文生　姚　杰　曾毓繁　张伟通　张文强　朱艺皓
邹祝明　罗　志　谢　坤　龙晓新　胡文周　廖育新　何　江　岳少春　鲁　军　钟梅芳　谭振栓
钟　武　陈冠华　王　雄

电子商务（网络营销）

吴桂林　李秋实　邓秉俊　黄桂春　李晶晶　李俊杰　王国慧　王　玉　吴　涛　曾才秀　郭舒丹
郑少玲　何巧贤　覃雪贵　莫星煜　张晓璇　陈欣颖

电子信息科学与技术

曹　波　蔡　衢　陈方林　陈文华　杜占力　雷　勇　李志友　李　昊　梁乐华　刘飞腾　龙文霖
肖志东　郑晓生　黄国强　黄章桂　陈丹淦

工程管理

林志斌　罗永垣　张盈莹　郑晓东　李淑妮　李伟健　李文凭　李晓华　李友良　李玉容　梁　竹
林曼媛　林容涛　林珊珊　林晓绚　刘礼标　刘　敏　刘伟锋　刘燕辉　龙东媚　卢润玉　罗　宇
马金龙　潘俊韵　潘　赓　石　杰　谭慧敏　涂惠珍　王晓婷　王　婧　温志华　吴枫锐　吴妙媚
肖　观　肖　帅　谢创锐　杨学煌　原娇娇　张海光　张鹏莹　郑文思　郑夏菲　钟海志　钟漫洁
钟树凯　周志梁　曹羊玲　廖泽萍　陈雪姬　樊松松　莫　海　周　博　邱　晨　杨彩华　曹锐超
曹文佳　曹文敏　陈碧华　陈红梅　陈焕超　陈　辉　陈嘉杰　陈丽萍　陈锡乾　陈跃鹏　陈振文
陈娆汝　邓菲菲　范伟杰　冯惠暖　高杨青　关艳飞　黄炳荣　黄丹丹　黄根胜　黄国胜　黄　海
黄济昌　黄镜垣　黄伊妮　柯美玉　赖关林　李丹丹　李秋晓　郑秋香　邹淑斌　练燕丽　梁健东
洪　冰　彭俊杰　王启维　张步云　郑健儿　蔡文昊　陈慧明　陈汝朋　陈伟道　邓广燕　邓敏玲
邓易幸　丁进辉　李燕玲　范家振　冯程健　符剑良　付建伟　龚肖媚　古丽珠　郭宇杰　黄浩杰
黄秀萍　黄振华　黄金花　旷缘慧　李　斌　李　玲　李　密　梁灿文　林潮俊　刘玉丽　卢桂津
石燕飞　唐期生　王志坚　温卫金　巫焕平　谢　铭　姚少丹　叶桂华　袁慧莹　詹立建　詹永波
张玉成　赵泽吉　郑浩飞　郑少龙　钟胜辉　周声莲　朱莉英　张忠平　岑倩文　梁泽煊　林　宇
罗俊超　梁定中　邵　师　郑姚敏阳

工程造价

张婷婷　胡鹏飞　王媛媛　蔡　啸　陈惠指　陈景峰　陈　娟　陈信芬　付书娟　纪佳丽　赖巧花
李迪宇　刘福林　骆伟园　唐思力　谢丽花　谢晓波　郑会斌　郑见平　周敏富　陈嘉铭　陈晓雄
冯嘉浩　何婉盈　黄嘉耀　黄嘉颖　黄丽婷　黄正绘　季飞龙　李　芬　李　灵　李弯弯　梁汉琪
林丽霞　林　秋　林伟龙　刘海斌　刘继满　刘　潇　卢周梅　莫泽燊　秦　锦　秦　蓉　吴立雄
马艺霞　邱燕萍　童　欣　王银凤　文燕君　巫瑞平　谢崇南　谢文慧　杨剑平　杨晓光　余茂滔
袁宇强　张海燕　张　磊　张美芳　郑鸿森　郑伟标　姚泽雄　汪　瑶　郑松炎　霍万洪　林映亮
张　蕾　张少丰　张喜得　张小妹　张钟元　张毓浩　郑楚宏　钟绮曼　周声棉　朱强达　庄立娟
缪宋灵　张月葵　赖虹巧　赵惠茹　郑璇娜　李　栋　郑创城　郑庚深　李金成　李金文　李钎如
李日弟　李延青　李　燕　李雯丽　梁灿莲　梁俭锋　梁镜炜　梁棋峰　林合彬　林胜宜　李　星
罗木清　王金生　吴冬冬　张向娟　蔡碧宏　刘丹丹　刘耿铭　刘嘉伦　刘梦婷　刘　威　刘小燕
刘燕红　刘月坤　罗丽婷　罗叶红　彭明亮　邱　华　邱　雅　沈桂永　粟本喜　蔡娥妹　曹锐兴

陈宝军 陈健聪 陈金龙 陈思婷 孙军超 唐绪彦 陶美君 王春燕 王国健 王鸿康 王柳娟
吴淑玲 吴裕红 吴泽君 夏慧 谢柏欣 谢志恒 徐治彬 许羽文 陈小君 陈展洪 陈珍佳
邓颖欣 冯祺 郭淑敏 洪清纯 胡健飞 胡庆峰 黄弟仔 黄芳鹏 黄国豪 黄坤龙 黄丽珍
黄美仪 黄学业 黄永恩 黄永华 黄志濠 江海玲 赖东晓 赖艳芬 黎茂东 许裕香 严顺菲
杨嘉昀 杨锦超 杨锦惠 杨瑞青 杨倩媚 阳兆仑 姚志丹 易声福 游建兰 张灿洲 张贵元
熊金莲 杨志林 吴嘉治 梁开伯 陈健康 林勤镇 蔡文华 陈伟标 张荣渤 连映婵 伍浩坚
聂雯晖 黎文智 黎哲丰 李广换 谢丽婷 李嘉文 陈瑞煜 詹蕙 王秋实 林碧燕

工程造价（工程概预算）

黄旭春 黄耀斌 黄馨慧 黄玮 李春毅 李冠杰 李洁玲 李文斌 李燕婷 李周洋 梁树怡
梁永剑 林晓霞 凌东琼 刘振达 刘志斌 刘志煜 陆志坤 吕楚浩 吕宇豪 麦英杰 欧志健
彭洁仪 邱建容 区楚欣 孙鹏城 孙瑶瑶 唐敏嫦 万仕兰 王磊 王欣欣 王志义 卫绮欣
吴驰 杨婷 叶莉 余倩雯 曾嘉莉 詹意 张艺骞 张育佳 张子劼 郑灿樱 郑海宁
郑建深 郑康妹 郑可鑫 周江德 周天泳 周志婷 朱靖怡 朱梅娟 庄鸿弟 佘典任 邬键瑜
古建城 苏晓龙 肖亮中 周叶铭 黄楚凤 陈俊 陈凯浩 陈淑媚 陈婉 陈秀英 陈永芳
程梅琼 邓马定 邓晓珠 冯丽玲 郭翠芳 何俊 胡冠毅 胡美平 黄邦辉 黄敏英 黄权
黄升达 黄文枫 赖浩琪 侯雪平 谢曼新 周肖然 赖瑞丹 黄祖芳 朱海涛 姚健 颜淑华
马丽思 石伟豪 杨宏锋 甘志强 陈烨

工商管理

蔡展全 陈合荣 陈权丰 陈应斌 黄烨 黎创权 李启舜 李文婷 刘华庆 马子龙 吴嘉裕
肖俊华 杨芳 叶雪晴 朱少雄 姬美 沈伟坤 刘阳 赖宇静 麦伊琪 莫勇文 秦超
邱姚 苏灿星 唐晓岚 王雪亚 韦庆告 杨春婷 余向荣 余欣欣 朱美荣 祝伟静 蔡海燕
卢巧玉 陈立欣 陈谦敏 陈腾凤 郭俊斌 江水丰 李嘉燕 梁寒寒 林丽斯 申昌华 汪峰
张莹 钟秀丽 陈炜承 古文辉 何超 洪海吟 黄娟 金红梅 劳宝樟 李青华 梁素娜
刘志锋 刘奕君 卢广浩 罗科 罗琳 罗思 罗宇安 罗裕明 马丽琼 李小明 赖雅文
莫荣芬 卢杰臻 赵艳红 司徒美玉

工商管理（工商行政管理）

区伟滨 陈泓玮 池俊杰 李颖君 梁咏谊 梁友俊 卢智源 彭耀荣 温秀霞 吴景欣 吴林波
许绪棉 杨嘉权 叶泳茹 曾蔼芊 曾智星 周慧晶 练俏

工商管理（工商企业管理）

雷玉君 罗烈君 韦娟 张风骅 崔斌 周添丽 陈珊 陈文杰 丁鸣颢 范绍杏 傅惠燕
高杭秋 胡汝坤 江湛文 李慧雯 李日平 刘国浩 刘增洋 莫艳琴 宁子洪 欧阳谷 王嘉杰
王新灵 王子英 吴雪峰 吴中文 徐嘉明 颜进有 杨海媚 袁丽娣 曾国滔 张杰灵 张艺贤
覃明禹 邱宝达 严婉婷

广告学（品牌策划）

程慎 周浩恭 罗小莹 林庆亮 何健恒 衣超群 袁浪跃 蔡满婷 陈涛 郑伟俊 丁刘慧
黄日炅 陈文锋 黄嘉艺 林少贞 刘小燕 刘芊卉 潘碧玉 温小雪 谢洁鸿 严丽 岑美丹
黄珊 林桂平 陶传凯 姚丽桦

行政管理

陈润浓 陈雪霞 陈振豪 罗玩银 邱雅优 唐沛霖 王祥丰 谢绍柏 徐海珊 叶国中 叶俐欣
张海丰 毕敏东 陈军 邓斐 冯秋红 黄晖 林冰娜 茹宝文 谭俊诚 谭美蓉 万菁菁
曾欢 张浩声 陈洁 陈晓珊 李百威 梁梓浩 沈智颖 叶伟林 叶子倩 余盈洁 郑晓燕
张静 唐宏达 余凤梅 李清 张冬利 苏雪銮 郑敏 麦锦威

会计学

邹玉琳　蔡方书　禤婉冰　胡春燕　黄富琼　黄建芬　李爱清　李　莹　谭海晖　王左伊　吴　晗
杨　蓉　陈少仪　陈　筱　郭静欣　黎汉雄　黎建邦　李　桃　刘建桃　刘小苑　潘嘉慧　潘嘉丽
宋　丹　叶玉晶　张浩彬　赵　丹　祝　艳　陈辉娜　陈小麦　翟文凤　丁毅威　冯哲茜　古健婷
郭晓洋　黄海媚　黄亮锐　黄艳婷　赖淑园　李　芳　李贤威　练冬丽　林海珠　骆秀廷　陶红艳
王燕新　吴曼仪　严真清　颜金福　曾雅琪　张子俊　贾芹芹　苏秋凤　许惠芬　高　英　宁凯黎
尤玉吟　庄海春　莫钧荃　余素娟　张　颖　邝倩怡　陈顺仪　曾淑青　孙思婷　蔡萱萱　黄婉雯
毕慧仪　蔡燕兰　陈琦睿　邓婉萍　黄彩凤　黄锦枝　李玉珊　梁玉琼　刘新彩　刘育君　卢慧娴
汤艳婷　危佩文　魏静霞　曾丽萍　张靖妍　蔡家明　陈　军　陈　丽　陈颖雯　陈玉霞　程碧瑜
邓秋明　邓依萍　冯美盈　关婉敏　关肖飞　何洁莹　黄彩艳　黄慧娟　黄雪冰　李春燕　李玉麟
梁春媚　梁　萍　林晓敏　余妙琼　凌家玉　刘拓宇　罗文娟　马蔼妍　潘颖茵　丘　凤　吴冬霜
严文静　余嘉欣　张　敏　张小霞　张燕翘　钟美玲　陈穗颖　郭晓燕　胡敏仪　廖志勇　刘允秋
麦华雯　王小艺　许　婷　张国仙　郑佩瑜　蓝翠玲　郑杏珊　邓颖文　翟婉桢　何慧珊　洪丽敏
黄　颖　江燕莉　雷颖瑶　林志娟　刘卓彦　谢洁瑜　王文文　欧阳珊珊　司徒楚桦

会计学（注册会计师）

陈　蓉　徐　冰

机械工程及自动化

梁志辉　陈　宁　房伟超　冯　杰　李　潜　梁碧君　梁志勇　刘利优　茹玺记　唐　剑　王　湘
钟俊杰　崔大彬　陈子敏　崔正楠　冯子杰　付勤岭　关　海　黄超葵　黄庆东　黄庭康　梁建国
林少凯　凌伟锋　任汝胜　王国庆　王　皖　王峥峥　吴保柱　谢永萍　严宏杰　杨云华　杨允宁
植景豪　周晓榕　思　东　孟宇灿

机械工程及自动化（模具设计及计算机应用）

田　伟　姚奕图　陈灿彬　陈伟健　冯绍敏　赖财文　李　蒙　梅文洲　王　胜　王思明　熊　彬
许　正　杨清警　张国峰　张　妙　周善雕

机械设计制造及其自动化（数控技术）

元思敏　张栢诚　钟雪莹　周一旺　朱云超　韦柱钊　黄佳星　黄焕锟　黎昕康　李世云　林康养
罗志彬　麦楚聆　唐智亮　王木强　谢远国　杨华山　阳存龙　刘剑青　黄汇丰　黎浩楠

计算机科学与技术

吴嘉伟　徐锦波　徐期阳　薛树丰　严伟麟　叶振城　殷亭亭　曾力忠　曾令深　钟灼兴　周结军
朱　闯　朱少杰　朱志乾　左浪飞　陈永智　杨绍泉　曾向清　董源森　苏启桐　吴冰莹　甘晓华
刘萍萍　贝绮亭　冯叶强　龚元杭　黄庆坚　黄哲芸　黎通声　李华胜　李家丞　李林茂　梁明锋
林健志　林文彬　刘国平　刘智卓　罗丛竹　邱锷裕　谭丽琴　韦剑彬　巫开浪　张港洪　王晓文
伍　敏

建筑学

黄　蓉　李　佳　李柳红　李　盼　李清戎　李　霞　李　智　林励达　林子杨　尹　俊　武星珮
姚复淦　陈朝顺　刘　俊　卢　达　吕敬阳　罗　陈　彭诺希　丘双甲　沈仕湘　孙艳萍　唐国锋
涂　魏　王　宁　温海鹰　温文意　伍劲超　熊　军　杨华炜　杨　娇　易香玉　曾飞城　张　超
张丹蕊　朱桂林　陈汉国　陈　勇　陈政行　郭海清　李烈博　林晓生　石祥理　叶子亮　张　灏
招裕超　赵绪宁　钟慧娜　钟镜华　钟　勇　周　侗　周　俊　朱　超　卓志杰　栾　甜　李永亮
张良圾　蔡荣泰　陈天梅　邓恩学　黄伟宁　黄志基　江健华　李培鑫　李燕明　廖　颖　林碧川
刘城生　卢翠红　聂金香　王东梅　王立伟　魏忠辉　吴国庆　谢　玥　徐承园　许水冷　姚婷婷
叶旭梓　曾　斌　张健伟　张龙银　张诗怡　周仕文　冼烈斌　柏艳艳　陈朝圳　陈少娜　陈恺生

段光红 甘坤荣 贺亚丁 胡　峰 胡　铁 黄潮彬 黄建山 黄梓峰 林柏楠 聂孟秋 徐　伟
黄小龙 蓝枫龙 江　帆 劳倩平 黄春博 杨东晓 李　莹 梁宝荣 梁德勇 陈兰花 林浚慧
潘海清 徐三妹 杨家欣 陈华英 陈　明 杜爱心 郭嘉雯 郎　婷 刘斯明 潘　梦 潘　云
戚嘉辉 秦　龙 肖子龙 张立明 朱君恒 梁华纳 梁　健 林炳琴 林琼娜 刘奕彤 罗泽锋
马晓玲 马阳阳 欧利平 区慧珍 石志明 苏嘉丽 谭雅丹 唐芳坤 田　宇 王铃清 王钰渊
文伟深 翁浩斌 吴建兴 吴　龙 谢志豪 徐正山 杨建生 杨毅斌 叶永汉 余卫民 卜晓芸
袁德富 曾庆强 曾燕萍 曾　益 曾志霞 蔡乃威 蔡育华 陈国锋 陈凯冰 陈履才 陈淑娜
陈小文 崔　洁 翟丽燕 刁宇新 杜湛基 顾锦全 侯泉辉 黄健壮 黄守样 黄伟镇 黄文波
黄秀聪 康智灵 蓝欢欢 詹伟健 张伟男 张卫峰 张滢滢 张　遒 赵树国 郑振献 郑志良
周超华 周卓苗 周灼辉 朱振声 蔡财敬 梁海强 梁锦清 梁旭劲 林　东 林炼泳 刘婷婷
陆雄宽 吕友谊 罗　峰 庞冬玲 汤士美 唐秀玲 涂　伟 万倩楠 王俊卿 王云青 吴汉清
伍建威 徐春叶 徐文成 袁阳文 张汉儒 招盛彪 郑尚文 郑晓驰 郑小龙 朱雪君 邝健业
覃秋丽 蔡启辉 庄文传 陈世堂 陈　旭 陈艳芳 陈殷俭 陈昭铃 陈智聪 邓莉婷 邓佩儿
范甲炼 冯慧欣 甘　友 高锡良 关碧仪 韩楚森 何锦辉 何精彬 何美怡 胡海敏 黄浩球
黄锦涛 黄品儒 黄颖玲 黄智晖 康海明 孔镜锋 黎树荣 黎怡菲 李海宇 李嘉君 李丽红
余　敏 梁　婕 叶泽飞 苏晓萍 程思妹 吴晓平 朱毅超 邝沃常 刘　舸 刘锦辉 孙萍定
简家明 黄家威 黄文华 马　丽 陈达生 陈星宇 许先炀 梁小春 易玲玲 周绍良 廖玉杰
黄达荣 刘庆厚 李梓晴 许启明 王东升 邓慧清

金融学

蔡银玲 黄顺龙 柯素华 李丽萍 刘海燕 肖　咏 曹六一 张志媚 陈文辉 刘家玲 何　花
黄惠仪

汽车服务工程

陈骏佳 陈启泽 高志敏 黄伟帆 李文捷 李振华 李智力 林定海 苏良双 肖　洋 谢宇靖
殷克纬 余子聪 曾　凯 詹皇炜 钟伟能 覃泽威 周城贤 王伟文

汽车服务工程（汽车检测与维修）

吴召峰 梁炬华 胡昀江 周尚艺 邓乃精 黄　弟 黄梓亮 林小武 谭文龙 谢绍浓 余剑勇
袁亮华 钟永豪

热能与动力工程（制冷空调技术）

赖媚珍

人力资源管理

陈海萍 何舒仪 黄韵谊 朱　萍 李晓丹 罗素环 张贵文 陈海飞 方　韶 何春秀 廖美慧
阮程辉 游燕芳 张瑞红 郑楚丹 柴俊冰 邓彩云 林晓燕 刘美娟 颜　雁 姚　岚 王海明

人力资源管理（公共人力资源管理）

林丽丽 林宇晴 刘　丹 刘静贤 刘丽菁 刘敏慧 刘倩婷 卢柳芳 马雪仪 蒙赐斌 蒙嘉亮
欧　梅 潘嘉欣 潘嘉懿 潘有芳 彭淑菲 秦旻茜 苏焕轩 苏　玉 孙丹玲 谭海仪 谈丹怡
汤子祥 陶俏妮 王　凡 夏幸仪 许宝珠 杨　婉 姚雪怡 叶嘉红 叶　娟 叶沛诗 叶少嘉
叶瑶诗 余泳诗 余　勇 曾嘉豪 张倩瑶 赵秋怡 赵泽皇 周楚君 周骄娇 周毓岚 朱嘉欣
朱　茵 朱婷婷 庄嘉纳 陈俊豪 樊善文 李松活 何婉薇 肖迪文 钟杰堂 蔡鸣生 王得仁
梁晓莉 邱丽明 白绮玲 蔡文斐 蔡　莹 陈嘉浩 陈洁婷 陈景山 陈芃昕 陈锐棵 陈思宇
陈文辉 陈晓静 陈小婷 陈芷蔚 邓英阳 丁　聪 丁筱诗 杜智勇 范丽丽 方大为 冯美仪
甘俊辉 顾美娴 关颖琪 黄冠豪 黄国新 黄慧婷 黄秋玲 黄幼玲 吉莉莹 孔少敏 赖惠玲
赖嘉健 黎慧雯 黎咏仪 黎志明 李惠君 李蔓圻 李明君 李莹莹 梁楚怡 梁建仪 梁天生

林嘉明 陈思韵 冯姗姗 钟翠雯 俞　缘 吴　裕 敬蕊菡 吴倩雯 黄志宏 司徒杏妍

人力资源管理（现代企业管理）

林　祺 沈琳琪 薛舒晴 余林光 蔡秋莹 陈金辉 何航玉 李龙辉 梁思聪 龙海潮 龙志永
邱婉丹 苏　勇 孙宏丽 吴胜景 肖敏强 谢铭丽 郑映琼 郑洵洵 钟茜清 岑惠兰 李丹梅

软件工程

李云钊 李洲华 梁德庆 梁　荣 林勤涵 刘柳苑 卢日华 罗威龙 任俊健 谢予晟 熊　坤
严家良 杨恩敏 杨进豪 尹长虹 赵高先 赵敏强 郑　彪 朱怀树 王培照 吴满棠 曾　梁
刘晓彪 卢雄涛 陈宇健 谷志勇 黄　辉 黄斯婷 黄正文 康煜廷 李国平 李河讯 李鹏辉
李万忠 李燕飞 马学冰 黄智业 张　琳 罗洁兰

商务英语

徐庆芳 陈嘉丽 陈嘉萍 陈嘉雯 陈梁威 陈雄健 陈　彦 陈芊月 傅宁君 胡艳渟 黄卉丹
劳嘉琦 劳洁莹 黎锦莹 李朝珍 李家慧 李　曼 李晓蕾 梁慧珊 梁莉莉 梁诗颖 刘静怡
卢锦华 区思炫 苏小昕 谭恺思 王婉雯 王　洋 王玮莹 温茵山 严　曼 曾慧敏 张　芬
李　丹 张旺华 张芷敏 赵颖妍 钟静文 钟　桦 冼嘉焕 唐　凯 杨小雯 何　韵 沈　蔚
袁少冰 易颖妍 詹韵岚 李文强 罗子伦 马映瑜 曾诗韵

食品质量与安全（食品安全管理）

涂　颖 陈燕玟 戴振维 邓玉凤 黄　霞 黄艳芳 李细沂 刘海英 欧阳望 邱坤鹏 吴汝金
薛仲强 杨显权 余雪丽 朱懋冠 邓常幸 刘健荣 吴颖娴 李福伦 陈婉莹 冯思行

市场营销

李剑霞 李　梅 李蕴妍 梁明杰 梁倩儒 林丽娟 林美华 刘博彦 刘家彬 刘艳芳 罗文辉
莫小聪 彭洁莹 区慧珺 容庭亮 苏栋成 苏洁云 谭舒敏 王　奋 肖君华 杨幸文 杨毅俊
杨幼君 姚淑韵 叶嘉伟 余嘉明 曾晓萍 张翠云 张智斌 郑仙文 朱家颖 田映恋 杨伟成
黎卓斌 何浩鸣 梁家顺 车　迅 陈海恩 陈仕荣 陈伟明 陈允杰 邓嘉欣 杜燕飞 方桂彪
冯嘉圣 高　彤 黄结婷 黄庆华 蓝　杰 蓝炜明 李冠彬 李慧菲 叶铭基 何志珊 罗海燕
梁　超 赵　岩

土木工程

吉旭煌 贾雯艳 李　傲 李明泽 李　帅 林嘉琪 刘振宗 刘志华 龙永根 莫以哲 牛云飞
沈晓东 石秋容 宋　计 谭国炽 谭　杰 徐宝城 徐善君 颜仙委 颜英顺 曾德泳 曾嘉龙
曾敏潮 曾庆焱 曾子斌 张永伦 郑豪杰 邹子霖 钟志鹏 岑水清 陈明凛 范文碧 傅山峰
何妙美 黄惠燕 黄　勇 李福庆 梁家聪 林国达 林鸿明 刘　娟 刘凯新 吕沁沁 罗锡水
骆碧波 饶俊沐 宋立伟 苏文杰 谢文婷 叶小明 袁卫明 曾　慧 郑灶洪 郑　焱 冼宇龙
苌新莉 滕　雄 黄妙春 黄腾豪 李　燕 李珏栋 刘光志 麦权想 宋家庆 苏雁嫦 谭祖锋
肖　霞 谢　亮 王迪文 蔡宗学 陈智芬 陈绮华 段　琼 段　鑫 熊　鹏 张辉宇 赵楚鑫
何启钊 黄国伟 黄　亮 黄宇爵 蔡金龙 梁杰勇 马文瑞 吴友佳 谢加龙 刘凯翔 张志鹏
黄彩萍 黄　弟 黄丽文 黄志鹏 赖林文 李　楚 李　对 李亚超 李志泉 林国任 林杰生
林金阳 林瑞翔 林武彬 凌大雁 刘炯禧 卢　璨 马真群 梅永峰 宁瑞群 庞俏娥 饶明芝
施贝可 宋方针 汪慧芳 王　伟 王伟荣 王文浦 彭　坤 王　旭 温　凯 吴国强 吴杰栋
肖发红 谢　圭 熊文建 徐丽仪 严玉萍 杨国富 杨锦辉 杨曼国 叶柯荣 叶丽仪 叶顺杰
叶晓宜 余佳达 章善苗 张金发 张顺杰 张心武 赵少杰 郑岳楠 朱小颖 诸晓军 祝建娣
邹　玲 邹耀聪 钟栋宏 陈丽容 林福泽 刘茂华 谢　芬 陈小婷 冯海燕 甘良芳 苟梓杭
郭杰彬 黎伟龙 林佳龙 麦伟仪 彭德猛 邵　佩 王　聪 王婉静 吴丽娟 肖春玉 张　绘
宗为宝 梁健龙 马嘉聪 姚浩均 庾书麟 蔡炎标 陈德森 陈加奇 陈　亮 陈启宏 陈秋霞

陈文玲　陈泽璇　陈洲杰　成小明　邓健锋　董恒彬　冯金毅　江百畅　郭允芳　陈志桐　陈秋裕
付凯鹏　简振威　许家福　李智彬　黎锦华　黄潇潇

土木工程（建筑工程管理）

陈小相　干贵路　黄锦辉　李嘉健　李　琛　廖利常　梅又员　唐国军　温军宏　萧崇福　许永盛
叶祖龙　曾　杰　周亿昌　梁杰文　李剑海　李　悦　林志辉　俞　飞

网络工程

关文举　韩先健　何德威　黄　辉　黄辉兴　劳荣添　李　鑫　罗　燕　孙　超　韦荣欣　吴著丰
杨冬严　尹　军　袁鸿超　张格力　张志明　周千淇　陈晓东　陈逸龙　陈子毅　龚志平

项目管理（工程管理）

黄荣英　柯锦芳　李学滔　梁罗正　林德鸿　林海光　林佩芳　林少荣　林学智　刘天翔　卢君如
石文丽　谭荣贵　田金栋　王桂霖　王盛文　吴　淳　吴广杰　吴景坚　叶东林　钟英南　周　孝
邹志坚　何俊恒　黄培霞　林敏夏　贺燚丹　李绍勋　曹伟帆　陈　琪　程燕萍　管仁杰　何慧珍
黄海升　黄嘉伟　黎敬文　郑伟平　谭俊烽　欧子榕　谢　超　黄炼丹　梁振江　林　识　何泽红
陈土春

项目管理（建筑工程）

吕丽莹　罗爱强　罗君玲　蒙锐荣　聂鸿敏　谭家荣　吴荣贵　严锦发　杨竣宇　叶文强　郑晓匀
邝健能　刘　颖　蔡乃翔　陈晨生　陈敏玲　陈巧兰　陈庆辉　邓伟恒　郭广盘　黄佩仪　黄兆锋
蒋艺彬　黎智权　李少君　梁健斌　梁志弘　廖　颖　林丽萍　林斯程　林兆泽　林炀明　刘国荣
刘小莞　刘玉丽　陆锐聪

艺术设计（服装设计）

李淑瑶

专科

电子商务（网络营销）

羊少苗　何玉婷　蔡秋思　陈燕明　冯浩然　冯贤静　黄志清　李琼艳　李秋惠　梁思敏　廖庆萍
林丽丽　陆华灵　罗彩月　聂小妹　欧丽芳　唐慧娟　曾剑妹　张敏芝

动漫设计与制作

邱志珍　白元龙　曹　悦　陈灵滔　龚小敏　林雅婷　刘泳哲　卢黎贞　罗丹丹　容月婷　吴艾琪
曾海兰　张泰笙　郑贵元　左腾花　张婷婷　赵彩因

工程造价

陈佳慧　陈荣恒　黄　平　兰海燕　林泽锐　罗晓红　苑　爽　曾　彬　张津铨　陈志强　楚文霞
黄丽娟　黄秋菊　黄真彦　黎树添　李颖莹　梁树威　梁雄玲　刘秋云　陆淑娟　陆桦亨　杨　燕
曾小琴　曾增平　朱玲玲　许光庆　严汝伟　杨伟文　姚泽鹏　叶玉簪　叶志坚　郁伟仁　袁　菲
袁佳静　张亚兰　张玉珊　郑杰武　钟慧珊　钟淑珍　钟英丽　钟颖宜　周振培　覃　洁　叶楚涛
龙晓敏　黄江波　夏伟刚　黄高权　陈建玲　崔晓良　杨洁红　蔡汝琴　蔡镇辉　陈惠鑫　陈　佩
陈伟生　陈学敏　陈燕青　陈瑶瑶　陈月萍　崔宁宁　崔耀强　丁仲邦　杜　靖　郭金芳　胡　君
黄超武　黄豪宏　黄家能　黄洁敏　黄境友　黄少华　李诗红　李旺民　李伟棠　李晓云　梁春萍
梁建华　梁钧豪　梁旭新　梁绮翘　林潮鹏　柳源晖　卢桂宏　蒙永强　莫吕娇　莫应民　宁家宜
潘海燕　庞明丽　戚蕴华　沈桂源　宋清惠　苏日煜　孙丽璇　谭玉婷　王　航　吴锦波　吴开景
吴燕君　谢小如　钟春燕　张微芳　郑伟滨　黄梓铭　李炯东　欧阳宇蓓

工程造价（造价管理）

林小雯　林宇飞　林珍妮　林　婷　刘经双　刘梦杰　刘少杰　刘小佩　刘洋洋　卢忠杰　罗　洁

罗志波 马绍康 唐燕飞 王洪营 王敏君 魏炜圳 温翠婷 温广裕 翁达玲 吴鹤敏 吴建鑫
吴明霞 吴晓云 肖 杏 谢海梅 谢武龙 徐贵兰 徐林锋 许功倾 薛嘉茵 杨国冠 杨晓红
曾月容 张丰鑫 张金凤 张美竹 黄钰滢 郑炳生 郑海东 郑武丰 郑乙荣 郑裕鸿 郑灶雄
朱凯辉 庄素音 卓子程 邹淑芬 张亭英 黄希哲 张翠柳 吴碧璇 李光英 蔡楚鹏 陈佳宜
陈洁颖 陈伟钢 陈晓欣 陈 芸 崔秀娟 邓培松 丁 婉 关 博 洪燕花 胡桂英 胡华妹
胡晓萍 黄嘉禹 黄家英 黄娜娜 黄频钊 黄舒丽 黄文钦 黄晓娟 黄晓玲 黄元佳 黄志强
江健伟 黎君桐 李翠霞 李嘉鹏 李金媚 李树明 李晓棠 李秀兰 李一炜 李旖璇 梁金土
梁振波 梁栩奇 廖纪防 廖曼儒 廖秀仕 林湧发 林佳欣 林杰中 林龙标

工商管理

苏振鹏 吴晓敏 谢雁兵 杨丹丹 张靖怡 张绮源 钟苏怡 周洁嫦 谢英等 毕树铖 蔡逸航
曹雯烨 陈 端 陈海珠 陈键波 陈健婷 陈玲玲 陈悦珊 陈志豪 陈志横 陈志杰 杜炜杰
冯华娣 冯嘉文 冯建标 符荣宝 高志红 古锦航 郭德富 郭晓峰 陈静怡 陈伟彬 李季鸿
李金凤 李明强 刘妮娜 刘晓英 郭 霁 何伯辉 何明森 何欣霞 黄承德 黄 芳 黄俊新
黄聘潜 黄志兵 孔维玲 孔祥汇 老业红 李广志 李奇才 李毓慧 李倩仪 李婷伟 利耀均
梁泳雪 林创法 林钊灿 刘 佳 柳 洋 罗燕芳 邱智邦 谈兆伟 汤伟健 唐 琴 汪 波
王超尔 王 勤 王仁杰 王文建 吴国豪 肖 勇 谢 莹 叶灿斌 袁展威 曾海连 张昌伟
张冠华 张艺玲 钟昌祝 钟惠英 钟 燕 周嘉辉 周仕权 周艳芳

工商行政管理

李雄锋 梁炯文 梁均健 梁永兴 廖超平 廖建华 廖美芬 廖旭辉 廖亚兵 列可祺 林东璇
林国柱 林 飘 林镇豪 林志聪 刘豪亮 刘浩铭 刘浩源 刘家华 尹炽培 曾健文 张登荣
张景豪 张叔雄 张伟豪 张旭民 张永锋 张志豪 钟林敏 钟梦怡 钟鸣悦 钟旭煌 周慧琳
朱嘉勇 朱润松 刘 娟 刘朗锵 刘沛豪 刘启轩 刘声洪 刘双红 刘双连 刘伟林 刘旭城
陆铭杭 罗锐朋 陈雷生 陈瑞洲 陈彦凯 陈紫彤 陈紫雯 陈淦锋 陈绮琪 陈梓新 单炽颖
单焕怡 单志华 邓镜汶 邓子健 丁建华 高志鹏 龚伟斯 郭 栋 郭 军 郭俊杰 郭秋婷
郭文健 郭志繁 郭子聪 韩建宇 何冬龄 何嘉豪 何锦辉 何钦华 何珊花 罗文莉 麦炳溪
毛建华 毛晓钰 聂俊钟 欧 芳 潘慧琳 潘家宝 潘群有 潘智荣 屈灼贤 阮健钧 阮玲玲
阮真真 阮钜鑫 汤共娟 涂捷文 王丽萍 王力强 王锡坤 王 燕 翁爱玲 吴沚燕 吴家骏
吴静娴 吴炯雄 吴志康 吴仲宏 伍宏川 何水妹 何宛谕 何志华 何圳文 黄桂豪 黄国能
黄国忠 黄金花 黄铭浩 黄圣文 黄永全 简锦玲 江伟奇 江永康 江玉成 赖伯鸿 赖汉华
赖伟鹏 赖小幸 赖智茵 赖梓豪 黎冠鹏 黎伟澎 李冰冰 李浩朋 李浩钊 李嘉伟 李立春
李沃聪 曹银华 陈嘉仪 李华英 钱秋琳 蔡胜龙 陈晓烜 陈晓云 龚 灿 谢锐成 谢晓颖
徐榕富 姚敏忠 姚水明 叶丽玲 黄田章 简菘毅 郎 萱 林斯敏 林展毅 邱郁娟 孙 璐
王晓宁 许舒玲 颜志龙 杨倩瑜 余伊晴 曾锦妍 郑美敏 郑美霞 郑欣韵 蔡宇乾 陈碧云
陈炳强 陈灿伟 陈家豪 陈建航 陈锦乐 陈锦鹏 陈康尚 黄溢洋 李敏侦 林郁平 伍棉龄
肖金杏 杨 倩 叶金凤 曾汉祥 张 聪 张 茵 赵 青 周小群 蒯立艮 李佩怡 林俊妮
彭 俊 朱 涛 龙 婷 黄建辉

工商企业管理

吴国峰 吴柳葵 徐卫红 叶诗怡 叶诗婷 叶雪苗 曾子蔚 张慧静 张 静 张倩怡 郑彩霞
钟顺梅 周 香 庄楚燕 邹海涛 蔡丽迎 陈淑平 陈 燕 陈云锋 邓正丹 郭丽华 郭丽婵
胡红霞 黎晓莹 李志坚 梁火群 林雅玲 刘 娟 钱 敏 谭锐敏 田翠翠 田何香 田映苗
王 敏 王新花 谢华丽 余思潮 曾凤珍 张俊玲 李丽梅 陈嘉琳 陈美芳 陈思思 邓 维
郭敏晖 黄俊玲 黄琳楠 李国娥 李良源 李奇妙 李晓佳 李艳芳 梁祝君 林 亮 林志勇

刘楚冰 刘楚梦 刘冬梅 卢丽屏 卢小燕 谭宇云 田正强 王　丹 王红中 王　婷 温晓山
唐克利 曾丽宏 张鹏辉 钟冬成 戴石汉 邓颖源 傅方泯 贺美花 洪志豪 侯庆臣 黄桂欣
黄嘉丽 黄金裕 黄晓静 江雪姬 黎天恩 李晓璇 李颖茹 廖文秀 刘　毅 刘泳仪 潘华娟
潘慧玲 彭丙委 彭美群 皮建芳 丘燕芳 孙小丹 谭颖欣 汤嘉丽 童良军 韦秀影 温记霞
熊翠翠 谢超文 余锐芝 陈丽云 卢键辉 温家仪 肖　霞 谢满财 谢庆蔡 杨纯玉 姚志君
余　倩 张翠文 张燕芳 钟广颖 钟俏红 钟璐儿 周　琼 朱伟桃 缪小霞 窦朝探 黄艳华
李英彬 邹金雨 陈清梅 陈燕丹 黄雪霞 李　洁 林纯斌 徐磊烨 周裕平 朱霞平 苏晓彤
陈少明 何树锋 覃盛江 刘十红 蔡德林 陈成彬 陈立潮 陈慕康 王锡炳 陈香妹
欧阳黎明

工商企业管理（中小企业经营管理）

何俣偲 邹翩翩 郭晓锋 韩文华 洪梓妍 黄嘉豪 梁永德 刘　梅 莫子杰 潘家欣 宋媚媚
汪　倩 吴幸婵 许晓文 余灿梅 庄　易 罗继佑 王思宇 李文杰 陆琦涛 卢嘉贤

行政管理

陈雪英 甘静芳 何思平 何紫慧 黄春苑 黄惠玲 黄礼华 黄妙颜 李颖婵 梁美芬 林丽娜
刘　铭 马莹莹 宋燕怡 谭　灵 万善文 吴丝君 吴桌璇 熊友国 许英敏 曾雪桃 周　芸
陈淑贞 方　颖 黄泽婷 廖敏燕 魏　婷 杨培丽 钟金枚

会计

杨　丽 柯丹婷 尹秀霞 陈锦贤 陈土嫦 单文俐 李嘉丽 梁惠仪 梁　正 廖瑞芬 林巧飞
林铮文 刘菲菲 马家敏 马敏怡 王丽君 萧佩君 萧转君 钟敏玲 朱婉玲 艾方华 蔡　敏
蔡奕莹 蔡　璇 邓志玉 范佳佳 方少玉 方　燕 古丽娇 韩　蕾 何春燕 何雪英 何云云
洪佩莎 胡东平 黄冰纯 黄婷婷 赖丹妮 赖雪玲 兰小莉 李惠冰 李金苗 李婉丽 林泽娜
刘峰秀 陆春英 马桂燕 宁迎双 彭思燕 邱梦诗 汪茂花 王文佳 韦　添 吴少忠 夏军容
杨青亮 张　浩 张晓丹 张泽玲 赵少华 郑少芬 周艳妮 朱伟霞 朱晓凌 朱雁平 邹　丽
古洁雯 陈嘉玲 刘秀梅 罗丽丽 崔志玲 吴惠英 吴佩吟 吴志斌 伍丽莎 伍梦诗 谢纯敏
谢翠娟 谢婉雯 徐　瑛 杨湘怡 杨玉琴 姚翠莲 曾婷婷 詹珊珊 张佩玲 张乙妹 张婷婷
郑丹萍 钟莉敏 钟敏桃 周英敏 吴岚岚 谢　芳 许佳如 喻世慧 覃家裕 卢芸志 蔡振丽
陈琼玉 邓志雄 方　乐 方宇莹 何楚婵 黄秋连 李练霞 李晓婷 林春兰 林春晓 阮家辉
石银莲 吴丽如 吴芷晴 叶康娣 张务华 郑东勇 周少琼 朱云珊 邹美莹 邓敏华 何丽芳
何子君 黄丽环 黄燕茹 黄运梅 江丽芹 江少娴 利洁雯 刘海婷 刘妙仪 龙桂玲 欧丽燕
欧妍军 潘有连 唐美娜 王　丹 王子美 王雯婷 危美思 肖文珍 徐美颜 曾嘉敏 曾转儿
张燕辉 郑小敏 周婉梅 蔡喜娇 蔡晓真 陈秋菊 游　梅 陈文悦 陈志连 龚旭原 陈婵旭
戴裕霞 董玛利 范伟苑 冯秋桂 冯秋玲 胡佩群 黄　妹 黄艳红 黄玉丽 江晓贤 金清曼
劳梓茵 李嘉愉 李泳静 梁　旭 梁倩萍 刘美霞 刘彦霞 刘煜娟 罗房娣 罗锦萍 罗　进
麦家欣 彭淑玲 田小玲 王慧敏 王小静 王玉梅 温凯丽 陈益珊 司徒美嫦

会计（企业会计）

陈惠婷 邓兆欣 王　允 谢欣陶 陈秀雯 郭宇斯 黄晓芬 孔　颖 李　纯 李德霞 李妙玉
梁娇梅 林婷婷 刘慧敏 罗梦君 王丹娜 伍棉暘 姚晓婷 张玉幸 阙新开 刘付丽梅

会计电算化

黄丽慧 李春燕 李　芳 练丽华 梁诗琪 林丹丹 刘　柳 卢美蓉 罗建良 邱素兰 严慧玲
叶浩玲 叶晓锋 袁君婷 曾钦茹 张会萍 张晓丽 郑丽洪 郑小丽 钟淑敏 朱　玲 陈少慧
吴琼晖 邓小漫 段梦秋 何佳淋 洪婷婷 黄嘉敏 康来英 蓝　燕 李淑媚 吴雅琪 曾美霞
周丹琳 邹海燕 林泽婷 肖　冰 张南婷 钟丽纯 陈嘉琳 陈家贝 陈美琪 陈雪瑶 陈英纯

邓秀芝　邓玉霖　邓紫娟　刁燕婷　黄惠玲

机电一体化技术

温健俊　伍尚智　谢灿荣　徐健灿　许顺泉　严法光　曾维健　曾钊铅　张锦晖　钟文桁　闫　团
曹福达　陈继勇　陈如兵　从宏文　邓本想　邓洪桥　冯奕保　扶庆武　龚顺洪　龚玉龙　韩红波
黄国中　黄坤连　黄尚升　蒋满发　孔儒英　李春光　李俊维　毕作楷　陈锦添　陈文岐　邓启煜
邓育靖　甘文勇　黄承轩　黄嘉仪　黄泽宏　黄志鹏　江伟涛　赖泽桂　黎　杰　李　根　李嘉宏
李毅斌　林照亮　刘俊麟　刘永煜　罗颖韬　骆嘉俊　莫志坚　潘文华　商志斌　宋智韬　谭汉潘
汤杰华　汤伟杰　汤灼毅　李晓贵　梁国添　刘　佬　刘玉欢　吕　斌　罗洪伟　罗　军　罗　勇
马德勇　马光辉　欧智雄　邱　滔　阮海军　石　义　史佳明　舒咏生　田琼峰　王东海　王建发
王　勇　魏新强　位帅帅　肖　敏　肖运新　谢江波　谢善兵　熊祖琨　徐　萌　杨明林　姚富宇
余兆杰　张宏超　张学彬　郑解情　钟元炳　朱方梅　朱九桂　朱文泉　王　正　陈常军　陈海铭
陈建威　陈俊谦　邓　政　邓志文　冯应煊　胡　浩　胡　平　胡志豪　黄俊达　李骅伦　梁广平
梁健赞　梁永华　廖　勇　林家卫　刘平宇　沈　森　万志明　王继良　吴桂胜　谢国胜　徐　涛
曾　战　钟潮锋　邱海泉　蔡冬翔　张宏磊　刘勇辉　陈永亮　陈增汉　何锦辉　胡小忠　胡　鑫
姜贺凯　金　强　兰靠山　李华诚　李　俊　梁　栋　刘春华　刘金刚　吕晓磊　马一平　麦焕生
丘志雄　陶拾根　王　剑　王　磊　王忠建　魏小栋　吴金洪　熊武斌　徐　伟　杨康土　杨相盈
袁　伟　曾庆安　张兵权　张刚刚　朱国伟　黄夏铎　林俊旭　罗　鹏　沈纯旭　唐克成　吴文浩
吴志刚　谢俊相　辛仙才　杨景福　张锦超　张俊杰　张荣锐　郑增婷　郜松喜　曾镜明　赵勤东

计算机网络技术

祝灿森　莫伟汉　陈景锋　陈林聪　陈燕君　房门贵　冯健辉　甘卓霖　李　彬　梁志刚　刘进文
王浩锋　谢欣荣　姚德安　曾俊杰　郑少鹏　邹俊杰　郭太富　高　琴　胡家伟　林宗富　罗颖聪
张　杰　张超芬

计算机应用技术

陈采凤　陈飞贵　陈平稳　单嘉伟　段小勇　付文瑞　郭容余　黄海灿　黄蔚东　黄雅雅　赖小婷
李敏仪　李小燕　林冬冰　林丽欣　刘俊康　刘美绮　龙淑君　邱裕雄　饶维钰　施华华　石　倩
汪小娟　王挺鹏　王小春　温德赋　吴春莲　郑妙铃　钟慧怡　周丽纯　周钊培　陈海波　黄贤铠
潘兴锋

建筑工程管理

何志期　陈垂英　陈金海　陈书佳　陈选名　陈学成　陈　鸳　傅必执　黄雪影　蒋　鹏　李仕达
李嫣然　梁忠杰　林灿生　林全钟　林上桂　刘耿彬　刘锐能　刘尚永　刘树填　刘颖俊　谭　娇
王志辉　吴永强　余凯锋　彭锦杰　邓树文　莫秋婷　沈巧玲　蔡翠灵　陈基胜　崔剑敏　李深华
刘　芝　曾　捷　周茂彬　房锦溶　林宝城　罗文静　罗鑫亮　王仲允　尹红艳　周慧妍

建筑工程技术

黄　溢　蒋海龙　连楚彬　梁奕宏　廖玉香　骆肖锋　王　阳　吴远彬　夏启航　肖仁波　徐秀珍
张云杰　周潮兴　朱健华　陈　涛　黄秋兰　何静开　陈智聪　邓凯升　杜世泽　胡泽辉　黄　明
黄智浩　蓝伟文　李冠富　李土荣　梁　健　林俊涛　林水源　林　毅　林智鸿　孟海献　欧国健
王宝琪　王远航　吴祖熙　夏启星　谢镇城　徐汉文　许洁宏　曾泽业　张玉香　易文先　李蔚成
陈广新　甘扬荣　陈儒瑞　叶新宇　赖冠仰　吴开利　易宜兵

建筑工程技术（工业与民用建筑工程）

吴锡亮　文学俊　曾仕禄　张　龙　林　宏　陈国喜　方秋生　廖敏富　林克丹　林庆成　林悦东
庞　毅　宋晓龙　涂　丹　翁伟锋　吴立昭　伍儒胜　肖伟鹏　张良波　张志东　尹　勇

建筑学（建筑环境设计）

杨玉珊　林丽娜　唐晓艳　陈宏浪　杜恩裕　冯晓丽　郭晓洁　胡惠娟　简勇坤　简钊全　蒋正丛

蓝司和 李梦阳 李树烨 李耀廷 梁富延 林汉楷 龙耀森 龙紫晴 沈培勇 王艳玲 徐耿彬
杨俊文 叶海丽 曾钰芳 郑泽荣

建筑学（室内环境设计）

刘兰苑 刘顺平 刘烁芬 龙嘉俊 卢敏仪 罗丽铭 罗婉怡 邱嘉俊 谭文彩 王焕华 王金桃
文 娇 翁继沛 吴国石 肖永斌 肖梓华 谢金胜 徐新和 严慧欣 叶佛恩 曾鹏毅 张 贸
钟华海 官大明 黄钦章 梁柳莹 梁英勋 廖青青 刘玮康 马庭友 苏玉顺 汤星宇 唐华嘉
涂旭辉 巫志豪 谢雨婷 徐芝杭 杨金娣 赵 萌 赵诗婷 邝嘉瑜 任泽民 何迪伟 黄德明
黄 颖 劳俊杰 钟永杰 常明翰 陈健聪 陈松财 陈奕纯 邓威文 关则舒 郭虹琼 何景祥
胡耿乐 华月柳 黄菲霞 黄梓江 李国良 李家祺 李俊景 李颖诗 廖小英 林伟璇 王海心
黄文带 凌国强 梁 颖 吴林灿

金融管理与实务

徐境辉 陈海亮 陈文娟 何家健 胡丽平 黄家明 刘新贵 欧旭然 宋小莲 王嘉宇 温嘉鹏
杨智钧 曾霞清 陈 浩 古丽苹 何佩滢

经济管理

董玉平 范雪佳 古少凤 何秋玲 何校芬 侯小梅 黄 巧 黄婉媚 黄 肖 蒋 晓 孔维彬
兰茜茜 黎海洋 李彩秀 李冬兰 李焕玲 廖秋苑 刘凤琴 刘 欢 刘 慧 刘金宝 刘金娴
刘峻成 刘 敏 刘雪庆 刘 艳 刘 艳 罗明阔 莫笑清 潘锦华 秦凤涓 谭开淮 宛莉萍
魏林新 吴海娟 许邦富 杨俊歆 杨青华 姚关泳 姚 玲 叶嘉茵 袁静雯 袁明霞 曾乐纯
曾 晴 张冬梅 张天妹 周晓雪 朱泫颖 覃香凤 覃月新 毕敏姗 陈家裕 陈金妹 陈世卫
陈文锋 方叶娟 甘毅裕 高韵婷 何 慧 贺 高 洪志斌 黄惠玲 黄嘉俊 黄敏晖 黄伟丰
李观妹 李佩荧 李伟烨 利锦桃 梁盈盈 刘泉燕 刘士润 卢汝添 卢盈盈 陆婉梨 乔 彩
沈佩珊 王凤仪 王 莎 吴海华 吴佳雯 凌艳华 陆精精 宁清飞 陈建隆 陈叶艺 刁小惠
董 雨 顾嘉虹 何志敢 黄伟君 李凤云 李剑亮 廖 莉 刘 婷 罗嘉成 马想忠 吴 山
徐碧君 徐 鹏 许肖锋 尹捷锋 曾达豪 赵 冲 郑瑞静 彭启裕 邱凤媚 汪显琦 王珊珊
王雄峰 王宇光 温惠雅 温善崇 吴俊达 吴延辉 谢 美 谢玉婵 徐海彬 叶丽然 郁 威
曾 配 曾向爱 张国胜 张立勤 郑南南 钟立军 朱文敏 汤凤仪 谢振婷 严清俐 江浩宇
王文彬 陈安军 陈嘉慧 陈智鑫 陈 淼 邓卫灵 钟楚莹 邝庆炜 赖世文

旅游管理

徐永权

汽车检测与维修技术

梁 峰 梁汉新 刘文庭 叶建林 张继家 邹旭琪 陈耀棠 陈梓航 顾伯浚 黄家伟 黄运辉
黄志勇 赖志科 李嘉庆 李锦辉 林明俊 骆嘉辉 骆寿彬 王志强 严 毅 姚浩锋 姚金锐
尹栩杰 袁锡雄 郑家羽 周志华 朱陈东 罗冠飞 罗志光 汪海云 王镜勋 谢广桃 谢炬尊
谢铭晖 徐华强 杨振彪 叶军逢 叶文青 虞日朗 张博龙 张鸿儒 钟志明 何光满 曹松松
陈永康 段远忠 冯耀桥 葛树栋 何杰锋 乐春生 黎汉明 黎籽华 廖贞烈 林思平 刘文杰
刘永杰 蓝文耿

人力资源管理

曾晓兰 赵静允 郑时玉 钟阳群 岑秋虹 陈晓纯 陈柱兰 董 欢 秦丹芬 周南芬 何 昌
罗凤丹 苏妙琴 常配豪 陈思静 成艳兰 龚毓华 蓝 梅 李碧君 李 芳 李红霞 李 辉
李 娟 李秋桦 梁月彩 廖明燕 林露婷 刘熠璇 娄炳鑫 肖玉萍 曾广平 陈爵成 陈文婷
梁浩贤 罗敏霞 唐培欣 张思远 梁淑华 陈海霞 陈位高 陈亚芬 邓浩德 郭丽华 黄明冲
李健威 李思诗 梁灶连 刘关霞 卢红梅 罗建红 欧丽娟 潘程月 唐儒彦 王妹珍 魏丽红

温政国 吴凤基 吴忠新 曾群华 张芹 张玉凤 郑晓华 丘燕 张丽冰 罗丽霞 钟小凤
陈嘉欣 陈娜子 陈俏恒 陈小求 陈颖诗 陈玉容 陈倩如 邓书文 邓颖娴 冯冬仪 傅幸桦
高绮雯 关婉雯 关韵诗 郭敏玲 郭子帆 何洁莹 洪诚 洪倩文 胡杏贤 胡勇飞 黄楚颖
黄嘉宝 黄锦仁 黄文杰 黄晓燕 黄燕娴 黄颖诗 江雪仪 赖日照 赖添容 黎宝欣 黎嘉敏
黎静文 黎诗韵 黎烷滢 黎子华 李国彬 李嘉慧 李家骏 李诗影 李艳银 李玉玲 李泽丽
李紫君 梁娇眉 梁敏谊 梁茹诗 廖燕琼 林燕雯 刘桥稳 刘艳丽 刘忆梅 刘钰锟 卢燕君
卢倩怡 吕静雯 吕敏怡 罗嘉汶 马洁 麦彬彬 麦家琳 沈毓濒 宋金泰 谭惠琪 谭嘉仪
谭思敏 唐冬瑶 王莉莉 王文杰 温琳琳 温雪莹 翁淑銮 吴嘉雯 吴水娣 伍静仪 向艾卉
萧佩霞 肖恩铃 谢丽珍 谢思华 许爱洁 严树风 杨丽芝 杨舒欣 杨亚平 杨映仪 杨婵
叶丽君 袁欣怡 张爱云 张婉仪 张子钗 赵春艳 赵立群 郑达昌 郑萍萍 郑晓霞 钟嘉慧
钟晓玲 周淋亭 周文诗 朱彩叶 朱嘉敏 庄希妍 邝斯婷

商务英语

李梓铭 陈颖欣 吴子锐 曾颖涛 蔡燕敏 陈道恒 陈红欢 陈惠贤 陈佳雄 陈剑英 陈丽仪
谢雪梅 谢卓玲 徐宇珍 杨玉纯 杨梓雅 游四妹 袁丽婷 袁绮霞 曾思艳 曾婉华 曾蔚文
曾小翠 张恩飞 张惠华 张明艳 甄莹 周秋丽 周影璇 朱嘉文 邹韵 陈立霞 陈思晓
陈婉莹 陈晓珊 陈晓武 陈秀红 邓玲捷 邓樱樱 禤芷筠 方臣飞 冯丹 冯伊晴 关双凤
郭汉财 何嘉欣 黄丽稳 黄少芬 江远华 蒋红艳 劳兰花 黎燕明 李韵乐 李芷茵 凌良玉
王晓丹 陈晓妍 刘丽丽 刘婉仪 刘永裕 麦景生 欧启发 潘斯敏 潘雅雯 彭小凤 邱云静
区晓君 宋桂芬 宋细芬 苏雁翎 谭嘉顺 谭玉婷 汤智峰 翁浩洲 吴晓玲 伍丽敏 伍子丰
夏雪莹 萧润友 萧淑贤 谢典谊 陈颖仪 陈俊宇 庾宝怡 张建华 余新爱 梁静 叶梓欣

项目管理（建筑工程）

蓝涵恋 李振朗 曹莉莉 陈超伟 陈楚民 陈雨欣 陈志豪 戴少杰 符中进 何文千 洪鸿建
胡佳璇 胡平 黄德 黄健 柯德富 柯德华 李俊程 李康贵 李罗基 李汝成 李雪君
李远祥 练健龙 林王梧 罗远科 潘维彬 熊忠发 严英杰 杨雯婷 张冬廷 张国明 郑创雄
郑坚鹏 郑明明 郑南坚 郑映柔 庄炯彬 庄凯涛 庄钦贤 麦海保 冯继招

学前教育

陈佳琳 陈妍彤 程丽诗 方晓杨 江正好 蒋彩华 黎彩萍 黎嘉玲 李卓怡 梁敏青 梁诗桦
林霜钰 林婵玉 龙焕华 卢颖仪 施春凤 苏泳淇 孙佳琪 王佩珊 吴虹雯 余晋萍 曾嘉雯
曾远梅 郑依洵 赖玲怡 李静怡 林美玉 刘晓静 苏珊 吴慧君

2018届网络教育毕业生名单

专升本

会计学

张咏梅

电气工程及其自动化

吴永忠 王波 叶小春 魏启强 关劲飞 赖洪量 梁浩青 李化生 喻超超 谢成 程志权
潘卫华 邓禄洲 杨永杰 邵木全 黄莉 康振声 张威 丘丹燕 梁永豪 梁浩钊 金玲
邓颖川 陈其飘 赖培深 罗淇尹 何艺 刘振 郑智雄 郑英伟 罗延顺 蔡胜业 周翔

欧阳敏 陈海洋 张　达 刘志远 朱　琪 郑　宏 魏大顺 常　飞 黄锦良 肖时正 赖家德
张义江 伍达华 郭永杰 肖幸怀 许文森 全青山 张　雷 黄汝通 邹运琛 林英鑫 罗军虎
谭国栋 董晓璞 赵力彬 廖志文 冼　俊 张伟雄 向燕芳 林宏书 肖称玮 林　耿 刘　勰
任德斌 曾伟豪 李载源 范晓毅 刘小川 刘鸿峰 曾　涛 利卢雨 招志强 李　军 吴冠华
卓炎标 马德智 姚淑强 宋　丽 朱清飞 彭立彬 许细忠 潘翠如 冯章威 周桂灿 徐墁婷
王利停 李　娟 张华倩 冉启佐 徐顺鹏 王嘉欣 黎明志 罗　喆 吴小龙 刘潮汕 万国庆
林　曙 姚俊鹏 梁景泳 陈文杰 黄耀华 梁海坤 王增恒 黄仲怀 刘昊贤 唐　筹 张志伟
谭　博 吴振强 王　萍 刘耿斯 薛　瑞 林　珂 程仕健 周裕辉 林　柱 陈焕龙 李腾飞
容伟勋 丁　傑 孙亚彬 王林海 朱瑞欢 梁国坚 曹金焕 陈文俊 熊　烽 黄浩雄 刘仕沛
伍耀强 廖海兴 徐秋明 卢必娟 王　强 杨钊铭 蓝　妗 赖俊杰 韦棠星 邹文明 王　柯
叶俊杰 朱文航 刘镰铭 高志申 郭观明 麦丽莎 王　欢 姜小飞 倪　鹏 张存前 谢启贤
刘　娟 王江伟 任文萍 王续龙 田小辉 孙　强 李　彬 罗维明 段绍淑 邵志刚 张小海
李丹莹 陈　欢 彭雅伦 徐　微 刘　达 范华光 刘志辉 姬　瑞 张文辉 王延生 温汉江
钟达炎 钟　恩 徐伟平 李东华 钟富明 吴志峰 刘森盛 罗　勇 徐岳明 周德华 罗景泉
康和群 闫玉轩 黄新平 叶天智 邝间怡 崔颖珊 谭　果 毕锐铅 刘亮平 徐　劲 尹永凯
刘　泉 陈家健 蔡健明 沈云峰 简文浩 何剑南 陈春健 梁必明 许朝峰 叶健枝 梁家健
邹智洛 张柏源 彭超龙 周杰锋 张　震 杨树坚 张文华 黄　兴 吴世成 吴增宁 吴尚光
张春新 刘杰夫 廖展成 杨超强 林乃龙 刘汉龙 朱安华 赵振江 汤　泥 李晶晶 宋志伟
吴晓菲 刘友万 刘从彬 邹昌斌 郭永林 胡育民 李如雪 林伟坪 何灶荣 李泽达 张志雄
周锦云

电子科学与技术

李　荣 熊　伟 常　鸿 丘凌飞 杨　蒙 冯　鑫 林向春 丁红梅 宁万春 谭培彬 刘彦庭
刘自杰 鄂　锐 肖平娟 杜杰颖 康金蔺 邝仲强 杨明虎 蓝惠芳

法学

成泽民 范春园 朱寅栋 余世愿 梁展图 黄嘉琪 李小燕 林秋华 卓裕强 黄浩谋 李俊飞
董　莉 叶苗苗 吴烙铭 刘纯国 何棣辉 张鸿欣 胡晓欣 聂买吾 郑智恒 林　欣 吴乾思
王佳一 麦小英 胡子信 吴　涛 赵江超 张春祥 江　晋 李嘉莉 周　粤 高　莉 余杰明
庞　丁 林丹燕 罗聪林 李艳君 綦环宇 刘集贤 范　欣 张明月 凌裕慧 余碧霞 麦　波
魏　魁 王明珠 吴序文 龚俊梓 梁艺宇 李康卫 陈小燕 游晓敏 刘梅桂 肖汉新 王嘉健
刘　曼 辛　亮 王海宝 郑生虎 彭艳艳 唐仕炼 赵　昆 杨　超 李　伟 黄　林 袁晓杰
郑少丽 写　磊 麦嘉婧 陈思亮 陈夏尧 阮敏婷 方忠平 李丽云 朱嘉成 李柏成 余碧璐
刘兆东 梁永芝 李建国 陈志雄 陈育民 罗燕红 杨婉媚 陈少敏 范丽锋 何炳娇 刘国平
高文卫 罗嘉惠 吕志钦 胡嘉华 陈梦玄 陈业培 赵永健 王家燕 杨小佩 马　勇 贾　洪
高贝贝 刘佳佳 刘延飞 陶爱林 刘志军 梁忠宝 柳志燕 陈　亮 孙玉花 黑米提·吐鲁洪
高晓伟 刘　泽 杨富云 吴　莹 胡正军 郑宏恩 陈宝兴 杨少程 郑辉印 陈敬礼 麦广源
骆嘉宜 李力丰 梁家豪 欧阳华君

高分子材料与工程

尚豫荔 王国瑞 徐森鸿

工程管理

吴燕芳 刘胜强 王少挺 沈勋智 纪团洪 李晓霞 冯景杰 张雪凤 卓国洲 潘志强 邓文俊
欧阳刚 李延寿 沈树群 丘中华 高子晨 廉　旖 梁亚哲 段　俊 李志相 张　婷 余正根
张优武 陈捷云 肖远善 谢繁富 黎艺鸣 李嘉曦 李丽莹 董　丽 周晓君 周　平 吴醒洪

陈如汉　何　山　张文煜　蓝鸿根　周　霞　林　莺　劳兆鹏　卢允升　郭伟华　朱康松　单庭月
廖智斌　奚苗苗　张昭羽　陈世漕　闵军辉　郭景超　黄庭勇　夏晋文　李维伟　韩永盛　陈德志
苏景华　杨子玲　冯剑新　王奕欢　陈坤龙　王继力　陈志宏　梁健力　蓝堃浩　廖子雷　罗凯文
刘一霖　江俊浩　王　晓　雷小明　黄永珍　黄永彪　黄扬清　曾凌君　付晓霞　唐恩玲　张启莹
葛兵斌　梁瑞金　林斯洁　黄浩鸣　张玲玲　凌晓飞　郑湘燕　关志炜　陈健明　李　丹　杨雅静
朱嘉东　王春苹　侯丽杰　谢亚卫　李海强　王兴东　孙彦鹏　陈军延　陈秋霞　杨少芝　朱丽平
梁　皓　孙荣泽　唐银明　张　宁　孔丽君　欧日成　刘丽娟　和春喜　林宏鑫　梁治广　陈泳津
徐兴键　曾泽群　董　莉　崔小慧　李悦楼　谭健明　曾晓彬　李日宁　张绍池　余建珍　林　丽
李　卓　杨成林　王　越　叶洁梅　张红梅　李燕兰　陈媚媚　谢　璐　颜金才　林铭伦　柯美欣
陈康文　卢敬南　冼淑婷　张振峰　黄优敏　王星文　任　野　李　琦　潘日龙　陈彩银　刘远辉
幸兰冰　程丹丹　王汉津　胡青芹　罗自强　林达森　邓泉忠　劳杰明　严　勇　骆冠钊　刘　晴
陈　程　郑　辉　林　敏　曾演景　林锐琼　梁月美　李鸿鸣　韦志刚　区天华　梁荣勇　何丽兰
黎坚福　王燕玉　高静涛　石桂鹏　洪镕涛　张　旭　郑韵雯　冯莉萍　潘艳丽　程志音　谭丽意
黄紫莹　吴淑娟　李胜红　陈春媚　陈　凌　陈小慧　柴晓阳　张　帆　周金玉　李华莹　林凯鹏
李　华　袁润兴　王熠志　魏　婷　李振鹏　梁炳弘　张清秀　吴翠惠　郑勇浩　张智儿　吴成刚
杜　鑫　陈红梅　刘　捷　严家炳　何旭健　何威凌　俸　燕　王维坤　李卓琳　黄焯禧　孙玉凤
黄达昌　吕道邦　罗昌旺　蔡培杰　莫荣佳　罗　群　高　翔　池耀舟　高嘉杰　李骏祎　黄浩祥
黄满嫦　李智信　田　会　张秋婷　陈家成　马　丽　罗　群　刘　练　彭志城　庞绍瑜　许彦敏
许演珊　钟　鹏　谢泽兵　周　波　王瑞彬　梁锡芳　彭振西　莫　莉　夏高强　胡敏仪　刘玮倩
杨燕红　连振通　刘景文　王　锐　王兆丽　熊谷超　谢　飞　夏　立　戴永坚　杨小华　何庆如
梁燕玲　张仪清　黄映雪　李一鹏　卢炳权　何勇刚　邝灼敏　丘德玺　周俊伟　冯明超　廖　泳
周文胜　叶　建　欧志勇　李月飞　罗　威　张冬秋　刘伟东　陈　宇　唐邦轩　陶嘉琪　甘伟玲
林志飘　张至美　容小霞　严　芳　梁敏婵　谢　兴　曾礼红　于　甜　林　茵　陈月莲　王剑锋
刘列娥　刘随乐　林子龙　肖　攀　孙志峰　黄瑞生　黄家辉　陈壮娜　梁彩凤　叶伟城　廖利锋
官符聪　雷腾飞　廖敬涵　徐红玲　刘交洋　梁　轩　罗　虹　周佳妮　肖伟健　陈田培　吴柏承
黄天成　彭玉芳　贺　磊　熊衍干　何学容　杨海龙　赵　丹　陈　若　余国良　黄全攀　吴志豪
刘意辉　陈桂丰　张　悦　胡凤娇　徐志凯　耿春兵　王聚浩　李文清　姚俊旋　陈俊颖　严秋燕
唐梦攀　曹　希　林荣金　林荣锦　吴秋卿　郑崇辉　吴　熊　陈俊文　赵晓芳　陈俊男　曾智培
谢永健　简嘉泳　许威威　龙　杰　熊茂塔　温玉静　吕振宇　张　娜　陈铭强　田翠玲　赵海超
韩　斌　欧阳红　陈远林　吴奕笙　冯绍婷　冯吕红　吴剑鸿　张海红　梁火明　罗昌华　雷文丰
雷智锋　陈巧健　许海智　钟　文　杜满燎　陈　阳　陈华业　粟　燕　李文坚　李燕群　李永喜
杨　帆　黄宗才　陈雅芳　郭志远　骆炳斌　姚灿荣　杨和植　杨武春　郑润婷　莫雅琳　张　兵
詹国财　张群升　张苑虹　吕浩辉　谭　颖　刘　静　廖锦宏　何浩明　胡龙飞　郑泽钦　李华勇
邹文静　邓建平　梁宇佳　郭秀利　何国平　林佩君　郭伟文　李　凯　胡煜林　陈福龙
欧阳际宁　欧阳勇乐

工程造价

邱关俊　张红连　郑晓锋

工商管理

黄小群　伍　静　邓超文　麦　盛　李燕翔　刘　洋　陈永军　姚　勇　杨　浩　彭小真　陈汉雄
李金香　梁克娟　李富杰　张海燕　许家兴　罗碧茵　朱小云　熊　伟　孙亚利　王　鹏　袁丽梅
何达锦　贺　云　梁家驹　陈洁芳　蔡妍菡　易　军　文阳爱　陈文灿　邝巧怡　曾智昌　杨　电
卢欣怡　杨晓文　郑芷君　戴依凡　杨俊城　关　晖　麦碧航　丁游武　姜东林　方　洲　叶志展
郭俊泳　杨锭华　徐添福　黄静慧　黄彩玲　谢倩怡　马伟平　古业强　卢豪相　黄嘉雯　蒙书蔚

文宁 莫丽明 孔祥华 郭攀登 陈沃 郭应兰 陈检凤 亓改 简珍珍 邢卫卫 李淑君
邓柏贤 李晓 徐彦 李宝月 陈如锋 翁嘉谦 李祺能 陈伟帆 黄俊豪 欧剑华 李海林
王跃 何巨良 陈远香 张曦 李昊庭 范泽兹 温文龙 曾海涛 黄旭昌 李晓雯 刘晓
陈任 曾嘉伟 付尚简 陈健锋 汪慧 王玲 陈高天 王海霞 梁家瑜 邓志光 何焕玲
许锡芝 张艳芳 黄健鹏 沈惠芳 罗泽茂 陆高翔 朱林峰 陆健青 钟文聪 许楚豪 谭宇峰
朱建雄 吴灿权 苏玉敏 朱涛 夏玉珍 唐碧霞 李小婷 胡志斌 黄婉华 曹红杰 张文莉
李爱军 姚建勇 徐颖 曾尚凯 谢志清 王彩云 李何珍 蔡文淑 李少芬 薛庆泉 何胜
廖梦君 林宇 程跃武 温娟 黄耿章 张敏 李育欣 曾秋华 林瑞茹 韦建坚 刘时成
黄煌锋 饶珣 陈柏华 唐沛雯 宋连好 谢明华 林莹 罗韵斯 张晓晖 向玉 贾莹
陈飞武 于丹丹 许嘉伟 王捷 陈创中 杨海英 周静 石健 郭盛男 孙蕾 李骥
郭家茂 富志伟 孟建凤 李春红 张惊祖 张维虎 徐育玮 靳文明 张昕 张利娟 王鹏兴
陈桂荣 孟亚洲 张德胜 邱阿姣 刘庭 高海婷 杜韵 唐璜 朱海涛 宋开明 朱远娟
李林婧 卢嘉洵 高振宇 赵政丕 余昌星 陈圣熙 李杰 张凯轩 曾丹 彭飞 谭卓杰
李敬文 曹军 方一鑫 黄增灿 罗尉甄 钟文凤 刘颖君 包峥 陈惠霞 许雪花 柯遵军
唐柳莹 汤莹 吴琳曦 林凤华 黄辉 房堤伟 谢娟 曾青 龚艳娟 麦绮琴 朱竹曦
肖晓青 莫锐 叶峰颖 李雅 曾祥梅 叶玉云 叶玉仪 曾春和 朱俊滨 李玉婷 刘美婷
梁美焕 张萧玲 张国强 蔡秋明 李秀霞 杨佳鑫 郑育生 邓辉松 叶剑峰 黎咏欣 张坤炎
张晓江 邹冬莲 马文磊 潘思行 许柔 向师鑫 葛红亮 黄楚淋 陈玉华 钟宛峰 梁旭海
王秀远 张献 曾锦康 陈净生 薛宏卿 何文芳 刘月香 赵启聪 吴柳运 方伟洪 叶子涵
黄英华 施晓萍 赵珉 叶思敏 黄炜康 骆辉华 龚素華 吕丽 蔡子轩 陈娇 肖海艳
黄士琴 赵嘉宇 卢顺标 郑益清 江彩平 杨秀琴 林杭斌 陈珊 黄碧飞 胡玉婷 郑龙
张玉婷 刘湘伟 曾冉冉 叶诗靖 李嘉东 胡婉明 谭秀颖 何丽娟 项杰 高淑娴 黄丁才
张福敬 郭绮琪 钱妲琳 张鸣峰 郑瑞娟 黄海星 陆绍轮 仵亚楠 黄有娣 肖广永 李伟森
韩倩虹 李福增 廖世德 尹国防 黎广恩 叶冬晓 马勇 刘巧珍 黎浴民 罗雄风 张建华
侯若华 陈泽聪 秦昆 黄红伊 李首昀 邹小艳 范丹 罗彦博 刘杏珩 劳晖森 陈兆伟
冯伟棠 欧宝毅 江国驰 曾令华 谢建华 陈子健 阮莉莎 王穗欣 陆海杰 林世荣 曾耀辉
危昌荣 周志毅 黄咏君 钟智衡 刘飞宏 赵志强 林超芸 杨敏龙 程育 陈欣瑜 吴伟强
赵健蓉 朱晓丹 王占军 郭慧超 叶津讯 黄智涛 吕敏华 吴爱玲 叶绮颜 黄伟平 谭海玲
谭国雄 伍秀仪 柯明进 何文杰 王光忠 叶国辉 陈文练 黎慧燕 黄康潮 胡罡 许曼莉
黄小玲 冯观 万波 梁燕虹 王志鹏 董伟枫 何敏仪 谢婧芳 杨加波 傅鸿文 董伟健
张家科 潘明国 石奇勋 冯礼刚 何剑峰 蔡佩仪 梁钰 余甄娜 陈春英 林慧明 马倩云
吴佳萍 陈超焕 符海侠 黎宗宇 卜景首 杨锦燎 王伟麟 陈凯盛 罗国伦 陈小强 李雯欣
王旭勤 罗燕娥 张馨丹 刘峥 雷振光 霍富禄 卢楚燃 涂晓妍 李泽华 林仕城 罗森曦
陈婉瑜 陈俊衡 覃光杰 康婉霞 王誉豪 廖伟源 罗广荣 司徒声弘

国际经济与贸易

陶小玲 张健 温宝珍 肇东方 张丽娜 袁燊龙 李武才 张磊 刘锴 黄渼琦 向丽萍
涂欣瞳 黄华娟 范祖豪 徐玉婷 王梦诗 罗燕生 易凌芳 韦耀斯 谭宇章 李凤 陈环珍
邵绮雯 杜雪娅 曾跃萍 王建英 林锦霞 林天耀 王明心 李嘉敏 丛林 吴瑞叶 林晓蕊
潘敬文 周朝恩 陈海飞 杜艳芳 吴玉梅 潘建桃 余宗伟 黄玉梅 毕肖霞 刘菲 李敏娟
马俊超 杨宇蔚 卢汉荣 聂硕伟 韦小玲

行政管理

文志伟 林嘉乐 李德春 廖诗颖 陈小冰 陈勇 谢伟光 陈秋灵 袁剑南 杨达 陈福胜
罗咏琳 郭桂娟 刘佳鹏 何惠燕 成燕珊 周锐莹 黄承达 郑望晓 江少婷 龙晓丹 周艳玲

冯达聪 林茂城 杨永杰 陈寰 南小波 钟文娥 谭美琴 林利 张荧莹 曾理维 许迎
余健雄 陈永安 曾芃森 招日光 黄月云 赵攀峰 黄美兴 何秋婷 任浩 任广建 魏雅诗
潘鑫 龚城 王龙 姚史涛 丘景复 梁雪琴 肖敬 吴宇丽 邓锐仪 林莉 邹雍钧
温玉环 郑溪 梁碧海 邢淑佳 许哲麟 朱嘉琪 邓女兰 谭淑珍 张文聪 欧赵伟 刘旭
余静 邱粤鑫 何素文 刘宏健 古诗捷 江锦锋 苏富荣 方世奎 李鹏旭 何建淙 陈桦辉
吴黔东 黄乐宜 吴碧兰 马彦 于万辉 阳湖媛 初从媛 黄华 贺燕芳 卢英 胡玥
万先兰 熊思豪 罗俊辉 钟思明 赵嘉荣 张炽星 蔡汝冰 杜娟 陈培璇 陈益萍 孙昭鑫
陈碧源 郭翔雨 刘建华 张家培 郑晓菁 周中权 郑桂林 张莹 梁蕴贤 林爱媚 吴伟芬
游顺平 余绪舜 江颖仪 黄棣荣 陈钰洵 陈绮琪 朱海丽 符光普 黄婉玲 傅丽珍 张怡立
朱小妹 游小淑 徐俊丽 蒋小英 黄丽萍 刘凯 秦璐 刘翔 张树江 刘娜娜 梁云龙
赵金华 罗海涛 艾力江·卡德尔 占龙祥 黄爱莲 史文珊 张富强 黄清颜 罗路鸣 苏燕银
黄纯霞 黄冠雄 陈晓君 林秀媚 莫绮云 莫泽胜 陈亮 阳熊 林灿波 徐芳芳 江湧佳
钟聪 周杰娜 徐梓警 张伟亮 林泽晖 吴芝 邝钟强 林协楷 刘文伟 梅鸣坤 王新
黄子健 陈太平 曹细娇 魏琼 朱小兰 郭兴霞 李琬琳 袁萍 丘燕英 张国莉 刘芷恩
张志军 陈碧霞 黄武龙 张晓敏 彭立 陈嘉琪 李海玲 卢镇江 张凯 黄霭凌 梅向青
谢慧青 谭旻卓 贺丹 罗国泓 陈健潮 王旋 沈泽霞 黄远楹 陈曼莉 萧建威 林晓捷
黄雪山 陈妃湛 陈婧 张分利 王丽萍 杨立彬 吴志婷 吴凡基 冯智华 黄德明 张业
杨石新 刘永南 杨梦婕 王桂霞 李娜 阮富根 张翼虎 林玲 林经彬 张运志 罗礼旺
蒋敏聪 巢小英 邓丽妹 王方政 黄美清 邱晓 陈穗 郭诗韵 张志滨 张妍 谢斌
林文娇 邓敏亮 彭成亮 尤祯 刘少东 李强 郜慧 王红莉 宫向利 郑杰 张小鹏
韩振亚 赵继光 丁康泰 李伟杰 王鑫 杨芳玲 常鹏莉 赵文静 房晴 杜吉武 罗历山
杜佳鹏 康永猛 普文君 郑泽畅 黄远军 周婷 郑凤霞 张耀白 王举鹏 蔡聪 闫丽荣
梁文伟 毛咏欣 谢利美 叶秀文 罗锦龙 梁健荣 郑焕钊 陈伟杰 赖绮霞 刘淑玲 张良
梁月华 梅玉婷 黄锦英 刘天赐 姜景海 王晓虹 王碧云 罗卓恩 赵学明 李继祥 张宝仪
刘艳芬 曹清珠 陆丽燕 陈淑仪 甘美婷 区泳欢 何诗明 张美仪 张杏仪 余颖茵 关静儿
陈小琪 周少梅 陈景俊 林慧聪 黄庚源 刘智欣 欧阳敬贤 玉苏普·阿卜杜力
艾麦尔江·司马义

化学工程与工艺

徐锭华 罗鹏峰 陈天亮 梁玉意 符建敏 徐锡豪 罗定华 谢丽玲 董明航 何荣通 陈国飞
汤润胜 曾雪松 张志通 魏丽娟 叶水生 陈德年 冼宇康 叶章评 杜成志 芮年松

会计学

谢易君 杜莎 陈娇 李慧艳 陈细燕 王文道 邓秋霞 唐云彩 汪微 孔祥鑫 毛家欣
陈敏红 黄海娟 李虎 张婉玲 卢炜麟 黄荷 曾丹妮 黄莹 赵咏 秦关英 张丽文
李清 杨强军 张莉 陈辉 陈伟 赵思霓 蒋碧云 邓凯 黎飞凤 刘力力 钟敏
邱佩卓 梁剑丽 何玥薇 庄生州 石锦峰 兰湘宁 陈春兰 王艳 兰旭 何楚椂 梁润桃
朱惠芬 朱文娟 曾艳群 黄瑜婷 陈乐琪 邓金萍 何文静 谢贵芳 周超 缪丽妮 方松兰
何婷 赖秋萍 黄韵婷 卢润婷 邱琳 冯迷迷 曾玲玲 熊春思 陈丽芬 叶思媛 张秋嫦
陈玲 陈银娇 姚艳金 王晓娟 伍籍源 金娟 杨慧丽 蔡川南 陈夏雷 关俊熙 杨芳
何雅丽 杨庆仪 朱捷玲 张晓芳 潘小翠 钟慕贞 王冬梅 涂佳宁 冯慧恒 钟凤英 刘慧文
黄小玲 方跃 沈秀兰 袁丽娜 邓丽燕 曾垲茜 江建莉 胡倩蓉 杨晨 覃国华 黄俊昌
曾婉如 陈婷娜 陈菲菲 陈珊珊 周丽彬 秦毓霞 黄浩吟 罗志明 孔少菲 李梦蓝 刘韵
唐少琼 宋金容 叶丽君 邓结雯 卢间开 罗晓婵 陈银凤 周淑霞 宋运星 王晶 曾巧琳
陈晓纯 阮健伟 江燕群 马蔚丹 林本臻 王裕 何淑玲 于春艳 朱石华 胡晓红 唐秋惠

黄莫敏　许小林　甘 露　刘海桃　黄小玲　冯婉霞　陈雪伦　吴梅茵　文明霞　陈思颖　吴春明
张 敏　黎维聪　李培欣　梁爱美　石龙芳　陈钰萍　丁敬贤　黄小兰　杨晓苑　苏荣彪　郭珊珊
李一梅　杨太艳　郑翠茜　潘康玲　高 莹　徐文真　许凤影　田晓谨　蔡 秋　彭意扉　欧阳炜
苏 婷　黄少柳　蔡淑仪　梅肖霞　林素云　薛淑珊　李 燕　张妮贞　刘转仪　李鹏泽　黎晶晶
王艳仙　王 丹　王小娟　汪利平　刘金薇　李肖肖　宋陈琳　佟晓庆　陈柯桥　段 召　孙 容
党媛媛　王 华　何 姣　宋连莹　谢文群　刘 丹　李宝君　葛小倩　利玉云　杜亚丛　王沐静
李 博　张 波　王如君　张 杰　郭亚娟　陈 娟　秦桂美　王 佩　陈亚丽　穆夸润　李 娇
钟焕仪　陈珂珂　吴菊琴　何铭鸿　潘树林　王玉霞　钟美贤　钟雪霞　吴小丫　泊斯敏　叶珍秀
李凤艳　单淑梅　莫燕文　徐文婷　汤颖仪　曾嘉欣　黄晓梅　吴亚燕　申海娟　王柯伟　王珍珍
张雪玲　范玥琛　余婉红　陈 琛　魏 红　王 培　周锦妤　周锦辉　黄燕琳　温林锋　黄 菲
刘楚均　朱裕俊　林挚豪　李文庆　温静文　陈炽谦　蔡佳妮　黄少娟　林少娟　欧秀君　钟艳君
邓慧蕾　黄结芳　张海燕　黄晓燕　黄标胜　李 敏　江雪仪　刘丽仪　刘光禄　翟 娟　郑佳妮
曾小慧　李健馨　曾丽红　古 乐　廖思思　张思敏　谢玉婷　陈佩雯　梁杏怡　李咏斯　黄 倩
曾嘉明　陈思羽　张秀峰　廖小婷　王小梅　程 远　林少珊　冯 利　赵利娟　刘晓贤　何莹花
梁铨意　梁玉英　陈月明　刘金兰　罗慧霞　谢嘉杰　黄建文　王凤媚　吴淑莹　谢竹桃　吴葵冰
朱杏枝　杨 雅　孙铭桧　赵 广　华 青　孙 策　黄振丽　谭敏仪　林俊杰　吴旋妃　林振琼
冯少霞　林 雅　邓金发　陈斯燕　王玉叶　刘阳照　胡小燕　杨嘉琦　马海宏　胡焕庄　洪丹霞
江宝华　童楚娥　邓海燕　梁诗韵　胡利涛　梁凤思　林艳芳　吴健君　谢宏燕　樊婷婷　付文婷
韩 凤　么文凯　夏钰婷　郑海成　李进霞　周 雪　刘文婷　张艳红　王国春　樊 荣　曹新海
王 丽　秦红梅　唐 雯　陆春和　李耀东　韦丽丹　梁金菊　方晓洁　程伟芬　王小刚　王 倩
邹春花　石欣欣　苏琼兰　何勇鹏　林焕展　麦蕴玉　张碧瑜　杨毅华　徐晓慧　梁晓君　李春燕
吴立坚　徐燕媚　陆倩婷　黄 梅　陈慧思　王 芳　解 慧　蒙颖淇　覃思婷　张丽娜　刘晨威
张晓敏　王 俊　何斯洁　游凤玉　王 霖　周烷璐　彭娇娜　郑爱文　刘小洁　关晓琳　黄东兰
罗仕卿　王娜萍　曾海凤　邓庆强　唐 健　周秋娜　胡燕兰　叶剑仪　袁嘉杰　黄碧帆　肖 静
张翠颖　罗卫锋　梁慧玲　贺鹏程　李 静

机械电子工程

李明金　龙国强　郑志勉　曾少铭　董志平　伍建龙　吴丰华　何峥嵘　曾永活　许贤溪　刘远明
杜家明　王 刚　冯 毅　陈晓夫　钟 威　夏斌斌　杨官其　肖洋刚　肖洋辉　袁蓉蓉　王振厅
吴晓邻　区钜添　罗水煊　陈冠帅　邹铁军　苏丹雯　卢进才　方镕城　胡业明　李伯仟　郭志勇
包嘉强　吴 敏　万冲山　雷克和　劳文洪　周荣光　李向东　田启超　张 成　李 军　李 智
张国文　刘小军　林 耸　罗金华　吴乙成　李建国　罗勇宏　叶智伟　许华新　潘喜强　彭 强
伍星星　严蒙蒙　张 强　邱全富　蔡水容　蓝抱年　廖柏辉　吴振龙　何伟栋　唐健健　冯李胜
胡永明　全锦涛　杜海朝　黄启平　杨观海　贾永镇　龙天云　杨彬权　邱勇文　刁俊彬　吕国强
钟国涛　彭浩明　区权炳　陈元准　钟 健　邱俊杰　龙雪霞　何健乐　苏甫强　柯其龙　王晓红
周金洲　黄家明　熊志烨　陈伟文　吕维立　龙健棠　申翰辉　冯承杰　陈沃健　黄旭佳　张 彪
黎大钦　袁世杰　赖蕴辉　李梦华　王启建　罗成才

计算机科学与技术

吴 浪　张善兴　张高强　刘泽彬　叶 腾　黄 毅　朱宝晟　林 宁　苏逸士　罗致亨　赵京昊
何程杰　方 立　许 伟　江东锦　郑建杰　刘欣健　张俊杰　谢素敏　邓剑锋　黄梓玮　潘龙恩
朱璋晋　吴惠娟　陈冠杰　雷 蕾　梁嘉换　赵伟聪　冯 程　钟华红　詹晓生　李永东　苏燕明
杨伟林　张 晨　杨天龙　贺 亮　陈志强　吴宇恒　陈鑫森　王观胜　王小曼　叶世聪　肖 泽
温锡文　李赐益　苏子键　朱凯礼　曾 锐　欧剑涛　李国伟　邹法奎　白志鹏　王宇川　乐建波
李思涵　吴小畅　谭增喜　熊 昊　鲁 斌　牛文斌　郑玉山　翁守锋　刘思帆　罗远辉　李 俊

盛　健　徐海雄　李礼响　肖体华　邓伟斌　熊　振　周文豪　翟浩灵　郭伟禧　黄茂裕　方奕耿
吴泽锦　黄耀铖　殷新泉　冼军华　朱耿烽　熊庆春　徐尚敏　游文慧　吴林威　宋远坤　何永捷
王春波　朱润锋　何瑞东　罗　忠　庞金成　王　瑶　袁文亮　郑伟级　周腾飞　温文发　李新富
沈锡志　马　伟　刘飞明　刘浩然　吴　奕　莫润华　谢灿宾　杨俊超　李　泳　林锦鸿　冯鸿辉
谢志敏　李顺松　钟昌谷　刘文海　罗金华　陈建华　李科利　李彩红　关鸿基　李　强　黄伟坚
罗　洋　申　存　谢小勇　黎志斌　孙少峰　夏世展　朱文华　陈　雨　杨彦峰　于钱昌　付建伟
杨金银　王阳海　梁云波　周凌锋　廖　杰　郑豪达　潘纯周　李雄彬　谢演发　赵锦涛　游黎鹏
曹润阳　池美雄　廖坤健　李　西　韩　伟　乔二虎　姜少维　赵曙光　覃学成　蒋茂昌　冯浩锋
冯浩波　马鹏宇　曾汉略　钱少明　杨照伦　黎树宝　万翔天

计算机科学与技术（动漫方向）

吴尚轩　梁少梅

计算机科学与技术（软件技术方向）

吴骅羽　李伟杰　吴宗儒

金融学

陈金梅　杨嘉雯　熊　飞　戈洪星　汤　丽　刘佳佳　余艺珍　刘逸宁　李翠婷　余露瑶　陈翠娟
张颖蕊　林　露　谢宗昆　钟泽华　巫远斌　陈虹均　丘钰贞　林柏洲　余爱霞　陈清源　卢福铭
李瑞权　桂海均　刘鲜红　吴定刚　林少娟　胡焕娣　刘艳艳　林秋婷　陈焕琴　陈燕娟　彭柱梁
潘添华　文　斌　黄嘉靓　陈欣欣　李孟青　井新博　胡巧荣　邵明珠　朱日志　黄福顺　刘　宇
蔡丽芳　林杰龙　陈佳翠　潘伟东　曾紫薇　李琼瑛　郑紫玲　纪少娟　邢泽燕　夏灿鸿　苏浩鹏
李文俊　彭　超　卢健柱　陶美圆　叶荣耀　潘晓忆　余冰虹　萧惠兰　丁木花　李　超　刘　翊
要　琛　苏　燕　吴清恺　吴荣文　付　畅　林幼娜　朱海波　苏章航　刘南明　张雅奇　萧婉婷
薛　琴　刘顺红　林丽雅　姚景乐　梁　敏　杨小兰　李青莲　何继峰　陈志卿　苏淑款　胡菊秋
戴丽随　洪舒雅　许海鹏　詹优贤　李业华　廖新强　卿桂贞　刘永国　伍凌飞　李传波　区慧仪
郑晓凯　马剑标　丘婷婷　邓海荣　邓春梅　龚文桂　杨永祥　甘建文　范玲清　梁小颖　张伟彪
袁献召　蔡尚华　邬永康　杨　涵　陈健潮　谢玉娟　谢瑞兴　陈晓芊　罗丹妮　朱　浩　弯亚辉
汪晓芬　戴庆华　闵方丽　黄敏欣　彭笑梅　翁羡美　康小玲　谭　超　潘永彬　温有莲　韩　粉
黄小芳　张子健　梁高杰　韩富成　彭伟生　古柳云　黄晓锋　董海燕　林树波　覃剑连　鄂清林
李宝珠　吴明娴　孔灶梅　刘　敏　冷绍文　翁美婷　张尉榆　程明浩　叶志堂　童芳英　陈　程
刘华英　宋　敏　林小京　潘玉婵　罗　勇　廖映松　王慧玲　张凤娟　关玉田　姚水玲　张月情
巫灿凤　刘钰琼　梁彩虹　罗敏珊　陈春姣　欧广智　叶转娟　周敏烨　梁元高　蔡召文　郭海英
关丽君　马少妹　陈信晓　阎　霞　罗圣福　王　剑　黄　敏　肖志明　潘虹宇　汪春梅　杨真泓
洪丽珍　李婉华　魏小珍　罗剑雄　危乐乐　何　健　江嘉文　何淑玲　潘翠好　唐爱军　黄晓云
黄洁梅　谢光明　梁彩华　罗丽珍　谭彩凤　凌康权　理华丽　吴文萍　王　维　甘志辉　黄好颖
张　雁　区明芬　肖咏妮　王顺兴　李　萍　李叶伟　何巧儿　陈子贤　袁紫琪　吕智杰　曹婉玲
周建芳　余清磊　沈伟鹏　吕智敏　冯奕文　朱柏林　张健鸿　管善芳　冯耀熙　潘丽霞　黄勇慧
周伟强　吴丽娜　杜成晨　曾明华　丁　晶　欧阳艳影

人力资源管理

刘　倩　徐堡骏　杨　亮　左珊珊　李嘉颖　文俊菁　刘晓萌　范宇君　练莹姗　李　冰　朱浩维
林曼曼　朱明挺　何济雁　潘伟欣　陈铭坚　王　欢　梁忠浩　黄　星　董　泉　杨爱榕　黄少燕
陈　雯　王子豪　蒋　赟　侯新金　林家欣　谢梦琪　李满娜　方春慧　谭碧琼　詹佳宜　陈美娜
杨　佩　陈惠妮　丘春静　张　静　李莉华　乐红霞　江明红　王丹妮　卢楚婷　钟皓羽　苏　纯
刘晓虹　田　群　王兴强　付梦如　卢发英　罗艳红　李　梅　杜小芹　曾倩倩　周慧君　黄向丽

施明慧　唐流煌　蒋素梅　陈越　区文龙　蔡雅琳　吴智德　罗勇涛　胡力强　朱慧贤　孟浩
陈丝丝　毕敏琪　周文娇　冯美艳　李洁玲　饶佳宏　刘泽雄　江燕华　罗秋　温娟芳　陆丽
吴海玲　黄玉婷　李凤霞　何幼君　文志华　江朝智　李淑芬　冯佩斯　潘美甜　高丽　肖琴
陈雪云　李敏　鲍坦　黄翠霞　侯红梅　黄丽霞　梁思慧　杨芳　李有富　邓少珍　黄玉平
曾伟　周雪仪　孙正敏　龙娜　孙谦谦　黄宇梅　黄法娣　任思静　孙蕾雯　胡杨　曹健
卢杰琼　曾英　黎淑霞　邓竹芝　梁雅欣　梁秀娜　骆衢　徐小燕　尹国海　陈良　曾秀玲
常燕生　岳东飞　李晓筠　林梅珍　黄雯　郑丽芳　李艳萍　陈观妹　叶伟伟　李丽平　宋颖珠
林嘉杰　林丽茵　唐菲　梁翠玉　罗熙　吴恩平　熊芸　罗敏锋　李小兰　叶文姬　王文婷
周可欣　周晓燕　罗秀春　岑凯敏　李孝玲　陈小玲　黄慧敏　徐冬辉　林海吟　麦润弟　李沐沧
林芳清　胡素梅　张韩婵　蔺军宽　周根祥　王静怡　肖华丽　林克友　冯乐平　陈启明　周晓露
陈雨辰　彭媛　周淑敏　郑佩珊　隋丽荣　毛晓婉　徐丹　郑汉森　卢铭旋　苏桓瑶　沈文婷
何嘉俊　夏蔚莹　黄文博　曹治忠　何晓欣　梁艳珊　骆肖梅　黄子莹　罗文英　区婉雯　邓浩伟
陈颖贤　邝嘉雯　谢婷婷　吴楠　邓艳梅　黄煜晖　何嘉莹　何敏菲　罗秋燕　程嘉泳　龚正图
陈小皇

商务英语

马永造　黄妙婵

生物工程

余洁芯　陈小满　王立志　何常清　林佰开

食品科学与工程

邓翠红　陈云宜　蔡宇芝　张敬玲　卢秀丰　李嘉杰　陈欢欢　谢静芬　廖碧虾　麦颖仪　聂增宇
吕嘉敏　曾水清　黄可佳　邓柳婵　邓甜甜　黄海曼　曾莹　邱晓霞　黎婉君　陈嘉欣　吴思敏
何培亮　黄秋晃　林仰纯　苏诗琪　区榕芳　曾嘉晴　聂嫔　莫翌玲　陈宇豹　吴梅琼　梁丽娣
林晓如　梁燕萍　许进莉　杨景荣　陈宝欣

市场营销

袁穗燕　陈桥锦　陆桂娴

数字媒体技术

乐俊朗

土木工程

林卓强　钟桃升　江盛球　陈孟　刘汉贤　宫祯一　蓝崇宁　叶靖宇　陈昕　朱坤元　陆嘉池
徐艾沃　黄立新　苏乐　万运贵　刘广辉　蒋华明　丘海兵　李汉歆　郑锦龙　卢智晖　张加庆
蔡浩锋　韩程　明素贤　林晓民　麦伟强　张永权　李乐乐　许宝玉　罗意军　陈卫兰　梁志华
吴爵卿　钟颖　陈凤　何凌俊　张丽珊　严铭鑫　张林　王鹏飞　茹计杰　苏敏妮　朱卓平
程肇琼　谭悦锋　农乾生　吴嘉波　王淦祺　黄嘉斌　许振亮　李毅昌　何海涛　杨沐森　黎伟杰
钟建荣　黄海滨　黄彪　郑润林　张骁磊　谢东宁　黄龙　苏智权　庄有的　纪锋　刘梓吉
黄程　邱春强　戴宜承　韩金海　李娜　曾安琪　黄勇彬　刘文斌　林树泽　陈顺喜　林志锋
李春　冯昊　梁志伟　唐彩霞　林欢　朱晔　钟志国　张龙　石雪琴　丁守阵　陈晓伟
江开波　王仙杰　赖雪梅　何嘉琪　李鑫　黄好荣　梁华豪　庄建新　丁峰　谭杰升　蔡盼盼
韦宗泉　何鑫龙　熊威　于朝朝　胡可朋　余思剑　邓丽娟　冯振超　陈远华　师亮　李何兴
张志文　朱萍　廖旭杰　欧展帆　黄宇腾　林彦　姚晓渠　陈蓓蓓　陈禹帆　余绪能　梁卫康
苏雄胜　邓海宏　周榕耿　黄伟佳　许跃　杨邦健　吴浩彬　姚特凡　邱子桐　吴晓锋　梁健洪
苏永青　林伟楠　钟绮莉　梁锦甄　李智聪　梁聪　刘韬　肖通　孙科　吴端鸿　吴日配
周智杰　叶志宇　曾德传　钟玉玲　郭彩容　许桂豪　申乃羽　莫家树　陈国熙　骆鹏洲　王桥燮

郑　寻　杨贵兴　刘桂化　胡永乐　陈思思　范嘉莉　李永祥　谭丽华　肖杰豪　林兢羽　梁　力
林万霞　潘健平　容倩文　陈文炽　谭　磊　陈良杰　何炎钜　时贝贝　郑永生　蔡立亮　何海斌
郑银波　张圳明　张立鑫　郑振雄　高　攀　蓝煜生　张志伟　赵海健　陈　玉　陈冬月　陈振辉
刘开雄　邹　鑫　许土润　王思敏　洪俊亮　刘　旋　李　天　温友银　黎　富　王　柱　何智勇
陈忠文　兰美南　谭雯斐　郑景元　梁志毅　刘国伟　冯柏源　李　敏　莫佩玲　郑可可　吴海锋
李恩琦　曾伟涛　李翊政　李　杰　符方楠　张银州　江丽丽　余　贝　苏剑锋　刘明友　朱文锋
钟玉兰　魏文通　夏江丽　郭钦沛　贺婉婷　罗　菁　劳松阳　周嘉龙　杨德清　麦惠珊　余钟鑫
刘建成　陈　磊　刘慧雯　雷锡泉　陈庆发　伍　飞　张镜清　蔡　琛　孙景彦　罗运祥　孙召辉
鲍鸣霖　刘梁鹏　李林香　张美玲　叶　鸣　赵鹏飞　曹银元　陈　微　黄岳洪　刘海东　陈焕仪
布仑玮　张中卫　李志恒　汤梓君　丁实锋　蔡锦辉　梁均明　马冬冬　吴启杰　王　耿　任杰锋
王硕磊　梁润宇　杨彦辉　李　慧　殷康生　黄意生　谢志诚　罗伟中　杨　敏　黄彩媚　张伟科
张剑锋　谢小龙　张　佳　邱泳仪　钟满灯　梁启锋　陈　磊　庞培祥　肖汉元　李嘉盛　林彩权
黄俊铭　潘泽坚　谭巾鼎　吴　思　李　洋　赖碧娴　秦志斌　麦颖恩　谢林森　钟志明　欧阳淘
李宏超　李晓锋　唐池飞　梁宝瑜　吴启光　黄源武　曾　毅　茹金星　梁伟健　欧宗燃　何兴焕
邓刘丹　陈彩红　彭宝珊　张询霞　沈超泽　黎镜标　薛炳瑶　陈小月　邹　冰　张　磊　郭海龙
张治红　郭足彬　陈小辉　陈楚鹏　李伟全　谢庆金　陈　照　张东松　张友荣　林晓华　卢列云
陈浪舟　李玉成　黄　金　王梦强　万广辉　冼海波　余　驰　肖　琦　刘振宇　黄　浦　詹增援
郑少勇　曾华阁　陈玉欢　陈贵良　赖创浩　麦汝坚　李梓浩

物流工程

廖清华　潘　艳　莫明海　牟东芳　周宇环　黄金家　陈明空　马启良　肖　轼　吴秉宗　廖坤元
吴子均　梁佩霞　李子娴　张钊华　何新海　袁大维　郭凤玲　朱翠棂　吴俊逸　李　平　陈丽芳
尹　托　潘永洪　潘益明　李庆立　林培丹　柴雄伟　白　宸

物流工程与管理

邓东生　黎泰臣

应用化学

廖荣军

专科

材料工程技术（建筑陶瓷方向）

区禄来　温宝宁　谭毅峰　何彩霞　程俊杰　李惠森　刘大军　李治安　朱晨华　李忠华　赵济成
蓝芳雷　温锦横　李浩兵　刘伟雄　马小飞　张　雷　董兆里　张凤阳　杨艳芬　陈　帅　毛石香
邓燕辉　欧耀坚　陈思敏　叶华建　刘胜兵

财务管理

陈敏灵　余欣洪　胡金凤　杨武丽　陈秀开　黄元珠　邓丽娇　高宗明　庄壮娜　欧锦秀　谭春娥
潘俊杰　苏弟好　徐水清　李淑聪　张燕霞　王富平　徐建英　刘文清　许绮文　黄艳玲　徐高翔
徐洪燕　李　勋　焦永桥　谢小爽　陈毓珊　李雪梅　冯嘉燕　张　珍　常　瑞　余峰波　李丽芬
周利平　李雪芳　黄健玲　黎敏华　梁伟玲　李欣霞　邓容带　张子灵　廖小玲

城市轨道交通运营管理

何德济　黄招娣　廖梓颖　陈观银

电气工程及其自动化

潘华宗　罗锦添　陈　华　侯河昌　宋荣健　席志春　高　尚　杨　岚　黄灿辉　刘家伟

电气自动化技术

陈旭恩	邢兆显	张燕青	李光辉	尹 铭	吴 旭	陈源泉	曾柏文	刘正伦	莫祖毅	林潮辉
殷 新	陈茂友	温 波	孙培好	王志祥	康建民	付宏远	黄伟劲	李连照	李洁鹏	蔡卫彬
李晓荣	李秦鹏	李锦涛	黄志亮	李炫辉	张伟忠	何广驹	张 辉	谢东平	谢健飞	谢天鸿
揭远斌	任 平	冯俊文	雷国春	杨子德	黄炽强	李万钧	吴锡林	陈 艺	张 松	陈家波
刘喜春	蔡潇宁	朱林彬	颜嘉辉	林祖超	邓意飞	李双双	陈金运	周开勇	韩 银	刘海梁
王耀武	李 刚	王仲友	潘月娥	赵晨阳	曾道斌	高俊臣	李 方	臧 强	刘 波	李胜权
喻 明	张涛钱	刘 成	郭 雷	申晓桥	汤彬琼	李观金	彭海龙	邵水莲	蓝境鹏	郑创浩
周石秀	谭月明	李 刚	赖建文	张绍辉	钟雪梅	何 杰	钟小敏	梁永升	陈正林	李罗洪
丘其旺	成世豪	陆畅波	田宾彬	刘浩波	陈文捷	李向锋	郝战伟	雷闪亮	张小锋	李乙飞
陈路明	张镇栋	李 江	彭进雄	陈 甲	周运来	黄 猛	董有森	姜开彬	万崇信	黎伟业
梁淙伟	陈志勇	刘运明	陈晓熙	高从军	陈润平	叶健伟	王裕伟	成盛峰	钟尚荣	陈树伦
李钢波	孙健昕	李池俊	李锦欢	王大明	饶国锐	何永贵	余沃源	梁宗浩	胡宾涛	廖坚辉
李晨风	罗 杰	李晨辉	严永飞	陈上文	伍伟锋	梁宽林	张海波	赵 飞	张文乐	章天水
叶健滔	江嘉俊	杨晋贤	杨月光	李康俊	曾建武	陈祥志	梁 军	陈尚林	陈绍荣	罗裕祺
张 青	邱椿森	蒋树涛	杨春泰	薛盛明	王 威	李 锋	彭 辉	曾庆洪	谈怀明	陈坤忠
白光辉	黄志良	潘熙和	王 宏	曹炜锋	莫廷建	张宇桦	黄超喜	王志祚	周运财	许 涛
易 兵	黎康丰	张 丽	钱国松	邵本砖	佘高勇	陈 亮	姚浩坤	王 坤	赵 亮	孙克伟
杜海良	黄钜洪	梁康培	吴绍峰	侯 蒙	陈长兵	林旭然	韩钟锐	郭艺东	邓钦源	李保桂
黎 元	秦嘉明	袁 勇	黄郁斌	李 逸	陈文俊	陈 彬	闫仕奎	蒋俊炜	唐福德	刘书兵
吴学文	吴健昌	何忠波	周宇星	覃庆发	李谋林	李玉财	郭 凯	庞胜德	梁国伟	方庆武
郭 磊	陈 四	陈世益	李伟杰	区伟勇	周祖宾	覃传泳	刘念平	韦运深	张国柱	李志坤
关金玉	卢文明	向 猛	王胜利	严 肃	盘乙军	黄加成	黎承海	谭颂恒	袁永辉	蒙开永
倪季军	何杰均	盘成彬	温广文	郭东阳	付 君	胡朝晖	陈火来	罗旭日	廖建颖	刘壮丽
陈玉亮	尹成甜	林丽刁	何欣隆	周承东	蓝 睿	庄城伟	杨子威	李文栋	李俊锋	张永川
杨伦珠	罗元庆	王展钦	张远流	古鹏程	张依彬	冯伟林	梁泰健	苏劲章	谢开怀	许伟兵
岑嘉杰	周冬良	丁国义	何伟聪	何梓辉	汪义方	邓洪生	曾栋材	冯力康	梁梓健	吴颖伦
陈健彬	李哲平	樊志远	冯永康	夏 勇	方 勇	胡敏前	马家浩	梁洪光	廖俊杰	邹建洪
林佳洵	梁 钊	林其焕	曾林劲松							

电子商务

朱华丽

法律事务

欧少卿	刘嘉宝	邹思敏	谭建斌	方 圆	周勇发	麦嘉琪	邹裕萍	黄 玲	刘东霞	孙冬妮
陈立辉	韦梅玲	廖 琴	梅 娟	杨懿霖	马冬润	胡玉龙	陈秀英	王争荣	马兆明	杨 军
徐彦平	朱鹏飞	李江龙	李 浩	常 明	郭 鹏	蔡高洁	秦俊超	杜利霞	高引萍	林结红
潘乾兴	万艳华	万珊姗	李富华	黄飞达	陈楚坚	李华欣	文兴贤	林久芬	周明军	邬景富
彭位芳	李中玉	江 苗	段中苗	黄 灿	张爱琴	张奥迪	廖晓敏	裴爱龄	汪先东	郑洪松
刘小勇	陆锦流	马 嘉	邓 丽	贾宝珠	杨 帆	朱 凯	李方超	陈 宁	徐亚鹏	薛丹丹
李方敏	王青松	王开宝	张学明	罗桂标	唐禹健	黄志钊	何健超	李新伟	麦秀娟	程嘉辉

郑俊文　黄志深　欧阳丽映　亚生江·帕拉提　阿依努尔·麦麦提　哈里木拉提·卡孜

吐尔逊·亚生　司马义江·吾斯曼　玉苏普·麦麦提　艾力·卡斯木　买买提江·卡地尔

法学

黄晓红

工程管理

韩立赵　苏委文　麦大礼　吴梅青　郑秋成　程邵晖　张楚宾　骆春城　唐文斌　严锐鹏　陈长友
曾　磊　谢国权　唐　拥　林彬彬　顾秋丽　柯国清　陆裕金　陈苗松　陆域金　梁国强　陈灿杰
孙丽婷　麦智坚　朱亚洲

工程造价

欧诗霞　鲁文剑　谢达汇　冯翠娟

工商管理

陈子军　杜树佳　张子平　刘　俐　邓　聪　魏　烙　苏志斌　陈溥良　黄义轮　黄翠婷　邓添明
刘单博　朱小远　时均禄　钟智兰　陈明文　黄锦卓　杨棋铭　唐来有　江建彬　袁尊珍　钟国标
李嘉祺　张卫平　马　茜　廖骏锋　傅嘉文　梁睿韬　伍奉兰　朱健龙

工商企业管理

邓　涛　王伟程　陈　栋　雷文芳　谭　龙　黄佳利　郑义武　李昌旭　马骏捷　何焕平　邵中伟
谢山畅　吴诗汉　戴爱国　曾梦月　黄　浩　刘梅芳　尹嘉明　曾庆潮　黎莹莹　黄艳梅　毛晓波
雷　虹　曾书茵　郑丽娇　谭彩缘　杨桂霞　林驰森　温景汪　林淮鸿　童　海　张敏萍　沈家健
林晓贤　何　芳　李利花　李利辉　黄秀凤　侯玮瑶　罗文婷　何颖欣　许敏仪　蔡剑恭　吴鑫锐
梁　诗　蔡剑红　曾洁莹　黄洁媛　刘美玲　刘慧敏　张妙玲　黄艳华　黄艳香　陈渭清　欧志华
陈耿豪　章明涛　张时禹　周小梅　李志纯　谢媛君　李　晓　官丽娜　黄丹丹　何佳骏　李文洪
王桂林　李彩云　谭谢天　杨家龙　杨晓玉　邝　婷　蒋　战　石永钢　王苹苹　艾艳红　王艳萍
刘灵利　吴　芳　匡　维　刘晓翠　华高林　陈丽芬　王灵娟　胡雪群　彭娟娥　叶灵玲　张书杰
邢保立　李　丽　李小珊　艾　维　施　旗　梁金灿　王彦为　蔡海珊　谢春虹　黄　婷　黄红新
高鹏飞　何　颂　吴国军　宋平贵　李园园　崔茂军　杨　霞　杨　超　邓筱明　何淑云　李　静
郑立辉　李凯茵　卢　群　夏湘珏　赖建辉　刘　丽　屈国孝　曹桂花　方灿林　何惠敏　梁艳玲
梁　昌　黄美文　杨翠芳　陈　鹏　王　飞　陈景阳　王家林　王　华　黄　慧　杜建欣　郁海玲
覃定欢　潘华江　黄　平　梁镜堂　杨　倩　程嘉文　黄淦明　宋华杰　袁詠萱　余　相　吴俊霞
付思佳　朱少婷　马文龙　陈宇婷　刘湘丽　彭万芬　董永平　刘　琴　刘达加　汤红专　刘瑜慧
谢凤怡　成孟英　张向军　刘振国　周君桦　崔伟虹　刘　颖　宋交交　梁家凤　徐志春　陈嘉建
翟　璇　冉　玲　许燕斌　宋小勇　孙会林　吴柳萍　林茵茵　汪小兰　林海滨　钟婉明　王敏仪
孔豆豆　姚嘉欣　黎俊斌　林耀鸿　李　里　罗友菊　叶　锋　古钦元　谢君霞　陆树荣　赵永霞
吴燕娣　邹俊飘　王　朋　左银爽　廖雪梅　张化轩　阮德文　赖胜发　苏艳艳　廖德华　陈　娜
方万春　鲁强威　孔东晗　张瑞芳　蓝慧玉　马世忠　张望斌　何同月　石军朋　刘晓华　李伊玲
王　兵　范茂军　陈伟鹏　郭秀芳　李秋思　童　洁　陈　佳　徐　成　李聚良　方　伟　王喜年
任丙旭　王　丹　陈　梅　张安华　何正柳　刘　帆　康全会　郑中红　杨　艳　王　洲　郑　波
杨　娜　王艳松　齐天童　李　想　黄　霞　吴雪芬　宁亚坤　钟国慧　张　焱　张　鹏　胡琳红
李　晶　孙　慧　张　含　王少华　连克清　董素霞　黄家淋　孟　浩　张镇东　孟祥明　李连蓉
王　璐　聂彦涛　艾伦得　刘少雄　陈雪冬　许志勇　胡汉平　何文平　张巧玲　连宝云　孟景仙
潘杰锋　薛加云　陈家炯　白艳艳　陈　龙　李　薇　刘　利　范晓波　葛声军　金　磊　徒成璋
刘卫星　焦晓光　李伟义　杨　松　江　坤　徐雪艳　任五杰　梁隆强　刘鼎锋　胡宁宁　胡鹏举
程　行　包爱明　杨德会　郑彩霞　周建军　王　虎　查正国　葛声玲　王　娟　刘慧兰　李水平
肖　思　王京京　符燕青　魏树清　段小华　肖　锐　陈　力　徐晓莉　彭志勇　袁　俊　郑焕深
范荣荣　崔德川　李桂芳　王竹青　游贵高　薛文明　徐　佳　李艳松　李长军　张坚坚　董生平
陈宝荣　孟章雨　舒成伟　邢世伟　黄武进　陈　泳　宁元元　王　纯　吴建国　李发明　冯　霞
张国权　刘秀容　张月琴　张国平　商利利　吴海芝　韩　俊　田显祺　王　成　包世强　毛宇轩

敖铭华 潘桂芬 邓桂东 李灿建 张惠媚 崔江辉 杨丹丹 段秋仪 尚洪芳 陈燕娜 彭青兰
林　东 黄燕灵 林长盛 许武能 柯奕茂 梁海燕 卢　婵 郑大妹 庾灿华 田红源 翟孙梅
曹宏杰 杨叶军 戴　军 韩泳星 彭为浪 蔡裕东 郑炳圣 廖丽燕 黄铭波 罗必成 易永亮
陈茂珍 邝子立 颜志彬 黄俊杰 汪智勇 黄子成 叶阳德 杨　坦 房小东 阳　裕 曾流成
石冰林 王启春 李信仪 吴培霞 林丽娣 宁　萍 郑琪琪 钟雅利 谷小姣 陈宁诚 彭文森
王茗雅 陶秀丽 黄丽琼 罗晓曼 张小坤 赵勇辉 陈俊宇 殷爱环 易雪莹 李　展 刘俊威
蔡汶莹 赵勇彪 张河文 黄富彬 卓雯舒 张竣杰 张楚萍 张礼权 张富昌 田云云 马小妮
林立旻 李宏柱 李　俊 唐　兴 钟　科 杨　勇 邱宝富 王占文 王培旭 李怡霏 李梅琳
谢　江 王　超 翟金成 黄嘉敏 杜文浩 戴光明 梁栩华 杨文超 黄志芳 罗金梅 马炜翔
杨晨宇 刘亚涛 娄芳铭 康尔利 黄少辉 丘建军 石瑜婷 戴　蓓 林艳婷 陈燕君 庄嘉嘉
汪　丽 王华杰 肖志玲 徐建平 林晓青 张立娟 罗文榕 郑小燕 王　劲 洪春燕 成丽红
费　婷 潘秋怡 李勇明 何芷君 罗英桃 何俊华 林有娣 成金花 邓春梅 林秀文 陈连凤
洪燕琼 吴丹纯 吴少和 吴朝龙 吕嘉文 陈城根 邱先国 王李辉 刘志豪 陈　艳 吕嘉园
金斌杰 黄开英 翟建康 邓金波 何亮亮 肖远辉 徐超延 袁翠珊 邓惠兰 黄　映 张鑫煜
池彩云 李树群 列雄伟 闵才汉 李松林 江建平 钟　兵 宋夏清 刘　朗 黄　旭 李　恩
黄维聪 任春旭 邝熠辉 肖玉华 李珍珍 余俊达 时利红 申记功 江仕香 肖冰华 骆坤梅
饶　铭 黄　杰 曹延明 何朝立 张艳平 王齐汇 李裕发 焦银升 汤健申 肖永安 唐雄章
潘丽娟 许潇萱 邓世军 黄小杭 杜贵汉 曾　聪 张志花 钟　颖 赵政春 陈克范 周学锋
兰旭霞 张雪银 潘丁华 庞春娇 蒋永勇 康相增 刘翠联 杨秀英 高　艳 谢梦林 刘美玲
丁静静 温晓玲 林志勇 杜　娟 陈　芳 袁慧玲 黎桂兰 陈宝仪 熊娅萍 陈美芬 赖　俊
王小林 汪丽萍 张永情 杨宪锋 刘梦旭 林金悟 汪玉侠 庞志飞 刘友升 彭文静 刘　艺
刘　丽 赖春萍 卢传福 李锦玲 周傲莉 汪金丽 匡小桃 冯杰仪 廖忠伟 张豪庭 黎国清
刘焕军 黄健波 张雪玲 邓伟杰 梁文浩 黄　丽 邵丽琼 邓华荣 李智明 高伟玲 邹牡丹
陈瑞莲 王彩梅 曾凤频 陆卓豪 胡金玉 何光洪 梁　梅 梁锦坚 梁青生 陈秋菊 李　活
李云忠 李志明 王旭渊 彭培伟 田程化 李佳美 陈小花 姚雪莲 巫超城 熊爱玉 王大乐
陈　龙 罗楚珍 袁林林 张　晋 詹霞珍 何双喜 郭全侠 潘丽燕 许小勇 刘芹苓 周　博
米久彬 李焕萍 李　健 罗文昊 董小燕 江松森 杨智亮 梁日定 聂宇杰 潘金明 何春花
张　静 张永添 赵万水 霍　飞 马卫琪 林宏野 杨智杰 邹丽鹏 李伯怡 莫少乐 陈　哲
彭　苹 游红梅 陈　秀 伍茂军 张艳杰 何　亭 闫　童 钟毅勇 李今丽 刘　新 曾德杰
陈笑儿 朱婉怡 李承杰 刘凤娟 郑　鑫 严语轩 黄伯韬 郑春丽 江　溢 廖春莲 黄美珍
刘善坤 谭志远 刘　超 郭瑞霞 黄思香 李晓霞 郭喜艳 吴继昊 姚　佳 张志东 许雄兵
毕　磊 黄秀云 董浩棚 唐　霞 陆　韦 史　妍 曹　超 刘　恒 郭　丽 莫兴龙 邹桂成
吴思翰 胡才娟 钱兰英 黄勤勤 黄志刚 李素莲 赖红君 刘建梅 唐登科 谢军桂 吴潮峰
蔡君燕 陈韦任 罗东娴 刘志勇 代　丛 何志东 王　娟 吴毅倩 朱迎春 文永顺 徐瑞彬
姚菊红 何露儿 陈家耀 韦　文 侯宝欢 陈展昭 杨丹妮 陈兆强 梁君瑜 傅少连 刘　鹏
韦荣辉 肖　遥 李家均 何星朗 梁颖翔 张　弘 彭嘉亮 陈思敏 卢宇豪 张远娇 张志健
谭智勇 娄德智 叶劲鹏 刘戴花 刘玉英 陈少凤 陈嘉辉 谢国文 方镇军 曾志标 黄柏朝
陈　凯 肖明英 丁　宏 陈少炼 段小红 管继堃 钟海芬 陈　林 刘　静 冯　其 吴水祥
汪江浩 陈桃梅 黄　领 陈宾韬 肖成辉 袁丽霞 吕海薇 郭安平 张　爽 冯小静 郑楚玲
柯杰平 邓土娟 黄柳婵 吴政璇 梁承彬 江雪林 汪重庆 李家辉 谢绍翠 尹润荷 黄丽冰
李楚菁 黄慧贞 谢华东 吴梓秒 周倩雯 梁浩华 罗培津 蔡淑华 黄小玲 张世明 李锦秀
陈赖弟 曾耀辉 邝韵媚 梁浣清 李宁宁 许开文 杨健朋 徐秀兰 邓伟枢 卢永豪 许健兰
骆细凤 徐嘉惠 邹建波 李　珊 张伟然 张静文 毕伟江 徐志泳 黄婉君 杨雪茵 龙丽仪

赵俊江	李少芬	马乐华	徐俊标	庾健斌	苏蕾	卢耀锵	梁洁华	骆凤仪	黄健棚	许少玲
李建烨	曹惠斯	陈伟英	郭绪桔	徐文丽	张晓明	罗家杰	冉冬梅	曾维朗	谢振坤	吴丽华
江静谊	邓庆锋	刘建云	高政	陈增珍	黄慧聪	程则凯	刘建航	黎婉文	李石根	杨宝怡
黄柳菁	李胤	黄玉玲	杨晓萍	罗美芳	李平海	杨丽	黄小茵	张秋莲	李国华	汪秋媚
黄敏	陈超伟	崔朝兴	李小磊	詹玉枝	林孟雄	夏芳	潘月强	赖勇	杨志山	农永明
郭含	张俊凡	刘金鑫	杨阳	李晶	麦洁仪	罗德聪	李锐星	柏惠娜	陈楚铃	马昌兴
陈灿梅	郭婉玲	姚玉团	薛磊	刘泽辉	黄锡文	黄家莲	罗金宝	张海燕	梁丽芳	黄景爱
黄志优	周映军	黄伟杰	邓玉娟	邱瑞泉	罗志杰	刘允容	马新平	区建堂	何小春	张平
陈广泉	余俊	费磊明	刘登华	徐丽君	邓雪梅	张育强	夏焯能	聂小聪	张权武	郑仕国
刘继声	林志勇	杨云	李国邦	陆英闯	孔章程	江志尧	柯旺伟	龙华兴	鲁显华	柏柳枝
陈东梅	莫叶根	蔡颖连	蔡俊峰	梁栩玲	胡利兵	张亚宏	植才宝	施煜林	黄香清	黄春源
黄明家	李兵	齐永定	向周飞	莫长承	何秀军	叶建钦	陈武	刘荣辉	谭社平	黎向明
王奎	陈明珍	沈秋媚	王海霞	冯宁	唐配烽	符群辉	杨浩雅	虞健	刘雪青	李梅
李铭珠	黄丹	韦荣雄	谭碧凤	杨敏	汤丽丽	温林强	刘润泰	陈胜军	谭均杰	李丽娟
胥雪芹	周兴	李帅	孔令炘	王慧娜	赖志锋	廖娉秋	潘志强	何荣杰	林小婷	陈丽仪
涂特斌	莫梅弟	谭洁梅	黄水少	徐远	叶展鹏	张文权	唐成鹏	黄丽祯	陈波	孔超群
胡明智	邓俊炜	吴春兰	邓丽燕	储佩佩	黄少婷	舒华飞	黄冬怡	肖珊珊	刘淑文	龚舒婷
吴俊纬	林少冰	胡志镔	汤敬锋	张俊丽	徐伟江	陈慧	钟慧珍	梁演东	曾维森	邱艳香
黄露丝	王富斌	孙艳丽	冯向荣	覃珊珊	徐丫头	高丽仪	方娜	刘鸿友	许文辉	邓雄枝
符泽杰	梁安扬	麦昌旋	李孟晶	周容	王兴田	巫敏敏	柯以琳	方升	蔡镇基	郑淑琴
全泓泰	莫家慧	姚玉莹	谢广丰	谢广钟	高金枝	袁国焰	胡梓潼	黄楷涛	黄银燕	罗嘉琪
许志豪	谭云汉	林东辉	黄伟建	陈咏欣	阮裕钧	李健和	杜凌斌	徐汝路	李禄	李馨婷
李少琴	郑云芸	杜振辉	林德友	戚俊毅	潘锶敏	何春燕	黄国生	曾美红	高俊超	刘金凤
李德全	曾嘉丽	杜爱家	何德权	黎嘉梽	夏智威	黄晓东	董婉斐	游超峰	王洁颖	吴穗明
麦敏超	黄丽园	李振强	李想	黄丽芳	莫燕萍	卢志远	杨慧妮	蔡晓梅	林巧玲	伦婉滢
范嘉韵	梁丽华	李远军	叶伟才	陈锴纯	梁伟杰	詹朋	赵雪岑	庄卓诣	冼碧莹	赵晨
梁嘉慧	黎锦华	崔晓楠	钟嘉威	蔡海燕	王泳城	吴桂娜	李嘉敏	谢燮勇	卢丹	杨俊贤
黄祥辉	钟达	陈惠君	丘沛歆	罗荣发	黄晓纯	温玉良	郭如繁	许桂英	李健文	罗至娱
杨凤姣	张建辉	梁志敏	周美捷	梁瑞莹	李美娟	谢子亮	陈雅婷	邓施敏	张旗方	姚铭滨
叶嘉龙	李健锋	吴世超	韦建涌	张伟明	王聪	黄泽伟	郭鹏飞	王月盈	王易求	陈智军
韦志彬	郑穗玲	袁玲英	徐中健	蔡继宏	彭珊珊	程蓉	黄启钊	彭巧	刘宇珊	程杨
梁梅洁	谭毓盈	谢嘉敏	何文蝶	叶日生	凌淑然	骆丽晴	庾宝君	徐德印	肖卓妮	秦裕佳
陈胜博	谢志辉	冯珊珊	周锟海	莫彬	王流信	秦诗婷	傅创娇	吴应强	汪长芳	瞿芸辉
郑月霞	郭永湛	林球娣	刘芸	刘思燕	肖晓霞	方锦泰	程丽娟	李玉桃	张粤明	黎幸洁
覃胜	黄碧	钟婉荧	李嘉咏	谭凌灿	李小科	黄芷倩	李志强	林婵锋	关鑫涛	邹秋文
吴秀芳	黄海桂	吴夏奇	彭有彬	庄雪敏	钟福兰	莫家丽	茹亚恩	李锐娟	吴添	黄邦县
薛瑶	刘正亮	胡孝梅	沈华登	熊文英	邓丽君	张东辉	蒙龙	贺美玲	刘文孝	吴志海
邓伟	姚伟波	吴欣璘	文健	郝福生	邓云	张治平	宁丰富	曾剑鸿	杨雅丹	李娟华
黄东强	李彩云	李杰强	李桃	潘翠娟	刘宏	黄卫平	刘修吉	郭志坚	徐月英	黄洁玲
吴远辉	曹丹丹	钟山发	叶妃燕	梁太进	何安杰	梁恩贤	李碧云	廖洁文	陈卓倩	冯楚茵
石秀福	郭海峰	蒋丽娟	李南	李教鹏	王艳红	黎彩梅	谢建东	何金凤	尹智锋	刘洪熙
陈碧燕	陈镇威	梁锦萍	杨国军	姚武翔	吴浩然	曾周红	刘万炮	王萍华	杨燊杏	卢秀莹
庄海冰	李东键	钱春桃	王芳芳	龙国建	李海潮	谭景天	黄文雄	宋喜平	姜丽涛	陈永旭

梁林盛 陈智杰 周海林 腾 桃 李 恒 杨建华 周建辉 刘思强 雍 洁 蔡玉华 张文清
夏炜霖 欧阳艺熙

国际经济与贸易

张怡飞 陈秋珍 王影红 黄锦雄 黄霞莲 魏敏玲 李政君 叶俊豪 苑 杰 方杏梅 苏芷君
罗瑞雪 陈玉婷 张 丽 郑佳茹 陈艺翔 卢浩纯 曾玉怡 陈 静 陈芍霖 陈蔓晴 黎 明
何巧维 曾 俊 张海红 陈焕文 王小兰 周银香 范启妙 吴雄辉 杜漾波 伊高林 邓章俐
周锦波 梁锦萍 刘 宏 琚炎炎 陈 燕 黄少恋 江新彩 殷成静 陈宝鑫 苏慕容 黄治平
黄星超 王英文 郑 梦 陈碧君 曾佩媛 吴树鑫 钟楚明 李永峰 黄志丽 陶婷婷 卢晔彤
黄 秀 杨 好 邓妙香 刘红云 曾祥宁 李风玲 陆伟坚 陈欢欢 王文昌 周贞东 黄田敏
黄露娇 朱志晃 杨晓勤 周雪霜 庄雪媚 伍海霞 梁晓敏 陈旺全 邹伟瑜 郭玉兰 赖玉群
周王欣 朱嘉玲 王洁仪 翟淑莹 谢定元 岑丽霞

行政管理

周耿财 陈瑞云 欧志兵 宋雨飞 何耀德 方悦虹 刘湘杰 曾欢明 温嘉俊 温子杰 陆小花
陈嘉乐 蔡嘉丽 周弘且 丘美美 苏振杰 尹健辉 冯智源 邓玉娟 黄三中 王玲玲 林书侃
马 苒 吴 刚 霍小磊 詹骏斌 汪 静 陈梓桦 罗宇聪 李 慧 徐晓英 何燕红 廖晓璇
陈锦星 李珊珊 江志鹏 管立豪 管立明 钟智颜 黄翠芳 陈秋霞 张秋仪 刘婉媚 陈乐宜
杨伟文 林越菲 刘珈维 马艳丽 谢汝清 成伟杰 梁嘉杏 陆桂霞 黎小琼 成志权 张小华
梁 夏 陈宝珠 赵雅冰 黄凯丽 黄佳娜 杨 志 黄楚明 黄坤荣 陈巧贤 黄栋烁 林兴来
千小容 千秋霞 冯 磊 朱剑标 丘辉珍 罗 丽 陈红梅 梁靖昕 韦冬梅 石志权 周亮波
吴广灿 区兆锋 陈绮婷 李春雪 刘雪梅 梁锦凤 谢兴平 张 惟 秦 方 胡婧婧 黄清颜
温战花 张丽凤 李洪岩 吴义梅 吴志毅 叶卓恩 李小敏 刘春松 冯雪飞 宗俊安 曾秋欣
莫冬鲜 吕东哲 李剑晖 唐卫红 王燕凤 马海涛 吴建丽 文小琴 卓思梅 郑妙虹 郭伟华
曾金彩 郭石月 郭 静 向利华 谢妙纯 邓 媚 叶美婷 焦镇峰 萧秀雯 莫浩平 曾爱华
练 萍 张垚钰 黄思丽 何国安 唐艳丽 郑斯凤 黄永欣 植汉才 叶钰良 张梓键 龚辉明
马佳伟 杨青免 夏家伶 曾嘉怡 钟永婵 林澎娜 何文飞 林健荣 杨兰芳 黎青红 梁陆杨
吴泽强 林志琴 杨 琼 邓丽萍 李 晨 胡晓君 林楚丽 马 丹 陈晓糅 卢国治 黎振明
魏智伦 雷柠铭 梁健欢 杨秀锋 麦思远 李银陶 叶炎翘 黄成程 李 颖 黄 静 李淑玲
刘 婕 周 乐 曹欣仪 曹紫君 张 波 高昌红 郝 静 向治华 李 涛 武 超 王以虎
李玲玲 王少红 文 锋 周 港 赵 丽 秦 燕 何 艳 张兴兰 李文杰 胡宝林 颜克俭
徐 刚 杨小涵 候杰芳 夏天鑫 余志华 张琼丽 范明菊 付孝红 杨 孟 王彩梅 马 罡
蔡清惠 刘诗婷 舒小林 高美君 邓中平 陈嘉欣 杨友柱 林平凤 曾小榕 林平秀 汤 琼
袁红志 黄秋英 韦兰波 王洁仪 张连虎 王 将 邝海洲 张文娟 梁观秀 陈运深 王秀良
吴柏欣 成艳凤 李文星 温弋文 甘志良 温 健 蒋银霞 孟煌键 黎文烨 陈珊珊 成惠娇
张庆名 卢杰成 莫静仪 陈子军 宫 丽 黄焯平 梁勇华 詹高飞 李亚妮 梁彩霞 邓小韫
欧碧丹 刘沛彬 曾志坚 刘炜东 丘志伟 陈振飞 苏志兴 莫子健 刘志锋 蔡学文 廖细妹
卢倩怡 陈孜涵 张奕彬 邹永锋 许和龙 黄晓鹏 黄伟佳 黄 慧 吴炳松 黄旭纯 周海涛
郑泽君 陈宝茹 方志鹏 林文华 成 华 邝晓婷 陈武立 朱启军 许炬维 邱钰琳 林文烽
余文超 曹小冬 莫敏捷 曹淑媚 高小芬 刘康武 张玲敏 李 维 卢俊明 吴晖煜 曾丽娜
江旋宝 李 浩 张 路 黄 燕 冯 若 陈焕裕 黄福兆 李凯越 何敏聪 梁传琰 张耀增
朱惠丹 张丹荔 陆金凤 李紫莹 王 薇 汤继华 潘苑娜 李培坚 梁健伟 卢志明 李 银
李晓平 梁日轩 苏应祥 王小芳 李伟明 童杏芳 吴桂兰 李宏丽 陈伟杰 朱华丽 李小芳
汤少斌 严光明 冯力海 张文冠 杨仁广 游诗怡 严文雄 梁业霞 赵韵仪 苏希彤 谢 春
曾丹丹 许颖欣 朱铿杰 杨伏芬 马利娜 罗志威 李梨娜 王丽博 邓娟娟 王方燕 区少姬

田 蕾	许婷婷	吴劲华	朱考仪	潘家慧	杨婷婷	莫益莲	林文杰	卢观畅	谭宇基	苏小燕
方巧女	苏春燕	莫静思	粟 丹	邓丽娟	黄远林	黄金华	陈美琼	黄艳姣	葛香归	谭素美
李广豪	张珊珊	夏秋榕	李汶桦	刘伙娣	王晓芹	郑 媛	谢紫红	申 米	徐秋燕	林爱贞
张洁玲	尹红燕	魏文辉	张卫鹏	邵明豹	董新星	吴雪梅	王春斌	王犇鹏	余 东	庄营营
陈永港	张占杰	肖志辉	吴成燕	席晨阳	甲 塔	张晓琳	吴爱华	刘永强	刘 飞	陈素艳
魏 琴	申 颖	刘丽君	张 俊	潘 辉	央 吉	段珍敏	袁 方	段丽彪	溪树军	王金荣
孙朋林	何宝来	张 栋	王晓红	庞土娇	庞林梅	黄嘉曼	娄丽娜	高晓冬	许金娜	黄建忠
郑妙虹	梁彩梅	崔骏川	张 婷	王怀杰	张梅梅	张陆云	林伟洪	黄杏茹	褟咏伦	蒋国兵
吴少龙	李真玉	张淑燕	林杰平	苏少端	袁晓君	钟 仪	杨玲玲	周 卫	区景润	白晶荣
马仲辉	叶荫晖	陈少锋	霍宝财	何詩穎	郑嘉敏	谭志伟	钟灏贤	胡 炜	黄燕红	李 瑞
罗小丹	李志玮	吕燕昇	杨惠英	方晓璇	林彩娟	黄小云	梁珮仪	莫丽娟	廖玉媚	吴凯宁
黄晓芸	许华新	吕凤仪	黄静儿	袁嘉傑	汤凤彩	麦卓玲	黄展鹏	张锦树	陆慧贤	刘燕青
周健新	许国宁	许金瓶	高伟民	周文伟	管光平	黄丽华	毛彦超	苏海盛	李伟林	吕嘉玲
陈家伟	黄露儿	陈丹珠	林仕瀚	梁美欣	陈荣威	黄瑞莲	吴锦辉	廖健明	李玉枝	古健强
梅 瑜	黄嘉欣	梁叶敏	吴春海	郑嘉健	英伟锵	薛毓皓	谢淑义	李绍龙	周嘉荣	杨瑶瑶
黄瑞霞	王金环	梁斯敏	麦永强	林丽婷	林惠娴	梁结霞	戴永华	程家意	梁学文	李成光
梁敏仪	王茵蓓	欧阳胜	陈秋倪	罗江宁	朱震濠	张洁红	梁桂英	戴宝莲	潘少府	张 梅
李嘉珊	李巧云	胡静仪	黄恺殷	冯秀珍	程嘉祺	何佩芝	余子伦	曾雨婷	余军欢	张家伟
陈颖烽	严 龙	邹晶晶	高文彬	高志傑	林晓厦	李颖诗	梁华丽	梅 琳	梁丽燕	麦家涛
钟美宝	江翠敏	吴永健	杨晚亭	钟统兴	张钜威	马家豪	吴骅轩	关立强	陈晓冰	欧月仪
李巧雄	杨春玮	周丽欣	赵穗玉	黄桂英	梁智聪	易华欣	古少芬	陈咏娴	陈家永	梁嘉敏
闫春华	林 锋	梁春女	董润娣	周绮婷	麦嘉欣	陈绮珊	吕春鹤	林家明	梁志财	黄雅君
李子峰	李金发	冼荣辉	黄少冰	黄裕君	辛 斌	胡建航	陈炜棠	江庆荣	蔡清清	刘鑫龙
蔡伟升	陈月美	黎君庆	戴 婷	李惠洁	洪铼鑫	李文俊	黄志恒	冯素粉	黄美愉	蓝雪卿
范家丽	黄家祺	何世豪	李颖锋	许家仪	林华基	梁惠平	梁伟文	梁敏燕	王雅雯	谈文英
卢晓晴	冯燕芬	梁庆华	钟雪银	黎如金	叶咏茵	孔庆辉	刘健明	蔡湘英	何雪丽	彭海燕
朱小红	岑碧茵	梁惠玲	韦中朗	梁咏仪	王嘉熙	沈晓彤	叶绍中	李文广	洪志荣	梁惠文
李嘉彬	陈枝兴	简美贞	刘雪梅	梁嘉华	曾贵华	梁敏婷	林明珍	梁燕峰	梁国豪	梁威权
李嘉玲	梁嘉宝	李雅珍	赖家碧	黎恩强	廖健雄	周梅珍	鲍育麟	袁志辉	莫健明	李泽玲
王立娟	黄日英	邹燕芳	吴志豪	王文杰	赵 洁	何健恒	谭浩杰	黄燕玲	梁嘉欣	邓冬兰
李 丹	单秋艳	简思静	刘福灿	张秀薇	张 维	张剑仪	邓玲玲	李利民	李 刚	罗华亮
庞明勇	卢世平	唐素芳	陈春梅	宁 超	谭秀芳	匡令花	唐红英	胡依琳	许 平	熊 丰
张中原	林 滔	夏 芳	柯 贞	谢国辉	石 柱	陆 涛	卓敏莹	李冬梅	蒋海庆	陈志秋
廖永彩	谭耀辉	蒙庆莲	卢娜思	吴华贵	陈 琴	何芳芳	勾姗姗	李贵群	黄花妹	刘凤霞
郭 丛	曾正治	李小玲	何浩贤	陈广航	甘慧湘	吴子健	钟健森	伍卫华	崔丽红	苏国辉
詹志坚	苏慰铃	雷志庭	郭小凤	彭嘉豪	陈志豪	王培强	江芹芳	何富全	冼瑞辉	吴柳燕
黎卓辉	石家茵	刘嘉欣	彭永坚	杨漪敏	赖圣伟	黄文丽	周素玲	崔丽常	黄子龙	陈文姬
许 艳	岑慧欣	周慧珍	谭耀基	廖颖恩	陈志诚	吕延梅	胡小宝	甄显堂	李惠明	欧雅文
陈静仪	林 达	凌惠珊	麦永强	梁妙韻	林佩珊	林耀斌	曹广铳	万辉远	林梅燕	苏兆熙
何嘉莉	陈秀芳	林瀚荣	林倩敏	陈宏海	黄珊娜	陈嘉荣	楊 靖	雷德荣	陈浩然	黄玉芬
陈玉芬	叶丽娜	郭惠仪	杜文静	袁锦俊	刘慧雯	戴景康	高碧红	蔡小真	姚永艳	李剑伟
何敏仪	李翠珊	许纬伦	梁铭衡	潘美仪	袁惠玲	陈佩娟	梁咏桐	高碧霞	贺俊成	林泽锦
翁贤华	江勤胜	谈毅斌	吴家敏	吕瑜娜	梁意明	张英莲	吴雅民	任丽丽	李文杰	江秀兰

李伟雄 吴艳霞 陈庆煌 赖诗媛 黄兆坤 李嘉辉 郭远文 萧瑶瑶 叶莲妹 高丽云 陈华星
古健辉 李仲婷 曹洁齐 陈秀娟 李富尧 陈燕媚 唐丽诗 何耀祖 杨美卿 赵慕贞 梁德福
岑敏雯 谢泽琴 梁静珊 孙佳淇 林河南 何志杰 刘三妹 龙小燕 梁建忠 罗凤清 庞红霞
冯　兰 胡少川 阮松柏 余中元 吴彩秀 戴活文 梁伟荣 何锦红 郭永业 卓绮雯 董伟明
袁伟雪 刘家俊 李锦健 董伦宦 何明伟 廖瑞权 黄森林 何世杰 梁伟庆 萧米拉 冯志玲
甘冠聪 郑伟聂 张家俊 马永健 苏志雄 陈秀琴 李卓慧 陈诗雅 吴文堂 杨　洋 冼志岗
陈敬敖 吴芷珊 陈明辉 陈长喜 许俊彦 夏丽丝 陈伟添 陈嘉宝 黎家仪 谭伟业 梁绮雯
杨微微 盘景秋 欧少鹏 谭嘉敏 邓柏高 赵雁华 江河美 林敏仪 关世樑 王　丹 夏秀芳
关清珠 李万就 阮燕玲 林梅婷 林锦玲 姚文雄 周祉呈 赵显华 陈文凭 叶婉青 梁建华
梁成强 王嘉玲 苏美瑜 郭家欣 余伟立 陈玉萍 郭嘉威 周海尔 潘志洪 黎天佑 陆丽嫦
曾　尧 陈一君 林慧仪 黄华鑫 毛子傑 钟惠芳 陈伟棉 卢嘉贤 韩淑珍 林诗吟 陈慧敏
江志劲 周凌薏 朱凤芹 李俊成 夏丽珊 吴仲敏 崔展鹏 陈广超 朱碧丽 黄青青 吴思敏
李欣欣 陈明珠 陈志强 鲍嘉丽 曹诗敏 孙　穗 吕锦全 张文兴 何文娟 张嘉兴 陆雪萍
张锦强 周　丽 卢敏芳 王盛龙 尹小梅 沈学凤 赵　静 包伟丽 杨怀云 雷圣子 杨家瑶
崔颖瑶 邓海玲 肖桂棠 LIMHONGCHAI 上官彦军 欧阳飞燕 欧阳飞联 欧阳雪娥
司徒紫微 欧阳柳欣 欧阳越韬 欧阳艳嫦

航空服务

钟伟丹 吴欣琪 陈维康 黄国斌 叶建斌 张书荧 林灿圳 宋晓旋 林铎键 陈伟星 曾晓梅
吴耀贤 肖再林 徐维彬 何晓宜 李佳利 陈依桐 吴　杰 胡　茵 林骊珣 刘妙铃 刘海琪
蔡曼心 黄羽珊 邱碧儒 崔玉婷 王　芳 谢奕涛 朱季香 邱国杰 刘　倩 陈晓敏 郑　媛
陈丹璇 韩艳虹 莫天天 肖育芝 吴和雄 黄　吉 郭元丘 林捷虹 陈亦权 王鸿雨 刘淑仪
黄虹熙 池锐滨 叶彩霞 陈嘉怡 邱国欣 张倾琳 陈秋羽 刘星虹 魏　莹 谢文涛 陈　曲
陈佳楠 吴志良 黄嘉健 潘诗韵 丘佳琪 刘宝珍 王惠明 曾燕雯 邵晓颖 黄子悦 林紫琪
孙芳愉 袁碧瑜 陈茹敏 彭润源 周永明 温汉林 林梓璇 陈银兰 文学诗 邱怡铃 黄伟敏
王洁娜 周良伟 林　洁 林青青

会计

钟广倩 刘　亮 郭元妹 陈惠梅 梁茹婷 温美琪 江　彤 黄辉鸿 甘欣琪 叶丽娴 陈秀珠
陈秀兰 谭书媛 何丽花 黎水洁 李兰兰 范幸月 廖常宇 何月华 蓝秀红 曾美玲 蒙　艳
陈爵平 叶燕凤 曾嘉珊 梅春花 张建英 罗丽雯 梁宇丹 罗　拉 陈家宜 傅梓慧 钟晓华
曾　莹 高袖仪 冯迎楠 曾　娜 沈燕华 徐苑莹 陈阳勤 何　静 李顺桃 王瑞梅 黄婷婷
李　健 谭素严 吴　怡 赖　容 何凤霞 马丽艳 马燕君 饶　璇 刘志芬 刘云静 朱秀华
杨明霞 吕宜兰 刘三妹 罗花兰 李胜兰 徐雪雪 骆丹霞 陈兴明 黄晓雯 汤燕华 康丝语
印　芳 周　燕 黎珊珊 万天红 李海平 钟洁莹 刘春燕 董瑞瑞 陈晓铃 周亚妹 刘　媚
张庆娴 蔡彩燕 邓富妹 江　媛 陈意如 梁杏仪 冯翠琴 王祖欣 汤洁婷 崔小燕 刘　映
朱江婷 陈如英 陈如方 郭　燕 林　丹 卢近好 刘术华 唐迎廷 刘小兰 刘小林 罗友爱
陈高艳 伍建琼 胡　文 韦源源 蔡海珍 肖　丹 朱丽玲 刘倩雯 葛丽群 莫丽平 方　莉
莫彩娟 谢　燕 谢红娟 赵　蓉 林　意 韩艳芳 温　瑜 潘　械 吴海梅 蔡裕梅 钟翠玲
罗秀娇 程丽娟 叶佩仪 史洁蓝 蓝优娣 汤楷敏 刘红英 黄惠茹 梁丽娜 潘兴陈 谭春红
潘妙玲 成丽娟 许丽丽 郭景瑶 邓其双 曾诗琴 苏嘉敏 崔明燕 张英龙 吴鹏凤 陈芳兰
刘金连 黄钰冰 农利霞 关玉珊 刘亚娟 叶秀蓉 王妙芬 庞妙青 许　娜 伍文华 姚小艳
余浩宏 严陈容 覃结嫦 张小文 周从方 韦兰金 梁立君 沈加梅 陈惜珠 任利霞 黎佩婵
杨冬霞 徐　美 许　丽 王富甲 何　青 范晓燕 邓珍姜 洪　雁 丁学林 周峤汐 唐洪英
郭海娟 邱佩佩 刘云丽 王　趁 赖　娟 莫雪霞 韩　艳 张明珍 李　萍 李秀英 王　娟

宋贵琼 刘艳娜 邱 纤 葛丽君 来芳芳 吴美燕 钟沙沙 刘红迷 章红华 庞红青 查正玲
刘 欢 徐芳超 聂 岚 肖 燕 朱小波 甘庆梅 文 菊 曾东梅 曾红妹 李红杏 林碧文
黄志慧 伍艳红 郑 敏 罗秋梅 罗 慧 朱晓锋 邹画俞 靳晓红 陈玉霞 刘海萍 李彩玲
沈 颖 张惠波 李紫玲 李玉玲 吴美光 杨俏霞 吴春丽 郑楚燕 唐 奇 郭伟玲 孔少方
吴春奋 魏淑英 胥忠秀 王海燕 王心雨 杨 梅 刘伟芳 吴光明 肖 艳 王月红 李 盼
刘银萍 李 沁 王 飞 张凡凡 张 桐 曹艳阳 林 芳 刘 婷 邹威庭 廖晓仪 徐菊英
王 丹 周丽英 王晓蓉 杨冬梅 李燕芳 洪艳美 林茹娜 张凤艳 袁靓霞 朱妃三 杨楚洁
袁 圆 陈 慧 林晓敏 吴柳丹 冯玉莲 冼松贤 许艺嫦 朱宝珍 陈小凤 梁洁梅 陈孟凤
黄金沂 赖间芳 成晓勤 陈雪艳 邓敏霞 张金兰 潘永瑶 黄燕珊 郑晓欢 袁惠芳 钟 娟
刘庆凤 叶友连 李 清 赖美亭 谢三英 邓翠霞 项行朗 张冬瑶 叶佩珊 李香程 葛庆梅
侯会洁 梁珊珊 梁凤珍 徐珺珺 招华珠 田 琴 陈丹妮 肖 艳 谢儒容 李吟旋 吴纯斌
黄秀良 吴 东 宁梦芝 丘桂丹 宋金华 欧 艳 陈粉华 甘素萍 钟凤燕 张奕奕 陈 婵
张安琪 黄美珊 陆丽萍 李土凤 杨艳丽 王娜丽 姚瑞冬 徐 丹 王 娅 杨艳红 方小虹
郭艳玲 原秀冰 席 阅 王丽欣 黄 容 张牡妍 叶洁瑜 叶碧莲 苏维结 房惠玲 欧家欣
王 婕 周玉玲 梁蔡英 谢 迪 尤嘉曼 杨 虹 罗廉超 蒋秋寒 邹翠园 冯品慧 卜文玉
李荣艳 袁宝华 张星丽 杨雪萍 谈文霞 赖凤如 谢立凤 谢 敏 邓华丽 江婷敏 陈燕梅
古燕平 谭粤君 梁水兰 冯容英 邵梅芳 林丽青 高慧仪 刘丽娴 余晓敏 朱燕红 叶婷婷
黄 洁 温锦名 叶慧冰 韦文俊 余 桃 高碧云 张 燕 赵招娣 张金花 陈乐乐 陈昭蓉
吴惠娟 孙文军 苏瑞荣 曾钰梅 凌康玲 李淑霞 张志玲 周蓉蓉 陈思思 吴绍梅 徐小莉
张小玲 郑香花 孙思婷 周 童 邓海茵 吴雅静 郑少燕 陈丽飞 苏春丽 李瑞仙 苏玉珍
吴春晓 左志红 张世娣 魏丽丽 马 芳 王云星 田仙洲 孔令芳 岳安娜 任腊梅 王 雯
罗少娟 舒 福 黄 玲 李玉军 王顺英 徐苹焕 杨维琼 王 丹 王裕婷 林紫雪 罗利群
欧 宇 尤小玲 廖云珍 曾丽丽 黄品英 杨珠琴 古石芬 王 谊 万 剑 杜云花 杨思敏
童镜英 邓丽英 罗锦秋 曾德清 黄福娣 韦小聪 张文敏 杨小华 叶燕桃 曾月玉 邓玉娇
袁雪妮 岑佩娜 朱 娟 唐金梅 韦琼琼 陈雨涵 陈清清 罗绮雯 韦国英 丁月萍 李嘉欣
范苏红 麦丽媚 张 配 梁美丽 何燕君 陈莹莹 张 雪 徐莉莉 张 琼 梁 伟 冯桂娇
李洁仪 李 颖 唐 琳 梅艳芳 胡容欢 黄紫莹 张小红 卢雯苹 欧丽青 毛健琴 郭洪婷
廖 清 冯旭辉 杜惠梅 齐爱娣 林纯霞 杨倩薇 梁苇琪 许燕妹 刘伙妹 覃艳美 崔玲玲
钟贤金 廖少娥 谭双容 刘东妮 潘燕飞 梁雅芝 胡 娟 潘常丽 刘 丽 李 静 邓奥楚
黄 威 钟新娣 张豫宁 张秋菊 吴婷娟 马秀玲 黄碧霞 苏桂迁 伍嘉怡 易亚利 谭婷婷
蔡洁茹 庞 欣 李梦华 吴碧霞 胡小婷 何丹丽 陈芝萍 王佳媛 吴云新 吴树琴 曾春梦
邱宜娴 陈娟娟 黄芳芳 杨正容 邱 婷 陆艳妃 林丽芳 赵晓华 曹维向 何小筠 钟结儿
郑思维 李佳玲 施素梅 吴垚澎 冯燕玲 冯 芬 黄杰英 黎秀平 迪力夏提·阿地力
努尔买买提·牙生 欧阳云峰

会计学

林黄丽 梁群萍 廖 娴 邹丽君 肖丹琼 曾菊兰 郑伊雅 陈丽琼 刘家乐 夏时雨 阮慧怡
林 懿 吴家豪 黄远飞 吴春春 黄浩坤 陈婉仪 李 红

机电一体化

苏国泉

机电一体化技术

胡晓环 王 杰 彭光祥 胡英台 伍建标 杨锦彬 莫永华 陈雄新 谭励从 李志涛 程宇波
吴佳俊 黄锦荣 郑石峰 蓝松驰 严飞熊 胡 刚 徐恩来 吴楚颖 邓福文 吴 帆 雷纯建

谢沃霖　罗叶文　胡振强　梁伟结　张家伟　黄振文　张从刚　高达君　杨根锐　李壮涛　吴扬林
黄铭略　陈伟炽　吴仲弘　戴志冠　叶　穗　靖　兵　陈广友　李国奇　刘发义　钱达维　谢林梅
黄扬辉　梁大裕　刘　坤　黄富宣　宋正伟　刘秀东　黄卓灏　吴永强　胡启仁　曾宪成　邓康健
罗常喜　吴敌飞　黄观金　刘明青　唐成新　刘志华　张建平　谢绍辉　黎福豪　常友川　张再强
谢鹏飞　李建芬　袁桂祥　董宜扬　冯锦沛　何国荣　包应彬　李焕自　覃正聪　张观海　曾治铭
阳银辉　梅　丰　李　彬　邱朝元　常　举　闫高磊　郑均强　杨　闯　闫　博　张　涛　牟　杰
鲁显方　徐伟淇　罗美河　易　波　周祖武　孙　召　丰　景　陈　斌　艾　肖　章壮祥　陈学国
孙　龙　王学文　封声远　王　勇　吴贻健　张少志　敖子飞　王　涛　杨　超　邱有平　邹长欢
刘文沾　杨建刚　蹇治鑫　郭　志　廖万洪　沈庆锋　朱福国　冷天豪　成世兴　张荣兵　范云飞
孟军辉　贾忠荣　龚连星　胡作群　伍世瑞　杨登育　郭志松　黄茂青　韦　兵　屈海波　郭豪杰
邓利平　黎　宏　郑金豹　邱岩岩　孙辉江　孙泰淳　张登福　张　荣　经贺龙　麻建均　孟祥建
叶卢安　赵述斌　杨俊文　徐浩源　吴顺威　周朝辉　吕厚泽　杨金福　唐宗秋　陈德勇　徐　明
彭永宽　黄　文　廖至月　米久华　蒲东诚　洪有祯　侯文忠　周　超　蔡华清　罗贻泽　谢镇炜
陶辉波　徐梦潺　胡惠期　张开云　李辉庆　王　超　戴兆辉　唐光文　李裕群　林柏炎　姚少锋
何志雄　崔锦涛　陈国新　薛新昌　范小圆　周顺君　杨日俊　梁华光　黄健铭　杨顺梅　王　群
胡伟军　王　凯　刘桂阳　王志新　黄健帆　张保庭　陈家运　李孟龙　陈　浩　林灿生　李海健
李攀峰　谢　斌　贺俊云　贺俊萍　黄雪明　冯国勋　庞　敏　郑洁彬　魏梓彬　黄旭东　袁艺平
黄志强　叶伯成　胡中泉　石　强　杨小兵　向九零　曹军成　张　宁　苏炳雄　伍尚参　吴林峰
袁锡权　陈土明　姜文新　谭金元　陈　伟　洪　兴　王　磊　黄朝宇　黄俊杰　丘志聪　张　勇
冯俊凯　李娟娟　吴链鑫　黄维健　黄茂林　张贵世　瞿长建　唐文生　杨晓博　罗康权　潘英杰
于孝云　杨仲仲　陈春武　刘世联　张创基　宋继沛　贺莹宇　何　政　刘振华　张传治　邓显钊
张锡全　刘　军　陈劲威　罗志明　邓　聪　周锦华　王晓东　杨　鸿　王海山　方萃福　王洪彦
王成均　秦鑫山　张京峰　范　金　马尚云　滕　伟　成　刚　曾小强　杨吉胜　蒙锦强　杨张莹
张家俊　蒲　剑　邓高彬　胡建辉　冯炜锋　张金成　张　骏　梁威沛　吴炳旺　苏志辉　伍建华
李文忠　黄永锋　莫桂坤　谢学锋　陈　敏　李忠生　廖义葵　邬金龙　陈安宏　梁衍斌　吴仕焱
劳少朗　邓广毅　李建清　陈水清　李朝锦　刘　源　赵　毅　刘兆田　戴泽群　胡奋强　陈海涛
冯宜万　苏稔斌　范有斌　辛学雷　刘育程　陈世康　胡　杰　梁金烎　杨健华　张侨周　任宏顿
邓康明　何杰锋　朱建平　黄万君　陈文涛　曾　威　吴家斌　赖玉强　黎胤言　邓肇权　晏成京
雪克热提·夏热皮丁　欧阳锡强

机械电子工程

黄剑勇　李　茂　卢艺友

机械制造生产管理

刘桂松　李　勇　柳　意　熊　巍　黄小兰　李阳华　高焱祥　刘　冬　艾立春　黄　锋　朱德兵
罗文华　王进涛　肖　芳　曾　辉　袁　雁　谭玉香　李念平　李　闯　蒲永辉　任　禹　文国清
庞志平　刘　军　高永艳　黄志安　曾贵平　代　利　肖　锋　王　攀　翁俊辉　蔡文贵　陈　浩
许智群　李天明

机械制造与自动化

彭　琦　李　蒙　张　玲　周婷婷　幸小凤　马小兵　吴丽杰　洪　霖　周丹丹　成　娟　张贵军
顾嘉兴　蔡　静　陈子校　苏烈鲁　刘　薇　孙文帅　覃洁宁　王海锐　田　吉　刘志群　邓石福
潘小平　黄　波　李香芳　陈　玲　叶斯有　陈玉月　贺广亮　胡　超　张雅城　刘志强　瞿圆圆
任学锋　唐贵锋　郑利莎　邓夕坤　李　顿　林军辉　张清忠　常　贺　韦厚勇　蔡新志　黄亚玲
肖洪礼　陈　毕　陈　升　丁　玲　潘云梅　梁奕添　杨世林　黄冬梅　曹红莉　郑　伟　黄广才

张　普	滕少琼	王从敏	蒋术冬	张来鑫

计算机科学与技术

吕尚涛	江俊民	吴福标	罗小龙	黎子宇	丘欣怡	黄伟明

计算机应用技术

冯　杰	易林楠	冯兆鸿	陈嘉权	林海滔	林玉亮	刘祎轩	沙文彬	屈斯强	秦　彬	杨国威
谢　波	张剑伟	王日安	陈静敏	杨　铭	郭俊钿	林淑凯	陈卓伟	吴世乾	彭健铭	文荣兴
邓鹏龙	伦汝杨	罗健亮	郑伟南	黄智祥	叶梓豪	宋玉龙	王忠林	王　轶	龙　海	何维杰
舒仙良	刘振轩	韩　佳	曾爱停	谢　明	李碧涛	陈应球	陈永运	颜炳良	李仲先	杨伟佳
罗忠萍	甘世友	郑振超	陈智锐	周梓聪	陈培华	叶泽华	张向海	何士元	李　平	蒙锦成
刘开祥	陈嘉通	周　建	陈妙玲	许小君	陈翠铃	陈嘉锋	周慧群	谢家伦	赖啟湘	黄楚琳
罗　锋	黄和标	曾文平	谭家文	黄育华	黄伟健	林少焕	郑伟可	林均浩	陈建鸿	黄子恩
陈壮浩	侯懿琳	黄宝莹	董　超	杨勇军	周潇剑	李　垚	李林俊	谭嘉明	杨　洋	杨云峰
王杰东	董廷丽	董廷燕	林春逢	孙　珂	杨爱科	陈子献	杨登平	邹利传	史晓宗	冯玉英
梁世华	巫宏伟	吴学艺	徐嘉威	陈伟平	曾华瑜	刘慧洁	贺雄伟	黄昌锟	李宗群	黄世彬
彭培旭	李秋青	曾　建	陈瑞浩	黎礼钟	甄炜山	陈宏科	黄芳莲	罗琪雄	蔡　华	林兆伟
陈　俊	刘本乾	王　军	陈志强	吴嘉坤	陈文磊	谢启丽	石玉龙	姚新梅	李　倩	鲍　力
潘雪莲	彭家街	何曼妮	谢其龙	黄冬桥	方梅香	温丽红	陈　林	曾雄俊	胡沛祥	刘　瑞
詹松林										

建筑工程管理

刘锦威	周　伦	李　敏	程丹丹	凌征波	莫浅文	田　悦	李瑞光	杨童辉	杨惠元	陈思阳
李林高	粟长发	刘昆华	周　来	宋辉华	曾海燕	莫尧聪	曾嘉莉	郑可科	黄启燊	古上兵
董　嘉	冯兆辉	罗定祥	朱顺明	程　军	曾　双	钟德统	张　恒	廖衍川	孔龙丛	袁　丽
杜　辅	罗勇生	饶必武	何少丽	郑婉金	苏佳锋	林　凯	马扬钻	向宗莉	刘金荣	陈永学
王书宽	刘太锦	陈永旺	袁钦珉	易宇柔	李运强	吴海宾	成会敏	李嘉明	肖腾彬	郭晓纯
陈川智	陈华强	刘　停	肖锡洮	唐桂芳	刘卓君	余壁旋	杨正业	林家乐	周香英	吴颖哲
黄佳妮	宋汉东	何福爱	林　则	叶志强	郑晓滨	吴　辉	古佑兵	曹海强	丁泽涛	万贵聪
何美杰	陈海勇	李树鹏	黄　琦	庄省发	谈月琴	李嘉华	冯文娟	郑伟文	叶澎森	林丰伟
杨松明	翁德鹏	张小林	叶飞杨	余　玥	庞文敏	李红涛	黄嘉昌	陶　飞	林晓慧	莫洁娴
李子龙	袁湛江	邓嘉华	戚浩岚	谭其访	王晓霞	史晓鹏	卢海铿	李金玲	唐　娟	邓海平
刘庭超	滕　飞	张哲源	何绍刚	何慧伦	马　腾	庞定银	隋瑞霞	朱幻想	孙占彪	王　鹏
张志伟	杨春雷	曹成刚	曹建良	刘　应	梁桂明	曾向波	罗绍周	周　亚	赵迁壹	孟有彪
胡锐吉	李祖迁	宁　峰	张金伟	陈　建	杨　浩	倪康银	黄齐嵘	邬巧玲	刘辉鸿	郑乙帆
王小飞	刘君浩	吕鸿辉	罗博群	邱俊芳	黄优敏	许世龙	庞维恩	蒋让美	黄　涛	陈广森
郑佳玲	黄　敏	冯绵辉	刘立军	吴瑞康	冯国兴	刘连江	黄　娟	李　宁	廖修艳	张耀通
古远宁	何　东	刘远韬	李水庆	熊国祥	梁恒清	熊　钊	李　坤	马　薇	闫怀雨	周培臣
田春花	杨优成	韦　浩	王照婷	王　毅	汪　银	王国锋	矣　蕾	罗丽娜	李会相	李敬辉
甘贵兴	王志宏	闫永应	徐建军	段如达	刘珈好	杨晓明	师朋院	刘柯瑜	李光启	霍之平
李敬坤	张家勇	胡晓波	李海涛	刘　彬	沈　鑫	孙　鹏	阳黎妮	祝　刚	杨干宗	赵陶钧
张庆国	赵振荣	黄雪丽	岑俊霖	戚春和	蓝泽滨	郑庆龄	马　坤	颜　霄	汪庆暖	赖艺添
连坤思	张锦术	陈欣欣	张榕凡	梁世志	蔡秉坤	陈　健	江　超	陈丽媚	杨　静	吴霖炜
王晓佳	陈佳博	李佳诚	何　燊	张　政	田秋茹	汤裕学	张邦锋	刘雄华	林振海	魏钦洋
胡思敏	邱泽鑫	林国珠	谭佳榆	陈　娟	胡瑞君	陈寿明	张绍金	何　路	陈瑞情	朱国安

谢凌敏　彭锐帆　陈　聪　刘俊超　林鑫锋　石文滔　冯玉琦　洪家容　吴丽如　王　云　陈婉瑜
黄增明　林海燕　朱思坤　黄欣雲　郑文凌　李万生　刘显高　朱依玲　黄沛桂　蔡桐瑶　洪继兴
叶佳莹　张名敬　孙少辰　罗嘉嘉　张增城　郑康婵　莫土明　廖志发　龙功进　宋继锐　张华炎
唐文谨　古会婷　赵建军　王丽君　刘纯芝　邝敬新

建筑工程技术

骆海雄　邓陈辉　严云山　林泽嘉　徐　涛　彭洪辉　田茂飞　王玉华　叶宏兴　余浩然　梁柏安
陈广深　蔡国恩　张文彬　谢火柱　汪　蓓　胡永凯　黄振金　王清华　达才杰　温传荣　黄文千
余秋坤　郭锦彬　何惠容　梁伟炬　凌沂山　陈海斌　冯钜荣　李　洋　鲍国俊　潘梓昊　王间开
戚俊杰　蔡景荣　苏业齐　郭克钢　谢祥鹏　姚　丽　孙耿丽　卢　煜　邱桂纯　许　勇　林佳龙
孙林龙　蔡江海　甄悦光　谭伟欣　陈华盖　梁春华　陈丹丹　廖晓阳　吴增城　郑　聪　孙小寒
王朝彬　陈　斌　晋　玉　雷　兵　徐南昌　徐南泽　黄昌武　王红波　李胜利　刘福昌　徐晓芹
赖金生　黄云鹏　文　琦　古亿军　谭子鼎　湛树华　钱建卿　邓晓君　何裕星　梁书华　钱文杰
梁论杰　邱荣超　王会坤　黄　威　徐敬民　廖浩潼　尹　强　牛鸿燕　蔡森鹏　陈双平　余　磊
黄景法　高伟静　梁柯智　林锺麟　郑炳坚　关梦丽　曾炜聪　肖尤炳　郑棉湖　梁稳浩　李观华
刘德辉　黄廷驹　江启佳　胡志雄　何　辉　孙青伟　兰恕洪　朱丽萍　李长海　彭　丽　李连寿
李小燕　盛镇荣　孙昊中　李火火　孔祥操　朱洪兵　徐永久　王景旻　江绍棉　任希洪　冯金玉
张启光　劳锦光　董应红　林震轩　谢　谦　李春艺　陈坤洪　严启平　陈晓冬　廖成虎　张卓宪
隗　聪　李华愉　蒋治坤　王晓燕　蒋东泉　蒋治兵　董颜玲　江志锋　张江龙　丁　维　解道田
解开柏　解道林　代余格　徐文海　陈仁旺　岑国虎　蒋冲华　龙明伟　张宗吉　李有春　张　兵
刘　行　陈镇宏　徐宏海　钟小华　徐楚平　梁健思　李秀奇　黄　斌　周坚标　张宇阳　赖远标
李少武　叶俊茂　何　为　卢婷婷　叶伯霞　邓光频　王名林　黄楚杰　颜启灿　毕鸿彬　王良群
修沛林　郑锡贞　张代青　刘　锋　吴胜锋　吴立银　叶羽甄　梁永澄　姚炜聪　李文政　方天寿
刘玉萍　张焕棋　余嘉斌　马宝平　李　江　王孝民　李洪明　刘星辰　钱娇蓉　适彦斌　曾展业
马粤强　龙太红　肖　君　刘惠敏　周剑荣　巫振聪　何泽荣　陈明锋　苏金勇　周俊逸　周达文
翁腾达　林楚鹏　肖日科　郑镇伟　林镇加　彭　晓　陈华四　蔡照文　刘玉波　罗恩正　钟　敏
彭　端　李丽华　陈舜华　蔡秀清　林燕佳　黄雪强　杨　钊　黄泽华　黄祯庭　邓桂铳　陈伟烽
谢昭进　董宇桐　林育青　陈　桂　郑楚鑫　吕志彬　何浩彬　李剑强　谢应博　吕滨雄　李惠伟
傅逸曦　许春燕　郑晓娜　陈永炬　李绍华　陈晓鑫　刘始婷　陈祖熙　谢宇超　陈　立　尹秋英
田兆文　吴　燕　李耿斌　张兴泉　郭健诚　李　静　陈康志　刘　威　马栋梁　招剑豪　汪帮涛
周业云　罗振庭　邱传丹　阮文超　陈堃豪　周亚东　胡宁亨　林　伟　林阳深　冯东海　冷胜松
吴　培　李　树　黄　勋　梁君宁　萧浩强　那吉之史　欧阳宇特

建筑设计技术

张智锋　冯玉华　麦思美　杨　慧　卜永达　李　程　曾君丽　蔡晓婷　廖灵思

建筑学

骆育庆

金融管理与实务

王　洁　黄振鹏　邓柏轩　邓　键　何三兰　刘丽芳　叶兰平　谭敏华　李孟遥　陈少珍　陈静怡
魏晓丽　罗凤娟　杨　彪　柯沛如　曹思桃　黄梓洁　王玉海　孟　媛　胡雄飞　黄正华　邱洪德
林旭双　曾俊飞　黄坤玉　佘瑞涛　林美姣　林泳泉　王　力　袁秀君　徐马君　张志明　肖忠涛
田金艳　朱军民　王文芝　何学艳　杨　琼　赵　颖　马　甦　曹晓慧　凌　超　曾燕珍　范杨汨
陈晓琼　龙　玮　罗少凡　林恩仪　严慧明　李燚兰　余　萍　刘雅峰　郭建松　何扬红　何宏远
钟小勇　林丽明　向　玲　梁辉良　李兰芳　李颖仪　黄秋云　王亚菲　梁明泽　梁婷婷　陈世季

罗燕冰	李嘉辉	邓飞明	单　西	朱丽芬	魏玉珍	朱碧娟	张飞兰	潘　妹	徐子良	李　琴
蒋　甫	丁元霞	罗碧华	林小花	李永惠	潘　雷	钟琪凤	李　娜	杨雅琳	邓梅娟	袁溪嫔
晁瑞芹	李卫东	黄春余	黄　倩	练凤颜	方驿宏	陈福平	陈广跑	胡国民	顾庆晖	骆　群
孙　月	杨华坚	王再琼	王俊辉	冯静仪	杨顺勇	关冬云	刘仕仁	金　黎	徐秀林	王　波
蒋洁颖	肖的花	杨春香	岳　玲	甘　婵	林　彬	刘艳梅	严少泓	彭　玲	张水丽	匡白兰
李　慧	邱秋兰	卢家惠	唐振炜	杨水容	詹冠财	涂秀珍	陈惠丽	王崇武	杨祺博	凌小芬
杨　英	吴春华	徐秀良	曾超善	罗文静	张菲妍	凌晓平	杨会贞	曹进飞	周　妮	吴素娜
黄　梅	黄朝青	袁丽平	劳子鸣	杨金丽	王彦学	徐水金	黄梅清	廖剑莹	范长英	雷子威
方文青	莫凤玲	戴敏华	李　斌	张爱群	刘东兴	曹碧芳	王聪敏	蒋慧玲	何光敏	韦春宇
吴金红	黄金惠	杨宝丽	徐文珊	梁一勋	刘玉花	杨爱萍	赵新华	农春花	何凌霜	岑晓霞
杨康祥	周裕薇	戴爱平	张红玲	冯玉连	陈永营	胡艳冰	汪　萍	黄　丁	曾紫敏	高毅英
谢佳艳	曹　杰	何楚怡	陈　燕	蔡浩言	林碧丽	邓金城	莫颖荥	袁　平	李　莎	李小春
张廷盖	刘晓美	陈翠连	湛淑姬	翁少华	庄素兰	区国英	李连娣	李小玲	孙志远	黄秀枝
胡满秀	廖　萍	王桂兰	胡克文	黄小霞	彭响玲	康海燕	何玉梅	罗观梅	胡　惠	陈金修
宋东玲	霍桂凤	郭四妹	孔祥霞	董春艳	谭文洁	吴桂平	张林林	陈榕金	张二梅	刘春燕
卢家俊	梁志恩	邱　凤	何健检	罗　勤	彭　琼	彭桂芳	刘军红	朱锦铃	李海金	罗春兰
邓丽丽	王　健	邓海红	吴桂兰	李建伟	李玉华	黄敏兰	李玉霞	江碧芸	杨丽芬	刘小琴
方丽霞	李妙时	陈安格	张季斌	张文海	冯燕红	周嘉莉	卢丹梅	吴美平	周淑贞	李　燕
赖妙容	冼艳程	麦志华	谭智平	梁玉玲	梁惠娟	莫红亮	高伟英	周月慈	刘海东	梁燕楠
张凤娇	祁淑兴	明　俊	张雪花	覃玉芳	丘　坡	梁艳华	李伟超	杨　浩	李　霞	黄姝贤
卢银玲	梁凤欣	贺　刚	唐娣妃	聂进平	李春梅	陈丽芬	刘　御	黄思华	黄泳凤	赵美玲
尹凤娣	苏俊图	陈红金	陈香兰	罗焕弟	陈结玉	林　虹	彭结霞	廖枚香	褚丽坤	张燕媚
谢海兰	张　琳	邓小琴	吴礼芳	熊兴新	刘杰宁	胡玲玉	黄龙波	林丹如	植慧娟	孙俪郡
曾小红	潘丽娟	吴华琼	王群英	唐林莉	邹秀群	周小艳	谭梅燕	彭树英	梅以艳	陈玲娜
姚思恒	丁丽霞	陈彩兰	宁建群	钟占开	黄玉娥	黄杏飞	黄秀兰	黎少欣	廖燕芬	孟喜平
唐银姬	杨勇君	郭能定	肖利平	李景红	罗建媚	黄丽冰	郝金元	何景彪	吴雯雯	宋玉炎
谢凤燕	张民明	张运元	张秀华	田春艳	蔡林君	梁嘉明	赵彩芝	李　君	吴华武	黄佑琪
王　文	刘安邦	杜瑞贞	梁秀兰	胡玲洋	罗爱华	郭　婵	梁水仙	赵　坚	吴国平	黄丹苗
林晓迎	任青山	罗碧湘	任光顺	李　容	吴兰英	苏志英	杨丽萍	黄旭丽	黄小云	张海燕
吴雪霜	胡怀平	郭素娴	叶洪梅	潘荣娣	孔碧云	罗惠娴	陈秀华	汤月娥	易水英	申彩凤
李素让	张功飞	林竹珊	刘玲尔	涂丽燕	徐梅萍	李燕峰	陈　惠	连丹霞	高伟华	郭　存
邝雁平	黄鸿彬	林惠颜	薛九平	舒香君	刘玮玮	邓承润	方贵先	肖海燕	刘青山	谢先明
陈　荣	郭立东	温艳纯	陈嘉铭	匡小文	李春银	周富辉	陈文姬	梁海燕	黎秋英	周春芳
钟宝送	谢丽香	邓锦超	吴建林	林少勤	陈秋霞	杨巧红	邓满秀	杨富能	冯春兰	潘俊文
梁梓彬	黄　鸿	周锦丽	徐庆艳	吴海娟	方晓丹	杨正友	黄小兰	巫恩平	南香莲	赖日玲
陈建梅	方少玲	朱　文	陈凤华	陈小凤	曾伯芬	曾泉权	孙玉英	林剑生	王　玺	温应斌
邓立锋	周润秋	杨彩兰	左　勇	王贤玉	朱月群	王建英	崔纬樑	王春凤	安世勇	林嘉惠
谢　攀	支光妹	刘爱春	张　洋	梁丽君	白依灵	罗惠英	练宏雄	张　婵	黄少娟	陈　程
杨小玲	张　静	钟　链	江文龙	刘淑琴	郭俊梅	曹初秀	刘运石	刘平平	张仕娣	张春梅
龙妙青	钱海英	黄晓丹	刘　娟	齐焕英	张绍萍	杨晓琴	崔然怡	林淑珍	詹丽玲	陈群英
袁巧苑	李婉筠	王达飞	梁海燕	陈静浪	蔡达观	梁惠玲	陈叶婷	翁善政	冯俏佳	傅冬红
陈秋鸿	张荣伶	黄柳锋	何润醒	陈晓静	王利民	林全香	陈晓莹	邓小翠	张沛花	雷　婷
刘　英	刘　英	杜文花	何韩君	许永雪	张剑华	杨媚平	招敏婷	雷梅意	张湘群	李娴茹

李嘉丽　黄　妮　骆传英　夏春玲　毛雄东　吴立忠　曾玲东　陈雪恋　钱火荣　黄翠华　吕雪洪
朱艳梅　彭秀莲　何　健　吴响铭　陈玲艳　王巧英　赖莉芬　王婷婷　张　勇　陈晓君　黄晓君
陈伟进　张长媚　叶海玲　蒋翠凤　杨丹婷　唐　娟　刘贵香　李　珊　潘露贞　潘楚标　罗满娥
陈桂清　周　静　谭春霞　郑少武　陈彩云　彭秋娜　林志达　陈　静　刘肇香　陈德乡　陈燕坪
尹贵秀　吕伟洪　施　琳　黄映佩　罗少红　胡梅芳　陈满星　邓碧珊　蔡泳欢　丁海棠　李凤明
周丽琼　杨金梅　周丽贤　黄　丹　骆宏勋　李　静　梁小燕　吴雪开　黄幸洪　卢嘉伟　胡　蓉
宾金基　曾繁锦　梁带花　张活基　曾雪连　邓广钊　郑丽琴　周六飞　杨志杏　杨梅凤　朱健全
黄　勇　朱纪勇　龙江林　黄少娟　古　利　黄艳嫦　唐良梅　邬巧丽　蓝　平　游用斌　曹海力
孙　娜　关绮兰　王丹丹　张泽鄂　区仲钊　任敬开　谭翠媛　廖思苑　张思晴　莫杏华　曾世红
周洁瑜　欧丽梅　范克翠　陈小琴　金长贵　陈艳秋　陈秀英　唐朝艳　廖艳云　邓迎凤　王媛婧
李康娇　王　娟　林玉清　吴廷凡　邓超南　梁春梅　熊新芳　蒋群丽　罗静静　蔡卓芳　刘玉凤
陈　增　梁允宜　李胜文　潘趣仪　张健坤　蒙汝燕　陆小玲　陆燕飞　周小燕　邓华英　郑天德
肖改娟　张小梅　颜钧明　陈　琼　林秀芳　黄品鑫　刘翠桃　黄淑珍　钟玉婷　谢晓丹　王丽英
刘秋霞　杜雪梅　杨小琪　谢秀平　吴伟霞　艾春娥　张晓凤　陈良英　胡金娥　田　挺　王琼花
卢婉艺　杜　旺　麦玉强　禤裕彬　杜利容　郑梅芳　梁威良　黄志标　胡中树　陈丽婷　段　铭
赖玫蓉　陈建珍　龙　平　谭立萍　梁景杰　吴文娟　李展邦　昝亚玲　谢玉华　何玉娟　朱教南
钟秀香　温梅青　李　玲　蔡晓妍　李伟强　陈裕华　招惠燕　罗俊英　程杏华　曹鹤兰　黄彩君
杨嘉燕　陆杰华　唐希娟　潘　妹　冯肖琼　蔡晓霞　黎艳志　冯满荣　冯香琴　冼天柱　张丽芳
吴贝娜　龙星辰　王云凤　黄锦坚　郑旖旎　黎　敏　李建华　郭　飞　陈艳玲　谭志强　陈玉娜
左边红　花小明　陈尽玲　王秧明　陈月媚　冯颖欣　祝兆钟　刘尚梅　蔡灶连　谭凤燕　邓超萍
黄糖花　李茵茵　谢丽红　田树平　卢榕仙　蔡泽阳　陈彬珊　李日梅　黄丽贤　罗淞真　林炎梅
郑杰锋　覃承惠　温静蔚　周　裕　林哲东　唐　璐　陆盛全　阮雁玲　陈佩蓉　谢小燕　黄增福
陈学英　郑敏玲　李　林　余凤森　卢少容　陈美玲　胡亚南　黎敬婷　谢红巍　钟国平　刘茹花
林国荣　周海媚　王先芬　黄秋霞　袁　鸽　邹华峰　李雪溶　祁　军　莫明伟　华瑶南　区邦志
钟　丽　吴诗敏　陈晓明　林如妹　卢治艺　陈春花　黄雄彪　曹伍平　林华英　王立星　黄翠婷
肖佩云　刘小慧　陆白丽　范润冰　车恺浩　冯丽娟　章　丹　邝淑祯　杨惠仪　甄丽珍　洪蕊蕊
吴金灿　吴　姗　郑榕韵　关艳萍　朱伙森　汤彩华　王　斌　郭　莎　文　柱　赵雪玲　陈　兰
刘　敏　刘枧开　唐建伟　吴彩霞　陈秀凌　仇亮鸿　李美金　谭晴颜　林桂静　廖玉莲　宾红梅
凌榆源　朱小云　黄红娣　曾丹眉　欧春梅　甘　丽　邝智鹏　梁佩贞　李小红　马惠专　李小利
周声平　余新堂　何香萍　张芳芳　欧小芳　尹叶香　黄金妹　王　平　黄清容　宋桂秀　许湘清
徐秀玲　梁晓敏　吴裕民　潘欣镪　张建红　胡小蓉　阳子文　李洪斌　武　娜　王　俊　刘伟政
黎俊群　张艺凡　何运通　周　旺　潘　阅　孙树全　李清坪　任　萍　郑尚杰　李小凤　王　丹
李兰健　张　宇　林泳生　蒙振英　陈有符　周漫丽　刘莉玲　李和就　罗宏炜　黄舒娴　黄映萍
田晓辉　刘小婷　梁福炎　邱迪苑　李雪君　罗福蓉　黄东燕　张少清　黄秋霞　王桂平　吴勇财
陈达海　钟艳明　李华英　刘志伟　申亚龙　黄国见　刘敏燕　潘海连　李榕怡　朱国州　王　敏
张惠萍　陈丽霞　谢润红　陈谢凤　严菊芬　钟欣蓓　潘　伟　邹群茜　陈小燕　郑雪欣　孔艳婷
梁佩仪　李佩珊　李少梅　梁丽芬　李尚熹　涂淑婷　杨　欣　叶杰标　王文珍　梁保伟　黄雪莹
刘小平　孟玉菊　廖小美　麦丽娟　梁汝芬　陈丽红　陈敏华　魏　美　曾今冬　熊近名　丁燕芬
邓永红　黄润娇　陈盛萍　冯先林　周婉清　李康琼　欧闪星　周惠玲　刘　静　卢雪萍　叶杰彬
徐志强　张海娴　赵永香　欧阳彩玲　马登筱妍

金融学

张文泳　梁玉霞　黄国洪　曾丹青　颜小娟　罗夕平　张　定　叶东华　冉瑞军　赵小琴　丁　凤
王　娜　任雪莲　何伟聪　陈　洁　刘春英　黎京秀　汤彩静　张珠荣

旅游管理（航空服务方向）

李可颐　郭蔚然　方晓敏

汽车检测与维修技术

白云辉　陈灏良　杨华鑫　郭康武　单启华　吴俊辉　范杰雄　江俊煊　黄镇濠　苏锦涛　卢铙鑫
谢　岩　温杰麟　陈伟东　高惠忠　黄广文　梁浩源　郭康文　梁浚铭　毛嘉飞　黄家和　方华鑫
黄家锐　谢茂松　张炳明　汤勇科　陈思杨　林家涛　陈景瑜　潘俊伟　冯嘉欣　贾泽清　黄民达
刘玮禾　钟　彪　黄杰锦　陈松洲　唐国强　宋祖锋　李　斌　姚晓升　张海文　刘六英　刘文学
陶　林　李成鹏　欧阳志常

人力资源管理

蔡妹秀　严依昭　曾婉君　陈宜超　李艳媚　付秋云　胡　婷　曾凌美　乐　莉　唐建庚　潘小琼
温玉结　朱亚琴　农佩春　齐晶晶　匡亦平　黄玉梅　赖雪兰　甘　娟　梁恒虎　曾春芳　蔡风玲
黄健明　朱海燕　蓝　楠　陈真真　江启伟　黄达豪　马剑萍　柯希学　李　娟　卢宁英　陈晓敏
陈志红　侯婷婷　黄惠惠　袁　斌　李华萍　廖鑫莹　李佰连　孙　羿　潘永红　屈锦容　麦敏高
康小燕　杨暑妃　李美芳　郑丽珠　王志均　赵蓉蓉　曾翠梨　陈海芳　谭碧燕　陶　迎　朱苗苗
廖美华　郑曼婷　胡桥风　钟小红　林嘉华　陈德权　张国良　钟春梅　冼亚玲　邓吴宏　李　燕
倪艳林　赵法营　张杰伟　陈　丹　黄俊涛　黄建玲　陈　杰　蔡汝纯　叶旖旎　朱志立　许亚杰
王春磊　梁成林　徐　敏　于　雪　黄　君　曾水龙　刘晓慧　钟慧珍　陈钧源　王　琳　廖承香
梁杰胜　李子杰　莫晓萍　万　栓　黄肇云　彭春妹　朱维中　王倩倩　何展健　伍菊花　林晓文
全海艳　杨　燕　陈禹敏　廖菲靖　卢海权　赵再想　张海泉　梁红莲　林永风　郭光优　杨新军
黄宜燕　曾晓萱　甘小继　马兴美　陈　艳　龚红梅　张　杰　潘思婷　陈树君　王　琳　魏厅华
黄容华　温艳玲　张耀鸿　吴素镕　方　涛　叶士雄　邱　煜　陈　亚　阳炎炎　何吕桂　郑智文
方嘉瑶　吴翠芳　何昌梅　黄晓静　曹春丽　唐凤娟　谭桂芳　徐碧盈　邝美仪　袁志娟　徐冬梅
林幼萍　王晓蔓　唐子若　黄丽金　黄丽娟　潘镱芳　贺　慧　沈运凤　饶想萍　梁志慧　方　芳
邹　霞　陈家乐　徐玉媚　朱洛希　张月花　杨　群　谢杏花　张　蓉　梁财连　陈瑞柳　庄志苹
钟敏丝　何惠妍　罗煌辉　王锦安　周小迪　林少敏　陆竹连　朱嘉豪　胡江霞　黄　超　王锦美
聂　攀　郭志科　张雪媚　刘建芬　林健秋　彭江红　黄敏仪　付坤民　刘　霞　廖志勇　曹敏婷
钟佩贤　苏少润　陈娇丽　曾斯琪　鲁以琴　王　芳　邵仁路　张　辉　王　栋　宾凤英　廖敏娟
苏　帆　杨雅佼　马　璇　张　霖　赵海华　丁彦辉　房柳珠　李友清　马永贤　廖杏欢　张文静
梁锦麟　陈志文　钟依萤　陈旺平　李锦柱　蔡少君　简宝悦　周淑芳　闫艳春　董子良　胡秀婷
赵基云　郭丽卿　冀　恒　黄华英　宋静芝　何　毅　张　锋　冯雯敏　关艳妹　谭小凤　吴丽英
黄祥才　崔绍文　曹志荣　郑祥祥　罗惠芳　陈超明　徐　莉　黄丽珍　简炽康　黎志东　梁铭琦
吴　莹　黎洁雯　杨利平　何敏娥　陈傲珍　唐韶锋　刘玉玲　高伟健　王维明　叶新华　马花平
马晓利　张家星　尚美伶　邹北芳　江敏华　柯玉清　谢东华　贾淑贞　岑利雅　孔耀波　陈毕芳
梁家俊　黄小明　徐丽丽　吴　朋　谢永标　何嘉荣　黄桂生　何金凤　余燕琼　陈家豪　何炜杰
梁素雯　马志豪　何　黎　吴广程　李惠敏　陈浩俊　郭子筠　梁剑敏　陈　盛　樊杰科　冯国恩
赵苗苗　黄祝霞　郑少坝　黎清梅　李彩英　农纱纱　欧阳桂　何秋婵　卢均铄　苏俊斯　凌宏辉
张嘉林　陈松兴　杨金燕　简小丽　李家兴　陈小玲　霍展恩　曾穗彪　陶佳伟　黎文光　刘　敏
宣心慧　李　姗　郭敏斯　廖仲豪　钟梓琪　刘　彬　赖灵辉　刘玲英　冯嘉怡　陈芸宁　杜健恒
郭美桃　陈敏红　郭绮运　吴晓茵　蒋斌蓉　苏铭鸿　周炳能　邓华营　陶经凤　杨华金　陈二纳
梁依莉　刘宋珍　王维锋　黄博宇　梁志辉　杨泽森　陈艳玫　梁梓毅　李国辉　王钰欣　陆凤凤
关嘉欣　苏杰华　冯石源　马子敬　陈静雯　麦凤霞　何国栋　赵雪薇　廖景雯　郭淑婷　褟炜琦
王　云　陈玉仪　黎秋香　何柳好　吴梓文　何岳壕　庞爱玲　沃　晶　朱广湖　杨　杰　梁芳婷

雷　蕾　陈雪梅　叶小霞　邓子欣　江紫君　陈素琴　刘碧云　邓芷晴　张伟年　程绮雯　陈丽玲
张玉凤　杨瑞莹　黎美君　陈燕秋　戚广文　杜雪婷　董笑薇　陈金凤　林泳芝　叶静仪　谢冰妹
彭　妍　梁　怿　张全英　缪穗杰　何志华　谭淑莹　彭利昕　吴志媚　梁宋艺　许　莹　杨　路
施　萍　韦健秋　李梓健　李小媚　谭敏雪　胡灿钱　刘德全　胡名立　黄巨权　曾继亮　黄焯鹏
刘健澎　梁德文　唐小龙

软件工程

谢汝沙

软件技术

刘　涛　田晓明　梁建伟　田晓斌　林子杰

商务英语

曾　灿　陈菲菲　江镇朗　杨碧婷　林翠玲　肖裕欣　温　华　周红文　张琼丹　张穗华　姜　佩
康　杏　唐思洁　张文静　李根林　庞智升　周文豪　彭素怡　袁茵茵　尤绮琪　龙志坤　邓朝霞
李程峰　黄海晴　廖文婷　贾虎君　黄　健　曹亚荣　徐　莹　李嘉凤　黄薛妃　陆艳慧　朱　健
刘　敏　郑兴丽　钟春森　陈冠中　刘　蝶　姚静琪　黄韵怡　张晓萍　吴思雨　钟丹婷　曾燕燕
杜思敏　梁木秀　华　婷　陈晓琪　周卓妍　张智薰　张婷婷　朱　于　周子希　李燕玲　郑莞霞
许芷铭　雷远玉　张晓婷　雷丽萍　苏华纯　陈依琳　陈诗琳　吴康洁　陈雨帆　朱秋莹　林家辉
朱莹莹　陈泽华　罗斯蔓　龙华燕　庞倚琪　陈云英　张楚怡

数字媒体技术

张云杰

土木工程

温　强　金国硕　潘伟杰　谭剑东　周煜生　韦炎兴　蔡俊民　王义飞　陆雄厚　练志杰　邬超前
黄晓东　林　佳　杨　君　杨　栩　黄建文　卜波峰　张晓彬

土木工程（建筑工程管理方向）

黄跃进

物流工程技术

温启林　万　星　唐红军　全秋云　曾雪燕　钟水强　钟浩鹏　黄家彬　朱　彦　王哥强　李建明
梁健明　江焯铖　黄詠杰　江文静　江文炘　单柳盈　唐仕俊　何　平　龙金越　方　园　叶　权
刘善方　陈珍福　刁小敏　陈国雄　何懿彬　熊钢钢　丁赛芬　蓝颖欣　沈秀怡　陈咏瑶　黄林原
李孟娟　冯仕恩　黄意锋　曾笑云　王　晓　邝翠红　廖振钊　黄　雄　李诗敏　黄伟文　洪月薇
赵立银　江利娟　陈小玲　梁健峰　廖梓荣　梁镜泉　胡黎明　彭常德　赵国新　胡青荣　杨云付
段雄智　卫湛棣　凌伟强　黄　容　张志远　张显仕　张清霞　梁锦培　林国利　何汉宜

物流工程与管理

王　群

项目管理

马　天　苏殿伟

学前教育

林牡丹　戚秋鹏　陈依萍

艺术设计

许学良　江镇威　陈绮艺

英语

容卿庭

大事记

2018年大事记

1月4日　由学校牵头组建的“半导体显示与光通信器件研发国家地方联合工程研究中心”获国家发展和改革委员会批复建设，至此，学校拥有的国家地方联合工程研究中心数量增至3个。

1月10日　*Nature*杂志中国区科学总监Dr. Ed Gerstner来校做题为“*Nature*论文撰写及开放研究”的主题讲座，并就论文修改进行了具体的指导和交流。

1月11日　根据《广东省教育厅关于公布2017年广东省重点建设学科名单的通知》（粤教科函〔2018〕9号），学校公共管理学院与东莞市人民政府及清华大学联合申报的公共管理学一级学科获批2017年广东省重点建设学科。

1月12日　根据科睿唯安最新基本科学指标数据库（ESI），学校农业科学进入ESI全球前1‰，成为学校第4个进入ESI全球前1‰的学科。学校ESI全球前1‰学科数量位居全国高校第5位，居华南地区首位。

1月12日　国际顶级学术期刊*Science*在线发表学校作为第一单位的研究论文“Ordered Macro-Microporous Metal-Organic Framework Single Crystals”（有序大孔-微孔金属有机骨架单晶）。学校化学与化工学院沈葵副研究员为论文第一作者，化学与化工学院李映伟教授与美国德克萨斯大学圣安东尼奥分校陈邦林教授为论文共同通讯作者。这是学校首次在*Science*杂志主刊上以第一单位发表论文。

1月12日　根据《教育部和国家外国专家局关于2018年度新建高等学校学科创新引智基地立项的通知》（教技函〔2018〕2号），依托学校建设的“软物质科学与技术学科创新引智基地”入选，成为学校第6个学科创新引智基地。

1月17日　广州市人文社科重点研究基地建设工作会议暨优秀成果交流会召开。学校获批7个基地，获批数量和经费均居全市首位，学校被评为“先进单位”，学校“广州国家创新型城市发展研究中心”被评为“建设优秀基地”。

1月19日　爱思唯尔发布2017年中国高被引学者榜单，学校有11个领域的23名学者入围，入选数量在内地高校中排名第12位。

1月23日　由学校与佛山市顺德区政府签约共建的华南理工大学国家大学科技园顺德创新园区举行开园仪式。园区将在人工智能、机器人、精密制造等领域进行科技成果转化、高新技术企业孵化、创新创业人才培养和产学研合作。

1月26日　香港理工大学副校长卫炳江一行来访学校。双方深入交流并达成共识，两校将主动配合粤港澳大湾区建设，借助广泛的科研资源，在生物科技、生物医药等领域的科研及应用方面加强合作。

1月28日 学校领导班子在励吾科技楼召开2017年度民主生活会。教育部第五督导组组长宋乃庆同志和华北电力大学党委副书记、纪委书记（正局级）何华同志出席会议并对民主生活会取得的成果给予了肯定。

2月5日 科技部高新技术发展及产业化司副司长曹国英一行到学校调研，考察并听取了发光材料与器件国家重点实验室的介绍。曹国英对学校在材料领域的成绩给予充分肯定。

2月5日 科技部基础研究司郭志伟副司长一行到学校调研国家重点实验室建设工作。郭志伟对学校国家重点实验室的建设成效给予充分肯定。

2月7日 根据《教育部关于2017年度高等学校科学研究优秀成果奖（科学技术）奖励的决定》（教技〔2018〕2号），学校有5项成果获奖，其中一等奖3项（自然科学奖2项、科技进步奖1项），牵头获一等奖数量在全国高校排名第12位。

2月8日 新加坡驻华大使罗家良到访中新国际联合研究院，考察研究院科研成果与建设进展。罗家良希望双方进一步加强科技交流与合作，加快科技成果的产业化，打造中新政府跨国合作标志性项目。

2月9—13日 2018年美国大学生数学建模竞赛（MCM/ICM）评审结果公布。学校共获特等奖提名奖2项、一等奖16项、二等奖80余项，为近5年最好成绩。

2月11日 学校黄沐副教授的研究成果在2017年国际固态电路会议（ISSCC）上发表，并获ISSCC 2017营野卓雄远东杰出论文奖。这是中国大陆地区65年来首次有学者获该奖项。

2月12日 根据《科技部国际合作司关于认定2017年示范型国家国际科技合作基地的函》（国科外函〔2018〕5号），学校牵头组建的第一个国家国际科技合作基地“热带特色健康食品国际科技合作基地”获批建设。

3月1日 团中央公布了1000个2017年全国高校“活力团支部”的名单。学校生物科学与工程学院SCUT-iGEM团支部获全国高校“活力团支部”称号。

3月5日 英国布里斯托大学理学院、工学院、生物医学学院和社会学院负责人一行来访学校。双方就本硕博学生联合培养、科研和机构合作等事项进行深入交流。

3月7日 习近平总书记来到十三届全国人大一次会议广东代表团参加审议，听取了学校校友袁玉宇、黄建平的发言，并作出了“发展是第一要务，人才是第一资源，创新是第一动力”等重要论述。

3月13日 巴基斯坦驻华大使马苏德·哈立德、巴基斯坦驻广州总领事阿里·艾哈迈德·阿伦等一行来访学校。马苏德·哈立德大使对学校的办学成就予以高度肯定，并感谢学校长期以来对巴基斯坦籍学生的培养与帮助。

3月15日 香港岭南大学副校长莫家豪一行来访学校。双方就学生联合培养和交流、师资培训以及学术共建等事宜进行深入交流。

3月19日 澳大利亚西澳大学副校长Iain Watt和John Dell来访学校。双方商定拟在西澳大学挂牌“华工－西澳大学联合工学院”，并就师生交流、课程建设、科研交流等事宜进行深入交流。

3月21日 天河区区委书记林道平、区长陈加猛带领天河区各级领导干部来访学校。双方就进一步加强合作、共谋发展达成共识，将积极推动落实学校与天河区各合作项目。

3 月 23—25 日 粤港澳大湾区创新创业教育研讨会在五山校区召开，并发布《创新创业教育粤港澳大湾区宣言》，教育部高等教育司司长吴岩出席并做报告。会后，吴岩司长听取了学校广州国际校区的建设情况，对广州国际校区在人才培养思路、机制体制创新等方面的工作给予肯定。

3 月 24—25 日 第九届全国大学生数学竞赛决赛在西安交通大学圆满结束。学校参赛的 6 位学子全部获奖，其中非数学专业组获一等奖 1 项、二等奖 2 项、三等奖 2 项；数学专业组获二等奖 1 项。

3 月 26 日 广东省委、省政府在珠岛宾馆召开广东省创新大会，大会表彰了 2017 年度优秀科技成果和优秀科技工作者。学校瞿金平教授获得 2017 年度广东省突出贡献奖，学校也成为广东省唯一一个连续三年获得广东省突出贡献奖的单位。2017 年学校获广东省科学技术奖 24 项，其中，一等奖 5 项、二等奖 9 项、三等奖 10 项，获奖数量位居全省高校首位。

3 月 26 日 国务院学位委员会公布了《2017 年审核增列的博士、硕士学位授权点名单》，学校马克思主义理论、物理学、力学、动力工程及工程热物理、船舶与海洋工程、公共管理等 6 个学科成功获批一级学科博士点，新增数量并列全国高校第 14 位。至此，学校一级学科博士点总数达到 31 个，数量位居全国高校第 16 位。

3 月 27 日 澳大利亚悉尼科技大学国际事务副校长 Leo Mian Liu 一行来访学校。双方就计算机类、工程类（机械工程、机械电子工程）、商科类专业的“2 + 2”项目合作达成共识。

3 月 30 日 学校与广州市委宣传部、广州市社会科学界联合会联合召开粤港澳大湾区建设与广州发展研讨会。研讨会上宣布三方共建的粤港澳大湾区发展广州智库正式成立。

4 月 8 日 学校 2018 年本科教学工作会议在励吾科技楼召开。会议总结了学校 2017 年本科教学工作取得的成绩，并对 2018 年本科教学工作提出了新的要求。学校将以全面深化高等教育综合改革、学校“双一流”建设、审核评估整改为主线，努力打造一流本科教育。

4 月 13 日 学校召开 2018 年全面从严治党工作会议。学校党委书记章熙春部署了学校 2018 年全面从严治党主要工作。章熙春书记和王迎军校长与二级单位代表签订《华南理工大学二级单位党风廉政建设责任书》。

4 月 18 日 第三十八届艾迪国际杯国际企业管理挑战赛（简称 GMC）暨 2017 年度国际总决赛在阿联酋迪拜闭幕，学校获国际总决赛亚军。

4 月 19 日 意大利都灵市议员长 Marco Giusta、意大利驻广州总领事馆总领事Laura Egoli、都灵理工大学校长特使 Michele Bonino 等一行来访学校。两校代表签署了深化合作意向书，并就共同推动中外合作办学硕士项目达成一致意见。

4 月 20 日 广东省人才工作领导小组办公室公布了 2017 年度“珠江人才计划”入选团队名单。其中，学校 1 个团队成功入选。

4 月 23 日 瑞典林雪平大学副校长 Peter Värbrand 一行来访学校，双方就硕士项目、科研合作，以及广州国际校区建设等事项进行深入交流。

4月24日 中国专利保护协会发布2017年中国知识产权领域最具影响力榜单。学校居第7位，在上榜高校中排名第一。

4月26日 世界著名物理学学术期刊*Physical Review Letters*（《物理评论快报》）发表了题为“Valley Topological Phases in Bilayer Sonic Crystals”的研究论文。该论文第一署名单位为华南理工大学物理与光电学院，第一作者为该院博士后陆久阳。这是物理与光电学院博士后利用学院科研平台完成并发表在国际顶尖期刊上的首个重要成果。

5月7日 学校2018年研究生教育工作会议在励吾科技楼召开。会议肯定了学校2017年研究生教育工作取得的成绩，并对2018年研究生工作提出了要求：要坚持以提高质量、服务需求为主线，积极构建研究生教育质量保障和培养绩效考核两大体系，着力打造一流研究生教育。

5月8日 中共中央政治局委员、广东省委书记李希，教育部副部长杜占元出席华南理工大学广州国际校区海内外高端人才座谈会并讲话，充分肯定了华南理工大学广州国际校区一年来的建设成果。

5月9日 华南理工大学广州国际校区项目在广州市番禺区广州国际创新城启动建设。广州国际校区将建设10个前沿交叉学科学院和若干个研究院，对接国家和区域需求，从事国际前沿科学研究，推动高水平科技成果转化，培养高端创新人才。广东省省长马兴瑞出席广州国际校区建设启动活动。

5月11日 广东省高等教育学会实验室管理专业委员会第八次会员代表大会在学校大学城校区召开。学校被推选为第八届理事会常务理事单位，并当选为理事长单位。

5月25日 全国高校创新创业总结宣传工作专家组一行来学校调研。调研组考察了学校开展创新创业教育、进行创业指导服务的情况，并给出了指导建议。

5月25日 第二届中国高校科技成果交易会在惠州举行，学校获优秀项目展示奖、最佳路演奖、优秀组织奖、优秀个人奖四个大会奖项，与TCL集团、惠州仁信新材料等公司签订的重大合作项目获得5项交易合作奖。

5月27日 2018年“挑战杯·创青春”广东大学生创业大赛终审决赛闭幕式在学校五山校区举行。学校以总分第一捧得本次竞赛的最高荣誉——“创青春”杯。同时，在3类项目中共获得12项金奖，金奖数量创历史新高，在全省参赛学校中位居榜首。

5月30日 学校“双一流”学科建设工作推进会在五山校区召开。会上分析了学校学科发展现状及问题，提出了下阶段学校学科建设的思考。

6月8日 国家知识产权局发布《国家知识产权战略实施工作先进集体和先进个人拟表彰对象名单》，学校专利事务中心首次入选“国家知识产权战略实施工作先进集体”，成为六家入选的高校知识产权管理部门之一。

6月9—10日 上合组织青岛峰会成功举行。这是青岛国际会议中心首次投入使用，由学校何镜堂院士团队负责设计。《人民日报》等多家媒体头版或整版报道。

6月13日 美国工程院院士、普渡大学交通运输中心主任Kumares Sinha教授一行来访学校。Sinha院士对我校人才培养和广州国际校区建设给予充分肯定。

6月15日 澳门理工学院副院长严肇基一行来访学校，学校副校长李正在励吾科技楼会见来宾一行。双方表示，将充分把握机遇，通过两校间的合作交流共同致力于粤港澳大湾区建设。

6月17日　全国社科规划办公室公布国家社科基金项目（含教育学）结果，学校获批30项（含教育学2项），其中重点项目4项，获批数和批准经费均创历史最好成绩。

6月23日　中国生物技术发展中心主任张新民、广东省科技厅厅长王瑞军一行来校调研。张新民对学校近年来积极落实国家科技政策精神采取的措施和取得的成效给予高度肯定。

6月24日　学校举行2018届学生毕业典礼。校长王迎军作题为"在新时代成就更美好的人生"的毕业致辞，党委书记章熙春为志愿服务西部毕业生代表颁发了荣誉证书。2018届共有毕业生9416人，其中本科毕业生5680人、研究生毕业生3736人。

6月27日　泰晤士高等教育公布了2018年亚太地区大学排行榜。学校列亚太地区大学第97名，跻身亚太地区高校百强。

7月2日　瑞典乌普萨拉大学教授、瑞典瓦伦堡青年院士Zhang Zhen访问学校。两校就双方接洽的最新进展进行交流，并在科研合作、学生联合培养等方面达成合作意向。

7月3日　意大利都灵理工大学中国关系校长特使、华南－都灵联合实验室意方负责人Michele Bonino一行来访学校。双方将共同申报中外合作办学项目，并签署合作办学协议。

7月3日　美国爱达荷大学副教务长Dean R. Kahler一行来访学校。双方就进一步共建爱达荷大学孔子学院进行深入交流。

7月4日　根据《国防科工局　教育部关于共建北京科技大学等8所高校的决定》（科工技〔2018〕984号），学校成为"十三五"期间国防科工局－教育部共建高校之一。

7月5日　香港浸会大学副校长黄伟国一行来访学校。双方就搭建交叉学科合作平台、开展多种类型的合作进行深入交流。

7月6日　根据《教育部办公厅关于公布2018年度全国创新创业典型经验高校名单的通知》（教学厅函〔2018〕35号），学校入选全国50所创新创业典型经验高校，成为华南地区唯一一家入选的部属高校。

7月11日　国家外国专家局教科文卫专家司副司长易凡平一行来校调研。调研组了解学校引智工作总体情况及重点引智项目建设进展。

7月12日　国家知识产权局、广东省政府年度知识产权合作会商暨广东建设知识产权强省推进大会在广州召开。学校第十八届、第十九届中国专利优秀奖获奖专利，第三届、第四届广东专利金奖优秀奖获奖专利以及广东发明人奖获奖人均获广东省政府表彰。

7月13日　广东省发展和改革委员会发布广东省工程实验室获批名单。依托学校自动化科学与工程学院及物理与光电学院建设的广东省高端芯片智能封测装备工程实验室及广东省第三代半导体材料与器件工程实验室获批。至此，我校广东省工程实验室的数量增至6个。

7月17日　上海软科发布2018"软科世界一流学科排名"。学校22个学科进入世界一流学科榜单，其中，4 个学科入围前 50 强、12 个学科入围前 100 强，入围世界百强学科数在国内高校中并列第 11 名。

7 月 19 日 新西兰教育部长 Chris Hipkins 一行来访学校。双方将在已有科研合作、学生互换的基础上展开新的合作。

7 月 20 日 学校与中国农业银行广东省分行、中国建设银行广东省分行分别签署了银校战略合作协议。学校副校长邱学青代表学校签署了银校战略合作协议。

7 月 27 日 欧洲人文和自然科学院、爱尔兰皇家科学院院士，学校孙大文教授英文学术专著 *Modern Techniques for Food Authentication*（《现代食品认证技术》）第二版由世界著名出版商爱思唯尔的学术出版社出版发行，华南理工大学为该书的第一作者单位。

7 月 28—30 日 由学校承办的全国 16 所工科重点大学科技工作研讨会 2018 年会在广州举行。教育部科技司司长雷朝滋围绕当前时代背景下高校科研工作的政治站位、方针战略，科技发展对“双一流”建设的支撑、对创新性人才培养的作用等问题展开论述。

7 月 29 日 第十七届全国大学生机器人大赛 RoboMaster 2018 机甲大师赛全国总决赛在深圳闭幕。学校华南虎战队再次赢得 RoboMaster 2018 全国总冠军，实现该赛事两连冠。

8 月 6—9 日 学校党委书记章熙春率团访问了香港城市大学、香港科技大学、澳门大学等高校，并就人才培养和科研合作等方面进行深入交流。其中，学校与澳门大学签署了“本科生交换计划协议”和“研究合作与学术交流协议”。

8 月 6—9 日 由教育部高教司主办的“东风汽车杯”第十一届全国大学生节能减排社会实践与科技竞赛全国总决赛在武汉理工大学举行。学校共获一等奖 1 项、二等奖 1 项、三等奖 4 项、科技成果转化赛优秀奖 1 项，并获得本届大赛优秀组织奖。

8 月 7 日 广东省省长马兴瑞一行调研中新广州知识城，并考察了中新国际联合研究院。马兴瑞对学校中国科学院院士唐本忠“聚集诱导发光（AIE）”研究成果的国际学术影响力和产业化前景给予肯定。

8 月 16 日 华南理工大学广州国际校区一期工程建设动员会在校区建设现场举行。广州市副市长王东出席活动并宣布项目开工。

8 月 16 日 根据《国家自然科学基金委员会关于公布 2018 年度国家自然科学基金申请项目评审结果的通告》（国科金发计〔2018〕84 号），学校 6 位教授成功入选，资助数排全国第 13 位，创历史新高。

8 月 17 日 2018 中国国际太阳能十项全能竞赛（SDC2018）在山东德州圆满闭幕。华南理工大学－都灵理工大学联队最终获得竞赛总分第一名、赛事总冠军。

8 月 19—20 日 由国家高端智库建设试点单位——华南理工大学公共政策研究院主办、联合国教科文组织协办的 2018 年 IPP 国际会议在广州召开。大会围绕“大都市圈建设与城市化的未来：世界与中国”进行研讨和交流。

8 月 21—24 日 在第十八届亚运会男子 50 米自由泳和 4 × 100 米混合泳接力中，学校研究生余贺新均夺得冠军。

8 月 24 日 华南理工大学广州国际校区公共实验楼地块正式打下第一根管桩，标志着广州国际校区正式进入实质施工建设阶段。

8月24日 波兰共和国驻华大使馆举行庆祝活动，祝贺欧洲科学院院士、爱尔兰皇家科学院院士、华南理工大学教授孙大文当选波兰科学院外籍院士。波兰驻华大使Wojciech Zajączkowski（赛熙军）受波兰科学院委托为孙大文院士颁授了波兰科学院外籍院士证书。

8月24日 第十一届中国青少年科技创新奖颁奖大会在北京人民大会堂举行。华南理工大学机器人创新基地获得“小平科技创新团队”，这是学校第二个获此殊荣的团队。

8月24日 第二届全国大学生集成电路创新创业大赛总决赛在南京信息工程大学圆满落幕。学校获全国特等奖1项、一等奖1项、三等奖5项，并获“优秀组织奖”；1名指导老师获大赛优秀指导教师奖。

8月25日 学校党委召开校领导班子巡视整改暨全面彻底肃清李嘉、万庆良恶劣影响专题民主生活会。中共广东省委教育工委委员、省教育厅党组成员、巡视员赵康，干部处处长谢锦群参加会议并对民主生活会取得的成果给予了肯定。

8月25日 第十三届“恩智浦”全国大学生智能汽车竞赛全国总决赛在厦门大学嘉庚学院闭幕。学校获一等奖4项、二等奖2项，创造了自2006年参加该赛事以来的最好成绩。

8月27—31日 第四届全国高校青年教师教学竞赛在浙江师范大学举行。学校数学学院1名教师代表广东省参加了理科组比赛，获三等奖。

8月27日 根据《中共广东省委教育工委 广东省教育厅 广东省人力资源和社会保障厅 广东省总工会关于表彰南粤优秀教师、南粤优秀教育工作者的决定》（粤教人〔2018〕25号），学校7人获“南粤优秀教师”荣誉称号。

8月28日—9月7日 根据《中共广东省委教育工委关于新时代高校党建示范创建和质量创优工作立项的通知》（粤教工委组函〔2018〕59号）和《中共广东省委教育工委关于首批高校“双带头人”教师党支部书记工作室立项的通知》（粤教工委组函〔2018〕63号），学校入选“全省党建工作示范高校”，建筑学院入选“全省党建工作标杆院系”，材料科学与工程学院光电材料党支部、机械与汽车工程学院本科生第三党支部入选“全省党建工作样板支部”，公共管理学院公共管理与公共政策研究所党支部郑石明工作室入选广东省首批“双带头人”教师党支部书记工作室。

9月10日 学校举行2018级新生开学典礼。校长王迎军作题为《大学成长的三度空间》的致辞，党委书记章熙春为2018级优秀本科新生代表颁发优秀新生奖学金。2018年共有6182名本科生、6644名研究生、720名留学生相聚华园。

9月10日 学校党委书记章熙春为13 546名2018级新生，作题为《深化创新创业加快建设世界一流大学——深入学习贯彻习近平总书记创新思想》的“思政第一课”，鼓励广大新生把学习贯彻习总书记创新思想与自身的成长成才紧密结合，将搏击创新创业大潮与推动学校“双一流”建设紧密结合，扣好大学生活的“第一粒扣子”。

9月11日 根据《广东省教育厅关于公布2018年度高校珠江学者岗位计划设岗学科（专业）和聘任人选及做好珠江学者管理工作的通知》，学校4个学科获批增设珠江学者岗位，4人为珠江学者特聘教授，4人为青年珠江学者。

9 月 11 日 广州国际校区举行首届研究生新生开学典礼。党委副书记陶韶菁以《治学境界与人生格调》为题，为新生作了首场入学教育讲座。

9 月 12 日 佛山市人社局与我校签订共建人才驿站合作协议，在学校设立佛山市在中国南部地区高校人才驿站。

9 月 13—15 日 第十届国际发明展览会暨第三届世界发明创新论坛在佛山举行。学校 3 项参展专利成果全部获得"发明创业奖 · 项目奖"金奖。

9 月 18 日 学校 1963 级无机物工学专业校友廖清清捐赠签约暨"清清文理楼"揭幕仪式在五山校区举行。廖清清、叶澄海伉俪捐赠 5000 万元，用于支持学校高层次人才培养以及基本建设和学校发展。

9 月 19 日 美国伊利诺伊理工大学商学院院长 John Bilson 一行来访学校。双方就开展学生联合培养、学术交流和科研合作进行深入交流，并签署了"3 + 2"联合培养项目框架合作协议。

9 月 20 日 广州地区高校图书馆联盟馆长工作会议在五山校区举行。会议原则通过《粤港澳大湾区图书馆科技文献协作联盟建设方案》，标志粤港澳大湾区图书馆科技文献协作联盟筹建工作正式启动。

9 月 20 日 英国《自然》增刊发布"自然指数 2018 上升之星"排行榜，学校进入全球 10 强，居第 9 位。

9 月 23 日 第二十届中国国际工业博览会在上海闭幕。学校获"优秀组织"奖、"先进个人"等奖项，"集成滤波性能的双极化双波束天线阵列"获颁优秀展品奖。

9 月 26 日 泰晤士高等教育发布 2019 年世界大学排名，学校在中国内地高校中排名并列第 15 位。

9 月 28 日 意大利都灵理工大学校长 Guido Saracco 一行 6 人来访学校。双方就进一步深化在建筑、机械领域等学科的合作，以及推动广州国际校区建设和一流学科建设进行深入交流。

9 月 28 日 学校吴水珠教授团队的研究成果以"Activatable Probes for Diagnosing and Positioning Liver Injury and Metastatic Tumors by Multispectral Optoacoustic Tomography"为题，发表在国际著名期刊 *Nature Communications* 上。该论文的第一作者是武英龙博士，通讯作者是曾钫教授和吴水珠教授，学校为论文的唯一完成单位。该研究得到了多个国家自然科学基金特别是分子聚集发光基础科学中心项目的资助。

9 月 29 日 根据国务院扶贫开发领导小组办公室相关文件，经过国家专项评估检查，学校定点扶贫对象云南省临沧市云县退出贫困县。

10 月 5 日 学校王均教授团队的研究成果"Targeting of NLRP3 Inflammasome with Gene Editing for the Amelioration of Inflammatory Diseases"在线发表在国际著名期刊 *Nature Communications* 上。该论文的共同第一作者为许从飞博士和鲁紫东博士，通讯作者为王均教授，学校为论文的第一完成单位。

10 月 10 日 学校王海辉教授团队研究成果"Efficient Electrocatalytic N2 Fixation with MXene under Ambient Conditions"在线发表在国际著名期刊 *Cell Joule* 上。该论文第一作者为学校博士研究生罗亚茹、陈高峰，通讯作者为丁良鑫研究员和王海辉教授，学校为论文的唯一完成单位。

10 月 12 日 学校在励吾科技楼召开学校干部教师大会，宣布教育部关于华南理工大学校长职务任免的决定。教育部党组成员、副部长朱之文，教育部人事司司长张东刚等同志出席大会。张东刚在会上宣布了中共教育部党组、教育部关于华南理工大学校长的任免决定：高松同志任华南理工大学校长、党委副书记，王迎军同志不再担任华南理工大学校长、党委副书记职务。

10 月 12 日 教育部副部长朱之文、广州市市长温国辉调研华南理工大学广州国际校区一期工程建设现场，听取了学校和一期工程总承包方（EPC）的情况介绍。朱之文对华南理工大学发展成就与广州国际校区规划建设给予了充分肯定。温国辉高度肯定华工建校以来对广州市经济、科技、文化发展所做出的杰出贡献。

10 月 12 日 学校温龙平教授团队和曹杰教授以及中国科学技术大学曾杰教授合作的研究成果“Harnessing Copper-palladium Alloy Tetrapod Nanoparticle-Induced Pro-survival Autophagy for Optimized Photothermal Therapy of Drug-resistant Cancer”在线发表在国际著名期刊 *Nature Communications* 上。该论文的共同第一作者是学校医学院（生命科学研究院）张云娇副教授、中国科学技术大学沙锐博士和张岚博士，通讯作者分别为温龙平教授、曹杰教授和曾杰教授，学校为论文的第一完成单位。

10 月 13—15 日 第四届中国“互联网 +”大学生创新创业大赛总决赛在厦门大学举行，学校获金奖 2 项、银奖 2 项，为学校在本项赛事中的历史最好成绩。

10 月 15 日 教育部举办第三届直属高校精准扶贫精准脱贫典型项目评选，学校“打造‘一体化’全域规划 构建‘扶贫链’造血机制”帮扶项目获评“十大典型项目”。这是学校的帮扶项目连续第二次获评“十大典型项目”。

10 月 16 日 学校与中国银行广东省分行在逸夫人文馆签署了银校战略合作协议。

10 月 22 日 *Nature* 杂志子刊 *Nature Materials* 在线发表题为“On-chip Valley Topological Materials for Elastic Wave Manipulation”（《用于弹性波操控的片上谷拓扑材料》）的研究论文，作者为严谋、陆久阳、李锋、邓伟胤、黄学勤、马佳洪、刘正猷。其中学校物理与光电学院 2016 级博士生严谋、副教授陆久阳和教授李锋为共同第一作者，学校为该论文的第一署名单位。

10 月 22 日 学校曹镛院士团队的成果“Fine-tuning of the Chemical Structure of Photoactive Materials for Highly Efficient Organic Photovoltaics”发表在国际著名期刊 *Nature Energy* 上。论文第一作者为樊宝兵博士，通讯作者为黄飞教授、应磊研究员，以及爱尔兰根 - 纽伦堡大学李宁博士，学校为论文第一完成单位。

10 月 23 日 中国科协组织实施的第三届中国科协优秀论文遴选结果公布，学校王迎军院士发表在 *Journal of Materials Science & Technology* 的刊首文章“Bioadaptability: An Innovative Concept for Biomaterials”成为 95 篇入选论文之一。

10 月 23 日 学校医学院王键教授带领的神经生物学团队在世界上首次发现胚胎发育中眼睑闭合的调控机制，相关成果“Sphingosine 1-Phosphate Stimulates Eyelid Closure in the Develop Rat by Stimulating EGFR Signaling”在 *Science Signaling* 以封面文章发表。

10 月 23 日 美国加州大学河滨分校副教务长 Kelechi Kalu 一行来访学校。双方就“3 + 1 + X”“2 + 2”双硕士以及双向交流等形式的学生联合培养项目、师资交流及科研合作进行深入交流。

10 月 26 日 2018 年度国家杰出青年科学基金项目评审结果正式公布，学校 2 名教授入选。

10 月 29 日 德国亚琛工业大学土木交通与环境学部部长及土木工程学院院长 Markus Oeser 教授一行来访学校。双方就学生交换、联合培养、学科建设、人才引进、科研工作等方面进行深入交流。

10 月 30 日 《美国新闻与世界报道》发布 2019 版全球最佳大学排行榜。学校综合排名位列世界第 361 位、国内高校第 18 位。同时，学校农业科学、工程学、化学、材料科学、计算机科学等 5 个学科跻身全球百强，其中农业科学位居全球第 17 位。

10 月 31 日 学校在励吾科技楼召开党委全委（扩大）会议，部署学习贯彻习近平总书记视察广东重要讲话精神。

11 月 1 日 2018 软科“中国最好学科排名”正式发布，学校共有 36 个学科上榜，其中工科类学科 20 个、理科类学科 4 个、人文社科类学科 12 个；共有 5 个学科进入全国排名前 5%，13 个学科进入全国前 10%，其中轻工技术与工程、生物医学工程、材料科学与工程、食品科学与工程等 4 个学科跻身全国前 3 名。

11 月 1 日 中国科学技术信息研究所在北京发布了 2017 年度中国科技论文统计结果，2017 年学校发表“卓越国际论文”数量在全国高校中排名第 16 位；“卓越国际论文”数量占 SCI 论文数的 54.97%，这一比例在“卓越国际论文”数量前 20 名的高校中蝉联第一。

11 月 3 日 2018 年“创青春”全国大学生创业大赛颁奖典礼暨闭幕式在浙江大学举行。学校共取得 5 金 1 银的好成绩，团体总分位列全国第二，捧得大赛“优胜杯”，并获“校级优秀组织奖”，创下学校参加该项赛事以来的历史最好成绩。

11 月 5 日 经国家人社部、全国博士后管委会批准，学校华南协同创新研究院获批设立博士后科研工作站。

11 月 5 日 学校与电气电子工程师学会（IEEE）在五山校区签署战略合作协议。双方将在电力和能源领域开展广泛合作，致力推进该领域技术发展，推动行业进步。

11 月 6 日 学校与中国电机工程学会战略合作签约暨会员中心揭牌仪式在五山校区举行。双方签署战略合作框架协议，并公布《中国电机工程学会关于成立华南理工大学会员中心的决定》。

11 月 7 日 2018 年高校毕业生就业创业研讨会暨 2018 年度全国创新创业典型经验高校经验交流会在杭州召开。学校入选“全国创新创业典型经验高校”，成为华南地区唯一一家入选的部属高校；学校毕业生黄冠成功入选“2017—2018 大学生就业创业年度新闻人物”，成为广东高校唯一入选者。

11 月 7 日 由中国教育电视台和高等教育出版社联合策划推出的“最美慕课——首届中国大学慕课精彩 100 评选展播活动”结果揭晓。学校《大学美育》《计算机网络》慕课分别获得“最美慕课”一等奖和三等奖。

11 月 9 日 中国学位与研究生教育学会评估委员会在学校举行第六届一次委员会议。学校党委书记章熙春等 9 人当选副主任委员。

11 月 11 日 由学校承办的 2018 年“富力杯”第十二届全国大学生结构设计竞赛圆满结束。学校作品获得一等奖 1 项、三等奖 1 项。

11 月 14 日 中国工程院和广东省政府共建的中国工程科技发展战略广东研究院签约活动在深圳举行。学校王迎军院士被任命为研究院首任院长。

11 月 16 日 华南理工大学奥迪英戈尔施塔特孔子学院的德国合作伙伴——英戈尔施塔特应用技术大学校长 Walter Schober 教授一行来校访问。双方就孔子学院建设、学生联合培养和科研合作进行深入交流。

11 月 19 日 教育部社会科学司公布 2018 年度教育部哲学社会科学研究重大课题攻关项目立项结果，以学校吴克昌教授为首席专家申报的“新时代我国基层社会治理研究”获批立项，学校成为 2018 年度广东高校唯一获批单位。

11 月 20 日 广州市市长温国辉到学校调研，听取了学校工作汇报并考察了五山校区图书馆。温国辉表示广州市政府将大力支持学校办学发展，加快推进一流大学和一流学科建设。

11 月 20 日 加州大学圣塔芭芭拉分校 Extension 主任 Bob York 一行来访学校。双方就暑期定制项目、创新创业项目以及实验室实习项目等学生国际交流项目进行洽谈并达成共识。

11 月 21 日 全球最大的非营利专业技术学会 IEEE 公布了 2019 年度 Fellow 名单。学校 1 名教授当选。

11 月 21 日 学校与腾讯游戏学院就新工科软件人才培养校企协同育人项目正式达成合作，并举办签约仪式。

11 月 21 日 2017、2018 年度广东高校辅导员优秀工作成果评选结果公布，我校获 2017 年度优秀工作论文 6 项、优秀工作案例 8 项，获 2018 年度优秀工作论文 5 项，一等奖获奖数量和总获奖数量均居广东省第一。

11 月 22 日 教育部实验室安全检查组一行来校进行 2018 年度高等学校科研实验室安全现场检查。检查组对学校实验室安全管理工作给予了充分肯定。

11 月 22 日 团省委公示了 2018 年广东省大中专学生志愿者暑期文化科技卫生“三下乡”社会实践活动优秀单位、团队、个人名单，学校获优秀单位称号，并有 2 个团队及 9 名师生分别获优秀团队及优秀个人称号。此前，团中央学校部公布 2018 年全国大中专学生暑期“三下乡”社会实践多个评审类别的表彰决定，学校获 2018 年全国大中专学生志愿者暑期“三下乡”社会实践优秀单位称号。

11 月 23 日 “2018 阿斯图相聚广州”活动在学校逸夫人文馆举行，来自莫斯科国立鲍曼技术大学、莫斯科航空学院等 42 所中俄高校的 130 多名师生参加活动。

11 月 23 日 2018“高教社杯”全国大学生数学建模竞赛成绩揭晓，学校参赛队伍获一等奖 3 项、二等奖 7 项，居广东赛区首位，再创历史最佳。

11 月 23 日 国家知识产权局公示了第二十届中国专利奖评审结果。学校共 7 项专利获奖，数量居全国高校首位，为学校历史最好成绩。自 2009 年中国专利奖改制以来，学校近十届评选中获奖总数高达 30 项；以第一专利权人获奖总数 29 项（含 1 金 2 银），排名全国高校第一。

11 月 24 日 由智联招聘联合北京大学社会调查研究中心共同发起的“智育·未来”2018 中国年度最佳高校颁奖典礼在成都召开。学校获 2018 中国年度最佳高校“最佳典范奖”，成为广东省内唯一一家连续两年获得该奖项的高校。

11 月 27 日 科睿唯安发布 2018 年全球“高被引科学家”名单，学校 13 人次入选全球高被引科学家，其中 9 人次以第一单位入选，入选数量创历史新高，在内地高校排名第 10 位。

11 月 28 日 上海软科发布 2018 年中国两岸四地大学排名。学校在中国两岸四地大学中位居第 33 名，中国大陆高校中列第 20 名。

11 月 29 日 根据《教育部关于同意联合主办第六届中国“互联网 +”大学生创新创业大赛的函》（教高函〔2018〕14 号），同意 2020 年第六届中国“互联网 +”大学生创新创业大赛由教育部和广东省人民政府联合主办，学校具体承办。

11 月 30 日 全国哲学社会科学工作办公室公布 2018 年度国家社科基金中华学术外译项目立项名单，学校 1 名教师申报的《马克思哲学的历史转向与西方形而上学的终结》（英文版）获批立项，成为学校首个国家社科基金中华学术外译项目，实现在国家社科基金项目类型上的全覆盖。

12 月 2 日 以“轻工领域生物质资源高值化利用技术”为主题的中国工程院第 271 场中国工程科技论坛在学校举办。19 名院士以及来自全国高等院校、科研院所、企业单位的 700 余位专家与师生参会。中国工程院副院长陈左宁、广东省科协主席陈勇对本次论坛给予充分肯定。

12 月 2 日 学校党委副书记、纪委书记刘琪瑾一行到访广东石油化工学院，正式启动由省委组织部、省委教育工委部署的“组团式”对口帮扶工作。

12 月 5 日 华南理工大学与中国建设银行合作办学签约暨揭牌仪式在逸夫科学馆举行。双方代表签署了《中国建设银行与华南理工大学合作办学框架协议》，并共同为建行大学大湾区金融创新学院、华南理工大学建行学院揭牌。

12 月 7—13 日 学校党委书记章熙春一行赴台参加“2018 两岸大学联盟论坛”，并访问了台湾交通大学以及淡江大学。双方商议联合策划青年学子交流项目，开放多元平台促进学生流动，逐步探索双联学制的人才培养机制；在建筑和设计领域加大联合工作坊的建设，加强教师互访，逐步探索建立联合机构的可行性。在淡江大学访问期间，两校还签订了学术交流和学生交换合作协议。

12 月 10 日 根据《教育部办公厅关于公布首批全国党建工作示范高校、标杆院系、样板支部培育创建单位名单的通知》（教思政厅函〔2018〕43 号）和《教育部办公厅关于对全国高校“百个研究生样板党支部”和“百名研究生党员标兵”创建工作评审结果的公示》，学校建筑学院党委入选首批“全国党建工作标杆院系”培育创建单位，机械与汽车工程学院党委本科生第三党支部入选首批“全国党建工作样板支部”培育创建单位。1 名博士研究生获“百名研究生党员标兵”。

12 月 15 日 华南理工大学广州校友会成立大会在广州市举行，来自海内外各校友分会的 400 余名校友齐聚羊城。

12 月 16 日 以“聚智创新 引领未来”为大会主题，华南理工大学第一届全球校友代表大会在五山校区举行，来自校友总会和 148 个校友分会的代表以及学校师生代表参加了大会，并现场启动成立“华南理工大学创业者全球联盟”。

12 月 18 日 庆祝改革开放 40 周年大会在人民大会堂举行。学校 1977 级校友李东生现场受到表彰，并获得“电子产业打开国际市场的开拓者”称号。

12月21日 教育部公布了2018年国家级教学成果奖获奖项目名单。学校8项成果获高等教育国家级教学成果奖，获奖项目数量创历史新高。其中，以独立完成单位获二等奖5项，以联合完成单位获一等奖2项、二等奖1项。

12月22日 2018中国智库治理暨思想理论传播高峰论坛在南京举办，学校社会治理研究中心入选“CTTI高校智库百强榜”；广州市金融服务创新与风险管理研究基地、政府绩效评价中心2个智库入选2018年CTTI来源智库增补名单，使学校CTTI来源智库入选总数达到4个；1篇报告获智库最佳研究报告二等奖。

12月24日 华南理工大学高平课题组、中国科学院动物所周琪课题组以及中国科学技术大学张华凤课题组联合在国际著名期刊 *Cell Metabolism* 在线发表题为“Mitochondrial Dynamics is Critical for the Full Pluripotency and Embryonic Developmental Potential of Pluripotent Stem Cells”的论文，揭示线粒体动态平衡对干细胞胚胎发育潜能的决定性作用。论文的第一作者为学校医学院、附属第二医院的钟秀颖博士。高平教授、周琪教授和张华凤教授为论文共同通讯作者。